国家社会科学基金项目最终成果（编号05

利益分享经济学

刘国光题

中国特色社会主义分享经济理论与共同富裕实现机制研究

李炳炎 主笔

山西出版集团

山西经济出版社

图书在版编目（ＣＩＰ）数据

利益分享经济学/李炳炎主笔．—太原：山西经济
出版社，2009.4
　ISBN 978－7－80767－150－3

　Ⅰ.利...　Ⅱ.李...　Ⅲ.收入分配－研究－中国
Ⅳ.F 124.7

中国版本图书馆 CIP 数据核字（2009）第 057950 号

利益分享经济学

主　　笔：李炳炎
责任编辑：李慧平　任　冰
装帧设计：王　伟

出 版 者：山西出版集团·山西经济出版社
社　　址：太原市建设南路 21 号
邮　　编：030012
电　　话：0351－4922133（发行中心）
　　　　　0351－4922085（综合办）
E－mail：sxjjfx@163.com
　　　　　jingjshb@sxskcb.com
网　　址：www.sxjjcb.com

经 销 者：山西出版集团·山西新华书店集团有限公司
承 印 者：山西出版集团·山西新华印业有限公司

开　　本：787mm×960mm　　1/16
印　　张：31
字　　数：570 千字
印　　数：1－4 000 册
版　　次：2009 年 5 月第 1 版
印　　次：2009 年 5 月第 1 次印刷
书　　号：ISBN 978－7－80767－150－3
定　　价：60.00 元

目 录

1

4

序 言

胡锦涛总书记在 2007 年党的十七大报告中指出："要始终把实现好、维护好、发展好最广大人民的根本利益作为党和国家一切工作的出发点和落脚点，尊重人民主体地位，发挥人民首创精神，保障人民各项权益，走共同富裕道路，促进人的全面发展，做到发展为了人民、发展依靠人民、发展成果由人民共享。""发展成果由人民共享"，这是坚持"以人为本"理念的集中体现。怎样做到"发展成果由人民共享"，这是需要各方面包括经济学家认真研究的重大课题。

李炳炎教授承担的国家社科基金课题 "中国特色社会主义分享经济理论与共同富裕的实现机制研究"的最终成果《利益分享经济学》，我认为是对怎样做到"发展成果由人民共享" 的有益探索，也是对中国人民如何走共同富裕道路的有益探索。

李炳炎教授研究分享经济问题已 20 多年。1981 年他在《社会主义成本范畴初探》一文中，已提出了"除本分成制"分享经济观点。以后他写了几本专著，特别是在 1987 年云南人民出版社出版的《新成本论》中，继续深入阐述他的公有制分享经济观。李炳炎指出，分享是以企业净收入为基础，是和企业的实际经营状况紧密联系的，因此，职工收入不再由企业外部的力量决定，而是取决于企业的经营成果和职工个人的劳动贡献的大小，使职工收入成为其劳动贡献的所得。净收入分成制是公有制分享经济的典型实践形式。所谓企业净收入就是实现了的企业净产值，可由销售收入扣除物耗成本求得。净收入分成制就是将净收入在国家、企业、职工个人三个经济主体之间按一定的比例分配。职工不拿固定工资和奖金，而是按照事先确定的比率分享净收入。显然，按照公有制分享经济观，我国现行的分配制度需作重大的实质性改革。看来，李炳炎教授的公有制分享经济观，目前仍处于探索和研究阶段，处于向社会和学界提供一种新的思路和设想的阶段。如果能够得到较多的成功实践案例的支持，那就更好了。

西方经济学中也有分享经济理论。美国经济学家马丁·威茨曼在 20 世纪 80 年代提出的分享经济理论，是对当时美国"滞胀"现象的解读，并企图通过微观经济的改革,让工人的工资与某种能够恰当反映厂商经营的指数相联系,以自动抵制失业和通货膨胀。但实际上,西方分享经济理论并未进入主流经济学中,其社会影响不是很大。李炳炎教授提出的公有制分享经济观与西方分享经济论有重大区别,主要是立论基础不同,客观经济条件不同。在我看来,公有制为主体的社会,从理论上应当比较有条件做到发展成果人人共享。至于如何做到共享,通过哪些机制共享,则尚需不断探索,不断积累成功经验。这就需要大家的努力,包括经济学家的研究。因此,李炳炎教授的研究是非常有意义的,其成果是应予以重视的。让我们大家为实现共同富裕的美好前景共同努力吧!

张卓元

2008 年 10 月 3 日

于北京

自 序

　　本书是由笔者负责承担的国家社会科学基金项目的研究成果,也是从 1980 年起迄今 28 年间笔者不间断地探索的思想成果。下面拟就四个问题谈谈看法。第一个问题是:什么是中国特色社会主义分享经济理论？第二个问题是:为什么说研究中国特色社会主义分享经济理论,构建共同富裕实现机制是我国改革与发展现实生活中提出的迫切需要?第三个问题是:为什么说实行利益分享是构建社会主义和谐社会、实现共同富裕的基本原则？第四个问题是关于本书的结构、主线和逻辑思路等。这些问题是不少同志所关心的。现借本书出版之机作一简要的阐述。

一、分享经济和中国社会主义分享经济理论

　　"分享经济"这一概念的含义,是指一种工资制度,即"分享工资制"。是由美国经济学家马丁·L.威茨曼(Weitzman Martin,1942—)在其 1984 年出版的《分享经济》一书中首先提出的一种工资制度。他将员工工资报酬分为工资制度和利润分享制度,后者称为"分享经济"。研究员工参与利润分享及其对微观经济与宏观经济产生的影响的理论,就称之为"分享经济理论"。随着利润分享制度在资本主义国家推行,逐步扩展到企业所有权分享(员工持股计划)、企业管理权分享(参与制),这些可统称为分享经济制度。

　　"中国特色社会主义分享经济"的思想,最早是由笔者于 1981 年率先提出的。1990 年通过答辩的笔者的博士学位论文的题目就是:《社会主义分享经济探索》。笔者的专著《新成本论》一书有一个副标题:"一种新的社会主义经济理论及其实践形式",当时笔者虽然发现了这一新的经济理论与实践形式,但不知道应该怎样命名它,故暂且笼统地称之为"一种新的社会主义经济理论及其实践形式"。后来,随着研究的进展和认识的深入,笔者明确认识到以下几点:

　　第一,这种新的经济形式,就是"分享经济"。它的最初的实践形式是我国社会主义经济制度建立初期,20 世纪五六十年代就存在于城镇集体经济、合作经济中的"拆账分成制"。到 20 世纪 80 年代初,由成都市西城区一批集体企业职工在"拆账分成制"的基础上自发地创造了"除本分成制"。所谓"除本分成制",本是指成本,成本只是 C,即成本只包括生产资料成本,不包括工资成本,当时流行的说法叫做"工资不进入成本"。企业的销售收入扣除成本 C 以后就是净产值或净收入。净收

3

入按事先确定的比率,在国家、企业、职工个人三者之间分配,形成国家分成收入、企业分成收入和职工个人分成收入总额三个部分。再将职工个人收入总额分解到每个职工,形成职工个人劳动收入,叫做"二级按劳分配"。所以,"除本分成"的含义,归纳起来就是:"除 C 分配净收入"。"成本 C"和"净产值"以及"二级分配"是除本分成制的特有概念,富有中国特色,因为它是工人群众的创造。

"分成制"的历史十分久远。"分成制"又称"分成租制"和"分成经营"。最早是指我国封建社会存在的地租形式,是一种租地农民与地主按预定的比例分享土地总收获(实物或货币形式)的租制。也曾盛行于封建社会后期欧洲大陆的法国、意大利和俄国等国家,及美国南部各州的种植园。在分成租制下,地租的多少与农业生产经营业绩的好坏有直接联系。这种分成租制由实物地租逐渐转化为货币地租。

到封建社会末期,在出现了工场手工业作坊但还未形成近代工厂制度之前的一个时期,分成制演变为一种支付雇工报酬的工资制度。手工业作坊的收益在业主与雇工之间按预定比例分享,称为"分成工资制",它是完全以货币形式出现的。我国的"拆账分成制",也是这种分成制工资形式的沿用。它与现代企业规范的工资制度是大为不同的。可见,"分成制"历史悠久,自然有其存在的理由。

"分成"与"分享"的含义是相通的,只不过在语言形式上,前者古老些,后者现代些,但无本质区别。威茨曼也指出了这点,他写道:分享制度并非源自日本,早在前工业化的农业中,分成制已经是世界上流行的劳动报酬支付形式,是酬报雇佣劳动的普遍形式。分成制反映着分享制度最初的分配机能。"今天,在世界上许多地方,自然收获物的采集和农业活动中的分享制度,还保持着它最初的分配机能。"[①]可见,分享制就是分成制,分享经济就是分成经济。

第二,这种新的经济理论,属于中国特色社会主义经济理论,但它在理论逻辑和范畴体系上与流行的社会主义经济理论有很大区别。流行的社会主义经济理论承认工资、利润、成本、生产价格、雇佣劳动、资本等一系列旧范畴,而这种新的经济理论否认传统概念上的雇佣劳动、资本、剩余价值、工资、成本、利润、生产价格等范畴,另立了一套新的经济范畴,主要有:自主联合劳动、社本、需要价值、净收入、国家收入、企业收入、个人收入、新成本价格、新生产价格、除本分成制、净产值分成制、净收入分成制、合作股份制、工人所有制股份公司、净产值考核承包责任制、净收入经营目标责任制、净收入分成税制等。

因此,笔者将这种经济理论称为中国社会主义经济理论的一个分支。它自立门

---

① 威茨曼:《分享经济》中译本,第 62 页,中国经济出版社,1986 年第 1 版。

户,自成体系。但是,它的研究对象是社会主义经济,受公有制为主体、多种所有制经济共同发展的基本经济制度的约束并为其巩固发展服务。该理论的目标是在发展社会主义市场经济中实现社会主义生产目的,通过利益分享走向共同富裕。

第三,这种新理论来源于中国经济改革实践,来源于广大劳动群众的理论创新,带有浓厚的中国本土特色和民族的、大众的用语和思维方式的特征,是中国特色产品、土产品,绝不是舶来货。所以,它是一种有中国特色的崭新的经济理论。

综上所述,笔者将其归纳为"中国特色社会主义分享经济理论",用以取代原来的提法,即"一种新的社会主义经济理论"。2001年起,笔者在发表的论文中曾将这种"中国特色社会主义分享经济理论"称为"公有制分享经济理论",以便与西方私有制基础上的分享经济理论相区别。这一提法也已被不少研究者引用。但是,笔者现在认识到,我国将长期实行社会主义初级阶段的基本经济制度,长期的战略任务是建设中国特色社会主义,中国特色社会主义理论体系已确立。在这种大背景下,社会主义分享经济理论的发展,必然要适应和服务于中国特色社会主义建设。单用"公有制分享经济理论"的提法,概念的外延已经不够使用,也应将非公有制经济作为研究对象,即应同时研究非公经济的分享制问题,以及混合所有制的分享经济问题。为此,笔者决定将这种新的经济理论体系重新命名为"中国特色社会主义分享经济理论"。笔者在2005年申报立项的国家社科基金项目中使用了这个新提法。当然,并不排斥在此之前笔者已使用过这个新提法,因为这是经过较长时间的深思熟虑后的选择。

现在看来,可以认为,中国特色社会主义分享经济理论,是中国特色社会主义经济理论的一个独特的理论分支,而中国特色社会主义经济理论(包括社会主义市场经济理论)则是中国特色社会主义理论体系的有机组成部分。因此,我们致力于中国特色社会主义分享经济理论的研究,也是致力于为丰富和发展中国特色社会主义理论体系做贡献。从这个大局看问题,就可以深刻理解我们从事的这项研究工作的重大意义。

二、研究中国特色分享经济理论,构建共同富裕实现机制是我国改革与发展现实生活中提出的迫切需要

大凡一种新的理论的产生,都是为了解决当时社会经济发展中出现的某种重大的难题,是为解决问题而提出的。凯恩斯宏观经济学的产生,是由于1929~1933年资本主义世界发生经济大危机,为寻找克服自由市场经济的弊端应运而生。20世纪80年代的西方分享经济的产生,是为了解决"凯恩斯革命"留下的"滞胀"难题而生。20世纪80年代初产生的中国特色社会主义分享经济理论,也是针对我国社会主义条件下出现的"滞胀"现象,以及计划经济体制下的经济动力不足、活力不足;经济运行时而短缺、时而过剩,出现宏观失衡;按劳分配难以实现等等难题,企图寻找出路而另辟蹊径,进行理论创新、机制创新和制度创新所形成的理论成果。

实现共同富裕是社会主义的本质和目标。邓小平同志早已明确指出:"社会主义的本质,是解放生产力,发展生产力,消灭剥削,消除两极分化,最终达到共同富裕。"[1]又指出:"社会主义的目的就是要全国人民共同富裕。"[2]只要讲到社会主义,邓小平几乎言必讲共同富裕。1992年10月,邓小平提出的这个重要理论原则正式写进党的十四大报告,成为我们行动的指南。

但是,近些年来,我国经济生活中出现了明显的收入差距过大,贫富悬殊现象。据财政部科研所和中国社科院有关专家公布的数据表明,我国的基尼系数2004年已高达0.458,2005年高达0.465,2006年高达0.47。已大大超过国际警戒线,贫富差距进一步扩大,形势严峻。不仅收入分配不公,而且财富分配严重不公,极少数人占有大部分财富,而且这种贫富分化的趋势难以有效地遏制。多项民意调查结果显示,收入差距过大已成为全国人民关注的首要问题。事实说明,经济增长不等于共同富裕,只有建立合理的分配制度和经济机制,消除可能出现的两极分化,才能达到共同富裕。如何建立有效防止两极分化、实现共同富裕的经济机制,是当前的迫切需要。

针对上述现实需要,本书的研究目的,是探索共同富裕的实现机制,它是基于中国特色社会主义分享经济理论的分析和研究。中国特色社会主义分享经济理论,是中国特色社会主义经济理论的一个分支,它具有独立性并已初步形成自己的理论体系;它产生于我国经济改革实践并处于完善之中。20世纪80年代,我国企业改革实践中大面积地产生了中国特色社会主义分享经济的各种具体形式,包括:除本分成制、企业净产值分成承包责任制、企业净收入分成制等,是城市集体经济改革中对农村联产承包责任制经验的移植和创新。

除本分成制1980年起首先在成都市89户集体企业试行成功,迅速推行到湖北广济县、河北石家庄、四川沐川县和雅安市、安徽等多个省市的211户企业。后发展为净产值分成制,于1984年在南京市汽车工业公司七个厂推行;又进一步发展为"净收入分配制"于1985年起在重庆永川县6个国有企业推行。随后,净收入分成制开始走向国有大中型企业,例如上海高桥化工厂的"净产值考核承包责任制";

①《邓小平文选》,第三卷,第373页,人民出版社,1993年。
②《邓小平文选》,第三卷,第110~111页,人民出版社,1993年。

安徽的"全民所有制企业净收入分成制"都取得了良好的成效。

近几年来,净收入分成制在不少企业中继续发挥着功效。例如,1989年起江苏省海安县将"企业效益拆成制"作为净收入分成制的一种比较完善的实践形式,多年在全县工业企业普遍推广。无锡市新纺合纤厂1996年有职工21350人,多年实行净收入分成制,企业效益和职工收入增长连年翻番。中国华晶电子集团公司硅材料工厂,从1995年起实行类似净收入分成制的功效挂钩;招商局蛇口工业区直属公司1991年起实行的"剩余收益制";新乡市1995年试行的"工资加劳动分红制",均取得显著效果。1999年起南京发动机配件厂实行一种国企改革新模式,即:"期股买断,工人自治",建立工人所有制股份公司,走向产权分享。进入21世纪新阶段以来,各种农村和城镇的股份合作制经济蓬勃发展起来。

可见,净收入分成制的多种模式是在我国经济体制改革的群众性实践活动中形成和发展起来的,具有很强的生命力,并展示出广阔的发展前景。它的成长经历了如下几个主要阶段:第一阶段,是从拆账分成制到除本分成制;第二阶段,是从除本分成制到净产值分成制;第三阶段,是从净产值分成制到净收入分成制;第四阶段,是从净收入分成制到工人所有制股份公司和合作股份制,即职工股份制;第五阶段,是从职工股份制到职工参与制。这是我国从工资制经济走向中国特色社会主义分享制经济的重大改革实践活动,具有内在必然性。其中有特殊意义的,是本书已研究了的并有待进一步完善的特殊的经济运行机制,即共同富裕的实现机制。

关于提出和创建中国特色社会主义分享经济理论,笔者已作了持续28年的艰辛努力。关于这一思想,笔者于1981年发表了第一篇论文,于1982年第2期《经济研究》发表了第二篇论文;在专著方面代表性的有:《新成本论》(1987年);《需要价值理论》(1990年);《社本论》(2000年);《公有制分享经济理论》(2004年)。本书是关于这种理论的最新研究成果。

西方分享经济理论是当代西方经济学的一个分支。建立体系完善的中国特色社会主义分享经济理论,在坚持理论自主创新前提下,也要借鉴西方分享经济理论的合理成分。

美国著名经济学家、美国麻省理工学院教授马丁·L.威茨曼于1984年出版了《分享经济》一书,独辟蹊径提出了分享经济新思路,用分享制取代工资制,认为可以同时解决通胀、失业和低效率三个问题,可以使资本主义世界走出滞胀,取得繁荣。这在国际上产生了巨大反响,甚至被誉为"自凯恩斯之后最卓越的经济思想"。(《美国新闻与世界报道》1985年8月26日)20多年来,关于分享经济的研究论文不断涌现,至今仍是研究热点。分享制通过利益共享缓和了劳资之间的对抗性矛盾,通过重塑企业内在机制矫正结构失衡,改善宏观经济运行,自动抵制滞胀。诺贝尔经济学奖得主詹姆斯·米德在他1986年出版的《经济组织和工人报酬的可供选择的体系》中,依据威茨曼的分享经济理论以及西方各国经济实践,总结出了分享经济的不同形式。西方研究者在分享经济理论中融入人力资本理论和生产要素报酬论。经不同形式实践的验证,西方对分享经济是肯定的,它还处于日益完善之中,其发展趋势是职工股份制。西方分享经济的主要形式有:利润分享制、员工持股计划、劳力管理合作制、工人自治、有差别的劳动与资本合伙制。事实上,在威茨曼提出分享经济理论之前,西方不少国家,如美国、英国、法国、日本、新加坡、加拿大、德国都早已存在分享制的不同程度的实践形式。

可见,本书的研究成果具有重要的理论意义和现实意义:

第一,这一新经济理论产生于中国改革实践群众性的自主制度创新活动,在已有成果基础上吸收西方分享经济理论合理成分,加以扩展完善,已形成一种新的原创性的有中国特色的社会主义分享经济理论,为理论创新作出了贡献。

第二,构建和谐社会是我们党从全面建设小康社会全局出发提出的一项重大战略任务,实现共同富裕是其前提和基础,研究共同富裕实现机制是完成这一战略任务的迫切需要。

第三,近年来我国出现了愈来愈严重的失业问题和通胀问题,并可能出现经济滑坡问题,已经出现"滞胀"迹象,需要用分享经济机制作为适用武器加以研究,提出解决方案;又可在初次分配中同时一揽子解决好兼顾公平与效率问题。

第四,中国分享经济理论的研究对象是社会主义经济,本书的研究有利于完善社会主义经济运行机制,有利于理顺国民收入分配关系,改善宏观经济运行,从而达到巩固和发展社会主义经济的目的。

第五,中国分享经济制度是通过分享机制正确处理和协调国家、集体、个人之间,经营者和工人、职工与职工之间,不同地区与部门之间的利益关系,建立达到共同富裕的理论、机制与制度,能够达到调动各方面积极性,大力发展生产力,通过利益分享实现共同富裕的目的。

总之,本书在研究中国特色社会主义分享经济的理论和机制创新与制度创新方面,取得了重大进展,走出了坚实的一步。当然,对于这种新的经济理论仍具有继续开拓研究的必要。

三、实行利益分享是构建社会主义和谐社会、实现共同富裕的基本原则

建设和谐社会的奋斗目标是保证社会的安定团结,让整个社会各个群体和社

会成员的利益能够得到充分的实现和协调,最大限度地消除社会矛盾。全社会的各个成员,能够密切合作,同心同德共谋发展,奋力建设小康社会。"利益分享"的新理念,承认社会各个经济主体的经济权利,承认他们追求自身利益的合理性和合法性。"利益分享"是以人为本理念的具体实现形式,它突破了"利益独占"的传统思维的束缚,主张把建立全社会的利益分享机制,作为克服我国社会主义社会内部各利益主体之间的利益矛盾和推动经济社会发展的主要手段。

(一)利益独占观念造成居民收入差距持续过度扩大

利益分享和利益独占是两种完全不同的经济观。利益独占否认经济个体的差异性,否认经济个体的自主性和特殊经济利益要求,从而否认利益分享的必要性。在传统的社会主义计划产品经济模式下,把公有制的大一统作为整个社会经济活动的基础,并进一步将其绝对化,片面地强调整体利益的必要性,否定个体利益存在的必要性。由于片面地认为整体利益高于一切,个体利益是微不足道的,因而形成了高度集中统一的经济组织方式和单向的个体服从整体的利益结构模式。这种传统的"否定个体,保证整体"的利益追求方式,由于抑制了经济个体的活力和利益冲动,窒息了经济个体的生机和活力,致使整个经济发展动力不足。社会主义经济中的平均主义"大锅饭"就是这种传统经济观的典型的表现形式。不仅如此,这种一元性的利益独占经济观还反映到经济领域以外的社会生活领域中,"一言堂"是这种经济观在社会生活中的具体表现之一。它所造成的不良影响和后果是显而易见的。

近年来,我国经济取得了高速发展,但是,同时也出现了收入分配差距过大的经济现象,导致社会不和谐。我国基尼系数达到 0.47,早已超过警戒线。据 2005 年6 月一项有关调查,占中国人口 10%的最贫困人口拥有的财富份额仅占 1.4%,而占人口 10%的最富有人口拥有的财富占 45%。解决这个问题已成为我国政府当前和长期的一个战略任务。2006 年 5 月 26 日,中共中央政治局会议首次专门研究改革收入分配制度和规范收入分配秩序问题。会议强调,改革收入分配制度,规范收入分配秩序,构建科学合理、公平公正的社会收入分配体系,关系到最广大人民的根本利益,关系到广大干部群众积极性、主动性、创造性的充分发挥,关系到全面建设小康社会、开创中国特色社会主义事业的全局,必须高度重视并切实抓好。要坚持和完善按劳分配为主体、多种分配方式并存的分配制度,坚持各种生产要素按贡献参与分配,在经济发展的基础上,更加注重社会公平,合理调整国民收入分配格局,加大收入分配调节力度,使全体人民都能享受到改革开放和社会主义现代化建设的成果。为此,要积极推进收入分配制度改革,进一步理顺分配关系,完善分配制度,着力提高低收入者收入水平,扩大中等收入者比重,有效调节过高收入,取缔非法收入,努力缓解地区之间和社会成员之间收入分配差距扩大的趋势。

造成收入差距偏大的一个重要原因就是在改革的过程中,受利益独享观念的影响,一种新的资本权威建立了起来,无视分享利益所应发挥的作用,实行的是资本主义初期实行过的古典的企业产权制度所决定的分配方式。古典的产权制度是所有权至上的制度,其特点是由生产资料的所有权决定其他所有的经济权利,即由生产资料所有权唯一地决定企业的一切重大决策。这种产权制度下的决策机制单一追求利润最大化,因此在劳动力市场上就表现为需求方尽其可能地压低工人的工资。同时,在我国劳动力供给相对过剩的客观条件下,劳动力市场供求的均衡点就被限定在劳动力价值线上,这决定了劳动者的工资被压到低于劳动力价值的水平。此外,由于我国劳动力市场上劳资双方的谈判力量严重不对称,一方面,不仅分散的劳动者个体处于弱势状态,而且劳动者整体也处于弱势地位;而另一方面,雇主则处于优势状态,具有垄断者的特点。这种劳动力市场谈判力量不对称的状况,致使工资率甚至低于劳动力价值。

在古典产权制度的决策机制下,当企业利润不断高速增长时,劳动者的实际工资水平却长期等于劳动力价值甚至低于劳动力价值。这就形成了我国目前收入差距偏大,并且不断扩大的奇特现象。同时,厂商提供的市场供给与由工资形成的市场需求的差距会越来越大,最终形成总消费需求不足,导致宏观经济失衡。目前欧盟和美国屡屡针对我国出口商品征收反倾销税,就是因为我国低廉的劳动力成本所形成的低廉的产品,从而使我国广大的劳动者没有得到应有的报酬。

(二)利益分享的新经济观促进和谐社会建设

与利益独占的传统经济观相反,利益分享的新经济观是以社会主义经济主体和经济利益的多元性为其认识基础的。它强调经济个体的差异性,承认各经济个体有其独立的经济利益,并进一步肯定它们追求这种特殊经济利益的权利。在企业中,利益分享制本质上应是一种产权分布于非人力资本所有者和人力资本所有者的制度安排。产权是人们(主体)围绕或通过财产(客体)而形成的权、责、利关系。其形式上是人对物的关系,本质是产权主体之间的利益关系。一般而言,产权权能包括所有权、占有权、使用权、支配权、收益权、经营权、继承权等一系列权利。现代意义上的企业产权制度应该是在这些权利之间建立起相互制衡的机制,共同为了实现社会价值而努力工作。

企业应主动将自身发展置于经济社会发展全局中,自觉承担相应的社会责任。为此,应遵循社会伦理准则和道德规范,严格遵守法律法规,公平交易、诚信经营,认真处理好与各利益相关者的关系。其次应积极参与社会事业。通过支持和赞助社会公益事业,扶危济困,减轻社会负担,缓解社会矛盾,维护社会稳定,为实现社会公平、促进社会和谐作出贡献。重视保护环境和合理利用资源。从尊重自然、关爱民生的道德责任感出发,着力开发和应用新技术和新工艺,实现经济效益和生态效益的有机统一。

利益分享的新经济观要求建立一种新的协调的利益分配机制。在这个新机制中,使经济个体与整体的利益分配与每一单位新增利益之间建立起新的比例变动关系。然后,通过鼓励每一经济个体去努力追求自己的经济利益,从而保证社会整体经济利益的不断增长。它以"鼓励个体,增强整体"的新的利益追求方式取代了传统的"否定个体,保证整体"的利益追求方式。这种利益分享的新经济观,由于充分尊重了经济个体的经济利益要求,肯定了对自身经济利益的追求是经济个体的最主要的经济动机,也就在实际经济生活中形成了一种各经济主体"各就各位,各得其所"的新的利益格局。这种新格局有利于调动全社会每一个经济主体的积极性,因为它赋予了每一经济个体以必要的权利和义务。它们不再是国家行政管理链条上的一个环节,而是有着自身特殊经济利益的独立经济主体。这样,对自身利益的追求极大地激发了经济个体的活力,并使整个社会经济充满了蓬勃生机。这种利益分享的新经济观,还有助于建立起一种新的集中与分散相结合的经济管理体制,"各就各位,各得其所"是这个新体制的主要特征。在这样一个新体制中,每一经济个体都将找到适合于自己的位置,从而使整个社会经济生活纳入一种新的均衡与和谐之中。

利益分享的新经济观,不仅强调各经济个体有其特殊的经济利益,还致力于在各个主体的经济利益之间建立起一种新的协调的利益分配关系。解决这个问题的关键在于建立这样一种利益分享制度,使个体利益的实现与整体利益的实现紧紧地联系在一起,在它们之间建立起一种共同消长而不是此消彼长的新关系。这种利益分享制度的主要内容是,在一个特定的时期内,由各种经济主体按照一定的比率去分享经济发展所取得的成果。每一个体所获利益的绝对量将取决于成果总量的增长和分享比率这两个因素。在这个过程中,各经济主体的任务是如何扩大总量,而政府的责任则是事先公平地确定这个分享的比率。由于这种分享不是对总量的一次性分享,而是对每一边际增量的逐次分享,它能够使经济个体在增量上看到自己的利益,从而极大地刺激其增产节约的积极性。这种分享也只是在整体层次上的分享,它是多层次的。在社会经济活动的每一层次上,各利益主体均可实行利益分享。这种利益分享制度的一个显著特点,就是使每一个经济主体都能与代表国家整体利益的政府和代表局部利益的企业分享利益、共担风险。它使每一经济主体都有了自己的权利、责任和利益。在追求利益的动力和回避风险的压力下,每个主体的活力得到了极大的增强。利益分享机制通过肯定利益的多元性和对利益追求的协同,促进经济决策和经济生活的民主化,为社会主义经济和谐发展注入新的活力。

总之,建立利益分享的新机制,是构建和谐社会的客观的、迫切的要求。同时,构建和谐社会也是解决类似收入和财富分配差距过大问题的社会基础。理顺收入分配关系,建立科学合理的收入分配制度,是一项长期而艰巨的任务,不可能奢望毕其功于一役。要从我国实际出发,要继续加快发展经济,增加社会财富,同时更加注重社会公平,不断完善与社会主义市场经济体制相适应的利益分享制度。应当把利益分享作为我国社会主义经济改革与发展的一项基本原则,以此指导我国社会主义和谐社会的建设,实现共同富裕的伟大理想。

四、本书的结构、主线和逻辑思路

本书共 26 章,分为上、中、下三篇。在开篇之前,有序言、自序和导论。序言由笔者的博士研究生导师、我国著名经济学家张卓元先生所撰。张老师是笔者这一重大系列理论创新的最早最有力的支持者。1981 年,在卓炯导师指导下,笔者完成了硕士学位论文《社会主义成本范畴新探》,率先提出了社会主义新成本理论。1982 年《经济研究》第二期发表了笔者的《劳动报酬不构成产品成本的内容》一文。该文是硕士学位论文的浓缩,在经济学界首次提出了新成本理论,即成本只是 C 的观点,同时提出了本书的核心思想和理论公式。该文提出了 $w=c+(v+m)$,$v+m=n$,$n=n_1+n_2+n_3$,$w=c+n$。这一组价值构成新公式,正是中国特色社会主义分享经济理论的总纲。其中:商品价值 w 由成本 c 加新创价值 n 两部分构成;工资 v 和利润 m 两个范畴取消,其价值实体合二为一,称为 n,即"需要价值",其表现形式是净收入。净收入按预定比例划分为国家收入(n_1)、企业收入(n_2)和职工收入(n_3)。因此可以得出:$w=c+(n_1+n_2+n_3)$ 这一社会主义分享经济的总公式。

这篇文章在《经济研究》编辑部内引起争论。当时任编辑部主任的张卓元老师力排众议,坚持发表。文章发表后,产生强烈反响,引起轩然大波。不乏有人称之为"异端邪说",个别思想僵化者对笔者进行恶意刁难。在学位论文答辩通过后,某高校学位委负责人甚至三年多时间不授予笔者硕士学位证书。面对责难,笔者毫不动摇。当时,笔者从推向全国的蓬勃发展的"除本分成制"改革实践中找到了有力支持。因为"除本分成制"就是"除 c 分配净产值",c 是成本,工资不进入成本。用威茨曼的话讲,就是用分享制取代工资制。新成本论就是除本分成制的理论概括和理论基础。一段时间，"除本分成"成了新成本论的代名词。以至云南人民出版社的责任编辑在笔者的《新成本论》一书的封面上印了 2 个大大的彩色 c。在成都召开的除本分成制理论研讨会上，代表们与笔者一起几十人排成一个大大的 c 字形照相留念。一度时间，"成本是 c"成了理论界争论的焦点。实践是检验真理的唯一标准。改革实践如此成功，笔者还怕什么刁难？张老师支持笔者在《经济研究》上发表了文章，产生了深远的影响。文章观点被许多报刊、著作反复引用、介绍。其影响远远超过威茨曼在 1983 年发表的关于分享经济的首篇论文。

张卓元老师的最早支持是笔者成功的关键，因为《经济研究》杂志在我国经济学界有着权威性地位，在该刊发表文章，就意味着笔者提出的新观点已得到社会承认，从而一下子打开了笔者继续研究下去的局面。这就是为什么以后出版的《新成本论》的姊妹篇《需要价值理论》一书的序言是请张老师写的；笔者的博士学位论文《社会主义分享经济探索》是由张老师指导的。博士论文扩大为专著，即 2004 年出版的《公有制分享经济理论》一书的序，也是请张老师写的。这次形成的这部新著的序，当然应由张老师写，只有他才有资格为充满理论创新观点和蕴含巨大理论发展前景的本书来作序。

本书的"导论"，从比较经济学的视角，将西方分享经济理论与中国特色社会主义分享经济理论作了多方面的比较分析，从比较中可以看到中西方分享经济理论的共同点和区别点所在，并指出我国对于分享经济理论研究总体上重视不足，进展不快，提出进一步深化研究的任务。

本书上编，包括第一、二、三章。第一章综述了西方分享经济实践形式的发展；第二、三章简述了西方分享经济理论的形成和演进。通过这三章，对西方分享经济实践与理论的脉络做了简要的历史回顾。这是我们对之进行借鉴所必须做的工作。

本书中编，包括第四章至第十四章的内容，比较系统地阐述了中国特色社会主义分享经济，包括理论逻辑、运行机制和制度创新等方面。从而可以对这一新的理论有立体化的感觉，也就是说，它是有血有肉、有骨架有经络的不断发展的生命体一样的新理论体系。本编的主题是经济观的变革，即从旧的与计划产品经济相适应的利益独占的经济观，转到与社会主义市场经济相适应的利益分享的新经济观的重大转折。

本书下编，包括第十五章至第二十六章的内容，是运用中国特色社会主义分享经济理论来分析和解决现实经济问题的思考。针对现阶段我国收入分配严重不公，贫富分化难以抑制的现实状况，作了其产生原因与治理对策分析，有针对性地树立了社会主义共同富裕思想和社会公平观，在理论界首次提出构建社会主义共同富裕实现机制的命题。最后,提出了通过利益分享机制全方位地推进共同富裕实现进程的对策大思路。本编的主题思想是运用中国特色社会主义分享经济的理论、机制、制度来逐个解决现实经济问题,促进社会和谐和共同富裕的实现,并将微观经济与宏观经济结合起来作了研究。

本书的主线和逻辑思路,是以利益分享这一新的理念贯穿全书,以利益独占转到利益分享、通过利益分享走向社会和谐和共同富裕作为全书的逻辑主线。上编是国外理论借鉴,中编是中国的自主创新理论体系的阐述,下编是运用这种新理论及其机制针对性地破解当前严重困扰我国经济社会发展的若干难题。

本书企图建立和完善这样一个从各方面都区别于传统社会主义经济理论体系的新理论及其体系,并试图运用这种新经济理论作为武器,用来解决我国经济社会面临的迫切需要解决的多种难题,重点是"滞胀"这一难题。研究任务是相当艰巨的,值得本人和后继学者们倾注毕生精力于其中。所谓"滞胀"现象,就是"停滞膨胀",就是经济停滞、失业严重、通货膨胀严重三种情况的结合,即"三结合"。它是一种特别难医治的经济疾病,好比经济得了癌症。分享经济,是对付"滞胀"的天敌,是一把带有三面利刃的锋利大刀。这一刀砍向"滞胀",便可一举消除通胀、失业和经济下跌,实现无通胀、无失业、无经济下滑的"三无经济发展"或"无滞胀的发展"。这正是笔者奋斗之目标,希望梦想成真。容笔者引用恩格斯的一句话来结束自序。恩格斯说道:"一门科学提出的每一种新见解,都包含着这门科学的术语革命。"正是在这种持续的术语革命中,中国特色社会主义分享经济理论与实践取得了新发展。为此,笔者以本书的核心思想"利益分享"点题,将本书命名为《利益分享经济学》。

李炳炎

2008 年 8 月 1 日

导论 中西方分享经济理论代表性观点比较评析

为解决经济"滞胀"问题特别是经济发展动力不足的问题,从20世纪80年代起,中西方一些敏锐的经济学家不约而同地提出建立一种新的利益共享制度来消除传统体制中的利益矛盾,即分享经济的思想。从本质上看,分享制是一种产权分散分布于非人力资本所有者和人力资本所有者的制度安排。分享制虽然旨在提高薪酬的可浮动程度,但它绝不仅仅是一种工薪制度。与传统薪酬相比,利润分享制下的薪酬水平要随着市场条件的变化而变化,让工人的工资与某种能够恰当反映厂商经营的指数相联系,因而能够自动抵制失业、通货膨胀和经济动力不足问题。

分享经济理论自20世纪80年代确立以来,受到了广泛的关注,在西方国家无论是学术界,还是实际部门对此讨论颇多。之所以如此,是因为这一理论对当今西方国家的薪酬管理模式有着相当强的解释力,同时也为理解西方国家存在的顽固性失业现象提供了理论依据。

我国在20世纪80年代初期,分享经济理论与除本分成制曾成为改革热点,成效显著。近年来,随着中国国有企业改革进入到产权改革阶段,社会主义分享经济理论也逐渐成为中国企业改革的新思维。因此,我们有必要对西方和中国的分享经济理论进行详细的考察和比较分析,以期为我国的分享经济理论和制度的发展提供借鉴。

现代分享经济理论大致可分为西方分享经济理论和中国社会主义分享经济理论两种形态。西方分享经济理论的代表性学者是威茨曼,代表性著作是《分享经济》,其典型形式是利润分享制。该理论产生的背景,主要是西方国家出现的"滞胀"现象使资本主义病入膏肓而凯恩斯主义失效,急需寻找救治良方,企图重振资本主义经济。

中国社会主义分享经济理论的代表性学者是李炳炎,代表性著作是《新成本论》,其典型形式是企业净收入分成制,该理论产生的背景,主要是社会主义国家在经济建设中普遍遇到了"体制病",传统的苏联模式计划产品经济体制严重违背价值规律,企业成为行政机构的附属品,没有动力和活力,扭曲了的分配关系使公有制的优越性难以发挥,低收入高投资政策使居民消费不足,出现短缺经济与通货膨胀。急需找到救活企业、改善职工生活、抑制通胀的有效理论与办法。作为现代分享经济理论,中西方分享经济理论存在多方面的共性和相似性,但由于指导思想、理

1

论基础与学术立场不同,两者又存在各自的特点和区别。

一、西方分享经济理论:对"滞胀"现象的解读与矫治

分享经济也称利润分享(Profit Share),是指工人参与分享企业净收益即利润的经济形式。它作为报酬的一种支付形式,早已存在于人类的经济生活中。"今天,在世界上许多地方,自然收获物的采集和农业活动中分享制度还保持着它最初的分配机能。"[1]德国经济学家屠能最早对分享经济进行了理论分析。[2]他认为政治斗争不能从根本上解决资本主义的基本矛盾,他反对马克思废除私有制的主张,认为在经济领域实行分享经济制度才有助于克服资产阶级与无产阶级的对立。他认为,工资不应该只等于必要生活资料,还应该包括一部分剩余资料,应该让每一个劳动者都成为所有者,在通常的工资基础上,获得投资的利息。1889年,在巴黎召开的利润分享国际会议上将利润分享经济定义为:"一种可以自由签订的协议;在这个协议下,员工按预先确定的固定比例接受利润中的份额。"[3]从19世纪末起分享制度开始在企业管理中应用,如英国少数管理者提出工人的部分工资要视工厂的利润而定,给工人发"建议奖"等利润分享计划,[4]美国管理学家亨利·汤提出了劳资双方收益分享制度,弗雷德里克·哈尔西提出了工资加超产奖金的制度等等。第二次世界大战以后,西方各国政府纷纷从法律的角度规定了工人参加企业管理的权利,有力地促进了分享经济制度的建立。

20世纪60年代中期起,持续的失业和通货膨胀开始困扰资本主义国家,战后世界经济的火车头——美国也在滞胀的泥潭中步履维艰。在1973~1975年美国的第六次经济危机中,失业率和通货膨胀率都达到了战前前所未有的水平:失业率年度平均指标为8.5%,月度最高指标为9%;消费物价上涨率从1972年的3.3%猛增至1973年的6.2%、1974年的11%和1975年的9.1%。凯恩斯理论的财政和货币政策措施在这种"停滞膨胀"面前无济于事,资本主义似乎又走入了一个新的困境。在这样的背景下,美国麻省理工学院经济学教授马丁·威茨曼提出了分享经济理论。

威茨曼把员工的报酬分为工资制度和分享制度两种模式。与此相适应,资本主义经济就分为工资经济和分享经济。他认为,"停滞膨胀"的根本原因在于资本主义现存工资制度不合理,应通过改变劳动报酬的性质来改变现代资本主义运行方式的缺陷,用分享制度应对经济滞胀。他分析了传统工资经济制度与分享经济制度的

①威茨曼:《分享经济学》,林青松译,第62页,中国经济出版社,1986年第1版。
②张卓元主编:《政治经济学大词典》,第801页,经济科学出版社,1998年。
③B.L.Metzger."Profit Sharing In Perspecxive".Profit Sharing Research Foundation,1964,p.1.
④何燕珍:《企业薪酬管理发展脉络考察》,北京大学经济观察研究中心网站,2002年12月18日。

不同特点。他指出,利润(π)=总收益(TR)-成本(C),在工资经济中,π 全部被资本所有者拿走,工资只相当于 C 中固定资本的一部分。工资与企业的经营情况无关,而是与某些外在的核算单位(如货币或者生活费用指数)相联系的。当经济状况健康时,固定工资制度可以作为一种有效手段,刺激劳动的有效转移,自动地把劳动从边际价值低的地方转移到高的地方,从而成为在各种不同的职业需要中合理配置劳动力的理想工具。然而,一旦经济状况不景气,随着社会总需求的萎缩,由于工资是固定的,厂商出于利润最大化的考虑,只能维持产品的既定价格并通过裁减工人来降低产量,从而保持劳动成本与劳动收益的平衡,而这种决策势必引发社会普遍的失业,这反过来又加深了需求的不足,从而进一步恶化经济运行,导致滞胀。

关于如何克服"滞胀",威茨曼认为,纯粹宏观财政货币政策是不可能根治滞胀的,恰恰相反,必须通过微观经济改革才能战胜它。只有在分享经济条件下,让工人的工资与某种能够恰当反映厂商经营的指数相联系,才能自动抵制失业和通货膨胀。因为分享经济旨在提高薪酬的可浮动程度,与传统的薪酬相比,利润分享制下的薪酬水平随着市场条件的变化而变化,如果薪酬水平能随着经济周期的循环而波动,则就业规模的扰动幅度就会缩小,经济衰退期的失业水平就会下降。首先,在分享经济中,企业的劳动成本与企业的产品价格直接挂钩,任何价格变动都能自动地反馈给劳动成本。因此,分享经济总是有较少提高价格和较多降低价格的倾向,所以分享经济具有内在的反通货膨胀的倾向。其次,在工资制条件下,工资报酬与企业的人数无关,劳动的平均成本始终等于劳动的边际成本。这样,企业就会因为雇佣一单位劳动力所追加的劳动成本等于追加收入而不会扩大雇员人数。但在分享制条件下,每增加一个工人,其他工人的收入就会稍微下降一点。增加的工人使劳动的边际成本下降,而且一定低于劳动的平均成本。这样,企业追加一小时劳动所带来的收入增加总是大于追加的成本,所以,当劳动市场上能够找到可资利用的工人时,企业就会扩大生产。正因如此,分享经济必然具有扩大就业和增加生产的偏好。再次,分享经济比工资经济在偏离均衡时具有更强的返回均衡的倾向。由"看不见的手"驱动的工资经济,仅能以微弱的力量缓慢地矫正黏性较强的工资经济参数,而在分享经济中,由于新工人的边际价格超过边际成本,所以企业为使利润最大化,其直接反应是提供就业机会吸收掉所有非自愿失业的工人,最终调整它的补偿参数值以建立长期的均衡。由于分享经济对劳动力的需求总是大于供给,即使出现一个非均衡干扰,也能保持整个经济的充分就业。最后,就分享所具有的不断吸收失业工人的内在冲动而言,它使政府不必过多担心稳定币值会对就业产生不利的影响。这也构成了一个重要的反通货膨胀的内生机制。

威茨曼认为,如果只是个别企业由工资制转向分享制,这些企业的价格和人均收益都会降低,工人会因报酬的降低而离开,从而就达不到扩大就业的宏观效果。只有全部企业(或相当多的企业)转为分享制度,经济才会产生平衡扩张的效应。因为来自新就业的工人的消费会促使需求增长,通过反馈,使得价格、人均收益、劳动补偿趋向稳定,整个经济自动地朝着更高的就业水平挺进,最终达到充分就业。与工资经济不同,分享经济制度对劳动的需求总是大于供给。这样的运行规则对于每一个工人来说都能够在现行的报酬水平上找到工作,由于工人的收入与企业的经营业绩挂钩,他们的收入平均起来应该高于工资经济下的固定补偿,否则劳动力将流失。对于资方而言,分享制虽然在表面上分出了一部分利润给工人,但由于蛋糕做大了,资方的利益非但不会减少,反而会增加。因此,在分享经济条件下,劳资双方的共同利益都增加了,冲突与摩擦自然就会减少。

威茨曼为救治"停滞膨胀"开出了一剂药方。然而,对于分享经济理论来说,更为重要的任务是分享经济制度的具体设计。英国经济学家詹姆斯·爱德华·米德在这一领域作出了卓越贡献。米德用劳动者是否拥有企业资本和是否参与控制企业作为两个标准,把各种不同的分享形式归纳为五种有代表性的情况,对每种形式的长处和问题进行了比较,分析了不同分享形式对职工承担风险,以及对革新、投资、就业决策的影响和作用:

(1)纯利润分享。企业完全按照市场价格付给工人固定工资,同时又从纯收入中扣除有形资本折旧后得到的利润中按一定比率分给工人。这种形式对减少工人的风险承担、提高劳动积极性有很多好处,而且对资方来说在分享时已经扣除了成本,所以他有积极性扩大生产,增加工人,直到新增工人的固定工资等于他的边际生产收入。但一旦达到这一个点上,雇主就会同其他不实行利润分享的企业一样减少雇佣工人。

(2)纯收入分享。不存在固定工资,劳动的全部收入采取以企业纯收入的一个既定份额来支付的形式,如果在支付固定的利息后还有剩余则归企业的股份资本所有者获得。这种形式在风险承担、鼓励工人积极性方面与利润分享的效果类似,而对劳资关系、就业和投资决策却有着非常不同的影响:尽管雇主有无限制增加工人的冲动,但工人增加、产量增加的同时,劳动的边际收入递高,如果通过协商改变比例,虽然可以解决投资障碍,但由于现有工人的利益直接受到资本投资和雇工规模的影响,工人会要求得到更多参与决策的权利,甚至加剧劳资双方的冲突。

(3)职工股份所有制计划(即员工持股计划)。工人拥有企业的部分普通股份,共担企业的发展前途，但事实上对企业的经营管理没有决定性控制权。如果职工的股份是由一个总的托管组织管理，那么这种股份所分得的红息，可以兑现分配，也可以重新投资。这就意味着现有一代工人和将来几代工人之间存在明显利益矛盾，现有工人——尤其是即将退休的老工人，将会牺牲一部分现在的收入，以便为将来的工人带来利益。所以，现有工人会通过各种手段来要求限制新工人的流入，分享制度扩大就业的倾向就会被抑制。如果职工的股份是直接划到个人账户上的，这种情况就会好得多，但又可能因为工人的集中退休给企业带来资金变现的压力。此外，这种做法类似于退休金的基金，是一种"强迫性"的储蓄计划，而且只能投资于他们所在的公司。这样，工人是否能够接受"储蓄"的数额以及"把所有的蛋放在一个篮子里"的风险都是无法回避的问题。

（4）劳动者管理的合作社。工人拥有企业的全部和大部分财产，并在控制企业的生产经营中发挥重大作用。这种形式只适用于劳动密集型的企业。如果是资本密集型企业，工人从其收入中可能储蓄积累的数量，根本不够为公司所需要的资本提供资金，而且由于合作者们不愿意为将来的利益牺牲眼前的利益，因此，其资本市场融资的积极性远远比不上资本家控制的企业。但对稳定就业而言，合作社在产品的需求下降时大多会以降低成员的收入来保持人员的稳定。

（5）有区别原则的劳动资本合伙。在这种形式中，发行资本股份证给资本家，发行劳动股份证给工人，所有的股份不论是资本的或劳动的，都有资格获得同样的分红率。每个人的收入都是以分红的形式取得的，代替了原来的利息、工资、地租。这样人人对企业的将来都要分担后果。在资本股份和劳动股份之间有一个基本的区别（即所谓的区别原则）：资本股份相当于公司现行的普通股票，可以在股票交易市场或其他市场上自由买卖和流动；劳动股份则和每个工人联在一起，只有当他们退休或自愿离开时才能注销（退休金和医疗保险不变），无故被裁减时不能注销，以保持工人就业的权利和稳定。这样工人也成了"资本家"，劳资双方利益高度一致，任何有利于资方的决策也有利于劳方，如新的投资、雇佣工人规模等。然而，它也存在另外的问题，例如劳动股份保证了工人不能被随便开除，企业裁减冗员就会有困难。在开支的成本中，经常性开支和资本性开支也需要加以区别，在实行时可能会过于烦琐等等。

米德认为，虽然分享制度"对于提高积极性，改进企业中相互关系和推动就业达到一个高而稳定的水平，具有重要的优点"[①]，但是，无论哪一种分享形式对社会

---

① 詹姆斯·爱德华·米德：《分享经济的不同形式》，冯举译，载《经济体制改革》，1989 年第 1 期。

财富重新分配的作用都是有限的,对分享经济的宏观效果应持谨慎态度。他建议国家积极采取措施加以推进,鼓励进行各种形式的分享制的实验,并根据具体情况给予补贴,使那些对企业直接有利的形式能最终保留下来。

二、社会主义分享经济观:从利益独占转到利益分享,走向共同富裕

作为社会主义国家,中国从20世纪70年代末就清醒地认识到计划产品经济的弊端,理论和实践都在探索改革的方法和途径。1981年,中国学者李炳炎早于威茨曼(1983年)提出了分享经济思想。[①]李炳炎于1987年出版了我国首部分享经济理论专著:《新成本论——种新的社会主义经济理论及其实践形式》,[②]之后又于1990年出版了《需要价值理论》,于2004年出版了《公有制分享经济理论》。这三本专著是李炳炎的社会主义分享经济理论的三部代表作。1986年威茨曼的《分享经济》在我国翻译出版,1989年米德的《分享经济的不同形式》被《经济体制改革》翻译连载。2001年,李炳炎在《华东船舶工业学院学报》(文科版)第3期发表了《公有制分享经济观:中国经济体制改革新思维》一文,提出了具有中国特色的分享经济理论——公有制分享经济观。他认为"中国20多年的经济体制改革中形成了公有制分享经济观这一贯彻始终的主导性经济观念,它内在于中国经济改革的社会主义本质,体现了新的经济理论与改革思路。中国经济体制改革本质上是公有制分享经济观的实现和实现共同富裕这一社会主义经济本性的复归"[③]。与西方分享经济理论产生的背景不同,公有制分享经济观主要来源于20世纪70年代末中国农村开始实行的联产承包责任制和80年代初我国城市集体企业"除本分成制"的改革所引出的新的经济思维,它是对我国长期形成的片面强调整体利益,否定个体利益的"利益独占"观的重大突破。

公有制分享经济理论以"自主联合劳动"为论证的出发点,认为新型公有制形式是一种自主联合劳动所有制。在这样的所有制条件下,劳动者是作为主体来使用生产资料为自己创造财富,劳动者所从事的劳动是自主的劳动,它与劳动依附于资本的资本主义雇佣劳动尖锐对立。劳动者的主体地位主要表现在三个方面:第一,劳动者对公有生产资料拥有所有权与支配权。每一个劳动者,不论其身份和社会地

---

① 参见李炳炎:《社会主义成本范畴初探》,载《中山大学研究生学刊》(文科版),1981年第4期,该文中首次提出了"除本分成制"分享经济观点。威茨曼于1983年发表了关于分享经济的首篇论文:《可选补偿系统的宏观经济意义》,刊于《The Economic Journal》,p.93. December 1983。
② 李炳炎:《新成本论》,云南出版社,1987年4月第1版。
③ 李炳炎:《公有制分享经济观:中国经济体制改革新思维》,载《华东船舶工业学院学报》(文科版),2001年第3期。

位如何,他对公有生产资料的关系是平等的。人人都是生产资料的主人,都有与之结合并进行生产劳动的权利。每个劳动者都作为主人的一分子实际地占有、使用生产资料中的一份,为自己同时为社会谋利益。第二,劳动者具有对自身劳动力的支配权。劳动力属于劳动者个人所有,劳动者可以自主地支配自己的劳动力,使之与公有生产资料现实地结合,进行自主劳动,发挥自己的聪明才智。为了全面发挥自己的劳动能力,劳动者有权自主地选择并变换职业。第三,劳动者对劳动产品拥有支配权,可以自主决定对自己产品的分配。自主联合劳动的目的,是为了满足劳动者的生活需要。个人消费品的分配应实行真正意义上的按劳分配,多劳多得、少劳少得。按劳分配是公有制的实现形式。总之,自主联合劳动所有制表明了自主联合劳动者作为主体对整个劳动过程的支配,即对社会生产力总和(即生产要素加产品存量)的占有。社会主义社会的每个成员不仅现实地占有生产资料,参加生产而且管理生产,更重要的是有权分配自己的产品,从而保证生产力的增长和产品的增长能满足每一个人的一切合理需要,实现人的自由而全面的发展。

公有制分享经济理论认为,自主联合劳动所有制是一种多层次的公有制形式,它划分为以下三个层次:第一个层次是社会所有制,即社会主义一国范围内的全体劳动者共同占有全社会生产力的总和,属于整体自主联合劳动;第二个层次,是集体所有制,即在一个或大或小的局部范围内实现自主联合劳动,自主联合劳动者以"总体工人"的形式存在;第三个层次,是劳动者个人所有制,自主劳动者个人构成联合体的细胞。这种个人所有制就是马克思在当年要求重建的个人所有制,即实现劳动者个人对生产资料、劳动力和产品的个人所有权。重建社会主义的社会所有制、集体所有制和个人所有制,就是按照自主联合劳动的三个层次改造原有的国家所有制和集体所有制,使国家、集体和个人实现各自的所有权,而实现这一目标的关键就在于将传统的以工资制和利润制为核心的企业经营机制改造成以企业净收入分成制为基础的经营机制。

对净收入分成制度的分析是公有制分享经济理论的核心内容。李炳炎认为,净收入分成制是公有制分享经济的典型实践形式。所谓企业净收入就是实现了的企业净产值,可由销售收入扣除物耗成本求得。净收入分成就是将净收入在国家、企业、职工个人三个经济主体之间按一定的比例分享。职工不拿固定工资和奖金,而是按照事先确定的比率分享净收入。净收入分成的具体步骤和方法是:第一步,从企业销售收入中减去物耗成本,求得企业净收入;第二步,将企业所得税提前扣除,与产品税、营业税等捆在一起,形成国家的分成收入;第三步,核定各类企业中国家与企业的分成比率,并从企业净收入中减去国家分成收入,求得调整后企业净收入;第四步,核定企业和职工对调整后企业净收入的分成比率,从调整后企业净收入中减去企业分成收入,求得职工分成收入;第五步,将求得的职工分成收入总额按劳动贡献大小进行分配,将总额分解到个人。

李炳炎指出,分享是以企业净收入为基础,是和企业的实际经营状况紧密联系的。因此,职工收入不再由企业外部的力量所决定,而是取决于企业的经营成果和职工个人劳动贡献的大小,使职工收入成为其劳动贡献的所得。企业净收入分成制的理论基础是由他本人所提出的新成本理论,新成本理论的基本观点可用如下的基本公式表示:$w=c+n$,$n=n_1+n_2+n_3$(公式中,w 代表社会主义商品价值,c 代表社会主义成本,n 代表净收入,n_1 代表国家收入,n_2 代表企业收入,n_3 代表个人收入)。调整后的净收入 $=m$ 的一部分 $+v$。m 的另一部分(税收)已先扣除,如果把 m 的两部分合起来为 (m_1+m_2),则 $w=c+(m_1+m_2)+v=c+n=c+(n_1+n_2+n_3)$;调整后的净收入 $=n_2+n_3$;调整后净收入的分配,就是从 (n_2+n_3) 中分别划分出 n_2 与 n_3 两部分,即分别划出企业收入与职工收入。这个新办法的实质是:先沿用旧价值构成公式 $w=(c+v)+m$ 分别计算出 m(即各种税利之和)归社会部分,即 n_1,同时计算出计划职工劳动收入总额(v),成本实际上是 c。然后,再从 $w=c+v+m$ 中挖出 m 归企业的部分(即 n_2)与职工收入(n_3)之和。再次,再用 $n_3\div(n_2+n_3)$ 的比率求出 n_3,职工应得劳动收入 $=$ 调整后净收入 $\times$ 净收入中职工收入含量比率。即 $n_3=(n_2+n_3)\times[n_3\div(n_2+n_3)]\%$。李炳炎认为,净收入分成方法的关键是从 n 中先扣除 n_1,造成 n_2 与 n_3 的分配基础,产品税、所得税与调节税先扣除,实际上使用了 $w=c+n=c+(n_1+n_2+n_3)$ 的新价值构成公式。$w-c-n_1=$ 调整后净收入 $=n_2+n_3$。(其中,w 是销售收入;c 是成本;n_1 是国家收入即产品税、所得税、调节税之和;n_2 是企业收入;n_3 是职工收入即职工应得劳动收入总额)。全部秘密在于把所得税提前扣除。实行净收入分成制的分成比率测算另有办法。职工收入总额按一定数据计算分配到职工个人,形成不同的个人收入。这需要联系岗位、责任、技术,制定一定的标准和指标,并用原始记录考核职工劳动实绩,用以准确反映个人劳动的数量与质量,并作为分配依据。企业管理费须分解为物耗费用与人工费用,前者进入成本,后者进入净收入。职工原有级别工资作为档案工资处理,个人收入等于原工资、奖金、津贴之和。保留低水平的生活费作为人人有份的"大锅饭",这部分不进入个人收入总额分配。这是总的分配顺序和原则,具体采取什么形式要在充分考虑具体经济环境和整个经济长期发展需要的基础上,根据企业自身特点设计。在具体测算中可参照目前各行业实际存在的工资总额加利润总额之和以及在三个经济主体间的分成比率确定,分成比率一经确定应该维持一个较长时期的稳定。

净收入分成制使企业在真正意义上实现了按劳分配。在确定企业职工群体劳动量时以平均净收入率规则来衡量。"平均净收入率"是企业净收入对全部总资金的比例。而创造净收入的劳动只能以社会平均必要劳动来衡量，具体劳动必须是有效劳动，也就是必须是创造具有使用价值的商品的劳动。在解决按劳分配分什么的问题上，净收入分成制分的完全是劳动者自身生产的劳动成果。在解决如何分配问题上，净收入分成制通过两级按劳分配的形式来完成。第一级按劳分配解决的是企业全体职工提供的集体劳动量应获得的集体劳动收入总量问题，第二级按劳分配是解决企业对职工个人的按劳分配问题，即企业对职工履行经济责任制的情况进行考核，根据考核结果确定每个职工的劳动量，再将这个劳动量按照一定的系数换算成劳动收入，最后得到每个职工的劳动收入。

社会主义分享经济理论主张从微观机制的重塑入手来解决中国宏观经济运行存在的难题，它指出，净收入分成制不仅是一种新型的分享经济的微观经济运行机制，而且也必然对国民经济总运行产生重大影响。其对宏观经济运行的影响主要有以下两大方面：第一，克服总量失衡与结构失衡，促进国民经济协调高速增长和社会经济效益稳步提高。首先，净收入分成制不仅能够有效地奖勤罚懒，产生激励机制，调动生产者的积极性、创造性和劳动热情的发挥，为经济发展注入源源不断的强大动力，而且能够形成增产节约机制，充分提高资源的利用率，最大限度地节约生产资料或资源，挖掘出生产潜力，从而在资源稀缺条件下增加有效供给。其次，净收入分成制淘汰了工资制，确保个人收入增长不超过劳动生产率增长。因此，可以改变由于工资刚性造成的个人消费基金失控，能有效地克服超分配导致的消费膨胀，并且净收入分成制对企业收入形成的约束，也能有效抵制"公款消费"和抑制投资需求的盲目扩张。第二，战胜社会主义条件下的"滞胀"。首先，在净收入分成制下，因其自动排斥冗员的功能，职工收入不再是固定不变的，在企业可分配的净收入既定的条件下，职工个人收入与参与分配的职工人数成反比例变动，不付出劳动的职工不再能得到固定工资水平的劳动收入。这就使企业产生一种自我排斥冗员的机制，从根本上消除隐性失业问题，大大提高劳动生产率，从而有利于缓冲物价上涨。其次，实行企业净收入分成制后，由于成本只是 c，工资不再计入成本，工资和奖金等的增长不会推动成本价格的上升从而导致商品价格上升。与此同时，企业追求的目标不再是利润最大化，而是净收入最大化。净收入的增长取决于物耗成本的降低和销售收入的增加与劳动生产率的提高。物耗成本呈一种不断降低的趋势，因此，产品的成本价格会降低。由于工资的高低与产品价格高低脱离，物耗成本降低会导致净收入增长，因而净收入分成制对于造成工资—价格螺旋式上涨的成本推动加以阻断,对从根本上消除成本推进型通货膨胀能够起到釜底抽薪的作用。再次,净收入分成制消除了地区之间、部门之间、企业之间职工收入攀比机制的基础即工资刚性和平均主义的分配方式,有效地抑制"向别人看齐"的"大锅饭"思想对个人收入决定所产生的不利影响,使低效部门的收入增长率得到控制,从而有效地解决效益差别与收入均等之间的矛盾。

公有制分享经济理论指出,实行净收入分成制,国家、企业和个人之间必然形成荣辱与共的局面。按照传统的企业分配办法,国家与企业之间不是净收入分成的关系,而是"剩余"关系,即职工得到固定工资,工资从企业生产成本中支付;国家得到利润,利润表现为剩余劳动创造的剩余价值。由于工资与利润两者始终是对立的,这就造成国家所得与职工所得之间的关系呈现"你多我少"、"你少我多"的利益"对立"关系。在净收入分成制条件下,根据公式 $w=c+n, n=n_1+n_2+n_3$,在生产资料成本 c 一定的条件下,企业取得的销售收入越多,则企业获得的净收入也越多。这样,国家、企业和职工个人都可以按照一定的分成比例多得;反之,三者的收入都要减少。因此,净收入分成制促使企业努力增加净收入。随着净收入的增加,国家多得、企业多得、个人多得,有利于实现共同富裕的社会主义目标。

三、中西方分享经济理论简要比较

中西方分享经济理论都是从微观的企业行为出发,从分配问题入手,希望通过建立一种新的利益共享制度来消除传统体制中的利益矛盾以解决经济发展动力不足的问题。两者的共同点是将人视为影响经济活力的最重要因素并高度重视企业中劳动者的地位和作用。但两者在许多方面也存在着明显的制度性差异。

第一,两者的理论来源不同。西方分享经济理论直接来源于利润分享思想。利润分享思想在人类早期的经济生活中就已经存在,威茨曼提出分享经济思想,是从日本劳工制度得到启发的。日本劳工制度的特点,一是终生雇佣制,二是奖金制度,奖金与工资分开,与利润挂钩。从 19 世纪末起利润分享制度开始在企业管理中应用。第二次世界大战以后,西方各国政府纷纷从法律角度规定了工人参加企业管理的权利。20 世纪 60 年代,"民主的资本主义"者美国著名的公司和投资金融律师路易斯·凯尔索对员工持股计划理论和建议作了论述。他的两部著作《资本家宣言:如何通过借贷使 800 万工人变成资本家》和《两要素理论》,被公认为是关于利润分享思想的经典之作,对薪酬理论的发展产生着重要的影响。进入 20 世纪 80 年代以来,全球经济一体化进程的加快,管理技术和信息技术的飞速发展,使人们的思维方式和观念都发生了巨大的变化,以往各个时期的利润分享思想都在不同程度上难以满足经济发展的新要求,急需进一步的发展。正是在这一背景下,威茨曼提出了分享经济理论,是对以往西方利润分享思想的总结和发展。

公有制分享经济观来源于 20 世纪 70 年代中国农村实行的联产承包责任制所引发的新的经济思维。安徽凤阳小岗村联产承包责任制的分配方案规定:生产所得的农产品除了扣除补偿消费掉的生产资料和扣除各项社会基金(包括用于扩大再生产的基金、后备基金、一般管理基金、公共福利基金等)外[1],剩下来的那部分产品直接归农户所有。如果由价值构成公式表示,则为 w−c−m=v,或 w−c−n_1−n_2=n_3。式中,w 为总产品的价值,c 为已耗费的生产资料的补偿价值,m 为公共需要价值,v 为个人需要价值,n_1 为国家需要价值,n_2 为集体需要价值,n_3 为个人需要价值。这一价值构成公式,是公有制分享经济观的理论核心。农村联产承包制中的这一分配公式在 20 世纪 80 年代初,中国城市集体企业改革中被发展成为"除本分成制"的分配方法,它直接构成了公有制分享经济观的方法论基础。"除本分成制"的具体做法就是从企业每月实现的销售收入中,扣除职工工资以外的一切成本支出以后,剩余部分为企业的纯收入;将纯收入按上级核准的比例分作两部分:一部分为企业分成额(应上缴的所得税和合作事业基金包括在内),另一部分为职工工资总额。工资不包括在成本中,实行工分制浮动工资,职工收入随企业经营好坏和个人劳动好坏而浮动。两者的共同逻辑是"交够国家的,留足集体的,剩下全是个人的",这里已含有分成制经济思想,成为企业净收入分成制的思想来源。

第二,两者理论研究的目的和出发点不同。西方分享经济理论从解决当代资本主义"滞胀"的经济顽症这一目标出发,以寻找"滞胀"的原因为目的,侧重于分析分享制度对解决就业和通货膨胀问题的作用。在威茨曼看来"滞胀"的根源就在于传统的薪酬制度。在传统的工资制度下,当总需求缩减时,由于工资是固定的,厂商基于利润最大化原则,只能维持产品的既定价格,并通过裁减工人来降低产量,而普遍失业又会导致新一轮有效需求的不足和生活水平的恶化。为此,"我们要选择一种具有自动抵制失业和通货膨胀功能的报酬机制,即工人的工资与某种能够恰当反映厂商经营的指数(如厂商的收入或利润)相联系。"[2]因为分享经济旨在提高薪酬的可浮动程度,与传统的薪酬相比,利润分享制下的薪酬水平要随着市场条件的变化而变化,如果薪酬水平能随着经济周期的循环而波动,则就业规模的扰动幅度就会缩小,经济衰退期的失业水平就会下降。首先,在分享经济中,企业的劳动成本与企业的产品价格直接挂钩,任何价格变动都能自动地反馈给劳动成本,因此,分

---

[1]这两项就是小岗村农民扣除的上缴国家的与上缴公社和大队的产品部分。
[2]马丁·威茨曼:《分享经济》,林青松译,第 2 页,中国经济出版社,1986 年。

享经济总是有较少提高价格和较多降低价格的倾向，所以分享经济具有内在的反通货膨胀的倾向。其次，在工资制条件下，工资报酬与企业的人数无关，劳动的平均成本始终等于劳动的边际成本。这样，企业就会因为雇佣一单位劳动所追加的劳动成本等于追加收入而不会扩大雇员人数。但在分享制条件下，每增加一个工人，其他工人的收入就会稍微下降一点。增加的工人使劳动的边际成本下降，而且一定低于劳动的平均成本。这样，企业追加一小时劳动所带来的收入增加总是大于追加的成本。所以，当劳动市场上能够找到可资利用的工人时，企业就会扩大生产。正因如此，分享经济必然具有扩大就业和增加生产的偏好。

公有制分享经济理论以巩固社会主义公有制为目标，把自主联合劳动所有制看作是社会主义公有制的应然模式，试图说明企业净收入分成制是建立自主联合劳动所有制的基本途径。李炳炎认为，自主联合劳动所有制就是劳动者因拥有公有生产资料所有权与支配权、自身劳动力的支配权以及劳动产品的支配权进而劳动者是作为主体来使用生产资料为自己创造财富的公有制形式。它是一种多层次的公有制形式，可划分为以下三个层次：第一个层次是社会所有制，即社会主义一国范围内的全体劳动者共同占有全社会生产力的总和，属于整体自主联合劳动；第二个层次，是集体所有制，即在一个或大或小的局部实现自主联合劳动，自主联合劳动者以"总体工人"的形式存在；第三个层次，是劳动者个人所有制，自主劳动者个人构成联合体的细胞。这种个人所有制就是马克思在当年要求重建的个人所有制，即实现劳动者个人对生产资料、劳动力和产品的个人所有权。巩固社会主义公有制就是要其按照自主联合劳动三个要求改造原有的国家所有制和集体所有制，而只有将传统的以工资制和利润制为核心的企业经营机制改造成企业净收入分成机制才能使国家、集体、个人实现各自的所有权，充分有效地发挥各自的职能，才能真正实现自主联合劳动，促进社会生产力的发展，逐步实现共同富裕。

第三，两者的基本原理不同。西方分享经济理论主张分享制度应通过可变的收入和稳定的就业（刚好与工资制相反）来发挥作用；而公有制分享经济理论考虑到中国的充分就业不全是通过市场机制，劳动报酬制度难以对企业就业量起作用的特殊条件，认为净收入分成制不能引致就业量的变化，而只能通过真正实现按劳分配调节个人劳动收入的变化来起作用。

第四，两者的实践结果不同。在西方分享经济理论中工人的人均收入与企业的产量、就业量以及收益之间存在着反相关关系，因此，在实践中，企业总工资额、总收益、总利润都会因为就业量增加而上升，而工人的人均收入则会下降。公有制分享经济理论所主张的净收入分成制因为其依据的是"按劳分配"原则，工人的报酬直接与自己的劳动量和企业的经济效益相联系,多劳多得,少劳少得,不会在现实的分配过程中造成工人收入与企业效益呈反方向变动的情况。

第五,两者的制度性差异与局限性。应该看到,西方分享经济理论是西方经济学家为了继续维护资本主义制度,克服滞胀而提出的一种旨在改变劳动报酬分配制度的一种微观经济理论。该理论对劳动力作为生产要素参与利润分配的权利予以了充分的肯定和论证,这是它的进步意义之所在。然而,由于该理论仍然把资本主义制度看作是永恒不变的,因此,它虽然在形式上看雇员和资本家共同分享利润,但其实质仍然是按资分配,不可能真正实现公平的收入分享。这一点国内学者姚海明教授早已作过分析:"威茨曼始终把劳动的边际价值作为确定分享比例的依据,无论是完全分享还是混合分享,工人的收入只能相当于劳动的边际价值。如果增加工资,哪怕是增加一个美元,由于新工人的不断涌入,企业产量的不断增加,在市场经济的作用下,工人的工资也会降下来,直到恢复原来的工资水平;如果减少工人的工资,工人会离开公司,导致在业工人劳动的边际收益增加,迫使公司把工资恢复到原来的水平,否则公司将无法维持它所需要的劳动者。由此可见,威茨曼的分享经济制度仍然是围绕着萨伊的工资铁律展开的,他所提出的分享收入方案,只不过将原来直接按劳动的边际价值确定每个工人的工资额,改为按公司总收入的比例来分发工资。工人没有多得到一分钱,资本家也没有少拿一个子儿。"[1]而公有制净收入分成制则不同,因为社会主义生产资料公有制的性质和按劳分配的本质要求就是企业劳动者集体决定做了必要的社会扣除以后的新价值的分配,因此实现真正的收入分享是顺理成章的。净收入分成制是在社会主义公有制以及按劳分配条件下对新创造价值的分享,它使国家、企业和职工三者结成了利益共同体,在追求共同利益的动力驱使下,做大"蛋糕",实现国家、企业和个人三者之间真正意义上的利益分享,这是西方分享经济理论所无法比拟的。

第六,两者的立论基础不同。西方分享经济理论以资产阶级主流经济学为基础,通过分享制调整资本主义生产关系,为挽救资本主义私有制服务。公有制分享经济理论以科学的劳动价值论为基础,通过改革分配制度,实现按劳分配以巩固壮大公有制,使劳动者致富,为劳动人民的共同富裕服务。

当然,我们也应该认识到,公有制分享经济理论暗含着一个假设的前提:所有劳动力都是具有效用的即每一个员工都能为企业带来一定的利润,正是在这样的前提下,分享制度才具有实现公平的收入分享的道德基础。然而,由于劳动力等人

---

① 姚海明:《评威茨曼的分享经济制度》,载《南京政治学院学报》,1991年第5期。

力资本的使用特点决定了其贡献很难衡量,对于人力资本如何估价、如何折股,收益留存和发放各多少等,至今尚未形成被广为接受的理论和方法,这就很可能造成劳动者在生产过程中的机会主义行为,目前我国企业普遍存在人浮于事的现象就是一个很好的说明。这种现象的存在说明了尽管公有制分享经济理论具有很强的现实意义,但是要真正把它运用到实践过程中还有一段艰苦的路要走。

《新成本论》出版后,引起了社会各界的强烈反响,在数十篇书评中,尤其引人注目的是《经济问题探索》(1988 年第 5 期)发表的钟沛的书评《勇敢探索的丰硕成果——李炳炎著〈新成本论〉评介》。它首先发现了中国特色社会主义分享经济理论的学术价值和在经济理论史上的地位。该文指出:

> 重新构造国民经济有效运行的微观基础。建立起国家利益、集体利益和个人利益协调一致的新机制,是经济改革的重大课题。改革实践中,人民群众有许多伟大的创造,但传统理论对此却表现出困惑和捉襟见肘的窘态。改革实践呼唤着新的理论。

令人兴奋的是,1984 年美国麻省理工学院经济学教授马丁·L. 威茨曼在其所著《分享经济》一书中,也提出了与李炳炎新成本理论基本相似的研究成果。《分享经济》一问世,就在西方经济学界引起巨大反响,甚至被赞誉为"自凯恩斯理论之后最卓越的经济思想"(《美国新闻与世界报道》1985 年 8 月 26 日)。[1]英国首相玛格丽特·撒切尔夫人也对它表现出极大的兴趣。《分享经济》还引起了我国经济理论界的高度重视。中国经济出版社于 1986 年 6 月出版了该书中译本。由于新成本理论与分享经济理论是在完全不同的经济理论基础上,由东西方的两位学者独立地、几乎同时提出的一种基本相同的经济思想,因此,正确评价新成本理论,对于重新估价我国经济理论研究的进展,促进社会主义经济理论的繁荣与发展是非常有益的。

《新成本论》作为一本研究现实经济问题的理论著作,克服了长期以来只是对马克思主义作注释的状况,运用马克思主义的思想、方法,联系中国实际,对社会主义经济理论做出了重大发展。作者的理论探索表明,发展马克思主义绝不是简单地套用马克思主义经典作家的个别结论去解释现实,更不是简单"引进"别国的理论来"改造"马克思主义的理论体系。作者对由社会制度的性质差异导致的经济范畴的不对称性所做的深刻分析,完全避免了多年来"照搬照套"的僵化做法,以及近年来出现的西方经济学热由"外来的发展"造成的理论断裂现象,保证了社会主义经济理论的完整性和发展的连续性。

---

[1]《分享经济》一书已被翻译成 10 种文字出版,作者威茨曼曾获诺贝尔经济学奖提名。

《新成本论》作为一种新的社会主义经济理论,其主要理论贡献可以概括为以下几个方面:

第一,将分配范畴置于社会主义经济理论研究的重要地位,充分重视了分配对社会主义生产的促进和反作用。长期以来,由于理论上把公有制的建立视为分配问题的最终解决,使得分配范畴在社会主义经济理论中没有应有的位置,这导致了片面强调生产的决定作用。忽视分配对生产的促进和反作用,严重扭曲了社会主义的经济刺激结构,致使经济发展动力不足。《新成本论》把分配作为经济改革的本质的核心的内容,重新恢复分配范畴在经济学体系中的地位,这是作者在理论上做出的重大贡献。

第二,在科学劳动价值论的基础上,理顺了社会主义生产中主体和客体的关系,建立了自主联合劳动新范畴,在理论上确定了劳动者在企业中的主人翁地位,从而彻底改变了过去以物为中心、见物不见人的经济思想,找到了经济发展的动力源。作者始终把劳动、劳动报酬和劳动者的分析作为其理论发展的基础。随着劳动者在生产中的主体地位的确立,以及通过分配形式得到最终体现,以人为中心的管理方式也就必然取代以物为中心的管理方式,这反映了现代经济发展的必然趋势。

第三,从成本范畴入手,建立了一种新的社会主义经济理论,即需要价值理论,从而使建立一个新的社会主义经济理论体系成为可能。作者正是在新成本范畴的基础上,建立了社会主义需要价值理论,并据此提出了社会主义需要价值规律是社会主义基本经济规律的观点,提出了新的收入分配理论、新的资金运动理论、新的生产价格理论、新的企业成本理论、新的社会成本理论,以及作者正在探索中的新的再生产理论等。这预示着一个新的社会主义经济学体系正在诞生。

第四,在发展了的马克思主义经济理论体系内,从理论上建立起了社会主义企业的净产值核算体系,为在我国推行净产值核算方法提供了有力的理论依据,保证了理论与实践的统一性。作者还在净产值核算体系的基础上,提出了社会主义净产值分配体系和企业管理制度的新主张,提出了建立新的社会主义国民经济成本管理体系和新的财政税收政策等一系列新的设想。此外,作者还就改革传统工资制为净收入分成制提出了具体方案,设计了新的会计核算方法和成本控制方法,使经济学的规范性研究和实证性研究有机地结合在一起。

第五,对我国以企业扩权为中心的经济体制改革实践,做出了新颖的理论概括,为推进改革提供了一条新的思路。扩大企业自主权,增强企业活力,是经济体制改革的中心环节。其根本问题是如何处理好国家和企业、企业和职工两层利益关系。新成本理论从分配领域入手,在总结了一系列改革实践第一手经验的基础上,建立起了三者利益共同消长的分配新模式。它以新价值分配体系确认了企业和劳动者在经济活动中的主体地位,建立了一种新的企业经营机制,找到了增强企业活力的有效途径。

《新成本论》不是出自作者的闭门深思,而是作者对改革实践经验的总结、提炼和再创造。作为一部学术专著,它实践了作者"再也不应该满足于长久以来习惯于套用旧的资本主义经济范畴,并从僵化的定义和公式出发去歪曲和剪裁实际经济生活的做法,而应该从实际出发,依据马克思主义原理,去创造出能够准确表现社会主义生产关系的新的经济范畴,以逐步取代那些沿用已久业已过时的旧范畴,来一次新陈代谢"的基本思想。这使得该书具有浓郁的时代感和强烈的创新意识。作者所具有的强烈的创新意识来自于作者的正确研究目的以及作者所具有的强烈的社会责任感,这使他充分重视了理论的实用性。作者的这种严谨、求实、创新的治学态度是值得学习的。

简单比较一下《新成本论》与《分享经济》,可以清楚看到,这两种在完全不同的经济理论体系内,独立完成的理论创造,从主要思想到主要政策主张是有许多共同之处的。①两者要解决的问题从本质上看是一致的,都是要解决经济发展动力不足的问题。②两者的研究出发点是一致的,它们都从微观的企业行为出发,在分配领域中探寻经济动力不足的原因。③两者都以改善现行的经济刺激结构,建立新的动力刺激机制、新的微观经济基础为目标。④两者都把现行的工资制度视为经济发展动力不足的主要根源,认为它是一种与企业经营状况无关的制度。⑤它们提出的新方案是相同的,即建立一种新的利益共享制度来消除传统的利益矛盾,只不过所用的名称不同,一个称做"净收入分成制度",另一个称做"利润分享制度"。⑥它们都对劳动者在企业中的地位给予了高度重视,并将其视为影响经济活力的最重要因素。⑦它们都把制定新的有效的财税政策作为新制度运行的根本保证,都强调了政府在确定分享比率和推行新制度方面所起的重要作用。当然,由于社会制度的根本差异,新成本制度有着更好的实施条件和良好的发展前景。但作为一部学术著作,《新成本论》至少在以下两个方面的理论贡献是超过《分享经济》的。其一,《分享经济》是在原有理论体系内提出新制度设想的,而《新成本论》是在对传统的社会主义经济理论体系做了重大发展的基础上提出新设想。其二,《分享经济》并未触动西方经济原有的经济范畴,而《新成本论》是在突破原有社会主义政治经济学理论体系,改造传统成本范畴的基础上建立新理论体系的。在新成本理论中,成本范畴和收入范畴有机地结合在一起,坚持了理论的统一性。

无论从理论还是从实践上看,《新成本论》所给予的启示都是深刻的。它以新的思维方式对人们一向视为当然的经济范畴和经济管理制度提出了重新评价的任务,对传统的经济理论提出了大胆的挑战。由上引述可见,我国学者钟沛先生的见地是十分深刻的。

四、值得进一步探索的问题及政策建议

中国特色社会主义分享经济理论都有一个逻辑结论,即:从利益独占转到利益分享。那就是强调从改革分配制度入手,通过建立起一种新的利益共享制度来消除传统体制中的利益矛盾以解决经济发展动力不足和可能出现的经济"滞胀"问题。分享经济理论观点的形成,实际上与人们对社会宏观经济制度与微观经济运行机制的具体情境的认识是分不开的。因此,虽然分享经济制度近年来不论在西方还是在中国都已成为经济实践关注的焦点之一,但从现有文献看,关于分享经济制度的研究还有许多不完善的地方:一部分学者倾向于把分享经济制度看成是一种新的静态的企业报酬制度[1],没有从整体上来考虑和推动它的发展。这样的认识未免有些偏颇,因为收入分配制度并不能隐含地对应于某种财产所有权安排制度,也就是说,收入分配制度没有包含某种特定的财产所有权安排,所以,把分享经济制度看成是一种收入分配制度就不能涵盖职工股份所有制计划、劳动者管理的合作社和劳动资本合伙制等分享经济制度的形式。还有一部分学者认为分享制是一种现代公司组织形式[2]。对于这种观点,我们也难苟同。众所周知,公司财产的组织形式是公司组织最根本、最重要的形式。按公司财产的分割和认缴方式,现代公司可以划分为有限责任公司和股份有限公司。由于职工股份所有制计划、劳动者管理的合作社和劳动资本合伙制皆涉及财产所有权的重新安排。因此,把经济分享制看成是一种现代公司组织形式虽然可以涵盖上述制度形式,但却无法涵盖利润分享制和净收入分享制,因为利润分享制和净收入分享制完全可以在企业财产所有权不发生变更,或者说可以在公司财产组织形式不发生变动的情况下实施。[3]因此,认为分享制是一种现代公司财产组织形式难免以偏概全。

我们认为,分享经济制度本质上是一种产权分散分布于非人力资本所有者和人力资本所有者的制度安排。因为这一本质界定涵盖了分享制的不同形式,并与工薪制区别开来。首先,职工股份所有制计划、劳动者管理的合作社和劳动资本合伙

---

①转引自张泽荣主编:《当代资本主义分配关系研究》,第31页,1994年。
②翁君奕:《支薪制与分享制:现代公司组织形式的比较》,载《经济社会体制比较》,1996年第5期。
③值得注意的是,笔者在20世纪80~90年代,针对国有企业改革转向产权改革的主流思潮,曾在其论著中多次明确提出不触动国有产权制度,从分配制度改革入手改革经营机制的正确改革主张,以避免出现国有企业私有化的恶果。

制中的主体之一工人都是财产(非人力资本和人力资本)所有者,都由于拥有财产所有权而逻辑地与资本所有者分享企业所有权;其次,利润分享制和收入分享制虽然不涉及财产所有权,但都涉及了产权中企业所有权,因而也是一种产权分享制度安排。再次,与工薪制条件下非人力资本所有者独享企业所有权、收益与风险集中对称分布于资本所有者不同,分享制则是利益共享,风险共担。

事实上,早在 20 世纪 50 年代前后,为了解决由于所有权与经营权分离所诱发的财务资本所有权的弱化和经营者权力"膨胀"的问题,美国就已经对企业经营者进行了股票奖励计划。从 1952 年辉瑞(Pfrizer)制药公司第一个推出股票期权计划到今天,全美实行股票期权计划的公司已占 45%,全球前 500 家大工业企业中至少有 89%的企业已向高级管理人员实行股票期权制度。也是在同样的背景下,相对保守的欧洲企业也开始重视平衡经理人员的收入与企业发展之间的关系,由传统的股东享有"剩余索取权"的分配方式逐渐向人力资本和股东共享企业的"剩余索取权"转变。目前,股票期权制在欧洲已得到普遍的运用和蓬勃的发展。在中国,当前的国有企业改革已经进入产权改革阶段。这一改革的主要目的也是为了解决国有企业内部因经营者阶层的崛起而日趋严重的"内部人控制"问题。但是,由于在指导思想和政策取向上忽视和排斥工人持股、工人参与管理和工会的作用,致使工人阶级的主人翁地位失落,成为弱势群体,不能合理分享成果。

针对我国目前经济失衡的具体情况,依据分享经济原理,我国经济体制改革近期应注意解决好以下问题:

(1)国有企业、集体企业和私营企业,都可以实行利润分享制度,也就是将企业实现利润的一部分用作职工的奖金。奖金与利润挂钩,随利润的增减而增减,会对员工产生激励作用。在固定工资制度未改的情况下,可以加大奖金的幅度以提高员工的生产积极性。

(2)对合作经济或集体经济来说,应当采用股份合作制作为分享经济形式。而且可以将这种分享经济推向全社会化。股份合作制经济的企业应当成为中小企业改革的方向。

(3)国有企业可实施职工股份制和净收入分享制。

(4)鉴于当前出现了日益严重的通胀和失业现象,应当从速借鉴分享经济的功能和宏观效应,运用分享经济机制有力抑制通胀和失业率上升。为此,需要全社会进行协调改革:国有企业实施职工股份制;私人企业实施利润分享制;集体企业改为合作经济并实施股份合作制。通过制度创新使全社会实行分享制。这样就有可能发挥分享经济的宏观调节功能,通过利益分享制度在全社会实现"无滞胀"的经济发展。

尽管人力资本所有者对企业利润的分享具有很强的现实意义，但也有操作上的具体困难：第一，在收益能力的分析中，人力资本投资与物力资本投资很难明确区分，人力资本与物力资本作用效果没有明显的界限，由此进行的报酬率的计算带有一定的主观性。第二，人力资本本身的特征决定了人力资本难以在事前准确测量，人力资本如何估价、如何折股，收益留存和发放各多少等，目前尚未形成被广为接受的理论和方法。此外，人力资本会计虽然有了一定的进展，但迄今还无法建立较完善的人力资本会计制度。所有这些问题都在一定程度上对人力资本分享剩余索取权设置了障碍。当然，这也将成为分享经济理论今后研究的课题之一。

尤其值得一提的是，我国正处在社会转型期，劳动力过剩而资本相对稀缺的状况导致偏重资本轻劳动的政策和价值取向，从而使财务资本日趋强势化而人力资本特别是劳动日趋弱势化。这种趋势是构成利益分配不均衡的社会基础。在一些地区和部门，资本与劳动的关系已经严重失衡，仍是利益被资本独占而不是利益分享，对社会稳定构成了很大的潜在威胁。因此，在这样的背景下，对人力资本分享企业的剩余索取权问题进行深度研究和探索更加具有明显的现实意义。相信随着我国经济改革的深入，将会出现更多的分享经济形式，同时在理论上更加深化和完善。

鉴于中国特色社会主义分享经济理论对于构建社会主义和谐社会和实现共同富裕具有重要的现实指导意义，对于马克思主义中国化，创建中国特色的社会主义经济理论，丰富中国特色社会主义理论体系，发展当代中国的马克思主义经济理论具有重要的理论意义，特提出以下政策建议：

（1）在理论研究上，及时扭转国内对中国特色分享经济理论研究的分散、自发状态和研究进展滞缓状态，将这一课题列入国家社会科学基金重大招标项目，组织力量进行有计划的研究。

（2）在经济体制改革上，将建立中国特色分享经济制度和机制，列入中央人民政府和国家发改委的体制改革计划项目中，作为深化体制改革的必要任务，由政府主持、推动此项体制改革，在全国范围有计划地推行企业净收入分成制和股份合作制等改革。

（3）在法律上，要对利益分享制的规范形式的合法性进行立法，由法律规定在符合条件的企业推行建立分享制度和建立职工代表大会组织及工会组织，从而建立利益分享的决策、谈判、协商机制。

上　编

扬弃与借鉴：

西方分享经济实践与理论考察

第一章 西方分享经济实践形式的发展及其启示

自从 20 世纪 80 年代美国经济学家威茨曼提出用分享经济制度取代工资制经济,用来解决资本主义世界面临"滞胀"等难题而企图使资本主义摆脱困境、继续发展以来,西方分享经济在实践和理论两方面都取得了较大的发展,并取得了一定的效果。

为了对西方分享经济进行借鉴和扬弃, 吸收其合理的成分和对服务于我国社会主义经济改革与建设适用的东西,我们本着"他山之石,可以攻玉"、批判地吸收的精神,对西方经济从实践和理论两方面作了前沿跟踪研究。本章较为全面地归纳了西方分享经济的各种主要实践形式, 并对其参考价值作了适应性分析。可以看到, 西方分享经济的实践形式比英国经济学家米德当年归纳的分享经济的各种形式又有了新的拓展。

一、西方分享经济实践形式的发展情况

(一)利润分享制

利润分享制是指企业所有者和职工共同分享企业利润的一种企业纯收入分配模式。一般而言,企业职工只参加企业的利润分享,不承担企业的亏损和风险,企业根据盈利情况决定是否进行利润分享。利润分享制度是相对传统的固定工资制度而言的。分享制度是与工人的工资和某种能够恰当反映厂商的指数相联系的。这里的"厂商经营的指数"主要是指"厂商的收入或利润"。这样,工人和雇主在劳动力市场上达成的就不再是规定每小时多少工资的合同, 而是工人与雇主在企业收入中各占多少分享比例的协议。对于雇员来说, 无论是固定工资制度还是利润分享制度,其分配结果是一样的,但是两种制度对宏观经济的影响却是完全不同的。这就意味着,威茨曼提出"利润分享"的本意,并非真正让工人去分享利润,而是作为治理滞胀的药方。因此, 利润分享制度对通货膨胀和就业的影响是其核心内容和优势。

按利润分享的时间差异,利润分享制度主要有现期支付和延期支付两种形式。实行现期支付的企业每隔一段时间,把企业利润的一部分根据员工的业绩进行分配;实行延期支付计划的企业,在信托基金监管下,将企业一部分利润存入职工特别账户,职工要等到规定的时间(通常是退休后)或离开企业时才能领取或享用。不

同于大多数欧美发达国家,日本的利润分享制以现期支付的奖金为主。企业的正式雇员每半年可获得一次奖金。日本企业的奖金水平按企业的效益差异一般相当于员工 2~6 个月的工资。奖金分两部分,一部分为基本奖,占 60%。这部分人人有份,不需评定,按每个雇员月工资的一定倍数发给;另一部分为激励奖,占 40%,按照每个雇员的工作成绩、能力、资格、职务等综合评定,因人而异。日本产业工人总收入的 1/4 由奖金分红构成,据统计,日本员工分享额占到公司利润的 42%~67%,日本企业奖金之多,在发达国家首屈一指。

据某些学者对日本 355 家公司的跟踪调查发现,在 20 世纪 60 年代,这些公司中有利润分享计划的占 7% 左右,此后稳步成长,1980 年达到 14%,1990 年达到 20%,1993 年达到 26.2%。他们发现,几乎所有 30 人以上的日本公司都实行着某种形式的利润或奖金、收益分享计划。他们把日本与法国、墨西哥共同列为 OECD(经济合作与发展组织)中利润分享比例最高的一类国家。

利润分享制在美国最早出现于 1794 年,美国人阿尔伯特·盖莱汀(J.Gallatin)就在自己的工厂里实施过利润分享制。在整个 19 世纪,利润分享计划在美国的发展非常缓慢。当宝洁(于 1887 年开始实施)、柯达(于 1916 年开始实施)、福特等一些大公司实行了一些著名的利润分享计划后,利润分享计划开始出现了新的生机。福特公司不仅与职员、而且与消费者分享利润,使员工安心工作、顾客乐于购车且尽力推销。在 20 世纪早期,许多雇主推行利润分享计划主要是作为一种阻止工会化的手段。在 19 世纪中叶,英国的 Henry Briggs 公司开始实行利润分享制。在 1865~1919 年间,英国大约实行了 635 个利润分享计划。法国的利润分享计划起源于 19 世纪中叶,但直到 20 世纪 60 年代初,也只在极少数的企业实行。20 世纪 60 年代以前,利润分享制在西方国家局限在小范围内运作。①

由于受威茨曼利润分享影响最深,英国是推行利润分享制的典型代表。20 世纪 70 年代后,在英财政法的支持下,利润共享计划发展迅速加快,并日趋完善。英国利润分享制的具体内容是:①资格规定:1978 年的财政法规定,凡在公司连续服务满 5 年的所有全日制职工(包括经理人员)皆能参与利润共享计划,非全日制职工以及服务年限较短的人员能否参加由公司自行规定。②具体实施步骤:公司用不高于税前营业利润 5% 的利润,在经投资保护委员会同意后,委托信托单位购买股票(可从现有股东手中购买股票或按市场价格认购新股),然后再把股票分配给职工,作为工资外的额外收入。

---

① 罗后清:《分享经济在西方的发展及其启示》,载《现代经济探讨》,2007 年第 7 期。

普通职工参与企业的利润分享是从 20 世纪六、七十年代开始流行的。20 世纪 60 年代在美国企业开始流行利润分享制,1967 年美国大约有 1.5 万个利润分享计划,涉及 200 万人,占工人总数的 12%、办公室人员的 22%。20 世纪 70 年代后,利润分享制在西方得到快速发展。在法国,1975 年有 1 万个利润分享计划,占职工总数的 22.5%,符合规定的上市公司中约有 2/3 的企业实行了利润分享制。1990 年法国参加利润分享的人数达到 1400 万人,约占职工总数的 60%,其分红额已相当于工资的 7.5%,高的达到 18%~20%。美国 20 世纪 80 年代末期有 15% 的公司实行了利润分享制,参加人数占全国职工总数的 22%。英国政府 1978 年制定利润分享法规,1988 年利润分享计划达到 756 个,到 90 年代初约有 16% 的职工参加了利润分享计划。据对 61% 的有这种计划的公司调查,它们的分红取决于总的利润动态,分红的数额占职工总收入的 6%~10%。从 1987 年到 1999 年间,在《财富》杂志评选的 1000 家大企业中,采用利润分享的企业从 26% 上升到 50% 以上。利润分享在西方已成为一种越来越普遍的分配形式和普通劳动者的一项应有权利。①

另一种与利润分享制度相似的制度是收入分享制度。我们说的纯收入分享计划,是指这样一种安排,即不存在固定工资,而使劳动的全部收入采取以企业纯收入的一个既定份额(例如 80%)来支付的形式,企业纯收入的其余部分(20%),在支付固定的利息后如还有剩余,则归企业股份资本的所有者获得。在风险承担和鼓励现有工人积极性方面,纯收入分享计划的效果同纯利润分享计划的效果类似,即利润或亏损都要按工人收入占纯收入的比例(在我们的例子中,为 80%)分配给工人。现有的企业纯收入和这个收入的任何浮动变化,都以 80:20 的同一比例在劳动和资本之间进行分配。但是,纯收入分享计划对于雇工规模和扩大资本等决策产生的影响,以及对于这些决策在劳资关系方面产生的影响,则是同利润分享形式很不一样的。

如果分享企业纯收入的比例是完全固定不变的话,就必然要出现劳资双方在投资问题上的利益冲突。投资如要由资本家提供资金,他们对扩大投资就会很不积极,因为他们要承担投资的全部成本,而只能享受投资收益中分给他们的那一部分。另一方面,在这种情况下,只要扩大资本会增加哪怕很小的企业收入,工人也会赞成扩大投资,因为他们不负担任何成本,而能分享纯收入增额中属于他们的份额。但是,如果返还投资的成本由劳资双方按他们之间分享新投资收益的同一比例来各自承担,那就可以解决资本家对扩大资本不积极的问题了。在这种情况下,扩

① 罗后清:《分享经济在西方的发展及其启示》,载《现代经济探讨》,2007 年第 7 期。

大资本的计划对现有工人——特别是接近退休年龄的工人——的吸引力可能很小。这部分是因为他们为着将来而储蓄的愿望比资本家要小,还因为他们储蓄的收益,大部分将由公司中将来的工人享受,而非他们自己和自己的继承人享受。

(二)企业所有权分享制

企业所有权分享制是指企业职工通过获取企业一定份额的股份,以企业股东的身份享有相应的权利。职工获取本企业股票的形式多样,主要包括职工持股计划和股票期权计划(也称股票选择权计划,有学者称之为企业价值分享制)。

股票期权计划通常被用于企业的高层管理人员。自从 20 世纪 70 年代以来,股票期权计划在企业中似乎存在一种将享受这种计划的资格向企业下一层推广的趋势。事实上,许多企业,包括百事可乐、麦克唐纳、沃尔玛及宝洁等都已经将股票期权计划推广到其所有雇员身上了。在一些高科技公司,这种现象表现得更明显。据美国分享数据公司对电子工业企业的调查资料,1992 年授予全部职工股票期权的企业只有 30%(接受调查的企业),1994 年达到 54%。1997 年 1100 家上市公司中有 53%的公司授予全部职工以股票期权。20 世纪 80 年代,英国政府制定了鼓励企业授予职工股票期权的税收优惠法规,到 1988 年 6 月,约有 3900 多家企业授予职工股票期权。美国安然事件后,期权制度受到一些人的质疑,进展趋缓。

职工持股计划(Employee Stock Ownership Plans,简称 ESOP)是由美国的一位资本家首先在其公司实行的一种计划,把付给工人工资的一部分用来为工人购买该公司的普通股份,这些股份或者是为扩大资本提供资金而新发行的,或者是按市场价格从现有的股份持有者手中购买的。工人得到的这些股份或者由一个特别的托管基金会代表全体工人保管,或者分配到每个工人的账户上。职工持股计划分为非杠杆型(Non-leveraged ESOP)和杠杆型(Leveraged ESOP)两大类。前者由公司每年直接向 ESOP 贡献一定数额的股票或用于购买股票的现金;后者需向金融机构融资,用企业每年付给职工持股计划的资金逐年偿还贷款,贷款还清后,股票即全部归职工所有。由于杠杆型的 ESOP 可以为企业融通资金并获得纳税优惠,为多数实施职工持股计划的美国企业所青睐。据美国职工持股协会的统计,杠杆型 ESOP 约占到职工持股计划的 3/4。下面主要以美、英、法、日四国为例来介绍职工持股计划在西方发展的历史。

1.美国的职工持股计划

国外职工持股的实践最早发生在美国。18 世纪末,由于迅速掀起的工业革命和经济变化使贫富差距拉大,社会变得动荡不安。为了调和劳资利益,创造一个平和安定的经济环境,曾担任过杰弗逊和麦迪逊政府财政大臣的美国"雇员所有制之父"阿尔伯特·盖莱丁提出,民主不应该仅限于政治领域,也应当扩展到经济生活中来。1797 年,他在宾夕法尼亚州自己的玻璃工厂里尝试实行了职工持股。

职工持股在美国出现以后,开始发展比较缓慢。19 世纪末到 20 世纪初,美国贫富间的紧张局势加剧,工人暴动越来越多。为缓和劳资矛盾,1916 年,美国出现了第一个职工持股计划(当时还没有这个名字)。零售商西尔斯和罗巴克公司决定用公司的股票资助职工退休计划。职工通过这一计划持有公司的股票,从而得到更多的退休补助金。这一计划不光能激励和留住员工,也提高了公司的盈利能力。20世纪 20 年代,美国掀起了一次被称为"新资本主义"的雇员所有制运动。伊斯曼·柯达公司等一些大公司实行了一些著名的职工持股计划。它们鼓励员工用自己的积蓄或奖金购买本公司的股票。当时,员工购买股票很简单,公司一般宣布一个计划,然后在每个工资支付期(2 周或 1 个月)从员工的工资支票上由公司减去一小部分用于购买公司股票。一般公司会折价向员工们出售股票,每个员工都有属于他们自己的个人股票账户。随着时间的推移,雇员们在公司购买的股票逐渐增加。到 1930年,美国当时约有 2.5%的员工购买了 10 亿美元的公司股票,相当于美国实施员工持股计划在 20 世纪 80 年代初期所拥有的股票额。但是,正当这种做法开始为人们接受的时候,美国爆发了经济危机,股票市场崩溃,许多员工失去了其股票账户的价值,员工持股制遭受了美国历史上最严重的挫折。股票市场崩溃之后,员工持股制就不像以前那样受欢迎了,员工财务上的参与重心也转移到了寻求合理的工资和利益上去了。

在 20 世纪 30 年代经济大衰退期间,员工持股计划处于停滞状态。直到 1939年国会财经委员会发布了一项有关员工持股制的研究报告之后才扭转了这一局面。报告指出,委员会认为已建立起来的各种形式的员工利润分享计划能够并且已经在制造和谐、平等、有效和令人满意的劳资关系方面获得了显著成功,我们相信它对于长久维持资本主义制度是不可缺少的。基于以上观点,国会通过了有关法规,政府可以向采用递延形式的员工利润分享计划的企业和员工提供税收优惠。员工持股制又开始升温。50 年代末,美国员工持股计划的现代创始人路易斯·凯尔索提出了"二元经济学"理论,并在加利福尼亚将自己的理论付诸实践。他号召帕罗奥多地区一家盈利的郊区报纸连锁店的员工,从即将退休的老板手中折价买下这家企业的资产。然而当时缺乏常规的筹措资金的手段,如果员工买下企业的资产就将会承担大量的个人债务。为此,凯尔索以当时公司的"员工受益计划"为理由,巧妙地通过了各种法律机构,在联邦和州里建立了依靠借贷资本使员工买下雇主企业的程序。这样到 70 年代中期关于"员工持股计划"(ESOP)的立法颁布以后,美国第一个员工持股计划就被成功地建立起来了。凯尔索的理论得到了美国国会和政府中一些有识之士的支持,其中起关键作用的是路易斯安那州参议员拉赛尔·朗。他在担任参议院财经委员会主席期间,努力推动国会立法,终于在1974年通过了"美国雇员退休收入保障法案"。该法明确提出了公司实行员工持股计划问题,并就各类税收优惠政策做出了法律规定。其后,美国国会和政府又相继颁布了20多个法律,50个州中也有一半颁布了鼓励员工持股的立法。这些法律颁布后,极大地推动了美国员工持股计划的推行。1974年以来,实行员工持股的公司节节上升,至1998年已达1.4万家。现在美国有11.4%的员工拥有他们公司的部分股票或全部财产,参加员工持股计划和期权计划等福利计划的职工人数超过了3000万,员工持股计划涉及的资产总值已达4000多亿美元。

2.英国的员工持股计划

英国的员工持股计划是从1829年威尔斯康特勋爵在他的戈尔韦农场实行的,直到1865年才又有6家企业开始实行。实行员工持股的企业到1919年达到164家,到1954年升至297家,进展非常缓慢。直到1978年,英国国会通过了一项财政法案,经批准实行递延式员工持股的企业和个人实行税收减免,才推动了员工持股计划的实行,打破了这种沉闷的状况。

英国员工持股大刀阔斧地展开是在撒切尔夫人上台之后。撒切尔夫人非常欣赏美国经济学家马丁·威茨曼提出的"分享经济"理论,赞同将企业工人工资与企业经济效益挂钩的做法,让劳资双方共同承担企业的风险,共同分享企业的收益。撒切尔夫人在任期间,以"民众资本主义"方式出售国有企业,很快在全英国掀起私有化浪潮。她1979年上台时,国有企业生产总值占国内生产总值的比重为10.5%,到1987年,这一比重下降到7.5%。在这一过程中,50万职工转移到私营部门,其中90%的员工购买了本公司的股份,英国私人股东的人数增加了3倍。

英国全国货运公司是撒切尔政府第一个实行私有化的国有企业。1982年,由于这家企业亏损严重,行将倒闭,政府把它廉价卖给本公司的职工。70%的职工由被雇佣者变成了拥有股票的股东。几年来,公司经营有术,职工齐心协力,使一个濒于破产的企业变成了英国数一数二的盈利企业,1982年价值1英镑的股票已升值到56英镑。

继全国货运公司之后,政府又对英国煤气公司、英国电信公司和英国石油公司等大型国有企业也实行了私有化,并对职工持股问题采取了一些新的做法,如:分配一部分免费股票;按购买股票数赠送股票;在公开拍卖股票时给职工优先购买权等等。据统计,在已经私有化的货运、煤气、电信等5家原国有企业中,80%以上的职工拥有本公司的股票,其中英国电信公司职工入股率为94%,英国煤气公司职工入股率高达99%。到90年代中期,英国职工持股人数已达200万人,全国股票持有者高达900万,占成年人口的20%。1999年,英国政府又宣布扩大了职工持股的范围,并在2000年对金融法进行了一系列改革,使新加入职工持股计划的人数又增加了60万人。

3.法国的职工持股计划

法国职工持股的思想萌芽诞生于19世纪中叶,空想社会主义者圣西门和傅立叶在他们各自设想的理想社会“实业制度”和“法郎吉”中,社会成员的收入按劳动、股金和才能三种条件进行“公正”的分配。在傅立叶设想的“法郎吉”中,社会成员收入分配的比例是劳动占5/12、股金占4/12、才能占3/12。尽管职工持股的思想萌芽很早,但法国多数雇主和工会都比较保守,而且相互敌视,所以直到20世纪50年代末,法国仅有个别企业进行过职工持股的尝试。

由政府出面强制推行职工持股等利润分享制度是法国的一大特色。面对雇主和雇员都不愿实行职工持股的状况,法国政府将实行职工持股作为一个政治问题,通过采取一系列法律措施,推动企业实行。首创者是戴高乐总统,他希望通过推行职工持股等利润分享计划消除各派力量的对立,改善雇佣劳动者的生活状况。

法国第一个关于职工与企业利润分享的法规于1959年1月7日出台,这是一项非强制性法规。根据法规,员工可以在正常劳动报酬之外分享公司的利润,分享收入免缴所得税和社会保险费,公司也可以将员工的分享收入从应税利润中扣除,不再缴税。这项法规没有取得预期的效果。政府认为有必要采取强有力的措施,于是在1967年8月17日又颁布了一项新的法规,指出雇员有分享雇主部分利润的合法权利,并规定雇员人数在10名以上的公司有义务实行利润分享,低于10名雇员的小企业可以自愿实行。

自1959年颁布第一个关于职工与企业实行利润分享的法规至今几十年来,法国政府多次颁布有关法规修改和完善职工持股制。1973年,法国颁布法律对企业实施职工持股制作出了具体规定,但这一法律主要适用于上市的企业。于是在1985年,政府第二次颁布法律,将职工持股制推广到未上市的企业中去。在法国政府的大力倡导和推动下,至80年代中期,法国已有1.3万余家企业实行了职工持股制,持股职工有近600万人。

4.日本的职工持股计划

日本的雇员持股制度兴起于20世纪初,30~40年代有所发展,现代意义上的职工持股始于20世纪60年代。日本员工持股是在股份公司内部设立本企业员工持股会,由员工个人出资,公司给予少量补贴,帮助员工积累资金陆续购买本企业股票的一种制度。1968年有20%的公司实行职工持股;1984年有60%的公司实行职工持股,覆盖40%以上的劳动力;到1993年职工持股已经变成一种全国性的现象,有97%的企业实行了职工持股。与其他国家相比,日本参加职工持股的企业比率和参加持股的职工比率都是相当高的。

职工股份所有制计划实行到彻底的程度,即公司全部的普通股份(公司全部的资产)都是属于该公司工人所有,或者由工人托管基金管理,或者划拨到个人账户上。一些工人常常宣传,应当以这种所有制形式进行彻底的改革。这种彻底形式的经济组织,也可以称之为劳动者管理的合作社,虽然它们的法定形式是公司而不是合作社。部分职工所有制计划,自然可以应用于任何企业,不管企业的资本密集程度有多么大。原则上,所有企业的所有工人都能在职工股份制计划中积累同样数量的财产,只不过在资本密集程度大的企业,工人股份所占的比例,远小于在资本密集程度较小的企业中所占的比例。完全采取劳动合作社的形式,这在相对劳动密集的企业中也许是合乎实际的、可行的。但在资本密集的企业中,可能就是不切实际的了。这是因为,工人从其收入中可能储蓄积累的数量,根本不够为公司所需要的那一部分资本提供资金(这部分资本如果要以固定利率从外面借进,或者是不可能的,或者从风险承担的观点看是不明智的)。

(三)企业管理权分享制

企业管理权分享制是企业职工参与企业经营管理的一种企业管理模式,又称"职工参与制"。所谓职工参与,是职工依法参与公司董事会,以决定公司的营运方针。其立法宗旨在于促进劳资关系之和谐,从而有助于公司的营运。在这种公司治理模式下,"劳力"与公司资本等同看待,均被看作为公司得以运作的两大要素。一般认为,这种模式可以提升公司员工对公司的向心力,降低公司员工因无法参与公司经营所产生的消极感。使"劳力"与"资本"更好地融合。职工参与公司治理的目的在于保护职工利益。其理论依据是:职工与公司的兴衰具有特殊的利害关系。公司的股东,可依分散持股的方式来分散投资的风险。而员工却难以分散其风险,因为从实际来看,职工仅能为一家公司所雇佣。因而,职工不可能采用同时为数家公司工作的方法来降低失业风险。因此,职工的风险虽与公司股东的风险本质上有所不同,但毫无疑问,职工的风险比股东的风险大而且特殊。

由于国内立法环境不同,各国职工参与制度在内容和形式上都各有不同。而不同国家侧重的模式也有差别,但纵观西方发达国家职工参与方式,大体可归纳为以下三种方式:经营参与,监督参与,信息参与。

1.经营参与方式

由雇员代表直接进入董事会,参与经营决策。这是 20 世纪 70 年代后欧洲大陆各国普遍推行的方式。许多国家的法律规定公司董事会必须有职工代表,从而为职工参与公司治理,改善公司治理结构,提供了制度基础。德国、法国、荷兰、瑞典等国法律都规定,公司董事中必须有职工代表,少则 1 人,多则占董事会人数的 1/3 左右。[①]例如法国于 1986 年和 1988 年修订后的《商事公司法》规定,董事会可包括由职工选举产生的董事,但职工董事数额不得超过 4 个,上市公司不得超过 5 个,同时职工董事人数不得超过其他董事人数的 1/3。如为国家投资设立或国家持股比例超过 50%的公司所控制或共同持股的公司,雇佣人员在 200~1000 人之间,则其董事必须包含 2 名职工代表;雇佣人员超过 1000 人,则董事会成员中 1/3 须为职工代表。[②]德国《参与决定法》和《冶矿业劳工参决法》都规定必须在董事会中设 1 名劳方董事,由雇员代表担任,享有同等权利。

2.监督参与方式

监督参与即公司职工通过参加公司的监督机构来行使监督权。通常是以职工进入监事会的方式进行。在传统公司法里,监事会成员一般是在有行为能力的股东中选任。但进入 20 世纪,德国首创的"职工参与制",即职工参与企业决策制度,对西方国家,特别是欧洲大陆国家产生了较大影响。现在欧洲大陆不少国家,都通过立法规定监事会中应有一定比例的职工代表参与公司的经营监督。职工监事所占比例高的为 1/2,一般都规定监事会成员的 1/3 由职工代表担任。如德国《共同决定法》规定,监事会由劳资双方的代表组成,是公司的最高权力机构。监事会负责公司经营董事会的任免,对公司经营董事会进行监督和检查。其中监事会成员由劳资双方对等组成,权力相当。法国劳动法规定,雇员人数超过 50 人以上的企业必须设立劳资协会,该协会有权从其成员中选出 2 名代表参加董事会或监事会,雇员代表应邀参加董事会或监事会的所有会议,并参加讨论,但无表决权。与欧洲不同,美国公司内部不设监事会,而由董事会履行监督职责。解决职工监督参与问题,美国公司法引入了"外部董事制度",即在董事会中设置一个由来自于公司外部且独立于公司业务执行委员会的外部董事组成的内部委员会来行使监督参与权。这不仅赋予公司职工监督参与权,而且拓宽了公司管理机构获得忠告和建议的渠道,有利于实现管理机构内部在权力和利益上的相互制约和平衡。

---

①卞耀武:《当代外国公司法》,404 页,法律出版社,1995 年。
②刘俊海:《职工参与公司机关制度的比较研究》,见王保树主编:《商事法论集》,第 3 卷,法律出版社,1999 年。

3.信息参与方式

信息参与是公司职工通过特定机构或劳资协议参与公司管理,有权了解公司的经营状况,并向公司决策机关提出建议和意见。这种参与方式层次较低,参与程度也不够深。通常是通过谈判的形式表现出来,内容主要涉及劳动时间、劳动报酬、职工福利等社会性问题。一般是先选出雇员的谈判代表,最后按法定程序进行谈判,然后签订集体合同。通过信息参与,促使双方在理解、信任、合作的基础上达到双方利益一致,这是作为公司重要利益相关者的职工参与企业管理的重要手段。

"职工参与制"以德国为典范。"共决制"是德国公司治理最为鲜明的特征,表现为职工进入公司监事会和执委会。由于德国监事会并非单纯的监督机构,除了监督执委会工作之外,还享有执委会人事任免权及部分公司重大事项的经营管理权,是兼具监督和决策双重功能的机关。执委会负责公司的日常经验管理,执行监事会的决议,并定期向监事会负责报告工作。

德国主要通过三部法律确立了共决制。1951 年的《煤炭和钢铁工业职工共同决定法》适用于职工人数超过 1000 人以上的采矿和钢铁企业,是"完全对等的共同决策制"。该法规定监事会必须同由等额的股东代表和职工代表及一名不属劳资双方任何一方的代表组成;在执委会中由职工监事指定一名"职工经理",分管劳动人事、工资和福利工作。1952 年制定并于 1972 年修订的《雇员代表共同管理法》将共决制推行至一般企业,该法规定:凡是雇佣 5 人以上的私人企业,都要设立企业职工管理委员会。委员会拥有知情权、共同决策权、审议通过权、合作权以及召开会议和签订企业合同权等;规定职工超过 500 人到 2000 人的企业,监事会中必须有 1/3 的工人代表。1976 年的《共同决定法》规定职工人数超过 2000 人的公司,监事会必须设立等额职工监事和股东监事,但在监事会表决出现僵局时,作为股东代表的监事会主席拥有"第二票"的权力;而且在任命执委会中的职工经理时,职工监事不具有否决权。

美、英等国长期以来对职工参与公司治理的立法采取冷漠态度。但是,从 20 世纪 80 年代中后期以来,美国 29 个州先后实行《公司法》变革,要求公司董事会为利益相关者服务。从实践来看,不少英、美国家公司董事会开始吸收职工参加董事会。比较而言,美国的职工参与制要比以德国为代表的欧洲大陆国家低一个层次。究其原因,除美国的雇主力量强大而工人运动力量相对薄弱之外,还有美国的劳工法和公司法都没有像德国法律那样支持雇员参加企业的高层管理,让雇员代表在公司董事会中发挥作用。

职工参与制度是政治民主向经济民主的扩展,是劳动力产权的丰富和完善,也是人类文明进步的表现。职工参与制作为当代人本管理的主要内容之一,正在逐步走向深化。

二、西方分享经济实践对我国的启示

(一)西方分享经济在继续发展的启示

1.分享经济体现了劳资双方关系的地位变化

普通劳动者从只能获取血汗工资、生存工资再到分享所有权、控制权和剩余权的变迁过程,反映的是"劳方"与"资方"的博弈中地位不断升级的过程。引发劳资关系中双方地位变化的原因是多方面的,从经济分析,主要是"劳动"在企业经济活动中的作用不断上升的结果。经济发展使人的经济价值不断提高。劳动者变成资本家并非传说中因为公司股份所有权扩散所致,而是由于他们获得具有经济价值的知识和技能的结果。这种知识和技能是投资的产物。在走向知识经济的时代,"劳动"的这种作用愈显突出,甚至还出现了"劳动"雇佣"资本"的现象。

劳资关系的这种地位变化,带给我们的深刻启示是,知识经济时代,一国经济社会发展的决定因素,不在于拥有多少物质资本,而在于有怎样的人力资本积累。提高劳动者的人力资本含量,其意义还在于,它对于提升劳动者的地位有着重大作用,甚至是决定性影响。

2.分享经济的实现程度取决于"劳方"的谈判力和集体行动

"资方"在利润分享、职工持股和管理权分享的过程中,首要考虑的是自身利益的最大化,"劳方"能分享到多大的收益,分享经济能实现到什么程度,主要取决于"劳方"的要价能力。影响"劳方"谈判力的因素涉及工人自身的素质、市场竞争状况、工人的组织程度与政治地位等多方面。在这诸多的条件中,工人的集体行动起着关键性作用。要价能力的背后是能否结成一个强有力的工会组织。

(二)利润分享制对我国的借鉴意义

1.利润分享制是社会主义市场经济条件下分配理论的进一步发展

这种发展不仅表现在分配内容的扩大上,而且在分配范围与形式上也进一步扩大与丰富。在分配内容方面,劳动者的劳动所得不仅表现在劳动力价值的实现上,而且还表现在劳动者参与自己所创造利润的瓜分上;在利润分享的范围方面,也不仅仅表现在公有制企业中,而且是包括私营、三资企业、公有制企业在内的所有企业均应实行这种利润分享。同时,分配的形式也不再是单调的,而是丰富多彩的。这种分配关系的实质是劳动者当家做主、主体地位的真正体现。尽管从马克思劳动价值理论的角度看,仍存在剥削关系,但在社会主义初级阶段为了发展社会生产力,则必须考虑到资本要素的作用。而如果单纯强调资本的作用,劳动者的主体地位不能在经济上真正实现的话,那么政治上所讲的"劳动者当家做主"在一定程度上就成为一句空话。因此,劳动者参与利润分享应是社会主义生产关系的某种真正体现。

2.利润分享制使得劳动者的主人翁地位得到进一步的增强

在实行利润分享制的企业中,不管是公有制企业,还是私营、三资企业,劳动者、资本所有者二者形成了某种利益共同体,促进劳资关系的和谐。劳动者不仅期望工资部分能得到保证,而且还期望由于企业的良好经营,其所分享利润部分的扩大与增加。资本所有者则不仅期望其所投入的资本要做到保值,更重要的是要做到增值,即要获得更多的利润,二者在目标上是一致的。从而可以有效地消除劳动者的雇佣观念,容易形成劳动者以厂为家,参与企业管理,关注企业发展的主人翁意识。劳动者在企业中经济地位的提高,不仅可以增强企业的凝聚力,而且有利于充分调动劳动者积极性、主动性和创造性的发挥。

3.利润分享制有着内在的激励机制,有利于刺激生产,降低成本,增加利润。在分享制企业中,由于资本所有者与劳动者的利益都同企业利润紧密相连,因此,利润目标就成了分享制企业所追求的最主要目标

首先,利润分享制的实行有利于强化企业所有人员的共同意识,降低劳动力的流动率,鼓励劳动者自觉遵守劳动纪律,改善劳动态度,提高劳动生产率,增加产品生产。其次,要取得较好的经济效益,获取更多的利润,在价格不变的情况下,就只有实行严格的成本控制与管理,不断降低产品成本,把物耗、成本降低到最低限度,从而人浮于事、生产浪费的现象将得到消除,企业竞争能力将得到进一步的增强与提高。最后,根据利润最大化原则,即边际成本等于边际收益,企业在进行生产过程中,为了实现利润最大化,必须要考虑如何在产量既定的情况下,实现成本最小,或在成本既定的情况下达到产量最大的问题。利润最大化原则实际上是如何做到各种资源得到最佳配置的问题。而如果企业实现了各种资源的优化配置,那么,企业必定会产生良好的经济效益。

4.利润分享制有着内在的利益制约机制,有利于国有资产的保值增值

在体制转轨时期,由于国家法制还不健全,社会不良风气还没有根本好转,国有资产流失的情况仍然十分严重。利润分享制是解决国有资产流失问题的一个较好办法。国有资产流失的一个重要原因在于缺乏内部监督。在分享制下,劳动者的利益与资本所有者的利益是趋于一致的。在分享比例一定的情况下,利润水平提高,则无论是劳动者还是资本所有者的利益都会得到增长;而如果企业经营亏损,则不仅劳动者的利润分享遭受损失,而且资本所有者的资本投入也会受到损失。因

此,在劳动者、资本所有者之间就形成了利益趋同机制,劳动者与资本所有者根据分享比例分享利润,合理合法。而另一方面,二者又是利益损失风险的承担者。如果有哪一方侵吞国有财产,必然会影响企业未来的经营成果,造成利润水平下降,使企业职工与资本所有者的利润分享总量下降。这必然会遭到另外一方的反对,由此形成企业内部的利益制约与监督机制。利益制约及内部监督的进行不仅可以使资产流失的问题得到解决,而且资本的保值增值问题也可以相应地得到解决。

（三）职工持股计划对我国的启示

在资本主义国家,特别是在美国,财富占有不公和劳资对立已成为影响经济发展的一个主要问题。职工持股计划的提出,反映了在美国资本主义社会制度的限度内社会各界寻求解决这个问题出路的一种探索。尽管参与这种探索的各方面抱有不同的动机,但从实践的效果看,它对促进生产发展有一定作用。据美国国家职工所有制中心的一项调查表明,实行职工持股计划公司的销售额比实行前每年提高1.89%,比没有实行的公司,每年增长要快5.4%;其就业增长,比没有实行职工持股计划前要多1.21%,比没有实行职工持股计划的公司每年要多增长5.05%。另外,美国职工持股计划协会对239个成员公司进行了调查,75%的公司认为,实行职工持股计划后,职工的主动性和公司的生产力大为改善或有所改变。至于职工持股计划与美国其他众多的职工福利计划相比,是否具有明显的优越性,目前还没有定量分析。但倡导者认为,有一点是十分明确的,那就是职工持股计划可以实现权力分享,从而实现财富分散和职工参与决策。

我国是社会主义国家,经济上以公有制为主体,绝大部分生产资料归劳动人民所有,不允许存在财富占有不公的问题。但是,由于长期以来管理体制和分配制度上的弊端,广大职工的积极性并未得到充分调动。如何在生产过程中体现工人阶级的主人翁地位,充分调动他们的积极性,同样也是我们需要研究解决的问题。

职工持股计划在以下方面对我们解决上述问题是有所启发的。

首先,职工持股计划的建立并不仅仅是一种福利计划,还希望通过职工持股建立一种经济民主和工人参与制度,使职工拥有经济权力。随着资本主义经济的发展,对产品的质量等要求越来越高,产品和技术的更新换代越来越快。这时只靠对工人的监督和考核并不能提高他们的责任感和创造性,相反,而是把工人推入了一种按常规进行工作的循环,从而无法适应经济发展的需要。资本主义的一些人士,看到了这样下去的危险性,特别是在高技术领域中的发展,如果没有广大雇员对企业的认同,其发展前景则很不乐观。于是他们明确提出了工人参与决策的口号,并希望找到具体实现形式,职工持股正是这种努力的一部分。在社会主义建设中,需要全心全意依靠工人阶级,如果没有广大工人的真正参与,就无法获得经济发展的真正动力。可以设想,把职工持股计划与职工代表大会制度结合起来,使其真正成为广大工人参与经济决策的一个机构,使工人真正感到不仅他们的政治权利,而且他们的经济权利也与他们的主人翁地位是相一致的,从而激发广大职工的积极性。其次,职工持股计划为工人谋取福利的实质是通过职工的努力,用他们创造的未来收益,而不是用过去的存储和企业的当前收益获得资产。如果职工不努力,企业效益不好,职工也就不能获得资产。这种思想对我们探讨调动职工积极性的具体办法,应该有所启迪。在我国,不可能通过银行贷款来发展职工持股,但是可以考虑通过企业节余的奖励基金和职工个人节余的购买力加上适当的政府补贴来购买企业的股票,使职工通过自己的努力,获得一种长远利益。

再次,职工持股计划是在资本主义私有制土壤中生长起来的,其最终前景如何还有待于实践的进一步检验。我国坚持以生产资料社会主义公有制为主体,允许和鼓励其他经济成分的共同发展,在公有制基础上实行职工持股并不违背上述方针。私有制基础上的职工持股最终当然需有利于资本家阶级,公有制基础上的职工持股最终当然需有利于无产阶级和广大劳动人民。同样是职工持股,因所有制性质不同,其最后结果也不同。但是,在实践中,我们完全可以借鉴西方国家的一些做法。

职工持股计划也有其不足之处。虽然美国号称实行 ESOP 是一种"彻底的民主",但实际上,ESOP 只是提供了职工分享部分公司盈余的剩余财产分配权,而并未在涉及公司命运的剩余控制权领域分得一杯羹。因为在实行职工持股计划的企业中,尽管向职工提供了大量乃至全部股票,但职工持有的往往是没有投票权的"优先股"。即使某些实行 ESOP 的企业不剥夺职工的投票权,但按照美国法律规定,在选举董事时他们的投票权也要由"受托管理人"代为行使。因为美国税法规定,归私人所有的公司,要想得到 ESOP 的税收补贴,职工在选举董事和处理日常事务时,其投票权由"受托管理人"行使,而且这种"受托管理人"还可由企业管理者在不同雇员商量的情况下加以委派;即使涉及诸如企业合并或取消等公司改组事务,需要由持股雇员自己来行使投票权时,公司管理者也可通过改变或取消计划来加以规避。

(四)"职工参与制"对我国的启示

在我国,职工参与公司治理有其坚实的制度基础。因为我国是实行生产资料公有制为主体的社会主义国家,社会主义经济制度消除了资本和劳动对抗的物质基础和社会基础,确立了劳动者的主人翁地位。劳动者既是生产资料的主人,同时又是自己劳动力的主人,理应能够参与生产过程的管理和劳动成果的分配。但是,我国公司法与劳动法对职工参与权内容的规定均侧重于对职工利益的维护，或者说法律赋予职工的参与权仅仅是为了保证职工利益在公司运作过程中不受到歧视，立法导向上缺乏对职工主动参与权的规定。我国在职工参与制上的真正不足体现在我国立法关于职工参与制度的重视不足。

1.在我国,职工的信息参与权主要通过职工代表大会或职工大会来行使

而我国传统企业立法中，职工代表大会的法律规定仅存在于公有制企业，而大量的三资企业和私营企业不仅没有关于职代会的规定，甚至连职工的民主管理也很少提及。另外，《中华人民共和国公司法》(以下简称《公司法》)规定,国有独资和两个以上的国有企业或者其他两个以上的国有投资主体投资设立的有限责任公司要依法设立职工代表大会,而对其他所有制类型的公司都未作相应规定。这体现了我国职代会的立法思路:职工代表大会作为上层建筑的一个组成部分，其经济基础方面的依据是生产资料公有制，而劳动者是公有制企业的主人，却不是私营企业、三资企业的所有者，当然就不是企业的主人，因而在非公有制企业也就不能设置职工代表大会。

这种思路显然有悖于职工参与制度的本旨。从职工参与制度的发源地西方发达国家看，职工参与公司治理的根据是现代社会化大生产。在社会化大生产条件下,影响企业发展的外部因素错综复杂,市场瞬息万变。在企业内部则分工细密、协作复杂,这就需要民主管理、群策群力、提高企业的决策水平。它的理论基础就是前述的利益相关者理论。因而,职工参与公司治理是社会化大生产的产物。针对我国职工信息参与制度方面的缺陷,我们应从以下两方面进行完善:一方面,要抛弃依所有制类型设置职工代表大会的做法,通过立法强制性地规定,无论何种类型的企业,只要职工人数达到一定规模,就必须设置职工代表大会;另一方面,明确规定职工代表大会的职权,即明确其职权范围、行使程序、遇有阻碍时的救济手段等,以便使此项权利切实可行。

2.监督参与制度的缺陷及其完善

我国《公司法》虽然规定有限责任公司和股份有限公司的监事会应有本公司职工民主选举的职工代表,但却又规定其具体比例由公司章程确定。正如有的学者所说,这种缺乏刚性的规定,在实践中往往因各种原因被大打折扣。其原因有二:第一,该法虽规定监事会中的职工代表由公司职工民主选举产生,但未规定职工代表的具体产生办法,条件和更换程序,职工监事与股东监事的权限是否应有所区别,应如何设置监督机制等问题也不明确,这必然影响职工监事的设置和运作;第二,该法规定职工代表监事的比例由公司章程具体规定,而公司章程是由股东或发起

人制定。加之《公司法》未规定持股参与制度,职工少有机会以股东身份参加股东会以提高其自身代表在监事会中所占的比例。因此,其结果必然是尽可能地降低职工在监事会中的代表人数,从而使职工代表在监事会中成为摆设,无法形成真正的制约力量,监督参与的立法目标无法实现。因此,我们在立法中应采取两方面的措施:一是规定职工监事的产生方法、条件、代表权限、监督机制等内容;二是要用法律明确规定职工监事的比例,而不能由各公司章程自行规定。

此外,职工参与制本身也存在着一些不足。德国的共决制较好地保障了职工的利益并缓解了劳资矛盾。德国职工的收入是全世界水平最高的,而平均工作时间则要比美国同行和法国同行要少。德国的罢工率也远远低于许多欧美国家。[①]然而经济学界对共决制的效率始终存在怀疑:其一,职工存在"搭便车"行为,因此职工可能并非像想象中那样值得信赖;其二,解职的危险能够督促工人努力工作,而共决制很大程度上排除了这种危险,从而会影响生产水平;其三,共决制导致公司回应市场的灵活性降低;其四,共决制使得决策的过程更加官僚化,高级管理人员不得不花费时间与工人协商和交流,降低公司决策的灵活性;其五,德国监事会规模大,很少开会,信息传递有限,存在多种利益冲突;其六,共决制过于考虑职工利益,致使公司决策过于保守。但是,目前却并无共决制与公司效率相关性的令人信服的实证研究。而且德国本土始终坚持这种制度,并且意犹未尽要将这种理念在股东会中贯彻,例如学术界在探讨建立一种新的模式,由股东代表和职工代表组成的企业大会来取代目前的股东大会。

①徐崇温:《当代资本主义新变化》,第 355 页,重庆出版社,2004 年。

第二章 西方分享经济理论的提出和形成

近些年来,受到西方经济学中生产要素边际分配论的影响,我国学者对利益分享的关注程度有所下降,认为收入分配完全是由要素市场的供求关系来决定的。但是,在企业的实际运作中,劳动和资本的关系并非像新古典经济学所假设的那样泾渭分明,比如生产函数本身就是一个尚未解决的问题。目前关于收入分配的各种理论解释更多的是对现实状况的反映,而未能解决收入分配的公平问题。因此,笔者希望能够从中国实际出发,探索适合中国国情的初次分配理论,解决日益严重的利益独占问题,这将有助于中国经济理论的发展和完善。

目前,有关收入分配公平的问题已经引起我国各级政府的重视,在收入分配的三次过程中,有关我国企业的利益分享实现机制的研究还处于探索时期,规范研究薄弱,实证研究稀缺。人们不仅对企业的利益分享机制存在许多模糊不清的认识,而且有关企业利益分享机制的实际操作也处于较为混乱的状态,需要继续深入探讨。因此研究企业的利益分享机制,对于构建我国社会主义市场经济的微观基础,缓解日趋严重的收入分配问题,调整国民经济的内外均衡,保持社会的稳定,都具有极其重要的现实意义。

在改革开放的历史进程中,我们对于市场经济的认识不断深化,可以发现西方市场经济国家的很多历史在中国多多少少重复出现了。这也符合历史唯物主义的基本观点,经济基础决定上层建筑。为此,我们必须借鉴西方发达市场经济国家的利益协调机制,探索在市场经济条件下协调利益格局,完善微观分配机制,为解决宏观经济问题奠定坚实基础。

一、威茨曼的主要著作和主要观点

自从威茨曼石破天惊地提出用分享经济代替工资经济对现代资本主义经济进行改良之后,西方国家对于分享经济的理论探讨就没有停止过(这可能和西方社会的劳资谈判传统有着莫大的关系)。诺德豪斯、库珀、阿罗等人在 20 世纪 80 年代就对威茨曼的理论分析进行了深入的研究,结果不尽一致,总的来说,赞赏的居多,反对的声音不多。随着社会发展,西方世界面临的问题发生了变化,分享经济研究的着眼点也发生了相应变化。

威茨曼采用的是总供求框架下的利润最大化分析方法,这一方法着眼于宏观经济层面,毕竟当初威茨曼是针对滞胀问题有感而发,这种方法论就不足为怪了。随着社会发展,西方经济学日益重视微观层面的经济问题,有关分享经济理论的分析也开始从劳资双方的角度研究工资经济长盛不衰的原因,探讨分享经济实现的方式,而目前理论分析工具大都基于纳什谈判均衡框架。

在支持与反对利润分享的讨论中,最为知名也是最富争议的是威茨曼(1984,1987)[①]的结论,他认为利润分享提高了就业。威茨曼用工会—厂商谈判模型证明了工人分享厂商的利润可以有效地降低工资,这进而提高了厂商的劳动需求量。然而,有关利润分享提升了就业的经验证据仍不够明确。[②]威茨曼的这个理论所依赖的假设是工人仅仅对工资进行谈判,而不是对就业与工资同时进行谈判。由于雇佣更多的工人会减少每个工人享受总利润的份额,在岗的雇员会反对额外的招工。因此,如果允许对就业进行谈判,利润分享就不会影响就业(威茨曼1987)。

威茨曼的主要著作包括:《分享经济》一书避免了晦涩的专业术语,通俗易懂,妙趣横生,无所不包。不过,要想理解威茨曼观点的经济学基础,必须要看他的论文,"Some Macroeconomic Implications of Alternative Compensation Systems"(1983)[③],还有其背景读物 "Increasing Returns and the Foundations of Unemployment Theory"(1982),但是第二篇论文实际上与《分享经济》的思想关系不大。在论文"The Simple Macroeconomics of Profit Sharing"(1985)[④]中还有详细内容。下面讨论所依据的正是这些文献。

在威茨曼研究低就业问题时,工会曾经饱受非议:工会不仅通过抬高工资来限制就业机会,而且通过因人设岗提高劳动需求。这些冲突的观点统一于内部人—外部人模型中,该模型假定工会只关心数量有限的内部人的效用(Carruth and Oswald

①Weitzman, M. L. 1984."The Share Economy". Harvard University Press, Cambridge.〔美〕马丁·L.威茨曼:《分享经济——用分享制代替工资制》,林青松、何家成、华生译,中国经济出版社,1986 年。
Weitzman, M. L. 1987."Steady State Unemployment under Profit Sharing",The Economic Journal, 97, 86~105.《利润分享下的失业稳态》,《经济杂志》,97,86~105。
②Kruse(1998)对 11 项研究的概述发现,其中 6 项研究一般而言是支持此结论的,而剩下的 5 项研究要么混淆不清,要么不支持此结论。Kruse, D. L.1998. "Profit Sharing and the Demand for Low-Skill Workers", in Richard Freeman and Peter Gottschalk, eds., Generating Jobs: Increasing the Demand for Low-Skill Workers. New York: Russell Sage Foundation.
③Weitzman, Martin L.1983."Some Macroeconomic Implications of Alternative Compensation Systems", The Economic Journal, 93(December 1983), 763-783。
④〔美〕马丁·L.威茨曼:《利润分享制的宏观经济学简述》,载《经济学译丛》,1986 年第 10、第 11 期。Weitzman, Martin L.1985. "The Simple Macroeconomics of Profit Sharing", American Economic Review, Vol. 75, No. 5.(Dec., 1985), 937~953。

1987)[1]。当内部人的数量相对于需求较少时,就像在成长中的产业里那样,由于内部人对于外部人的就业机会丧失漠不关心,他们就会抬高工资,因此导致了低就业(underemployment)(Oswald 1985)[2]。当内部人的数量相对于需求较多时,就像在衰退中的产业里或者企业重建时那样,由于工会确保内部人就业的行动会导致超就业(over-employment)(McDonald and Solow 1981)[3]。

从有统计记录以来资本主义在推动经济进步上相当有效,但同时也深受失业困扰。经济学家提出了五花八门的建议来对付滞胀或者降低自然失业率。这些建议包括的战略从收入政策(基于税负或其他)到就业培训,诸如此类。在 定意义上,《分享经济》是加入对付滞胀(或从技术上讲,降低自然失业率)的建议列表中的新成员。被威茨曼称为"soft-boild"或者"medium-boiled"的很多建议,其利润分享旨在提高工人的道德或者实际工资的弹性。威茨曼的"hard-boiled"思想则与众不同:通过转入分享规划,将极大地改变利润最大化厂商雇佣劳动的动机。利润分享将形成超额劳动需求的局面,也就是人尽其用而非失业。这被《纽约时报》称为"凯恩斯之后最好的思想"。

在国内关于分享经济的论述中,《分享经济》一书占据着举足轻重的位置,实际上该书只不过是威茨曼的一本通俗著作,旨在面向大众讲解他的分享经济思想。我们先简要分析该书的内容,其后转入威茨曼的论文(1985),从理论的角度分析一下威茨曼的分享经济思想。

(一)分享经济的简单描述

在表2-1中列出了8点,包括了《分享经济》一书的主要假设、定义以及威茨曼的建议。

第一,分享经济的关键定义与劳动成本的行为有关。威茨曼把分享经济定义为:随着就业上升,厂商的单位劳动成本下降,即,总薪酬对就业的弹性小于1。目前绝大多数工人按单位劳动计酬(比如说按照小时,月或年)。这样一个系统显现出总薪酬对就业的单位弹性。(另外,数据证实了这种直觉:把总薪酬的对数值作为总就业的对数值的函数,并以总薪酬的对数值作为因变量建立方程,系数的估计值非常接近于1。)分享经济的目的在于把弹性降到1之下,或者使得劳动的边际成本

①Carruth, A. A. and A. J. Oswald.1987."On Union Preferences and Labour Market Models: Insiders and Outsiders", The Economic Journal, 97, 431~445。

②Oswald, A. J.1985."The Economic Theory of Trade Unions: An Introductory Survey",Scandinavian Journal of Economics, 87, 161~193。

③McDonald, I. M. and R. M. Solow.1981."Wage Bargaining and Employment",The American Economic Review, 71, 896~908。

表 2-1 《分享经济》的主要内容一览表

	假设、定义及建议
1	分享经济是指随着就业上升,单位劳动成本下降;也就是边际劳动成本 MC_L 小于平均劳动成本 AC_L。
2	尽管许多制度安排可能导致分享经济,可能最为自然的则是另辟蹊径的薪酬支付,即厂商与工人分享利润或者收益。
3	收益分享将可能产生 MC_L 与 AC_L 的巨大偏差,因此目前的分析将集中在此类分享经济。
4	各种薪酬系统都产生相同的长期资源配置。
5	分享系统将趋于超额劳动需求的长期均衡。
6	分享经济将产生较低的自然失业率,同时可能显现较高的生产率以及实际工资。
7	因为宏观经济的外部性,竞争经济不会渐次转向效率更高的分享经济。
8	因为市场力量自发推动经济走向工资系统而不是分享系统,有必要采取强力公共政策措施引导厂商采纳分享型的薪酬系统。

小于劳动的平均成本。这就是威茨曼对分享经济的定义。

第二,按照上述定义很多制度安排都可能产生分享经济。例如,通过税收系统。但是最为自然的方法则是把薪酬与厂商的某个变量联系起来——这正是威茨曼的建议。他分析了三种不同的系统:产品工资,即把工资与厂商索取的价格联系起来;基于收益的分享计划,即工资依赖厂商的总收益;利润分享计划,即把厂商利润的一部分(比如25%)分给工人。

接下来的讨论将分析收益分享。为什么?首先,在一定的利润份额下,利润分享在数量上不够显著。第二,因为厂商不计算他们的价格指数,把工资与产品价格挂钩不可行。让厂商计算其价格指数的问题已经在基于税收的收入政策中考虑过,并且发现一般都是沉重的负担。

表 2-1 的第 4 点和第 5 点是理解威茨曼系统的关键。

第 4 点谈到经济的长期行为。对此,威茨曼分析一个只利用劳动(资本也包括在内)生产产出的利润最大化厂商。他给厂商行为施加了一个约束,即,厂商必须支付市场薪酬(每个工人的平均薪酬)。在这个假设背后的东西是,长期来看,工人必定从薪酬低的厂商转移到薪酬高的厂商,这与厂商是工资厂商还是分享厂商无关。换而言之,厂商长期必须服从约束,即至少支付市场薪酬。他因此推断,所有的薪酬系统必定有相同的长期资源配置。这个结论来自厂商劳动的影子价格就是每个工人的平均市场薪酬。

第5点分析厂商的短期行为。注意,分享经济在其长期均衡时,边际劳动成本小于平均劳动成本,而平均劳动成本等于每个工人的平均薪酬。进而,根据第4点,劳动的边际收益产品等于每个工人的市场薪酬。因此,在短期均衡处,劳动的边际收益产品大于劳动的边际成本。

接下来是关键假设。威茨曼假定,在短期厂商可以忽略市场薪酬约束。他们因此能够扩张招工直到劳动的边际收益产品等于劳动的边际成本。这意味着相对于第4点描述的长期均衡,厂商想扩张。市场薪酬约束在长期紧张而在短期被忽略正是分析的绝对中心所在。

威茨曼试图把劳动市场变成张伯伦式的垄断竞争市场,实现这一炼金术的工具就是分享合同。这样一个市场的本质在于,厂商总是很高兴以现行的标签价格再出售一件商品。因此,如果我们以某种办法把雇主变成垄断竞争厂商,他将总是很高兴以现行薪酬再雇用一名工人。威茨曼说,在分享系统下,如果你走进一家企业对其人事经理说:"我愿意按照现行薪酬工作。"他将说:"很好,很高兴录用你,因为你的边际收益产品等于你的平均成本,而后者高于你的边际成本。"但是,我们将因此而摧毁偏向于高失业的劳动市场;同时引进分享经济,它将倾向于人尽其才或者超额劳动需求。

总结以下三点。如果短期经济对劳动是超额需求,那么这将产生较低的自然失业率。厂商就像真空吸尘器一样吸收劳动力。把不同的厂商加总起来,考虑到劳动市场存在的偏差,人尽其才的倾向将产生较低的自然失业率。

为什么竞争经济不会自发走向分享经济?按照威茨曼的说法,因为"宏观经济外部性",即厂商行为对于失业的宏观经济后果无法使单个的厂商或者工人获益。威茨曼对于宏观经济外部性含糊其辞,但是他坚信其存在。

结果是因为市场力量不会驱使经济走向(更好的)分享经济,威茨曼建议采取措施来推动我们迈向此方向。他的计划是直截了当的:薪酬分享类型的公开交易厂商(比如在纽约证券交易所上市的大厂商)中的一半应该免税。由此产生的预算赤字怎么办?不存在预算赤字:当这个建议降低自然失业率的全部目的达成以后,如果实际上自然失业率降低了1个百分点,那么该计划将自负盈亏。政府将从更高的经济活动水平中得到更多的收入来弥补损失。他总结说,这就是"殊途同归的供给经济学"。

威茨曼建议对分享收入给以税收优惠(tax break),利润和收益都在此列;也许还有别的。另外，他想撤销某些经济组织的资格。比如，合伙企业通常有分享系统而不需要税收优惠。威茨曼建议限制税收优惠的是那些其所有者不是雇员的情况。他把公众交易公司归入此列。这些公司分享型收入的一半应该免税。

如果实施威茨曼的建议，就会鼓励大量的合伙企业变为公众交易公司。不过，主要的效应是会对厂商产生巨大的激励，促使其付给工人分享型收入。在收益非常稳定的厂商里，比如公用事业（utilities），这将是纯粹的税收优惠。同样的组织结构不见得对所有商品和服务的生产都是最优的。因此，如果实际上威茨曼的政策措施意在创造激励使组织改变它们的法律形式，这也会引起产出削减，同时这种后果必定与他声称的走向分享经济会增加产出相抵消。

（二）分享经济的理论分析

威茨曼的理论工作体现在其论文①中。威茨曼说他自己遵循宏观经济学"暂时均衡"方法的精神，主要是把分析框架扩展及于利润分享系统，然后与工资系统的宏观经济特征进行比较。首要的基础工作是说明如何把垄断竞争的微观经济模型加入凯恩斯理论的宏观家族。威茨曼的方法论是从基本原理出发——包括详述垄断竞争产品市场的结构——为标准的总需求规范创造一个自然基础。威茨曼认为，缺少了不完全竞争厂商的基本模型，任何宏观经济框架都是误人子弟的。尽管市场非均衡学派的作者已经着手试图解决产品市场上的不完全竞争，即使用"实际的"而非"想象的"或"猜测的"需求曲线，对此问题的表述仍然不够直截了当，而且也并非始于基本原理。

威茨曼通过应用垄断竞争和凯恩斯理论的综合工具探究利润分享经济的宏观经济性质。包含工资经济和利润分享经济的一般框架比较清楚地表明：建立在利润分享原理基础上的经济何以对滞胀具有自然免疫力。两相比较，工资经济——未经批评检查其宏观经济后果，就广为大家所接受的一个系统——更容易遭受失业和通胀之苦。威茨曼的工作是对工资和分享系统中总需求管理的政策含义进行分析和比较。

我们把威茨曼模型②总结如下。

威茨曼定义的总需求为：

$$Y = \alpha G + \beta \frac{M}{P} \tag{1}$$

①Weitzman, Martin L., "The Simple Macroeconomics of Profit Sharing," American Economic Review, Vol. 75, No. 5. (Dec., 1985), pp. 937~953.

②Weitizman, M. L. "The Simple Macroeconomics of Profit Sharing".The American Economic Review, Vol. 75, No. 5. (1985)pp. 937~953.

其中 $\alpha \equiv 1/[1-\theta(1-s)]$，$\beta \equiv \theta/[1-\theta(1-s)]$ 是相应的财政与货币乘数。

公式（1）可以解释为凯恩斯主义宏观经济关系的简化形式。

在工资经济（wage economy）中，垄断竞争厂商的货币工资是外生变量，即

$$W(L_i)=w \tag{2}$$

在生产函数和劳动支付计划（2）下，对厂商 i 而言，其一个单位追加产出的边际成本是 w/y。在价格 P_i 上的边际收益是 P_i/μ。因此，如果劳动的可得性不是一个紧张约束条件，厂商 i 将选择价格

$$P_i = \mu w/y \tag{3}$$

并且由总需求可得，工资系统的意愿或目标产出，用 $\hat{Y}$ 表示，就是

$$\hat{Y} = \alpha A + \beta M y/\mu w \tag{4}$$

定义工资系统的张力如下

$$\tau \equiv \hat{Y} - Y^* \tag{5}$$

变量 τ 衡量了意愿产出（如果没有全面的劳动约束，厂商在给定工资合同时想生产的总量）和潜在产出（在物理上系统的生产能力）之间的差距。$[\tau>0]$ 的区域是正的超额劳动需求，而 $[\tau<0]$ 的区域是负的超额劳动需求。

威茨曼（1985）认为由于劳动市场是不完美的，工资具有刚性（至少具有向下的刚性），经济多数时间处于 $[\tau<0]$ 的区域，这也正是凯恩斯主义短期政策分析的着眼点。

在分享经济中（share economy），企业按照（6）支付薪酬。

$$W(L_i)= \theta + \lambda \left(\frac{R_i(L_i)- \theta L_i}{L_i} \right) \tag{6}$$

其中，$R_i(L_i)$ 代表企业的总收入，θ 代表底薪，λ 代表利润分享比例。在短期内，θ 和 λ 是外生变量。厂商的净利润因此是

$$\pi_i(L_i)=(1-\lambda)[R_i(L_i)- \theta L_i] \tag{7}$$

如果按照（6）厂商能够雇用到足够的劳动，那么厂商的雇工数量将决定如下。

$$R_i'(L_i)= \theta \tag{8}$$

如果用 w^* 代表市场出清的工资水平，即 $\tau=0$，则有

$$\theta < w^* \leq w \tag{9}$$

因此，与工资经济经常处于 $\tau<0$ 相反，分享经济经常处于 $\tau>0$。

以上正是威茨曼命题的核心所在。

表 2-2　　威茨曼宏观经济的短期特征

	工资经济		分享经济	
变量	$\tau < 0$	$\tau > 0$	$\tau' < 0$	$\tau' < 0$
Y	$\alpha A + \dfrac{\beta M y}{\mu w}$	Y^*	$\alpha A + \dfrac{\beta M y}{\mu \omega}$	Y^*
P	$\mu w/y$	$\beta M/(Y^* - \alpha A)$	$\mu \omega/y$	$\beta M/(Y^* - \alpha A)$
	$\dfrac{y}{\mu}$	$\dfrac{\omega(Y^* - \alpha A)}{\beta M}$	$(1-\lambda)\dfrac{y}{\mu} + \lambda\dfrac{Y}{L}$	$(1-\lambda)\dfrac{\omega(Y^* - \alpha A)}{\beta M} + \lambda\dfrac{Y^*}{L^*}$

在工资经济中,总需求政策只影响产出而不影响物价,这正是凯恩斯宏观经济模型的结论。在分享经济中,产出位于充分就业的水平,总需求政策直接影响物价水平。由此可见,分享经济天然地具有反"滞胀"功能。

二、分享经济产生的反响

威茨曼的建议引起了大众和经济学家的广泛注意,纷纷从劳动经济学、资本理论、一般均衡理论和宏观经济学等角度讨论所谓"分享经济"。

此讨论与工会有着密切联系。在欧洲尤其是英国对此兴趣甚浓,因为那里的工会与美国不同。英国的工会很多是全国性的组织,因此影响巨大。比如,矿工(近来举行了长期罢工)100%覆盖了整个行业,而在美国,至少在制造业中,工会化已经从 25%稳步下降。实际上,在美国,工会化上升的唯一行业是公共服务领域。全欧洲都在关注上升的高失业率以及是否应当将此归咎于工会。工会在一定意义上是否具有"分享系统"的某些因素及其对于失业的含义是什么?

对于工会的影响有两种截然不同的观点。一种观点认为工会可能是劳动组织的较好形式,有助于持续提高生产率〔参见 Freeman, R. B. and J. L. Medoff (1984), what Do Unions Do?　Basic Books, New York〕。这种观点甚至认为如果测量工会工资差别〔Greg Lewis, G. (1963), Unionism and Relative Wage in the United States, University of Chicago Press, Chicago.认为大约是 15%〕,实际上提高了生产率效应。另一种

观点则认为工会除了迫使厂商分享租金之外对于生产率没有任何可测量的影响。这种观点源自于假定厂商拥有某种来自资本或劳动投入特质的垄断租金或准租金。借助于组织集体罢工之类的威胁，工会能够迫使厂商分享一部分这些租金。后一种观点在欧洲的讨论中占着支配地位，即工资上涨的大部分不是由于生产率效应而是租金分享，争论的仅仅是工会以何种方式提高了工资。

厂商是否沿着工会所接受的劳动需求曲线经营，或者厂商与工会是否达成某种有效率的租金分配，这些争论的关键是厂商如何看待他们在合同中支付的工资率。也就是说，厂商是把合同工资还是劳动的机会成本视为劳动的边际成本呢？前者是久已存在的垄断工会理论，此观点认为厂商实际上把合同工资看作劳动的边际成本。因此，合同工资一旦设定，厂商就单方面增加雇用量直至超出需求曲线。按照此观点，如果解散工会，迫使合同工资下降，这将形成额外的雇佣。这是那些在英国喜欢对工会采取强硬政策的人提出的论据。

另一方面，效率谈判观点（认为工会与厂商应该处于分割租金的契约曲线上）意味着用于决定雇佣劳动数量的真实成本应该是机会成本——在同一地区或产业中的备选工资。在此种情况下，尤其是如果契约曲线正向倾斜，打破工会将造成向下移回到需求曲线上劳动机会成本处，在很多情形下将会减少就业。但是，如果契约曲线是垂直的（因此工会之所得就是厂商之所失），打破工会除了造成工资下降外，根本没有就业效应。

针对美国厂商层面的一些数据研究发现，合同工资对就业有强烈的负效应，并且任何可以想到的备择工资度量对于就业几乎都没有效应。这表明垄断工会理论比契约曲线理论更为相关。（此结论言之有理，除非你相信由于工会的政治性质，契约曲线就应该是需求曲线。）

一种论点认为工会通过其集体力量（比如撤退劳动服务），可以迫使厂商分享部分存在的利润或租金。按照此证据，在厂商实际沿着需求曲线移动的意义上，似乎至少开始时不是效率谈判。因此，在英国通过解散工会之类的强硬行动可能会在一定程度上增加就业，但是将此用于美国之时，要记住美国只有小工会，因此，唯一的论据可能是存在从工会领域向非工会领域的溢出效应，迫使工会降低工资率可能有较大的影响。

人们对近来发生的让步产生了兴趣，尤其是在面临某种放松规制的产业（比如航空业和货车运输业）和面临国际竞争的产业。如果相信租金分享论点，那么就存在已经实施的隐性利润分享。即，工会已经迫使厂商把垄断租金拿出来与工会工人分割，因此没有必要再有显性计划。

有人指出工会在传统上规避工资风险。对于结合显性利润分享计划的行业,解释是厂商能够创造出某些额外的现金流(因为他们目前濒临破产),作为这种额外风险的回报,工会为更显性的终生就业保证而谈判。由于利润分享计划,所以在某种意义上我们看到某些同期的工资波动与减少波动的长期保证(工人不再被扫地出门)之间的权衡。

总而言之,对于工会,证据已经表明可能存在利润分享。然而流行的观点是利润分享非但没有引致新增就业,反而限制了就业。姑且不论隐性的利润分享,大可怀疑能够看到走向显性利润分享计划的趋势。

有人认为,威茨曼需要做两件事:首先,考虑最优劳动合同而不是工资系统并证明前者具有并不合意的社会最优性质;第二,证明分享系统(这可能不是私人最优合同——可以用税收、枪支和其他计划强制推行)具有以摆脱宏观外部性而言更好的最优性质。威茨曼对这种宏观外部性的根源和类型含糊其辞。威茨曼有一篇论文是关于规模递增报酬的,讨论显现出多部门经济的需求外部性(1982)。此外部性的性质是它放大了一个部门的冲击并传导至另一个部门。在威茨曼考虑的均衡中,工资和价格波动甚微,而数量则波动很大。

以下引述《分享经济》中的一段话如下:

当紧缩刺激来临,不仅工资经济的初始反应为把工人扫地出门(因此数量变化巨大),而且工资系统会加深衰退,逆向结果相互交织直至经济陷入恶性循环:主要生产要素无可奈何地闲置下来。这种工资系统的公共成本——其"宏观经济外部性"使粗制滥造的失业进一步形成了失业——就像私人单位无暇以顾的污染后果。(威茨曼 1984,p.46)

这种需求外部性遍布整个经济的各个部门;在固定工资系统下持续的数量波动倾向于放大这种外部性,而分享系统被假设为排除了这些数量波动的极端性质并以小小的工资和价格弹性取而代之。问题是:分享系统何以做到这一点?

威茨曼所谓此时存在超额劳动需求的理由如下。考虑一个利润最大化厂商。此厂商在长期均衡处,因为薪酬较低,厂商不能雇用更多劳动。在短期,很显然,威茨曼在此假设工人是不流动的,因此至少提供劳动的限制放松了。厂商只要还能找到工人就能接着雇用他们。这就是分享经济总是处于劳动需求出超状态的含义。这对于理解宏观经济波动很重要。

考虑一下这个系统中不确定性的根源,可以发现威茨曼把注意力放在薪酬不变的工资系统与份额不变的分享系统。从契约的观点看,我们也许要问为什么合同不反映世界的当前状态。威茨曼回应说冲击"是由未预料、未预见、不稳定、不反复、不平稳的扰动引发的"(威茨曼 1983,p.775)。也就是说它们难以预测因此被排除在合同之外。从而这些合同完全是以薪酬或者份额规定而与指数脱钩,尽管分享经济中每个工人的薪酬的确随着世界的状态而变化。

为什么分享系统对冲击的反应好过工资系统? 威茨曼考虑的第一个实验是假定新来的工人误打误撞到了经济中的这一块, 这实际上是在假定的一般均衡模型中的一个局部均衡试验。对于他们会发生什么?再引一次威茨曼的话:"分享系统看起来很像劳动短缺经济。对劳动如饥似渴的分享厂商个个都四处寻觅,就像有轮子的真空吸尘器一样, 从死角和空隙中搜寻额外的工人并按既有薪酬参数值招揽进来。"(威茨曼 1984,p.98–99)如果有一个工人撞到了这个市场,该厂商就希望雇用他。因此,如果有额外的工人,或者从其他地方或者由于劳动力的参与决定,他们会立即被此厂商吸纳。

还有其他应考虑的比较静态。假定,此厂商的收入函数发生变化。那当然会使得等利润计划变动,进而移动劳动需求计划。对于世界状态的小扰动,等利润计划至少移动一点点。但是,在短期,小的扰动也使得厂商希望雇用更多的工人。因此,对于收入函数的小冲击,分享经济中厂商的反应是以不变应万变。这些厂商收入函数的短期波动对于就业不产生波动;厂商没有走出对于工人的超额需求区域。由于工人一旦失业就总是又被吸纳,从而收入函数的微小变化不会引起就业变化,所以威茨曼断定相对于工资系统,所谓的恶性循环——需求的外部性——在分享经济中最小化了。

这样看来,威茨曼的理论只是一个没有详细清晰模型的动听故事,有一个美好的起点,但远未完成。我们需要一个清晰的模型,它既要考虑宏观经济外部性,还要考虑包含了各种波动的劳动合同的相互作用。我们需要比较带有最优劳动合同的分享系统,而不是像威茨曼的工资系统那样带有私人次优的劳动合同。我还想看到更明显地考虑约束与合同性质的模型。关于短期与长期相比的劳动流动性还有疑问,关于不确定性的处理也还有问题。长期我们身处一个完美的确定世界,而短期则存在绞尽脑汁都无法预测的冲击;还不清楚如何把短期与长期放在一起。另外,即使分享系统在宏观稳定上表现更好, 我们必须记住工人相对于最优劳动合同则暴露在客观风险之下;在对威茨曼建议的完善的成本—收益分析中,我们有必要把这一点考虑进来。因此,在回答这些及其他问题之前,人们仍然只是一个兴致勃勃但是心存狐疑的观察者。而且,不管什么社会觉悟,都将继续寻求与其他人不相干的薪酬水平。

三、对威茨曼理论的相关评论

利润分享经济有下列三个主要的优点,我们逐一分析:

首先,通过让工人参与其劳动成果——利润分享可以培养他们的动机。因此,利润分享可以提高劳动生产率。如果让工人分一杯羹使得整个蛋糕做大了,那么在一个范围内显然存在帕累托改进安排。[①]

尽管有如上引证的经验证据,广泛引进利润分享后产生的生产率效应是相当可疑的,因为它需要在工人的努力和分享基础(即厂商的利润或者收入)之间存在直接和强烈的联系。如果这个分享基础是整体工人的联合成果,那么显然存在与分享安排相联系的搭便车问题。令分享基础给定为 $S = S(\sum_{i=0}^{N} e_i)$,其中 N 是工人数量,e_i 是这些工人的个人努力水平。以此为基础,工人得到份额 λ,该份额在工人中平均分割。因此对单个工人的激励效应给定为 $\lambda N^{-1}(\partial S/\partial e_i)$,即使在一个中小规模厂商里这也可能是一个相当小的数字,甚至微不足道。[②]然而,如果在分享安排和生产率之间的确存在经验研究所指出的正向关系,那么可能有两种解释:第一,令厂商信服他们的工人真正"值得"拿到补充此前固定工资的额外支付的原因可能恰恰是生产率的高水平,而不是分享安排的效应。[③]第二,分享安排可能被描写成了在个人努力(甚或结果)及其支付之间存在清晰的联系。不过,这需要客观的量化个人产出。尽管在传统产业和在手工活的意义上这种量化也许是极为可能的,然而在现代信息或知识社会的绝大多数领域中毫无疑问是不可能的。因此我们抽象掉分享经济的这种可能的(也是意愿的)生产率效应。

其次,通过减少劳动的边际成本,利润分享可以鼓励就业。在利润分享下,劳动的边际成本只是固定的底薪,而分享份额则不是边际成本的组成部分。的确,这正是威茨曼(1984)的主要创见,分享经济是分离工人的报酬和劳动边际成本的手段。

追随威茨曼的工作(1984,1985),利润分享的第二个优点激发了绵延不绝的关于宏观经济效应的大量文献。尽管威茨曼强调分享安排在商业周期中对于就业的平滑效应,但欧洲的经济学家更感兴趣的问题是,相对于在其他方面一模一样的工资经济,在分享经济中均衡就业是否会上升。对此问题的共识答案是"是的"。因此,在分享经济中的 NAIRU(non-accelerating inflation rate of unemployment,即自然失业率)貌似比在工资经济中的要低,这也是经济学家通常鼓吹分享制安排的最大理由。

---

①Wadhwani/Wall(1990)和 Cahuc/Dormont(1997)分别提供了来自英国和法国微观数据的经验证据,利润分享确实与提高生产率有关。Wadhwani, S. and M.Wall.1990. "The Effects of Profit-Sharing on Employment, Wages, Stock Returns and Productivity: Evidence from UK Micro-Data", The Economic Journal, 100, 1~17.
②分享合同的搭便车者问题因此也被称之为 $1/N$ 问题。
③Piekkola/Kaujanen(2003)有关分成租金合同在厂商和熟练集团之间分布的发现指出了此方向。Piekkola, Hannu and Antti Kaujanen.2003. "Rent sharing as firm-level pay", International Journal of Manpower 24(4): 426~451.

这个结果最好分两步来理解：首先，正如 Pohjola(1987)[1]证明的，当厂商可信地承诺议定的就业水平时，[2]分享磋商与对固定工资和就业进行一揽子谈判是等价的。因此，分享安排导致帕累托效率的工资—就业联合，也就是 Leontief(1946)[3]所谓的效率合同。如果工人——或者代表他们的工会——关心就业，相对于"简单的"固定工资谈判，就业上升而且(总)工资下降。不过，这个相当简单的逻辑仅适用于局部水平。可以证明，局部水平的工资缓和效应转变成"弱侵略性的"(less aggressive)工资设定计划（wage settting schedule），并导致较低的均衡失业率(Holmlund 1990)。[4]如果接受内生的资本形成，这也是对的。[5]

第三，分享经济具有风险分担性质。分享安排可被看作是在企业家和工人之间的风险分配机制。如果双方都是风险规避的——或前者因为面临资本市场约束而不能为必要的风险融资——在两个集团之间分割这种风险就是合理的。Brower(2005)[6]注意到了在历史上的许多制度安排都有此考虑。Ichino（1994）[7]和 Koskela/Stenbacka(2004a)[8]模型化了利润分享和不完美信贷市场之间的相互作用。

下面我们分别从九个方面分析利润分享制度的相关特点，这些方面也从各自角度扩展了威茨曼的理论内涵，并不断推进分享经济研究向前发展。

（一）利润分享制度与工资制度大同小异

威茨曼(1983)认为两种工资体制的长期均衡状态别无二致，但他没有解释如何从短期均衡过渡到长期均衡。实际上，两种工资体制之所以具有不同的短期均衡特征，与各自所隐含的假设不无关系：在分享经济中，假设厂商可以减少工人的薪

[1] Pohjola, Matti.1987. "Profit Sharing, Collective Bargaining and Employment",Journal of Institutional and Theoretical Economics 143: 334~342。

[2] 直觉地判断，仅谈判(总)工资限定了由劳动需求计划导致的劳动市场结果的可行集合，而再加上就业的谈判则接受效率合同。同样地，对另外两个东西——底薪和分享系数——的谈判导致偏离劳动需求曲线的效率合同。

[3] Leontief, Wassily.1946. "The Pure Theory of the Guaranteed Annual Wage Contract", Journal of Political Economy 54: 76~79。

[4] Holmund, Bertil.1990. "Profit sharing, wage bargaining, and unemployment", Economic Inquiry 28: 257~268。

[5] Meade(1986)指出了潜在的问题，利润分享造成"有效的"资本成本上升，由于厂商只能要求来自任何投资的(边际)利润的(1-λ)份额。在分享经济中较高的就业也推高了资本的边际生产率，超过了补偿 Meade 所声称的妨碍投资效应。Meade, James.1986. Alternative Systems of Business Oganization and Workers' Remuneration, London, 1986。

[6] Brouwer, Maria.2005. "Managing uncertainty through profit sharing contracts from medieval Italy to Silicon Valley", Journal of Management and Governance 9: 237~255。

[7] Ichino, Andrea.1994. "Flexible labor compensation, risk sharing and company leverage", European Economic Review 38: 1411~1421。

[8] Koskela, Erkki and Rune Stenbacka.2004a. "Profit Sharing, Credit Market Imperfections and Equilibrium Unemployment", Scandinavian Journal of Economics 106(4): 677~701。

酬,而在工资经济中,则假设工人的工资具有刚性。雇主可以削减薪酬恰恰是分享经济得以运转的关键所在。

如果雇主认为必须向工人支付标准工资,那么即使引入利润分享,把标准工资分解为底薪加分成也没有任何意义,所谓利润分享制度只不过徒有其名而已。

考虑到人力资本因素,我们进一步从效率工资的角度论证利润分享制度与工资制度之间的联系。效率工资的本质在于,精英因为减薪纷纷跳槽而去,结果削减工资将严重降低劳动生产率,由此造成厂商的劳动生产率严重下降,其损失往往甚至超过了削减的工资。所以,厂商一般会维持一个合情合理的工资水平,而不受利润分享的影响。此时,利润分享制也同样难以影响雇主行为。

(二)利润分享制能够缓解工资上涨的压力吗

威茨曼(1987)[1],Jackman(1987)[2]认为利润分享制能够缓解 NAIRU(non-ac-celerating inflation rate of unemployment),此问题可以理解为利润分享制能够降低失业率。

假设在谈判中,厂商关心利润高低,工人关心工资多少,那么,最大化下列纳什谈判函数就可以决定工资水平。

$\phi = w^b \pi$

其中 w 代表工资,π 代表利润,b 代表谈判中双方的相对地位。

图 2-1 刻画了目标函数与劳动薪酬之间的关系。

w^* 代表竞争均衡工资,即工资经济中的充分就业状态。

曲线 BAG 代表工资经济($\lambda = 0$),当工资等于 w_0 时,ϕ 达到最大值 A。

曲线 BHCJ 代表利润分享经济($\lambda > 0$),C 代表利润分享经济下 ϕ 达到最大值。

由利润最大化假设可以知道,实行工资制度的厂商雇工数量满足 $R'(L) = w$,而实行利润分享制度的厂商雇工数量满足 $R'(L) = \theta$,所以当 $w > w^*$ 时,根据边际生产率递减假设可知,实行利润分享制度的厂商总是比实行工资制度的厂商多雇用劳动。

与此同时,实行利润分享制度的厂商利润小于实行工资制度的厂商,这导致分享制度曲线位于工资制度曲线的下方。

[1]Weitzman,M.L.1987. "Steady State Unemployment Under Profit-Sharing", Economic Journal, vol.97,pp.86~105.
[2]Jackman, R.1987. "Profit-Sharing in a Unionsed Economy with Imperfect Competition", International Journal of Industrial Organisation,vol.6,pp.49~59.

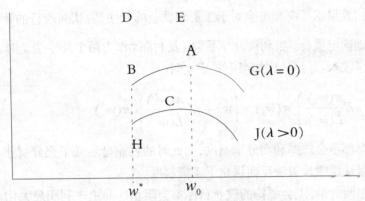

图 2-1 劳动报酬总额的变动趋势

比如,在工资制度下,w^* 对应的 B 点是充分就业点,此时就业量为 L^*。假设在此点转换到分享制度,对于工会和厂商而言,应该满足

$$\hat{\theta} + \lambda \left(\frac{R(L^*)}{L^*} - \hat{\theta} \right) = w^*$$

尽管此时 $R'(L^*) > \hat{\theta}$,厂商有增加劳动要素需求的冲动,但是其支付的薪酬难以吸引劳动,也就难以扩大就业,所以工资经济和分享经济在薪酬和就业量上处于相同地位。

假设厂商提高其底薪至 $\hat{\theta} + \varepsilon$,在就业规模 L^* 处,劳动薪酬变为 $\hat{\theta} + \varepsilon + \lambda \left(\frac{R(L^*)}{L^*} - (\hat{\theta} + \varepsilon) \right) = w^* + (1-\lambda)\varepsilon$。假定其他厂商的薪酬未变,此时该厂商就可以吸引更多的劳动,而且该厂商也愿意这样做,只要 $R'(L^*) > \hat{\theta} + \varepsilon$。因此,在同样的雇工数量上,分享制度的厂商利润必定少于工资制度的厂商。因此,H 必定位于 B 的正下方。

由此可见,对于单个厂商与工会而言,工资经济优于分享经济,尤其是 A 远好于 B。因此,单个厂商和工会对利润分享毫不动心。威茨曼由此提出了激励赋税政策以为补充。

(三)激励赋税与利润分享

所谓激励赋税就是对薪酬中得自利润分享的份额给予赋税优惠,这等价于政府对分享份额提供补贴。但是 Wadhwani(1986)[1]认为,这种激励赋税可能会粉饰

①Wadhwani, S.1986."Profit–Sharing as A Cure for Unemployment: Some Doubts", London School of Economics, Centre for Labour Economics discussion paper No.253, published in International Journal of Industrial Organization, No.6, pp.59~68。

利润分享的效果。厂商和工会对于工资和就业的看法是：认同现行的薪酬水平，并以此为基础确定就业。当利润分享系数 λ 及利润 π 作为两个外生变量时，$\lambda \dfrac{\pi(w)}{L(w)}$ 就是利润分享收入。但是，比如当下式成立时

$$\left[w_0 + s\lambda \frac{\pi(w_0)}{L(w_0)} \right]^b \pi(w_0) > \left[w^* + s\lambda \frac{\pi(w^*)}{L(w^*)} \right]^b \pi(w^*)$$

厂商和工会都不会选择利润分享制度，而此时的就业显然低于充分就业。因此，政府采取的激励税赋政策法反而强化了工资制度。

需要强调的是，工会坚持的就业目标不会阻止厂商追求利润最大化目标。在得到一定薪酬的同时，就业必须服从利润最大化目标，唯此双方才能都受益，因此，实际上劳资之间并不存在达成共识的绝对障碍。这与一般的理论假设大相径庭，理论都认为由谈判决定就业才能使双方利益最大化。

激励赋税容易诱发粉饰利润分享制的现象，根本原因在于劳资双方都从这种粉饰中得到了好处。

（四）工会关注就业的模型

Jackman（1987）[1]指出，实行利润分享制度将使得工会既关注工资又关注就业。因为，利润分享制改变了工资和就业之间此消彼长的相互关系。工资经济中就业对工资的弹性小于分享经济。从总体上看，工会将以就业为重。

$$\varphi = (wL^\varepsilon)^b \pi$$

当 ε 较小时，实行利润分享制度后的就业增多难以弥补利润减少，这必定使得工会和厂商都冥顽不化地固守工资制度。只有 ε 较大时才能鼓励工会和厂商转而实施利润分享制度，但这个转变过程并非水到渠成之事。在岗的工人为了自身的利益，可能会阻拦厂商雇用新工人，因此，利润分享扩大就业的结论就只不过是一句空话。

Johnson（1986）认为，即使劳资谈判只包括工资条款，而不涉及就业问题，利润分享制也能达成效率谈判（efficient bargaining）结局。而效率谈判模型实现的就业量高于管理权谈判模型，因此，利润分享制能够扩大就业，并且是一种帕累托改进。但是，我们感到困惑的是，利润分享制何以不会自动产生？

对就业进行谈判之所以不能产生效率结局，可能是因为工人觉得厂商会弄虚

①Jackman, R.1987."Profit－Sharing in a Unionsed Economy with Imperfect Competition", International Journal of In-dustrial Organisation,vol.6,pp.49~59。

作假,而实行利润分享制也无法避免此种情况发生。所以,劳资双方对于工资经济可能更为偏爱一些。

(五)利润分享制度对就业的影响

威茨曼(1983,1985)认为劳动需求出超会导致充分就业,而就业充分可以稳定就业水平,因此这两者是相辅相成的。但是在前面已经证明了,在效率工资下,工资制度与利润分享制度殊途同归。即利润分享制度既不影响就业稳定也不影响就业水平。

不过从宏观经济层面来看,利润分享制度有助于劳动要素的价格迅速适应经济波动(Mitchell 1982)。①比如在美国,工资合约一般是三年一签,在这三年中如果出现较大的宏观经济冲击,就只能调整就业量,即裁减员工。如果是在利润分享制度下,调整的就是劳动要素的价格,而且厂商的利润以季度核算,因此利润分享制度也就变成了一种调整工资变动频率的方式,可以更好地应对宏观经济变化。但是在英国,工资合约多是一年一签,利润也是半年核算一次,因此,利润分享制度在英国的作用就逊色多了。

(六)利润分享制度对通胀的影响

威茨曼(1986)强调利润分享制度对于经济有百利而无一害,这可能太过乐观了。Wadhwani(1987)认为利润分享制度使得工资决策过程高度分散化,这意味着工会所面对的劳动需求曲线弹性降低,所以,工会将索取更高的价格,结果利润分享制度非但不能解决滞胀,反而恶化了滞胀。很多厂商也怀疑利润分享制度反而可能会造成通胀。一般来说,底薪已经足以保障工人的日常生活所需,分享收入完全是锦上添花的东西。如果工人对于底薪上升的预期始终存在,那么利润分享制度会造成工资总额不断上升。有调查表明,利润分享与否都不影响劳资对于底薪的谈判结果。从效率工资的角度来看,只要工人认为工资上涨合情合埋,那么厂商就难以阻止。

(七)利润分享制度对劳动生产率的影响

利润分享制度对厂商绩效的影响包括三个方面:一是劳动供给,二是劳动技能,三是劳资关系。

在固定工资制度下,劳动所得与其投入之间没有直接的联系,因此厂商不得不费尽心机建立监督体系。而利润分享的基础是厂商的利润,这实际上是一种激励方式,如果在劳动投入及其所得之间存在明确的关系,由经济学理论可知:有激励就

---

①Mitchell, D.1982."Gain-Sharing: An Anti-Inflation Reform", Challenge, pp.18~25。

有动力,工人会比较卖力地投入工作。同时,利润分享制度面向全体员工,这使得员工之间相互依赖,因此,相互之间的监督将有助于提高劳动投入的质量和数量。

但是利润的现实影响因素太过复杂,市场价格的变化,汇率的变化等都会影响厂商的利润,尤其是在大型组织中,个人的力量更显得微不足道。Jensen & Meckling (1979)[①]认为,与个体激励制度相比较,利润分享制度实际上会鼓励人们偷懒。在个体激励制度下,个体的劳动报酬由其边际收益产品决定;而在利润分享制度下,集体利益与个体利益纠缠在一起,老实人吃亏的问题变得非常突出。因此,必须把剩余索取权集中赋予少数人,由他们来监督劳动,以保证劳动投入的数量和质量。但是利润分享制度恰好与此原则背道而驰,把剩余索取权分散至众人之间。

个体激励制度尽管合理,但是实施起来并非易事,很多生产技术决定了难以区分个体的贡献,或者生产技术上难以实现,或者实现的成本太高,造成各自为战的局面,而利润分享制度则可通过强调"团队精神",加强团队成员之间的协作,通过相互之间的正外部性,反而效果更好。

在分享制度中,团队成员的归属感和认同感增强,相互之间更容易协调矛盾,因此可以降低离职率(Jones & Svejnar 1985)。[②]随着劳动力平均供职年限的延长,员工积累起更多适用于该厂商的人力资本,进而提高劳动生产率,这里面既有员工之间的传帮带效应,也有干中学(learning by doing)效应。比如,通过积累机器设备的使用和维护经验,大大提高设备的利用率;工人之间长期的磨合使他们的配合更加协调,一人有难,各方支援,这种友好的工作氛围是现代大生产条件下机器需要的。

在工资制度下,劳资之间的利益相互矛盾,出工不出力之类的行为常常让管理者束手无策;而利润分享制度下劳资对立的矛盾有望缓解,员工士气高涨,旷工率下降,积极支持技术进步,并参与技术革新。但是 Meade(1986)[③]认为在利润分享制度下,资方会采取种种手法恶意隐瞒利润,从而减少工人的薪酬总额。这导致劳资双方对财务问题相持不下,进而削弱了利润分享制对于劳资关系改善的命题。

理论分析认为利润分享制能够调动劳动积极性,有助于提高劳动生产率,降低劳动的流动性,增强对厂商的认同感。这些结论都难以检验。如果管理者的能力是

---

① Jensen, M. & Meckling, W.1979."Rights and Production Functions: an Application of Labour-Managed Firms and Codetermination", Journal of Buisness, pp.469~506.

② Jones, D. & Svejnar, J.1985."Participation, Profit-Sharing, Worker Ownership and Effiency in Itallian Producer Co-operative", Economica, vol.52, pp. 449~466.

③ Meade, J.E.1986."Alternative Systems of Business Organization and Workers' Remuneration" (London: Allen & Unwin).

推行利润分享制的因素,那么管理能力、劳动效率和利润分享之间的关系更难以检验。此外,同甘共苦与利润分享之间的因果关系也难以明确界定。

(八) 相关的实证检验

关于利润分享制度的性质,人们提出了一些可以检验的命题。

命题 I

(1)货币供给(或者说总需求)变化不会导致总产出偏离其充分就业水平。

(2)石油价格上涨或工资上涨不会导致物价水平升高(或者通货膨胀)。

命题 II

(1)劳动的边际成本是底薪,而不是薪酬总额。

(2)以现行的支付水平采取分享式的薪酬安排会导致劳动需求曲线向外移动。

命题 III

工人的薪酬总额会降低。

命题 IV

利润分享式厂商的劳动生产率比较高。

威茨曼(1984)[1]声称"日本的情形为诸多想法提供了一个现实的实验室",而且"它的总体趋势和理论预期是相吻合的"。命题 II 表明:在分享经济中,厂商愿意按照既定的支付水平雇用更多的工人。但是,Wadhwani(1987)[2]对此提出质疑,他根据那些声称自己劳动短缺的日本厂商比例推断,难以确认日本的劳动需求出超程度大于其他国家。而且日本的劳动市场具有双元特征,一部分工人终身雇用,这些人大多为男性,并且加入了各种工会;另外一部分则是"临时工",工资微薄,而且没有分红。这些人大多为女性,还有一些文化程度较低的男性,基本未加入工会,流动性较大。正如 Meade(1986)[3]所言,日本因此甚至不属于劳动需求出超的国家。

Wadhwani(1987)[4]发现,在经合组织成员国中,1973 年发生的第一次石油危机对日本的冲击最大。这与命题 I(2)相矛盾。同时,日本的货币供给量也造成实际产出偏离了潜在产出,这与命题 I(1)相矛盾。因此,命题 I 是不成立的。

①Weitzman, M.1984."The Share Economy", (Cambrige, Mass.:Harvard University Press)。

②Wadhwani, S.1987."The Macroeconomic Implications of Profit-Sharing: Some Empirical Evidence", Economic Journal, vol. 97, pp.171~183。

③Meade, J.E.1986."Alternative Systems of Business Organization and Workers' Remuneration" (London: Allen & Unwin)。

④Wadhwani, S.1987."The Macroeconomic Implications of Profit-Sharing: Some Empirical Evidence", Economic Journal, vol. 97, pp.171~183。

Freedman 和威茨曼(1986)[1]用日本的数据检验了命题Ⅱ。一般认为,日本的红利是工资的变形。但是,他们发现红利与工资在经济周期中的变化截然不同:红利与销售收入和利润相关,但是工资却并非如此。他们的估计式如下:

$$\ln L_t = 9.13 - 0.003t + 0.19 \ln Y_{t-1} + 0.42 \ln L_{t-1} + 0.12 \ln B_{t-1} - 0.24 \ln W_{t-1}$$

由上式可知,劳动需求(L)对红利(B)的系数为正,而对工资(W)的系数为负,因此可见红利不是劳动的边际成本。

但是,他们只考虑了利润对红利的作用,而高瞻远瞩的厂商会考虑二者之间的相互作用。

Estrin, Grout and Wadhwani (1987)[2]利用同样的数据又作了一次检验,发现如果把产出(Y)换成资本,上述结论就不再成立,红利与工资一样都影响就业,而资本正是新古典经济理论解释劳动需求的关键变量。因此,红利对就业的影响不比底薪小多少。

看来,日本并非真正的利润分享制,因为很多令人向往的利润分享特征没有在日本出现。

从理论分析来看,威茨曼将工资看成是外生的变量,其致命缺陷是未能将短期与长期联系起来,只要工资理论悬而未决,该理论就难以成立。为数不多的实证检验支持威茨曼命题的更少。

如果失业是因为"内部人"造成的,那么利润分享制除了缓解工资压力之外,难以削弱"内部人"的势力。因此,解决失业问题的关键就是剥夺"内部人"的势力。尽管不断改革工资制度,但是收效甚微,这表明工资制度有着强大的生命力,何以如此?是人们的风险偏好还是公正考量使然?我们仍然不甚了了,不过可以肯定的是:历史表明试图通过立法或财务激励改变人们根深蒂固的微观经济行为的努力大多以失败告终。

(九)从公有制分享经济理论来看待威茨曼的私有制分享经济理论

李炳炎提出了公有制分享经济理论观。他认为,传统的国家所有制和集体所有制(俗称"二全民",实际上也是国家所有制)不是社会主义公有制的合理形式。只有自主联合劳动所有制这种新型的公有制形式,才是社会主义公有制的合理形式。分享经济试图从分配入手来解决资本主义经济的基础问题。从分配制度确实可以解

①Freedman, R. & Weitzman, M.1986."Bonuses and Employment in Japan",(New York: National Bureau of Economic Research), Working Paper, No.1878。
②Estrin, S., Grout, P. & Wadhwani, S.1987."Profit-Sharing and Employee Share Ownership: an Assessment", Economic Policy, No.4, April, pp.1~60。

决许多问题。因为,收入分配与人的积极性有关,它可以成为一种激励机制,使许多经济问题与人的切身利益联系起来,通过切身利益的调整,来影响人们的经济行为规范。但是,从分配入手并不能解决所有经济问题,正如马克思曾经指出的那样:"那些把生产当作永恒真理来论述而把历史限制在分配范畴内的经济学家是多么荒诞无稽。"①这是因为,收入的分配是由生产关系决定的。有什么样的生产关系,就会生产和再生产出什么样的分配关系。要改变一种经济制度,最终要变革它的生产关系。改变收入的分配形式只能"治表",变革生产关系才能"治本"。可见,西方的分享经济妄图治愈资本主义的病根只是一种空想。与西方分享经济不同的是,"需要价值论"的入手点在于生产领域而不是分配领域。它掌握的解决社会主义经济问题的钥匙,不在于如何分配社会收入,不是如何分配需要价值(表现为净收入),而是需要价值生产本身。需要价值体现了社会主义商品价值的特殊构成,反映了社会主义经济的本质——自主联合劳动经济。因此,需要价值从根本上阐述了社会主义的经济问题。因为自主联合劳动的本质决定了社会主义分配形式,只能用前者说明后者,绝不能相反。这也同时说明,社会主义经济问题不能只从分配入手来解决,而应通过完善公有制和发展市场经济来解决。需要价值论正是这两者的统一。②

---

① 《马克思恩格斯选集》,第2卷,第99页。
② 李炳炎:《新成本论》,云南人民出版社,1987年;《需要价值理论》,云南人民出版社,1990年。

第三章 西方分享经济理论的发展与启示

近来的理论研究往往把纳什谈判解作为分析基础，对劳资之间的关系进行分析，下面首先对纳什谈判解作一简要介绍，再进入分享经济理论发展的分析。

一、纳什谈判解

工会既影响劳动市场运转，也影响整个国民经济发展，这是西方经济学的基本常识，也是西方经济学家长期以来一直关注工会发展的原因所在。在西方，集体谈判司空见惯，而工会在其中究竟如何发挥作用就成为研究的重点所在。目前形成了两个代表性的模型：管理权模型（right-to-management model）和效率谈判模型（efficient-bargaining model）。这些模型中谈判双方是工会单挑厂商，所涉及的变量一个是工资，另一个是就业。实际上，投资规模、研发费用等决定厂商的谈判地位，而工会自身也会受到谈判的影响。这些因素在目前的谈判理论中考虑得尚不够充分。

当市场中有很多买卖方时，经典理论对价格形成的解释是供求曲线的交点；而在单边垄断的市场中，垄断方的最大化行为给出了产量。但是，当只有少数买方和买方交易时，问题就出现了。经济学原理告诉我们，在双头垄断的情况下，交易双方必然会进行谈判，或者讨价还价，而其结果则变得极为复杂多变，此时对于谈判的分析依赖于博弈论的运用。纳什谈判解在西方分享经济理论演进中发挥着重要的作用，它不同于囚徒困境下的纳什均衡解，因此有必要介绍纳什谈判解的意义。

博弈论的早期研究方法倾向于在公平与效率的基础上确定均衡应当具有的性质。纳什（1950）[1]的目标正是找到一组公理来描述谈判双方都能接受的协议性质。在纳什看来，一个谈判问题包括两方面：一方面是用效用表示的可行支付集合，另一方面是当协议无法达成时所能获得的特定支付。更正式的说法是，一个谈判问题可以用一对变量 (X, d) 来描述。其中，$X \subset R^2$ 是可行支付集合（即谈判双方都可接受的），其中的任意元素视为得自可行协议的 Von-Neumann-Morgenstern 效用对。d 是 X 中的某一点，即当谈判破裂时双方的境况。

---

[1]Nash, John（1950）："The Bargaining Problem", Econometrica. January 1950.18:155~62.1。

关于可行集的假定是：X 是 R^2 空间里的一个凸的、紧的子集[1]。紧性保证最优选择存在，而凸性保证最优选择是唯一的。因此，谈判问题就可以表述成图 3-1。

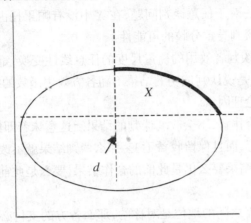

图 3-1 谈判问题图解

定义 1 令 B 为谈判集合。函数 $(u^*_1, u^*_2) = f(X, d)$ 把每一个谈判问题 $(X, d) \in B$ 与一个特定结果联系起来的，这被称为谈判解，即 $f: B \to R^2$

纳什公理

A_1 个人理性，$f(X, d) \geq d, \forall (X, d) \in B$

A_2 弱帕累托效率，$(u_1, u_2) > (u^*_1, u^*_2) = f(X, d) \Rightarrow (u_1, u_2) \notin X$

A_3 不变性（invariance）（对于效用而言）。

如果对于 $(X, d) \in B, (Y, d') \in B, (u_1, u_2) \in X, (v_1, v_2) \in Y, (a_1, a_2) \in R_+^2$ 和 $b \in R$，总有 $(v_1, v_2) = (a_1 u_1 + b_1, a_2 u_2 + b_2)$ 成立，那么 $(v^*_1, v^*_2) = f(Y, d') = (a_1 u^*_1 + b_1, a_2 u^*_2 + b_2)$。即合作解独立于衡量效用的单位。

A_4 不相关选择的独立性（independence of irrelevant alternatives）

对于凸的、紧的集合 $Y \subseteq X, f(Y, d) = f(X, d)$

A_5 对称性。

如果 $d_1 = d_2, (u_1, u_2) \in X$ 意味着 $(u_2, u_1) \in X$，那么 $(u^*_1, u^*_2) = f(X, d)$ 满足 $u^*_1 = u^*_2$

A_1 表明对于每一位谈判者，如果她（他）是理性的，那么她（他）接受一个串谋的结果，仅当这一结果的效用不小于谈判破裂时的效用。

---

[1]如果 R_n 中的一个点集 S 包含它的所有极限点，则称该集合为闭集（closed set）。如果 R_n 存在某点 $\bar{x}$ 和一个有限数 a，使得 S 中所有的向量都落在 a 的邻域中，即 $S \subset N_a(\bar{x}) = \{x: \|x - \bar{x}\| \leq a\}$，则称 R_n 中的向量集 S 是有界的（bounded set）。如果一个集合既是闭集又是有界集（bounded closed set），则称该集合为紧集（compact set）。
〔美〕E.Roy Weintraub：《经济数学》，王宇译，第 35~37 页，经济科学出版社，1999 年版。

A_2表明串谋从所有参与者整体来看必须是理性的，即两个谈判者不可能再进一步同时改善各自的处境。A_1和A_2这两个公理在可行集上定义了"合作集"，即可行集边界上的粗线条。对于任意谈判问题，在X中没有帕累托占优于纳什解的协议。这个公理排除了谈判导致分歧的可能性。

A_3表明对于任一谈判者效用的衡量尺度的任意线性变换，都必定有效用表示结果的相应改变。也就是说谈判成功的结果不随各方效用函数的线性变化而改变。这也意味着不必考虑伦理因素。

A_4表明排除了非合作解，不会改变谈判的结果。这意味着即使合作集缩小，如果之前的结果仍然可行，而且保留收益不变，那么谈判结果就不改变。同样的，如果合作集扩大，那么新的结果要么仍是此前的合作结果，要么是此前的合作集之外的结果。

A_5表明如果谈判者之间的地位是对称的，那么各方的支付必定相等。如果集合S关于主对角线是对称的，并且d是主对角线上的一点，那么这个谈判问题是对称的。该公理要求对于对称的问题，预测中的协议不会歧视任何一方（用效用术语来讲，该解给双方指定了相等的效用）。

纳什乘积：规范的纳什谈判解

纳什（1953）[1]给出了满足上述5个公理的唯一的合作解，即纳什乘积。

$$(u_1^*, u_2^*) = U(X, d) = \arg\max(u_1 - d_1)(u_2 - d_2)$$

Roth（1979）[2]证明了上述纳什乘积不需要公理A_2，因为A_2只不过是A_1，A_3和A_4的推论。而且，去掉A_5的话，就有下面更为一般的结论。

纳什乘积：一般的纳什谈判解

如果合作解满足A_1，A_2，A_3和A_4，那么存在唯一解：

$$(u_1^*, u_2^*) = U(X, d) = \arg\max(u_1 - d_1)^\alpha (u_2 - d_2)^\beta$$

其中$\alpha > 0, \beta > 0$，且$(X, d) \in B$。如果再加上A_5，那么$\alpha = \beta = \dfrac{1}{2}$。

注意：与规范的纳什谈判解相反，一般的纳什谈判解不满足A_2的一致性特征，即A_2不再是A_1，A_3和A_4的推论。

这个定理表明，谈判问题可以通过求解最优化问题得以解决。纳什结果形式简单，也符合日常经验。比如，谈判者的退路会影响谈判结果；谈判者之间在谈判中不存在差异时，往往会要求平分秋色。在实际谈判中，如果人们尤其重视公平，纳什结

---

[1]John Nash: "Two–Person Cooperative Games, Econometrica", Vol. 21. No. 1. (Jan., 1953) pp. 128~140。
[2]Roth, A. (1979): "Axiomatic Models of Bargaining". (Berlin:Springer–Verlag)。

果因其具有的公平性质而更容易为谈判双方所接受。

因为谈判解考虑公平与效率，所以尽管纳什的目的仅仅在于刻画谈判者合作的条件，但是从中仍然可以看到其比非合作博弈更浓厚的道德因素。而道德因素在现实中往往不容忽视。即使以金钱为代价，人们也往往不能忘怀那些高尚的道德要求，正所谓"君子爱财，取之有道"。在谈判中，谈判者往往提出均分的方案，可能是因为他推崇公平，也可能是害怕自己成为人所不齿的守财奴。人们的支付中不仅仅包括金钱，还有比金钱更重要的东西，比如社会的良知。这为简单化的模型提供了一种解释：当把模型应用于真实世界的时候，模型绝对不应该复杂到完全无视我们关于环境的知识。不过，Hoffman & Spitzer(1985)[1]认为，一旦谈判者认为其优势乃是当仁不让的权利，他们就趋向于采取非合作博弈行为。由此可见，谈判的结果会和人们的道德相联系，当然，这是另一个层面的问题了。

纳什谈判解在经济学家中广为流传的主要原因之一是，它以一个简单的方程式来定义，而这在包含谈判成分的任意大型模型中都易于操作。便于分析是其在经济模型中大行其道的一个重要原因。如果谈判理论的任务是为一个大范围的谈判问题提供一个"毫不含糊"的预测，那么纳什谈判理论的确出色地完成了此项任务。纳什谈判解定义良好，公理使得它对于一个大范围的问题具有一种非武断的意义。

二、后进学者的研究

(一)不存在从工资经济自然转向分享经济的途径

分享还是不分享？这是一个问题。

人们普遍承认，如果工会关心就业，那么分享经济(share economy)帕累托优于固定工资经济(fixed wage economy)。这引起了一个问题，为什么利润分享没有遍地开花？我们通过关注从工资经济到分享经济的特定转变，寻找此难题的答案。分析表明，尽管分享经济有帕累托优势，但是如果工资经济是既成事实，那么从工资经济开始的转变将是极其困难的。因此，仅仅有分享经济与工资经济之间的帕累托顺序是不够的。我们需要建立起一种有助于发生转变的制度安排。

至少从威茨曼(1984)关于"分享经济"的开山之作和其在学术界和政治界得到的溢美之词以来[2]，经济学家们就面临着一个难题。既然宣称了分享安排的帕累托改进性质，令人难以理解的是为什么这么多的厂商和工人没能收获这些效率的好

---

[1]Hoffman, Elizabeth & Matthew Spitzer(1985): "Entitlements, Rights and Fairness: An Experimental Examination of Subjects' Concepts of Distributive Justice", Journal of Legal Studies. 14: 269~97.279.
[2]在纽约时报的一篇书评里，分享经济被冠以"凯恩斯以来最好的思想"之名。

处①。对于这个矛盾似乎有两种解释:一个是因为威茨曼与其拥趸忽略了他们思想中某些缺陷,而这些缺陷可以解释市场参与者何以理性地拒绝他们的超前思维;另一个是因为仅仅后者(市场参与者)对利润分享潜在优点的理解是非理性的,或至少是过度紧张②。

在本文中,通过讨论已经存在固定工资解的给定情况,我们将对"迷失的利润分享"难题提出第三种解释,即轻而易举或者显而易见的通往利润分享解的可行路径并不存在。因此,可能是我们的社会既有的制度特征阻碍了威茨曼猜想的分享经济潜在好处完全发挥。由此,我们可以提出分享安排谈判的建议。更准确地说,我们将证明:只要预期底薪加分成必定等于此前的固定工资,那么相关的劳动市场参与者一般不同意分割既定的固定工资。只要厂商有望以较低的底薪来解决问题,厂商就没有动机提供利润或收益的正份额。

因此,这两个相当"自然的"从固定工资到分享经济的转变路径都不起作用了。

如果不能提供转向分享经济的可行解,不管工资经济的帕累托非效率如何,很可能也要墨守成规了。原则上,在工会和雇主协会之间存在广泛共识,这是一个好主意。但是,工会毫不含糊地声称,分成部分必须严格按照最高的现行工资率支付,必须排除支付缩水的可能性。③

1.从固定工资经济到分享经济的两条自然转变路径

我们首先描述向工人支付固定工资的经济。对于评价行将引入的分享安排,这自然是一个参照点。下面两部分在两个备选转变假设下,分析厂商和工人是否愿意从固定工资经济转换到分享经济。

第一,当工人期望其工资保持不变时,即如果厂商的收益比期望高(低),那么工人坚持相对于工资经济应该得益(受损),我们看看厂商和工人是否同意转变。尽管这个转变情节从理论的角度看来可能相当"粗糙",对于被要求承担一定收入风险的在岗职工而言,它是很自然的"最少条件"。

第二,我们看看是否在两阶段的工资设定过程中,厂商有动机单方面在设定底薪之前提供利润份额给工人(从而与在工资经济中的总工资相等)。厂商可以从两

①参见 Pendleton 等(2001)综合报道了欧盟的利润分享和员工持股。
②在传统经济学中,最后那个想法在异端的领域里安然无恙存在了几十年,如果不是数个世纪的话。然而,近来在许多分支中,比如金融市场和消费者行为,非理性似乎更难以解释清楚;参见 The Economist(2006)事关各种处理非理性炫耀尝试的报告。
③参见德意志工会网站,http://www.dgb.de/homepage_kurztexte/teilhabe02.htm. 有趣的是在该声明中来自(IAB,德国劳动市场暨职业研究中心, 全称是 Institut für Arbeitsmarkt- und Berufsforschung in Nuremberg)IAB 的微观数据表明利润分享的引进没有造成底薪减少。

方面由此得益:首先,工人的总薪酬依赖于实现的业绩;其次,与工资经济相比,工人要求较低的底薪以交换利润分享。因此,这个情节是一个通向分享经济的相当直接和"自发"的道路。如果帕累托改进是可行的,似乎某一方愿意迈出第一步(但事实并非如此)。

在工资经济中的行动顺序如下所述,并总结在图 3-2 中:在阶段 I,垄断工会设定工资率 W;在阶段 II,厂商动用其"管理权利"雇用利润最大化的劳动数量,而且设定最终价格(这正是前述管理权模型的基本设定)。在这些决定之后,冲击项 θ 才现身。在此设定中,工人在工资和就业两方面完全与冲击隔绝。因此,冲击只和厂商的利润有关。垄断工会假设是为了简化起见。如果我们允许对工资率展开纳什谈判,就不需要增添多余的见解(除了一个另加的希腊字母)。

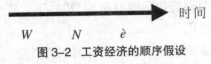

时间

图 3-2　工资经济的顺序假设

路径 I:厂商将同意提供相同的(期望)工资吗?

在厂商层面的利润分享安排之初,一个很自然的出发点如下所述:厂商建议把工资分割为不依赖于收益以及冲击的底薪和依赖于收益或利润的分享成分。工人被告知这两个参数经过校正后使得每位工人的总薪酬与其在工资经济支付的工资相等。[①]注意由于每一个雇员自身是风险规避的,所以他很可能反对此项建议;与工资率相联系的个人效用毫无疑问高于与相同的期望工资相联系的效用,后者毕竟在一定程度上是不确定的。不过,如果分享安排使得就业上升,那么工会可能觉得这样的建议相当不错。

正是由于在分享经济中劳动的边际成本下降为底薪,进而最优的就业上升了。在看工会效用和利润结果之前,我们不得不追踪从工资经济到分享经济 的假定转变对于就业水平的效应。显然,由于劳动的边际成本下降,相对于工资经济,劳动需求以及就业上升了。

注意,由于我们的定时假设,在分享经济中的就业与冲击隔绝。因此,支付篮子中的分享成分造成受雇佣的工会成员遭受了某种程度的收入波动。我们现在不得不发问是否工会和厂商两者都由这种从工资经济到分享经济的转变中得益。显然,如果有人期望出现由固定工资合同到分享合同之"工资中性的"转变,这个条件

[①]在本文中,我们假设厂商和工人之间不存在任何可能的信息不对称。这样,工人真正知道分享安排下的工资和固定工资的期望等价的确成立。

就是必要的。让我们首先考虑工会的境况。有两个相互抵消的效应在起作用:上升的就业明确无误地增加了工会的效用,然而总薪酬的波动抵消了此效应。

我们的模型结果可总结如下:

命题 1

a)对于冲击方差 $V(\theta)=0$,当保持期望工资不变而从工资经济到分享经济转变时,工会效用必定增加。

b)存在一个有限的 $\overline{V}(\theta)>0$,大于此值,当保持期望工资不变而从工资经济到分享经济转变时,工会效用减少。

我们转而比较利润水平,这里事情没有那么复杂。由于①对于任何较低的底薪,最优就业上升,②每个工人的预期总薪酬保持不变,同时③预期利润对于 θ 是线性的,因此可得,由于劳动的边际收益递减,相对于工资经济,预期利润必定下降。这个结果可以总结如下:

命题 2 当厂商被要求调整 λ 和 ω 使得预期工资与工资经济下相同时,厂商就不可能自觉从工资经济转到分享经济。

因此,要求预期工资不变摧毁了厂商提供分享合同的所有动机。甚至于在理论上存在可能的是,与固执于从更高的就业中获得的利益相比,工会将遭受更大的工资收入波动之苦。有人可能认为失去的不算太多,他们证明劳动市场的一方甚至双方不会允许出现某种武断的情节。仍然值得指出的是,如果要保持预期工资不变,那么引入分享经济注定要失败。[1]

路径 II:厂商会单方面提供分润分享吗?

本节我们考虑建立分享经济的第二种可能性。这里的想法是把工资决定过程分为两个阶段。在(垄断)工会考虑厂商建议并设定底薪 ω 之前,厂商有选择权可信地承诺正的 λ,毕竟不存在禁止一个人放弃他所拥有的东西。顺序假设如图 3-3 所示。

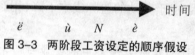

图 3-3 两阶段工资设定的顺序假设

命题 3 在两阶段工资设定过程中,当厂商能够首先承诺某个分享参数 时,厂商发现这样做永远是无利可图的。尽管工会保证底薪随着分享增加而减少,这个反

---

[1]尽管这不是本文关注的,但是重要的是指出即使引进了总工资不变的分享安排,在厂商层面正的就业效应也不能延伸到总体层面。因此,这种情况下失业不受影响。参见 Layard/Nickell (1990). Layard, Richard and Stephen Nickell (1990):"Is Unemployment Lower If Unions Bargain over Employment?", Quarterly Journal of Economics 105: 773~787.

应对于厂商也未强大到产生充分的吸引力。

因此，我们的结论是厂商没有动机单方面提供某个正数分享额从而引发分享安排。这也关闭了从工资经济到分享经济的第二条"自然的"转变路径。尽管分享经济有帕累托优势，但是这些效率的好处难以不劳而获。

2.结论

在本节，我们首先总结前文的分析，指出成功转换到分享经济的必要条件。我们接着讨论一些别的渠道以及可能修正前述结果的模型设定。来自我们的两个转换情节的否定结果至少暗示从工资经济到分享经济的成功转换必须满足四个必要条件：

第一，在从工资经济到分享经济的转变中，每个工人（预期）的总薪酬必须下降。工资中性的转换注定是要失败的，因为厂商面临着利润下降。不过，这个结论根本上依赖于风险中性的厂商假设。如果厂商对其利润的较低方差施以正数价值，他们可能接受走向分享经济的工资中性转换。

第二，由于厂商不会单方面提供分享合同，所以必定存在厂商层面的就利润分享和底薪同时协商。像全国层面或者部门层面的集体谈判不适合推行分享系统。

第三，工会不能不关心就业。如果事实不是这样，工会将坚持工资经济的工资水平。然而，这阻碍厂商提供分享合同。

第四，分别而言，工人或者他们的工会绝不可能太过于风险规避，而且分享基础的方差绝不能太大。风险规避意味着当不确定性上升时，要求较高的（底）薪。这反过来削弱了分享经济的效率好处。

不幸的是，这些条件都是必要的而非充分的。尽管有关分享经济的特性方面存在绵延不绝的文献，就我们现有的知识来看，尚不存在有关从工资经济到分享经济的具体步骤的正式分析。我们希望看到本文的两个否定结果将来会得到肯定的建议作为补充。

上述结果认为劳动的边际成本下降对于转换到分享经济是必要而非充分的，这与 Koskela 和 Stenbacka（2006）[1]的发现一致，他们证明厂商将提供分享合同，当且仅当底薪的缓和效应伴随着生产力效应。在他们的模型中，利润分享可以诱使工人提供更高水平的努力。但是众所周知，这个效应由于 $1/N$ 问题而备受质疑。

给定工人的风险规避度，工资要求随较低的风险而缓和。这样，就需要确定一个更稳定的分享基础。有一个办法可以达到此目标，那就是集中厂商的特定风险。

---

[1] Koskela, Erkki and Rune Stenbacka (2006): "Flexible and Committed Profit Sharing with Wage Bargaining: Implications for Equilibrium Unemployment", Journal of Economics 87 (2): 159~180。

工会领导人通常会要求所有的厂商都向一个全国范围的基金注资。然而这很显然是把 $1/N$ 问题加总起来了。而且，厂商至少有可能感觉注资给此基金构成了工人的第二项固定成本。因此至关重要的是使个体厂商对基金的注资独立于其就业水平。另一方面，如果尝试也是风险规避的，利润分享将更可能发生。

我们假定功利主义的工会，其所有的会员都是相同的。与关系最为密切的中间投票者模型相比较，该建模方法会偏爱分享经济。在做出采纳分享经济的决定时，代表性工会成员必须在就业的高概率[①]与低下工资的波动之间寻找平衡。但是，正如 Grossman（1983）[②]与 Blair 和 Crawford（1984）[③]所言，工会成员在资历、保留收入以及风险规避度等方面都是不一样的。如果存在按资历深浅决定解雇员工的问题，举例而言，中间投票者个人根本不承担就业风险。这样，利润分享的正数就业效应可能仅仅对于中间投票者是无关紧要的（Kaufman 2002）[④]。

举行工资谈判的组织层面是决定薪酬系统选择的另一个问题。分享经济最流行的制度结构是在厂商层面的谈判不足为怪。在几乎所有市场经济中可以看到的法律体制确保利润的产权属于厂商。厂商有绝对自由决定如何开支其利润——这也包括对利润分享说"不"的权利。为此，在全国或部门层面谈判的任何利润分享安排对于单个厂商没有约束力。而且，单个厂商不会发一纸命令给雇主协会，让他去谈判正数的分享。也有人指出类似法国的强制利润分享系统难以真正解决问题。[⑤]赋予对利润的合法权利仅仅弱化了厂商的地位，因此，对于底薪以及就业的效应和谈判解的效应相比，难以望其项背。

从固定工资到分享安排的转换中有可能得到效率好处，这对于工人和厂商都有利。削减劳动的边际成本为底薪会激发劳动需求，因此原则上在微观经济层面也有助于和失业作斗争。由此，威茨曼的想法在 20 多年前会受到追捧就不值得大惊小怪了。与这种热情相比照之后的事实是我们发现利润分享并非遍地开花。

在本文中，通过证明源自固定工资的两种"自然的"转变情节不起作用，我们意

---

①这个概率由 M/N 给出。对于一个外生的会员数 M，分享经济的正数就业效应导致此概率上升。

②Grossman, Gene（1983）: "Union Wages, Temporary Layoffs, and Seniority", American Economic Review 73: 277~290.格罗斯曼，基恩（1983）：《工会工资，临时解雇与工龄》，《美国经济评论》，73：277~290。

③Blair, Douglas and David Crawford（1984）: "Labor Union Objectives and Collective Bargaining", Quarterly Journal of Economics 99（1）: 547~566.布莱尔，道格拉斯和戴维.克劳福特（1984）：《工会示威与集体谈判》，《经济学季刊》99（1）：547~566。

④Kaufman, Bruce（2002）: "Models of Union Wage Determination: What Have We Learned Since Dunlop and Ross?", Industrial Relations 41（1）：110~158。

⑤任何雇员在 50 人以上的法国厂商必须支付其利润的特定比例给一个基金。参见 Pendleton et al.（2001）。

在解释此现象。首先,厂商不愿意提供不影响预期工资的分享安排。因此,对于带来意愿效率好处的分享经济,劳动的边际成本减少仅是必要条件。如果厂商想从转变到分享经济中得益,至少不会受损,分享项必须严格少于保持以前的固定工资所必需的数额。从厂商的观点看,劳动的平均成本削减是走向分享安排的充分条件。其次,我们证明在提供正数利润分享给工人有望足以降低工会的目标底薪之时,厂商没有动机如此行事。尽管如果得到利润分享,关心就业的工会的确降低其底薪要求,但是从厂商的观点看,这个效应太小了。如果收益是非随机的,情况就仍然如此。增加分享项的不确定性更会促升工会的底薪要求,因此使得分享安排对于厂商更不值得。

我们因此得到结论,不存在直接替代厂商和工会之间同时对底薪和分享参数的显性谈判。认为厂商许诺同样的预期工资和单方面行动转换的"经验法则"难以成功。在政策层面,对于工资谈判的分散化,这是一个重要论点。仅仅在这个层面上,利润分享才可能发生并展现出其无可争议的优点。

(二)员工持股可以有效解决利润分享面临的难题

在一个内部人—外部人模型中,我们发现员工持股既可以消除低就业,也可以消除超就业。这正是传统的利润分享无法解决的难题。给内部人提供股权可以有效地"收买"他们反对裁员。在正规的利润分享下,一旦工人离开厂商,他们就丧失了分享厂商利润的权利,而持股员工在退出时,可以保留他们的股票或者卖出股票来获利。由于股权迫使谈判工资率下降,而且退出的工人不会丧失他们分享厂商利润的份额,所以工人对于继续在裁员的厂商里就业和选择外出就业之间就变得无所谓了。

关于采纳员工持股的激励,威茨曼(1987)证明了,因为在岗的工人受到利润分享的伤害,有效的利润分享必须由政府来实施。问题在于,不仅厂商和工人规避利润分享,而且政府也难以知道那个恰好产生不多不少就业量的准确分享份额,员工持股则可以避免这些问题。由于工人能够通过谈判以折扣得到股份,所以厂商和工人都可以从这个有效率的股份所产生的生产率好处中得益。另外,没必要设定一个独一无二的最优股份,因为存在一个引致有效率就业的最低股份,更高的股份将导致同样是有效率的结果。

在假设不谈判就业之外,利润分享结果对于谈判博弈还要求另外的关键限制。如果利润分享就工资进行谈判,谈判结果就回到仿佛不存在利润分享时候的无效率解。与此相反,不管是在工资和就业之前还是同时,就股份进行谈判都会导致有效率的股份。

　　利润分享还假设内部人和外部人得到同样的工资，而不是让内部人谈判得到一个更高的分离工资。这个假设经不起推敲，因为如果利润分享实施之后，内部人偏好双重工资甚于利润分享，同时，偏好双重工资甚于统一工资。与此相反，在低就业的情况下员工持股给予内部人在双重工资下同样的总收入，同时避免了厂商采取机会主义行动用低工资的外部人来取代高工资的内部人；在超就业的情况下，双重工资对于内部人没有好处，因此员工持股就将受到严格偏好。

　　在实证预测中的研究不能总是区分传统的基于集体的利润分享与新生的基于个人的员工持股。个中的区别至关重要，不仅因为正规的利润分享影响就业的理论基础是脆弱的，而且因为根据预测，员工持股对于就业的影响不是单方向的。当内部人的数量很少而且初始的低就业水平是无效率时，预测员工持股会增加就业。但是，当内部人数量很多而初始的高就业水平是无效率时，预测则相反。因此，要对员工持股进行正确的实际检验，必须首先限定初始状态是低就业还是超就业。

　　区分传统的利润分享和员工持股对于理解利润分享影响就业变化也是必要的。基于利润分享增加就业的理念，有人认为利润分享厂商将减少就业变化，因为这些厂商在需求下降时将较少削减就业（Weitzman 1984,1985）[1]。不管这种观点对于传统的利润分享的好处是什么[2]，在员工持股模型中并非如此。正如 Carruth and Oswald（1987）证明的，无效率的或高或低就业刚性是集体谈判的特点之一。给定工人愿意在不同的需求条件下认同有效率的就业水平，员工持股就解决了这个刚性难题，从而增加了而不是减少了就业变化弹性。

　　对于那些由不充分的多样化产生的可观成本视而不见，员工持股仍然大行其道，上述结果可能为此提供了一些见地（Meulbrock 2002）[3]。本章分析的员工持股包括了在美国常见的几种安排。员工持股计划（Employee Stock Ownership Plans, ESOPs）允许工人积累由受托人持有股份直到退休或者离职。401（K）计划允许厂商使用公司股票匹配雇员贡献给一个信托基金，以便在工人退休或者离职使用。股票期权计划（Stock Option Plans）允许员工未来以约定价格购买股票，以此达到与员工

①Weitzman, M. L. （1985）, "The Simple Macroeconomics of Profit Sharing", The American Economic Review, 75, 937~953. 马丁·L.威茨曼：《利润分享制的宏观经济学简述》,《经济学译丛》,1986 年第 10、第 11 期。
②这种理论观点赖以成立的假设是厂商单方面决定就业。在对 11 项研究的概述中（其中一些也包括对就业代的检验）,Kruse(1998)发现，5 项研究支持在利润分享下产生了较大的稳定性；6 项研究或者不支持，或者仅仅在一些样本中支持。近来 Azfar and Danninger (2001)发现在稳定性与促进长期技能积累的利润分享之间存在正相关。Azfar, O. and S. Danninger (2001): "Profit-Sharing, Employment Stability, and Wage Growth", Industrial and Labor Relations Review, 54, 619~630。
③Muelbroek, L. (2002): "Company Stock in Pension Plans: How Costly Is It?", Harvard Business School Working Paper No. 02~058。

持股同样的效果，即在厂商业绩与员工收入之间建立起联系。员工股份购买计划（Employee Stock Purcha Plans, ESPPs）允许厂商使用薪水总额扣减为员工以折扣价购买公司股票提供融资。按照近来关于美国员工持股的估计，大约880万雇员参加了ESOPs，800万到1000万雇员在其厂商中拥有股权，大约1100万雇员有401（K）计划投资于他们自己厂商的股票，大约1570万雇员参加了ESPPs。[1]

1.利润分享的难题

本节分析指出在内部人—外部人模型中会产生低就业或超就业，并指出借助利润分享来解决低就业的困难所在。下一节将证明员工持股不但可以解决低就业，而且可以解决超就业。

内部人—外部人模型假定在内部人和外部人之间存在的区别是："内部人"出现在工会的效用函数中，而"外部人"则被工会忽视。我们假设厂商是风险中性的，而且只想最大化扣除分享份额后的利润[2]。谈判破裂时内部人得到市场工资 $\bar{w}$，厂商得到零利润。使用一般化的纳什谈判解，从最大化的 K–T 条件可得三种情况。

情况Ⅰ：所有的内部人都被雇用了，一些外部人被雇用。

情况Ⅱ：所有的内部人被雇用，外部人都未被雇用。

情况Ⅲ：一些内部人被雇用，外部人都未被雇用。

在上述情况下，因为工会成员自然关心他们的总收入 y 而不是其工资收入 w，所以就业水平只依赖于 y 而不是 w。由于 y 不受其在底薪与分享之间分割的影响，如果对就业进行谈判的话，那么分享就是毫不相干的[3]。既然分享无关紧要，就可以使用不考虑利润分享的工会—厂商谈判的标准分析。需要指出的是，Oswald（1985,1993）[4]研究了情况Ⅰ；Caruth & Oswald（1987）[5]研究了三种情况，并特别关注情况Ⅱ。McDonald & Solow（1981）[6]分析了情况Ⅲ。

在情况Ⅰ下，内部人的数量少，内部人同意雇用外部人。尽管新来的工人拉低

---

①www.neco.org/library/eo.stat.html。注意一些雇员可能参加了不止一个计划。

②如果厂商关心的是包含分享份额的总利润最大化，结果亦不受影响。

③Anderson and Devereux（1989）把威茨曼的低就业情况下的不相干结果推广到超就业情况。值得注意的是，如果利润份额提高了每个工人的生产率，较高的生产率会间接导致较高的就业（Wadhwani and Wall 1990;Kruse 1992;Cauche and Dormont 1997）。

④Oswald, A. J. (1985). "The Economic Theory of Trade Unions: An Introductory Survey",Scandinavian Journal of E-conomics, 87, 161~193。

⑤Carruth, A. A. and A. J. Oswald (1987). "On Union Preferences and Labour Market Models: Insiders and Outsiders", The Economic Journal, 97, 431~445。

⑥McDonald, I. M. and R. M. Solow (1981). "Wage Bargaining and Employment," The American Economic Review, 71, 896~908。

了平均生产率,并且降低了收入,但是收益的好处甚大,所以厂商能够通过成功的谈判,雇用更多的工人。就业仍然比较低,并且是无效率的,因为劳动的边际收益超过了其值为0的外部工资。

情况Ⅲ则代表着相反的境地:内部人的数量庞大,过剩的就业造成的损失太高,厂商不仅不雇用外部人,而且也拒绝雇用所有的内部人。内部人中只有部分人被雇用,由于劳动的边际收益仍是负的,这个就业量仍然大于有效率的数量。由于着眼风险规避的工人千方百计避免失业,工会能够通过成功的谈判,为内部人争取到更多的就业岗位[①]。

情况Ⅱ则代表着中间状态,此处厂商不会雇用全部外部人,但是雇用了全部内部人。就业水平的具体结果是低就业还是超就业,要看内部人的相对数量。由于工资高于劳动的边际产品,厂商想削减就业,但是在谈判中又无能为力。下一节证明通过把工资率削减到市场工资水平,员工持股在每一种情况下都可以解决就业的无效率,即使就业水平也是谈判的目标之一,仍然如此。

2.员工持股

员工持股与传统的利润分享有三点本质区别:第一,内部人作为独立的个体拥有股份而不是全部工人作为一个整体要求分享利润份额。第二,即使内部人离职,他们仍然保留其股份。第三,采纳员工持股是由厂商和工人内部决定的,而不像利润分享是由外部强加的。我们将证明由于第一点,员工持股可以解决低就业;由于第二点,员工持股可以解决超就业;由于第三点,可以双方共赢的方式得到一个有效率的结果。

我们假定所有的内部人都有同样的股份,其总和是公开发行股票的一定比例e。谈不拢时,厂商的利润为零。注意,员工持股与利润分享之间的第一点差别是,利润分享模型中的对利润的分享现在变成了对股份的分享,行为主体发生了变化,外部人被排除在持股之外;第二点差别表现为即使是失业的内部人,也得到了股份,进而得以参与分享厂商利润。

当股份e为零时,如同前节的三种情况又出现了。在情况Ⅰ和情况Ⅱ下,出现了低就业。在情况Ⅲ下,出现了超就业。但是,我们可以证明存在$e^* \in [0,1)$使得对于

①如果工人的效用函数是线性的(这代表工人是风险中性的),工人均等的收入不会产生好处。在此情况下,方程(3)简化为$w = R/L - \dfrac{\gamma}{1-\gamma}(w-\overline{w})$,因此,$R_L = \dfrac{w}{1-\gamma} - \dfrac{\gamma}{1-\gamma} R/L$简化为$R_L = \overline{w}$,意味着有效率的就业水平。

所有的$e \in [e^*, 1)$，谈判达成的就业水平是有效率的。

对于有效股份，谈判达成的工资等于市场工资[1]，因此内部人不关心就业水平，而且谈判结果正好与厂商单方面选择的就业相同。允许厂商选择就业尤其有吸引力，因为最优水平可能随着需求条件而变化。只要e^*高到足以保证对于可能的劳动需求曲线，工资等于市场工资，厂商将能够迅速适应变化的需求。股份不会减少就业的变化，反而当条件变化时允许厂商有效地调整就业。

对于员工持股而言，可以解决低就业的一个选择是双重工资，也就是说让外部人得到市场工资。与双重工资相似，即使所有的工人都得到相同的工资，员工持股仍然给予内部人较高的收入。由于工资是平等的，雇主不会有机会主义的想法，用低工资的新工人来取代高工资的内部人，因此避免了双重工资结构里的头号危险。在有效股份下，如果内部人决定不再为所有的工人谈判一个统一的工资，他们单单为自己争取较高的工资，那么他们就会在谈判解里接受市场工资[2]。与利润分享不同，统一的工资假设对于结果无关紧要。

至于超就业，一个选择是通过更好的失业保险，让就业的和失业的内部人的收入相等，但是这会产生逆向选择和道德风险问题。另一个选择是使用现金支付来鼓励工人自愿退出，但是如果工资高于市场工资，工人会继续施压，要求被厂商雇用。员工持股运行起来像是自我强化似的。由于工资率被压低到市场工资，工人会自愿离职。尽管利润分享也压低工资率，但是工人由于不想失去其利润份额而不会离开。

关键点是双方是否会自愿达成有效的权益筹码。即使支持利润分享对低就业有正效应的必要假设是正确的，由于内部人的反对，利润分享必须由政府实施（Weitzman 1987）。相比较而言，通过雇佣员工达到厂商边际收益产品等于为厂商工作的机会成本那一点得到效率提升，员工持股允许内部人从中获益。[3]

如果把零股份作为分歧点，内部人和厂商开始谈判股份（ⅰ）内部人获得有效的股份；而且（ⅱ）股份以折扣进行交易。

这个模型假设工人持有股份，但是股份减少了谈判工资，使工人有激励在谈判

①在效率工资模型里，这可能不是一个优点，由于高于市场工资增加了生产率（Levine 1989）。注意，在效率工资模型里较高工资的生产率好处可能来自于工人拥有股份。Levine, D. I. (1989). "Efficiency Wages in Weitzman's Share Economy", Industrial Relations, 28, 321~334。
②允许这样的谈判，不会改变S'集合，因此，对于$e^* = \beta^*$，谈判结果不受影响。
③Ognedal（1992）发现双方不能得益于股份，因为雇佣水平假设是固定的，或者由厂商设定在非常高的水平，不允许分享效率收益。Ognedal, T. (1992): "The Effects of Union Owned Shares on the Outcome of Wage Bargaining", Journal of Economic Behavior and Organization, 18, 185~200。

工资之前转售股份①。这种激励可以解释为何 ESOPs 和其他员工持股系统一般都严格限制员工转售其股份。还要注意股份有时被同意作为工资让步的一部分（Kru 分享经济 1996）②，因此，谈判可能是同时而非顺序进行的。如果股份、工资和就业都同步谈判，命题 1 中的博弈解仍然可行，这意味着有效的结果仍可达到。

3.结论

前面证明了员工持股计划在理论上可以解决有关无效就业水平的传统利润分享解决办法之缺点。首先，员工持股可解决低就业和超就业。其次，对于特定的需求条件，存在引致就业效率的最小股份而非单一效率股份。第三，结果不依赖对于谈判博弈的具体约束，比如内部人和厂商无法谈判就业水平，或者内部人和外部人必须得到相同的工资。第四，由于双方有达成协议的激励，不要求政府出面实施干预。

员工持股的成功条件与传统利润分享相比，一项相似，三项不同。相似之处在于在谈判模型里来自股份的结果同样压低了工资率。第一项不同是每一个内部人收到厂商利润的一部分而非作为整体的工人接受份额再行分割。因此，当就业无效率地低时，内部人更愿意允许雇用新工人。第二项不同是工人如果离职，可以保留他们在厂商中拥有的股份权利。这使得当就业无效率地高时，工人较少反对退出厂商。第三项不同是采纳员工持股是厂商和工人内生决定的，而非利润分享系统下那样由外部强加的。有效结果因此以双方共赢的方式达到。

正因为这些差别，两个系统提供了截然不同的实证预测。视低就业或超就业的初始状态不同，预期员工持股会使就业或升或降，而不是直截了当地增加就业。员工持股允许厂商在面对需求条件变化时，更迅速地改变就业，而非减少就业变化。

三、趋势与借鉴

近年来流行的员工持股制度，允许雇员个人持有其所在公司的股份，既可以实现威茨曼的想法，也可以避免传统的基于集体的利润分享所产生的诸般问题。当工人持有股票时，因为红利和资本利得代替了部分工资收入，工资率会下降，但是在岗的雇员不再反对以新工资雇佣更多的工人。由于只有持有股票的工人分享了利润，只要额外的聘用能增加利润，持有股票的工人就会接纳新工人。如同双重工资系统下一样，因为在岗的工人与新工人收入不同，就业比较有效率。此外，还有一点与双重工资系统下不一样：因为新工人与老工人领取同样的工资，而且老工人的股

①Grout, P. A.（1988）："Employee Share Ownership and Privatisation: Some Theoretical Issues", The Economic Journal, 98, 97~104。
②Kruse, D. L.（1996）："Why Do Firms Adopt Profit-Sharing and Employee Ownership Plans?" British Journal of Industrial Relations, 34, 515~538。

份不受离岗影响,所以厂商也不会采取机会主义行为以新工人来取代老工人。

(一)健全员工持股制度,推进国有企业改革

中国最早出现员工持股是在乡镇企业。十一届三中全会以后,中国实行改革开放的政策,农村首先迈出改革的第一步,推行土地家庭联产承包责任制。随后乡镇企业得到进一步发展,"以资带劳、技术入股、合作经营"成为乡镇企业新的投入制度。在城市,受乡镇企业这种新的制度的影响,也出现了"带资就业"或采取集资或技术入股的企业形式。在我国,职工持股是与国有企业的股份制改造同时诞生的。1984 年 7 月,我国第一家股份制企业——北京天桥百货股份有限公司正式成立时,在公司的股本设置中设立了个人股。该公司的大部分职工购买了个人股 5.97 万元,占当时该公司总股本 463 万元的 1.29%。这是国有企业改革中最早的职工持股行为。此后,全国一些企业在股份制改革中纷纷采用了吸收职工入股的做法。

1992 年 5 月,为了适应我国股份制试点工作的需要,国家体改委制定了《股份有限公司规范意见》,其中规定:采取定向募集方式设立的股份有限公司,经批准可以向本公司内部职工发行部分股份,其总额不得超过公司股本总额的 20%。1994 年 7 月,《中华人民共和国公司法》实施后,不允许再设置内部职工股。对于社会募集的股份有限公司,1994 年国家体改委、国务院证券委规定:公司可在国家批准的股份发行额度内,按不超过 10%的比例向职工配售股份,在公司本次发行股票上市后 6 个月,这部分股份即可上市转让。1998 年 11 月,中国证监会发布规定,停止了向企业内部职工配售股份的做法。为了推进国有小企业和集体企业改革,1997 年 6 月,国家体改委制定了《关于发展城市股份合作制企业的指导意见》,各省市也制定了发展股份合作制企业的法规。这些规定都提出在股份合作制企业可以设置职工个人股。1995 年以来,为了配合国有大中型企业建立现代企业制度,上海、深圳、北京等十几个省市陆续出台了《关于组建职工持股会的试行办法》,按照这些办法的规定,在国有企业和集体企业改革中,职工可以组织起来共同投资组建职工持股会,以职工持股会向企业投资,实现职工持股。各地组建职工持股会的做法不完全一致,大体可以分为两类:一是以企业工会为载体,以工会的名义向公司投资;二是职工投资组成职工持股会,登记为社团法人,以社团法人来向公司投资。

回顾这一进程,我们可把全国各地实行职工持股的做法大体分为四种形式:①根据国家体改委原制定的《股份有限公司规范意见》,在股份有限公司设立内部职工股。②组建有限责任公司和发起设立股份有限公司时,职工以自然人身份入股,这种形式只适用职工人数不多的企业。因为有限责任公司有 50 个股东的限制。股份有限公司虽然没有股东人数的上限,但成千上万的公司职工以自然人身份作为

公司的发起人,在实际中也难以操作。③改制为股份合作制的企业中设立职工个人股。全国股份合作制已有上百万家,每个股份合作制企业都有职工个人股。④组建职工持股会向公司投资。全国十几个省市采取了这种做法。

过去的20多年中,国有企业的股份制改造发展很快,但职工持股却没有走上规范化发展的道路,而且发展也极不平衡。比较突出的问题是:第一,职工持股的强制性。有的企业以平均摊派的手段要求企业所有员工出资入股,更有甚者出于筹集资金的目的,硬性规定如果职工不购买职工股就意味着自动下岗。第二,职工持股的福利化。企业股权结构的改善最终目的是促进企业绩效的提高,这是符合企业股东或所有者的利益的。企业不必担当"恩人",职工也无需感恩戴德。但是,目前中国一些国有企业施行的职工持股带有福利化的倾向。企业将一部分股份无偿地送给职工持有。特别是一些上市公司,由于《公司法》规定内部职工股在公司股票上市一段时间之后,可以通过市场进行变现,而职工购买的内部职工股与上市后的市场价格有较大的差价,职工往往在公司上市之后很快将手中的股票抛出变现。这无形之中助长了上市公司视职工股为一种福利手段。这些都导致了职工持股者的短期行为化。这种情况在上市公司中最为突出。由于我们没有限制职工持股不得交易的法律和制度,并且将内部职工股视为一种福利,当募集公司一旦上市,一段时间后内部职工股也随即上市,几天之内大部分便逢高抛售。因此很难达到加强公司内部职工凝聚力、调动其生产经营积极性的初衷。

我们知道,股份减少了谈判工资,使得工人有激励在谈判工资之前转售股份。这种激励可以解释为何国外ESOPs和其他员工持股系统一般都严格限制员工转售其股份。相比我国的情况,我们可以发现,正是由于缺少理论上的深刻分析,盲目地引入所谓员工持股制度造成了上述问题的产生。

(二)建立正常的工资增长机制,维护劳动者权益

西方分享经济研究注重于通过劳资谈判,寻求劳资双方的利益平衡点。我国的相关研究则缺乏这样的诉求。比如,叶正茂[1]主张共享利益制度企业的二次分配是根据不同要素在企业经营成果形成中的贡献率,确定各参与者在分配净收入中应占的份额。在此基础上,在各参与者群体内部进行第三次分配,即每个具体的参与者根据自己的个人贡献在总贡献中的比重,在属于相应参与者群体的可分配净收入中获取属于自己的一份。他还主张,利用计量经济学中测算技术进步以及资本和劳动的投入在经济发展中贡献量化的方法来解决企业经营成果分配这个微观层次

---

[1]叶正茂,洪远朋:《共享利益的理论渊源与实现机制》,载《经济学动态》,2006年第8期,第17~22页。

的问题。这和西方分享经济动辄进行劳资谈判的背景有着天壤之别。

在就业形势趋紧的情况下,劳动者合法权益更容易受到侵害,劳动者自身无力向企业或者雇主争取到合法权益,需要政府出面协调。正如前文所述,在发达国家,以三方协商为主要形式的社会对话,使产业关系的对抗性日益为劳资合作所取代。1990 年,我国全国人大常委会批准了国际劳工组织第 144 号公约《三方协商促进履行国际劳工标准公约》。按照《公约》,近几年"三方机制"在我国逐步建立起来,在协调劳动关系领域开辟了一个全新的社会对话渠道。"三方协调机制"中的三方是指政府、工会和企业。这种协调机制,由各级政府劳动和社会保障部门、工会组织、企业组织派出代表组成协调机构,对涉及劳动关系的重大问题进行沟通和协商,对拟订有关劳动和社会保障法规以及涉及三方利益调整的重大改革方案和政策措施提出建议。2001 年 8 月,中国劳动和社会保障部、中华全国总工会、中国企业联合会建立了国家协调劳动关系三方会议制度,并召开了第一次国家级协调劳动关系三方会议,使中国的劳动关系协调工作有了一个较为规范和稳定的工作机制。

党的十六届四中全会指出:"形成全体人民各尽所能、各得其所而又和谐相处的社会,是巩固党执政的社会基础,实现党执政的历史任务的必然要求。"自此,构建和谐社会确定为我们党的治国方略。党的十六届六中全会指出:"社会和谐是中国特色社会主义的本质属性,是国家富强、民族振兴、人民幸福的重要保证……构建社会主义和谐社会,要遵循以下原则:必须坚持以人为本,必须坚持科学发展,必须坚持改革开放,必须坚持民主法治,必须坚持正确处理改革发展稳定的关系,必须坚持在党的领导下全社会共同建设。"

与利益独占的传统经济观相反,利益分享的新经济观是以社会主义经济主体和经济利益的多元性为其认识基础的。它强调经济个体的差异性,承认各经济个体有其独立的经济利益,并进一步肯定它们追求这种特殊经济利益的权利。在企业中,利益分享制本质上是一种产权分布于非人力资本所有者和人力资本所有者的制度安排。[1]登姆塞茨认为:所谓产权,意指"一个人或其他人使自己或他人受益或受损的权利"。[2]新经济史学派的创始人诺思也认为"产权的本质是一种排他性的权利"。[3]菲吕博腾和配杰威齐把产权经济学家提出的各种各样的产权定义归纳为:"产权不是指人与物之间的关系,而是指由于物的存在及关于他们使用所引起的人

---

[1]柳新元,张铭:《论分享制的形式、本质与主要模式》,载《浙江学刊》,2002 年第 2 期,第 197~200 页。
[2]登姆塞茨:《关于产权理论》,载《财产权利与制度变迁》,第 97 页,上海三联书店,1994 年。
[3]道格拉斯·C.诺思:《经济史中的结构与变迁》,第 21 页,上海三联书店,1994 年。

们之间相互认可的行为关系……它是一系列用来确定每个人相对于稀缺资源使用时的地位的一种经济和社会关系。"①尽管中外学者对产权概念的理解存有分歧,但基本上接受了菲吕博腾和配杰威齐的观点,即产权是人们(主体)围绕或通过财产(客体)而形成的权、责、利关系。其形式上是人对物的关系,本质是产权主体之间的利益关系。一般而言,产权权能包括所有权、占有权、使用权、支配权、收益权、经营权、继承权等一系列权利产权权能。现代意义上的企业产权制度应该是在这些权利之间建立起相互制衡的机制。

企业应主动将自身发展置于经济社会发展全局中,自觉承担相应的社会责任。为此,应遵循社会伦理准则和道德规范,严格遵守法律法规,公平交易、诚信经营,认真处理好与各利益相关者的关系。其次应积极参与社会事业。通过支持和赞助社会公益事业,扶危济困,减轻社会负担,缓解社会矛盾,维护社会稳定,为实现社会公平、促进社会和谐作出贡献。重视保护环境和合理利用资源。从尊重自然、关爱民生的道德责任感出发,着力开发和应用新技术和新工艺,实现经济效益和生态效益的有机统一。

利益分享的新经济观,不仅强调各经济个体有其特殊的经济利益,还致力于在各个主体的经济利益之间建立起一种新的协调的利益分配关系。解决这个问题的关键在于建立这样一种利益分享制度,使个体利益的实现与整体利益的实现紧紧地联系在一起,在它们之间建立起一种共同消长而不是此消彼长的新关系。这种利益分享制度的主要内容是,在一个特定的时期内,由各种经济主体按照一定的比率去分享经济发展所取得的成果。每一个体所获利益的绝对量将取决于成果总量的增长和分享比率这两个因素。在这个过程中,各经济主体的任务是如何扩大总量,而政府的责任则是公平地确定这个分享的比率。

总之,建立利益分享的新机制,是构建和谐社会的要求,同时,构建和谐社会也是解决类似收入差距偏大问题的社会基础。理顺收入分配关系,建立科学合理的收入分配制度,是一项长期而艰巨的任务,不可能奢望毕其功于一役。要从我国实际出发,第一靠发展,第二靠改革。要继续加快发展经济,增加社会财富,同时更加注重社会公平,不断完善与社会主义市场经济体制相适应的利益分享制度,把利益分享作为我国社会主义经济改革的一项基本原则。

---

①E.G.菲吕博腾,S.配杰威齐:《产权与经济理论——近期文献的一个综述》,载《财产权利与制度变迁》,第204页,上海三联书店,1994年。

中　编

经济观变革:

从利益独占转到利益分享

第四章 中国特色分享经济实践形式的产生与发展

中国特色社会主义分享经济的最早实践产生于1980年起成都市西城区一批城镇集体企业的自主改革方案——除本分成制，发端于这些企业为了摆脱面临旧体制的束缚(即套用了国营企业管理体制)而出现发展动力不足,企业活力不足,出现大面积亏损,连职工工资也不能支付的困境。企业职工主动要求改革,发明了除本分成制,一举成功,救活了企业。其产生的轰动效应引来全国性参观学习。南京在引进除本分成制基础上加以完善,形成了净产值分成制。这一改革方案的研制者王步美认为,净产值分成制是以李炳炎提出的新成本理论(中国特色社会主义分享经济理论)为理论基础和指导思想的。继而得到进一步完善,成为净收入分成制,获得推广和持续发展,并在实践中形成富有中国特色的多种形式。

一、中国社会主义市场经济改革实践是分享经济产生的沃土

党的十一届三中全会以后,我国开始了以市场取向为特征的经济体制改革。直到1984年取得了具有重大意义的突破,这一年国务院发布了《关于进一步扩大国营工业企业自主权的暂行规定》,提出了扩大企业十个方面的自主权。1984年党的十二届三中全会通过了《中共中央关于经济体制改革的决定》。《决定》深刻分析了旧体制的根本弊病,提出了我国经济体制改革的任务和主要内容。十二届三中全会以后,我国经济体制改革在《决定》的指引下取得了很大进展。传统体制多方面被突破,但新体制还远未建立起来,体制改革的成绩和问题并存。1992年初邓小平南方重要讲话拨开了前进中的迷雾,切中要害地指出:"计划多一点还是市场多一点,不是社会主义与资本主义的本质区别。计划经济不等于社会主义,资本主义也有计划;市场经济不等于资本主义,社会主义也有市场。计划和市场都是经济手段。社会主义的本质,是解放生产力,发展生产力,消灭剥削,消除两极分化,最终达到共同富裕。"[①]邓小平南方谈话代表了历史的潮流,人民的愿望,因而得到了全国人民的热烈拥护和响应,迅速形成了改革开放的热潮。邓小平的南方重要讲话为党的十四大确立社会主义市场经济体制的目标指明了方向,奠定了理论基础。党的十四大顺应历史潮流,代表全国人民的意愿,做出了改革的目标是建立社会主义市场经济体

---

① 《邓小平文选》,第三卷,第373页。

制的正确选择。

社会主义市场经济不但具有其他市场经济所具有的共性，还具有其自身的特性。现代市场经济的共性是指：①市场机制。市场机制是生产要素流动和社会资源优化配置的基本运行机制。市场对资源配置起基础的作用。市场机制的功能还表现在由市场形成价格，包括形成生产资料价格、消费资料价格，还包括形成劳动力和其他生产要素的价格。②市场主体。企业是市场的主体。不论是资本主义或社会主义下的市场经济，都要求企业成为自主生产、自主经营的市场竞争主体。③市场体系。建立统一、开放和竞争、有序的市场体系。市场经济要有效地依靠市场机制作为优化配置资源的主要手段，就必须有一个完整的现代市场体系。④宏观调控机制。现代市场经济都是由国家宏观经济调控的市场经济。我国要建立的社会主义市场经济也不例外。在市场经济条件下，对宏观经济必须建立有效的宏观调控机制。其必要性表现在以下几个方面：第一，对宏观经济的总量平衡和控制。第二，为了保护竞争，防止垄断，市场经济的繁荣要通过公平竞争来实现。第三，为了实现效率与公平的统一，社会稳定和共同富裕，这就必须借助宏观调控，防止财产占有和收入分配的两极分化。

社会主义市场经济的特殊性是指：①以公有制为主体、多种所有制经济同时并存、共同发展。我国的社会主义市场经济是以公有制为主体的混合经济条件下运行的。资本主义市场经济是在以私有制为基础的条件下运行的。两者存在着根本的区别。②在分配制度上实行以按劳分配为主体，其他分配方式为补充。实行按劳分配为主体，其他分配方式为补充，有利于社会主义的分配制度与市场经济转轨接口。既可以体现社会主义制度的基本特征，又可以实现向市场经济平稳的过渡。

中国经济体制改革为创立和实施分享制创造了良机。社会主义经济中存在着全体人民在根本利益上的一致，在市场经济与公有制为主体、按劳分配为主体的前提下，社会主义市场经济所提供的客观条件优于资本主义市场经济。因为在资本主义条件下，由资本主义的生产关系所决定，分享经济理论是与资本独享利润的原则相违背的。在资本主义制度下，尽管实行分享制，但工人从分享利润中获得的分红，从本质上看仍然是工人劳动力价值的转化形式。从表面上看，劳动者除获得工资外，还有资格分享企业的利润。但分享利润是以压低公认的应得工资和提高劳动生产率为前提的。资本家用可变资本购买劳动力，预付给工人工资时，只给工人维持基本生活的薪金，然后才能根据企业生产经营的状况分享利润。利润分享不可能改变资本家残酷剥削工人剩余价值的实质。

在社会主义市场经济条件下，分享经济将获得广阔的天地。按照分享经济理论,企业是"利润中心",它必须回报资金的投入、劳动的投入和经营者创新劳动的投入。由于社会主义市场经济体制下实行按劳分配为主体,劳动者获得的工资加劳动分红在一般情况下应高于劳动力的价值。经营者作为一种高级人力资本投入,主要是与人力资本价值实现程度,即创新效益挂钩的"经营风险补偿"。[①]

二、除本分成制与净产值分成制改革的历史回顾

20世纪80年代初,在中国农村推行联产承包责任制后,中国城市企业改革也拉开了帷幕。率先进行的改革是除本分成制和净产值分成制。

(一)除本分成制

除本分成制,俗称除本分成浮动工资制。从1980年起曾陆续在成都市西城区工业二局所属的89个集体企业中进行过实验。这种制度的基本做法是工资不进入成本,直接从企业净收入中分配;国家、企业、职工实行净收入分成;劳动报酬实行两级按劳分配。除本分成制所说的"除本",就是从企业销售收入中扣除生产资料费用;除本分成制所说的"分成",就是企业(在企业分成部分中包括应上缴国家的所得税)和职工对企业净收入分成;职工工资总额随集体劳动成果大小浮动;职工个人的劳动收入随个人劳动量的大小浮动。

除本分成制作为一种新型的、具有创新意义的收益分配制度,当时在省市有关部门和领导的积极支持和指导下,此项试验收到了很好的效果,引起了社会上的广泛注意。在学术理论界,1983年和1984年连续举行了两次学术讨论会。来自全国的20个省市的专家、学者,对除本分成制的理论与实践问题进行了热烈的讨论。省内不少单位和企业也多次派人到成都对这项实验进行了解、考察、学习和研究,并有不少单位和企业把此项制度引入本地区、本单位进行了试验。

(二)净产值分成制

继四川省成都市的除本分成制之后,南京市汽车工业公司1989年在学习了除本分成制的基础上,提出并在该公司所属7个企业中试行了净产值分成承包责任制。

净产值分成承包责任制的基本做法是:在企业销售收入扣除物质消耗的成本开支以后,按照当时可分配的净产值,在国家、企业和个人之间,按一定的比例进行分配。它以销售收入中的净产值作为分配的基础,对净产值进行两级分配。第一级分配是作为对企业总体劳动量的考核,对净产值进行初次分配,得出国家、企业分成额和职工分成额,用以解决国家与企业之间的分配关系。第二级分配是企业对职

---

①翁天真:《利润分享与劳动分红》,第94页,中国劳动出版社,1995年。

工个人的分配,按职工个人的劳动成果实行"多劳多得,按劳取酬",以解决职工分成额在企业内部职工之间的分配。

与现行的企业管理制度相比,净产值分成制有三个显著特点:第一,商品成本不包括工资,成本只是 C,工资和奖金津贴等捆在一起(舍弃了现行奖金制度),工资不参加企业的资金循环和周转,而作为收入,与奖金合并为个人收入,直接参加净产值分配;第二,不再使用利润指标,而用已经实现的净产值即净收入指标为中心的指标体系,来指导、考核、监督企业的经营活动,形成新的核算体系。同时废弃了用总产值作为主要考核指标的做法;第三,废弃了由国家规定的固定级别工资制度,实行个人消费基金的两级分配,使职工个人收入与企业经营效果、个人劳动好坏直接挂钩,实行浮动工资制,上不封顶,下不保底(但给予基本生活费的保障)。

它的试验,带来以下三点好处:第一,发挥了职工增产与节约两方面的积极性。因为净产值增长的途径,一是生产资料的节约,二是劳动生产率的提高从而产量的增长;第二,它与企业内部经济责任制紧密结合,严格考核,逐月兑现,落实了按劳分配。这样,就使职工尝到了甜头,看到了奔头,增强了职工的企业主人翁责任感,发挥了职工的积极性和创造性;第三,由于工资不进成本,企业考核以净产值为中心指标,有利于通过净产值的合理分配用三者分成比例正确调节国家、企业、个人三方面的利益关系,使三方面利益拧成一股绳,减少矛盾。这是当时通行的将工资总额同利税挂钩的做法所难以做到的。

(三)除本分成制与净产值分成制的基本特点

1.以销售收入作为分配的前提

以销售收入扣除了生产资料成本(C)以后的企业净收入作为分配的基数,按比例确定国家、企业与职工三者之间各自所得的份额。

首先,分配以市场承认的销售收入为前提,使职工的劳动报酬同市场承认的企业经营成果紧密结合起来。企业有销售收入,在物质生产资料成本(C)不变的条件下,企业销售收入愈多,不仅国家可以多收、企业可以多留,而且职工也可以多得。第二,以销售收入扣除生产资料成本(C)以后的净收入作为分配的基数。在企业销售收入不变的前提下,可分配净收入基数的大小取决于生产资料成本的大小。生产资料成本大,企业净收入就小;生产资料成本小,企业净收入就大。促使企业和职工关心增收节支,减少物质生产资料的耗费,以增加企业净收入。

2.在核算中不再将工资列入成本

除本分成制和净产值分成制的企业职工工资是直接从企业职工新创造的净产值中分配的,不再在企业成本中列支。但为了与现行财务会计制度相衔接,实行除本分成制与净产值分成制改革的企业,在向国家有关部门报送报表时,又将职工工资并入产品成本。这样,便形成了对内、对外两套报表制度,有利于在国家财会制度不变条件下在企业内部推进改革。

3.企业工资的全额浮动性

由于每月的企业分成工资总额是以当期销售收入为前提,以实现了的净产值为基础进行分配的,所以企业工资总额随可分配的净产值量全额浮动。同时,由于职工个人之间的分配打破了级别工资制的固定工资分配办法,按照职工个人的贡献大小、劳动成果多少进行分配,打破了工资只能升不能降的刚性,只留级别不留薪金,个人的收入完全随企业的净产值多少而上下浮动。

4.把"剩余"关系变为共同分成关系,使国家、企业与职工真正结为利益共同体

按照传统的企业分配办法,国家所得与职工所得之间的关系,呈现"你多我少"、"你少我多"的利益"对立"关系。净产值分成制使目标都集中到增加企业净收入上。企业净产值增加,国家多得,企业多得,职工多得;企业净产值减少,国家少得,企业少得,职工少得。这种净产值分配关系体现和反映了社会主义经济利益关系的本质特征。

(四)除本分成制与净产值分成制的意义

1.有利于建立企业工资的正常增长机制和自我约束机制

除本分成制与净产值分成制都规定了分级超额累进(退)分成比例法。对不同盈利水平的企业实行分类控制,对同一企业的不同月份按当月人均净收入实行分级分成。职工工资总额上浮时,实行逐级累退的分成比例。这样,企业通过自身的微观调控机制,建立起企业工资的正常增长机制与自我约束机制,较好地解决了"大锅饭"和平均主义问题,又能使职工的收入随企业净收入增长而增加。从而较好地兼顾了国家、企业、职工三者的利益关系。

2.建立国家、企业与劳动者之间新型生产关系的有益探索

除本分成制与净产值分成制所体现的分配关系的变革,实质上是生产关系的变革。使国家、企业与职工之间的分配关系由你多我少、你少我多的"对立"关系改变为你多我也多、你少我也少的"分成"关系,体现了国家、企业与劳动者分成企业净收入的利益共享关系,这是生产资料公有制的实现形式。[①]

三、海安县施行的"企业效益拆成制"

海安县是江苏省南通市的一个县,其经济发展在江苏省属中等水平。1993 年

---

①翁天真:《利润分享与劳动分红》,第 102 页,中国劳动出版社,1995 年。

该县 98.7 万人口,工农业总产值 52 亿元,其中工业产值 42 亿元。在工业产值中,乡镇企业产值约占 75%。海安县的发展主要是由于 1988 年以来试行了企业效益拆成制的结果。海安县根据副县长徐国锦的设计,找到了一个订合同不讨价还价,总量好测算,分配不依产值、不依劳动生产率、完全按效益的公平合理简单的办法。形象地说,"企业效益拆成就是减去消耗的、缴足国家的、留足企业的,剩下的由投资者(或企业)与职工共同分配"。

(一)企业效益拆成制

企业效益拆成制是根据企业生产经营的效益来确定企业与职工之间分配关系的一种分配方法。"企业效益拆成制"的概念:

企业效益额 = 企业销售收入 + 营业外支出 − 销售物质成本 − 所有税收

    − 预提工资(含进入成本的职工各项补贴,下同)以外的各项预

    留及管理费 − 营业外支出

    = 预提工资 + 账面利润额

    = 预提工资 − 账面亏损额

人月均效益额 = 企业效益额 ÷ 计算期月数 ÷ 计算期平均人数

企业效益拆成制方案是:

设在 XOY 直角坐标内(如下图 4-1 所示),OX 表示人月均效益额,OY 表示人月均收入。在 OX 轴上,区间一 $(-\infty, \alpha)$,α 为职工平均月基本工资;区间二 $(\alpha, 1.5\alpha)$;区间三 $(1.5\alpha, +\infty)$,b 表示该区间职工分配比例,则有:

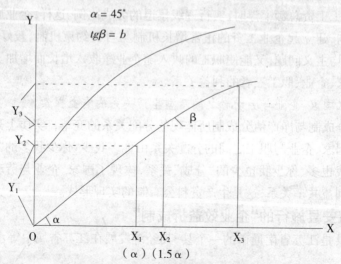

图 4-1 XOY 直角坐标图

（1）当 $X_1 \leq \alpha$ 时，$Y_1 = X_1$，即当人月均效益额小于、等于平均基本工资时，按人月均效益额的全额计算企业职工人月均收入。

（2）当 $\alpha < X_2 \leq 1.5\alpha$ 时，$Y_2 = \dfrac{10\dfrac{\lg b}{0.5a}\left[1 - (10\dfrac{\lg b}{0.5a})^{x_2-a}\right]}{1 - 10\dfrac{\lg b}{0.5a}}$，即当人月均效益额大

于基本工资时，除平均基本工资按前款计算以外，再按 $\dfrac{10\dfrac{\lg b}{0.5a}\left[1 - (10\dfrac{\lg b}{0.5a})^{x_2-a}\right]}{1 - 10\dfrac{\lg b}{0.5a}}$

计算人月均收入。式中 0.5α 取整数，实际工作中制成简易对照表，很简便。

（3）当 $X_3 > 1.5\alpha$ 时，$Y_3 = b(X_3 - 1.5\alpha)$，即当人月均效益额大于职工平均基本工资的 1.5a 倍时，除按前两款办法计算以外，其大于平均基本工资 1.5α 倍以外的部分计算职工人月均收入是以这部分人月均效益额乘以一个系数 b 即可。一般情况下，$0 < b \leq 0.5$。

（4）$Y = Y_1 + Y_2 + Y_3$，即职工人月均收入等于按前三款分别计算的结果之和。

（5）以 Y 之值乘以计算期月数，再乘以计算期平均人数，即为计算期内该企业职工收入总量。

（二）在建立现代企业制度后对企业税后利润分成办法

海安县的企业效益拆成制是在不涉及产权，在推行并完善承包制背景下研制并实施的。《企业财务通则》、《企业会计准则》明确提出，企业税后利润按资本金分配，工资奖金全部进入成本。党的十四届三中全会报告提出，要建立社会主义市场经济体制，建立以按劳分配为主体，效率优先、兼顾公平的收入分配制度，改革劳动制度，逐步形成劳动力市场，并提出"建立现代企业制度"。企业的工资分配的倾向性意见是："市场取向决定，企业自主分配，国家宏观调控"。

已实行现代企业制度企业的分配，原则上由企业自主进行，由企业经理提出分配方案，报董事会讨论决定。但有些问题，我们还不可不考虑的。即使推行了现代企业制度，产权明晰了，但生产者、经营者一般不是所有者，与所有者之间在最终利益上是不一致的，前者关心的是多分配，后者关心的是多增值。应该设法找到一个使双方都接受的办法。因此，实行现代企业制度企业的分配，仍然必须要有一个办法。

对实行现代企业制度的企业，徐国锦同志提出的办法是：将按现行财会制度核算的税后利润加上进入成本的全部工资奖金及发给职工的各项政策性补贴求其和，先按前述"企业效益拆成制"进行分配，第一段为企业职工平均基本工资。将来企业职工不规定基本工资时，可参照机关事业单位同工龄同岗位工人的相应工资

计算。若因利润为负数,按上述办法计算得到的工资低于基本工资时,可用企业风险基金补充,但最少不得低于国家规定的最低工资标准。为了简化计算,"企业效益拆成制"的第二段可以省去。第三段系数 b 在 0~0.5 之间调节。

对未实行现代企业制度的企业,按照徐国锦的办法,海安县的做法是:国家在企业的资产,在清产核资基础上和不影响现行各项法规制度的前提下,在企业税后利润中按银行利息标准由企业向国有资产管理部门缴纳国有资产占用费。企业分配的顺序是:在缴纳所得税后,先按"企业效益拆成制"分配;再向国资部门缴纳国有资产占用费;剩余部分再按劳动进行分红,发给工人有价证券,每年付息,享受所有权、继承权、转让权,但不可兑现,在产权制度改革中转换成个人股票。

这样,企业效益好,干部、职工可多得报酬,可享受税后利润的分配,或获得企业股份。职工真正成了企业的主人,积极性必然高涨,必然促进生产发展。国家也因此得到利益。这样,企业的激励与约束机制得以形成;吃饭与建设、消费与积累的关系得以理顺;企业的法人制度真正确立,政企分开,企业自主经营;科学管理机制形成,公有资产的责任落实,产权约束形成,既搞活企业,又保住公有资产和劳动者的利益。

四、深圳蛇口试行的"剩余收益制"

深圳蛇口工业区 1988 年开始试行、继而在蛇口工业区国有企业中全面推广实施的"剩余收益制",是一种新的企业收入分配制度,在理论和实践上都取得了突破性的进展。蛇口工业区所进行的剩余收益制是我国企业制度的创新,是公有制与市场经济相结合的有效途径。对于进一步解放和发展生产力,确保国有资产的增值,保障企业经营者和劳动者的权益等方面,均具有重要作用。

(一)剩余收益制的界定

剩余收益制就是以资金基准率等作为调控投入与产出、效益与分配相互关系的主要手段,引导和激励企业使实现利润率超过本地区、行业平均利润率的一种新型管理制度。它是一种集团公司对下属企业实行计划、考核与分配的新办法。它的内容可概括为:一个系统(资源投入与效益产出系统);两项功能(既确保投资者的权益,又保障经营者与劳动者的权益);目标激励(以剩余收益即资产增值为目标,以挂钩的创新报酬为激励);三类要素,劳、资、创新;四方主体:劳动者、投资者、经营者以及这三者组成的第四方即企业法人;五种兼顾,即兼顾效率与规模、全局与局部、长期与短期、规则与利益(转轨接口)、收敛与演进。

剩余收益制是在总收益(税后净利)中扣除上缴总公司部分和劳动分红(职工奖金和福利基金)之后的剩余部分。

(二)剩余收益制的理论基础及其特点

剩余收益制的新意在于：随利润率平均化的过程来确定特别是调整上缴利润与投入资金的挂钩比率,即基准率;随劳动和创新要素市场形成发育的过程调整职工劳动分红增长系数和经营者风险补偿增长系数。剩余收益制的特点有以下四点:

第一,剩余收益制的理论基础是分享经济理论。我国长期以来,对国有企业实行利润统收统支,因此,在利润的分配上也只能实行统包统配。国有企业生产资料由国家投资,归国家所有,因而,利润全部上缴国家。随着改革开放,西方分享经济理论逐渐渗透到我国的经济领域。承包制与工效挂钩办法,实际上也体现了分享经济理论。而剩余收益制更为鲜明地体现了分享经济理论。

剩余收益制的另一个理论基础是非均衡理论。与强调状态和存在的传统科学不同,非均衡论强调过程和演进。剩余收益制基本思路是,根据所有权集中的前提,把投资者,或者大公司,或者企业集团,可以看作是投资中心;使国有企业从行政机构的附属物变为责、权、利相结合和统一的经济竞争组织,使留恋官场、以补贴俸禄为生的行政官员,转变为关心市场、以资本增值获益的企业家。通过外部开放和内部竞争,逐步使企业成为市场主体。

第二,效益横比。剩余收益制的核心是资金投入与行业平均利润率挂钩(即投入与产出挂钩),并以此作为考核企业效益的标准。企业达到平均利润部分称为基准收益,企业必须按比率上交资产所有者(国家或总公司);超过平均利润部分,即剩余收益主要归本企业所有。这一客观标准的确立,迫使企业投资无论如何要达到平均利润率,进而追求超额利润即剩余收益。

第三,收入纵比。剩余收益制规定职工收入以企业发展的纵向比较为基础。被蛇口工业区称为劳动分红的职工浮动收入与税后利润挂钩。挂钩方法是确定一个小于1的缓冲系数,使上述两项收入的增减幅度低于企业效益的增减幅度,以避免职工和经营者收入起伏过大。

第四,基准可调。由于剩余收益制的基准率通过行业平均利润率和劳动生产率来确定,因此,可以避免确定基数时讨价还价所产生的弊端。基准率不是一定不变的,而是随着时间的推移,将引导企业逐步调整基准率,以达到平均利润水平。

(三)剩余收益制的优点

剩余收益制的最大优点是,克服了现行承包中只考核利润、不考核资金投入的弊端,建立了资金投入与利润产出相联系的约束机制,较好地处理了所有者、经营者、劳动者三者之间的分配关系。同时也克服了承包、工效挂钩中讨价还价的现象。剩余收益制把转换分配规则、保持利益格局的做法称为"转轨接口",转轨接口的方法大大减少了机制转换的阻力。其具体的措施是:其一,承认历史格局,基本不改变历史上各公司分享收入总额。其二,兼顾公平与效率,既要使相近行业各公司分享收入的排序与效率的排序基本相同,又要保持分享收入的适当差距。

剩余收益制的发明者陈安捷先生称剩余收益制是"中医疗法"。他说:"现在都在谈转换机制,机制是指一个系统整体的动态功能。中医强调系统辨证。目前的上缴利润承包、奖励与上缴利润挂钩,往往造成包上交、包奖金上下两头,挖企业发展中间一头的局面。这种包两头挖中间,挖将来补眼前的做法,实际上是在挖肉补疮、杀鸡取卵,显然不符合系统辨证的思路。剩余收益制的办法是保企业发展中间一头,促上交、兼包上下两头,造成良性循环。"[1]

五、我国农村股份合作社

近年来新出现的我国农村股份合作社,是中国特色分享经济新的实践形式。它主要通过土地使用权的分享,实现农民的利益分享。

(一)股份合作社产生的背景

1990年初,土地股份合作社率先在南海等地产生,其背景具有特殊性和代表性。到2000年初期,土地股份合作社的发展已有10多年历史,但学者们仍然在研究其背景问题,具有代表性的观点主要有:

一种是从微观的视角探讨土地股份合作社产生的背景问题。

(1)徐彦海与孙强对葫芦岛连山区金星镇土地股份合作社产生背景进行了分析。该观点认为,随着农村经济的发展和科技水平的不断提高,环渤海区域的葫芦岛连山区金星镇开始出现了生产关系与生产力发展不相适应的矛盾:一是按人均承包土地的分散经营,不利于农村产业结构调整,导致生产规模小,产品质量差。二是随着二、三产业发展和外出打工的农民不断增多,一大批农村劳动力从种植业中游离出来,把经营土地当成了副业,疏于管理,造成经济效益低,土地资源浪费。三是土地延包30年,农民不愿履行义务、互相攀比,少交拒交合理负担,造成农村税费收缴难,村级债务逐年加重。针对上述存在的新情况和新问题,该镇开展了土地股份合作社的试点工作。[2]

(2)管敏文与蔡裕亮对温岭市社区土地股份合作社产生背景进行了分析。该观点认为,随着改革的深化,农村各种深层次的矛盾日益显露:一是已经稳定转移到二、三产业的农民既想长期直接占有土地,不愿流转承包土地经营权,以达到保障

①翁天真:《利润分享与劳动分红》,第111页,中国劳动出版社,1995年。
②徐彦海,孙强:《关于连山区金星镇开展土地股份合作社试点工作的调查》,载《农业经济》,2002年第10期。

土地承包权益的目的,又不愿增加投入,精耕细作,土地利用率和产出率低下的情况比较严重。二是家庭承包经营带来的土地规模细小、家家户户分散经营与农业产业化经营所要求的土地有序流转、集约经营不相适应,严重阻碍了农业产业化经营水平的提高。三是农村集体资产的产权不清晰,导致农民对管理集体资产难监督,发展集体经济不关心,造成村级集体经济发展严重滞后,与农村经济持续快速发展极不协调。四是农村城市化进程将大量的承包土地转为非农建设用地,由于征用土地补偿标准过低,土地承包户产生了极大的抵触情绪,制约着农村城市化的推进。为了解决上述矛盾,温岭市开展了以土地为核心内容的社区股份合作社改革试点工作。①

另一种是从宏观的视角探讨土地股份合作社产生背景问题。解安从3个方面探讨土地股份合作社产生的背景问题。该观点认为,土地股份合作社是中国农民的又一次伟大创造,其产生、发展与我国改革开放的大背景有着直接的关系:①市场取向改革的深入。20世纪70年代末,改革首先从农村开始,家庭联产承包制在中国大地涌现和逐步推广,给了农民生产经营的自主权,包括发展商品生产和进入市场流通的自主权。这一改革取得了明显的体制绩效,农业生产得到了前所未有的增长,农村经济全面活跃起来,农民收入逐年提高,从而为以后一系列的改革提供了示范效应。农村土地股份合作社就是在这种市场取向改革的大背景下产生的。②公有制实现形式多样化的探讨。农村土地股份合作社作为一种新的产权制度,它不仅是我国农村公有制实现形式探索中的一种创新,而且它从农民率先自发改革到政府支持,也是我国所有制改革的基本态势。我国对所有制改革与调整的宏观氛围,是指导农村土地股份合作社产生发展的又一重要条件。③农村经济发展的要求。从经济体制变革的角度审视农村土地股份合作社的同时,我们还必须十分重视农村经济发展与农村土地股份合作社的关联性。因为从根本上说,农村土地股份合作社的创新,与其说是宏观改革引发的,还不如说是农村经济发展自身提出的要求。②

(二)股份合作社的含义及特征

所谓股份合作社是指把原先分散经营的农民每家每户承包的土地(使用权),按照公平合理的价格折作股份,在明确农村土地集体所有权,稳定农户家庭承包权,放活土地使用权的基础上,以土地承包合同为依据,由有经济实力的大户或集体经济组织发起,农户组成利益共享、风险共担的股份合作社农业企业,进行承包

---

① 管敏文,蔡裕亮:《温岭市社区土地股份合作社的实践与思考》,载《农村经营管理》,2003年第11期。
② 解安:《农村土地股份合作社的生成机理分析》,载《生产力研究》,2002年第6期。

经营的一种制度。总的来看,股份合作社是股份制与合作制两者的结合体、杂交种,因而具有互补优势。一是可以容纳多种所有制;二是可以融合各种生产要素,其中包括土地;三是可以实现有限的合作和无限的联合;四是在分配上可以兼顾参与各方的利益;五是可以分散风险,稳定经营。所以股份合作社对内能产生很强的凝聚力,对外产生极大的吸引力,适用领域很广,包括农民集体所有土地资源共同开发利用,特别适用于农业产业化经营,能给农工商一体化、产供销一条龙经营注入不衰的活力。

土地股份合作社具有以下十大特点:一是社区农户土地股份共有;二是持股资格的确认以本村农业户口为主要标准;三是土地作价折股的方法灵活多样;四是股份合作企业集中的土地采用投标竞标办法发包;五是人口的增减采取动股不动地的原则;六是在组织机构上,分为股东大会、董事会、监事会和经理会;七是在利润分配上,坚持股权平等、同股同利的原则;八是非农产业比较发达是农村土地股份合作社崛起的区域性条件;九是政府的政策导向是农村土地股份合作社健康发展的重大影响因素;十是农村股份合作社是对家庭联产承包责任制的拓展与完善。[1]

（三）土地股份合作社的基本模式

土地股份合作社实践主要发生在珠江三角洲、长江三角洲以及环渤海等地带的大城市郊区农村。这些地区工业化和城镇化程度高、二三产业极其发达、农业农村人口大量转移,正是这些因素成为土地股份合作社得以持续成功实施所不可缺少的外部条件。

南海市土地股份合作社的基本做法是:

（1）分区规划。即把全市肥沃的土地划定为农田保护区,并改分包经营为投包经营;把靠近城镇及公路的土地或山坡地划定为工业发展区;把靠近村庄的土地划定为商业住宅区。

（2）土地及集体财产作价入股。将属于集体的各种固定资产和现存公共积累金扣除债务后按净值计算作价入股, 将土地和鱼塘按照其农业经营收益或国家土地征用价格作价入股。作价入股后,把全村或全社的土地集中起来,由管理区(现行政村)或经济社(现村民小组)实施统一规划、管理和经营。在股权设置上,以社区户口为准确定配股对象, 大部分村社设置了基本股、承包权股和劳动贡献股等多种股份,有的村社设置了集体积累股(约占 51%)和社员分配股(约占 49%),有的村社则没有设置或后来取消了集体积累股。

---

[1] 解安:《农村土地股份合作社:市场化进程中的制度创新》,载《甘肃社会科学》,2002 年第 2 期。

（3）股利分配和股权管理。有集体积累股与社员分配股之分的村社，按股权比例分红；只设社员分配股的村社，将扣除再生产基金、福利基金等后的剩余利润用于社员股利分红。股权在社区内可以流转、继承、赠送和抵押。[①]

辽中县的主要做法：一是制订方案；二是量化股份；三是核发经营权证和股权证；四是成立村土地股份合作经营公司，建立健全组织机构；五是竞价发包（实质是招标租赁）土地。辽中县土地股份合作社始于 2000 年初，到 2001 年全县已有 1/3 以上的乡（镇）、村完成了土地股份合作社经营改革。[②]

温岭市的做法包括三大方面：一是清产核资；二是界定股东；三是设置股权；四是股份量化；五是健全组织；六是股权管理；七是股份分红。农民根据自己所拥有的股份，按照公司章程规定，进行年终盈余分红。[③]

苏州市的主要做法包括四大方面：一是统一思想认识；二是合理设置股权；三是认真制定章程；四是建立"三会"组织。到 2004 年底，苏州市已组建农村土地股份合作社 74 个，入股农户已达到 2.52 万户，入股土地面积达到了 6.692 万亩。

北京市大兴区西红门镇的主要做法包括三大方面：①建立决策运行机构；②规范股权设置办法；③确定利益分配机制。北京市大兴区西红门镇的主要成效：2002 年下半年开始，到 2003 年 11 月，全镇已有 9 个村社实施土地股份合作社，股民人数为 4800 人，兑现分红现金 820 万元，入股土地面积 6400 亩。

（四）土地股份合作社的作用与意义

土地股份合作社是对家庭联产承包责任制的不断完善和深化，其作用主要表现在 3 个方面：①实现了产权制度的创新。通过对土地产权的适当分解，使不同利益主体获得了相应的收益，从而真正体现了土地的价值，实现了资源的优化配置。在市场经济条件下，按照市场机制的法则在流转中实现与其他生产要素的合理组合。②促使土地使用权流转机制不断完善。股份合作社以对个人财产权的最终确认为基础，消除了妨碍土地使用权流转机制形成的制度障碍，推动了土地适度规模经营的进程。③促使农业生产条件的改善和就业分化机制的建立。农业的市场化运作促使这些人在获得一定的资本积累后，用于配套基础设施的资金投入不断增加，结果大大改善了农业生产条件，提高了农业劳动生产率。土地利益量化到人，可以促使农民根据自己的特长、爱好，根据利益最大化的原则做出选择，也使农民能更安

①王小映：《土地股份合作社的经济学分析》，载《中国农村观察》，2003 年第 6 期。
②方天坤：《深化农地使用制度改革,促进土地资源合理配置——辽中县推行土地股份合作社调查》，载《农业经济》，2001 年第 7 期。
③解安：《农村土地股份合作社的生成机理分析》，载《生产力研究》，2002 年第 3 期。

心地转向非农产业。

股份合作社意义表现在以下四个方面:第一,实行农村土地股份制,通过土地产权流转,实现了农民对土地依附的解放;第二,实行农村土地股份制,重构了农村集体在产权上的主体地位,有利于实现共同富裕;第三,实行农村土地股份制,通过土地产权的流转,有利于土地资源的优化配置;第四,实行农村土地股份制,通过土地产权的流转,有利于农村生产力的提高。[①]

六、国企改革新模式:期股买断,工人自治,建立工人所有制股份公司

这是一种改革实践中职工创造的公有制分享经济实践形式,其特点是作为生产者的工人群众分享国企的所有权与管理权和收益权。

1999年9月22日中共十五届四中全会通过的《中共中央关于国有企业改革和发展若干重大问题的决定》中指出并号召我们:要站在国有企业改革的前列,解放思想,实事求是,遵循客观经济规律,尊重群众的首创精神,要从国有企业的实际出发,深入调查研究,总结新经验,研究新情况,解决新问题,团结和带领广大干部群众迎难而上,开拓前进。为我们经济理论工作者投身当前改革指明了方向。经笔者调查发现,南京发动机配件厂职工根据自身的实际情况,摸索并总结出了关于企业改革的一种新的模式:期股买断,工人自治,建立工人所有制股份公司。

(一)国企改革新模式的产生背景

南京发动机配件厂是南京机械工业局主管的一家生产内燃机配件的类似国有企业的集体所有制企业。其前身为始建于1956年1月和1958年6月的南京飞跃铁器合作社和南京合众医疗器械修配厂,其性质均为工业联社,原始资产数千元,由参加的职工投入。南京市地税局授权市机械工业局经营其集体资产,该厂1999年7月末有职工1246人,其中:离退休398人,长期病假及离岗挂编282人,在岗556人。

该厂是南京市一家生产内燃机配件的中型企业,主导产品为发动机气门、活塞销、气门挺杆、气门推杆、凸轮轴等,生产能力在全国同行业占有重要地位。1994年以来,该厂一直处于亏损状态,到1998年末累计账面亏损822.60万元,加上消化土地出让金等因素,实际亏损额高达2815万元,平均每年亏损近600万元。

截至1998年末,该厂总资产4972.50万元,总负债3826万元(银行借款770

①刘保峰,吴荣秀:《土地股份制是农村土地产权改革的必然方向》,载《乌鲁木齐职业大学学报》,2006年第1期。

万元,职工保险 200 万元),资产负债率高达 77%,资产中应收账款长期居高不下,库存大量积压,上述两项不良资产占用的流动资金近 2000 多万元。企业实际周转的资金已经基本枯竭,至改制前已处于半停产状态。职工工资不能按时足额发放,离退休职工工资拖欠,职工不仅无奖金,连医药费都不能报销。企业处于艰难状态。

该厂尽管实际上实行的是国有企业体制,但所有制性质名誉上划为集体所有制。虽然该厂是一个债务重、人员多的工业企业,但多年来一直不能享受一般国有企业所享受的政策扶持,诸如优化资本结构的兼并、破产、债转股等政策。工厂也曾积极寻求与大企业、大集团进行联合、重组,终因自身人员多、负担重、优势小,均未成功。党的十五大召开以来,特别是一系列有关放开搞活中小型企业的政策出台以后,该厂领导人重新理清思路,充分认识到企业不能再等、靠、要,而必须立足自身,从企业改制入手,特别是要从产权制度改革上进行探索。

该厂的改革经历了艰辛的求索过程。最后找到理想的改革形式"期股买断",是走了一条被现实逼出来的改革之路。

早在 1994 年,南京发动机配件厂就陷入严重亏损的境地。到 1998 年底,企业累计亏损已达 2815 万元,企业净资产值实际上已为负数,企业处于半停产状态。4年中,该厂先后换了五任经营管理班子,但生产都毫无起色。在第六任即现任领导班子走马上任时,有关部门同时决定以后不再为该厂搭新班子,搞不好,只有壮士断臂,让市场淘汰。因此,新领导班子一上任就承担着"背水一战"的压力。

在这种情况下,1999 年年初,该厂领导班子终于认识到,像他们这样的劣势企业要改制必须从产权制度改起,其办法就是职工自主地起来承担责任,借鉴"马其顿模式"、股份合作制和期股激励的方法实行"期股买断",实行工人自治,建立工人股份制公司。这样做的好处,一是充分调动了职工作为企业主人翁的积极性和主动性、创造性,实现了职工持股,将职工与企业真正从利益上捆到了一起;二是考虑到了职工的经济承受能力,职工可以不用拿出大量现金,而主要是通过多创利润的方式逐步增加持股;三是激发职工的积极性,因为职工只有干得好、干得多才能实现多持股。相反,如果出现亏损,亏损的大部分还得自己承担。

经过新模式的改制之后,该企业的生产经营状况得到明显的改善,企业重新焕发了青春。

(二)改制新模式的做法及其特点

从 1999 年 1 月开始,动配厂选择了产品具有一定市场前景的下属 3 个生产车间,陆续分离,组建了南京金嘉摩托车气门有限公司(1 月组建)、南京驰野内燃机配件有限公司(4 月组建)、南京埃顿气门有限公司(7 月组建)3 家有限责任公司

（以下分别简称金嘉公司、驰野公司和埃顿公司）。

现以最先组建的金嘉公司为例，说明"期股买断"的主要做法：

（1）以成大绕为首的 19 名职工（主要为原摩托车气门车间职工）首期以 30 万元现金购买新公司 100 万元注册资本的 30%，动配厂的集体资产代表与职工出资人共同选定新公司的经营者，在职工的现金出资到位后，动配厂将生产经营权完全交给职工及其选定的经营者。

（2）为调动职工参与改制的积极性并考虑职工的实际出资能力，在改制后运作的前 3 年，在利润分配上适当对职工倾斜，动配厂与公司职工群体分别按 1∶9（第一年）、3∶7（第二年）、4∶6（第三年）的比率分配利润，且职工须将当年分得红利的 70% 用于继续购买公司股权，直至达到 51%；3 年后按双方实际拥有股权比率分配利润。如果出现亏损，双方亦按上述的利润分配比率各自承担亏损。

（3）公司每月须向动配厂交纳厂房及辅助设施租赁费、非专利技术产权提成费、综合服务费及资金占用费 7 万元。职工群体购买股权的 30 万元出资，动配厂同意作为新公司的流动资金，期限 1 年（按银行同期利率收取利息），以帮助新公司解决资金困难。

（4）为加强监管，新公司的主管会计由动配厂派出，并定期更换。董事会在股权未发生根本改变前（即职工占 51% 股权），厂方出任 3 名董事（包括董事长），新公司出资职工产生 2 名董事；监事会 3 名，其中 2 名为厂方监事（包括监事会主席），1 名为公司职工代表。

（5）公司在第一年度必须吸纳相应数量的动配厂在册职工。逾期未吸纳，则按动配厂人均工资及统筹费用标准向动配厂交纳相应费用。职工进入新公司后签订新的关系合同，新公司现有 45 名职工已于 5 月份开始在劳动部门单独交纳职工的统筹、劳保等各项法定费用。

（6）若在经营年度有连续两个月不交固定费用或连续数月亏损，董事会有权更换总经理或中止与职工群体的合作，进行清算。

该项改革具有以下几个鲜明的特点：①从实际出发，切合我国的国情、厂情、民情。改制方案简便易行，适应性、可操作性极强，易于实施、推广，改制的成活率高。②充分体现以人为本，工人自治。尊重全体职工的民主权利和经济权利，全体职工积极参与，工人的工厂工人办，工人起来自己当家做主搞改革力量大，容易克服各种困难。③劳动的联合与资本的联合相结合，劳动支配资本。通过将职工自己创新的部分利润转化为职工的股权，实现在联合劳动的基础上重建职工个人所有制的目标。④公有资产的存量得到有效保护。能够通过规范的制约机制置换公有资产存量,杜绝常见的国企改制中公有资产流失现象。

(三)改制实践的成功经验及其启示

从 1999 年元月起到 2002 年元月,这一改制已经 3 年整,正好是一轮。3 年一个周期,兑现改制方案,就可以较有把握地判断改制方案的成效。该厂党委书记、厂长、副厂长异口同声地说:如果不搞这种模式的改制,而与其他中小国企一样,简单地"一卖了之",我们这个厂早就不存在了。该厂在改制前是一个濒临倒闭的亏损企业,1998 年累计亏损额达 2815 万元,1998 年当年发生净亏损 243 万元,1999 年亏损 173 万元,2000 年亏损 62 万元,2001 年首次扭亏为盈,盈利 0.7 万元。0.7 万元利润这个数字虽然不大,但它对于南京动配厂来说却意义重大。这说明改革已见显效,通过 3 年减亏扭亏,2001 年一举转亏为盈,该厂 2002 年计划达到目标利润 10 万元。这是一个历史性的转折。笔者建议下一阶段要巩固和扩大改制成果,制定发展战略和实施计划,使企业转入发展时期。

2001 年,该厂在实施"期股买断"方案的同时,将这一新的机制融合到整个企业的整体运行中去,使企业出现了良性运行。其主要标志,是有力地调整了产品结构,将以前的农机为主体的气门改为船用气门为主体,开发了有前景的新产品"3WB-16 气压式自动喷雾器"等。与此同时,产品市场占有率大幅扩大。这说明改制增强了南京动配厂的科技开发能力和市场竞争能力。这说明新的机制已开始将职工和企业的能力激活了。

2001 年,南京动配厂按照年初制定的工作计划工厂经济指标的要求,紧紧围绕"求生存、后发展"的思路,在外部市场竞争日趋激烈,工厂内部历史遗留债务沉重的困难情况下,通过"不断改革,调整结构,盘活存量,真抓实干",较好地完成了年初制定的各项任务,实现了该厂自 1994 年以来的首次扭亏目标(盈利 0.70 万元),结束了工厂连续 6 年亏损的历史,这归功于自 1999 年以来三年的自主改制,是全体员工共同努力的结果。

目前我国正在完善社会主义市场经济体制,建立现代企业制度是一个重要任务。然而,在考虑建立现代企业制度问题时,流行的观点是偏重于考虑建立和完善出资人和经营者的有关运行机制与制约机制,重点是为保护出资人即资本所有者的利益而加强对经理层的激励和约束的机制。而将企业劳动者即职工,放置在既定的雇佣劳动者的地位。他们由合同形式被雇佣,被轻而易举地下岗、失业。从而形成目前出现的日益严重的大量国企职工失业、下岗局面。这不能不说是一个被忽视的重要问题。

建立社会主义市场经济体制,必须保持市场经济的社会主义制度性的特征。这个特征的本质,是劳动的社会主义的社会形式,即自主劳动。国有企业职工应获得自主劳动者的地位,发挥其作为企业改革与发展的主人翁的作用。

上述问题的出现都制约了我国改革与发展的进程。对于它们的分析与解答都要求我们对自主劳动和劳动者主体地位给予更新的认识,并通过一系列制度使之得以实现,以促进真正的社会主义市场经济体制的建立和完善。这些基础理论的进一步探讨和解决,将有利于国有企业改制和经营管理理念的升华,促进改革的深入和经济的发展,并将带来中国经济科学新的发展。南京动配厂的改制模式,是一种工人自治的国企改革模式,是自主劳动范畴的一种现实表现,又是公有制的一种有效的实现形式,可以成为国有企业改革的一种有效模式进行推广。

南京动配厂的改制方案,虽然侧重于期权的设置,但性质上还是属于资本联合与劳动联合相结合的股份合作制改革。这一改革之所以有显著成效,关键在于进行了产权制度的改革,使职工重新成为生产资料的主人,即所有者。职工从单纯的劳动者转变为既是资产所有者,又是劳动者;从无产者转变为有产者,这是一种质的飞跃。因此,我们认为,可以把南京动配厂的"工人自治,期股买断"改革模式的实质,概括为:"实行工者有其股,重建职工股份所有制"。这可以认为是找到了一种新的公有制的实现形式。这项内涵十分深刻的改革,可以代表我国国有企业改革的方向,形成一种新型的有中国特色的现代企业制度。

七、中国特色职工参与制的典范:"鞍钢宪法"

(一)"鞍钢宪法"产生的背景

"大跃进"运动是毛泽东探索社会主义建设道路的一场试验。虽然这场试验就理论指导而言是荒谬的,就实践形式而言是鲁莽的,就客观效果而言是灾难性的,但我们并不能由此而否认毛泽东的真诚愿望和为此而进行的种种努力。"鞍钢宪法",就是这努力之中的科学智慧的闪光亮点。

1956年9月召开的党的八大,标志着党探索社会主义建设道路取得了初步的成果。但1957年的反右派斗争使毛泽东的认识急剧转变,在党的八届三中全会上,他把"右派"进攻与1956年的反冒进联系起来。11月13日,《人民日报》发表社论指出:"有些人害了'右倾'保守的毛病,像蜗牛一样爬行。他们不了解在农业合作化以后,我们就有条件也有必要在生产战线上来一个大的跃进。"在同年10月的莫斯科会议上,毛泽东提出了"赶美超英"的口号,揭开了"大跃进"的序幕。

"大跃进"运动是以"不断革命"论为指导思想,以批判右倾保守思想为开路先锋,以群众运动为主要形式,以技术革命为主要手段,在全国范围内开展起来的。从1958年1月的南宁会议到5月的八大二次会议,毛泽东多次阐述了他的"不断革命"思想。1958 年 1 月 4 日,他在杭州会议上阐述了"不断革命"的五项步骤,其中前四项"都是属于经济基础和上层建筑性质的",亦即属于生产关系的。第五项"技术革命是属于生产力、管理方法、操作方面的问题"。他还强调指出:"从 1958 年起,在继续完成思想政治革命的同时,重点搞好技术革命。"

庐山会议后的继续"跃进"使国民经济陷入了困境,也迫使毛泽东进一步探索社会主义企业的管理问题。1959 年 12 月至 1960 年 2 月,他在读苏联《政治经济学(教科书)》时,较深入地探讨了社会主义公有制建立后的管理问题。他认为,"私有制问题基本解决以后,最重要的问题是管理问题";"对企业的管理,采取集中领导和群众运动相结合,干部参加劳动,工人参加管理,不断改革不合理的规章制度,工人群众、领导干部和技术人员三结合。"比较明确地形成了"两参一改三结合"的企业管理思想。

恰在此时,即 1960 年 3 月 11 日,中共鞍山市委经辽宁省委向党中央递交了一份《鞍山市委关于工业战线上的技术革新和技术革命运动开展情况的报告》。毛泽东对报告"越看越高兴",并于当月 22 日,挥笔在中央转发的这份报告上批示了近 700 字的按语。总结报告中的一些思想,毛泽东初步形成了"鞍钢宪法"的基本思想。

(二)"鞍钢宪法"的主要内容和现实意义

1960 年 3 月 22 日,毛泽东在鞍山钢铁公司《关于工业战线上大搞技术革新和技术革命的报告》上批示,宣布"鞍钢宪法在远东、在中国出现了"。"鞍钢宪法"的内容是"两参一改三结合":干部参加劳动,工人参加管理;改革不合理的规章制度;工程技术人员、管理者和工人在生产实践和技术革新中相结合。"鞍钢宪法"的五项基本内容各有侧重,构成一个有机整体,是当时历史条件下初步形成的中国特色的企业管理思想体系和管理模式,其核心内容是通过职工对技术革新和管理过程的参与,实现企业生产效率的提高,体现了企业的职工所有制。"鞍钢宪法"产生在 20 世纪 60 年代初,正值以计算机和信息技术为代表的新技术革命蓬勃发展的前夜。毛泽东同志在总结鞍钢"双革"活动的基础上,以敏锐的洞察力,站在世界科技发展潮头的前沿,把科技进步和"双革"活动确定为企业管理的根本"大法",对我国现代化建设事业的发展,对国有企业的改革和发展具有重要的历史意义和现实指导意义。"两参一改三结合"是"鞍钢宪法"中最具时代意义和理论意义的主要观点,它初步回答了社会主义社会发展动力和对国有企业实行民主管理即民主经济问题,是对社会主义经济理论和企业管理理论的重大创新。"两参一改三结合"主要包含两层含义:一是改革不合理的规章制度;二是职工群众民主参加企业管理。改革不合理的规章制度，初步提出了用改革和完善部分不适合生产力发展的生产关系的办法解放和发展生产力的思想。职工群众参加民主管理，是毛泽东同志一贯倡导的群众路线在社会主义建设和企业管理中的体现，是对马克思主义企业管理理论的重大贡献。这也是中国特色社会主义分享经济理论的一种体现。在经济建设中，调动一切积极因素，尊重群众的首创精神，发动群众，依靠群众办企业的群众路线至今仍是完全正确的。毛泽东赞扬和肯定了依靠广大职工办企业的经验，主张干部参加劳动，经受锻炼，了解情况。职工参加管理当企业的主人，是毛泽东同志"经济民主"思想和民主管理思想的体现，是对中国特色的企业管理基本经验的总结，是对马克思主义企业管理理论的重大贡献，对建立现代企业制度有现实指导意义。

"鞍钢宪法"不仅是对传统的西方经济理论与管理理论的重大突破，更重要的是，它是从中国本土产生的对广大职工实践经验提升而成的中国特色现代企业制度的创新典范。我们必须正视其科学性、先进性和现实指导意义。笔者认为，"鞍钢宪法"就是中国特色的职工参与制的典范，属于高层次的社会主义分享经济模式。这一模式的要点在于：第一，国家代表全民持有国有资产（全民所有财产）的所有权，保持国有制不动摇；第二，国企全体职工分享企业的经营管理权，当家做主，行使国有资产主人翁的权力；第三，国企全体职工通过净收入分成制分享企业经营成果——净收入，实现按劳分配，从而在分配环节实现公有制，走向共同富裕。由此可见，国有企业资产的所有权本来就是十分明晰的，没有必要进行所谓的"产权改革"。现在回头来看，国企改革离开了上述正确轨道，受错误理论引导进入了错误轨道，产生了恶果。

第五章 中国特色社会主义分享经济理论的形成及其本质特征

"更加注重社会公平,使全体人民共享改革发展成果"已成为我国经济社会发展的重要原则。这是《中共中央关于制定国民经济和社会发展第十一个五年规划的建议》所提出的重要观点,是一个重大理论创新。党的十七大报告进一步指出:"要始终把实现好、维护好、发展好最广大人民的根本利益作为党和国家一切工作的出发点和落脚点⋯⋯做到发展为了人民,发展依靠人民,发展成果由人民共享。"在这里,"共享"二字,分量千钧。"共享"就不是"独享";"共享"也就是由全体人民分享改革与发展成果,"共享"就是"分享"。改革发展成果要能够分享或共享,成果首先必须表现为收入,从而成果分享表现为收入分配。收入的分配,实质是经济利益的分享。利益是内在本质的范畴,收入是外在表象形态的范畴。因此可见,共享成果,就是利益分享。

笔者在 20 世纪 80 年代初就提出了中国特色社会主义分享经济理论,从理论上总结了在我国经济改革实践中形成的社会主义分享经济观。经济体制改革到今天已经近 30 年了, 终于肯定了成果共享即利益分享作为我国经济发展的重要原则。这个原则对于指导我国今后的改革与发展将具有深远意义。

分享,是对生产成果和产权的分享;分享,是国家、集体、个人之间的分享,又是劳动者个人相互间的分享。这种分享经济观来源于我国 1979 年起的农村改革和 1980 年起的城市集体企业改革实践。这种分享经济观是一种新的有中国特色的社会主义经济理论的集中反映。

这种创新的经济理论,是马克思主义经济学在新的历史条件下的新发展,又是一种新型的经济运行机制的理论。由思想解放,到生产力的解放,到利益分享,到共同富裕,再到人的解放和全面发展,是社会主义分享经济观形成、发展的轨迹,又必然是社会主义共同富裕实现的轨迹。

一、从利益独占到利益分享

如果对 30 年的经济改革作一番深入的分析,人们会惊异地发现:从农村到城市,从企业到政府,众多的改革措施竟可以用一个"分"字来概括,诸如:利益分享、分成制、分田到户、分工协作、两权分离、分税制、划小核算单位、分类指导等。然而,

"分"字所蕴含和代表的正是"利益分享"这样一种新的经济观,即社会主义分享经济观。这种"利益分享"的新经济观,突破了"利益独占"的传统经济思维方式的束缚,公开承认经济个体的主体地位、经济利益和经济权利,承认它们追求自身利益的合理性和合法性。这种新经济观极大地调动了经济个体的积极性和创造性,使它们从长久的利益蛰伏中苏醒过来,使长期受到抑制和束缚的经济活力释放出来,从而使我国经济改革不断迈向新的台阶。"利益分享"的新经济观把建立全社会的利益分享机制,作为协调我国社会主义社会内部各经济主体之间的利益矛盾和推动经济发展的主要手段。因此,这种新的利益分享制度是一种能够实现各种经济主体的经济利益均衡增长的新的经济模式。

利益分享和利益独占是两种完全不同的经济观,它们的理论基础也是根本不同的。利益独占否认经济个体的差异性,否认经济个体的自主性和特殊经济利益要求,从而否认分享经济在社会主义社会存在的必要性。它把国有制的大一统作为整个社会经济活动的基础,并进一步将其绝对化,片面地强调整体利益的必要性,否定个体利益存在的必要性。由于片面地认为整体利益高于一切,个体利益是微不足道的,因而,高度集中统一的经济组织方式和单向的个体服从整体的利益结构模式,就成为传统社会主义经济模式的主要特征。这种传统的"否定个体,保证整体"的利益追求方式,由于抑制了经济个体的活力和利益冲动,窒息了经济个体的生机和活力,致使整个经济发展动力不足。社会主义经济中的平均主义"大锅饭"是这种传统经济观的典型的表现形式。利益独占的经济观片面强调经济利益的一元性,从而片面强调整体利益的排他性。它把极为丰富的经济机体简单化,企图用一种统一的经济意志去反映整个社会经济活动,以致造成了社会主义社会经济发展长期停滞的局面。在旧体制下,国营企业的利润统统上缴给国家,国家运用行政权力垄断和独占利益,是典型的利益独占。不仅如此,这种一元性的利益独占经济观还反映到经济领域以外的社会生活领域中,"用一个声音说话"是这种经济观在社会生活中的具体表现之一。它所造成的不良影响和后果是显而易见的。

与这种传统经济观相反,利益分享的新经济观是以社会主义经济主体和经济利益的多元性为其认识基础的。它强调经济个体的差异性,承认各经济个体有其独立的经济利益,并进一步肯定它们追求这种特殊经济利益的权利。利益分享的新经济观主动地把经济个体利益与整体利益有机地结合起来,建立一种新的协调的利益分享机制。在这个新机制中,使经济个体与整体的利益分配与每一单位新增利益之间建立起新的比例变动关系。然后,通过鼓励每一个经济个体去努力追求自己的经济利益,从而保证社会整体经济利益的不断增长。它以"鼓励个体,增强整体"的新的利益追求方式取代了传统的"否定个体,保证整体"的利益追求方式。这种利益分享的新经济观,由于充分尊重了经济个体的经济利益要求,肯定了对自身经济利益的追求是经济个体的最主要的经济动机,也就在实际经济生活中形成了一种各经济主体"各就各位,各得其所"的新的利益格局。这种新格局有利于调动全社会每一经济个体的积极性,因为它赋予了每一经济个体以必要的权利和义务。它们不再是国家行政管理链条上的一个环节,而是有着自身特殊经济利益的独立的经济主体。这样,对自身利益的追求极大地激发了经济个体的活力,并使整个社会经济充满了蓬勃生机。这种利益分享的新经济观,还有助于建立起一种新的集中与分散相结合的经济管理体制。国家不再包揽一切,大家"各就各位,各得其所"是这个新体制的主要特征。在这样一个新体制中,每一经济个体都将找到适合于自己的位置,形成一种稳定的"星系结构",从而将整个社会经济生活纳入一种新的均衡之中。

利益分享的新经济观,不仅强调各经济个体有其特殊的经济利益,它还致力于在个体经济利益与整体经济利益之间建立起一种新的协调的利益分配关系。解决这个问题的关键在于建立这样一种利益分享制度,使个体利益的实现与整体利益的实现紧紧地联系在一起,在它们之间建立起一种共同消长而不是此消彼长的新关系。这种利益分享制度的主要内容是,在一个特定的时期内,由各种经济主体按照一个既定的比率去分享经济发展所取得的成果。每一个体所获利益的绝对量将取决于成果总量的增长和分享比率这两个因素。在这个过程中,各经济主体的任务是如何扩大总量,而政府的责任则是公平地确定这个分享的比率。由于这种分享不是对总量的一次性分享,而是对每一边际增量的逐次分享,它能够使经济个体在其增产的每一个量上均看到自己的利益,从而极大地刺激其增产节约的积极性。这种分享也不只是在整体层次上的分享,它是多层次的。在社会经济活动的每一层次上,各经济主体均可实行利益分享。这种利益分享制度的一个显著特点,就是使每一个经济主体都能与代表国家整体利益的政府和代表局部利益的生产集体分享利益、分担风险。它使每一经济主体都拥有自己的权力、责任和利益。在追求利益的动力和回避风险的压力下,每个主体的活力得到了极大的增强。利益分享通过肯定利益的多元性和对利益追求的多样化,促进经济决策和经济生活的民主化,给社会主义经济发展注入新的活力。

利益分享作为一种新的经济观,其理论基础——社会主义分享经济理论已经成为我国经济体制改革的重要理论依据。迄今为止,我们采取的已获得成功的各项主要改革措施,都是受这种新经济观支配的。

利益分享的实践形式首先是从我国农村大包干开始的。农村的家庭联产承包,突破了传统的利益独占模式。农户有了完全的经营自主权,农民的生产收入也不再是由一个劳动集体组织独占,再由所有劳动者平等地分享。农民家庭的劳动收入在上缴税收以后,由集体经济组织进行合理的扣除(采用上缴的形式)以后,余下的部分归农民自己占有和支配。在这里,农民的销售收入在除去生产资料成本开支以后,是由国家、集体经济组织和农户按照一定的比率来分享的。农民的收入在做了按比率扣除以后,剩下的全部归自己所有。这与传统的"三级所有,队为基础"下的生产队的收入分配是完全不同的。这种以利益分享为基础的农户生产组织和分配方式,充分肯定了农户的主体地位和特殊经济利益,极大地调动了农民生产的积极性,使我国的农村经济发生了根本性变化,并成为诱发我国全面经济体制改革的一个主要动因。

在农村改革初见成效以后,80 年代初利益分享又在城市集体企业得到了推广。在城市企业中推行的各种形式的承包经营责任制,尤其是"除本分成制"、"净收入分成制"都是以利益分享的经济思想为指导的。不论哪一种承包制,都是以国家与企业和个人分享企业净收入为基础的。其中国家所得部分是由中央政府和地方政府分享的,而企业的纯收入则是由企业和职工分享的。可以说,企业承包制的核心就是利益分享,即由中央政府、地方政府,企业和职工个人来分享企业净收入。这里要确定的不再是分配的绝对额,而是分享的比率。这样,每一经济主体都可以在经济活动之前就明确自己在总收入中的应得份额。因而对各经济主体来说,利益关系不再是模糊不清的,各经济主体都会为了自己的所得份额而努力工作。这种努力不仅是为了总量的增加,而且为了每一边际增量的增加,因为经济利益关系已经落实到每一新增收入的个量上。这里,收入的多少不再是随意决定的,除了已定的分享比率以外,它现在直接取决于各经济主体的努力程度。职工和企业只有努力工作、搞好经营,才能实现自己的经济利益最大化,而政府也只有更好地为企业服务,创造和维持良好的经济环境才能实现自己的利益。因而利益分享从根本上改善了经济刺激结构,使整个经济发展获得强大的动力。可以认为,利益分享是企业承包制和股份制的核心和基础。

在我国改革前的经济活动中,中央政府包揽一切,地方政府的特殊经济利益无法实现。在实行大包干这种利益分享制度以后,中央政府与地方政府在一定的时期内按照一定的比率分享财政收入和外汇收入,从而大大调动了地方政府的积极性,增强了地方发展经济的动力。随着改革的逐步深入,这种以利益分享为核心的包干形式将进一步发展和完善,利益分享也将作为调节中央政府与地方政府经济利益关系的一项重要原则,例如实行分税制就是这种原则的体现。

就经济改革的实际过程看,虽然改革中采取的措施千差万别,但从本质上看都体现了利益分享这样一种新的经济观。当然,也必须看到,由于各种因素和条件的限制,我国现阶段利益分享制度还处在初级发展阶段上。它的具体形式多种多样,在程度上还存在着较大差别,离合理按比率分享的理想目标模式还有一段距离。但毫无疑问,它作为经济改革的基本方向,已经被绝大多数人所接受。现在,利益分享已经成为人们追求的一个基本目标。社会主义分享经济观的确立具有重大意义:

1.为我国的经济改革提供了重要的理论和思想基础

利益分享是以确认经济利益的多元性为前提的。接受利益分享的新经济观,就从理论上为经济改革提供了必要的依据,使我们的经济改革以调整各经济主体间的经济利益关系为核心,并朝着一种能够保证各经济主体的经济利益均衡增长的新经济模式迈进。接受利益分享的新经济观,是我国经济指导思想的一个飞跃,它突破了国家利益是人民利益唯一代表的传统思维方式,公开承认了企业、职工和各级政府的特殊经济利益,肯定了各经济主体追求其特殊经济利益的合理性,为我们采取的各项改革措施提供了重要的理论依据。利益分享是社会主义经济思想的一场革命,它重新肯定了各经济主体在经济活动中的地位与作用,使人们从传统的大一统思想的束缚中解放出来,使每一经济个体都可以理直气壮地去追求自己的经济利益,使其为社会创造利益的积极性和主动性得到极大的发挥。作为一种思想革命,利益分享的经济观正在影响着社会生活的每一个领域。如果放弃了利益分享的原则,每一个体都很难在社会群体中获得新的生存与发展机会。通过一个共同商定的比率来分享现代经济生活的成果,已经成为推动社会发展的重要决定力量。利益分享的新经济观将取代曾经长期统治我们经济生活的传统经济观,成为指导我们从事各种经济活动的主导思想。

2.将分配范畴重新置于社会主义经济理论的中心,充分重视了分配对生产的重要反作用,有助于建立一种新的经济理论体系

长期以来,由于理论上把公有制的建立视为分配问题的最终解决,使得分配范畴在社会主义经济理论中没有应有的位置,导致了片面强调生产的决定作用,忽视分配对生产的重要反作用,严重扭曲了社会主义经济的刺激结构。既然传统的经济观把社会公共利益看作是整个社会和全体人民追求的唯一利益目标,否定个体经济利益的存在就是其必然的结果。由于只承认一种统一的利益,分配范围也就不再具有实质性的意义和作用。否定个体的差异性,也就必然排斥个体的利益要求,导致分配上的平均主义,并由此引发了社会主义经济最严重的问题——经济发展的动力不足。而利益分享的经济观则正好相反,它从个体的特殊经济利益入手,强调

个体利益的差异性和存在的合理性,并鼓励每一个个体去追求自己的利益。为了正确处理个体利益与整体利益的关系,激发经济发展的动力,它始终把满足个体的利益要求放在重要位置,寻找能够把个体利益与社会整体利益有效结合起来的最佳方式。这样,就重新把分配范围置于社会主义经济理论研究的中心,把分配制度改革作为社会主义经济改革的重要内容,以求建立一个新的经济刺激结构,从而恢复了分配范围在经济学理论体系中的地位,并使建立一种新的经济理论成为可能。

3.有助于建立一种新的高效率的国民经济管理模式

随着经济体制改革的深入,建立新的国民经济管理模式已成当务之急。建立新模式的关键,应是如何协调各经济主体间的经济利益关系。利益分享的经济观为建立这种新模式提供了依据。这种新的管理模式应该是能够使各经济主体在国民经济活动中"各就各位,各得其所"的模式,它必须使每一经济主体都能在国民经济活动中找到自己的合适位置,实现一种稳定的利益均衡。这种以利益分享为基础的新模式包括两个方面的内容:一是在承认个体利益必要性的基础上,实现企业的自主经营和自负盈亏,让企业作为一个独立的商品生产者在市场上自由地活动。二是为保证国家整体利益的实现,要建立一个以利益分享为核心,使各经济主体的利益能够相互联系、共同消长的新机制,以保证每一个体或局部利益的实现都能促进整体利益的实现。这种新模式以利益分享制确认了企业、劳动者在经济活动中的主体地位,找到了增强经济活力的有效途径。

4.有助于确立劳动者在生产中的主人翁地位,建立起以人为中心的企业管理模式

经济利益是利益分享的主要内容,但经济利益是比物质利益更为一般的利益,它不仅限于物质利益。在经济利益中,还包括对某种经济活动的直接利益,或通过这种活动本身而产生的利益。因此,作为生产者,职工不仅需要实现自身的物质利益,而且还希望实现更大范围的经济利益。他需要有自己的产权并直接参加生产过程的管理活动,以便获得参与生产成果分配和对生产经营过程的决策和监督的权利。生产者要求的不仅仅是工资的增加,从某种意义上说,他对主人翁的权利、产权和管理企业的权利有着更大的需求。因为只有获得这种权利,才能保证他不断实现更多的物质利益。在现实的经济活动中,对企业劳动者的这种从事经济活动的直接利益给予充分重视,对于激发劳动者的积极性和创造性是非常重要的。这是提高我国劳动生产率和经济效益的根本途径。利益分享的经济观,由于确认了劳动者的利益,就在理论上确立了劳动者在企业中的主人地位,改变了过去以物为中心、见物不见人的传统管理模式,找到了经济发展的动力源。随着劳动者在生产中的主体地

位的确立,以及通过分配形式得以最终体现,以人为中心的管理方式必然会取代以物为中心的管理方式。这反映了现代经济发展的必然趋势。

此外,利益分享的经济观还超越了经济领域,以其"分享"的特有魅力,对社会生活的其他领域如文化、教育等产生巨大的影响。

总之,我国改革实践中产生的利益分享的新经济观,即社会主义分享经济观,不仅是对传统经济观的挑战,也是彻底改变人们思维方式的思想革命。它以全新的思维方式对人们一向视为当然的理论、政策和制度提出了重新评价的任务,将彻底改变我们的行事原则和方式,并将对我国经济改革和社会经济发展产生巨大的推动作用。

这种社会主义分享经济观,是我国30年来的改革所形成的经济新思维,是我国广大劳动人民改革智慧的结晶和改革经验的升华,也是中国经济改革的思想精华,更是客观经济规律的反映,笔者不过是把这一规律性的东西概括为一种新的经济理论体系。这种中国经济改革新思维,是不可违背的。回顾30年来的改革,为什么国有企业长期搞不好?为什么农村经济又出现了问题?究其重要原因,是改革中没有坚持和运用在我们自己的经济改革中所形成的这种新思维,而是照搬了某些国外的理论,脱离了中国的实际。

二、利益分享经济观的第一个来源

20世纪70年代末我国农村开始实行联产承包制引出的经济新思维,是社会主义分享经济观的第一个直接的来源。

始于20世纪80年代初的中国经济体制改革,是从中国农村启动的,而中国农村的改革是从1979年起步的。1978年12月举行的党的十一届三中全会,确立了马克思主义的正确的政治思想路线,批判和清算了"左"的路线,把工作重点转上了经济建设的轨道,落实党的农村政策,成了1979年农村工作的中心。作为"左"的路线的产物,我国1958年兴起的农村人民公社体制,其本质特征是:"一大二公"、"政社合一"。所谓"大",一般要求一乡一社,有的还办成几个乡一社、一县一社。所谓"公",是指生产资料和产品、收入实行高度公有化。不仅原属农民个人所有的土地、生产工具、农业生产资料和农产品收入一律实行公有,由公社实行无偿统一分配,而且入社农民的房屋、自留地、口粮等生活资料,也一律实行集体公有。农民个人的主体性和个人利益一下子全被消灭。在"三级所有,队为基础"的这种基本制度下,实行的是大一统的基本核算单位,出现了所谓"生产呼隆"、"分配大锅饭"的平均主义的组织管理方式。实行这种乌托邦式的农村经济体制,严重阻碍了生产力发展。到1978年,全国平均每人占有的粮食只等于1957年的水平,全国农业人口平均每人年收入仅为 70 元,有 1/4 的生产队社员收入在 50 元以下,平均每个生产队的集体积累不到 1 万元。农业这个国民经济基础的简单再生产难以维持,中国广大农民陷入了贫困的泥潭。

十一届三中全会的精神春风般地吹醒了中国农村。在当时展开的一场关于农业生产责任制和基本核算单位的大争论中,农民最关心的问题是决定自身物质利益的生产核算组织形式,强烈要求实行包产到组、户。争论中出现"干部要方向,农民要产量","干部怕错,农民怕饿"。在实事求是、解放思想的精神鼓舞下,改革农村旧体制的潮流形成了不可阻挡的气势。在"十年倒有九年荒"的贫困的安徽省凤阳县,农民要求包产到户、脱贫致富的欲望尤其强烈。中共凤阳县委顺乎改革潮流,当机立断地采纳了农民群众的建议,在全县范围内推广了以"大包干"到组为主要形式的农业生产责任制。当时全县最小最穷的小岗村生产队 18 个农民冒着政治风险,立下誓言,按下了 18 颗鲜红的手印,秘密地搞起了"包产到户"。他们的改革办法十分简单:土地、耕牛按人口包到户,国家下派的农副产品交售任务和公社大队提取的公积金都按人头包到户;完成上缴包干任务后,生产物的剩余多少全归农民个人所有。小岗村农民认为这套办法合理、简便、易行。他们称赞道:"大包干,大包干,直来直去不转弯。保证国家的,留足集体的,其余剩多剩少都是自己的。"①正是由于这一创举,小岗村成了全国包产到户的典型代表,凤阳县成了中国农民的第一个伟大创造——农业联产承包制的发源地,由此引发了中国的"第二革命"。

现在我们来分析这一最初的改革方案事实,从中至少可以领悟到以下几点规律性的启示。

第一,这一改革方案,是与人民公社体制相对立的一种新的经济体制模式的雏形,第一次确认了农民的主体性和切身物质利益,体现了马克思关于人的解放的思想。

第二,这一改革方案体现的经济体制模式,是以分配制度改革为中心的。这是因为,农民要生存与发展,必然要关心物质利益,就必然关心劳动收入的分配制度。原先的分配制度是利益由上级独占,农民所得无几。现在变为农民可以通过自主的劳动,有权决定对自产品的分配,保证国家的,留足集体的,余下的是自己的。由于前二者是定死的,劳动生产率越高,总产量越高,个人所得就越多。农民通过劳动就能致富了。

第三,这一改革方案体现的社会总产品的分配关系,重新恢复了马克思关于社

---

①转引自陈吉元等主编:《中国农村社会经济变迁》,第 481 页,山西经济出版社,1993 年第 1 版。

108

会主义社会的社会总产品的分配次序,即从社会总产品中:一是扣除补偿消费掉的生产资料;二是扣除各项社会基金,包括用于扩大再生产的基金、后备基金、一般管理基金、公共福利基金。(以上各项,就是小岗村农民扣除的上缴国家的与上缴公社和大队的产品部分。)最后剩下的才是"在集体的个别生产者之间进行分配的那部分消费资料。"[①]小岗村以农户为生产经营单位,这部分产品就直接归农户占有。如果用价值构成公式表示,则 $w-c-m=v$,或 $w-c-n_1-n_2=n_3$。(式中,w 为总产品的价值,c 为已耗费的生产资料的补偿价值,m 为公共需要价值,v 为个人需要价值;n_1 为国家需要价值,n_2 为集体需要价值,n_3 为个人需要价值。)这一价值构成公式,是社会主义分享经济的理论核心。

第四,上述公式体现了社会主义按劳分配规律的本质要求。只有将按劳分配的对象置于各种社会扣除之后,才能按照农民劳动的数量与质量以劳动为尺度进行个人消费品的分配。小岗村农民所说的"直来直去不转弯",是指两层意思:一是他们的劳动创造的财富,哪些是为社会和集体作贡献的,哪些应是归自己享用的,一清二楚;二是由自己的劳动决定自己的收入,多劳多得,少劳少得,一清二楚。因为上述公式立足于劳动价值论,将过去劳动、新加劳动、新加劳动中满足公共需要的部分和满足个人需要的部分,用价值形式划分得一清二楚。"直来直去不转弯",好就好在明确了农民的劳动直接决定农民的收入,从而使农民能得到看得见摸得着的物质利益。而原先在人民公社体制下,实行平均主义的分配方式,结果导致"大锅饭"、"出工不出力"等弊端。

第五,农民为了取得更多的收入,必须拥有生产资料,即必须分享产权。在不改变农业生产资料最终所有权归集体所有条件下,用承包的办法获得了对农业生产资料的使用权、经营权,主要是土地和耕牛等包给农户使用。马克思指出:"消费资料的任何一种分配,都不过是生产条件本身分配的结果。而生产条件的分配,则表现生产方式本身的性质。"[②]可见,物质生产条件是不是直接掌握在农民自己手里,会产生不同的消费资料的分配。农民要分享生产成果,必然要求分享生产资料的产权,要求"耕者有其田"。这就是马克思指出的社会主义条件下重新建立劳动者个人所有制的规律。由此可见,农民所要求的,不仅是分享生产成果,还要分享财产权利。

第六,小岗的改革方案其实质是农村经济体制的改革,其中心环节是改革分配

①马克思:《哥达纲领批判》,第 12 页,人民出版社,1965 年。
②马克思:《哥达纲领批判》,第 15 页,人民出版社,1965 年。

制度,调整生产关系。农民最讲实际,他们最关心的是分配问题,所以一开始就冲着分配制度进行改革,而且"直来直去"地改。农村联产承包制的成功,正是抓住了改革分配制度这个中心环节一举奏效,获得举世瞩目的成功。可是,几十年改革后的今天,农村分配关系还是没有根本理顺。1985 年以后农民收入下降,负担日益加重。农村税费体制改革任务繁重,各种乱收费从农民手中夺走了前期改革的成果。农业生产资料乱涨价加大了农业成本,使农民的比较利益下降,增产不能增收,甚至难以维持再生产,等等。所以,当前进行农村基层制度创新与税费体制改革迫在眉睫。这说明了一个道理:我国的经济体制改革,是社会主义生产关系的自我完善,集中体现于社会主义分配关系的自我调整和自我完善。如果分配制度改革不到位,整个经济体制改革就难以成功。农村是这样,城市也是这样。产权制度改革,是服务于分配制度改革的。那种为改革产权制度而改革产权制度的观点,尽管目前十分流行,却是十分有害的。热衷于产权制度改革,而冷落了分配制度改革,是造成目前我国城乡分配制度改革滞后、分配关系混乱、贫富两极分化日趋严重等被动局面的原因。关键是没有重视农村改革形成的经济改革新思维的指导作用,仍然沿用而没有及时变革过时的旧体制下的分配方式。旧的分配关系制约着新的生产关系的完善。我们应当重温而不应忘记小岗改革的经验,因为它首创的改革新思维是可以指导我国改革全过程的。

第七,小岗改革方案体现了社会主义生产方式的本质,即自主劳动制度。小岗农民要求成为生产资料和生产的直接的主人,要求在生产中处于主人的地位,运用集体的生产资料创造和分享生产成果。他们把劳动变为一种自主的活动,一种能满足自己需要的、能自己支配的有充分自由的生产活动。这种自主劳动,区别于任何外力强制的劳动。实行这种自主劳动,是社会主义条件下人的个性和智慧、才能得到充分发挥的必要条件。这是为什么包产到户后,农业生产力极大地提高的秘密所在。社会主义经济体制改革,从本质上看是实现自主劳动制度。离开了这一条,社会主义改革就会偏离方向;离开了自主劳动的实现,离开了人的解放,思想解放就失去了意义。正是由于思想解放导致了农民的解放,导致了自主劳动的实现,才发生了中国农村的伟大革命。而自主劳动制度正是分享经济观这一改革新思维的基础和题中应有之义。

总之,小岗村 18 户农民首创的改革方案,不仅形成全国范围内农村联产承包制的基础,更为重要的是形成了一种中国经济改革的新思维。这就是社会主义条件下的分享经济观。这种分享经济观,来自农民自己生存与发展的需要。为了满足这种需要,必然要求通过劳动取得更多收入,又必然要求分享集体所有的生产资料的使用权,产生了强烈的致富欲望。当这种强烈的欲望在实事求是、解放思想的思想政治路线下获得活动空间的时候,必然会爆发出革命性的行动,于是产生了小岗的创举。这就是中国农村改革产生的缘起。

事实胜于雄辩。这种改革新思维使生产关系和分配关系得到调整和完善,有力地解放和促进了农村生产力的发展。

凤阳县1979年春全面推行大包干以后,当年起到了立竿见影的成效。1979年凤阳县粮食产量比1978年增长49.1%,油料比历史上最高年产量增长3倍,国家征购任务超额完成54.4%,集体积累比上年增长82.6%,农民人均收入比上年增长48.7%。农民群众赞颂道:"大包干,是个宝,干部社员都会搞,个人集体都能富,国家赶快盖仓库。"[①]以小岗村改革方案为起点的我国农村联产责任制,所体现的公有制分享经济观这一中国经济改革的新思维,抓住分配环节,调整了分配关系,建立了新的分配制度。在国民收入的分配中,兼顾了国家、集体和生产者个人的利益,必然导致国家、集体、个人共同富裕的结果。所以,作为中国改革新思维的公有制分享经济观,就是中国特色的共同富裕的经济理论。

三、利益分享经济观的第二个来源

20世纪80年代初,我国城市集体企业改革中发生的"除本分成制"改革,是1979年农村改革的延伸,属于同一条改革思路,因而是公有制分享经济观的第二个来源。它首次否定了工资制,试行了分享制。"除本分成制"改革方案,产生于80年代初,目的是突破当时的国营企业化了的集体企业体制的束缚,恢复集体经济的原有性质和本来面目,实现自主联合劳动和按劳分配,对付企业亏损、职工下岗等困难,解放集体经济的生产力。

由于"除本分成制"的前身是我国城镇集体经济职工50年代创造的"拆账分成"作法,因而我们先要从"拆账分成"说起。

我国城镇集体经济于80年代初曾进行经济管理体制的重大改革。改革的重点,在于抓住企业分配制度改革这个中心环节,"包"字进城后,正确处理推行经营承包责任制中国家、企业、个人三者的经济利益关系,打破"大锅饭",实现按劳分配,调动企业和职工的积极性。

50年代,我国城镇集体经济发展很快。这些小型的集体经济,大多属于城镇劳动者合作经济的性质。它们一般是由居民群众在政府的号召和支持下自愿结合,自找业务、自筹资金而组织起来的。这些小企业比较灵活,生产为大工业服务的各种

---

①引自陈吉元等主编:《中国农村社会经济变迁》,第484页。

零星配套产品或市场需要的小商品，有的是商业和服务行业，发挥了大工业、大商业的助手的作用。这时，即在城镇集体经济发展初期，它自身固有的集体经济的性质比较鲜明。集体经济本来就是由劳动群众集体占有生产资料，共同劳动并实行按劳分配的社会主义经济组织。集体经济的特点，表现在自愿结合，民主管理，独立核算，自负盈亏，按劳分配，多劳多得，少劳少得。没有固定工资，职工的劳动报酬随企业的经营状况和个人劳动状况而不断变动。在集体企业中，本来权、责、利三者是密切结合的。在这一时期，集体企业的生产和经营发展较快，集体企业劳动者的收入增加也较快。

拆账分成法是这一时期城镇集体经济普遍采用的分配方法。这种办法，就是集体企业将总收入扣除生产经营中耗费的物质资料的价值，再扣除税金、管理费等，余下的部分在集体劳动者个人之间进行分配。按一定比例进行分成，多劳多得，少劳少得，职工的物质利益同集体企业经营成果、同个人劳动好坏是直接联系的。

大约从1965年至1980年，这一时期城镇集体经济发生了转变，即所谓"集体经济全民化"。在"左"的指导思想影响下，大多数集体企业照搬了全民企业的管理模式，认为"越大越公越好"。把集体所有制看成是落后的，把全民所有制看成是先进的，急于向全民所有制"看齐"，于是，企业在生产、工资、人事、物资等方面的管理制度上模仿现行的全民企业的管理体制，使城镇集体所有制企业的特点逐步丧失。这个演变在企业分配制度上表现得尤为突出，表现在集体企业普遍实行月收入固定等级工资制度，确定职工工资级别的主要条件是工龄。这样，集体企业的职工工资从随企业的经营好坏而灵活变动的劳动报酬，变成了基本按工龄长短确定劳动报酬的计时固定级别标准工资制，大家端起"铁饭碗"，吃上了"大锅饭"。这个转变，当时还认为是一个巨大进步，是向全民所有制目标的迈进。这一转变，使职工的利益与企业经营好坏和职工个人劳动好坏相脱离，削弱了职工在企业中的主人翁地位，产生了严重的雇佣思想。认为"干多干少一个样"、"上班干活、盖章拿钱"，企业盈亏与我无关，工资是"铁工资"。这样，严重地背离了按劳分配原则，挫伤了职工的社会主义积极性，集体企业的发展受到影响。

我国以企业扩权为中心的经济体制改革开始以来，针对这一弊端，从1980年起，曾在少数国营企业试点一种"以税代利，独立核算，自负盈亏"的改革。改革方案中规定：职工的基本工资、职工福利基金、奖金一律不进入成本，从成本中分离出来，改在税后利润中开支。把职工劳动报酬同企业经营好坏直接联系起来，收到了很好效果。于是，全民所有制企业的分配制度改革势在必行，集体企业分配制度更要改革。

正是在这种形势下,有一些集体企业开始实行改革。这些企业从 1980 年起,发展了 50 年代的"拆账分成",陆续试行"除本分成制"。成都市西城区 89 户集体企业率先成功地试行了"除本分成制",起了城市改革排头兵的作用。

所谓"除本分成制",就是从企业每月的实现销售收入中,扣除职工工资以外的一切成本支出以后,剩余部分为企业的纯收入;将纯收入按上级核准的比例分作两部分:一部分为企业分成额(应上缴的所得税和合作事业基金包括在内),另一部分为职工工资总额。工资不包括在成本中,实行工分制浮动工资,职工收入随企业经营好坏和个人劳动好坏而浮动。

"除本分成制"的成本项目,与其他通常的城镇集体企业的成本项目不同,取消了"成本工资"。

"除本分成制"的成本项目是:①生产成本,即原材料、辅助材料、燃料和动力、低值易耗品、厂外加工费、废品及"三包"损失、固定资产折旧费、车间经费和企业管理费等。②销售过程中发生的费用,如宣传费、广告费、包装费、运输费及其他销售费用。③工商统一税。④上缴主管部门的管理费,生产企业按产品销售收入的 1% 提取,加工修理服务企业按实际收入的 2% 提取。⑤职工福利基金,按企业职工等级工资总额的 11% 提取。⑥职工教育经费,按企业职工等级工资总额的 15% 提取。⑦企业后备基金,按销售收入的 1%～5% 提取;后备基金用于新产品试制或损失以及属于成本范围但不便分摊到车间的支出,年终结余可分作劳动返还;后备基金提取的比例,由上级根据销售额大小和企业实际需要确定。⑧退休、退养、包养人员费用。⑨工会经费,按企业职工分成工资总额的 2% 提取。⑩其他杂支。

销售收入扣除上述成本后,就是集体企业的纯收入。企业纯收入分为两部分:一块是企业分成额,另一块为分成工资总额。

企业分成额包括:①根据企业完成的经济指标完成情况提取的企业基金;②归还银行的中短期设备贷款;③留给企业的"三废"产品净利润;④上缴给国家的所得税;⑤上缴给主管部门的合作事业基金;④企业的生产发展基金。

分成工资总额这一块,根据按劳分配原则在企业内部再分配,即进行"第二次分配"。根据企业具体情况,由职工共同商定,采用一定办法分配到个人。作为企业支付给个人的劳动报酬,第二次分配一般采用工分制,即按企业对车间、车间对班组、班组对个人的各种具体要求,都按一定的数值制定出工分标准,然后考核职工的完成情况,计分付酬。分值的大小随职工分成工资总额大小而浮动,对职工进行打分考核的内容包括产量、质量、消耗、费用、安全、劳动纪律等。这样,每个职工的收入,就由两个因素决定,一是分值的大小,二是工分的多少。前者代表企业经营成果,后者代表个人劳动的多少。这样,把职工的利益直接与企业经营、个人劳动好坏挂了钩,这就实现了"二次按劳分配"。试行效果,十分显著。当时,约 1984 年前后,全国已有四川、湖北、河北、黑龙江、安徽、江苏的近 200 个集体企业试行这种分配方法。

但是,除本分成制还有不少缺陷。从上述除本分成的成本项目来看,成本尽管不含工资,但还包括职工福利基金等项本来属于劳动报酬的部分,所以是不伦不类的"本",即成本不是纯的 c。这就影响了按劳分配的实现范围和程度。

为了改进除本分成制,使之形成一种比较科学的分配制度,1980 年起,出现了一种新的分配形式——"净产值分配制"或"净产值分制"。它是 1984 年起,南京市汽车工业公司 7 个工厂首创的。它吸取了"除本分成制"的优点,是属于公有制分享经济的思路,明确地以笔者提出的新成本理论作为改革方案的理论基础。笔者有幸也参与了这项改革的指导工作。

净产值分成的基本概念和基本作法是:第一,企业作为独立核算的商品生产者和经营者,生产的成本表现为销售收入;第二,从企业销售收入中扣除生产资料成本(即新概念成本 c),得出企业已实现为货币的净产值,它是企业劳动者创造的新价值;第三,将企业净产值按兼顾国家、企业、职工三者利益的原则进行合理分配,分成三块。具体做法是:从净产值中扣除工商税和管理税费等,得出企业纯收入;将企业纯收入按核定比例分为企业收入和职工收入两部分;企业收入分为两部分,一部分用来缴纳所得税等项,一部分留在企业建立企业基金;将职工收入总额采用工分制形式进行二次分配,确定职工的个人劳动收入。

实行净产值分成制企业的成本项目是:①原材料、辅助材料、外协配套件。②外购燃料和外购动力。③提取的折旧基金。④提取的大修理基金。⑤其他属于物质的费用支出,包括:

a. 车间经费——指基本生产车间和辅助生产车间为组织生产而发生的办公费、耗用的机物料、修理费、运输装卸费、固定资产租赁费等。

b. 企业管理费——办公费,材料市内运输费、仓库费、委外修理费、房屋、设备中小修理费、邮电费、水电费、供销人员差旅费、内部产品包装费、当期发生的材料、产品盘亏损耗费,创造发明、技术改造、合理化建议提奖费、质量升级创优提奖费。

c. 产品三包损失费——包修、包换、包退的损失费用(不含工资及工资附加费)。

d. 外部加工费。

e. 销售费——产品在销售过程中发生的各项费用,如包装、广告、运输等费用。

f.产品升级换代费用、新产品试制费用及损失(不包括工资及附加费)。

我们把以上范围的成本费用,称为"生产资料成本"或"新概念成本"。与除本分成制成本项目相比,其进步在于把属于劳动报酬的内容全部挖出,列入净产值分配。这样就保证了成本只是 c,不包括 v。这样做的作用,一方面是明确了成本范围,保证生产资料耗费的足额补偿;另一方面明确了净产值的范围,使净产值是真正的新创造价值,为净产值分配提供了基础。

笔者在《改革成本开支范围,建立工业企业净产值分配新体系的一个设想》一文中[①],提出了以下独立核算工业企业净产值分配新体系的核算公式:

企业净产值＝销售收入－生产资料成本;

企业纯收益＝企业净产值－[产品税＋资源税＋土地使用税＋城市建设税＋固定资产占用税＋流动资金占用税]＝所得税＋企业基金＋个人消费基金;

所得税＝企业纯收益×所得税率＝企业纯收益－(企业基金＋个人消费基金);

企业基金＝企业纯收益－(所得税＋个人消费基金)＝生产发展基金＋职工福利基金＋后备基金;

个人消费基金＝企业纯收益－(所得税＋企业基金)＝最低基本生活费基金＋活动工资基金＋分红奖励基金。

上述公式是可行的,还需要按照有关税制改革方案作少量修正。这一核算体系,同样适用于城镇集体企业,特别是大集体企业。

净产值分成制经过实践经验,证明具有可行性,具有其他分配制度没有的优越性,说明它是一种有生命力的带有方向性的新体系。这一试验及其理论,已日益引起人们的广泛注意。

概括起来,净产值分成制具有如下优点:

(1)促使企业重视销售,转变为生产经营型;

(2)彻底否定了成本工资和固定级别工资,从根本上砸掉了"铁饭碗",彻底实现了按劳分配;

(3)通过净产值的合理分配,正确处理了国家、集体、个人三者利益关系;

(4)企业从经济上确立了职工的主人翁地位,从利益分配上根本调动了职工的主人翁精神和积极性,促进了生产力发展。

净产值分成制的理论基础是社会主义新成本理论,这种新成本理论认为:企业

---

①载南京《财政与会计》,1983 年第 6 期。

商品成本就是用生产资料资金形态上的资金耗费来表现的物化劳动耗费，即补偿生产中耗费的生产资料的价值 c，劳动报酬不构成产品成本的内容，而属于新价值分配。具体来说，即是：在社会主义企业资金循环过程中，新生产出来的商品的价值分解为两部分：一部分是已消耗的生产资料的价值，另一部分是企业劳动者的全部活劳动所创造的新价值，包括为自己的劳动所创造的新价值部分和为社会的劳动所创造的新价值部分；前一部分价值的货币表现，即是产品的社会主义成本价格，后一部分价值即新价值的货币表现，就是企业净产值或净收入。

从上述净产值分成制企业实际使用的成本项目可以看出，净产值分成制依据的正是这样一种新的社会主义成本范畴。这一新范畴适用于独立核算、自负盈亏的公有制企业，同样适用于集体企业。

这一新的成本范畴，具有坚实的理论依据。马克思在《资本论》中预测社会主义经济关系时指出，社会主义经济中，工资不是生产的补偿价值，而属于新价值分配，独立核算企业的成本只是"已经消耗掉的生产资料的成本价格"，即成本就是 c。

马克思说："如果把问题看成是工人各自占有自己的生产资料，并且互相交换他们的商品，那么，问题的关键就非常清楚地显示出来了。这时，这种商品就不会是资本产品了。……这时，第一，两个工人会从商品中，即从他们一天劳动的产品中，补偿他们的支出，即已经消耗掉的生产资料的成本价格。这种支出由于各个劳动部门的技术性质而有所不同。第二，他们两人会创造出等量的新价值，即追加到生产资料中去的那个工作日。这个新价值包含他们的工资加上剩余价值，后者也就是超过他们的必要的需要的剩余劳动，而且这种剩余劳动的结果属于他们自己。"[1]

在这里，"两个工人"完全可以换成"两个独立核算的社会主义企业"。企业可以看作一个"总体工人"，都是独立的商品生产者与经营者。《中共中央关于经济体制改革的决定》确定了我国社会主义企业的性质。"要使企业真正成为相对独立的经济实体，成为自主经营、自负盈亏的社会主义商品生产者和经营者，具有自我改造和自我发展的能力，成为具有一定权利和义务的法人。"全民企业是这种经济法人，集体企业更应该成为这种经济法人。这种经济法人也就是市场主体或竞争主体。这种经济法人的地位，与马克思所说的两个工人的地位是相同的。可见，社会主义企业的成本，应该是马克思所说的不包括工资的成本，就是我们所说的新成本概念。以往国有企业沿用了 $k=c+v$ 的资本主义成本公式，这是成本工资制度的理论基础。不少集体企业同样照搬 $k=c+v$，把固定级别工资打入成本，这是理论上的错

[1]《马克思恩格斯全集》，第 25 卷，第 196 页。

误,导致几十年来实际工作中的混乱。在经济体制改革中,我们应该理顺这一经济关系。

社会主义新成本的理论,可以从社会主义经济运动的各个过程加以论证。在这里,限于篇幅,就不一一论证了。新成本理论的特点,恢复了职工作为生产的主人的地位,从理论上理顺了社会主义再生产过程中主体与客体的关系。新成本理论是企业实行以净收入为中心的核算与分配的理论前提,净收入正是相对于新成本价格而言的。如果成本是(c+v),那么企业就必须以利润为中心了。

1984 年,南京市按照集体经济的特点,制订了《关于权力卜放,搞活企业的若干决定》。其中规定:"企业有权决定自己的分配形式,采取各种不同形式的经济承包、计件工资、拆账分成等分配办法。"认为目前集体企业的改革,还没有取得突破性的进展,还没有从根本上改变套用全民企业固定工资加奖励的分配办法,认为还是恢复 50 年代合作经济时期采取的灵活多样的工资分配形式为好,表示要支持各种关于全额浮动工资制、计件工资制、自费工资改革、除本分成制改革的试点。尤其值得注意的是,南京市政府的改革文件中明确地肯定了拆账分成法和除本分成制。我认为这些意见十分正确,抓住了城镇集体企业改革的要害。正如上述所分析的,拆账分成、除本分成、净产值分成、净收入分成制,是 一 种新的分配制度的四个发展阶段。笔者曾多次认为,在其中要数净收入分成制最完备、最科学。为此,我们呼吁更多的企业试行净收入分成制,以求总结经验,创造一种理想的新的企业分配制度。

这项改革在 1987 年差一点被中央政府采纳,而且对后来我国企业改革中出台的"工效挂钩"方案,企业在保证工资增长低于劳动生产率增长条件下自主决定工资和奖金分配的改革方案,产生了积极影响。

上述改革实践,可以看作是我国从工资制走向分享制的重大改革步骤,功不可没。80 年代初在分享经济观指导下试行除本分成制,正是我国城市经济体制改革的缘起。

四、社会主义分享经济运行机制论

除本分成制产生于我国城市改革实践,1980 年起首先在成都市 89 户企业试行成功,后迅速推行到湖北广济县、河北石家庄、四川沐川县、雅安市多个省市的211 户企业。进一步发展为净产值分成制,于 1984 年在南京市汽车工业公司 7 个厂推行;又进一步发展为"净收入分配制"于 1985 年起在重庆永川县 6 个国有企业推行。就上述改革曾开过多次全国性理论讨论会,出版过一本关于除本分成的内部文集,大多为经验材料或片断分析。中国人民大学李光宇教授等于 1987 年出版了

《社会主义经济理论新探》一书,对除本分成制作了政治经济学考察,但未涉及经济运行机制问题。笔者于中山大学 1980 年完成的硕士学位论文《社会主义成本范畴新探》首次提出成本是 c 的观点和"净收入"概念以及净收入分成制的公式。论文摘要于 1981 年发表于《中山大学研究生学刊》(文科版)第 4 期,题目为《社会主义成本范畴初探》,于 1982 年又以《劳动报酬不构成产品成本的内容》为题目发表于《经济研究》第 2 期,提出以净收入分成制取代工资制和利润制,来解决经济发展的动力与效益及通胀的问题。并提出"净收入分成制"机制,且亲自参加了南京、重庆有关企业改革方案的设计。1987 年出版的笔者的《新成本论》一书对此作了全面总结。1990 年出版的笔者的另一专著《需要价值理论》将笔者的这些经济思想进一步上升为理论体系,形成了系统的社会主义分享经济思想。近年来国内发表了一些关于经济运行机制的论著,但均属于西方与东欧的思路,尚未见关于社会主义分享经济机制的论著。

美国麻省理工学院教授马丁·L.威茨曼于 1984 年出版了《分享经济》一书,提出以分享制取代工资制来解决滞胀问题。该书思路与笔者的《新成本论》有共同之处,但在出发点与目的、理论基础、制度基础、分享主体、概念术语与体系上两者存在原则区别。国外尚未出现有关社会主义经济分享机制的论著。

改革以来,我国走着一条从工资制走向分享制的路子,方向是淘汰工资制,全面实行分享制。以公有制为主体的分享经济制度的实质是国家、企业、职工按一定比率分享净收入,协调三者利益关系,实现按劳分配,完善公有制,发展社会主义的社会生产力;从企业分配改革入手重塑微观经济运行机制,解决经济发展动力不足、隐性失业和通货膨胀等问题,促使国民经济持续协调增长,创建新的企业制度和宏观管理体制,创建能够实现自主联合劳动的新经济体制。

分享经济机制论是对我国改革中出现的分成经济及其发展的理论总结和经验概括,具有自己独特的分析思路,其理论基础是需要价值理论($w=c+n$,$n=n_1+n_2+n_3$),完全有可能发展为有中国特色的新型经济运行机制论。这种机制更有利于完善社会主义生产关系,促进生产力发展。从实践中我们已经看到:否定工资制,去掉"铁工资",有利于打破"三铁",克服平均主义、"大锅饭",实现按劳分配;以销售收入作为分成前提,有力地将企业推进市场,培育市场主体;净收入合理地划分为国家收入、企业收入和个人收入三部分,有利于建立企业动力机制、约束机制、积累机制、克服消费膨胀、企业"空壳化";净收入与物耗成本成反比,与劳动生产率成正比,企业运行以追求净收入最大化为目标,必然建立增产节约的经济机制;个人收入与分成人数成反比,就能自动排斥冗员,消除隐性失业;政府通过合理确定分成比率,就抓住了宏观间接调控的"牛鼻子";实行净收入分成制有利于建立公有资产存量调整机制;净收入分成制的宏观效应有效地遏制成本推进型和需求拉动型通货膨胀,同时可为转换经营机制提供新理论和可行的操作方案,当然也能尽快地解决国有企业亏损、潜亏问题。

五、社会主义共同富裕型经济在理论上的复归

我国的社会主义经济是市场经济,它的细胞就是商品。但是,商品具有共性和个性,即商品一般和商品特殊。作为一般劳动过程范畴的商品,就是用于交换的产品;作为社会经济形式范畴的商品,是不同社会性质劳动的产品。资本主义商品和社会主义商品的共性,是用于交换的社会劳动的产品。根据区别在于,一是雇佣劳动的产品,一是自主劳动的产品,这是两者的特性。所以马克思说,分析资本主义关系的关键,在于理解商品是作为资本的产品而存在的。社会主义商品的一般性是由社会分工所决定的,因为生产劳动在社会内部的分工(社会分工)决定着交换过程的存在与发展。社会主义商品的特性则是由劳动的社会主义性质,即自主劳动决定的。商品的社会性质,体现在商品价值的内部结构上,通常叫作商品价值的构成。社会主义商品价值的特殊构成,就是社会主义经济细胞的基因。正如细胞的基因决定了发育完善的生动丰富的庞大机体的特性一样,社会主义商品价值构成的特点,决定了社会主义经济体系及反映这个体系的理论体系的特点。

我们认为,资本主义商品的价值构成是这样一个公式:$w=(c+v)+m$,即等于资本加剩余价值;社会主义商品价值构成公式是 $w=c+(v+m)$,$v+m=n$,因而 $w=c+n$,即等于资金加新价值,我们把 n 叫作"需要价值",那么就等于社会主义资金(社本)加需要价值。

分析社会主义经济关系不应从商品的一般性出发,而要把商品的一般性作为前提,从商品的特殊性出发,即从社会主义商品的这种特殊的价值构成出发。因为它里面体现着全部社会主义经济关系的基本因素。由于社会主义商品价值 $w=c+(v+m)$,价值 c 部分归结为社会主义成本价格,价值 $(v+m)$ 即 n 部分,就是社会主义的需要价值。需要价值 n 表现为社会主义收入。由于社会主义劳动是自主联合劳动,区分为整体劳动、局部劳动、个体劳动三个层次,社会主义收入(n)就相应地区分为国家收入(n_1)、企业收入(n_2)、个人收入(n_3)。社会主义经济运动,就表现为社会主义劳动者作为生产的主体支配公有生产资料这个客体,运用社会主义资金(社本)去争取社会主义收入并加以合理分配的整个过程。将 n 合理划分为 n_1、n_2、n_3,就是在劳动者根本利益一致的前提下,正确处理国家、集体、个人三者的经济利益关系,以从物质利益分配上实现社会主义生产关系。

两个不同价值构成公式,体现了不同的生产关系。$w=(c+v)+m$,体现了资本主义生产关系。在这个公式下,劳动是雇佣劳动,劳动者处于与生产资料同等地位,因而必要劳动(表现为价值 v 部分)就并入过去劳动、死劳动,与 c 结合。$w=c+(v+m)$,体现了社会主义生产关系。在这个公式下,劳动是自主劳动,劳动者作为生产的主人,支配生产资料,因而必要劳动的范围扩大为$(v+m)$,价值 v 从资本的地位中解放出来,活劳动独立化,v 与 m 结合为一个独立范畴,即"需要价值"n。在前者,v 与 m 即工资与利润处于对立的地位,体现劳资对立关系;在后者,v 与 m 结合为 n,不存在对抗性关系,n_1、n_2、n_3 处于平等的地位,体现劳动者整体、局部、个体相互之间的内部利益关系。可见,关键在于价值 v 的地位。价值 v 部分在社会主义条件下不作为资金存在,而作为收入存在。从一般劳动过程看,价值 c 表现过去劳动,价值 v 表现必要劳动,价值 m 表现剩余劳动。从劳动的社会性质来看,资本主义劳动使价值 v 并入价值 c 作为过去劳动;社会主义劳动使价值 v 并入价值 m 作为新加劳动,v 与 m 两者合起来体现社会主义必要劳动,由此形成了体现社会主义生产目的,即生产是为了满足人民需要的新的经济范畴:"需要价值"。

价值 n 是一个新范畴,它体现社会主义生产目的,笔者把它命名为"需要价值"范畴。也就是说,是实现社会主义生产目的、满足整个社会主义劳动者(作为整体劳动者、局部劳动者、个体劳动者的总和)日益增长的需要所必要的。也就是说,为满足这种需要,社会主义劳动者必须在已经积累的劳动的基础上,不断追加活劳动,生产更多的价值产品,追求获得更多的"需要价值",即是为了满足劳动者自身不断增长的物质和文化需要而必须的新创造价值及其相应的产品和劳务。这就是社会主义经济发展的原动力。这种满足劳动者自己生存、享受、发展需要的价值,就可叫"需要价值"。

"需要价值"范畴反映了社会主义经济的最本质的联系,因而"需要价值规律"是社会主义的基本经济规律,社会主义生产总过程,就是"需要价值"的生产、实现、分配、消费过程。可见"需要价值"是社会主义经济运行的核心。"需要价值"理应成为整个新的社会主义经济理论体系的主线。

经济机制是以经济杠杆为基础的,而经济杠杆是以经济范畴为基础的。经济范畴是以商品价值的结构为基础的。从我们对社会主义商品价值结构的分析出发,就可以更新既有的整个经济范畴体系。因为一切经济范畴,从某种角度看,都是从 c、v、m 演变而成的,都是 c、v、m 的不同排列组合和不同转化形式而已。只有更新范畴体系,新的社会主义经济理论体系才能建立。进而就可创造新的经济杠杆系统,建立新的经济运行机制。因此,我多次指出,由于 $w=(c+v)+m$ 与 $w=c+(v+m)$ 的区别,因而资本主义成本价格是 c+v，利润 m 是其基本范畴；社会主义成本价格是 c，"需要价值"n 是基本范畴。由于自主联合劳动的多层次性，n 分解为 n_1、n_2 和 n_3。n_1 和 n_2 叫作"公共需要价值"，n_3 叫作"个人需要价值"。"公共需要价值"划分并表现为国家收入和企业收入，"个人需要价值"表现为按劳分配的个人收入。

新范畴"社本"和"需要价值"已被我国经济体制改革的大量实践（指企业净收入分成制）所证实，它们只是新型社会主义经济关系的理论概括而已。笔者从 1981 年起提出和不断论证的社会主义分享经济的观点的成立，就必然会突破整个传统的社会主义经济理论体系，形成一个新的经济理论体系，即中国特色社会主义分享经济理论。

1956 年发表的毛泽东同志的《论十大关系》讲话，提出了许多关于社会主义建设的重要思想和原则。其中，关于国民收入的分配必须坚持兼顾国家、生产单位与劳动者个人三方面的物质利益的原则，就是经过实践检验的正确的社会主义分配原则。联系近年来我国收入分配出现两极分化的现实，使我们更加清醒地认识到，在我国整个经济建设和经济管理体制改革中认真贯彻这一原则具有重要的战略意义和现实意义。

这一原则的提出，是与毛泽东同志关于在发展经济中必须注意群众物质生活的改善的一贯思想相联系的，也是他的关于正确处理人民内部矛盾的思想的重要组成部分。他把国民收入的分配问题的原则，概括为正确处理"国家、生产单位和生产者个人的关系"的原则，提出了必须把"三兼顾"作为我国财政分配的指针。后来，他在《关于正确处理人民内部矛盾的问题》中，更明确地指出："在分配问题上，我们必须兼顾国家利益、集体利益和个人利益。"毛泽东同志提出的这一分配原则的重大理论意义，就在于它是马克思关于社会主义社会总产品分配理论的具体应用，就在于它正确地反映和处理了社会主义经济中客观存在的"需要价值"内部分配关系即"公共需要价值"与"个人需要价值"的矛盾和"公共需要价值"内部国家收入与企业（集体）收入之间的矛盾，就在于它确定了利益分享的原则。

由此可见，社会主义分享经济观，原本是符合社会主义经济本性的经济思想，只是在旧的经济体制和传统经济学束缚下，被抑制和扭曲了。可以这样说，我国深刻的经济体制改革，使社会主义的分享经济观复归了，从而使社会主义共同富裕型经济的本性重新得以体现。这就是重建中国特色的社会主义经济体制和重建中国特色的社会主义经济学的主旨，是对完善和丰富中国特色社会主义理论体系的不可或缺的贡献。

第六章　中国特色社会主义分享经济理论的内在逻辑与理论公式

中国特色社会主义分享经济理论的创立，是运用马克思经济学的基本原理和方法论，特别是坚持以马克思的劳动价值论为立论基础，紧密联系中国经济改革实践进行理论创新所取得的思想成果，是马克思主义政治经济学在当代中国化的理论成果。

这一理论成果已形成一套系列论著，并形成了一个相对完整的独立的理论体系。它表现为对中国改革实践中的经验加以抽象升华而形成的新概念经济范畴。这一理论的宗旨是在中国实现共同富裕。由此可以认为：中国特色社会主义分享经济理论，如同社会主义市场经济理论一样，都是中国特色社会主义理论体系的有机组成部分，值得加以深入研究。

一、新经济理论演进的内在逻辑

1981 年笔者曾提出一种关于社会主义经济理论的新见解，可以概括为："社会主义的价值构成与资本主义的价值构成的区别，在于 $c+(v+m)$ 与 $(c+v)+m$ 的区别。因而社会主义成本范畴和资本主义成本范畴的区别在于 c 与 $(c+v)$ 的区别。这表现了社会主义和资本主义两种不同的商品生产的特点和两种不同的生产关系的根本区别。"[1]随着社会主义经济实践和经济改革的发展，这一观点得到了验证。这种观点一旦确立，势必要引起整个社会主义经济理论体系的变化。因为商品价值构成是商品经济的社会性质的基因，这种新的基因，包含在作为自主联合劳动的产品的商品中。

社会主义经济是市场经济，是扩大规模的商品经济。商品是社会主义财富的元素形式。但是，这种商品是社会主义的商品，而不仅是一般商品。社会主义商品正是社会主义经济的细胞。

社会主义商品，是商品一般和商品特殊的统一。作为一般劳动过程范畴的商品，是用于交换的产品；作为社会经济形式范畴的商品，是不同社会性质的劳动产品。资本主义商品和社会主义商品的共性，都是用于交换的社会化劳动的产品。马

---

[1]参见拙文：《社会主义成本范畴初探》，载《中山大学研究生学刊》，1981 年第 4 期。

克思指出了这种商品一般的性质:"用为商品进入流通的产品,不论是在什么生产方式的基础上生产出来的,——不论是在原始共同体的基础上,还是在奴隶生产的基础上,还是在小农民和小市民生产的基础上,还是在资本主义生产的基础上生产出来的——都不会改变自己的作为商品的性质:作为商品,它们都要经历交换过程和随之发生的形态变化。"[1]商品在这种共性基础上的根本区别,在于资本主义商品是雇佣劳动的产品,社会主义商品是自主劳动的产品。

社会主义商品的一般性,是由社会分工决定的。因为社会分工就是不同的有用劳动的体系,社会分工使生产者从事的有用具体劳动及所生产的使用价值成为单方面的;而生产者用于满足需要的使用价值是多方面的,要满足需要,就必须进行交换。用于交换的产品,就是商品,因而"分工使劳动产品转化为商品"。[2]马克思认为,作为一切商品经济基础的社会分工,是"生产力范畴的范畴",是"政治经济学的一切范畴的范畴"。[3]社会分工使一人为大家劳动,而大家为一人劳动。马克思说:"自从分工确立之后,属于某一个人的商品的交换价值,就表现为这个人所能买到的别人的商品,也就是表现为这些商品中包含的别人劳动的量,即物化了的别人劳动的量。而别人劳动的这个量等于他自己的商品中包含的劳动量"[4]。这同样是社会主义商品的共性。

另一方面,社会主义商品的特性,是由劳动的社会主义性质即自主劳动所决定的。自主劳动是奴役劳动的对立物,自主劳动就是劳动解放。本来,作为人类最基本的社会实践活动的生产劳动,是社会围绕转动的"太阳",劳动者是社会的主人。然而在私有制社会里,劳动发生异化,劳动者反而成为被奴役的奴隶。经过对剥夺者的剥夺建立的社会主义公有制,使劳动者重新成为社会生产的主人,"获得自己的充分的,不再受限制的自主活动,这种自主活动就是对生产力总和的占有以及由此而来的才能总和的发挥"。[5]社会主义制度消灭了劳动者受生产资料奴役的反常现象,"这样,生产劳动就不再是奴役人的手段,而成了解放人的手段",[6]劳动普遍化,劳动者成为主体,劳动成为人的平等权利和人全面发展的需要,就是自主劳动的性质。社会主义社会在本质上就是自主劳动社会。因而,自主劳动关系,是贯穿社会主义经济体系的最本质的联系。

---

① 《马克思恩格斯全集》,第 25 卷,第 363 页。
② 《马克思恩格斯全集》,第 23 卷,第 127 页。
③ 《马克思恩格斯全集》,第 47 卷,第 304 页。
④ 《马克思恩格斯全集》,第 26 卷第 1 册,第 53 页。
⑤ 《马克思恩格斯全集》,第 3 卷,第 76 页。
⑥ 《马克思恩格斯全集》,第 20 卷,第 319 页。

自主劳动就是承认生产劳动中劳动者的主体地位，就是人支配物，而不是物支配人。自主劳动与雇佣劳动的根本区别就在这里。马克思强调指出："如果工人居于统治地位，如果他们能够为自己而生产，他们就会很快地，并且不费很大力量地把资本提到(用庸俗经济学家的话来说)他们自己需要的水平。重大的差别就在于：是现有的生产资料作为资本同工人相对立，从而它们只有在工人必须为他们的雇主增加剩余价值和剩余产品的情况下才能被工人所使用，是这些生产资料使用他们工人，还是工人作为主体使用生产资料这个客体来为自己生产财富"。[①]资本主义劳动即雇佣劳动，就是生产资料变成资本，作为生产的主体，来统治工人，工人沦落为生产的客体，处于被自己的产物统治的地位。资本家不过是资本的人格化，资本家统治雇佣工人，工人进行雇佣劳动。社会主义就是劳动解放，劳动者成为生产的主体，来统治和使用生产资料这个客体，为劳动者自己生产财富。生产资料公有制的确立，使生产资料变为劳动者公共的财产，真正成为自主劳动的物质条件。同时，劳动者成为自主劳动者，他们使用自己已经积累起来的劳动追加新的劳动，为自己谋福利。所以，资本的统治，可以归结为物化劳动对活劳动的统治，即劳动异化；劳动者的统治，可以归结为活劳动统治物化劳动，即劳动解放。前者是雇佣劳动，后者是自主劳动。

资本主义劳动是雇佣的联合劳动，社会主义劳动是自主的联合劳动。在这里，联合劳动是共性，区别在于雇佣劳动和自主劳动。雇佣劳动和自主劳动是劳动的不同社会形式。联合劳动就是社会化劳动，"一旦人们以某种方式彼此为对方劳动，他们的劳动也就取得社会的形式"。[②]联合劳动是由分工的发展所造成并随分工而发展的。

社会主义经济体系中的产品，正是这种自主联合劳动的产品。这种产品由社会分工决定了要转化为商品。这种社会主义商品的特性，正是由劳动的社会主义性质即自主劳动所决定的。因此，社会分工决定社会主义商品的商品性质，社会主义生产关系决定这种商品的社会主义性质。资本主义商品是雇佣联合劳动的产品，而社会主义商品则是自主联合劳动的产品。

作为自主联合劳动产品的商品，它的社会主义性质，体现在商品价值的内部构造上，通常叫作商品价值构成。自主劳动的性质必然要体现在商品价值的特点上。因为价值是商品的本质属性，这种特点表现为价值的内部结构。价值的共性，是社

①《马克思恩格斯全集》，第26卷第2册，第661页。
②《马克思恩格斯全集》，第23卷，第88页。

会必要劳动时间的凝结,它并不能体现劳动的社会形式。作为自主劳动的产品,就决定了社会主义商品价值具有自己特殊的结构,即构成。这种社会主义商品价值的特殊构成,好比是社会主义经济细胞的基因。正如生物细胞的基因决定了发育完善的某种生物的庞大有机体的特性一样,社会主义商品价值构成的特点,决定了社会主义经济体系及反映这个体系运动规律的理论体系的特点。

那么,什么是社会主义价值的特殊构成呢?用公式可表示为:$w=c+(v+m)$,$v+m=n$,$n=n_1+n_2+n_3$,因而$w=c+n=c+(n_1+n_2+n_3)$。在这里,w表示社会主义商品价值,c表示"社本"价值,v表示个人需要价值,m表示公共需要价值;n表示新价值即需要价值;u_1表示社会需要价值,n_2表示集体需要价值,n_3表示个人需要价值,因而n表示社会主义收入的总体。社会主义商品价值就是社本价值加需要价值。

根据马克思的分析,劳动分为生产劳动与非生产劳动;生产劳动分为物化劳动与活劳动;活劳动分为必要劳动与剩余劳动。当产品转化为商品以后,劳动就表现为价值。因而价值构成的一般公式$w=c+v+m$,就体现物化劳动(c)、必要劳动(v)、剩余劳动(m)。把必要价值当作一般必要劳动的凝结,剩余价值当作一般剩余劳动的凝结,商品价值(w)=转移价值(c)+必要价值(v)+剩余价值(m)。当然,这只是一个一般公式,然而却是扩大商品经济体系即市场经济的理论基础。

在资本主义条件下,由于劳动是雇佣劳动,劳动力与生产资料一样是商品,一般必要价值转化为资本主义必要价值,形成"工资"即"可变资本"范畴。因而,这个一般公式转化为资本主义商品价值构成公式,即$w=(c+v)+m$。c是不变资本、v是可变资本、m是剩余价值。资本主义商品价值表现为资本价值加资本主义剩余价值。

在社会主义市场经济中,由于劳动是自主劳动,活劳动独立化为一个整体,劳动者成为主体,一般必要价值没有必要转化为资本主义必要价值,而成为劳动者个人收入,满足个体生存发展的需要。劳动成为取得这种个人收入的唯一来源和量的确定尺度,因而这个一般价值构成公式就转化为社会主义价值构成公式,即$w=c+(v+m)$。这就是社会主义商品价值等于社会主义资金(社本)价值加社会主义收入(需要价值)。这里的关键,是必要劳动不再并入物化劳动,而并入活劳动,这是自主劳动范畴的本质要求。

在社会主义条件下,自主劳动的性质使一般必要劳动和一般剩余劳动都成为劳动者必要的劳动,即都是社会主义必要劳动。马克思指出,公有制的建立将会使剩余劳动那部分劳动列入必要劳动部分,因而必要劳动的范围扩大到整个活劳动部分。马克思说:"只有消灭资本主义生产形式,才允许把工作日限制在必要劳动上。但是,在其他条件不变的情况下,必要劳动将会扩大自己的范围。一方面,是因为工人的生活条件日益丰富,他们的生活需求日益增长。另一方面,是因为现在的剩余劳动的一部分将会列入必要劳动,即形成社会准备基金和社会积累基金所必要的劳动。"①这就是说,在资本主义生产方式消灭后,一般剩余劳动就转化为必要劳动,从而一般剩余价值就转化为必要价值。这种必要价值体现了自主劳动的社会性质,从而成为社会主义必要价值。社会主义必要价值包括由一般必要价值和一般剩余价值转化来的两个部分即(v+m),然而它们首先是一个整体,而且作为一个独立范畴出现。因此,我们把它叫作社会主义必要价值,用 n 表示,即需要价值。社会主义商品价值就是由社本价值加需要价值这两部分构成,即 w=c+n。可见,在社会主义条件下,由于劳动的自主性质,一般必要劳动并入活劳动,与一般剩余劳动并入必要劳动,是同一过程的两个方面。总之,商品价值中的 v 与 m 部分相互结合为一个新的经济范畴。社会主义必要价值(需要价值)这一新范畴的形成,体现了社会主义生产关系的本质特征。这一范畴是社会主义经济本质特征的理论概括。

可见,在社会主义条件下,全部劳动获得了必要劳动的性质。社会主义必要劳动在实质上是自主劳动,是在生产资料公有制基础上的为劳动者自己的利益所进行的劳动。但是,由于必要劳动与剩余劳动的划分,是人类一切社会劳动的共性,因而社会主义必要劳动仍然应划分为两个部分:由必要劳动转化成的个人必要劳动和由剩余劳动转化成的公共必要劳动,相应地表现为公共必要价值(m)与个人必要价值(v)②。而且,因为是公有制,个人利益必须服从于整体利益。在公共必要劳动与个人必要劳动这对非对抗性的矛盾中,公共必要劳动居于矛盾的主导地位,因而个人必要劳动要服从公共必要劳动。这种关系,体现在社会主义必要价值内部的结构上,就是个人必要价值要服从公共必要价值的排列次序,这个次序为(m+v),m在前而 v 在后。因为只有作了各种必要的社会扣除从而保证公有制生产的基础以后,才有个人消费资料的分配。因此,社会主义价值构成必须进一步修正为 w=c+(m+v)的公式。

在社会主义市场经济中,由于社会分工的存在,社会劳动成为间接的而不是直接的社会劳动,必须通过社会中各个具有独立经济职能的经济实体来实现,因而公共需要劳动划分为两个层次:全社会范畴的整体劳动和企业范围的局部劳动。公共

①《马克思恩格斯全集》,第 23 卷,第 578 页。
②这两个新范畴由卓炯在 1961 年提出,见《论社会主义商品经济》,第 152 页,广东人民出版社,1981 年。

需要价值(m)必须相应地划分为 n_1 和 n_2 两个部分。n_1 表示公共需要价值中的国家需要价值;n_2 表示公共需要价值中的企业需要价值。个人需要价值就是 n_3,它体现个人需要劳动。自主联合劳动应该划分为整体劳动、局部劳动、个人劳动三个层次,统一于社会主义需要劳动。因此,社会主义必要价值(需要价值)可划分为三个部分,即 $n=n_1+n_2+n_3$。这三个部分需要价值,体现自主联合劳动的三个层次;同时,它又体现了社会主义经济利益的三个层次,即 n_1 体现国家利益,n_2 体现集体利益,n_3 体现个人利益。这三个方面的利益统一于劳动者自己的利益。在根本利益一致的前提下,这三方面的利益具有相对独立性,因而存在内部矛盾,必须统筹兼顾。正确处理这些内部矛盾,从而正确处理需要价值内部的 n_1、n_2、n_3 三者的关系,是社会主义经济管理的核心问题。因此,社会主义价值构成公式必须再进一步修正为 $w=c+(n_1+n_2+n_3)$。

社会主义生产目的,是通过发展生产来最大限度地满足劳动人民日益增长的物质文化生活的需要。这是劳动普遍化和人的全面发展的客观要求,从而成为社会主义经济发展的原动力。但是,社会主义经济是市场经济,消费品是商品,商品生产是为交换价值而进行的生产,使用价值不过是价值的载体。没有更多的货币,满足需要是一句空话。资本家占有的剩余价值不是为了满足资本家的需要,无限制地追求资本主义剩余价值才是资本主义生产的目的,才能不断满足资本家的需要。可见商品经济条件下,社会生产目的必须落实到价值构成的一个部分上。笔者认为,社会主义生产目的应落实到需要价值上。社会主义必要价值即需要价值正是满足劳动者整体、局部、个人需要的实体。需要价值不断增长,国家富强,个人幸福。需要价值日益减少,则国弱民穷。需要价值是自主联合劳动者按照社会主义生产目的的要求所创造的新价值,是社会主义社会各种收入的源泉。需要价值表现为企业创造的净产值,其总和也就是国民收入。这部分价值,决定着社会基金、企业基金和个人消费基金的规模,制约整个积累与消费的水平。因此,需要价值正是满足需要的,是体现社会主义生产目的的。生产、实现与消费尽可能多的需要价值,是社会主义经济的唯一目的和决定性的动机。为需要价值而进行的生产是无限的,这种无限性是由价值生产的本性,即追求同质异量的货币所决定的。可见,无限追求需要价值,是社会主义经济的出发点和归宿点,是社会主义经济运动的动力,由此我们可以看出,需要价值就成为社会主义经济的运转轴心。总之,需要价值是满足需要的,需要价值就是社会主义生产目的和决定性的动机。因此,笔者把社会主义必要价值叫作"需要价值"。这样就使社会主义生产目的更明确,落实到商品价值的一个部分上面,从而使社会主义生产关系与商品经济生产形式具体地统一在这一范畴中。同时,如把全部新价值叫作"社会主义必要价值",由于语法习惯的原因,容易使人感到似乎社会主义只有必要劳动而无剩余劳动,只有"必要"而无剩余,就不对称。因而,还是称作"需要价值"恰当。需要价值运动的规律即为需要价值规律。总之,"需要价值规律",将社会主义生产目的物化了,成为社会主义市场经济的基本经济规律。我们可相应地把 n_1 和 n_2 称作"公共需要价值"中"国家需要价值"和"企业需要价值",把 n_3 称作"个人需要价值"。

"资金"是一个一般劳动过程的范畴。它就是用于生产价值的价值。"资金"与资本主义生产关系结合,就成为体现资本主义社会经济形式的范畴,即资本。"资金"与社会主义生产关系结合,就转化为表现社会主义的社会经济形式的范畴,可以叫作"社本",即社会主义之"本",就是公有生产资料。这样,我们又对社会主义价值构成公式作出了最后修正:$w=c+n=c+(n_1+n_2+n_3)$。即社会主义商品价值等于社本价值加需要价值(包括公共需要价值和个人需要价值)。由于"需要价值",是自主联合劳动所取得的成果,所以表现为社会主义收入。社会主义商品价值又等于社本加收入。社会主义经济运动的目的就是追求收入(需要价值)。自主联合劳动者运用社本争取最大限度的社会主义收入(需要价值)的无限运动,是社会主义生产方式的绝对规律。

分析社会主义经济关系,要把商品的一般性同商品经济的一般性作为前提和基础。在《资本论》第一卷第一篇"商品和货币"中,马克思分析了这种一般性。马克思的劳动价值论应该成为社会主义经济的理论前提和基础。商品经济是社会化生产的自然生理体系,而价值规律作为商品经济的基本规律,就是商品经济的生理学原理。它们是属于一般劳动过程范畴,而与社会经济形式无关。马克思把商品经济称为"社会分工制度"。①社会分工是商品经济一般的同义语,是商品经济的基本过程。

但是,分析社会主义经济关系还要在承认商品经济一般的前提下,着重分析其特殊社会性质,即从社会主义商品的特殊价值构成出发。因为这个价值构成里面包含着全部社会主义经济关系的基本因素。在公式 $w=c+n$ 中,价值 c 部分归结为社会主义成本价值,也叫作所费社本。而价值 n 部分则是需要价值,即社会主义收入。社会主义收入(需要价值)表现为商品价值中超过成本价格的增加额。社会主义收入(需要价值)作为全部预付社本的增加额,就转化为社本的产物,从而取得了需要价值的各种转化形式。

①《马克思恩格斯全集》,第25卷,第97页。

自主联合劳动者使用同量社本可以生产不同量的需要价值，因而需要价值的生产有一个经济效益问题。活劳动创造新价值，但活劳动必须借助于物化劳动才能创造新价值。如果活劳动是新价值之父，物化劳动就是其母，因而活劳动与物化劳动之间具有必然联系。我们把社本与需要价值的比率叫作"需要价值率"，用公式表示为 $n' = n/c$（c 代表全部预付社本），它表示自主联合劳动创造需要价值的效率。制约这种效率的有多种因素。然而，需要价值率却表示社会主义生产目的实现的程度，因而必须不断提高需要价值率。从企业来讲，就是一方面尽量降低生产中的物耗成本，另一方面要提高劳动生产率，这就是社会主义增产节约规律。这个规律是由需要价值规律这个社会主义经济的绝对经济规律所决定的。

需要价值率，在企业具体化为资金净产值率（d/c）。提高资金净产值率是企业的生命线。每个企业都竭力提高资金净产值率，通过社会主义竞争必然形成平均净产值率。这种均衡的作用使等量社本要求得到等量净产值。从而净产值量就会与需要价值量发生背离。部门平均净产值的计划，则是用所用资金乘以平均资金净产值率。这样，我们就可以得到新的社会主义生产价格公式，它等于新成本价格（c）加平均净产值（d）。这种新的生产价格总量，与社会价值总量是一致的，因为活劳动总量总是一致的。这种新的社会主义生产价格，体现了劳动平等和自主联合劳动者占有社本和收入的平等权利。新的生产价格成为调节社会主义经济利益和社会主义经济运行的重要杠杆。

在这个基础上，平均净产值或平均净收入的各个部分，分别转化为国家收入、企业收入、个人收入的各种具体形式。社本同样转化为各种具体形式。例如：工业社本、商业社本、农业社本、银行社本等。这些纷繁复杂的具体形式，组成社会主义社会表面各种经济现象。

需要价值范畴是体现社会主义经济本质联系的基本范畴。它是贯穿于社会主义经济运动的主线。社会主义再生产总过程，本质上就是需要价值的生产、实现、分配、消费过程。这种过程寄寓于社会主义商品生产过程和流通过程的统一之中。社会主义再生产总过程，是扩大商品再生产的劳动过程与需要价值扩大再生产的统一；同时，又是需要价值扩大再生产与社会主义生产关系扩大再生产的统一。可见，需要价值是社会主义经济体系的轴心，也应是社会主义经济理论体系的核心或基石。

经济体制是以经济杠杆体系为基础和运转条件的，经济杠杆则是以经济范畴为基础的。从对社会主义商品价值结构的分析出发，就有可能更新整个经济范畴体系。因为一切经济范畴是从 c、v、m 演变而成的，都不过只是 c、v、m 的不同排列组合和不同转化形式而已；又因为一切经济范畴都具有两重性：作为一般劳动过程的范畴和作为社会经济形式的范畴，亦即作为生产力的范畴和作为生产关系的范畴，而且是两者的统一。只要我们准确把握住经济范畴的共性，努力从实践出发去开掘经济范畴的特性，即社会性质，就有可能对原有范畴进行扬弃。只有从根本上更新范畴体系，新的理论体系才能建立。进而，就可以创造新的经济杠杆系统，建立新的经济运行机制。在此之前就着手建立经济运行机制，无疑是困难的。我们所阐明的需要价值理论，由于按 $w=c+n$ 公式确立了自主劳动、社本和需要价值三个社会主义经济的基本范畴，为整个新的经济范畴体系奠定了基础，因而是一种崭新的社会主义经济理论。我们将它称为"中国特色社会主义分享经济理论"。社会主义商品价值构成公式 $w=c+n,n=n_1+n_2+n_3$ 的重要发现，使我们找到了社会主义经济范畴的社会性质的基因。因而这一公式就成为理解社会主义市场经济的社会性质的枢纽，从而使创建新范畴体系成为可能。

二、关于新经济理论总纲的进一步考察

从前面的分析我们已经知道，社会主义商品价值构成公式是 $w=c+n,n=v+m$；其外部形式是 $w=h+d,d=v+m$。根据社会主义经济实践，社会主义需要价值体现的社会主义利益必须划分为国家利益、集体利益、个人利益三个部分。因而，社会主义国民收入划分为国家收入、企业收入、个人收入三部分。社会主义新价值按照既定的次序划分为相应的三个部分，即：$n=n_1+n_2+n_3$。进一步的考察将要说明：完整的社会主义价值构成公式应该是 $w=c+n,n=n_1+n_2+n_3$，它的外部形式为 $w=h+d$，$d=d_1+d_2+d_3$。新价值或净产值划分为三个部分，而且排列次序既定。这样，就进一步完善了社会主义价值构成公式。

（一）社会主义新价值的三部分划分及其次序

社会主义实践的崭新经验证明，社会主义经济中必须长期坚持兼顾国家、集体与个人三者利益的国民收入分配原则。这是正确处理人民内部矛盾的重要方面。

毛泽东同志在《论十大关系》中明确指出："总之，国家和工厂，国家和工人，工厂和工人，国家和合作社，国家和农民，合作社和农民，都必须兼顾，不能只顾一头。无论只顾哪一头，都是不利于社会主义，不利于无产阶级专政的。这是一个关系到六亿人民的大问题，必须在全党和全国人民中间反复进行教育。"在这里，毛泽东同志把正确处理社会主义国民收入分配问题的原则，概括为正确处理"国家、生产单位和生产者个人的关系"的原则，提出了必须把"三兼顾"作为我国财政分配的指针。后来，他在《关于正确处理人民内部矛盾的问题》中，更明确地指出："在分配问题上，我们必须兼顾国家利益、集体利益和个人利益。"

毛泽东同志提出的这一分配原则的重大理论意义，就在于它是马克思关于社会主义社会总产品分配理论的具体应用，就在于它正确地反映和处理了社会主义经济中客观存在的公共必要价值与个人必要价值的矛盾。

马克思在《哥达纲领批判》中制定了社会主义社会总产品分配的原则。马克思明确指出，社会主义社会总产品的分配，必须首先扣除补偿消费掉的生产资料那部分产品即补偿基金，再对余下的价值产品即国民收入进行分配。在分配这部分产品或新价值时，又首先必须进行必要的社会扣除，扣除劳动者为社会提供的产品即社会基金。这些必要的社会扣除包括：用于扩大再生产的积累基金；应付不幸事故和自然灾害等后备基金；公共福利基金，包括学校和保健设施等共同需要的基金、为丧失劳动能力的人设立的救济基金。马克思强调指出，只有在进行这些社会基金的扣除之后，"才谈得上在集体的个别生产者之间进行分配的那部分消费资料"，即个人消费基金的分配。

上述原理，与马克思在《资本论》第三卷阐述的新价值分配原理是一致的。

在一定时期（一般是一年）内，社会生产的物质资料的总和，构成社会总产品。如果在商品经济条件下，则社会总产品都表现为商品，因而具有价值。社会总产品扣除了补偿预付的、并在产品生产中已经消耗掉的生产资料的价值部分和由这个价值部分表现的产品部分以后，所余下的价值部分和与之相应的产品部分（即价值产品），就是国民收入。所以国民收入就是一定时期内社会全体劳动者所创造的价值（我们认为，非物质生产部门的生产劳动同样创造新价值。但为了分析简便，这里暂且不谈这个问题）。根据马克思的观点，分配关系是生产关系的一个方面。分配关系表现社会生产关系的性质，同样具有历史暂时性。因此，社会主义经济与资本主义经济在国民收入分配方面体现出本质区别，即表现出不同的社会性质。

在资本主义制度下，国民收入的构成在价值形式上是社会总产品价值中的新价值部分，即 $v+m$ 部分。新价值的分配是由生产资料的资本主义私有制所决定的。剥削阶级集团凭借对生产资料的占有而获得国民收入的大部分。广大劳动者则只能得到其中的一小部分。资本主义国民收入的初次分配和再分配，就是形成不同阶级的各种收入的过程。雇佣工人阶级以工资形式得到由自己的必要劳动所创造、相当于劳动力商品价格的那部分新价值，即 v。资本家和土地所有者则以利润、利息、地租的形式，无偿占有瓜分了由工人阶级的剩余劳动所创造的那部分新价值，即 m。国民收入的资本主义分配如图 6-1 所示：

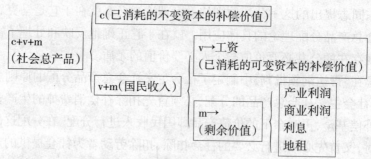

图6-1 国民收入的资本主义分配

可见,在资本主义条件下,新价值的划分次序是既定的,即 v+m,v 在前,m 在后。所以,在资本主义商品价值中,各个价值部分排列的次序是:c、v、m,w=(c+v)+m。

在社会主义制度下,国民收入在价值形式上同样是社会总产品价值中的新价值部分,我们称作 n。新价值 n 的分配是由生产资料的社会主义公有制决定的。劳动人民创造的新价值全部归全体劳动人民占有,国民收入的分配完全服从劳动人民的利益。由于这种利益分为整体利益、局部利益和个人利益,国民收入在量上就必须划分为代表三部分利益的相应的三个部分。社会主义国民收入的初次分配过程,就是形成三种不同的收入的过程。第一种收入是国家收入,代表劳动人民的整体利益;第二种收入是企业收入,代表自主联合劳动组织的利益,即劳动人民的局部利益;第三种收入是个人收入,代表自主劳动者的个人利益。这三种收入,是国民收入划分的三个部分(用 n_1,n_2,n_3 分别表示)。国民收入的社会主义分配如图 6-2 所示:

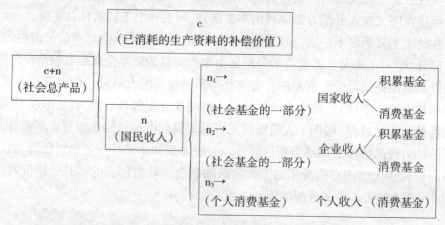

图6-2 国民收入的社会主义分配

可见，在社会主义条件下，国民收入划分的次序也是既定的，首先必须划出 n_1，其次必须划出 n_2，最后留下的才是 n_3。三者的划分次序是第一、第二、第三。因而，社会主义新价值的三个部分及其划分次序是：n_1、n_2、n_3；$n=n_1+n_2+n_3$。所以，社会主义商品价值中各部分排列的次序是：c、n_1、n_2、n_3；$w=c+(n_1+n_2+n_3)$。

社会主义新价值划分的特点，对于完善社会主义价值构成公式具有重要意义。

（二）社会主义价值构成公式的进一步完善

由社会主义实践所决定的社会主义新价值的划分，使我们必须进一步修正社会主义价值构成公式。

根据马克思社会再生产原理，社会总产品的价值分为 c、v、m 三部分，由 $c+v+m$ 组成。在资本主义条件下，c 是不变资本的价值，v 是可变资本的价值，m 是剩余价值。在社会主义条件下，由于客观上社会主义生产仍然是有计划的扩大规模的商品生产，因而社会主义社会总产品不仅具有实物形态，同样具有价值形态。社会总产品的价值，仍是由 c、v、m 三个部分构成，只不过 c、v、m 具有社会主义本身的特性，从而区别于资本主义条件下的 c、v、m 的特性。

马克思所讲的社会主义社会总产品分配的原理，我们可以概括如下：一方面，从社会总产品的实物形态来看：首先扣除用于补偿生产资料消耗的那部分产品；其次扣除劳动者为社会提供的那部分产品；然后将余下的最后这部分产品，在劳动者个人之间按照劳动的数量与质量进行分配。另一方面，从社会总产品的价值形态来看：第一，先扣除 c；第二，扣除 m；第三，按劳分配 v。在这里，c 是再生产中旧价值的转移，它属于社会生产的补偿基金；m 是劳动者为社会提供的劳动所创造的新价值，包括社会主义的积累基金、管理基金、公共福利基金三部分，总称"社会基金"。v 是劳动者为个人提供的劳动所创造的新价值，即个人消费基金。从以上两方面可以看出，社会主义社会总产品的分配，第一、第二、第三的次序是既定的，不能任意颠倒。只有按这种既定的次序分配，才能保证社会总产品的实现，即实物形态的替换和价值形态的补偿，从而保证社会再生产的顺利进行。

从以上分析可以看出，社会主义社会总产品价值构成具有三个特点：第一，c、v、m 各自的内涵已和其在资本主义生产中的内涵不同。第二，各部分价值的排列次序不同，在社会主义生产中是 c、m、v；在资本主义生产中是 c、v、m。第三，社会总产品价值内部结构不同，社会主义的 v 和 m 都是劳动者创造并占有的新价值，因此两者可以结合，即 $(v+m)$；资本主义的 c 与 v 都是资本，结合为 $(c+v)$。

社会总产品的价值构成与再生产过程中的商品的价值构成是一致的，这是没有问题的。还有一点必须指出，有人认为马克思当时是不承认社会主义有商品生产的,在这个前提下,就不能承认"社会主义社会总产品价值"这一概念。我们认为,且不说客观事实证明了社会主义商品生产存在,即使在《哥达纲领批判》中,当时马克思也已经认为可以有这一概念。这就是他所说的社会主义"产品的价值"或"产品的总价值",以及"劳动新添加在消费掉的生产资料的价值上的那部分价值"即社会主义国民收入这样两个概念。因此,我们完全可以作出以上的分析。

在社会主义条件下,生产资料变成了公共的财产,由劳动者掌握为自己谋利益。劳动因而成为社会劳动。社会产品的任何一部分都不为剥削者无偿占有。因此,全部社会劳动都获得了必要劳动的性质。社会主义的劳动对于全体劳动者来说都是必要的,都是必要劳动。社会主义必要劳动应该区分为公共必要劳动与个人必要劳动两部分。既然社会主义社会总产品仍然是商品,那么公共必要劳动表现为公共必要价值,个人必要劳动表现为个人必要价值就是必然的事情。个人必要价值要服从公共必要价值。在这一对矛盾中,公共必要价值居于主导地位。因为只有先扣除社会基金之后才有个人消费基金的分配。这是由社会主义生产资料公有制的性质所决定的。又因为社会主义生产是通过和依赖社会才能进行的社会化生产,不是孤立的、私人的生产,因此必须首先保证社会生产所必需的物质条件。这是公共必要价值的职能。它是个人必要价值存在与发展作用的前提与基础。这种公共必要价值和个人必要价值及其矛盾,是剩余劳动一般和必要劳动一般及其矛盾在社会主义条件下具体的特殊的表现形式。

根据上述分析,我们可以得出社会主义社会总产品价值构成的公式:

$w=c+(m+v),m+v=n$;所以 $w=c+n$。

在公式中,w 代表社会总产品价值;c 代表补偿生产资料耗费的价值;m 代表公共必要价值,v 代表个人必要价值;n 代表新价值总和,即国民收入(n 取国民收入一词英文第一字母)。

这个社会主义社会总产品价值构成公式,表现了社会主义生产关系的性质。第一,生产资料已经不再成为不变资本,而变成社会主义资金,作为劳动者进行劳动的手段;第二,公共必要价值体现了社会积累与消费的需要,不同于资本主义剩余价值所代表的剥削关系;第三,个人必要价值不再是劳动力的价值,不再体现雇佣劳动的关系,而直接体现社会主义劳动者为自己劳动的性质。它的范围大大扩大,包括劳动者及其家属生存、发展、享受所必需的消费资料的价值,用以直接满足他们日益增长的需要。

上述社会主义社会总产品价值构成公式,就是我们前面所说的社会主义商品价值构成公式 $w=c+n$。区别在于新价值划分的次序。我把原先的 $n=v+m$,已进一步

写成 $n=m+v$。现在,根据上述关于社会主义新价值划分的分析,即 $n=n_1+n_2+n_3$,就是必须把 $n=m+v$ 写成 $n=n_1+n_2+n_3$。(再用 v 和 m 表示,容易产生混淆。虽然我们已经区别了社会主义条件下和资本主义条件下商品价值中的 v 和 m)。

根据以上分析,就可以进一步得出社会主义商品价值构成的完善公式:$w=c+n$,$n=n_1+n_2+n_3$。

在公式中,w 代表社会主义商品的价值;c 代表已经耗费的生产资料的补偿价值或物化劳动的转移价值;n 代表活劳动所创造的新价值, 或新加劳动时间的凝结;n_1 代表公共需要价值的一部分;n_2 代表公共需要价值的另一部分;n_3 代表个人需要价值。在这里,公共需要价值 m 已划分为 n_1 和 n_2 两个部分,这是由于自主联合劳动是既在社会范围进行,又在企业范围进行所致。自主劳动者的公共利益必须划分为社会利益与企业利益两部分,因而公共需要价值必须一分为二。

社会主义商品由两部分构成,与新价值划分是两回事。假设商品价值 500,依不同情况可以有不同划分。可以是 $500w=200c+100n_1+100n_2+100n_3$, 也可以是 $500w=200c+50n_1+50n_2+200n_3$。因为,社会主义商品价值构成是 $w=c+n$,而实现后的价值划分是 $w=c+(n_1+n_2+n_3)$。

经过修正后的社会主义商品价值构成公式, 其外部形式表现为:$w=h+d$,$d=d_1+d_2+d_3$。在这里 w 代表销售收入,即已实现为货币的商品价值;h 代表新概念成本;d 代表企业取得的净产值;d_1 代表国家收入;d_2 代表企业收入;d_3 代表个人收入。h+d= 资金 + 收入。可见,社会主义商品的价格,是由资金和收入这两部分的内容所构成的。

三、关于建立新经济理论体系的探索

我们的分析,是首先论证了成本是 c,在 $w=c+n$ 公式中,先解决掉前面部分即 c 的问题(《新成本论》一书即是解决 c 的问题,c 指所费社本,它转化为社会主义成本价格),然后再论证 c+n 中的 n 范畴,我们把它叫作"需要价值",便是顺理成章之事。当新公式(社会主义商品价值＝社本 + 需要价值)确立之后,便可以提纲挈领,纵览新体系的全局,避免种种矛盾。《需要价值理论》在卓炯的以社会分工为基础的彻底的商品经济论基础上贯彻了这一价值构成新公式,组成一个崭新的社会主义理论经济学体系。

继《新成本论》中首先提出"需要价值"范畴之后,1986 年笔者发表了长篇论文《需要价值理论是社会主义经济的理论基石》,这是关于这种体系的基本构想,把需要价值作为理论体系的主线。卓炯先生读了该文的打字稿之后,在 1986 年 5 月 12 日致笔者的信中表示充分肯定并给予高度评介,说:"看了很兴奋,在我的序言中,

我加了一段话:作者是根据我的社会分工论和一般与特殊的方法论进行探索的,但在两点上有新的发展。过去一般只把雇佣劳动和联合劳动对立起来,以区别资本主义和社会主义,他区分为雇佣的联合劳动和自主的联合劳动,简称雇佣劳动和自主劳动。第二,他把作为一般的必要价值提升为社会主义的需要价值,这就把满足需要和价值增值统一起来了。"我理解,这里卓老所说的"作为一般的必要价值"是指他把必要价值作为一般劳动过程范畴来使用,"提升为社会主义的需要价值",是指我把(v+m)当作更高的层次的范畴,即穿上了社会主义生产关系的外衣,当作特殊的社会经济形式范畴来使用了。这一点正与他的思想合拍,所以他读了"很兴奋"。有人会问:必要价值是卓炯首先提出的,他为什么又要否定?主要是因为卓炯为了全面贯彻他的一般与特殊的方法论而需要不断更新有关观点。他对"必要价值"有一个从肯定到否定的认识过程。以"需要价值"代替"必要价值",以"自主劳动"代替"联合劳动",只是我根据卓炯的方法论所作的一点发挥。

尽管这样,我觉得尚不满意。要构成一个理论基础坚实的新颖的体系,还必须进一步探寻。从哪里入手呢?仍然要从新的价值构成公式($w=c+n, n=n_1+n_2+n_3$)入手。这是《新成本论》的立足点,同样是《需要价值论》立论的基础。传统的社会主义经济理论以公有制为出发点和主线、以产品经济模式为依据。这种旧体系与社会主义计划商品经济是格格不入的。如何突破这个旧框框的束缚?在《新成本论》中,我已经找到了一条建立新的体系的有效途径或思路。这就是通过分析商品经济的基本细胞,找出社会主义商品经济的基因——社会主义商品价值构成,从这里出发,奠定范畴的体系的基础。社会主义经济与资本主义经济都是市场经济,但市场经济有共性与个性。市场经济的社会主义特性体现在价值的内部结构上,这就是说,价值构成$c+(v+m)$与$(c+v)+m$的区别集中概括了社会主义与资本主义的区别。公式$(c+v)+m$表现的是雇佣劳动关系,价值构成表现为资本和无酬价值;公式$c+n$表现的是自主劳动关系,价值构成表现为社本和需要价值。需要价值n体现了社会主义生产目的,并表现为社会主义劳动过程中社本价值的增值,它成为社会主义再生产运动的核心,自然成为新体系的主线或主体范畴。正因为这样,我愈加认识到应进一步深入论证这个新的价值构成公式,使之牢牢地建立在马克思经济理论的基础上。正在我寻找出路的时候,进一步的学习和研究,使我钻研了马克思的分工理论、劳动理论、利益理论和需要理论,找到了加深论证的新路子。

我运用卓炯关于经济范畴两重性观点和一般与特殊的方法论分析上述范畴,理出了"收入—价值—劳动—利益—需要"的线索。社会主义社会各种收入无不来源于社会主义劳动者创造的新价值(需要价值);价值是劳动创造的,需要价值是由社会主义劳动(需要劳动)创造的;劳动是为利益,自主联合劳动是追求社会主义利益(自主利益);劳动是满足需要的手段,自主联合劳动是满足社会主义需要(自主需要)的手段。由此可见,整个理论体系的出发点或起始点范畴,应该是需要范畴。我把需要的社会主义形式叫作"自主需要",同样,把利益的社会主义形式叫作"自主利益"。需要价值理论从需要讲起,就顺理成章了。因此,社会主义经济的主要矛盾就是需要(自主需要)增长与生产力不发达的矛盾,这个矛盾决定了发展生产力是社会主义的根本任务。整个理论体系的目的是为了发展生产力,富国裕民,但要通过完善社会主义生产关系(自主劳动关系)来促进生产力发展。发展生产力的任务是通过需要价值规律的作用来实现的。社会主义市场经济不断发展,需要价值不断增长,社会主义财富不断增长,需要价值再不断增长,这就为实现共产主义准备了条件。所以,共产主义就是市场经济充分发展、需要价值规律充分发挥作用的必然结果。

需要价值是体系中最重要的范畴,所以,如何论证 v 与 m 合二为一,转变为 n,是个关键。在这个问题上,我从马克思的理论中得到了两点启示,大大有利于理论发掘工作的进展。第一点,既然 v 与 m 来自价值,价值来自劳动,劳动来自需要,那么从需要这个"根"上动刀。马克思关于公有制下必要需要(v)与奢侈需要(m)对立消失的观点,无疑是 v 与 m 合二为一的有力论据。第二点,马克思把必要需要与必要劳动相联系,这一点很重要。马克思认为,公有制下,当需要发展到这种程度,以至必要劳动与剩余劳动发生融合。这就启发我们把需要的两个部分与劳动的两个部分相联系,建立自主需要和自主劳动范畴。

终于形成了这样一条思想线索:人的需要是客观必然,使用价值是满足需要的对象,劳动是满足需要、实现利益的手段,分工是社会生产劳动的基本形式;社会分工是交换的基础;交换价值是实现社会需要的媒介,价值是劳动的物化;消费是需要的实现。根据卓炯关于经济范畴可以一分为二,分为一般劳动过程的范畴和社会经济形式的范畴的原理,我把五组范畴分为三对,如图 6-3 所示:

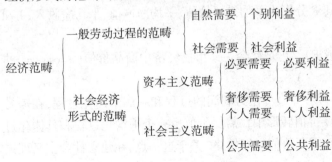

```
┌ 必要劳动      ┌ 必要产品       ┌ 必要价值
└ 剩余劳动      └ 剩余产品       └ 剩余价值

┌ 有酬劳动      ┌ 有酬产品       ┌ 有酬价值
└ 无酬劳动      └ 无酬产品       └ 无酬价值

┌ 个人需要劳动  ┌ 个人需要产品   ┌ 个人需要价值
└ 公共需要劳动  └ 公共需要产品   └ 公共需要价值
```

图 6-3 社会经济范畴系列

在图中的社会经济范畴系列中，由于"公共"均可划分为"国家"或"社会"与"集体"两个层次，所以，社会主义的需要、利益、劳动、价值和收入，均可分为三个组成部分。这样，我们就在更深的层次上论证了社会主义新价值划分公式：需要价值(n) = 社会需要价值(n_1)+ 集体需要价值(n_2)+ 个人需要价值(n_3)。

这样，第一，我进一步论证了 $w=c+n$ 的公式，这是因为揭示了社会主义商品价值中 v 与 m 合二为一的必然性；第二，我论证了 $n=n_1+n_2+n_3$ 这一公式，这是因为社会主义公有制条件下，需要、利益、劳动、价值和收入，无不具有三层次划分，我称之为"三三制"。这是公有制商品经济的特点，在私有制下是不存在的。现在的这种论证，为社会主义的新的价值构成公式奠定了坚实的理论基础，从而为中国特色社会主义分享经济理论建立了牢固的深刻的理论基础。建立新体系的另一个难点，是需要价值的转形问题。

马克思《资本论》中的价值转形如下：

$$c+v \to k, m \to p; \ m' \to p', \ p' \to \bar{p}'; \ p \to \bar{p};$$

$$w=c+v+m \to w=k+\bar{p}$$

需要价值的转形如下：

$$c \to h, \ v+m \to n; \ n' \to d' \to F', \ n' \to d', d' \to \bar{d}', \ F' \to \bar{F}'; \ d \to \bar{d}, \ F \to \bar{F};$$

$$w=c+v+m=c+n=h+d=h+F=h+\bar{d}=h+\bar{F}$$

这里，h 为新成本价格；d 为净产值；F 为净收入；n'为需要价值率，$n'=n/c, d'$为净产值率，$d'=d/c$；F'为净收入率，$F'=F/c$；$\bar{n}', \bar{d}', \bar{F}'$ 分别为平均需要价值率、平均净产值率、平均净收入率；$\bar{n}, \bar{d}, \bar{F}$分别为平均需要价值、平均净产值、平均净收入；$h+\bar{d}$（或 $h+\bar{F}$）即是新生产价格。

用公式表示：$\bar{w}=h+\bar{d}$（或 $\bar{F}$）。它是社会主义市场经济中商品价值（$w=c+v+m$）的新的转化形式。

对比一下，可以看出：剩余价值转化为利润的过程和利润平均化过程，在需要价值转形中不存在。在需要价值转形中，需要价值也有个平均化过程和具体化过程，但由于 c 成本价格不变，需要价值贯穿始终。关于这一点，在建立社会主义理论经济学体系中一直是个难以解决、尚未解决的问题。因为 v 不能看作所费资金。以往的教科书套用斯大林的产品经济理论体系，根本不提 w=c+v+m。最近有所突破，但仍都不能自圆其说。例如，或把 v 称作"劳动资金"，或把 v 称作"活劳动资金"（活劳动不是价值，何来资金？）都主张进入成本价格，这必然与"必要价值"或所谓"社会必要产品"自相矛盾。只有坚持 m 的一般与特殊，才能解释 m 的转形过程，但必须以劳动力商品为前提，而这又与劳动的社会主义形式（自主劳动）相矛盾。这个社会主义条件下的转形问题，在需要价值论中得到了较为理想的解决。因为需要价值直接参加平均化，不需要再由 m →p 的转化，因而避免了上述矛盾。

顺便指出两点：一是社会主义价值有无平均化问题；过去讨论生产价格，是将它作为计划价格的定价基础的。这就使生产价格成为主观的东西，而平均化应是客观竞争的产物。所以，所谓资金利润率、成本利润率等失去了客观基础，只能作为参考数据罢了，这是因为价格由主观计划来确定，带有很大的随意性。生产价格必须在竞争中形成，前提条件是资金和劳动力的自由转移。这些条件目前并不具备。但是，随着社会主义市场经济的发展和市场体系的建立和健全，这个平均化过程必然会出现，问题是如何说明它。根据新理论体系自身的逻辑推理，必然有需要价值的平均化。二是 v 的平均化问题。因为在需要价值（n）的平均化中，已经包含有 v 的平均化（这在 m 的平均化中是不存在的）。v 的平均化，至少可以说明自主劳动者收入的平均化，以便更好地组织起来从事大规模的商品生产。当然，由于实行二次按劳分配，理应承认劳动收入的差别。总之，我提出了一种新的转形理论，建立了新生产价格理论。当然，这只是一种尝试。

我接触到了美国马丁·威茨曼的《分享经济》一书，引起很大兴趣。该书编译者为该书加了个副标题："用分享制代替工资制"，说明该书的思路与《新成本论》的思路是一致的。不过，该书叙述比较简单，缺乏经济范畴及其体系。所谓"分享制"，就是"分成制"。但分享制包含两种意义，一是利润分享，涉及的是 m 的问题，类似于我国的奖金制，奖金不进入成本；二是收入分享，即净收入分成，涉及的是（v+m）的问题，这与除本分成制相同。但是，二者的目的是不同的，《分享经济》是要解决资本主义世界的"滞胀"这一难题。而《新成本论》则是要解决社会主义国家普遍存在的消除贫困和两极分化，加快发展生产力，充分满足人民需要，实现共同富裕的问题。尽管二者研究目的不同，却不约而同地走到同一条路上，令人感到惊奇。有人说，分享经济对于社会主义经济体制改革具有现实意义。其实这正是《新成本论》已经解决的问题，即重造社会主义经济的微观机制。

《分享经济》的作者认为，还没有人认真考虑选择分享制度的宏观经济意义。该书论述的也大多为宏观经济问题,包括分享制对经济平衡、就业、通货膨胀、工人待遇等的影响。这对于我们的新理论的宏观效应的论述有借鉴意义。目前我国经济学界关于宏观经济研究的热点是经济增长、财政收入、固定资产投资膨胀、消费不足、物价上涨、结构失衡、贫富差距过大等。如何从需要价值理论体系的角度,对这些热点作出分析,如何进行总量分析,给出一些定量的概念,既有很大难度,但又很有意义。笔者尚只能对其中某些问题作分析。但我相信,进一步探索,一定可以构造出新的社会主义宏观经济理论体系。因为价值构成的变革,不仅涉及微观经济,同时涉及宏观经济。新生产价格也是一个宏观问题。在《新成本论》中,我已经提出改革以利润为基础的所得税制,建立以净产值为基础的增值税制的财政政策建议和以净产值作为企业核算与国家统计的中心指标等建议。

如果说,《新成本论》仅是以成本范畴的突破为中心,在其前后逻辑地贯穿新的价值构成公式,改变"工资"、"利润"等范畴,建立一连串新范畴,以达到更新理论体系的目的的话;那么,《需要价值理论》则从全方位的角度,从总体上,在扩大商品经济理论体系中贯穿新的社会主义价值构成公式的商品经济学体系。如果说,《新成本论》仅仅从分配入手,阐述了(v+m)的微观效应的话,《需要价值理论》则主要论述(v+m)的宏观效应。由此可见,这两部书是有内在逻辑联系的,它们相互补充从而形成了一个完整的理论体系。当然,这个体系还将不断发展、扩大、完善。笔者初步设想作为"富民裕民论"体系,可以搞出一个系列"产品"来。

在我国经济体系改革过程中,近年来我国对各地区实行工资总额与利税挂钩浮动的办法,利润税收中不包括成本性工资。在实践中,奖金部分逐渐增大,成本工资所占比例越来越小。这无疑是对需要价值分配的一种验证。笔者在《新成本论》中早已指出:v从成本中分离出来是一种必然趋势。现在看来,我国经济体制改革过程中由群众创造的新的企业管理制度——净收入分成制,是一种中国特色社会主义的分享经济制度。它将成为社会主义市场经济下国民收入初次分配形式的发展方向。

传统社会主义政治经济学不研究整个社会主义生产方式,而仅仅研究社会主义生产关系特殊,这决定了它不能成为分析社会主义市场经济的理论基础。我则运用唯物辩证法,以整个社会主义生产方式为研究对象,包括生产力即劳动一般、生产关系一般、社会主义生产关系。我将生产形式纳入对象,是为了揭示市场经济的共性。

为了便于理解起见,我想再对中国特色社会主义分享经济理论体系结构作些简要说明。

我以需要作为起点,建立了三个基本范畴:自主联合劳动、社本和需要价值。自主劳动是劳动的社会主义形式,即社会主义劳动。自主劳动规定了劳动者在生产中的主体地位,成为自主联合劳动者。自主劳动关系表现了社会主义生产的特性,所以,自主劳动是基本范畴。社本是生产资料价值(资金)的社会主义形式,它是自主劳动关系在物化劳动方面的表现。需要价值是价值产品或新创价值的社会主义形式,它是自主劳动关系在价值方面的表现。需要价值是社会主义生产目的和新价值创造的统一。因此,自主劳动是贯穿理论体系的一条红线,它规定了众多的社会经济形式范畴的社会主义特性,从而决定了社会主义生产方式的整个面貌。需要价值是主线范畴,是经济运行的轴心,社本则是与需要价值对应的范畴。公式 w=c+n,则说明了以上三个范畴的内在联系,表现了体现自主劳动关系的商品价值由社本和需要价值组成,因而这一公式成为整个社会主义分享经济理论体系的总纲。起点范畴是社会主义社会人的需要——自主需要,它又是理论体系的归宿点。需要价值规律是社会主义生产方式的基本规律或绝对规律。社会主义生产方式是生产资料社会主义公有制与市场经济生产形式的统一。所以,需要价值规律是社会主义市场经济的基本规律。

我们将完善的社会主义商品价值构成公式作为新的经济理论体系的总纲。抓住了这个总纲,就理解了这个庞大的理论体系。中国特色社会主义分享经济理论体系应包括哪些理论? 这也可以用社会主义价值构成公式来加以说明:

$$w=c+(v+m)$$
$$=c+(m+v)\quad m+v=n$$
$$=c+n$$
$$n=n_1+n_2+n_3$$
$$w=c+n$$
$$=c+(n_1+n_2+n_3)$$

在这里,第一点,c 是社会主义商品的成本价格,即社会主义成本是 c。这是社会主义新成本理论的核心观点。c 表现为所费社本的补偿价值。

第二点,m+v=n,n 是需要价值,是社会主义生产目的(满足需要)与新创造价值(v+m)的有机结合或统一所形成的新范畴。

第三点,w=c+n,即社会主义商品价值由社本价值加上需要价值所组成。生产资料在雇佣劳动制度下变为资本,在自主联合劳动制度下则转变为社本。社本就是社会主义的"本钱"。因此,自主联合劳动决定了社会主义商品的价值由社本加需要价值所组成。

第四点,n=n_1+n_2+n_3,即需要价值作为净收入形式,必须按一定比率划分为国家收入、集体收入和个人收入。这是因为自主联合劳动有三个层次:整体劳动、局部劳动、个体劳动。从而形成国家、企业、个人三个经济主体,同时形成相应的三个利益主体,分别代表全社会利益、局部利益和个体利益。因此,净收入必须在三个利益主体之间划分为三个部分。这是社会主义生产方式的特殊性所决定的。

可见,$w=c+(n_1+n_2+n_3)$ 是中国特色社会主义分享经济理论体系的总公式。这一总公式包含着深刻的理论内涵。

中国特色社会主义分享经济理论体系的具体理论内容,包含在以下系列著作之中:《新成本论》、《需要价值理论》、《公有制分享经济理论》、《共同富裕经济学》及本书等。

第七章 中国特色社会主义分享经济理论的范畴体系

本章系统地阐述了笔者关于马克思主义政治经济学新范畴体系的研究成果。笔者建立了以"自主劳动"、"社本"、"需要价值"这样三个全新范畴为基础的新的理论体系。这一体系以其提出的社会主义商品价值构成公式为总纲,以自主劳动为基本范畴、社本为基础范畴、需要价值为中心范畴,论证了需要价值规律是社会主义市场经济的基本规律, 构筑了作为社会主义分享经济运行机理的中国特色社会主义分享经济理论体系框架,从而实现了社会主义理论经济学的重大突破与创新。

笔者探索社会主义分享经济学的范畴体系创新,力图遵循以下几个原则:①坚持唯物辩证法关于事物共性与个性、一般与特殊对立统一的矛盾分析方法,因而认为社会主义经济应该是现代市场经济的共性与社会主义生产关系的特性的统一;②坚持马克思主义的发展观, 把社会主义经济范畴当作随实践中的经济关系变动而变动的东西,亦即坚持唯物论的反映论。"不言而喻,在事物及其互相关系不是被看作固定的东西,而是被看作可变的东西的时候,它们在思想上的反映、概念,会同样发生变化和变形,我们不能把它们限定在僵硬的定义中,而是要在它们的历史的或逻辑的形成过程中加以阐明。"[①]因此,必须反对形而上学和教条主义,破除以往从关于社会主义经济的僵死定义出发的研究方法,而从实际出发,对经济改革中出现的新型经济关系作出理论概括;③对以往的社会主义经济范畴必须进行扬弃,即批判地继承、改造旧范畴,创立新范畴。建立新的理论体系的难点和关键,在于建立新的经济范畴并组织成科学的体系,为此必须提出新的见解。"一门科学提出的每一种新见解,都包含着这门科学的术语的革命。"[②]经济科学同样如此。

一、研究对象的变革:由所有制转到生产方式

传统政治经济学否认经济范畴的两重性,脱离一般劳动过程的范畴而孤立地研究生产关系特殊,所以是"所有制学"。这个基本理论错误,导致了离开生产力来空谈所有制的形而上学观点。把市场经济生产形式与公有制长期对立起来,在实践中否定社会主义是市场经济,无不与这一理论失误有关。

---

①《马克思恩格斯全集》,第25卷,第17页。
②《马克思恩格斯全集》,第23卷,第34页。

新理论体系与传统政治经济学的重大区别之一,是在研究对象上实行了彻底变革:由孤立地研究所有制转向研究生产方式。

笔者把两种研究对象的区别列出下图,以便说明。

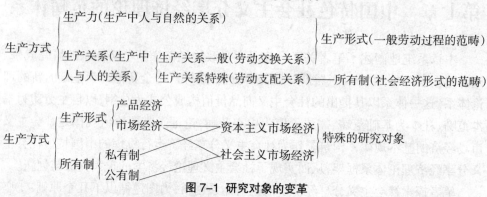

图 7-1 研究对象的变革

由此可见,生产方式包括生产形式和所有制两方面,而生产形式属于一般劳动过程的范畴。生产形式包括生产力和生产关系。一般单纯研究所有制的传统理论,抛开了生产形式从而抛开了生产力的研究。为什么传统理论长期离开生产力?我们的这一探讨说明:传统政治经济学一开始就走入歧途,因为其研究对象是错误的。

从图 7-1 中可以看到,生产方式包括生产形式和所有制两方面,生产形式和所有制又都有自己的分类。公有制是所有制的一种类型,完全可以与生产形式的某一类型相结合。和市场经济结合,就结成一种特殊的生产方式——社会主义市场经济。所以,我认为社会主义理论经济学的对象是"社会主义市场经济生产方式"。

这样,就可以说,社会主义市场经济正是社会主义理论经济学的对象。因为在这个命题中,"市场经济"是生产形式,"社会主义"是特殊的所有制,两方面统一为社会主义生产方式。

传统政治经济学把市场经济等同于资本主义,并与社会主义相对立;把计划经济等同于公有制;把共产主义等同于产品经济。这是严重的逻辑混乱和理论错误,因为没有划清生产力、生产关系一般、生产关系特殊,生产形式与所有制的界限,现在已经到了廓清混乱的时候。

二、"需要一般":新理论体系的始点范畴

新理论的宗旨在于富国裕民,富社会主义国家,裕全体劳动人民。

范畴"需要价值"是社会主义财富的抽象形式,是社会主义生产的目的由笔者所确立的新价值载体。研究富国裕民,就必须研究需要价值的运动规律。

社会主义商品生产始终不变的目的,是用最小限度的预付社本生产最大限度

的需要价值,这是社会主义致富的真谛。只有通过商品生产,用最少的费用生产更多的物质财富,以满足自主联合劳动者生存和全面发展多样化的需要,才能真正使国家和人民日益富裕起来。"真正的财富在于用尽量少的价值创造出尽量多的使用价值,换句话说,就是在尽量少的劳动时间里创造出尽量丰富的物质财富。"①

笔者把富国裕民作为新理论体系的目的,首先必须从社会主义社会人的需要出发,人及其需要是出发点。我把社会主义社会人的需要,称为"自主需要"即自主联合劳动者的自身需要,这已是需要的社会主义社会形式。自主需要是一个社会经济形式的范畴,它表现需要的社会主义特性。但只有认识了需要的一般性质,才能把握需要的特殊性质。因此,新体系以"需要一般"为起点。"需要一般"是一个最低层次的一般劳动过程范畴。所以,笔者把"需要一般",即作为经济范畴的人的需要的最简单的规定,当作新体系的逻辑起点。

传统理论体系总是把社会主义公有制作为整个体系的出发点,当作始点范畴。认为所谓社会主义商品生产,是由两种公有制决定的;所谓社会主义基本经济规律和有计划按比例发展规律,都是由公有制演绎出来的。其实,这个出发点是错误的,是倒果为因。因为社会主义生产资料公有制是一个具有复杂的规定性的总体,是生产关系的总和。从它出发,等于从生产关系总和出发。很显然,这是违背由抽象到具体、由简单到复杂的科学方法的,这导致了将公有制变成空洞无物的概念。

有鉴于此,近年来一些同志改从社会主义商品出发,套用《资本论》的始点范畴。这也未必合理。其实,马克思分析资本主义生产方式从商品出发,只是从现象或形式来说的。商品的特征是有价值,而价值是由抽象劳动创造的。所以,实际上马克思是从劳动和劳动的二重性出发的。在社会主义条件下,劳动是自主劳动,这是由劳动的特殊社会形式决定的。社会主义商品已经是社会分工、交换、劳动一般、自主劳动等多重规定的综合,因而不是最简单的规定。可见社会主义商品不应是理论体系的出发点。

于是,有的同志主张从劳动范畴出发建立理论体系。当然,劳动一般是一个最普遍的规定,但是,劳动一般还不是最简单的抽象。因为劳动并不是目的本身,而只是人类满足需要的一种手段。应把目的本身作为起点。抽掉了手段,目的照样存在,而抽掉了目的本身,手段就不存在。劳动是满足人的需要的手段,假如人没有需要或需要可以通过别的手段得到满足,劳动就成为多余的。可见,劳动是由需要引起的,只有人的需要才是最本源的东西。人的需要表现为一种最初始的自然必然性。

---

① 《马克思恩格斯全集》,第 26 卷第三册,第 281 页。

人一生下来,首先是需要吃,需要穿,需要生活资料和生产资料。可见,从劳动出发,也是不合理的。

只有"需要一般",才是社会主义新理论经济学的始点范畴。这是因为:第一,它是最简单的规定,是最单纯、最少规定性的范畴;第二,它是最一般的范畴,是其他复杂规定共有的最普遍的规定;第三,它是最初始、最本源的范畴。它不以其他经济关系为前提,是最少规定性的范畴,根源于人本身的生理要求。总之,"需要一般"是最简单、最单纯、最一般的初始经济范畴。它应当是社会主义新理论经济学体系的起点,因而"需要一般"是需要价值理论体系的始点范畴。

新的理论体系的整体是一个圆圈或循环。这就是:以需要一般作为起点,从需要出发,必然引出自主需要与生产力的矛盾,因而发展生产力是社会主义社会的根本任务和致富的根本途径。通过需要价值的再生产而实现社会主义的生产目的,自主需要得以满足,同时创造出新的需要,又推动社会主义社会的生产力发展。从需要出发,又回到需要。这种矛盾运动永无止境。理论的发展达到历史与逻辑的统一。

三、自主劳动:新理论体系的基本范畴

笔者从 1981 年起就提出一种关于社会主义经济理论的新见解,可以概括为:"社会主义商品的价值构成与资本主义商品的价值构成的区别,在于 c+(v+m)与(c+v)+m 的区别;因而社会主义成本范畴和资本主义成本范畴在于 c 与(c+v)的区别。这表现了社会主义与资本主义两种不同的社会生产的特点和两种不同的生产关系的根本区别。"[1]随着社会主义经济实践和经济改革的发展,各种新成本论的实践形式使这一观点得到了验证。这种观点一旦确立,势必要引起整个社会主义经济理论体系的变革。因为商品价值构成是市场经济的社会形式的基因。这种新的基因,包含在作为自主联合劳动的产品的商品中。

社会主义经济是市场经济,商品是社会主义财富的元素。但是,这种商品是具有社会主义社会形式的商品,而不仅是一般商品。社会主义商品正是社会主义市场经济的细胞。

社会主义商品,是商品一般和商品特殊的统一。作为一般劳动过程范畴的商品,是用于交换的劳动产品;作为社会主义社会形式范畴的商品,是不同社会形式的劳动产品。

社会主义商品的一般性,是由社会分工决定的。因为社会分工就是不同质的有

---

[1] 李炳炎:《社会主义成本范畴初探》,载《中山大学研究生学刊》,1981 年第 4 期;《劳动报酬不构成产品成本的内容》,载《经济研究》,1982 年第 2 期。

用劳动体系。社会分工使生产者从事的有用具体劳动及所生产的使用价值成为单方面的,而生产者用于满足需要的使用价值是多方面的。要满足需要,就必须进行交换。用于交换的产品,就是商品,因为"分工使劳动产品转化为商品"。[①]

另一方面,社会主义商品的特性,是劳动的社会主义的社会形式即"自主劳动"这一新的经济范畴是由巫继学和笔者率先提出的, 它是指社会主义条件下作为人的自主活动的劳动,即劳动的社会主义的社会形式,是雇佣劳动的对立面。自主劳动是雇佣劳动的对立物,自主劳动就是劳动解放。本来,作为人类最基本的社会实践活动的劳动,是社会围绕转动的"太阳",劳动者是社会的主人。然而,在私有制社会里,劳动发生了异化,劳动者反而成为被奴役的奴隶。经过对剥夺者的剥夺而建立的社会主义公有制,使劳动者重新成为社会生产的主人,"获得自己的充分的、不再受限制的自主活动, 这种自主活动就是对生产力总和的占有以及由此而来的才能总和的发挥"。[②]社会主义制度消灭了劳动者受生产资料奴役的反常现象,"这样,生产劳动就不再是奴役人的手段,而成为解放人的手段"。[③]劳动普遍化,劳动者成为社会生产的主体,劳动成为人的平等权利和人全面发展的需要,这就是自主劳动的特征。社会主义社会在本质上就是自主劳动的社会。因而,自主劳动关系,是贯穿社会主义经济体系的最本质的联系。这就是说,只有使劳动成为自主劳动,社会主义才能成为社会主义。

四、社会主义商品价值构成的特点

作为自主联合劳动产品的商品,它的社会主义性质,体现在商品价值的内部构造上,通常叫作价值构成。自主劳动的性质必然要体现在商品价值构成的特点上。因为价值是商品的本质属性。这种特点表现为价值的内部结构。价值的共性,是社会必要劳动时间的凝结,它并不能体现劳动的社会性质。作为自主劳动的产品,就决定了社会主义商品价值具有自己特殊的结构。这种社会主义商品价值的特殊构成,就是社会主义经济的基因。正如生物细胞的基因决定了发育完善的丰富的庞大有机体的特性一样,社会主义价值构成的特点,决定了社会主义经济体系及反映这个体系的运动规律的理论体系的特点。

"资金"是一个一般劳动过程的范畴,它就是处于再生产过程中用于生产价值的价值。"资金"与社会主义生产关系结合,就转化为表现社会主义特点的社会经济

---

①《马克思恩格斯全集》,第 23 卷,第 127 页。
②《马克思恩格斯全集》,第 3 卷,第 76 页。
③《马克思恩格斯全集》,第 20 卷,第 319 页。

形式的范畴,可以叫作"社本",即社会主义之"本",也就是公有生产资料。这样,我们又对社会主义商品价值构成公式作最后修正:$w = c + n = c + (n_1 + n_2 + n_3)$,即社会主义商品价值等于社本价值加需要价值(包括公共需要价值和个人需要价值)。由于"需要价值"是自主联合劳动所取得的成果,所以表现为社会主义的收入,社会主义商品价值又等于社本加收入。社会主义经济运动的目的,就是追求更多的社会主义的收入。自主联合劳动者运用最小限度的社本生产最大限度的需要价值的无限运动,是社会主义生产方式的绝对规律。

还必须指出,社本与社会主义成本价格之间的关系,需要价值与收入之间的关系,以及国家需要价值与国家收入、集体需要价值与企业收入、个人需要价值与个人收入之间的关系,是本质和现象的关系,内容和形式的关系。前者是就价值实体而言,后者是就货币价格而言;后者是前者的转化形式或现象形态。

五、"需要价值":新理论体系的中心范畴

研究社会主义市场经济生产方式,要把商品的一般性从而市场经济的一般性作为前提和立论基础。马克思在《资本论》第一卷第一篇"商品和货币"中,分析了这种一般性。不过,商品经济的基本矛盾并不是私人劳动与社会劳动的矛盾,笔者认为应该是个别劳动与社会劳动的矛盾。这个基本矛盾根源于社会分工。笔者就市场经济一般作出了新的分析,从而把劳动价值论当作市场经济一般的原理。马克思的劳动价值论应该成为社会主义市场经济的理论前提和立论基础。市场经济是社会化生产的自然生理体系,而价值规律作为市场经济的基本规律,就是市场经济的生理机制原理。它们是属于一般劳动过程的范畴,而与社会经济形式无关。马克思把市场经济一般称作"社会分工制度",[①]即体制。社会分工是市场经济一般的同义语,是市场经济发展的基本过程。

但是,分析社会主义经济关系还要在承认市场经济一般的前提下,着重分析其社会性质或形式,即从社会主义商品的特殊价值构成出发。因为这个价值构成里面包含着全部社会主义经济关系的基本因素。在公式 $w=c+n$ 中,价值 c 部分归结为社本成本价格,而价值 n 部分是需要价值,即社会主义收入。在市场经济形式中,需要价值表现为商品价格中超过成本价格的增加额。需要价值作为全部预付社本的增加额,从而取得了需要价值的各种转化形式。这是需要价值发生转形的必然性。

自主联合劳动者使用同量社本可以生产不同量的需要价值,因而需要价值的生产有一个经济效益问题。活劳动创造新价值,但活劳动必须借助于物化劳动才能

①《马克思恩格斯全集》,第 25 卷,第 97 页。

创造新价值。如果活劳动是新价值之父,物化劳动就是其母。因而活劳动与物化劳动之间具有必然联系。我把社本与需要价值的比率叫作"需要价值率",用公式表示为 $n' = n/c$。它表示自主联合劳动创造需要价值的效率。制约这种效率的有多种因素。由于需要价值率表示社会主义生产目的实现的程度,因而必须不断提高需要价值率。从企业来讲,就是一方面尽量降低生产的物质耗费,另一方面就是要提高劳动生产率。这就是社会主义增产节约规律。这个规律是由需要价值规律这个社会主义经济的基本经济规律所决定的。

需要价值率,在企业具体化为资金净产值率(d/c)。提高资金净产值率是企业的生命线。净产值或净收入是企业的"牛鼻子",是经济活动的中心指标。每个企业都竭力提高资金净产值率。社会主义经济是市场经济,通过竞争,必然形成平均净产值率。这种均衡的作用使等量社本要求得到等量净产值。从而净产值量就会与需要价值量发生背离。部门平均净产值的计算,则是用所用社本乘以平均社本净产值率得出。这样,我们就可以得到新的社会主义生产价格公式,它等于成本价格(c)加平均净产值,即:$w = h + d$。这种新的生产价格总量,与社会商品价值总量是一致的,因为全社会的活劳动总量在一定时期内总是一定的。这种新的社会主义生产价格,体现了劳动平等和自主劳动者占有社本和收入的平等权利。新的生产价格成为调节社会主义利益和社会主义经济运行的重要杠杆。

在这个基础上,平均净产值的各个部分,再分别转化为国家收入、企业收入、个人收入的各种具体形式。社本同样转化为各种具体形式。这些纷繁复杂的形式,组合成社会主义社会表面各种经济现象。

需要价值范畴是体现社会主义经济本质联系的基本范畴,它贯穿于社会主义经济运动全部过程。它的运动是社会主义经济运动的主线。社会主义再生产总过程,本质上就是需要价值的生产、实现、分配、消费过程。这种过程寄寓于社会主义商品生产过程和流通过程的统一之中。社会主义再生产总过程,是扩大商品再生产的劳动过程和需要价值扩大再生产的统一,同时又是需要价值扩大再生产与社会主义生产关系扩大再生产的统一。社会主义再生产又是社本的扩大再生产。公共需要价值是社本不断增值从而商品生产规模不断扩大的源泉。可见,需要价值是社会主义经济体系的轴心,也就是社会主义新经济理论体系的核心或中心。

经济体制是以经济杠杆体系为基础和运转条件的,经济杠杆则是以经济范畴为基础的。从对社会主义商品价值结构的分析出发,就有可能更新整个经济范畴体系。因为一切经济范畴是从 c、v、m 演变而成的,都不过是 c、v、m 的不同排列组合和不同转化形式而已。又因为一切经济范畴都具有两重性:作为一般劳动过程的范畴和作为社会经济形式的范畴,亦即作为生产形式的范畴和作为生产关系特殊的范畴,而且是两者的统一。只要我们准确把握住经济范畴的共性,努力从实际出发去开掘经济范畴的特性,即社会形式,就有可能对范畴进行扬弃。只有从根本上更新范畴体系,新的理论体系才能建立。进而,就可以创造新的经济杠杆系统,建立新的经济运行机制。在此之前就着手建立经济运行机制,无疑是困难的。笔者所阐明的社本和需要价值理论,由于以自主劳动为前提,由 $c+n$ 公式确立了社本和需要价值两个社会主义经济的基本范畴,为整个新的经济范畴体系奠定了基础,因而可能是社会主义经济理论的一种新体系。社会主义商品价值构成公式 $w=c+n$, $n=n_1+n_2+n_3$,使我们找到了社会主义经济范畴的社会性质的基因。因而这一公式就成为理解新的社会主义市场经济范畴体系的社会形式的枢纽。

作为生产力范畴的社会分工不会消灭,只会发展。社会分工与共产主义公有制相结合,就是共产主义市场经济。需要价值规律同样是共产主义市场经济的基本规律。不过这个范畴会发展为新的阶段,因而会具有某些新特征。需要价值不断增长的规律,就是实现共产主义的经济规律。人类最美好的理想社会,只有随着分工的发展,随着需要价值的不断增长才能实现。

笔者一直是依据马克思关于经济范畴两重性的论述进行分析的。马克思说:"就劳动过程只是人和自然之间的单纯过程来说,劳动过程的简单要素对于这个过程的一切社会发展形式来说都是共同的。但劳动过程的每个一定的历史形式,都会进一步发展这个过程的物质基础和社会形式。"[1]我们正是将社会主义经济作为市场经济的共性与作为社会主义生产关系的特殊性的辩证统一来理解的。或许,这种理解正是社会主义新理论经济学得以寻找到出路的关键。

作为富国裕民的新经济学,旨在寻求通过新的途径来完善社会主义生产方式。笔者提出的新的范畴体系,是在一般劳动过程范畴体系上穿上了一件社会主义的社会形式的外衣。这个新体系可简单表示如下:

需要
- 需要一般 — 利益
  - 利益一般
  - 自主利益(利益的社会主义形式)
- 自主需要(需要的社会主义形式)

劳动
- 劳动一般 — 价值
  - 价值构成一般:$c+v+m$
  - 社会主义价值构成:$c+n$
- 自主劳动(劳动的社会主义形式)

①《马克思恩格斯全集》,第 25 卷,第 999 页。

$$
\text{价值的社会主义形式}
\begin{cases}
\text{社本价值}
\begin{cases}
\text{所用社本价值(C)} \\
\text{所费社本价值(c)}
\end{cases} \\
\text{需要价值(n)}
\begin{cases}
\text{公共需要价值}
\begin{cases}
\text{社会需要价值(}n_1\text{)} \\
\text{集体需要价值(}n_2\text{)}
\end{cases} \\
\text{个人需要价值(}n_3\text{)}
\end{cases}
\end{cases}
$$

$$
\text{新生产价格}
\begin{cases}
\text{社会主义成本价格(h)} \\
\text{平均净产值(}\bar{d}\text{)}
\begin{cases}
\text{公共收入}
\begin{cases}
\text{国家收入(}d_1\text{)} \\
\text{企业收入(}d_2\text{)}
\end{cases} \\
\text{个人收入(}d_3\text{)}
\end{cases}
\end{cases}
$$

图 7-2 需要价值理论体系图示

笔者从两个方面说明需要价值的由来。一方面是从马克思经济理论体系来说明。笔者指出,需要价值范畴的确立,是马克思需要范畴发展的逻辑结果。笔者在有关著作中作了这种发掘和探索。也就是说,需要价值是个崭新的范畴,但它是从马克思理论中开掘出来的。另一方面,我从中国经济理论界的探索中,说明了需要价值这一理论是怎样产生和发展的。

需要,是人对生活资料的需求。劳动是满足需要的手段。"需要"作为一个经济范畴,正像劳动、分工、交换价值等范畴一样,是马克思政治经济学的基础范畴。马克思经济理论体系中,包括"需要"体系,也包括"劳动"体系。马克思的劳动价值理论,是与他的"需要"理论同时完成的。我的"需要价值"理论,不但继承了马克思的思想方法,还是建立在对马克思的"需要"理论体系作出深入分析的基础上的。

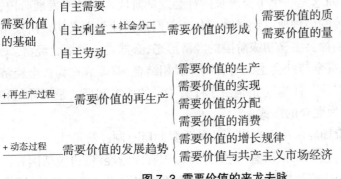

图 7-3 需要价值的来龙去脉

结果,我形成了这样一条思想线索:人的需要是客观必然;使用价值是满足需要的对象;劳动是满足需要、实现利益的手段;分工是社会生产劳动的基本形式;社会分工是交换的基础;交换价值是实现社会需要的媒介;价值是劳动的物化;消费是需要的实现。根据卓炯关于经济范畴可以一分为二,分为一般劳动过程的范畴和社会经济形式的范畴的原理,我把五组范畴分为三对(见图7-4)。

在下图中的社会主义经济范畴系列中,由于"公共"均可划分为"国家"或"社会"与"集体"两个层次,所以,社会主义的需要、利益、劳动、价值均可划分为三个组成部分。这样,就在更深的层次上论证了社会主义新价值划分公式:需要价值(n)=社会需要价值(n_1)+集体需要价值(n_2)+个人需要价值(n_3)。而这一公式的建立是由笔者所创立的公有制分享经济理论——社会主义共同富裕理论的关键所在。

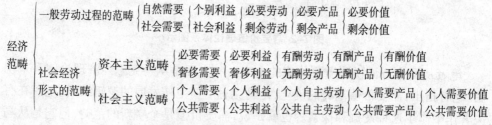

图7-4 需要价值理论的范畴体系

六、"社本"的分类与结构

笔者认为,社会主义经济的基本经济范畴是自主联合劳动。自主联合劳动是雇佣联合劳动的对立物,它表现社会主义生产关系最本质的特征。在自主劳动关系下,资金就转化为社本。因此,社本是生产资料的社会主义形式,自主联合劳动是活劳动的社会主义形式。社本与自主联合劳动相结合,就是需要价值的生产过程。社本,就是社会主义市场经济中的资本。由于历史和现实的原因,中国还处于社会主义社会的初级阶段,而这是一个十分漫长的社会发展阶段。在这个发展阶段,必然存在以公有制为主体的多种所有制经济成分。它们都是社会主义初级阶段市场经济的必要组成部分。社会主义初级阶段的经济形态,必然是一种混合经济。

我们已经知道,资金与社会主义所有制形式相结合,就形成作为社会经济形式范畴的社会主义资本,即"社本"。正是由于社会主义的所有制形式是多样的和复杂的,因而社本就表现为混合的形式。

中国社会主义市场经济中存在以下几种主要的所有制经济形式:

(1)国有制经济。包括国家所有,国家经营即国有国营经济;也包括国有民营经济。随着国民经济的战略性重组,大量国有经济单位将退出竞争性领域,国有经济的比重将减少而国有资产的整体质量将大大提高。但在关系国民经济命脉的重要行业和关键领域,国有经济必须占有支配地位。国有经济的竞争力和控制力必然大大加强,代表全体人民的国家将会有力控制国民经济的命脉。

(2)集体所有制经济。它的特征是其财富归劳动群众集体所有,属于一种局部的较低层次的公有制经济。集体所有制经济包括城镇集体所有制经济和农村集体所有制经济。农村集体所有制经济,包括双层经营的承包农户、乡镇集体企业、股份合作制经济、合作社经济等。

(3)个体经济。即城乡私人占有生产资料而不雇工或少量雇工的经济,俗称"个体户"。

(4)私有经济。指城乡生产资料完全私人所有并雇工经营的经济。其规模大小不一。

(5)股份制经济。各种股份公司,其产权是多元化的,投资人是分散的,是一种不同所有制组合成的混合所有制经济。

(6)外国资本主义经济。包括独资的外资经济和与中国某种经济成分合资的经济。

(7)各种基金组织。属于社会所有制或共有制经济。

依据不同的标准,社本可以作不同的分类。

1.按生产资料所有制标准对社本的分类

社本按生产资料所有制的属性划分,可以划分为以下几种主要类型:①国有社本;②集体社本;③个体社本;④私人社本;⑤股份社本;⑥外资社本;⑦基金社本。以上可列下图图示:

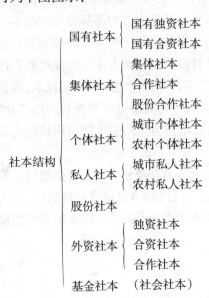

图7-5 社本结构

也可以表述为另一种社本结构(见下图):

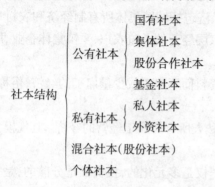

图 7-6 社本结构的另一种表述

2.按其他标准对社本的各种分类

(1)生产社本和流通社本。前者指处于生产领域并发生职能作用的社本,即产业社本。后者指在流通领域中发生职能作用的社本,包括商品社本和货币社本。由于社会分工的发展,商品社本独立化为商业社本,货币社本独立化为银行社本(生息社本)。

(2)个别社本和社会总社本。前者指在相互独立、相互依赖的社会分工实体即企业中起职能作用的社本。后者指全社会范围的个别社本的总和。

(3)固定社本和流通社本。前者指其实物形态全部参加生产过程,而其价值在多次生产过程中一部分一部分地分次转移到新产品中去的那部分生产社本。它以固定资产形态存在。后者指通过一次生产过程其价值一次全部转移到新产品中去的那部分生产社本。它以原料、材料、辅助材料、燃料、动力等流动资产形态存在。

(4)所用社本和所费社本。前者指生产需要价值所使用的全部社本,即预付社本,用于厂房、机器设备、原材料等的投资。后者指商品生产所耗费的生产社本,它等于生产中所转移的生产资料价值。所费社本作为商品的生产费用转化为社会主义商品的成本价格。

(5)原有社本和追加社本。前者指预付社本或垫支社本。后者指增值了的社本部分。在社会主义再生产过程中,需要劳动所创造的需要价值实现以后,进入分配过程。通过分配过程,需要价值划分为积累和消费两个部分。用于积累的那部分需要价值转化为社本,便形成追加社本。

第八章 中国特色分享经济制度的典型形式

中国特色分享经济制度,是在我国经济体制改革实践中,广大工人阶级以社会主义国家主人翁精神自觉主动地进行制度创新所取得的重大成果。中国特色分享经济制度包括多种具体形式,而且正处在进一步发展之中。然而,我们已经可以看到,这种新制度具有两种典型形式。它们是企业净收入分成制和工人所有制股份公司。我们分别将它们简称为典型形式Ⅰ和典型形式Ⅱ。前者属于收入分享型;后者则属于产权分享型。

一、典型形式Ⅰ:企业净收入分成制

(一)企业净收入和净收入分成制的概念

什么是企业的净收入?所谓企业的净收入就是实现了的企业净产值。可由销售收入扣除物耗成本求得,即商品价值中的(v+m)部分。

那么,什么是净收入分成呢?所谓企业的净收入分成,就是将企业已经取得的净收入在国家、企业、职工个人三个经济主体之间按一定比例分享。把这种新的分配办法规范化,形成一种新的企业分配模式和管理制度,就叫作企业净收入分成制。实行了净收入分成制,企业职工的个人劳动收入不再是现有的工资加奖金的形式,而是按照事先确定的比率对净收入进行分成并通过对职工个人劳动实绩的考核来确定。这种收入分配制度是以企业净收入为基础,是和企业的实际经营状况紧密联系的。因此,实行了净收入分成制,企业职工的收入不再是事先确定的工资,不再由企业的外部力量决定,而是取决于企业的经营成果和职工个人劳动贡献的大小。这一制度的实施不仅要求取消传统的工资制度,而且要求取消利润制度,即用净收入取代工资和利润。

净收入分成制的总原则,是要在有利于调动职工劳动积极性,促进生产力发展的前提下,正确处理国家、企业、个人三者利益关系,合理分配净收入。

(二)净收入分成制的基本原理及特点

上面介绍的各个地区、单位实行的不同形式的净收入分成制,都具备一个共同的特点:即在企业分配中,将企业的销售收入扣除物耗成本以后,将余下的净收入在国家、企业和职工三者之间按照一定的比例进行合理分配。

从实践看来这样做不仅保证了国家的收入、企业自身的留成,还充分调动了企业职工的劳动积极性。

我们以下面的公式说明净收入分成制的基本原理。

我们知道,商品的价值构成为

w=c+v+m

如果 w 表示已实现的销售收入,c 是生产资料消耗的补偿价值,那么 v+m 即为净收入。则

w=c+(v+m)

这里的成本只是 c,v 不再进入企业成本,而是和 m 一起形成了企业的净收入,我们用 n 表示净收入。因此,

Ⅰ w=c+n

Ⅱ $n=n_1+n_2+n_3$

(式中,n_1 为国家收入,以各种税收形式取得;n_2 为企业收入,以"企业发展基金"等形式取得;n_3 为职工收入总额。)

净收入分成制原理中的关键问题, 就是代表职工工资的 v 不再和物耗成本 c 一起构成企业的成本,而是和原先的利润 m 一起形成一个分配的整体,即净收入。然后再将净收入在国家、企业和职工三者之间按一定比例合理分配。工资 v 不进成本,就与现行的工资制发生了矛盾。现行的工资制中,职工的工资是以固定级别的形式事先确定下来,是事先以人工耗费打入企业生产成本的,而与职工个人的实际劳动成果无关。即工资一旦确定下来,劳动者的积极性便因工资收入不直接与定期实际劳动成果相关而丧失,就容易形成惰性,干多干少一个样,干好干坏一个样,即使加上现行的奖金制度,也不能完全、充分地刺激劳动者的劳动积极性。因为在大多数企业中,职工的劳动收入仍以工资为主,奖金只占较小的一部分。因此,在工资制度下,职工多干、少干或不干只是意味着多拿、少拿或不拿奖金而已,仍然有固定不变的工资收入,仍然有"大锅饭"可以吃。因此,工资制这种分配制度不能体现社会主义的按劳分配,是一种尚待改革的分配制度。

净收入分成制打破了传统的工资制,它具有以下几个特点:

(1)以销售收入作为分配前提,以销售收入扣除了生产资料价格(c)以后的企业净收入作为分配的基数, 按比例确定国家、企业与职工三者之间各自所得的份额。

首先,净收入分成是以取得市场承认的销售收入为基础,使职工的劳动收入紧密地与企业的经营成果结合起来。根据公式 w=c+n,在生产资料成本 c 一定的条件下,企业取得的销售收入越多,则企业获得的净收入也越多。这样,国家、企业和职

工个人都可以按照一定的分成比例多得;反之,三者的收入都要减少。其次,若在企业取得的销售收入不变的前提下,企业获得净收入的多少取决于企业生产资料成本消耗的多少,生产资料成本大,企业净收入减少;生产资料成本小,企业净收入大。这样就促使企业和职工关心增收节支,减少物质生产资料的耗费,以增加企业的净收入。

(2)核算中不再将工资列入成本。按照传统的工资制度,社会主义企业职工的工资是从企业的流动资金中预付的,并且构成企业的生产成本。但在净收入分成制中,取消了固定工资的概念,职工的个人劳动收入是从职工自身制造的净收入中分成提取的,职工的劳动收入不再进入成本范畴,企业在核算中不再将工资列入成本项目中。新的成本项目包括:原材料、辅助材料、动力燃料、固定资产折旧、管理费用中的物耗部分等。(但是,只是为了与现行财务会计制度衔接,实行净收入分成制的企业,在向国家有关部门报送报表时,可将职工的个人劳动收入中相当于原工资数额的一部分并入成本。)

(3)企业职工个人劳动收入实行全额浮动。由于企业职工劳动收入总额是以销售收入为基础,在实现了的净产值即净收入基础上分成得到的,所以企业职工劳动收入总额可以随着净收入进行全额浮动。同时,由于职工个人之间的分配打破了级别工资制的固定工资分配办法,而是以企业职工劳动收入总额为基数,按照职工个人的贡献大小、劳动成果多少进行分配,打破了以往的工资制中职工个人收入只能升不能降的刚性,职工个人的劳动收入完全随企业净收入的多少而上下浮动。

(4)净收入分成制把“剩余”关系变成分享关系,使国家、企业和职工真正结为利益共同体。按照传统的企业分配办法,国家与企业之间不是净收入分成关系,而是“剩余”关系,即职工得固定工资,工资从企业生产成本中支付;国家得利润,利润表现为剩余劳动创造的剩余价值。由于工资与利润两者始终是对立的,所以国家所得与职工所得之间呈现“你多我少”、“你少我多”的利益“对立”关系。而净收入分成制使目标都集中到增加企业净收入上,随着企业净收入的增加,国家多得,企业多得,职工多得,有利于实现共同富裕,反映了社会主义生产关系的本质特征。

(三)净收入分成制是按劳分配的实现形式

按劳分配,就是在已经实现的社会新创造价值总量中将社会基金扣除以后的剩余部分作为个人消费基金,在劳动者之间按照劳动者对社会提供的被社会承认的劳动的数量和质量进行的分配。按劳分配是社会主义制度的基本特征之一,是不可改变和动摇的。

我们可以看看马克思对按劳分配是如何阐述的。1875 年马克思在《哥达纲领批判》中完整地提出了科学社会主义的按劳分配理论。马克思指出:"每一个生产者,在作了多项扣除之后,从社会方面正好领回他所给予社会的一切。他所给予社会的,就是他个人的劳动量","他以一种形式给予社会的劳动量,又以另一种形式全部领回来。"①

按照马克思的论述,按劳分配就是社会主义社会按照劳动者向社会提供的劳动量分配个人消费品的分配原则。在对劳动者进行个人消费品分配之前,对社会总产品必须作必要的扣除:第一,用来补偿消费掉的生产资料的部分;第二,用来扩大生产的追加部分;第三,用来应付不幸事故、自然灾害等的后备基金或保险基金部分;第四,和生产没有关系的一般管理费用;第五,用来满足共同需要的部分,如学校、保健设备等;第六,为丧失劳动能力的人等设立的基金。在作了这六项扣除之后,剩下的就是个人消费基金,用于在劳动者之间分配。马克思的按劳分配理论,揭示了不以人的意志为转移的社会主义客观经济规律。它是生产资料社会主义公有制的必然产物。"消费资料的任何一种分配,都不过是生产条件本身分配的结果。"②这里所说的生产条件包括物质条件和人身条件,即指生产资料和劳动力。社会主义条件下生产资料公有制和自主联合劳动制度的存在决定了按劳分配成为社会主义社会必然的分配制度。但是,在目前的社会主义市场经济阶段,实行按劳分配的基本条件与马克思所设想的历史前提有所不同:一是生产资料并不归单一的社会所有;二是还存在着商品生产和交换的市场经济,并且还要大力发展;三是劳动者的劳动不是直接的社会劳动,还需要有复杂的价值转换过程。因此,这就决定了社会主义市场经济条件下的按劳分配具有以下两个特点:一是按劳分配的主体是企业而不是政府;二是应由市场评价劳动,要以由市场承认的有效劳动为分配尺度。而在我们现行的工资制度中,都不能够很好地体现这两点内容。在工资制的分配制度下,实行国家对职工的直接分配模式,分配的主体是政府而不是企业。工资管理权限集中在中央,由中央管理部门统一制订工资制度和分配办法,包括基本工资制度、奖励津贴制度、升级制度、工资支付办法等。这些制度与市场经济条件下企业应具备的经营机制发生冲突。在市场经济条件下,企业不仅是生产经营的主体,也是分配的主体,具有分配自主权。因此,现行的工资加奖金的分配制度应由另一种更加完善彻底的分配制度所替代。

另外,在企业和国家之间,由国家给企业的职工统发工资,企业的目标是完成

①《马克思恩格斯选集》,第3卷,第1页。
②《马克思恩格斯选集》,第3卷,第13页。

国家下达的每一年度的产值计划,企业没有定位于市场,生产的产品卖不出去,大量积压,因此,经营出现"工业报喜,商业报忧"的情况。我们认为,实行工资制的分配制度是造成社会主义公有制企业缺乏活力的主要因素之一。那么,为了搞活企业,真正贯彻落实按劳分配的原则和制度,是解决问题的方法之一。

要实现按劳分配,必须解决以下三个问题:

第一,劳动的客观量化问题。什么是多劳,什么是少劳,不同行业或不同群众的劳动用什么来衡量?

第二,要解决分什么的问题。按劳分配分什么,这是按劳分配的核心和关键。是否把工资分好了,差距拉开了,就是按劳分配了呢?如果是这样,那么资本主义国家的企业,其工资岂不是分得比我们还好吗?那么资本主义的工资分配是不是按劳分配呢?显然不是。

第三,要解决如何分的问题,即分配形式的问题。

正如前面我们已经指出的一样,净收入分成制在探索使社会主义企业的分配成为真正的按劳分配的道路上迈开了成功的一步。它较好地解决了以上三个方面的问题,使以净收入分成制作为分配制度的企业实现了真正意义上的按劳分配。

首先,在解决劳动客观量化问题上,在确定企业职工的群体劳动量时以平均净收入率规则来衡量。"平均净收入率"是企业净收入对全部总资金的比例。而创造净收入的劳动只能以社会平均必要劳动来衡量,劳动必须是社会的有效劳动,即必须能生产具有使用价值的商品的劳动。企业创造的净收入越多,说明企业付出的劳动越多。净收入分成制中企业具有分配净收入的自主权。国家、企业和职工个人形成了一个利益的统一体,因此,企业职工会尽心尽力地追求企业净收入的最大化。那么群体内部每个劳动成员的劳动如何衡量呢? 这就需要联系岗位、责任、技术等制定一系列的标准和指标,并用原始记录考核职工劳动实绩,用以准确地反映各人支出劳动的数量和质量,并作为分配的依据。其具体的形式可根据企业自身的特点作设计,并经过实践的检验不断地修改和完善。

其次,在解决按劳分配分什么的问题上,净收入分成制解决了问题的关键。即提出了按劳分配分的对象是 n_3($n_3=n-n_1-n_2$)。这是彻底的按劳分配,它分完全是劳动者自身生产的劳动成果。而现行的工资制度仅仅是对劳动者付出的活劳动中的必要劳动的部分补偿,即使加上现在的奖金分配制度,也不能彻底改变工资制的不合理性。净收入分成制完全将职工的个人收入直接取决于个人劳动贡献和企业经营成果大小,实行上不封顶,下不保底,职工个人收入随企业净收入全额浮动,使职工收入不再具有刚性,合理地拉开了差距,实现了按劳分配。

再次,在解决如何分的问题上,即分配形式的问题上,净收入分成制通过两级按劳分配的形式来完成。第一级按劳分配解决的是企业全体职工提供的集体劳动总量应获得的集体劳动收入总量的问题。第二级按劳分配是解决企业对职工个人的按劳分配问题,即企业对职工履行经济责任制的情况进行严格的考核,根据考核的结果确定每个职工的劳动量,再将这个劳动量按照一定的系数换算成劳动收入,最后可得每个职工的劳动收入。

在分配过程中,关键是确定好 n_1、n_2、n_3 的比例问题,兼顾国家、企业和个人三方面的利益,做到交够国家的(以国家的税收形式完成),留足企业的(企业自己确定的包括各项企业基金占净收入的比例部分),剩下的是个人的(个人劳动收入的分配如前所述),这样使国家、企业、职工三者成为利益共同体,形成了多劳则都多得,少劳则都少得的分成关系,是真正意义上的按劳分配。

(四)净收入分成制的具体操作方案

净收入分成制的具体操作方法是:第一步,从企业的销售收入中减去物耗成本,求得企业净收入;第二步,将企业所得税提前扣除,与产品税、营业税等捆在一起,形成国家税收总额;第三步,从企业净收入中扣除国家税收部分,求得调整后的净收入;第四步,核定企业和职工对调整后企业净收入的分成比例,从调整后企业净收入中减去企业的分成收入,求得职工分成总收入;第五步,将求得的职工分成收入总额按劳动贡献大小进行分配,分解到职工个人。上述过程用公式表示即为:(1)$w=c+n$;(2)$n=n_1+n_2+n_3$。

公式中,w 为社会主义商品价值,也可以理解为销售收入;c 为社会主义成本;n 为净收入;n_1 为国家收入部分;n_2 为企业收入部分;n_3 为个人收入总额;调整后的净收入就等于(n_2+n_3)。

上述步骤也可如下图所示:

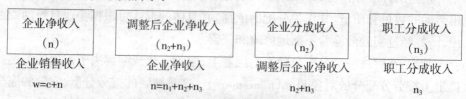

图 8-1 净收入分成制的具体操作方案

企业实行净收入分成制,其分配过程基本上可以按照上述步骤去完成。但是,在具体的实施过程中,我们发现了客观上存在的一些问题。其中主要的一点是同一行业的各个企业之间所具备的客观条件相差过大,导致非人为因素造成的各个企业之间收益差距过大,而这些差距都是由于有的企业技术设备先进,地理环境处于优势而使劳动生产率高于那些技术设备落后，其他方面的生产客观条件处于劣势的企业。造成这种较大的苦乐不均是不合理的，因此我们要在具体的实践过程中采取相应的措施避免这个问题。我们采用了"净收入调节数"来解决上述问题。"净收入调节数"就是由上级有关部门测定的，在企业求得调整后净收入后再在企业之间进行调整的一笔数额。通过"净收入调节数"，可以使各个企业的调整后净收入通过净收入调节数的调整达到整体的公平、合理、均衡，避免了苦乐不均的产生，因此，对净收入调节数的测定是问题的关键。如果我们直接确定不同的净收入调节数来进行反复计算，比较麻烦，所以我们可以采取倒算的办法：

我们先设"职工的劳动收入总额"为 P，再设"调整后净收入"为 q，职工劳动收入总额占调整后净收入的含量比例 P/q 为 t；因为 P 在 q 中的含量比例高，所以由于 P 的变化而引起 t 的变化幅度小，因此，我们就可以根据这个规律，先利用上一年度的有关财务指标把 t 确定下来，然后采取倒算的办法，推算出"净收入调节数"及"净收入调节率"。倒推公式如下：

①调整后净收入(测) = $\dfrac{\text{职工劳动收入总额(以上年度财务指标为准)}}{t(\text{测算得出})}$

②净收入调节数(测) = 净收入(新) - 应纳所得税 - 调整后净收入(测)

③净收入调节率 = $\dfrac{\text{净收入调节数(测)}}{\text{调整后净收入(新)}} \times 100\%$

求出了净收入调节数，就可以根据本年度的净收入总额按以下公式来计算本年度的各项指标。

④调整后净收入(新) = 净收入(新) - 应纳所得税(n_1)

然后再根据上面测算得出的净收入调节数对调整后净收入进行调整。即

⑤调整后净收入(新) + 净收入调节数(测) = I

我们令它为 I，则：

⑥企业留成 = I × 企业留成比例

⑦职工劳动收入总额 = I - 企业留成

然后再将职工劳动总额根据各个企业自行制定的分配标准在职工个人之间进行分配。需要指出的是，这套分配方法完全打破了现行的财务指标和管理体制，甚至触及有关国家机构的管理职能，如需要有一个与企业有关的专门的上级政府部门来测算同行企业间的 t，保证净收入分成制在注重效率、激发效率的前提下兼顾公平、合理。因此真正实现净收入分成制，真正发挥净收入分成制在全社会范围内企业中的功能，还需要我们不断地研究探索并且反复实践试验，不断进行总结提

高,进一步推广,使之逐步形成一种具有中国特色的公有制企业管理模式。

(五)现行财务体制下净收入分成制操作方法举例

这种办法是净收入分成制在国有企业的应用,简称"国有企业净分制"。其基本做法是:第一,把所得税提前从企业销售收入扣除物耗成本后的余额之中扣除,求得调整后净收入;第二,将调整后净收入,在企业与职工之间按一定比例合理分配。对人均留利水平较高的企业,在调整后净收入中再扣除一笔净收入调节数额,留给企业。然后,再将调整后净收入在企业与职工之间分配。第三,在调节职工奖金时,控制原基本工资。

这套办法的基本公式是:

调整后净收入 = 利润总额 - 应交所得税 - 净收入调节数 + 职工劳动报酬计划数

净收入工资含量比例 = 职工劳动报酬计划数 ÷ 调整后净收入

职工应得劳动报酬 = 调整后净收入 × 净收入工资含量比例

上述公式,我们应用新成本论来分析,可见:调整后的净收入 $=m$ 的一部分 $+v$,m 的另一部分(所得税等)已先扣除。如果把 m 的两部分结合起来为 (m_1+m_2),则 $w=c+(m_1+m_2)+v=c+n=c+(n_1+n_2+n_3)$;调整后净收入 $=n_2+n_3$;调整后净收入的分配,就是从 (n_2+n_3) 中划出 n_2 与 n_3 两部分,即分别是企业收入与职工收入。所以新办法的实质是:先沿用旧价值构成公式 $w=(c+v)+m$,分别计算出各种税收之和即 m 归社会部分即 n_1,同时计算出计划职工劳动报酬总额 v。成本实际上是 c,但反算。然后,再从 $w=c+v+m$ 中挖出 m 归企业的部分(即 n_2)与职工收入(n_3)之和。其次,再用 $n_3 \div (n_2+n_3)$ 的比率求出 n_3,就是公式中的职工应得劳动报酬 = 调整后净收入 × 净收入工资含量比例,也就是 $n_3=(n_2+n_3) \times n_3/(n_2+n_3)$。

这个办法的关键之点,是从 n 中先扣出 n_1,所得税先扣除,造成 n_2 与 n_3 的分配基础。这个办法的理论意义,在于实际上使用了 $w=c+n=c+(n_1+n_2+n_3)$ 的新成本公式。$w-c-n_1=$ 调整后净收入 $=n_2+n_3$。其中,w 是销售收入;c 是成本;n_1 是国家收入即所得税;n_2 是企业收入;n_3 是职工收入(职工应得劳动报酬总额)。全部秘密在于把所得税提前扣除。

实行净收入分配的分成比例测算办法如下:

试点国有企业的主管局、劳动局、财政局在确定企业和职工的分配比例以前,必须在调查研究的基础上,以上年有关财务指标为基数,结合当年实际情况,考虑客观条件造成企业之间苦乐不均的重大因素,适当调整,进行测算。测算时,对国家贡献多的企业,职工劳动报酬高一些,反之则低一些;通过主观努力取得成绩大的

企业,职工劳动报酬高一些,反之则低一些。举例测算如下表所示:

表 8-1 2005 年企业净收入分配测算表

编制单位: 2005 年 12 月 （单位:千元）

项目	行次	测算指标
利润总额	1	120
应纳所得税 33%	2	39.6
净收入调节数	3=1−2+5−10	25.7
净收入调节率	4=3÷1×100%	21.42%
职工劳动报酬	5=6+7	101.5
其中:标准工资	6	84
奖金	7=8×9	17.5
月平均标准工资	8	7
奖金相当于月平均工资(月)	9	2.5
调整后净收入	10=5÷11	156.2
净收入工资含量比例	11	0.65

测算表由以下三类指标组成:

第一类,基本指标。即和确定企业与职工分配数量关系直接有关的指标,有(依行次看):

第 1 行,"利润总额",指主管部门下达的年度计划利润总额。

第 2 行,"应纳所得税",指按税法规定计算应缴纳的所得税:120×33%=39.6%

第 5 行,"职工劳动报酬",指职工标准工资总额与奖金总额(包括国家规定在成本中列支的特种材料节约等奖金之和)。

第 10 行,"调整后净收入",指通过国家税收调整后的净收入,是作为企业与职工分配基数的指标。

第 11 行,"净收入工资含量比例",指调整后净收入与职工劳动报酬的比例关系。本例为 0.65,即 1:0.65,表明每 100 元调整后净收入中有 65 元是职工劳动报酬,35 元是企业留利,企业和职工所得将随企业净收入变动,水涨船高,水落船低。

第二类,调节指标。即第 3 行"净收入调节数",第 4 行"净收入调节率"。这类指标对职工劳动报酬随企业创净收入水平上下浮动的幅度进行调节,是"净分制"中的"变速装置"。

如果要把调节指标确定得使浮动幅度恰到好处,先确定"净收入调节数",必须反复测算,比较麻烦。由于净收入工资含量比例高,浮动幅度小,反之则大。根据这个规律,就有可能对一个地区一个行业统一使用一个或几个具有合理浮动幅度的净收入工资含量比例(如各企业均确定 0.65),把这个指标先确定下来,采取倒算的

办法,推算出调整后净收入调节以及净收入数和调节率,以简化手续,倒推公式是:

调整后净收入 = 职工劳动报酬 / 净收入工资含量比例;

净收入调节数 = 利润总额 − 应纳所得税 + 职工劳动报酬 − 调整后净收入;

净收入调节率 = 净收入调节数 / 利润总额×100%。

第三类,参考指标。即第 6 行"标准工资",第 7 行"奖金",第 8 行"月平均标准工资",第 9 行"奖金相当于月平均标准工资",实行"净分制"的企业,标准工资与奖金没有严格界限,它们都是职工的劳动报酬,企业可捆在一起在职工之间进行分配,测算时把它们分别出来,辅之以月平均工资和奖金相当于月平均标准工资的指标,以便分析比较各个企业职工劳动报酬水平。

测算表列各项指标的填列顺序是:

第一,确定具有合理浮动幅度的第 11 行"净收入工资含量比例"。

第二,根据年度财务、劳资计划相应指标填列第 1 行"利润总额"和第 6 行"标准工资"。

第三,确定与企业利润水平相适应的第 9 行"奖金相当于月平均标准工资"。

第四,按税法有关规定和测算表行次内所列公式,依次计算填列第 2 行"应纳所得税",第 8 行"月平均标准工资",第 7 行"奖金",第 5 行"职工劳动报酬",第 10 行"调整后净收入",第 3 行"净收入调节数",第 4 行"净收入调节率"。

测算方案决定后,净收入工资含量比例连同职工劳动报酬、净收入调节率一并下达企业,一定一年或一定几年不变。

企业在年度终了后,必须编制收入分配结算表,上报主管部门审查结算。结算表的编制方法举例说明如下:

表 8-2 2005 年企业净收入分配结算表

编制单位: 2005 年 12 月 31 日 　　　　　　　　　　　　(单位:千元)

项目	行次	计划数	实现数
利润总额	1	120	160
应纳所得税	2	39.6	52.8
净收入调节数	3=1×4	25.7	34.3
净收入调节率	4	21.42%	21.42%
职工劳动报酬	5	101.5	101.5
调整后净收入	6=1−2−3+5	156.2	174.4
净收入工资含量比例	7	0.65	0.65
职工应得劳动报酬	8=6×7	−	113.4
职工劳动报酬实际数	9	−	105.8

第 1 至 8 行计划数栏根据核定的测算表相应指标填列,实现数第 4 行"净收入调节率",第 5 行"职工劳动报酬"以及第 7 行"净收入工资含量比例"是常数,分别根据同行次计划数栏填列。其余都是变数,填列方法如下:

第 1 行,"利润总额",根据年度财务决算报表相应指标填列。

第 2 行,"应纳所得税"根据实现利润额按税法规定填列。结算表必须与测算表的计算口径一致。

第 3 行,"净收入调节数"、第 6 行"调节后净收入"、第 8 行"职工应得劳动报酬",按本表行次内所列公式计算填列。

第 4 行,"职工劳动报酬实际数"是参考指标,根据年度财务计划和财务、统计报表相应指标填列。

这个结算表所列各项指标,可以表明该企业在 1995 年:

（1）实现利润超额 4 万元,增长 33.33%。

（2）在实现利润中应缴纳的税金超额 1.32 万元,增长 33.33%。

（3）企业留利增加 26800〔(160-52.8)-(120-39.6)〕元,增长 33.33%。

（4）职工应得劳动报酬增加 11900(113.4-101.5)元,增长 9.36%。节余 7600(113.4-105.8)元,可留在下年使用。

（5）职工应得劳动报酬每增加 1 元,国家税收增加 1.11(13.2÷11.9)元,企业留利增加 2.25(26.8÷11.9)元。

总之,实行净收入分成新办法,由于首先从实现了净产值中扣除了国家税收部分,较好地处理了国家、企业和职工之间的分配关系,既保证了国家收入,又有利于国家运用税收杠杆从宏观经济方向调节和控制积累基金和消费基金的比例。从微观经济方面来看,实行净收入分成制有利于搞活企业。这是因为,这个办法将职工收入与企业经济效益联系,从而调动了职工增产节约的积极性。一方面为增加净产值而努力发展生产,提高劳动生产率;另一方面注意节约生产资料成本,节约物耗。这是因为,这个办法要求以取得销售收入作为前提,从而促使职工关心企业的经营状况,发挥积极性,提高经济管理水平;这是因为,这个办法使国家、企业、个人三者所得按既定比率随净收入变动而同向异步变动, 在动态上正确处理了三者利益关系;同时促进企业建立健全多种形式的经济责任制。 这些优点,使这个新办法既有利于宏观经济调控,又有利于微观经济搞活,做到活而不乱。

需要说明的是,这种"倒算净分法"是为了不打乱现行财务制度而设计的。在条件成熟时,应彻底变革原有的财政体制,按净收入分成制的要求重新塑造财务指标和财务管理体制。

二、典型形式Ⅱ：工人所有制股份公司

（一）工人所有制股份公司的基本概念

1.基本含义

所谓的工人所有制公司是指工人拥有的、完全公平分配股份所有权、以实行自主联合劳动为实质的股份公司（这种公司规定至少有一半的工人有至少51%的股份）。它包括以下几个内容：一是指一种劳动投入，而不是所有权因素，公司根据民主原则经营业务，即每名工人各享有一票表决权。二是指在公司工作的人，均有权成为所有者之一。三是指根据投入的资本支付有限数量的股息。四是指公司的增值大部分为共同所有。

2.主要形式

一是把整个企业或工厂的股权全部出售给工人；二是在许多股份公司实行工人持股并控大股。

3.主要特征

第一，本质特征：工人劳动是自主联合劳动，非雇佣劳动。所谓自主联合劳动包括两层含义：一是自主劳动，二是联合劳动，是二者的有机统一。自主劳动就是社会主义劳动或者劳动的社会主义形式，它回答的是劳动具有什么样的社会性质。自主劳动规定了劳动的社会主义性质，属于特殊的社会经济形式的范畴。自主劳动体现了社会主义生产关系的基本性质，决定了整个社会主义生产过程的面貌，决定了社会主义生产方式的特殊性质。自主劳动作为一种劳动的独特的社会形式，是雇佣劳动的对立面。联合劳动是多种生产方式共有的属性，它属于一般社会化劳动的范畴。联合劳动是社会化劳动，也是协作劳动。社会化生产的任何一种形式都是联合劳动，不仅社会主义劳动是一种联合劳动，而且资本主义劳动也是一种联合劳动。在联合劳动条件下，工人作为总体工人，共同使用生产资料。

第二，管理特征：在产权构成上，工人持股占一定比例，其股份总额应占总股本51%以上。工人所有制公司的产权大部分归工人自己所有，其中个人持股比例可以灵活掌握。在决策参与权上，工人对企业的重大决策有决策参与权，一般是按照一人一票的原则进行。这样，一方面体现了工人主人翁的主体地位，另一方面也体现了公平性和公正性。在选举权上，工人有权直接或间接选举本企业的经营管理者。在工人股权获得的方式上，通常是将企业通过财产信托机构的形式贷（或拨）款购买自己企业的股票分给工人，而使工人获得股权。在利润分配上，工人有权参与剩余价值的分配。在股份转让上，工人持股不得自由转让，即工人在本企业就职期间不得转让所持股份。若离开企业时，一般是卖还给该企业。在成员的地位上，工人由

以前的被雇用人员变为新型成员,成为企业的主人,有民主管理参与权。

4.特点和优点

第一,充分体现以人为本,工人自治。尊重全体工人的民主权利,全体工人积极参与,工人的工厂工人办,工人起来自己当家做主搞改革,实现了工人自治。而且这种公司的工人群众力量大,容易克服各种困难。第二,劳动的联合与资本的联合相结合,劳动支配资本。通过将工人自己创造的部分利润转化为工人的股权,实现在联合劳动的基础上重建工人个人所有制的目标。第三,公有制的存量得到有效保护。工人所有制公司能够通过规范的制约机制置换公有资产存量,杜绝常见的国有企业改制中公有资产流失的现象。第四,从实际出发,切合我国的国情。这种所有制形式与我国公有制的国情相吻合,国有企业改制时适用性、可操作性强,易于实施和推广,改制的成功率高。第五,保障企业的长远发展。这种所有制形式让工人自己当家做主,激励了工人的积极性,鼓励工人持有本公司股份,使他们成为公司的股东,为公司的长远利益着想,主动为公司想办法、出点子,使公司取得良好的效益。第六,提高企业抗风险的能力。在公司经营不景气时,鼓励工人购买本公司的股票,有利于改变公司经营状况,避免公司破产,使公司逐渐转变为赢利企业。第七,确保离开企业的工人手中的股票不外流。出于让工人受益时得到税收优惠的考虑,不仅增强了工人与企业在利益上的认同感,而且使工人觉得自己和公司的关系深了。这样,持股工人在年迈或退休离开公司时,更愿意将股票卖还给该公司或其他工人。第八,保证工人退休后其所持股份成为退休金来源的一个重要组成部分。工人股份所有制是一种最新的受益形式,它是与那些定期发放退休金或者一次性津贴相辅相成的,可使退休工人获得另一种收入,具有长久激励作用。工人股份所有制是一种工人帮助企业发展的长效机制。

(二)改革试点的基本情况

南京发动机配件厂是南京机械工业局主管的一家生产内燃机配件的实行国有企业体制的集体所有制企业。南京动配厂尽管实际上实行的是国有企业体制,但所有制性质名誉上划为集体所有制。虽然动配厂是一个债务重、人员多的工业企业,但多年来一直不能享受一般国有企业所享受的政策扶持,诸如优化资本结构的兼并、破产、债转股等政策。工厂也曾积极寻求与大企业、大集团进行联合、重组,终因自身人员多负担重、优势小,均未成功。党的十五大召开以来,特别是一系列有关放开搞活中小型企业的政策出台以后,该厂领导人重新理清思路,充分认识到企业不能再等、靠、要,而必须立足自身,从企业制度改革入手,特别是要从产权制度改革上进行探索。

1.改变企业结构

企业原有结构像其他国有企业一样,为大一统的结构。上设管理部门,下设生产车间,所有的信息汇集到厂部,由厂部向各车间及部门发出指令,环节繁多;对市场发出的信息,不能很快做出反应。债务、资金短缺等外部环境又使企业运行受到干扰。企业疲于奔命,效率却十分低下。

另一个是产权问题,设计本次改制模式时是 1998 年,当时政府未制订具体的改制政策,尚没有在企业的历史债务、人员安置费用等需要政府拿出措施的方面出现进展,尤其是国有企业产权的神圣不可侵犯,根本不可能对工厂的整体产权进行任何改变。

基于这两个原因,他们设计了母子公司结构,迈向公司制。

具体的做法是将工厂原有的管理部门、服务部门经过压缩后,集中到母公司,并且将工厂的整体产权债务及所有不在车间生产岗位上的人员集中到母公司。这样母公司成为企业的管理中心,并形成了与外部接轨的屏蔽层,外界的影响不至于直接影响下面的子公司。同时将原有的生产车间按照产品系列进行组合,使其特定产品的全部生产工序、手段、人员都集中到特定子公司内,并配置相应的供应、销售、管理人员,使之成为一个基本闭合的独立子公司,并形成了企业的利润中心。由于历史债务及负担都集中在母公司,子公司可以轻装上阵,发挥其最大效能。1999年企业因此决定成立金嘉、驰野、埃顿 3 家独立的子公司。

2.对子公司实行“期股买断”的产权模式

要从原有僵化的国有企业制度下挣脱出来,使职工自己当家做主,必须变革产权,形成混合经济成分。

要形成混合经济成分,较大的国有资产数量与职工有限的股权购买力成为重建职工个人所有制的障碍,怎么办?他们采取“期股买断”并在一段时间内用分配倾斜的方式来解决这一矛盾。即在职工首期出资与厂方共同建立有限责任公司后,虽然职工的出资部分还未达到控股比例,但这时公司的实际生产经营权已授予职工股东,由其自主经营,在以后的 3~5 年内,职工以分利继续购买公司股权,直至达到 51%。同时在 3 年内分利不按股比分配,职工大比例分利,但必须以分利的 70%来购买股权,30%用于股权分红。

在确定分利向职工大幅度倾斜时,他们曾经犹豫了一段时间,这样做是否侵害了国家利益。经过讨论后,他们得出了这样的结论:①多年来,企业一直亏损,国有资产不断流失,如果不采用这种具有可操作性的改制模式,国有资产数量在下降。而这样操作后,国有资产不但得到了保值,而且在每月收取固定费用的基础上,通过部分的分利而有所升值,应进行动态比较。②这些改制公司改制前普遍亏损,销售萎缩,原有的市场份额不足以维持等。改制后要达到赢利,必须做出极大的努力,职工购股实际上是一笔风险投资,如果年度亏损,职工将以同等的分利比例来承担亏损。所以他们承担了风险,就应该取得风险收入。③多年来,在老体制下,工人的劳动并没有取得他们应有的报酬。在市场经济下的今天,用新增价值对其进行一定的补偿,是其应有的权利。

模式确定后,他们首先选择了原摩托车气门车间作为期股买断的试点。当时这个车间只有金城集团配套一种产品,每月生产销售仅为 10 万元,车间职工连续 4 个月只能拿 280 元的生活费,职工有着强烈的改制愿望,同时与这个车间有关的债权、债务关系很简单。所以,厂里正式宣布了期股买断的各项政策,以公布招标书的方式,通过竞标征集职工群体代表与厂方共同组建金嘉摩托车气门有限责任公司。招标书贴出后,出现了竞标的火热场面。这个车间的全体职工推荐出他们的车间主任作为职工群代表来投标,他们按照自然人代表的选择标准,按原则、步骤、方法确定经营者。原则:①原单位负责人;②原单位自然人群;③厂级领导;④社会招聘;⑤整建制下岗。方法:①职工座谈会;②基层党支部意见;③摸底调查;④公开招标。

他们将原摩托车气门生产线有关的设备、工装、产成品、在制品及原辅材料进行合理配置后组成的总资产由法定的中介机构评估后作为公司的注册资本。注册资本 100 万元,确定了职工群代表后,厂方按照公司法与其签订了共同组建金嘉摩托车气门有限责任公司的协议、章程及租赁合同。主要内容为:

(1)职工群首期以 30 万元现金购买总股本的 30%后,在 3～5 年的时间内以每年分得的红利逐步买断,直至 51%总股本的剩余部分。

(2)职工群在首期出资 30 万元后,厂方即赋予职工群拥有经营权。

(3)为了扶植职工群的产权转换,厂方与职工群的利润分配比例,头 3 年分别为 1∶9、3∶7、4∶6,3 年后按实际股权分配利润。若相应出现年度亏损,亏损比例按当年的分配比例各自承担。

(4)职工群必须将每年红利的 70%购买注册资本中甲方所持有的股本,直至 51%。

(5)公司每月须向厂方交纳厂房及辅助设施租赁费、非专利技术产权提成费、综合服务费及资金占用费 7 万元。

(6)为了缓解公司成立之初的困难,第 5 条所交费用头两个月可缓交。后 4 个月暂交一半,但必须在下半年逐月补交齐。

(7)职工群买断股权的 30 万元,厂方同意作为公司的流动资金,期限 1 年,公司按银行同期利率支付给厂方。

(8)公司的主管会计由厂方派出,并定期更换。董事会在股权未发生根本改变前,厂方出任3名董事(包括董事长),职工群2名董事;监事会2名为厂方监事(包括监事会主席),1名为公司职工代表。

(9)公司在第一年度必须吸纳相应的在册职工。逾期未吸纳,则须向厂方交纳未吸纳职工的按动配厂人均工资及统筹费用。职工进入公司后签订新的劳动关系合同,同时与总厂解除原有的劳动关系。公司须交纳职工的统筹、劳保等各项法定费用。

(10)若在经营年度中连续两个月不交固定费用或连续数月亏损,董事会有权更换总经理或中止公司合作,进行清算。

这样签订了各项协议,并民主选举了董事会、监事会,经工商局登记后,成立了南京金嘉摩托车气门有限责任公司,并于1999年元月1日正式挂牌运行。

南京发动机配件厂改制创新全过程中存在的最鲜明的特点,是该厂从经营者到生产工人全体职工实实在在地拥有企业主人翁的主体地位,从而拥有从事企业改革的主动性和积极性。实实在在地在改革中抱着出于对企业前途命运深切关注的高度责任感,从而以企业主人翁的身份和姿态投身于改革。自主地、主动地、积极地推进改革,在改革中发挥了高度的主动性和创造性。他们是"我要改",而决不是通常看到的那种"要我改"的被动状态。在该厂,我们看到的是职工的主动进取、自加压力、负责奋进的精神面貌。我们深刻地体会到,这一点对国企改革尤为重要。

(三)迈向自主联合劳动经济制度的企业新模式

"自主联合劳动"这一新的经济范畴,是由笔者在1985年首次提出来的(见拙著《新成本论》第87页),当时是作为社会主义经济的本质范畴提出来的,逐步得到不少学者的认同。现在,我们认为这一新的经济范畴,还涉及社会主义公有制经济改革的实质与方向,即必须以建立现代市场经济下的完善的自主联合劳动经济制度为目标。也就是说,我们的经济改革,不仅仅是要建立现代市场经济体制以取代传统的计划产品经济体制,还要建立真正意义上的社会主义公有制经济制度——实行自主联合劳动的经济制度,以劳动雇佣资本的制度取代传统的国有资本雇佣劳动的经济制度。这后一项任务长期为理论界特别是政治经济学界所忽视。目前基本上是在资本雇佣劳动的框架中来讨论建立和完善市场经济体制问题。新近出版的《劳动经济制度导论》[①]表达了与笔者的思想大致相同的观点,值得引起重视和研

---

① 刘恒中:《劳动经济制度导论》,中国财政经济出版社,2002年10月第1版。

究。

马克思认为，社会主义社会应当"以每个人的全面而自由的发展为基本原则"。我们认为，这也应是社会主义经济改革的基本原则。而要走向实现人的全面而自由的发展就必须以建立自主联合劳动的经济制度为前提和基础。

马克思认为，劳动的特殊社会形式决定生产方式的特殊性质，资本主义条件下"劳动作为雇佣劳动的形式对整个过程的面貌和生产本身的特殊方式有决定作用"，同样，作为雇佣劳动的对立物的自主联合劳动是社会主义条件下劳动的一种特殊社会形式，它决定了社会主义生产方式的性质和整个生产过程的面貌。社会主义公有制经济既往的实现形式均以资本雇佣下的非自主劳动为基础，背离了社会主义公有制的内在要求，并且在具体实践中也步履维艰、四处碰壁。可见，社会主义公有制经济改革的实质与方向在于建立自主联合劳动经济制度。

自主联合劳动经济制度是与资本经济制度相对立的制度范畴，该经济制度范畴下劳动者的自主联合劳动是整个经济体系的基石，有别于以资本为基石的资本经济制度。雇佣劳动则是资本经济制度在劳动关系上的表现形式。社会性、科学性、主体性、普遍性是衡量一种劳动是否是自主联合劳动的必要条件。当劳动同时具备四个条件时，其社会意义就发生了根本性的变化，"一旦在直接形态之下的劳动不复是主要的财富源泉，劳动时间也就不能而且一定不能再作为财富的尺度"，人的全面自由发展也就具备了实现基础。资本的统治，可以归结为物化劳动对活劳动的统治。社会主义生产资料公有制的建立，使得物化劳动独立化了，变成了劳动者对物化劳动的统治，即利用物化劳动为自己谋福利。所谓自主联合劳动，是劳动的发生由劳动者自主、劳动的成果为劳动者自有的一种社会劳动。它是对资本主义雇佣劳动的扬弃，是劳动的社会形式在社会主义社会的必然表现。它的产生，是由社会主义生产方式的本质所决定的。

自主劳动是将劳动者置于主体地位的劳动，是人支配物，而不是物支配人，是对奴役性雇佣劳动的否定。社会主义公有制将劳动者送回到社会生产的主人翁地位上，劳动者获得自己充分的、不再受限制的自主活动，这种自主活动就是对生产力总和的占有以及由此而来的才能总和的发挥。这样，生产劳动就不再是奴役人的手段，而成为解放人的手段。因此，自主联合劳动体现了社会主义生产力和生产关系的内在联系，社会主义社会本质上就是自主联合劳动社会。自主联合劳动关系是贯穿社会主义经济体系的最本质的联系。

自主劳动经济制度是与资本经济制度相对立的范畴，其主旨就是改变资本经济制度下劳动者与资本物之间异化了的关系，建立以劳动者主导的自主联合劳动为基础的经济体系。自主联合劳动,一方面以社会主义公有制的建立为实现前提,另一方面它又是社会主义公有制完善和发展的目标。企业是把各种经济资源结合起来进行产品生产或服务供给活动的组织实体,是整个社会经济体系的基本构成要素,是社会经济最重要的微观单位。企业的经济组织制度是整个社会经济制度的缩影。因而,对一种新的经济制度范畴的探讨,也要以企业为出发点。联合起来的、拥有劳动力的劳动者,以企业所有者或部分所有者(在以劳动者以国资为本与非国资股东合资的企业)的身份,通过按国资平均雇佣利率和国资雇佣量向国家支付国资平均雇佣利息取得国资的使用权,从而把国有资本同他们自己的劳动结合起来。以这种工人集体雇佣国有资本的生产方式为基础的市场经济,称为劳动雇佣国资制度或工人雇佣国资经济体系,也叫做劳动经济制度。

可以从生产关系的基本构成要素来勾勒一下自主劳动经济制度的框架。在所有制问题上,以资本为代表的生产资料属于全社会公有,并由国家代表全体社会成员行使所有权,国家是实际上的所有者,也可以称为生产资料国有,劳动者是自身劳动能力的所有者。劳动者有权力按照自己的意愿支配自己的劳动力,劳动企业的整体所有权属于企业的全体劳动者,劳动企业通过支付平均雇佣利率获得所需资本量的使用权。在劳动关系问题上,劳动企业的劳动者的地位是平等的,都是企业的所有者、主人,完全自愿地相互协作从事生产劳动。任何劳动者个人,可以在章程允许范围内随时选择离开某个劳动企业,在获得接受时加入另一个企业。劳动者所从事的具体工作的差异纯粹是社会分工的差异,并在这种分工的前提下进行联合劳动。劳动者都有权参与企业的决策,任何企业所占用的国资皆为企业中全体职工参与企业决策的基础,只是劳动者享有决策投票权的比例按照其对企业资本的所有程度而有所差异,但这并不能否定劳动经济制度下和谐的劳动关系。在产品分配问题上,完全体现劳动者主导性,整个分配过程都以劳动者为核心。劳动者成为企业的所有者,使实现按劳分配的必要条件得以满足,按劳分配成为自主联合劳动经济制度下的基本分配原则。劳动企业典型的收入分配程序是:交纳诸类流转税、调节税等给政府,扣除各种生产资料耗费和劳务耗费,依平均国资雇佣利率和国资占用量向政府交纳雇佣利息,偿付到期贷款与利息。依条约规定向市场信用资本与内筹信用资本支付红利。经过上述扣除后的企业收入剩余形成企业劳动收入,然后向政府交纳劳动收入累进税,提留适当量的企业福利基金,按有效劳动量在劳动者间分配个人劳动收入。这就是企业净收入分享制。概括说来,自主联合劳动经济制度就是把企业产权的国家所有变成劳动者所有,使之成为由劳动者自己管理的、按平均利率向国家支付国资雇佣利息的、以劳动收入为目的的"民有企业",从而形成一个以这种劳动者所有的"民有企业"为基础的资本公有制市场经济。自主联合劳动经济制度用"劳动雇佣资本的逻辑"代替了"资本雇佣劳动的逻辑",不仅解决了产权清晰和政企分开问题,而且较好地协调了资本公有与市场经济的矛盾。

自主联合劳动经济制度的核心就是自主联合劳动如何雇佣资本问题,其根本路径在于"劳动者联合起来组成企业",即建立"劳动企业"。所谓"劳动企业"就是,"若干劳动者按照公开、自愿、平等、互利等原则联合起来,组成的从事经营的独立法人主体",也称为"劳动者联合体"、"劳动者合作企业"、"国资民营企业"。在资本经济制度下,资本雇佣劳动必须遵循等量资本获取等量利润的原则。同样,劳动雇佣资本也必须遵循两大原则,权利原则是"等量利息雇佣等量资本",配置原则是"等量信用资本雇佣国有资本"。我们相信以自主联合劳动经济制度为实质与方向的社会主义公有制经济的体制改革必将取得成功。

第九章 分享制能够在初次分配中实现公平与效率的统一
——运用净收入分成制于初次分配的案例分析

合理的收入分配制度是中国特色社会主义社会公平的重要体现。完善中国特色社会主义合理的收入分配制度,既要坚持和完善按劳分配为主体、多种分配形式并存的分配制度,建立并完善劳动、资本、技术、管理等生产要素按贡献参与分配的制度;又要坚持和完善公平与效率并重的原则,提高劳动报酬在初次分配中的比重,再分配中坚持"更加注重公平"的原则,实现基本公共服务均等化。以净收入分成制为特征的中国特色分享经济理论,能够实现国家、集体、个人利益按照合理比例分享,可以在初次分配中一次性解决公平与效率统一的问题。建立并完善以净收入分成制为特征的中国特色分享经济制度,有利于深入贯彻落实科学发展观,坚持以人为本为核心,做到发展为了人民,发展依靠人民,发展成果由人民共享。从而可以通过利益分享制度的调节,保护合法收入,调节过高收入,取缔非法收入,逐步建成利益分享的和谐社会,最终走向全社会的共同富裕。

一、两个层次的利益分享

(一)国家、集体、个人之间的利益分享

中国的分配体制改革,是一场深刻的革命。随着改革的深入,在初次分配中解决公平与效率统一的分配方法正在探索和完善,包括净收入分成制在内的多种分享制度在改革中不断地由群众创造出来。李炳炎教授对净收入分成制进行了理论总结。净收入分成制吸收了我国农村经济改革分成的做法,突破了传统的工资制。从20世纪80年代至今,已经被越来越多的企业采用,显示出了强大的生命力与优越性。净收入分成制是以企业实现的净收入(企业实现的销售收入扣除物耗成本求得)为依据,将净收入划分为国家税收基金、企业基金、员工个人收入三部分,即三者之间按照一定的比例合理分享。净收入分成制在劳动者根本利益一致的前提下兼顾国家、集体、个人三者的利益,最终实现社会主义的生产目的,即满足人民不断增长的物质文化需要。净收入分成制通过按有效劳动分配收入,从而产生激励作用,同时削弱了工资与成本的刚性,通过合理的分享比例的控制,保证了工资收入的增长不超过劳动生产率的增长,有利于克服社会主义经济中可能出现的滞胀,具

有抵抗低效率、失业和通胀的功能。正如马丁·L.威茨曼所言,"分享经济具有内在的三面锋刃,可以用来对付失业、生产停滞和价格上涨的趋势"。

(二)集体内部个人之间的利益分享

在我们改变了计划体制下平均收入分配格局的同时,由于"效率优先,兼顾公平"与"一部分人先富起来"分配政策的引导与多种经济成分的体制,导致收入差距不断拉大。从基尼系数来看(见表9-1):

表9-1 改革开放以来我国的基尼系数

年份	1978	1991	1994	2000	2002	2005
基尼系数	0.16	0.282	0.389	0.417	0.454	0.47

我国 2000 年突破国际公认的 0.4 的警戒线,而且出现逐年上升的趋势。最富有的 20% 的人群拥有全部存款量的 80%,而 80% 的人群只拥有全部存款量的 20%。要想从根本上解决贫富差距扩大的问题,必须建立劳动者劳动联合和资本联合为一体的自主联合劳动股份合作制,分配上实行净收入分成制。以净收入分成制为特征的分享制具有扩大生产、实现充分就业的内在机制。这就是它的自动排斥冗员的功能。员工的收入不再是固定不变的,在企业可分配的净收入既定的条件下,员工收入与参与分配的员工人数成反比例变化,不付出劳动的员工将被自动排斥在外。这就从根本上消除了隐性失业问题,提高了劳动生产率,而且高的劳动生产率有利于缓冲物价上涨和价格改革,被排斥的冗员向其他企业流动,实现充分就业。实行企业净收入分成制以后,由于成本只是物耗成本,工资不再计入成本,净收入的增长不会推动成本上升而导致价格上涨。同时,收入的增加,可用于满足员工不断增长的物质文化需要,使劳动力的人力资本素质不断提高,为劳动生产率的进一步提高打下了坚实的基础。

实行自主联合劳动制度下的企业净收入分成制后,企业追求的目标不再是利润最大化,而是净收入最大化。净收入的增加取决于成本的降低和销售收入的增加与劳动生产率的提高,随着劳动生产率与人力资本素质的不断提高,销售收入在净收入最大化的激励下不断增加。为了实现净收入最大化,员工又会想方设法地降低成本,从而就不会造成工资—价格螺旋式上涨的成本推动型通货膨胀。实行净收入分成制,员工的个人收入的增长,受事先确定的分成比例的控制,它随个人劳动量和企业净收入的增减而同步增减,工资的刚性被消除,个人收入的增长低于劳动生产率的增长,这样,个人收入就不会出现超分配现象。同时企业收入同样受一定比例的控制,按一定比例进入生产发展与积累基金,从而可以有效控制集团超额消费现象。这样就可以通过控制消费基金的膨胀,从而有效地抑制需求拉动型通货膨胀。从宏观上看,工资总额只是国民收入的一个固定比例,它只能随国民收入的增长而同步适度增长,这样就可以避免工资物价的轮番上涨。由于净收入分成制消除了地区之间、部门之间、企业之间员工收入攀比机制的基础,即工资刚性和平均主义的分配方式,使得高效率部门的收入增长较快,而低效率部门的收入增长率得以控制,克服了社会收入分配平均化。促使资源向高效率部门合理流动,从而有效地解决了效益差别与收入均等之间的矛盾,可以在一定程度上消除结构性通货膨胀。可见,净收入分成制度是从微观经济基础中解决通胀问题,可以说是反通货膨胀的一种治本之策。净收入分成制度可以实现社会的经济增长、物价稳定、充分就业等几大目标,为实现共同富裕打下坚实的基础。在企业内部,根据行业与企业的特点,建立与成本挂钩的绩效考核制。例如:生产型企业与部门实行与成本挂钩的产量、质量工资制,销售型企业与部门实行与成本挂钩的销量工资制等。这样就克服了干多干少一个样的平均主义"大锅饭"现象,杜绝了偷懒行为的发生,最大限度地调动了每位员工的工作积极性。建立在自主联合劳动制度下的净收入分成制度,就从根本上消除了社会主义经济中经济主体间的利益根本对立和冲突的基础,从而实现经济与社会和谐、高效的发展。

二、净收入分成制典型案例:内蒙古黄河铬盐股份有限公司的实证分析

净收入分成制有公平与效率相统一、同步兼顾的协调机制,能够实现公平与效率并重的原则,在初次分配中就一次性地解决了公平与效率统一的问题。笔者曾经工作过的内蒙古黄河铬盐股份有限公司,是一家生产重铬酸钠、铬酸酐、铬绿、铬粉、火力发电、包装物等产品的股份有限公司,公司拥有员工 938 人,是中国铬盐生产的重要企业。该公司是 2003 年经内蒙古自治区人民政府批准,由国有企业改制为全员持股的股份有限公司。改制时,根据每位员工的岗位特点,结合每位员工的工龄、职称等因素将国有股 2200 万元,按比例分配到每位员工,保留了 430 万元国有股。2004 年公司实行了各分公司、各车间、各部门责任成本承包制。做法是依据以往的生产成本并与同行业对比,确定各种产品的生产成本、产量、质量指标,节约部分由公司企管部门考核后,全额发放到各分公司与各车间、各部门,并根据不同岗位,制定了不同的分值,每月考核后发放到每位员工手中。收入分配实现了多劳多得,有劳必得,上不封顶,下不保底的按劳分配格局。2004 年公司上缴税金、利润双双突破 1000 万元。国有资产管理局将 430 万元国有股奖励给公司,公司按股东持股比例分配到每位员工。员工人均收入(包括股份分红收入),比 2003 年翻了近一倍。2005 年在总结 2004 年责任成本承包制成功经验的基础上,实行了净收入

分成制。

具体做法是:以销售收入去除物耗成本以后的净收入为依据进行分配,其中上交国家税收基金(包括增值税、营业税、所得税等),按净收入的30%提取,企业基金(包括折旧、大修、财务费用、企业发展基金等),按净收入的20%~30%提取,员工收入(包括股份分红,岗位考核收入)按净收入的40%~50%提取。下面是2005年一季度的具体考核情况。

(一)国家、公司、员工(股东)之间的分成

依据2004年责任成本承包制的经验数据,建立了如下数学模型,计算三者之间的分成额。

(1)月净收入 $n = n_1 + n_2 + n_3$,n 小于等于300万元,分成比例为:

$n = n \times 30\% + n \times 20\% + n \times 50\%$;$n_1 = n \times 30\%$、$n_2 = n \times 20\%$、$n_3 = n \times 50\%$。其中:$n_1$ 为国家税收基金,n_2 为企业基金,n_3 为员工收入(包括股份分红收入),月净收入 n 由销售收入扣除物耗成本求得。

(2)月净收入 $n = n_1 + n_2 + n_3$,n 大于300万元,小于400万元,分成比例为:

$n = n \times 30\% + n \times 25\% + n \times 45\%$; 其中:$n_1 = n \times 30\%$,$n_2 = n \times 25\%$,$n_3 = n \times 45$。

(3)月净收入 $n = n_1 + n_2 + n_3$,n 大于400万元,分成比例为:

$n = n \times 30\% + n \times 30\% + n \times 40\%$; 其中:$n_1 = n \times 30\%$,$n_2 = n \times 30\%$,$n_3 = n \times 40\%$。

(4)员工纯收入 n_4 = 员工收入 n_3 - 总股份分红收入 n_5 = 员工收入 $n_3 \times 70\%$。

(5)总股份分红收入 n_5 = 员工收入 $n_3 \times 30\%$。

(二)公司内部各部门及员工之间的分成

公司对各分公司、各车间、各部门进行考核,将各自的员工纯收入,分配到各分公司、各车间、各部门。公司内部各分公司、各车间、各部门依据各自岗位特点分类,制订不同的分值。由分配到各自员工的纯收入除以各自的总分值,求得各自每分应得金额,由每位员工的分值乘以各自每分应得的金额,求得每位员工的收入额。用每位员工的股份数乘以每股分红,求得每位员工的股份分红额。

员工每月总收入 = 考核收入额 + 股份分红额

(三)说明

(1)各分公司、各车间实行按产品分类的事业部制。各自产品的管理费用、销售费用计入各自的物耗成本。

(2)数学模型中国家税收基金、企业基金、员工收入所占比例是依据前几年数

据,特别是 2004 年责任成本承包制得出的经验值。

(3)随着净收入的增加,国家税收基金所占比例 30%基本恒定,但是净收入的增加主要是由于产销量的增加所致,而产销量的增加将导致折旧、大修等费用的增加,所以随着净收入的增加,逐步调高了企业基金所占的比例,调低了员工收入所占的比例。但是,由于净收入的增加,员工的相对收入仍然在增加。

(4)总股份分红收入占员工收入的 30%,员工纯收入占员工总收入的 70%,这是为了提高劳动报酬在初次分配中的比重,实现公平与效率并重的原则,目的是在初次分配中一次性解决公平与效率统一的问题。

(5)为了确保产品质量和计划生产量的完成,形成各部门之间奖优罚劣的竞争局面,因此,规定了质量一等品率每降低一个百分点,生产量每降低两个百分点,销售量每降低一个百分点,从所属部门纯收入中扣除百分之一的款项,对应奖励一等品率提高百分之一,生产量提高百分之二,销售量提高百分之一的部门。

(6)公司行政后勤人员收入,占员工纯收入的 10%,由各生产部门按考核比例承担。

(7)物料消耗包括原材料、维修费等制造费用,低值易耗品等管理费用,各种产品的销售费用。

(四)2005 年一季度净收入分成制具体考核情况

(1)2005 年 1 月份:全公司完成销售收入 960 万元,各项物耗成本合计 680 万元,净收入 280 万元。

a.国家税收基金、公司基金、员工收入之间,总股份分红收入、员工纯收入之间的分成。依据月净收入 n 小于等于 300 万元,分成比例为:$n=n_1+n_2+n_3$,$n=n\times30\%+n\times20\%+n\times50\%$,$280=280\times30\%+280\times20\%+280\times50\%$;其中:上缴国家税金 $n_1=280\times30\%=84$ 万元,公司基金 $n_2=280\times20\%=56$ 万元,员工收入 $n_3=280\times50\%=140$ 万元。(其中发生财务费用支付银行利息 20 万元,其余 36 万元挂账)。

总股份分红收入 $n_5=$ 员工收入 $n_3\times30\%=140$ 万元 $\times30\%=42$ 万元。

员工纯收入 $n_4=$ 员工收入 n_3- 总股份分红 $n_5=140$ 万元 -42 万元 $=98$ 万元。

提取公司行政后勤收入 = 员工纯收入 $=98$ 万元 $\times10\%=9.8$ 万元。

一线员工纯收入 $=98$ 万元 -9.8 万元 $=88.2$ 万元。

b.公司内部各部门之间的分成。

表 9-2 2005 年 1 月份净收入分成制具体考核情况

	发电分公司	重铬酸钠车间	铬酸酐车间	铬粉车间	铬绿车间	包装车间	行政后勤	合计
销售收入(万元)	192	245	235	86	106	96		960
物料消耗(万元)	143	173	162	57	73	72		680
净收入(万元)	49	72	73	29	33	24		280
员工纯收入(万元)	15.4	22.7	23	9.1	10.4	7.6	9.8	98
股份(万元)	500	638	467.1	169.7	250	302.6	302.6	2630
分红收入(万元)	7.6	9.7	7 1	2.6	3.8	4.6	4.6	42

其中:Ⅰ.重铬酸钠车间一等品率提高约 1%,铬粉车间一等品率降低约 1%,质量考核铬粉车间扣除 9.1 万元 × 10%=0.91 万元奖励给重铬酸钠车间。重铬酸钠车间纯收入调整为 22.7 万元 +0.91 万元 =23.61 万元,铬粉车间纯收入调整为 9.1 万元 –0.91 万元 =8.19 万元。

Ⅱ.全公司总股份为 2630 万股,每股分红为 42 万元 ÷ 2630 万元 =0.0152 元

c.部门内部各员工之间的分成。

以铬酸酐车间为例:该车间共有员工 198 人,按各位员工的工作岗位不同分为五类岗位,每类岗位对应不同的分值,将所有 198 名员工的分值相加得出铬酸酐车间的考核总分值,用车间 1 月份员工纯收入 23 万元除以车间考核总分值,得出车间每分应得收入额,用每位员工的分值乘以车间每分应得收入额,算出每位员工考核收入额,加上该员工 1 月份股份分红额,就是该员工 1 月份总收入额。

岗位:Ⅰ类:车间主任 1 人,分值:150 分。

Ⅱ类:车间副主任、技术员 2 人,分值:120 分 / 人 × 2 人 =240 分。

Ⅲ类:班组长、反应工、维修工 63 人,100 分 / 人 × 63 人 =6300 分。

Ⅳ类:配料工、酸泥工 120 人,80 分 / 人 × 120 人 =9600 分。

Ⅴ类:办事员、电工、备用工等 12 人,75 分 / 人 × 12 人 =900 分。

车间考核总分为 150 分 +240 分 +6300 分 +9600 分 +900 分 =17190 分。

车间考核每分应得收入额 230000 元 ÷ 17190 分 =13.38 元 / 分。

Ⅰ类岗位考核收入额 150 分 × 13.38 元 / 分 =2007 元。

Ⅱ类岗位考核收入额 120 分 × 13.38 元 / 分 =1605.6 元。

Ⅲ类岗位考核收入额 100 分 × 13.38 元 / 分 =1338 元。

Ⅳ类岗位考核收入额 80 分 × 13.38 元 / 分 =1070.4 元。

Ⅴ类岗位考核收入额 75 分 × 13.38 元 / 分 =1003.5 元。

以上为各类岗位 1 月份满勤考核收入额,如果有缺勤,则扣除相应缺勤的分

值。Ⅰ类岗位车间主任张礼明同志持有公司 68000 股，该同志股份分红收入 =68000 股 ×0.0152 元 / 股 =1033.6 元，张礼明主任 1 月份总收入 =2007 元 +1033.6 元 =3040.6 元；Ⅴ类岗位办事员侯勇持有公司 26000 股，该同志股份分红收入 =26000 股 ×0.0152 元 / 股 =395.2 元，侯勇办事员 1 月份总收入 1003.5 元 +395.2 元 =1398.7 元。

（2）2005 年 2 月份：全公司完成销售收入 1056 万元，各项物耗成本合计 718.08 万元，净收入 337.92 万元。

a.国家税收基金、公司基金、员工收入之间，总股份分红收入、员工纯收入之间 的分成。依据月净收入 n 大于 300 万元，小于 400 万元分成比例为：$n=n_1+n_2+n_3$，$n=n×30\%+n×25\%+n×45\%$，337.92=337.92×30%+337.92×25%+337.92×45%；其中：上缴国家税金 n_1 =337.92×30%=101.38 万元，公司基金 n_2 =337.92×25% =84.48 万元，员工收入 n_3 =337.92×45%=152 万元。（其中,发生财务费用支付银行 利息 23 万元,其余 61.48 万元挂账）。

总股份分红收入 n_5 = 员工收入 n_3 ×30%=152 万元 ×30%=45.6 万元。

员工纯收入 n_4 = 员工收入 n_3 – 总股份分红 n_5 =152 万元 –45.6 万元 =106.4 万元。

提取公司行政后勤收入 = 员工纯收入 n_4 ×10%=106.4 万元 ×10% =10.64 万元。

一线员工纯收入 106.4 万元 –10.64 万元 =95.76 万元。

b.公司内部各部门之间的分成。全公司总股份为 2630 万股,每股分红 45.6 万元 ÷2630 万股 =0.0173 元 / 股。

表 9-3 2005 年 2 月份净收入分成制具体考核情况

部门	发电分公司	重铬酸钠车间	铬酸酐车间	铬粉车间	铬绿车间	包装公司	行政后勤	合计
销售收入(万元)	201	276	268	99	111	101		1056
物料消耗(万元)	148	189	174	63	69.98	74.1		718.08
净收入(万元)	53	87	94	36	41.02	26.9		337.92
员工纯收入(万元)	15.01	24.7	26.6	10.2	11.6	7.65	10.64	106.4
股份(万元)	500	638	467.1	169.7	250	302.6	302.6	2630
分红收入(万元)	8.67	11.06	8.1	2.94	4.33	5.25	5.25	45.6

c.部门内部各员工之间的分成。

为了便于对比，仍然以铬酸酐车间为例：车间考核总分为 17190 分，车间考核 每分应得收入额为 =266000 元 ÷17190 分 =15.47 元 / 分。

Ⅰ类岗位考核收入额为 150 分 × 15.47 元 / 分 =2320.5 元。

Ⅱ类岗位考核收入额为 120 分 × 15.47 元 / 分 =1856.4 元。

Ⅲ类岗位考核收入额为 100 分 × 15.47 元 / 分 =1338 元。

Ⅳ类岗位考核收入额为 80 分 × 15.47 元 / 分 =1547 元。

Ⅴ类岗位考核收入额为 75 分 × 15.47 元 / 分 =1160.3 元。

Ⅰ类岗位车间主任张礼明股份分红收入 68000 股 × 0.0173 元 / 股 =1176.4 元，张礼明主任 2 月份总收入 2320.5 元 +1176.4 元 =3496.9 元，比 1 月份增加 456.3 元，增长 15%。其中：岗位考核收入增加 313.5 元，增长 15.6%，股份分红收入增加 142.8 元，增长 13.8%。Ⅴ类岗位办事员侯勇分红收入 26000 股 × 0.0173 元 / 股 =449.8 元，侯勇办事员 2 月份总收入 449.8 元 +1160.3 元 =1610.1 元，比 1 月份增加 211.4 元，增长 15%，其中：岗位考核收入增加 156.8 元，增长 15.6%，股份分红收入增加 54.6 元，增长 13.8%。2 月份销售收入增加 1056 万元 –960 万元 =96 万元，增长 10%。2 月份上缴国家税收基金增加 101.38 万元 –84 万元 =17.38 万元，增长 20.7%。2 月份公司基金增加 84.48 万元 –56 万元 =28.48 万元，增长 50.9%。2 月份净收入增加 337.92 万元 –280 万元 =57.92 万元，增长 20%。2 月份员工收入增加 152 万元 –140 万元 =12 万元，增长 8.5%。2 月份股份分红增加 45.6 万元 –42 万元 =3.6 万元，增长 8.6%。真正实现了国家、企业、员工收入同步增长的局面。其中：企业基金增长率最快，保证了企业有足够的发展基金，税收基金增长率超过了员工个人收入增长率，保证了国家拿大头，个人拿小头，个人收入增长率低于劳动生产率增长率（见图 9-2）。

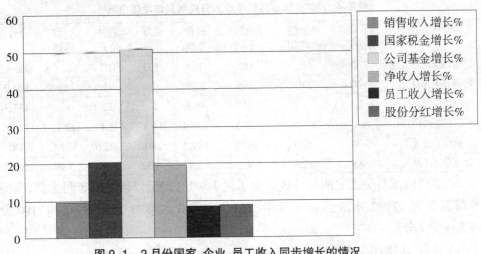

图 9-1　2 月份国家、企业、员工收入同步增长的情况

（3）2005 年 3 月份：全公司完成销售收入 1238 万元，各项物耗成本 804.7 万元，净收入 433.3 万元。

a.国家税收基金、公司基金、员工收入之间，总股份分红收入、员工纯收入之间的分成。依据月净收入 n 大于 400 万元分成比例为：$n=n_1+n_2+n_3$，$n=n \times 30\% + n \times 30\% + n \times 40\%$，$433.3=433.3 \times 30\% + 433.3 \times 30\% + 433.3 \times 40\%$；其中：上缴国家税金 $n_1=433.3$ 万元 $\times 30\%=129.99$ 万元，公司基金 $n_2=433.3$ 万元 $\times 30\%=129.99$ 万元，员工收入 $n_3=433.3$ 万元 $\times 40\%=173.32$ 万元。（其中，发生财务费用支付银行利息 21.5 万元，其余 108.49 万元挂账）

总股份分红收入 $n_5=$ 员工收入 $n_3 \times 30\%$

$=173.32$ 万元 $\times 30\%$

$=52$ 万元

员工纯收入 $n_4=$ 员工收入 n_3- 总股份分红收入 n_5

$=173.32$ 万元 -52 万元

$=121.32$ 万元

提取公司行政后勤收入 $=$ 员工纯收入 $n_4 \times 10\%$

$=121.32$ 万元 $\times 10\%$

$=12.13$ 万元

一线员工纯收入 121.32 万元 -12.13 万元 $=109.19$ 万元。

b.公司内部各部门之间的分成。全公司总股份为 2630 万股，每股分红额为 52 万元 $\div 2630$ 万股 $=0.0198$ 元 / 股

表 9-4 2005 年 3 月份净收入分成制具体考核情况

部门	发电分公司	重铬酸钠车间	铬酸酐车间	铬粉车间	铬绿车间	包装公司	行政后勤	合计
销售收入（万元）	232	318	312	121	132	123		1238
物料消耗（万元）	160	210	195	72.7	76	91		804.7
净收入（万元）	72	108	117	48.3	56	32		433.3
员工纯收入（万元）	18.1	27.2	29.5	12.19	14.1	8.1	12.13	121.32
股份（万元）	500	638	467.1	169.7	250	302.6	302.6	2630
分红收入（万元）	9.9	12.6	9.2	3.4	4.92	5.99	5.99	52

c.部门内部各员工之间的分成。为了便于对比，仍然以铬酸酐车间为例，车间考核总分为 17190 分，3 月份车间考核每分应得收入额为 295000 元 $\div 17190$ 分 $=17.16$ 元 / 分。

3 月份：Ⅰ类岗位考核收入额为 150 分 $\times 17.16$ 元 / 分 $=2574$ 元。

Ⅱ类岗位考核收入额为 120 分 × 17.16 元 / 分 6=2059.2 元。

Ⅲ类岗位考核收入额为 100 分 × 17.16 元 / 分 =1716 元。

Ⅳ类岗位考核收入额为 80 分 × 17.16 元 / 分 =1372.8 元。

Ⅴ类岗位考核收入额为 75 分 × 17.16 元 / 分 =1287 元。

Ⅰ类岗位车间张礼明主任股份分红收入 68000 股 × 0.0198 元 / 股 =1346.4 元，张明礼主任 3 月份总收入 2574 元 +1346.4 元 =3920.4 元，比 2 月份增加 423.5 元，增长 12.1%。其中：岗位考核工资增加 2574 元 –2320.5 元 =253.5 元，增长 10.9%。股份分红收入增加 1346.4 元 –1176.4 元 =170 元，增长 14.5%。

3 月份Ⅴ类岗位侯勇办事员分红收入 26000 股 × 0.0198 元 / 股 =514.8 元，3 月份总收入 514.8 元 +1287 元 =1801.8 元，比 2 月份增加 200.7 元，增长 12.5%。其中：岗位考核收入增加 126.7 元，增长 10.9%，3 月份分红收入增加 65 元，增长 14.5%。3 月份销售收入增加 1238 万元 –1056 万元 =182 万元，增长 14.7%。3 月份上缴国家税收基金增加 129.99 万元 –101.38 万元 =28.61 万元，增长 28.2%。3 月份公司基金增加 129.99 万元 –84.48 万元 =45.5 万元，增长 53.9%。3 月份净收入增加 433.3 万元 –337.92 万元 =95.38 万元，增长 28.2%。3 月份员工收入增加 173.32 万元 –152 万元 =21.32 万元，增长 14.7%。3 月份股份分红增加 52 万元 –45.6 万元 =6.4 万元，增长 14%。

由此可见 3 月份与 2 月份相比，14.7% 的销售收入增长率，就带来了上缴国家税收基金 28.2% 的增长率，公司基金 53.9% 的增长率和 28.2% 的净收入增长率，实现了国家、企业、员工收入同步的大幅度增长（见图 9–2）。

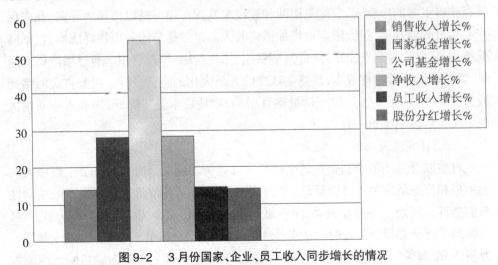

图 9–2　3 月份国家、企业、员工收入同步增长的情况

三、实现利益分享的运行机制

内蒙古黄河铬盐股份有限公司是一个全体员工持股的股份合作制企业，真正实现了自主联合劳动下的劳动的联合与资本的联合的结合。分配体制上通过采用净收入分成制，工资不再计入成本，废除了以雇佣劳动为基础的工资制。实现了在初次分配中一次性解决公平与效率相统一、公平与效率并重的问题。表现出了中国特色净收入分享经济的巨大优越性。这种分享经济运行机制具体表现在以下几个方面。

（一）市场导向机制

自主联合劳动股份合作制企业实行净收入分成制后，改变了以利润为经营目标的模式，将销售收入作为第一级经营目标，因此企业实行的是以销定产的生产经营方式。企业随着市场的变化，不断提高产品质量，增加适销对路的产品。企业以顾客为关注焦点，通过关系营销、绿色营销、网络营销等新型营销手段实现销售收入最大化。内蒙古黄河铬盐股份公司根据产品不同实行事业部制经营模式。营销上除在天津、上海、青岛等地设立销售处开展国内贸易外，公司国外贸易部通过网络营销，将重铬酸钠、铬酸酐、铬绿等产品销往美国、新西兰、英国等世界各地。外贸出口额由 2003 年的占公司总销售额的 10%，增加到 2006 年的 36%。不仅为企业带来了较大的销售收入，而且为国家赚取了大量的外汇。

（二）增产节约机制

由于自主联合劳动股份制企业实行了净收入分成制后，以企业净收入作为第二级经营目标，取代了以往的以利润最大化作为企业的经营目标和生产动机。企业要想获得更多的净收入，只能采取两种途径来实现。第一是以市场为导向，在确保产品质量的前提下，最大限度地增加销售收入。第二是节约各项物耗成本，包括降低原材料消耗，提高产出率，降低制造费用、销售费用、管理费用。通过增产做大总量，通过节约降低物耗成本，最终实现净收入最大化的经营目标。内蒙古黄河铬盐股份公司 2005 年 1~3 月份产销量逐月增加，物耗成本逐步降低，净收入不断增大的事实正好说明了这一点。

（三）自我激励机制

自主联合劳动股份制企业的全体员工既是劳动者又是所有者，员工以主人翁的地位和姿态从事生产经营活动，最大限度地发挥了各位员工经营生产的主动性与创造性。实现了按劳动成果，按贡献大小与按股份多少相结合的分配方式。真正做到了有劳必得、多劳多得、少劳少得、不劳不得。全体员工心往一处想，劲往一处使，一荣俱荣，一损俱损，产生了巨大的来自企业内部的自我激励机制。内蒙古黄河铬盐股份公司每年初对从总经理到普通员工的各岗位实行竞聘上岗，通过双向选择使每位员工找到适合自己的岗位，企业通过竞聘上岗和特殊管理与技术岗位面向社会招聘，选取到了能为企业带来最大净收入的生产经营者与技术骨干。每位上岗员工都能珍惜来之不易的工作岗位，自加压力，团结协作，产生了巨大的凝聚力与创造力。

（四）公平与效率并重机制

就是公平与效率兼顾协调发展的机制。我国改革开放初期，在以深圳速度为典型代表的发展就是硬道理的影响下，提出了"时间就是金钱，效率就是生命"的口号。分配体制上提出了"效率优先，兼顾公平"的分配原则，这虽然给我国带来了连续近30年的经济高速增长，同时导致我国的贫富差距进一步拉大，使得基尼系数高达0.47，导致了各种严重的社会矛盾。而像内蒙古黄河铬盐股份公司这样的自主联合劳动股份制企业，通过净收入分成，不仅兼顾了国家、企业、员工三者的利益，而且使员工内部的收入分配，依据岗位不同制定不同的分值，以劳动成果作为分成指标，员工按贡献大小公平地参与分配。在以按劳分配为主体的同时（按劳分配比例占70%），还兼顾了股份大小不同（占分配比例的30%）公平参与分配，真正实现了公平与效率同步兼顾的协调机制。

（五）资金增量积累机制

通过净收入分成，企业收入不断转化为企业后备发展基金。以内蒙古黄河铬盐股份公司为例，尽管企业基金分成比例为20%~30%，企业基金2005年2月份比1月份增长50.9%，3月份比2月份增长53.9%，企业基金增长率远远高于上交国家税收基金和员工净收入的增长率。这样，企业基金通过不断增长，不断积累，不断增值，为企业扩大再生产，进行技术改造与自主创新，进而增强企业的市场竞争力提供了强大的资金保障。

（六）三方利益和谐协调，共同发展机制

内蒙古黄河铬盐股份公司2005年1~3月份的数据表明，实行净收入分成制，完全能够实现上交国家税收基金、企业发展基金、员工收入三者利益兼顾协调发展，同步增长，真正实现了三者利益的一致性。而且保证了国家税收基金与企业发展基金的增长率快于员工个人收入的增长率，在确保大河满的前提下，增加了小河的流量，实现了三者利益的和谐与共赢。

（七）冗员自动排斥机制

在实行净收入分成制进行收入分配以后，公司员工的个人收入分配以现期的劳动成果计算，而且完全实行以岗定员、以岗定责的全员竞聘上岗机制，实现了不劳动者不能得到收入,从而,实现了冗员自动离开的机制。内蒙古黄河铬盐股份公司实行全员竞聘上岗的净收入分成制以来,形成了军事化、快节奏、满负荷、高效率的工作局面。

(八)技术自动进步、自主创新、自我发展机制

自主联合劳动的股份制企业实行净收入分成制后,能够保证企业基金以最快的速度增长,并为企业技术进步、自主创新、自我发展提供充足的资金保障。自主联合劳动的股份制企业为了实现净收入最大化的经营目标,就要不断地拓展市场,实现销售收入最大化,就要不断地进行技术改造,通过自主创新实现自我发展来最大限度地降低各项物耗成本。内蒙古黄河铬盐股份公司 2005 年 1~3 月份投入技改资金 80 多万元,引进煤气焙烧等新技术、新装备,使主要产品生产成本逐月下降。

(九)质量保障与持续改进机制

内蒙古黄河铬盐股份公司实行净收入分成制以来,主要产品重铬酸钠、铬酸酐、铬粉、铬绿等一级品率逐月上升。并规定实行产品质量一票否决权,不合格产品一律不准出厂,废品、次品不计得分,明确为无效劳动,并要倒扣原材料费。严格按照 ISO9001 质量保证体系的要求,不合格品全部回化处理。并要求产品质量要实现持续改进,逐步提高优等品的考核比例,超额完成质量考核指标的部门给予奖励,完不成质量考核指标的部门应当承担相应的罚款。真正实现了人人身上有保证质量的压力,个个头上有保证质量的指标。

(十)自动抵御通胀的机制

实行净收入分成制后,工资不再进入成本,有效地消除了工资和成本的刚性。每位员工都会想方设法降低物耗成本,来实现净收入最大化。而且员工收入的增长率低于劳动生产率,从而从微观层面有效地遏制了成本推动型和需求拉动型通货膨胀。同时企业通过不断的技术改造,自主创新,实现产品升级换代,淘汰不适应市场的落后产品,不断开发适销对路产品,淘汰高消耗、高污染的落后产能,开发低成本环保型新项目。这就从微观层面抑制了结构失调引起的通货膨胀。如果越来越多的企业实行了净收入分成制度,就能够产生宏观效应,遏制国民经济中可能出现的"通胀"与"滞胀"。

四、对几种分配理论观点的理性思考

(一)对"资本雇佣劳动,按资分配"的理性思考

在资本主义社会里,工人阶级一无所有,劳动力成为商品,工人将自己的劳动力出卖给拥有资本的资本家,资本家组织生产经营,最大限度地赚取工人的剩余价值,工人的工资只是自己劳动力的价值。我国正处在而且会长期处在社会主义初级

阶段,我们正处在生产力不发达的社会主义,采取大力发展生产力的手段,不断满足人民日益增长的物质文化需要是我们长期的生产目的。要实现这个目的,不是建立"资本雇佣劳动,按资分配",少数人富有的资本主义制度,而是要建立全体人民共同富裕的中国特色社会主义制度,要建立按劳分配为主体,资本、技术、管理等生产要素共同参与分配的分享经济制度。因此,我们要建立能正确指导我国经济体制改革、适合中国国情的社会主义市场经济理论。

(1)社会主义市场经济是现代的市场经济,现代的市场经济是社会分工高度发展的结果,我国正处于社会主义初级阶段,社会分工还不很发达,随着我国社会主义市场经济的不断发展与完善,我们的奋斗目标是高度发达的现代市场经济。

(2)社会主义市场经济是有宏观调控的市场经济,就是有计划的市场经济。由于现代市场经济是建立在现代化、社会化的大生产基础上的,为了实现社会总供给与社会总需求的均衡,就要使国民经济有计划按比例地运行和发展,这是与社会主义公有制为主体的经济制度相适应的。在实现经济持续、稳定、快速发展的同时,实现国民经济的综合平衡,实现社会再生产过程的顺利进行,实现社会主义的生产目的。同时可以克服自由市场经济无政府状态给社会经济造成大的损失。

(3)社会主义有计划的市场经济是以社会主义公有制为主体的。这是由社会主义的性质决定的,生产资料所有制不同,市场经济的社会性质也就不同,生产资料所有制决定了市场经济的社会性质。资本主义国家实行生产资料私有制,其市场经济就是资本主义性质的市场经济,社会主义国家在主体上实行生产资料公有制,其市场经济就是社会主义性质的市场经济。完善社会主义基本经济制度,就是要健全现代市场体系,加快形成统一开放竞争有序的现代市场体系。坚持和完善公有制为主体,多种所有制经济共同发展的基本经济制度。坚持和完善自主联合劳动,劳动雇用资本,按劳分配为主体,多种分配方式并存的分配制度,健全和完善劳动、资本、技术、管理等生产要素按贡献大小对劳动成果共同分享的制度。

(二)对"效率优先,兼顾公平"的理性思考

效率是实现经济持久增长的推动力,也是实现持久和更多公平的前提与保障。社会公平是体现社会公平与正义,构建社会主义和谐社会的重要前提。正确处理好经济效率与社会公平的关系至关重要,效率与公平是辩证统一的关系。经验告知我们,收入分配越均等化,人的积极性就越低,效率就相应降低;收入分配差距拉得越大,特别是分配程序规则不公平,越会导致效率下降,从而导致严重的两极分化,引起社会动荡。适当拉开收入分配差距,并保证分配程序合理,规则公平、公正、透明,就会有助于效率的提高。"效率优先,兼顾公平"是指在收入分配中"效率"处于主要

位置,"公平"处于兼顾的次要位置。改革开放以来,改变了原来分配上的绝对平均主义,"大锅饭"中只讲公平、不讲效率的做法,"效率优先,兼顾公平","让一部分人先富起来,让一部分地区先富起来"收到了明显的成效,我国一部分人和沿海地区实现了首先富裕。改革开放以来,我国经济效率问题得到相对解决,社会公平问题即收入分配差距过大的问题比较突出。我国基尼系数从改革初的 0.2~0.3,提高到现在的 0.4~0.5,增长幅度大,时间快,应当充分引起我们的重视。这是与中央一再强调的"先富要带动和帮助后富","要注意和防止两极分化"的原则是很不一致的。这是与改革的目标是实现全体人民的"共同富裕"相背离的。所以,笔者认为,现在不宜再提"效率优先,兼顾公平",应当代之以"公平与效率并重"。采取净收入分成制度,可以在初次分配中统筹解决公平与效率优化组合的问题。这样更符合我国当前经济发展的实际,也更有利于中国特色社会主义市场经济体制与分配制度的进一步完善。

(三)对"初次分配中注重效率,二次分配中解决公平问题"的理性思考

有人认为,在初次分配中讲"效率优先",再分配再解决"注重公平"。我国目前,收入分配差距不断拉大的主要原因是初次分配中形成的。例如:企业高管人员与普通员工收入分配差距很大的问题;垄断行业和非垄断行业收入分配较大差距的问题;从事同样工作,工作能力、工作绩效等基本相同,所处地区不同,行业不同,收入分配较大差距的问题。一些公司过分压低员工工资,剥削超额剩余价值。以及一些人不是通过合法经营与诚实劳动取得高收入,而是通过体制内钻法律、政策的空子取得非规范收入,体制外的灰色收入,法制外的黑色收入。凡此种种,都有必要在初次分配中认真加以解决,否则基尼系数还会进一步上升,贫富差距还会进一步拉大,共同富裕的目标将很难实现。我们要想在再分配中解决公平问题是很难做到的。据保守数据,我国资产总额在 100 万元人民币以上的高收入家庭,至少已经超过 1000 万个以上,而我国最高收入 10% 的人的财产占全部居民财产的 45%,而最低收入 10% 的人的财产占全部居民财产的 1.4%,两者相比约为 32∶1。国家在再分配中采取的对低收入者的最低生活保障、医保、社保及各种补贴等措施,只能起到一定的缓解作用,不可能根本上改变贫富悬殊的格局。从税收制度来看,多年来中低收入者是个人所得税的纳税主体,税法不严又使一些富有者逃避个人所得税。我国个人财产登记制度还不完备,财产税、遗产税开征条件还不具备,也是造成富者更富的原因。政府职能和财政体制改革滞后,只重视经济建设,对公共服务、教育卫生等能使低收入者受益更多的社会福利投入远远不足,使得在再分配中解决公平问题成为泡影。为此,只有采取净收入分成制为特征的分享经济制度,才能在初

次分配中一次性解决效率与公平相互统一的问题,才能建设一个合理、公正、和谐的社会。政府在确定 GDP 增长指标的同时,将基尼系数下降指标与节能减排指标作为转变经济发展方式的考核指标,只有这样才能实现建设资源节约型、环境友好型社会的目标,才能推进科学发展,促进社会和谐,全面夺取建设小康社会的新胜利。

第十章 确立劳动者对劳动的所有权制度
实现劳动权益主导下的利益分享

在资本主义社会,资本所有权即资本家对劳动的所有权,是资本主义生产关系的核心。由此决定的资本主义分配关系,就是资本权益支配劳动权益,即资本权益主导的利益关系。建立社会主义市场经济条件下的利益分享制度的前提,是确立劳动者对劳动的所有权制度,实现劳动权益主导下的利益分配制度。我国现阶段存在的利益分配不协调格局及其负面影响,根本原因是改革中未注意确立劳动者对劳动的所有权制度。下一步深化体制改革应当确立这一制度,用以实现劳动权益主导下的利益分享。

一、劳动者对劳动的所有权制度及其重要性

生产资料所有制是一种经济关系,但它又表现为一种权力关系,在阶级社会它还带有法权关系的形式。所有制,作为人与生产条件的关系,作为生产主体对物质生产条件能任意地加以支配、使用、处置即行使其自由意志的关系,它事实上也就表现为权力关系,即占有主体对占有对象具有任意支配的权力。这种权力在阶级尚未产生的原始社会是由社会全体成员的共同意志所赋予,由习惯和传统来加以维护。而在阶级社会它就表现为上层建筑,从而带有法权的形式,即体现为所有权。因此,生产资料所有制往往通过生产资料所有权表达出来,其本质是生产主体对劳动的所有权。关于生产主体对劳动的所有权属性,马克思曾这样说:"在交换之前就存在的商品所有权,即……对于那种还要进入流通的商品的所有权,就表现为直接从商品占有者的劳动中产生的所有权"[1],并提到:在交换中"劳动和对劳动成果的所有权表现为基本前提",交换使生产主体"对自己的劳动的所有权变为对社会劳动的所有权"[2]。恩格斯也说:"产品的所有权是以自己的劳动为基础的。"[3]从这些论述中可以看出,他们不仅把劳动的所有权与劳动产品的所有权联系在一起,而且突出强调了劳动的所有权的重要性,没有对劳动的所有权就谈不上对劳动产品的分配,

---

①《马克思恩格斯全集》,第46卷(上册),第462页,人民出版社,1980年。
②《马克思恩格斯全集》,第46卷(上册),第463页,人民出版社,1980年。
③《马克思恩格斯选集》,第3卷,第310页,人民出版社,1972年。

分配就是对劳动的所有权的实现。

在资本主义社会,劳动者对自己劳动的支配权被剥夺了,因为资本主义的原始积累通过生产资料所有权与劳动者相分离把劳动者的劳动与劳动的所有权分离了,"资本主义以劳动者和劳动实现条件的所有权之间的分离为前提。资本主义一旦站稳脚跟,它就不仅保持这种分离,而且以不断扩大的规模再生产这种分离"①,劳动实现条件的所有权实质就是生产资料的所有权,这正是决定劳动的所有权归属的关键。马克思说在门口挂着"非公莫入"牌子的生产场所里,"工人在资本家的监督下劳动,他的劳动属于资本家"②。所谓的劳动属于资本家,指的就是资本家对劳动的所有权。也就是说资本关系使劳动者与对劳动的所有权相分离,同时也就使两者从原来的同一转化为对立,"所有权最初是以自己的劳动为基础的,现在所有权表现为占有他人劳动的权利,表现为劳动不能占有它自己的产品。所有权同劳动之间,进一步说,财富同劳动之间的完全分离,现在表现为以它们的同一性为出发点的规律的结果。"资本关系使资本家对劳动的所有权集中并强化,因为资本积累是"对劳动的所有权证书的积累"③,劳动的所有权与劳动者的分离,并不因这种所有权在不同的资本家之间转移而弱化,反而因无产阶级对资产阶级的实际隶属而强化。总之,资本所有权即资本家对劳动的所有权是资本主义生产关系的核心,由此所实现的资本主义分配关系一定是资本利益支配劳动利益,即以资本利益为主导的资本雇佣劳动的利益关系。

现阶段,在社会主义国家中阶级仍然存在,但是全体劳动者是社会和国家的主人,是享有经济的、政治的和社会的最高权力的主体。因此,联合的直接生产者将是最高的占有主体,是生产资料的占有主体,拥有总体劳动的所有权。按照马克思的观点:在剥夺者被剥夺之后,劳动的所有权就要与劳动者相结合:"在协作和对土地及靠劳动本身生产的生产资料的共同占有的基础上,重新建立个人所有制。"④这里"个人"的概念,笔者认为,是从劳动为本的意义上讲的人,只有劳动者才是真正意义上的人。资本主义社会在分配关系上对劳动者的剥夺,实质上也是对真正意义上人的剥夺。社会主义社会生产及其产品首要的和基本的应当是为劳动者的生存和发展服务,人类社会不断发展的根本也在于劳动利益的不断实现。由此意义上说,体现劳动利益共同体的分配关系就是要在国有企业中建立劳动者所有权,也就是

①马克思:《资本论》,第1卷,第782~783页,人民出版社,1975年。
②马克思:《资本论》,第1卷,第210页,人民出版社,1975年。
③《马克思恩格斯全集》,第46卷(上册),第339页,人民出版社,1980年。
④马克思:《资本论》,第1卷,第832页,人民出版社,1975年。

劳动者对自己劳动的所有权。这也符合马克思在《哥达纲领批判》中对共产主义第一阶段关于社会主义按劳分配原则的论述:"除了自己的劳动,谁也不能提供其他任何东西",可见,劳动只属于劳动者,并且"生产者的权利是和他们提供的劳动成比例的"①。这就点出了按劳分配在我国现阶段的表现形式,即劳动者所有权。当前,国内学者多从"劳动力所有权"或"劳动力产权"的角度来阐释社会主义国家分配关系的表现。按照马克思的原意,劳动力只是在特定的资本主义生产制度下的范畴,马克思在《哥达纲领批判》中明确指出人民大众"只有人身的生产条件"即"劳动力"。因此劳动力所有权或产权按照马克思的原意仅仅是劳动者作为生产条件为实现再生产对必要劳动的占有而已。也就是说在资本主义社会,劳动者对劳动的所有权变形为劳动者对劳动力的所有权,而资本家通过购买劳动力商品,达到占有劳动者无偿劳动的目的,最终形成资本所有权即资本家对劳动的所有权。关于这个问题,本书将在结论中进一步阐明。

综上所述,在生产资料公有制条件下,劳动者所有权能够在国有企业分配中体现出劳动利益关系。进一步说,劳动者应当是自己劳动的占有者、支配者和创造者。这三方面的条件正是构成马克思劳动主体性思想,并实现劳动者所有权的基本要素,即:劳动者对劳动产品的占有,它形成劳动者的主体地位;劳动者在生产和经营过程中所具有的劳动权力,它形成劳动者的主体能力;以及劳动者对自身存在所具有的主体意识。这三方面对劳动者所有权的真正实现都不可缺少,其中主体地位是基础,主体能力是核心,主体意识是主导。前两点虽然都是劳动者所有权实现过程中社会存在的基本内容,但比较而言,其中又以主体能力的发挥发展更为根本,因为它是衡量和确认劳动者主体地位的合宜形式的历史标尺。劳动者所有权的真正实现必然是在一定的劳动者主体意识主导的环境下,劳动者不仅在生产和经营活动中有充分的发挥劳动主体性的劳动权利,而且在劳动产品的分配中也拥有充分的"按劳分配"的权利。马克思从这个意义上阐述了资本对劳动的关系,他认为:劳动转化为资本乃是资本和劳动相交换的过程。这种交换给资本家提供了对劳动产品的所有权以及对劳动的支配权。②在社会主义国家的分配关系中,根据劳动者所有权,劳动者不仅在生产过程中体现劳动主体性,并且"对劳动产品的所有权"又重新回到劳动者手里,全体劳动者拥有对全部劳动产品的所有权。具体地说,社会主义国家劳动者所有权的实现,体现在劳动者与公有制资料相结合时表现出来的劳

①《马克思恩格斯选集》,第3卷,第11页,人民出版社,1972年。
②《马克思恩格斯全集》,第46卷(下册),第360页,人民出版社,1980年。

动者所有权的两重性,一方面劳动者所有权属于劳动者本身,这无须多言。另一方面,劳动者所有权也归社会所有。因为,劳动者用共用的生产资料劳动,即劳动者所有权是个人与社会相统一的所有权。劳动者自主地将自身的劳动作为社会劳动联合起来运用,实现与共同占有的生产资料的有机结合。

事实上,劳动者所有权从经济意义上的所有制角度看,既是劳动者全体对自己生产的全部劳动产品(物化的活劳动)的全面占有又是劳动者对自己活劳动自由、自觉的支配和创造。这两方面是劳动所有权的正反两面,如果说劳动产品是形式,那么活劳动自由、自觉的支配和创造就是内容,两者共同构成劳动者所有权的客体即劳动的社会存在。根据马克思的物质观,"物质的东西"决不是直观的、反映的对象,而是实践的要素或产物。海德格尔在强调与马克思的唯物主义对话时,也谈到:"为了进行这样的对话,摆脱关于这种唯物主义的天真的观念和对它采取的简单拒斥的态度是十分必要的。这种唯物主义的本质不在于一切只是物质的主张中,而是在于一种形而上的规定中,按照这种规定,一切存在者都显现为劳动的材料。"[1]从这个物本体的角度阐释劳动者主体对物客体(劳动的社会存在)的占有,我们又从经济意义上的所有制回到了法律意义上的所有权,即劳动者对自己劳动的所有权。

所有权是历史的产物,在成熟的社会主义社会里"国家"不存在,"法律"不存在,"所有权"也便不存在。劳动者所有权正是针对发育、发展着的社会主义国家提出的。我国正处于社会主义初级阶段,以公有制为主体的多种所有制共存的国情以及在旧的所有制下形成的一切经济关系的限制,决定了我们只能渐进地实现劳动者所有权。根据劳动者所有权的核心要素,劳动者分配机制的重点是给予劳动者工作本身(劳动过程)的内在满足,促使劳动者工作做出成绩,满足其主体性的实现要求。在管理制度上,逐渐从给予劳动者更多自主权向劳动者自我管理、自我控制发展,让劳动者从参与管理和决策,逐渐向管理和决策的主导力量发展,使劳动者共同分享管理和决策的权力。

当然,从现阶段我国劳动者总体偏低的素质水平及技术、资金相对缺乏的国情来看,这一核心要素的实现是一个长期、艰难的过程。但是这一要素的实现又会同时作用于生产力水平,并且赋予生产力水平一个体现社会主义优越性的加速度,这一加速度是任何资本主义国家难以达到的。当代资本主义国家企业虽然也逐渐开始强调要赋予职工部分企业控制权,但资本主义的性质最终决定了资本才是企业控制权的主导因素,不会是劳动,也就不会是劳动者。可见,要加快生产力的发展,

---

[1] M.Heidegger, UeBer den humanismus, Ffankfurt A.M.,Suhrkamp Verlag,1975,p.27.

实现劳动利益共同体,就要在国有企业中推行劳动者所有权,尤其要重视劳动者工作本身(劳动过程)主体性的发挥和发展。同时,企业管理权和决策权也要逐渐适宜、适度地向劳动者转移。私营企业虽然不能实现劳动者所有权,但是在社会主义框架下,资本所有权也不能为所欲为,在量上渐趋劳动者所有权的规定,还是有可行性的,即便是当代资本主义主义国家大多数企业职工也享有剩余索取权及企业的部分控制权。

此外,在我国现阶段的社会主义分配关系中,还不能完全达到全体劳动者共同占有全社会剩余劳动产品。这是因为,以公有制为主体的多种所有制并存为前提,基于社会主义市场经济条件下商品价值交换对分配关系的实现,劳动者之间的利益关系必然存在一定程度的对立,当然这种"对立"不是根本对立,是非对抗的。故而不可能真正实现劳动利益共同体。没有总量规定,个量规定难以真正实现,在社会生产力水平有限的情况下,必要劳动产品也还不能提高到成熟社会主义社会必要劳动产品的程度,即劳动者得以全面发展的一切合理需要,否则就不能保证最低剩余劳动产品。因此,邓小平同志提出的"发展生产力和共同富裕"自然成为现阶段社会主义分配的内在要求和归宿。我国社会主义市场经济体制的基础是以公有制为主体的国有企业。现阶段只有国有企业可以成为劳动者所有权的载体。国有企业经营效率的提高有赖于劳动者所有权的结构安排。马克思在其巨著《资本论》中剖析了企业所有权结构与效率的关系,他认为,生产力的发展与企业规模的变化导致了企业内部所有权结构由统一走向分离,同时,企业内部所有权结构的变化又推动了企业经营效率的提高与社会生产力的发展。他特别提到,由于资本主义企业采取股份公司产权结构所带来的增进效率的作用,它有利于社会生产资料与社会私人资本的集中;有利于企业规模的扩大;有利于物质生产力的发展;有利于世界市场的形成等等。他对此曾给予了高度评价。[1]事实上,虽然我国同资本主义国家制度基础对立,但商品经济是发展生产力不可逾越的阶段,在我国国有企业的改革历程中,对企业所有权的分配正是沿着放权让利的思路开始直至当前基于股份制的公司治理结构的安排。也就是说,改革开放以来,我们一直强调的以物质利益驱动的国有企业所有权的权能分离是非常正确的。关键在于对其逻辑起点的认识不够深刻,劳动者所有权才是社会主义国有企业所有权的内核与体现。

值得注意的是,现阶段对劳动者所有权的理解应把握以下两个重要方面。

第一,劳动者所有权的出发点不是一般意义上的劳动者,不是孤立的人,也不

---

[1]马克思:《资本论》,第1卷(688页),第2卷(396页),第3卷(493~499页),人民出版社,1975年。

能把脱离一定生产关系的抽象劳动当作劳动者所有权形成的根据。事实上,以孤立的劳动者为出发点,以抽象的劳动为基础的所有权纯粹是一种虚构,似乎"每个人只有在他是劳动者的情况下才是所有者"。其实"这种现象在历史上从来未曾有过","最初的动物状态一终止,人对他周围的自然界的所有权,就总是事先通过他作为公社、家庭、氏族等等的成员的存在,通过他与其他人的关系(这种关系决定他和自然界的关系)间接地表现出来"。[1]也就是说,从历史唯物主义的角度来看,劳动者所有权是现阶段社会主义生产关系的反映,是在社会主义还未达到成熟状态的经济产物。

我们知道,在"所有权"的形成和发展史上,早期的洛克、斯密等人曾经提出过"劳动财产权",他们把一般劳动当作财产所有权形成的根源,实际上只是商品交换的假象使然。在商品交换中,不同个人只是作为商品所有者相互对立,而商品是按照它们所包含的劳动彼此交换,这就给人一种错觉,似乎"每个人只有在他是劳动者的情况下才是所有者"。而事实上,他们所谓的劳动财产权不过是在小私有者的个体所有制关系基础上产生的权利观念。

从以上的分析中,我们首先应明确商品交换的出现是法律意义上所有权产生的前提,撇开洛克、斯密等人关于劳动财产权解释上的局限不说,仅就一般意义上看,所有权是一种使用价值的转让,它必须体现在商品交换过程中或流通过程中,"为使让渡成为相互的让渡,人们只需默默地彼此当作被让渡的物的私有者,从而彼此当作独立的人相对立就行了"[2]。交换的法律本质就在于转移所有权,因而所有权是商品交换得以实现的法律工具。因此,作为法律意义上的劳动者所有权,它的主要职能就是为了在商品经济条件下,劳动者为了实现劳动的权力对商品交换的结果——价值的分配。

其次,马克思要求人们将经济意义上的所有权和法律意义上的所有权区分开来,并正确处理二者的关系。他谈到:"政治经济学不是把财产关系的总和从他们的法律表现上即意志关系包括起来,而是从它们的现实形态即作为生产关系包括起来。"[3]就洛克、斯密等人在直接生产过程中寻找财产所有权的起源而言,他们是有些道理的,因为不进行生产劳动或生产,就谈不上对劳动产品的占有,也就不可能产生劳动者对劳动产品的分配关系。问题在于,他们所谓的劳动财产权不过是在小私有者的个体所有制关系基础上产生的权利观念,不能真正体现劳动的权力。这正

---

①《马克思恩格斯全集》,第26卷(Ⅲ),第416~417页,人民出版社,1974年。
②《马克思恩格斯全集》,第23卷,第105页,人民出版社,1972年。
③《马克思恩格斯全集》,第2卷,第142页,人民出版社,1957年。

如马克思所指出的"在经济上,他们都反对以劳动为基础的私有制,证明对群众的剥夺的优越性和资本主义生产方式的优越性";"在意识形态和法律上,他们把以劳动为基础的私有制的意识形态硬搬到剥夺直接生产者为基础的所有制上来"。[1]而在我国现阶段社会主义市场经济的前提下,社会主义公有制为主体的大框架以总体劳动为基础,国家代表全体劳动人民的利益,劳动者真正摆脱了阶级压迫,不再像小私有者的个体所有制中的劳动者是孤立的、封闭的、保守的单独个人直接占有生产资料,从事自给自足的生产劳动。社会主义市场经济体制下的劳动者是以共同占有生产资料为主,从事体现自身主体性的生产劳动为主导,从而获得按劳分配所得。因此,我们在现阶段提出劳动者所有权是以社会主义市场经济体制下的劳动者作为出发点,是以我国社会主义公有制为主体的条件下,能发挥劳动者劳动主体性的生产活动为主导趋势作为根据的。

第二,那么劳动者所有权同马克思所提出的社会主义分配原则即按劳分配的关系该如何把握呢? 按照马克思的设想,社会主义将消灭商品货币关系,因而按劳分配是通过劳动券实现的。劳动者"以一种形式给予社会的劳动量,又以另一种形式领回来"[2]。然而,社会主义实践表明,在未达到成熟社会主义时期,现阶段的社会主义国家仍然存在商品货币关系,劳动者所有权正是针对这一现实基础提出的。显然,劳动者所有权是社会主义市场经济体制下按劳分配的实现机制。

在社会主义市场经济体制下,商品货币关系的存在本身就意味着价值关系的客观存在,在于个人私利的普遍存在,不正视这点就无法真正贯彻按劳分配原则。然而,社会主义集体利益同个人利益的非对抗性决定了只有在社会主义国家中劳动者的个人利益及总体利益,从而劳动利益才有渐进实现的可能性。这种可能性就来自于生产活动中劳动者的劳动主体性实现的程度,劳动者自主创新、支配劳动的程度越大,劳动者的劳动主体性就越强,劳动者所实现的价值越大。劳动者所有权不仅为按劳分配创造了主体条件,也最大限度地准备了客观条件。因此,在社会主义国家,劳动者所有权决不是分配的激励机制,而是按劳分配原则的实现机制。

应该了解,劳动者所有权的实现有赖于社会主义市场经济体制的完善。马克思曾把占有区分为一级占有和二级占有,一级占有是直接生产过程中的占有,二级占有是通过流通实现的占有。[3]一级占有在社会主义市场经济体制下通过劳动者对生产资料的共同占有和支配为主的生产方式,实现劳动者对自己劳动的直接占有,从

---

①《马克思恩格斯全集》,第49卷,第144页,人民出版社,1982年。
②《马克思恩格斯选集》,第3卷,第304页,人民出版社,1972年。
③《马克思恩格斯全集》,第46卷(下册),第462~465页,人民出版社,1980年。

而取得对劳动产品的直接占有。二级占有,在社会主义市场经济体制下,主要表现为劳动者所有权通过市场机制在经济上的实现。也就是说,一级占有表现为对劳动和劳动产品的直接占有,二级占有则表现为占有的实现。显然,没有直接生产过程中的一级占有,也就不会在流通中实现二级占有。"因此,劳动和对劳动成果的所有权表现为基本前提,没有这个前提就不可能通过流通而实现第二级的占有。"[①]而在劳动者所有权制度确立的前提下,只有通过社会主义市场经济体制的完善才能真正实现劳动者所有权。正是在这个意义上,交换也决定分配关系。

二、现阶段我国市场经济体制下的利益分配不协调现象

(一)利益不协调的界定及其判别标准

与社会再生产过程相应的分配原则是界定利益分配是否协调的最终标准。居民收入分配的过程大致经历分配秩序的产生、收入差距的出现、分配格局的最终形成。在各个子过程处理不当时就会产生利益分配不协调。什么是利益分配不协调呢?广义地说是指由于违背分配秩序和调节规律,引起人与人之间收入上的平均主义倾向或差距过分悬殊,最终形成不符合分配原则的分配格局。狭义地说仅指收入差距过分悬殊造成的不合理分配格局。

现阶段,我国社会主义市场经济条件下仅限于后者,即由于违背社会主义按劳分配规律、社会主义初级阶段非公有制按要素分配规律和劳动利益主导的调节规律造成居民收入过分悬殊的不合理分配格局。那么人与人之间收入差距扩大到什么程度才算"过分悬殊"呢?建立合理的利益协调机制、保证恰当的收入差距需要有相应的判断标准。按照马克思的观点,生产方式决定收入分配方式,即应从生产力和生产关系的密切联系中来判断利益是否协调。根据生产关系标准,就是判断实际遵循的分配秩序是否为人们亲身参与的那种生产关系所固有,人与人之间实际形成的收入差距是否同严格按照该分配秩序进行分配所形成的收入差距一致。如果两者一致就是利益协调。反之,就是利益分配不协调。同时,还要结合生产力的标准共同来判断利益分配的协调与否。邓小平同志说得好,既要有利于社会生产力的发展,又要有利于消除两极分化,[②]作为判断社会主义初级阶段利益分配协调与否的标准非常恰当。

根据现阶段我国社会主义市场经济条件下的生产方式,"既有利于生产力发展,又有利于消除两极分化"的判断标准可以具体化为以下三个方面。

---

①《马克思恩格斯全集》,第46卷(下册),第463页,人民出版社,1980年。
②《邓小平文选》,第3卷,第374页,人民出版社,1993年。

1.劳动标准

在社会主义初级阶段,我国生产力发展不平衡,生产力水平比较低,因此实行以社会主义公有制为主体的多种所有制形式,这就决定了在分配上也必然实行以按劳分配为主体的多种所有制形式。其中,劳动标准是最重要的标准,是体现社会主义社会性质的,是反映社会主义分配关系本质的。凡是在社会主义公有领域就业的劳动者,他们都有权要求实现自己的劳动者所有权,他们之间利益协调与否的最主要衡量标准就是劳动。在这个领域实行的是劳动者按劳动者所有权取得收入,所以人与人之间的收入差距是由他们的劳动差别,即劳动者提供的已经实现的劳动量差别决定的。劳动者的收入与其提供的实现的劳动量(经过社会扣除)相适应,就是利益协调的;反之如果收入差别大大超过了劳动差别,甚至越过了按劳分配区间的上限,那么这里肯定存在利益不协调了。

2.生产要素标准

在社会主义初级阶段,允许私营经济存在和发展,因而按生产要素分配的规律就会存在。在社会主义私有领域就业的劳动者,他们的收入主要以劳动力价值为标准,但仍应引导他们的主体意识考虑劳动标准,虽然无法完全实现劳动者所有权量上的规定,但可以通过劳动利益主导的社会主义市场机制等手段同资本博弈,力图在一定程度上部分实现劳动者所有权量上的规定。同时,在私有领域,生产资料的所有者适用于资本标准,即按生产资料所有者投入的资本量获取相应的收入。这个"相应的收入"标准是指在由公有资本主导的社会主义市场竞争机制下,一般能获得的以平均资金利润率计算的利润量,经营好的还可以取得一部分超额利润。当然,社会主义私营业主最后的资本收入还要经过同劳动收入的最后博弈决定。如果私营业主违背这个"资本"标准,例如通过投机走私、搞假冒骗、权钱交易等非法经营,获取暴利,收入恶性膨胀,就会导致利益分配严重不协调。

3.社会主义劳动利益调节标准

在社会主义初级阶段,由于实行以按劳分配为主,按劳分配和按要素分配相结合的分配形式,因而一些人的收入水平必然远远高于一般劳动者的收入水平。根据社会主义利益调整的原则及利益劳动化趋势,国家通过经济立法对各种类型的高收入者采取调节措施,例如通过税收制度征收所得税、个人收入调节税以及其他政策,诸如规定私营企业税后利润的使用方向、比例等进行调节。人们在遵守第一、二标准的条件下,收入仍然超过一般劳动者的收入,就应根据社会主义劳动利益调节标准,通过国民收入的再分配进行利益调节。

需要指出的是,上述分析说明,从质的规定性来看,或从量的规定性来说,也有可能通过一定时期的统计分析,测算出这一时期较接近客观实际的"度",例如,平均工资率、资金利润率、税率等。当然这个"度"只能作为判定标准的参照系数,不能绝对化。

(二)利益不协调的类型及其社会经济效应

上面是判断利益不协调的标准,进一步就要具体分析利益不协调的类型及其社会经济效应。从现阶段社会利益不协调的情况来看,大体上可以分成以下三种类型:

1.夸大劳动差别,违背劳动标准,引起社会利益不协调,即劳动利益不协调

在公有经济的一些行业和企业中,人为地扩大行业之间、劳动者之间的劳动差别,并以夸大了的差别为依据决定收入分配,使行业之间和劳动者之间的收入差距脱离了劳动差别,即给特定的一些人以高收入,从而导致利益分配不协调。这里有两种情况:一种是国家有明确的立法和政策规定的,但有关单位领导借口种种理由拒不执行;另一种是在社会主义市场经济体制改革中,或者国家还未制定出相应的法规和政策,或者价格未理顺,税制不健全,而给某些单位钻了两种体制转轨过程中的空子,把由于不合理的价格因素、优越的资源地理条件等获得的大量应归于国家的转移收入截留下来,自定了很高的工资、奖金、津贴和福利标准。例如,我们前面提到的一些垄断行业。

2.违背生产要素标准引起的利益分配不协调,即资本利益不协调或劳资利益不协调

在正常的社会主义市场经济条件下,私营企业合法经营,一般可以获得正常的利润量。一旦进行非法经营获取暴利,则其收入必然恶性膨胀,从而产生利益分配不协调。这里包括走私贩私等严格意义上的犯罪行为,不属一般意义的利益不协调,应予坚决打击,严厉惩处。但在现实中这类行为又常同一般意义上的利益不协调,例如降低工人劳动保护条件,增加劳动强度,延长劳动时间交错结合在一起,最终必然导致一部分人的高收入。

3.违背社会主义调节标准引起的利益分配不协调,即调节利益不协调

在社会主义初级阶段,即使前述两种原因引起的社会利益不协调消除了,也仍然会存在一部分人获取远远高于一般劳动者收入的可能性。主要来说可归纳为以下三方面,首先,制度性原因造成的高收入者逃避社会调节。例如,国家从社会主义社会的角度对私营企业主进行社会调节,征收所得税、个人收入调节税并规定税后利润使用的方向和比例。但是许多私营业主在不同程度上逃避这种社会调节,偷税、逃税和不按规定使用税后利润的现象严重,从而导致了利益分配不协调。其次,

某些政策性原因造成的高收入者逃避社会调节，低收入者无法享受补助。例如国家重点投资、扶持的一些较发达地区，政策范围内允许一部分人拿高工资，但不少人逃避社会调节。同时，国家对相对不发达地区给予的补助，往往由于地方上的原因，有部分无法到位，也是导致地区收入差距扩大不合理的原因。最后，某些稀缺性劳动造成的高收入者逃避社会调节。一些劳动者由于某方面的天赋很高，或者工作能力特别强，如著名的演员、发明家等，他们获得的收入远远高于一般劳动者。这种高收入基本上与他们的劳动贡献相适应。在这种情况下，从社会主义全社会角度出发，国家有必要对他们的高收入实行社会调节。但是相当一部分人逃避这种调节，从而导致他们的收入同普通劳动者之间的巨大悬殊，造成利益不协调。

利益不协调对经济发展的影响主要表现在对经济增长、经济结构和经济运行等方面。经济增长，主要依靠市场拉动，如果投资和消费的规模达不到总生产能力，总生产量就要下降。假如强制生产，就会表现为产品积压、流通不畅。当收入向少部分人倾斜，低收入者阶层扩大而导致低收入阶层的消费规模占总消费规模的比例下降时，由于已经存在的生产能力仍然依照原有的产业结构继续生产，致使一部分产品滞销积压，最终导致经济增长缺乏市场动力。同时，高收入阶层所增加的储蓄存款用到储存这些产品的存货方面了。这样从整个社会来看，消费和投资的总和依然等于总产量，但是生产产品的最终经济价值还没有实现，再生产过程没有完成，经济的增长受到抑制。现阶段对劳动报酬的统计分析已经表明我国劳动者报酬普遍偏低，而且，我国广大农村及城镇低收入阶层中，收入水平也处于较低状态，虽然这部分人群还有很多方面的需要，但未能形成现实的市场需求。从近期的情况来看，提高低收入者的收入水平，有利于支持国有企业扩大市场、积累发展资金、进行结构调整。

国民经济运行中有三个重要的指标：经济增长率、通货膨胀率、失业率。前述两个问题都直接影响着三个指标的变化。有一种观点认为，为了促进国民经济的更快发展，实行不均衡发展，牺牲一部分低收入人群的利益以换取整个经济的繁荣是值得的。在市场经济条件下，应强调效率优先，把稀缺的资源优先投放到效率较高的地区。否则，虽有利于缩小发展差距，但会影响国民经济的发展。这种观点把地区均衡发展、缩小收入差距与国民经济发展和总体效率对立了起来，因此难以成立。经济的增长有利于缩小地区发展差距和收入分配差距。反之，太大的收入差距不但不利于国民经济的健康发展，而且还会对社会产生消极影响。

利益不协调对社会的影响，一方面表现在思想上，一方面表现在行为上。思想情绪方面，现阶段人们更多的是关注权钱交易、以权谋私、侵吞国有财产以及各种挥霍国家资产的腐败问题。这并不是说所有的高收入都源于非法渠道,但的确有部分人在几年的时间内积聚起几千万元以至上亿元资产,依靠诚实劳动和合法经营的能力肯定是不能够的。我国目前的收入分配差距,是总体水平仍处于较低收入水平的差距,在多数人刚刚解决温饱的情况下,一部分人的收入达到很高的水平,对社会心理的稳定会有相当大的影响。从社会心理学来说,人们更难以忍受低起点的收入差距,社会责任心在弱化,社会凝聚力在下降,表现为更多的人只关心自己,经常可以听到"遇难不帮"、"见死不救"的事。有些人甚至利用手中职权,能捞则捞,中饱私囊。其实都是利益不协调在人们心理上的集中反映。同时这些行为又搅乱了分配秩序,进一步加剧了利益不协调。利益不协调对社会成员行为的影响,还表现为低收入者在当地无法生活下去时,就会向外流动。通过正常方式难以获得生活来源时,就会寻找非正常的途径。当他们感到,反正一无所有,如果冒一次险能使生活状态得到明显改善,他们就会冒险,如果是这样,将给社会造成巨大危害。事实上,作为社会主义国家首先要保证的就是劳动者的劳动权,否则何来劳动者所有权。劳动权是傅立叶通过法伦斯泰尔里表达出来的。马克思早在《1848 年至 1850 年法兰西阶级斗争》中就写到"劳动权,——这个初次概括无产阶级各种革命要求的笨拙公式",并于《1848 年 11 月 4 日通过的法兰西共和国宪法》中这样定义劳动权:"劳动权是每个社会成员以自己劳动维持生活的权利。"因此,作为社会主义国家,政府必须尽量保证所有有劳动能力的劳动者在无法通过其他途径找到工作时,能够获得工作,保障劳动者起码的生活条件。反映到经济层面上就是处理好失业率同经济增长之间的关系问题,这个问题处理不好不仅会对社会稳定产生消极影响,甚至有可能使我们的社会主义国家走上歧路。

确立劳动者所有权制度,必须实现公司治理机制(所有权分配)的创新,扬弃传统的股份制逻辑。在遵循符合我国制度环境的基础上有原则地借鉴西方公司治理改革潮流的逻辑。在西方公司治理结构的演变过程中,分配结构也在不断地变化。其中,最突出的变化是,随着企业控制权的分散化,参与剩余收入分配的主体日趋多元化。公司内部包括普通劳动者在内的各种经济活动主体共同参与剩余收入的分配,成为一个具有规律性的现象。马克思的企业理论强调企业组织形式和企业所有权结构的内在统一性。西方公司的所有权结构、内部治理结构和剩余索取权的分配结构等,体现出的是"资本主权"特征,也就是资本所有者在企业契约关系中处于支配地位,而劳动者处于被支配地位。因此,西方公司企业控制权和剩余索取权在一定程度上向普通劳动者的倾斜并不动摇"资本"的支配地位,只是作为分配的激励机制。但我们仍能从中获得启发:国有企业的所有权结构、内部治理结构和企业收益的分配结构体现的是"劳动主体性"特征,劳动者应当在企业分配结构中处于支配地位并且以劳动者所有权作为分配机制而不是激励机制。我国国有企业在所有权安排的改革过程中出现的众多利益不协调的问题,恰恰是因为忽视了劳动利益主体问题,尤其是对劳动者劳动主体性认识不够,激励和配置不当。因此,不仅国有资产所有权无法通过市场实现,国有企业内部劳动者的劳动利益也没有得到充分实现。劳动者所有权正是劳动利益在国有企业所有权上的体现。劳动者所有权不仅完全符合现阶段社会主义市场经济条件下生产力水平的要求,也是最能体现和促进当前生产力水平的符合社会主义生产关系的劳动者分配机制。

现阶段经济体制改革涉及利益分配不协调方方面面的问题和关系,根本问题就是未在国有企业改革中确立劳动者所有权制度。社会主义国家劳动者所有权的实现是个人与社会相统一的所有权。在这当中,属于劳动者本身,也归于社会所有的劳动者所有权和完全属于劳动者本身的劳动者所有权都反映了社会主义社会最为普遍、具主导性的劳动利益关系。此外,尽管在按生产要素分配的私营企业中资本利益关系、劳资利益关系在一定范围内会长期存在,但在社会主义劳动利益关系的主导下,社会主义制度及其政策会对资本利益关系与劳资利益关系进行约束与调控,从而私营企业劳动者也有可能借鉴劳动者所有权量上的规定,将这两种利益关系的不协调减少到尽可能低的限度。由此意义上看,确立劳动者所有权制度,才能反映劳动利益共同体的本质,才能从源头上根治现阶段的利益分配不协调。

三、实现劳动权益主导下的利益分享和协调

鉴于利益调整问题的复杂性及以往做法的教训,实施综合治理才是纠正当前收入分配不合理的有效途径。具体说,收入分配不合理与我国社会主义市场经济体制的转换及转换中收入分配体制的不合理不健全直接相关,只有通过继续深化社会主义市场经济体制的改革,培育社会主义市场经济模式,建立符合社会主义劳动利益主导的收入分配体制,才是治本之道。对此不能急于求成,而要在社会主义集体主义价值观的主导下,依据社会主义市场经济条件下劳动利益主导的利益调整的原则和路径逐步推进。同时,针对目前比较突出的利益受损者问题,我们可采取各种经济的、行政的、法律的手段缓解收入分配不合理状况。只有治本与治标双管齐下,互相配合,才有可能逐步解决当前收入分配不合理的现状。分配关系尤其是微观经济主体的分配关系不是简单地或直接地取决于一个社会的基本制度环境,如社会的生产资料所有制或其具体化——财产所有权制度。在现实中,它取决于在社会基本制度环境基础上形成的具体制度安排,即如何贯彻基本收入分配制度。

在我国国有企业的改革过程中,其制度环境即基本的国有产权制度是不变的,

企业收入分配主要取决于劳动者所有权如何安排。但在现实分配过程中,劳动者所有权的实现应该有不同的衍生内容。正如吴宣恭教授所指出的:"一种所有制在建立以后,它内部的产权结构绝非一成不变的。它们的各项主体权能可集中、可分离、可拆细、可重组,并根据主体对利益的考虑实行各种不同的组合,出现各式各样的产权配置格局。通过一定的划分、配置、管理、监督去具体组织和实施某些所有制内部的各项权利,是这种所有制的产权主体履行其责任,实施其权能,体现其利益所必需的。离开具体的产权配置和组织方式,所有制内容的财产权利就无法实施和体现出来。"①分配的实质就在于所有权的分配。马克思所指的"所有权"具有多种含义,广义的所有权是指一组而不是某一单个的权利,包括了归属权(狭义的所有权)、占有权、支配权、使用权和收益权等。狭义的所有权是指单一的归属权,这个含义包含在广义的所有权之中。②广义的所有权是一个权利束,各项权利可以分离,但是基本权项有:狭义的所有权、占有权、支配权、使用权和收益权。

(1)狭义的所有权,即主体把财产或生产资料当作归属于自己并排斥他人的权利,这不仅意味着主体对一定量财产的拥有,而且意味着主体占有财产在运行中带来的收益,由此所有权往往和收益权联系在一起。③

(2)占有权,它是指在一定的时间内,主体对财产的直接掌握和控制,并通过掌握和控制财产来体现占有者的意志和获得经济利益。占有在所有制内部结构中,是较之支配和使用更高一层的范畴。马克思认为,历史上没有所有权的时候,占有是作为事实存在的,它在比较高级的社会中才表现为一个发达组织的法的范畴。④

(3)支配权及使用权,支配权是指实际运营财产、资本或一定量价值而进行生产和市场交易活动的权利,马克思在分析借贷资本的运动时指出:"货币资本家在把借贷资本的支配权移交给产业资本家的时间内, 就把货币作为资本的这种使用价值——生产平均利润的能力——让渡给了产业资本家。"⑤可见,支配不过体现了所有者或占有者的意志。支配者既可直接使用财产,也可委托他人使用财产,从而与单纯使用权区别开来。马克思经常把支配和使用合在一起使用,以表明所有权或占有权关系的实现。⑥

①吴宣恭:《论公有制实现形式及其多样化》,载《中国经济问题》,1998 年第 2 期。
②丁任重、杨惠玲:《马克思的产权理论及其现实意义》,载《宏观经济研究》,2004 年第 4 期,第 45 页。
③孟祥林:《马克思的产权理论体系分析与现实思考》,载《华北电力大学学报》(社会科学版),2005 年第 1 期,第 7 页。
④参见《马克思恩格斯全集》,第 46 卷(上册),第 468 页,人民出版社,1982 年。
⑤马克思:《资本论》,第 3 卷,第 393 页,人民出版社,1975 年。
⑥黄和新:《马克思所有权思想研究》,第 121 页,南京师范大学出版社,2005 年。

（4）收益权,是指要求获得财产、资本或价值运营所带来的收益的一定份额的权利。它通常不是一项独立的权利,而是与前面的权能相伴而生的。例如,利息是对资本所有权的实现形式,地租是对土地所有权的实现形式。马克思对所有权内部结构的分析,主要结合具体的所有权形态来考察财产的权利同一和分离现象,进而揭示了所有权内部的构造和实现机制。

由上述可见,根据马克思所有权思想,我们可以初步总结出劳动者所有权的各项权能安排:劳动者劳动权,它是劳动者所有权的核心要素;劳动者占有权、支配权及劳动者收益权。

（一）我们提出,劳动者劳动权不是抽象意义上宪法所赋予的法律权利,即劳动者不能直接根据宪法第 42 条向企业提出提供就业的要求

在这里,它是由劳动者在生产经营过程中的劳动的权力所决定的劳动者的具体权利,是劳动者主体能力的体现,也是狭义上的劳动者所有权与使用权的同一。我们知道,所有权与使用权的统一与分离问题在马克思的所有权思想中占有特别重要的地位。在资本主义生产条件下,劳动者与劳动所有权相分离,劳动者只拥有劳动力所有权即劳动者只拥有劳动的主观条件的所有权,劳动力使用权属于资本家;同时,劳动者拥有劳动的客观条件即生产资料的使用权。因此,可以认为在资本主义生产关系中,劳动者对自己的劳动既没有所有权也谈不上真正的使用权。事实上,资本主义生产关系使劳动及劳动条件与劳动者分离,并使它们处于对立之中。按照马克思的说法,一方面,"劳动条件作为他人的财产、作为另一个法人的实在、作为这个法人的意志的绝对领域,同活劳动能力相对立";[1]另一方面,劳动者的劳动则作为"他人的劳动",同劳动者相对立。在社会主义条件下,劳动者所有权的实质就是使劳动者和自己的劳动、劳动条件与作为经济权力的所有权重新统一起来,实现劳动者对劳动的客观条件即全部生产资料及劳动的主观条件即自身的劳动能力的共同所有与使用,并在这个过程中逐渐满足劳动者生存、享受和发展的要求,实现劳动者的劳动自主性、能动性及创新性。因此,在公有制的既定前提下,劳动权更强调劳动者作为所有者的作用及对自己劳动使用权的行使和发挥。

进一步说,劳动权的核心问题,不是劳动者与生产资料是否直接结合的问题,因为劳动者所有权的前提是劳动者已经与生产资料结合在一起了,再谈直接结合就意味着劳动者充当直接经营者的含义了。劳动权的核心就在于已经拥有了生产资料的劳动者集体如何体现所有者作用,即劳动者集体以全体所有者的局部代表

---

[1]《马克思恩格斯全集》,第 26 卷（Ⅰ）,第 333 页,人民出版社,1974 年。

者身份发挥所有者作用,从而行使劳动权的微观权能。因而,劳动权实现的关键就在于探索劳动者体现所有者作用的各种实现机制及劳动者使用权的行使和发挥。使用权也是劳动权的精髓之一。正是劳动者对自己劳动能力使用权的实现才能体现劳动者自身劳动自主性、能动性、创新性的发挥与发展。

(二)劳动者占有权和支配权,它们的实现通过国有企业劳动者所有权由国有企业职工代表大会与国有资产占有委员会共同行使对企业生产资料的占有和支配

总体劳动者共同占有和支配生产资料是劳动者占有权和支配权的根本原因,后者是以劳动权为中心的微观权能。进一步说,国有企业劳动者所有权成为劳动者所有权的实现形式,国有企业劳动者集体成为总体劳动者对全社会生产资料的局部占有和支配形式,即总体劳动者的代表者。

换言之,劳动者集体以总体劳动者代表者的身份对国有企业生产资料事实上的占有和支配,决定了国有企业劳动者集体在国有企业中天然的占有和支配地位,这种占有和支配事实表现为法权,就形成微观权能的劳动者占有权和支配权。因此,它们的实现必须通过国有企业劳动者所有权及其实现形式,即国有企业职工代表大会与国有资产占有委员会。

一般来说,谁拥有生产资料的所有权,谁就有对生产资料的占有、支配权,也有对生产的管理和决策权。马克思在分析资本的所有权和管理权时指出:"一旦从属于资本的劳动成为协作劳动,这种管理、监督和调节的职能就成为资本的职能。这种管理的职能作为资本的特殊职能取得了特殊的性质。"[1]马克思对所有权、占有权及支配权与管理权的相互关系的分析表明,管理权是在实际的生产过程中,由于所有者或经营者实际行使财产的各项权能,直接或间接地涉及对劳动者生产劳动的管理而形成的权力。

准确地说,管理权只是所有权、占有权及支配权的一种行使方式。管理权是广义的所有权在生产领域中的行使和发挥,管理权的各种形式是广义的所有权在生产领域中的根本表现。事实上,管理权关系是一种在实际的生产过程中主体间的彼此关系。社会主义市场经济条件下,正是劳动者之间平等的劳动利益关系才会在生产活动中体现出劳动者的自主性、能动性与创新性。而后者的逐渐实现必须以劳动者在生产活动中通过劳动权、占有权和支配权行使或发挥管理权和决策权为基点。当然,劳动者作为所有者的作用也应体现在管理权和决策权的各种形式上,后者是劳动权在生产领域中的根本表现之一。

①《马克思恩格斯全集》,第 23 卷,第 367~368 页,人民出版社,1972 年。

（三）劳动者收益权，表现为劳动者对企业剩余收益按劳分配的收益权与其享有基本生活资料的固定收益权

根据劳动者所有权，收益权是劳动者所有权在经济上实现自己的重要表现，劳动者所有权必然包括收益权。

在社会主义微观经济运行中，国有企业劳动者的工资应该是劳动者的劳动报酬。在社会主义市场化的按劳分配中，劳动者的工资水平可参照劳动者的工作资历和技术职称，由均衡的社会主义市场工资率作为参照系，具体工资水平由企业的经济效益来确定。如果把补偿劳动者劳动消耗所需要的生活资源的价值作为劳动者固定收益的基础，那么实现劳动者所有权，从制度层次上来说，惟一可能的制度化途径就是恢复劳动者的主体地位，使劳动者不仅参与企业剩余收益分配，还要在企业生产经营活动中发挥和发展自身的劳动主体性，并对企业有管理权和决策权，从而彻底改变劳动者作为劳动力出卖者，即无产者的经济地位。据此，关于建立体现劳动者所有权的劳动者个人分配收入制度，可以从以下几方面考虑：

第一，首先明确社会主义市场经济条件下的工资收入是劳动报酬，对此需要正本清源，明确社会主义工资收入劳动报酬性质，摒除工资的社会职能和劳动力价值概念。

第二，对于国有企业的劳动者，社会主义市场经济下劳动者按劳分配既有制度层次的要求，同时，在经济运行层次上，具体做法可以借鉴国外工资谈判制度及相应的配套措施，彻底改变以行政命令建立工会的模式，代之以劳动者自愿组织工会，工会主席由劳动者选举产生。企业工会代表集体劳动利益，为体现劳动者所有权与国有资产占有权执行委员会签订集体合同；与此同时，政府可以经过广泛的调查和严密的研究，论证社会主义市场工资指导标准，并根据社会发展逐渐调整完善，形成劳动利益主导机制，定期发布社会主义市场工资及工资率的信号。这样，一定程度上可以反映不同层次、不同类型劳动者的工资分配关系和供求关系，有利于企业理顺内部各类劳动者的工资分配关系，并激励劳动者不断提高自身素质。

应该指出，建立社会主义市场工资指导机制的核心是基于劳动者利益，尽量降低信息不对称障碍，制定出目前市场上流动频繁、企业招用较多的各种工种的工资指导标准。同时必须对最低工资标准进行"指令"，以保证劳动者的劳动利益。当然，在此基础上还必须建立相应的反馈系统，运用劳动者工资信息反馈情况，对当前劳动者工资的运用进行评估、调整、补充和完善，保证劳动者工资尽可能反映劳动者所有权的实现。除此之外，国有企业劳动者参与企业剩余收益分配和获得企业管理权与决策权可以在工资合同中的基本劳动条款得到遵循后兑现，劳动者可以通过

劳动分红或劳动者持股等方式,获得红利或股息收入。同时通过劳动者代表大会及常务委员会与国有资产占有权执行委员会一起对企业的经营管理及人事选拔进行决策。国家在这里一方面作为总体劳动利益从企业剩余收益中提取一部分与企业财产占有量相对应的财产收益,另一方面,国家凭借行政权力无偿征收企业税金。企业作为集体劳动利益的代表是总体劳动利益的经营者,其参与剩余分配的形式是留利,即企业的生产和发展基金。值得注意的是,当代资本主义社会的一大趋势是股份公司股权的分散和工人持股数量的增加,特别是白领工人持股数量的增加。一部分当代西方马克思主义研究者指出,这种工人持股行为的增加,非但没有增加工人对股份公司决策权的分享机会,反而削弱了他们对公司议价的能力。对工人中间的上层人士白领工人来说,特别是最高层的首席执行官(CEO)来说,他们的持股和参股行为一方面在长期内会大大影响自己的收入,可能正是这种对未来收入的预期决定了他们愿意加班加点拼命工作,愿意竭尽全力来为公司的发展贡献自己的一切,他们集体议价的能力也就大打折扣。当代管理理论中对期权激励作用的描述就道破了股份公司的管理层是如何用预期的收入作为武器,鞭策今天的白领们拼命工作的。有两位当代西方马克思主义研究者,位于奥斯汀的美国得克萨斯大学的布鲁纳(Stephen G. Bronars)和法谬拉利(Melissa Fa-mulari)于 2001 年发表在《政治经济学》杂志第 2 期上的题为《股票持有者的财富和工资:有关白领工人的证据》文章,通过大量统计样本的调查,验证了工人持股后股票价值变化对他们工资的影响。他们提出:"股票收益只影响被雇佣了 3~4 年的工人的工资。上市公司市值 4%的增加在 3 年内提高工资支付的 0.3%。股票持有者财富每增加 10 美元,就增加该公司工资单 1 美元的现值。我们的调查样本中,白领工人工资相对于股票收益的弹性是 1/3,小于 CEO 的工资弹性。""从长期看,在我们的样本中只有少数工人喜欢使用集体议价的合同,业务增长得更快的公司雇佣较少熟练程度的工人并支付更低的工资。"鉴于此,劳动分红或劳动者持股不能流于形式,要谨慎对待,必须坚持管理与决策才是提高劳动者地位和收入的关键的思路,寻找最适合我国国情的方式。

　　第三,对于非国有企业的劳动者,其工资合同可以在社会主义劳动市场的工资水平为参照系的基础上以工会与资方集体谈判的形式来体现劳动者所有权量上的倾向。社会主义制度下非国有企业中趋于劳动者所有权量上的体现主要在于对企业剩余收益的索取权上。就非国有企业自身来说,从短期来看,这样做有利于调动劳动者的积极性,从长期激励的角度看,剩余索取权安排有可能把高素质劳动者与企业的长期利益联系在一起,激励其持续进行劳动技能的提高并长期留在企业。但是从实践的角度看,现阶段这一制度的实现还需要政府出台相应的政策,甚至需要法律的规制。国外的非国有企业自 20 世纪 80 年代以来,劳动者参与剩余分享的制度越来越普遍,在这方面,日本企业无论从广度还是深度方面都走在最前列。在日本,劳动者参与剩余分配的主要途径是利润分享制,即剩余索取权在雇主和雇员中间分享。在工人和企业的契约方面满足于契约的不完全性,并让工人享有某些剩余控制权的思路,即剩余控制权不全归雇主一方专有,它具有在从业人员当中广泛分散、分享的倾向。[①]通过利润分享制,日本企业的效率在很大程度上依赖于发挥工人在基层车间发现、解决和防止各种问题的意愿、积极性和能力。这一思路不仅值得非国有企业借鉴,对于国有企业劳动者报酬的设计也提供了借鉴。

[①]青木昌彦:《契约论分析与日本企业》,载今井贤一主编:《现代日本企业制度》,陈晋等译,经济科学出版社,1995 年。

第十一章　股份合作制经济的两种发展趋势与利益分享

考察股份合作制经济的思想渊源与实践形式的历史发展，可以看清其两种发展趋势。在资本权益主导下，必然走向私有制；在劳动权益主导下，必然走向公有制。我国股份合作制经济的未来发展，应当以中国特色社会主义分享经济理论为指导，纳入公有制经济体系。要防止削弱劳动者主导地位和权益的错误倾向。

一、股份合作制经济的思想渊源

（一）马克思和恩格斯的相关观点

马克思、恩格斯关于合作经济的思想是在批判空想社会主义的空想成分，吸收其合理内核的基础上伴随着科学社会主义的产生而形成的。它是从资本主义向共产主义过渡理论重要的组成部分，是指资本与劳动或劳动者集体的生产合作制度。包括在资本主义条件下如何开展合作运动，以及在无产阶级夺取政权后如何进行合作运动两大部分。

1.资本主义条件下合作经济与股份制

马克思和恩格斯对现实资本主义条件下所提出的经济合作为生产合作化制度，并认为资本主义的工厂制度和信用制度，是现代生产合作社产生和发展的基础。[1]

在现实资本主义条件下的合作经济，马克思认为其组织为合作工厂或股份公司，这两种均为过渡组织形式，其对资本主义的扬弃，表现在两个方面。一方面是资本所有权的扬弃，另一方面是资本管理职能的扬弃。[2]事实上，只有对资本所有权实质上的扬弃才是劳动主体利益主导的前提。而社会生产力的发展必然导致资本管理职能实质上的扬弃，马克思认为："合作工厂提供了一个实例，证明资本家作为生产上的管理人员已经成为多余的人，就像资本家本人发展到最高阶段，认为大地主是多余的一样。"[3]

①马克思：《资本论》，第3卷，第498页，人民出版社，1975年。
②马克思：《资本论》，第3卷，第497~498页，人民出版社，1975年。
③马克思：《资本论》，第3卷，第435页，人民出版社，1975年。

首先，"工人自己的合作工厂……资本和劳动之间的对立在这种工厂内已经被扬弃，虽然起初只是在下述形式上被扬弃，即工人作为联合体是他们自己的资本家。"①

合作工厂中资本的管理者按工资进行分配，其价格按劳动时间和劳动市场上的价格确定。而工人按劳动时间进行分配，"他们用公共的生产资料进行劳动，并且自觉地把他们许多个人劳动力当作一个社会劳动力来使用……这个联合体的总产品是社会的产品。这些产品的一部分重新用做生产资料。这一部分依旧是社会的，而另一部分则作为生活资料由联合体成员消费。因此，这一部分要在他们之间进行分配。这种分配的方式会随着社会生产机体本身的特殊方式和随着生产者的相应的历史发展程度而改变……每个生产者在生活资料中得到的份额是由他的劳动时间决定的……劳动时间又是计量生产者个人在共同劳动中所占份额的尺度，因而也是计量生产者个人在共同产品的个人消费部分中所占份额的尺度"。②

也就是说，在合作工厂的运作中，企业所有权实现了对资本所有权的积极扬弃，即体现了劳动者所有权，尽管"起初只是在下述形式上被扬弃，即工人作为联合体是他们自己的资本家"。同时，合作工厂也体现了劳动主体管理职能。

其次，股份公司的实现，由此"生产规模惊人地扩大了，个别资本不可能建立的企业出现了……那种本身建立在社会生产方式的基础上并以生产资料和劳动力的社会集中为前提的资本，在这里直接取得了社会资本（即那些直接联合起来的个人的资本）的形式，而与私人资本相对立，并且它的企业表现为社会企业，而与私人企业相对立。这是作为私人财产的资本在资本主义生产方式本身范围内的扬弃。实际执行职能的资本家转化为单纯的经理，即别人的资本的管理人，而资本所有者则转化为单纯的货币资本家……生产资料已经转化为资本，也就是生产资料已经和实际的生产者相分离，生产资料已经作为别人的财产，而与一切在生产中实际进行活动的个人（从经理一直到最后一个短工）相对立。在股份公司内，职能已经同资本所有权相分离，因而劳动也已经完全同生产资料的所有权和剩余劳动的所有权相分离"。③

股份企业的分配是资本所有者按股份的多少获得股息，"资本所有者所得的股息包括利息和企业主收入，也就是全部利润（因为经理的薪金只是，或者应该只是某种熟练劳动的工资，这种劳动的价格，同任何别种劳动的价格一样，是在劳动市

①马克思：《资本论》，第3卷，第497页，人民出版社，1975年。
②马克思：《资本论》，第1卷，第95页，人民出版社，1975年。
③马克思：《资本论》，第3卷，第493页，人民出版社，1975年。

场上调节的),这全部利润仍然只是在利息的形式上,即作为资本所有权的报酬获得的"。①资本管理者的经理按工资进行分配,其价格按劳动时间和劳动市场上价格确定,"商业经理和产业经理的管理工资,在工人的合作工厂和资本主义的股份企业中,都是完全同企业主收入分开的"②。工人按工资进行分配,其价格按劳动时间和劳动市场上的价格确定。

也就是说,在股份公司的运作中,企业所有权仍然无法挣脱资本生产方式,尽管资本所有权取得了社会资本的形式,但只是形式。由此,企业管理职能虽然由"别人的资本管理人",即经理承担,但经理必然对资本利益负责,尽管管理职能实质上已经与资本分开。

最后,对于合作生产在资本主义条件下的局限性,马克思认为无论是工人自己组织的合作工厂,还是采取股份资本的形式,都无法脱离个人财产的旧形式,"起初只是在下述形式上被扬弃,即工人作为联合体是他们自己的资本家"③。在资本主义社会中,少数的合作工厂只能采取大多数资本主义的交换方式。所以,在合作工厂"自己的实际组织中,当然到处都再生产出并且必然会再生产出现有制度的一切缺点"④。马克思还进一步指出:"不管合作劳动在原则上多么优越,在实际上多么有利,只要它没有越出个别工人的偶然努力的狭隘范围,它就始终不能阻止垄断势力按着几何级数增长,也不能解放群众,甚至不能显著地减轻他们贫困的重担。"⑤"要解放劳动群众,合作劳动必须在全国范围内发展,因而也必须依靠全国的财力"⑥,因此,"夺取政权已成为工人阶级的伟大使命"⑦。

2.无产阶级夺取政权后发展合作经济与消除雇佣劳动制度

马克思和恩格斯提出无产阶级夺取政权之后,在农民个体所有制大量存在的地方,应当把合作制作为改造农民的社会主义经济形式,由土地私有制向集体所有制过渡。"⑧"在集体所有制下,所谓的人民意志就会消失,而让位于合作社的真正意志。"在无产阶级夺取政权后的合作经济,马克思、恩格斯认为其组织为合作社。⑨在小生产合作社的基础上,合作社联合成全国的大联盟,变成全国大生产合作社。⑩

---

①马克思:《资本论》,第3卷,第493页,人民出版社,1975年。
②马克思:《资本论》,第3卷,第436页,人民出版社,1975年。
③马克思:《资本论》,第3卷,第498页,人民出版社,1975年。
④⑤马克思:《资本论》,第3卷,第498页,人民出版社,1975年。
⑥《马克思恩格斯选集》,第2卷,第133页,人民出版社,1972年。
⑦《马克思恩格斯选集》,第2卷,第634页,人民出版社,1972年。
⑧《马克思恩格斯选集》,第4卷,第314页,人民出版社,1972年。
⑨《马克思恩格斯选集》,第2卷,第459页,人民出版社,1972年。
⑩《马克思恩格斯选集》,第4卷,第312页,人民出版社,1972年。

合作社的实现过程,恩格斯根据小农特点规定了一系列的原则。恩格斯认为,无产阶级领导的国家应该慷慨帮助合作社。"我们在这方面为了农民的利益而必须牺牲一些社会资金,这从资本主义经济的观点看来好像是白费金钱,然而这却是善于投资,因为这种物质牺牲可能使花在整个社会改造上的费用节省十分之九。因此,在这个意义上说来,我们可以很慷慨地对待农民。"①恩格斯在《法德农民问题》一文中对合作制中政府的作用有非常明确的论述。他指出:"当我们掌握了国家权力的时候,我们不会用暴力去剥夺小农(无论有无报偿,都是一样),像我们将不得不如此对待大土地占有者那样。我们对小农的任务,首先是把他们的私人生产和私人占有变为合作社的生产和占有,但不是采用暴力,而是通过示范和为此提供社会帮助。"而且恩格斯讲到了提供社会帮助的具体措施,如国家银行的金融支持和财政的直接投资等。尽管当时恩格斯的论述只是就把分散的小农通过国家帮助引导到合作化的大规模农业上来,从而消灭小农经济的土地私有制而言的,但其精神依然是今天指导合作制发展的基本思想。也就是说,政府对农村合作经济的发展负有为其提供示范和社会帮助的职责。这里的示范是指国家兴办大规模的农场,体现大生产的优势;而国家对农民兴办的合作社则提供财政金融的各项支持。在现代市场经济的条件下,前者已无多大意义,而国家对合作经济的帮助和扶持却显得格外重要。因为市场经济条件下,农业本身同其他产业相比,就是弱势产业,就需要国家的各种扶持;同时合作经济同股份经济相比,在集资、管理和运作等方面又不占优势,就更需要政府的扶持和帮助。

此外,在合作社的优越性充分发挥的基础上,一方面农民的经济得到改善,另一方面使得社会领导机构有必要的威信,社会应趁势引导农业合作社转变为"使整个合作社及其个别社员的权利和义务跟整个社会其他部分的权利和义务处于平等的地位"②的更高级的形式。

合作社要以按劳分配为基本原则。恩格斯说,"把各个农户联合为合作社,以便在这种合作社内愈来愈多地消除对雇佣劳动的剥削,并把这些合作社逐渐变成全国大生产合作社的拥有同等权利和义务的组成部分"③;恩格斯还肯定了当时丹麦的社会党人提出的分配方式:"把农民的土地结合为一个大田庄,共同出力耕种,并按入股土地、预付资金和所出劳动力的比例分配收入"④;同时,马克思、恩格斯也肯定了合作社在特定发展阶段上可以保留股金分红的分配方式,但是对股金分红应加以限制,"我们同意让股东得到少量的利息这种纯粹临时性的措施"⑤。

①②③④《马克思恩格斯选集》,第4卷,第314页,人民出版社,1972年。
⑤《马克思恩格斯全集》,第16卷,第219页,人民出版社,1964年。

总之,在马克思、恩格斯看来,合作社在当时主要是一条从小农走向集体所有制经济的道路。列宁也在《论合作制》一文中明确地说:"在我国现存制度下,合作企业与私人资本主义企业不同,因为合作企业就是集体企业。"合作社所有权是集体劳动者所有权,集体所有制是一种过渡时期的劳动者所有制的形式。尽管马克思、恩格斯并没有提出经济道路的具体管理模式,但他们特别强调了政府对合作社的政策与规制作用。

(二)西方合作制股份经济的理论与实践

1.早期合作经济思想

圣西门、傅立叶、欧文是同时代的三大空想社会主义者。傅立叶提出和谐制度的构想,对合作经济的发展产生了深远的影响。特别是欧文不仅继承和发展了空想社会主义的合作经济思想,并提出建立合作公社的设想,而且进行了大胆的试验,从而使空想社会主义的合作经济思想系统化,并变成了暂时的现实。欧文等人的合作经济理论自身具有强烈的社会性,浓厚的空想色彩,着眼于合作化制度的基层单位———合作社的组织、机构、运作和管理上,忽视了这种新生产制度得以实现所需的客观条件,严重脱离了当时资本主义残酷的自由竞争现实,具有很强烈的空想成分。

早期的合作经济思想除了空想社会主义的合作思想以外,还有以法国的路易·布朗(Louis Blanc,1811~1882)、德国的裴迪南·拉萨尔(Ferdinand Lasslle,1825~1864)为代表的国家社会主义合作思想,以法国的菲力浦·毕舍(Philippe Buchez,1796~1865)、英国的威廉·金(William King,1786~1865)为代表的基督教社会主义合作思想。这些合作思想的共同点是,认为合作经济是改造资本主义社会的工具。它们的不同点在于,国家社会主义合作思想主张在资产阶级国家的帮助下办生产合作社,因此又被称为"生产合作派";基督教社会主义合作思想主张办消费合作社,其代表人物威廉·金有"销售合作社之父"之称;在德国,以弗里德里希·莱费森(Friderich Raiffereisen,1818~1888)和赫尔曼·舒尔茨－德里奇(Herman Schulze-Delitzch,1808~1883)为代表,主张办信用合作社。这些合作思想流派提出的合作纲领对世界合作社运动有着重大的影响。

2.罗虚代尔公平先锋社

空想社会主义者尤其是欧文的合作社试验虽然失败了,但在社会上却产生了很大的影响。欧文的失败警示人们,办合作社要想成功,必须依靠自己的力量,必须要适应现行的社会和经济条件,必须关注和改善社员的切身利益。19世纪30~40年代,在欧洲兴办合作社成为一种普遍的社会现象。虽然大多数合作社都失败了,但也出现了一些卓有成效的合作社，罗虚代尔公平先锋社就是成功而且最有影响的一个。罗虚代尔公平先锋社的直接目的是供应给社员生活日用品，减轻商业中间盘剥，改善社员的社会地位和家庭境况。罗虚代尔公平先锋社在建社初期就制定了一套切实可行的办社原则，主要内容是：①入社自愿；②一人一票；③现金交易；④按市价销售；⑤如实介绍商品，不短斤少两；⑥按业务交易量分配赢利；⑦重视对社员的教育；⑧政治和宗教中立。

罗虚代尔公平先锋社取得了成功，这使它的办社原则受到广泛的推崇。罗虚代尔公平先锋社把合作社的目标和性质定位于在社会生产的某个环节联合，解决具体的实际困难，谋取社员利益，而不是对整个社会进行改革的宏大理想。罗虚代尔公平先锋社抛弃了空想社会主义者把合作社作为社会改革工具的幻想，这使资本主义上层社会对合作社的敌视态度发生了根本性的变化，认为合作社可以缓和社会矛盾，转而对合作社给予支持。从一定意义上说，罗虚代尔公平先锋社对空想社会主义的背离是它取得成功的一个重要原因。但是，罗虚代尔公平先锋社对合作社运动的改良主义也产生了很大的影响，此后，形形色色的合作社改良主义像瘟疫般流行起来。20 世纪 20 年代以来，在西方国家，合作社普遍被认为是资本主义体系的一个组成部分，是资本主义内部的进化因素，合作社从理想主义转向实用主义，成为西方国家合作社运动的主流。

3.国际合作社联盟

为了推动世界各国合作社运动，统一协调各国合作社工作者的认识和行动，1895 年在英国伦敦成立了一个非官方的合作社的国际组织"国际合作社联盟"（International Cooperative Alliance）。国际合作社联盟研究了罗虚代尔公平先锋社的办社原则，在此基础上制定了合作社的基本原则，即"罗虚代尔原则"（The Rochdale Principle），它是世界各国合作社共同遵循的基本原则。随着经济、社会和时代环境的变化，国际合作社联盟对合作社的基本原则进行了多次修改或调整，但罗虚代尔原则的基本精神始终被坚持下来。1995 年 9 月，在英国曼彻斯特召开了国际合作社联盟 100 周年代表大会，这次大会通过的《关于合作社特征的宣言》（Statement on the Cooperative Identity），对合作社的性质、价值和基本原则进行了规定。合作社是人们为了满足他们共同的经济、社会与文化需求和愿望，通过联合所有民主控制的企业，自愿联合起来的一个自治的组织。合作社的基本价值是：自助、民主、平等、公平和团结。合作社社员信奉诚实、公开、社会责任和关心他人的道德价值观。合作社的基本原则包括以下七条：第一，自愿与开放的社员制。任何人只要能够利用合作社提供的服务并承担社员义务，均可入社，不受政治、宗教、种族和性别的歧视。第二，民主的社员控制。合作社是由社员控制的民主组织，社员主动参与合作社的政策制定和决策。由社员选举出来的管理人员要对社员负责。在自然人自愿联合的基层合作社，社员有一人一票的平等投票权，其他层次的合作社也要以民主的方式组织。第三，社员经济参与。社员对合作社公平地出资，并民主控制其资本。该资本必须有一部分是合作社的共同财产。社员出资是取得社员资格的条件，但出资只获取有限的报偿。合作社的盈余分配用于建立公积金来发展合作社，按社员与合作社的交易额返还给社员，支持社员认可的其他项目。第四，自治与独立。合作社是社员管理的、自治的自助组织。如果合作社要同其他组织(包括政府)达成协议，或者要从外部筹资，必须以确保社员的民主管理和自治为条件。第五，教育、培训与信息。合作社要为社员、社员选举产生的代表、经理和雇员提供教育和培训，使他们能够有效地做出贡献。合作社要把合作的性质和好处告诉公众，特别是年轻人和舆论带头人。第六，合作社之间的合作。合作社要开展地方性的、区域性的、全国性的乃至国际性的合作，以便最有效地为社员服务和加强合作社。第七，关心社区。合作社通过社员同意的政策，为所在社区的可持续发展效力。

国际合作社联盟分别在 1921 年、1937 年、1966 年和 1995 年四次修订合作社基本原则，反映了对经济和社会环境变化的调整和适应。与前二次制定的合作社原则相比，1995 年国际合作社联盟修订后的合作社基本原则对基层社以外的其他合作社层次不再强调一人一票，但强调了合作社的公共积累不可分割。尽管如此，在实践中，市场经济的发展给合作经济打上越来越深厚的烙印。在欧美国家，为了在激烈的市场竞争中求生存求发展，合作社不断拓宽制度边界，改变管理方式，虽然大多数合作社仍然声称坚持罗虚代尔原则，但实践和原则都出现了很大的变化。主要表现在，①"一人一票"向"一人多票"发展；②合作社在为社员服务的同时，营利倾向加重；③由以社员入股为主的融资方式转向广泛的对外融资；④雇工和雇用职业经理经营管理；⑤不可分割的合作社公共财产按一定比例明晰给社员。上述变化使合作社社员所有者、劳动者、经营者、惠顾者统一的特征淡化甚至趋于消失，合作社的民主性质和社员的主体地位受到影响。但是，合作社依然区别于普通企业：第一，合作社的所有者往往也是它的顾客，而普通企业的所有者与顾客是分离的。第二，合作社的目标是既要所有者的利益，也要顾客的利益，而普通企业的目的是所有者利益。第三，一人一票制仍然是合作社决策的主要原则，"一人多票"受到严格限制。第四，惠顾返还依然是合作社盈余最主要的分配方式。

4.新一代合作社

国外新一代合作社的制度安排显示，它与传统的合作原则已经相去甚远，它们在保留合作原则的基础上,更多地引入了股份制的制度特征。比如,美国农业部农村商业和合作社发展中心(Rural Businessandeooperative Developmentserviee)给合作社下的定义是:合作社是一种"拥护所有、拥护控制和拥护受益的公司型企业"。另外,在美国、欧洲等经济发达国家和地区的合作社面临空前激烈的商业竞争时,一些经济学家提出了若干改进意见。例如,德姆塞茨认为,明晰产权,可以改进合作社持续发展问题,可以避免农产品采购企业的机会主义行为,减少农业生产者的脆弱性。而 Staats 和 sexton 则认为,如果合作社实行按比例分担责任和分享利益的原则,就可以达到博弈论中的稳定合作解。①

　　新一代合作社与原来的合作社已经有了很大的变化,但有两点基本原则始终坚持了下来,一是资本报酬有限,二是按惠顾分配盈余。这就表明:首先,合作社不仅仅是投资者所有的组织,而且同时是企业客户—农产品生产者所有的企业,投资者与客户的身份同一。其次,赢利的主要分配依据不是服从于所有者(投资者),而是服从于惠顾者(生产者)。按股本分配意味着公司剩余权是事先按股份确定;而按惠顾额分配意味着剩余索取权是事后按惠顾额确定。剩余索取权分配的差异表明公司实际上代表原有资本提供者(股东)的利益,而合作社则真正代表内部交易对象(社员)的利益。因此,合作社与其他经济组织的根本区别在于社员身份的同一性,即既是合作社的所有者(投资者),又是合作社的惠顾者(生产者)。而保证这种社员身份的同一性具有真正经济意义的原则就必须是"资本报酬有限"和"按惠顾额分配盈余"。北美地区新一代合作社在社员资格不开放和股份可以交易的条件下,巧妙设计了股本量与惠顾量相应的产权机制,从而使惠顾额报酬与资本报酬统一起来,解决了劳动(报酬)与资本(报酬)的分配矛盾。

　　5.职工股份所有制

　　国外理论界在研究企业组织形式时,一般只认同于个人业主制、合伙制和公司制,并没有股份合作制这样一种独立的企业组织形式。在国外,一些公司制企业为了改善传统劳资对立关系,激发广大员工的工作积极性,也不断引入合作制的因素,其中最为典型的就是职工股份所有制。从产权构成上看,企业职工可以拥有企业的全部股份,也可以拥有企业的大部分或一小部分股份。即股权可以广泛分布在每个职工手中,也可以被集中在管理阶层的少数职工手中,或采用信托保管形式而公共拥有,由职工集体行使对这部分股份的权利。企业决策权既有劳动控制资本型

---

①Randall E.Torgerson,Bruce J.Reynoles,and ThomasW.Gry,Evolution of Cooperai,Ivethought,The Oryandpurpose,Presentation:Confereneeon。

(1人1票制),也有资本雇佣劳动型(1股1票制),因此,企业决策权并不是与股权密切相关。在实行职工股份所有制的企业中,一些企业的职工拥有的股权较少,但却有着广泛的管理权,一些企业的职工具有广泛的所有权,但却缺少决策参与权,甚至有个别企业的"股权"仅代表职工在企业获得某项收入的权利,既无管理权,又无分享企业财产的权利。企业的利润分配,有的是与典型的现代股份公司一样按股分红,也有的是按照职工的工作年限、工资水平或劳动贡献等进行分红。因此,股权并不是分享利润的必要前提,企业的利润分配不一定是以股权为基础进行的。以下是职工股份所有制的几种典型形式。

(1)美国的职工股份所有制方案(简称 ESOP)[1]。美国的职工股份所有制企业是由本单位职工所共有和管理的公司、工厂。按照一人一票的原则,职工拥有资本股份,直接或间接地选取本企业的管理者,并参与产出和剩余价值的分配,以新型的企业成员地位,取代了旧的资本主义企业雇佣式的生产关系,这是企业体制改革的重大突破。ESOP 由路易斯·凯尔索于 20 世纪 50 年代后期创立。根据其提出的"二元经济学"的理论:即在正常的经济运行中,任何人不仅通过他们的劳动获取收入,而且还必须通过资本来获取收入,劳动与资本带来的两种收入都是人的基本权利。因此,人类社会需要一种既能达到公平又能促进增长的制度,这种制度必须提供种使每个人都能获得两种收入(劳动收入和资本收入)的结构,以激发全体人民的首创精神和责任感。1984 年,美国麻省理工学院经济学教授马丁·威茨曼出版了《共享经济》一书,他以解决滞胀问题为出发点,提出了用分享制代替工资制的分享经济理论,为人们认识和接受职工持股制度起到了促进作用,从而也成为推广职工持股制度的理论依据之一。职工持股计划付诸实施的经济手段是通过立法的形式对实行职工股份制方案的企业在税收方面给予额外的优惠,并在资金方面予以帮助。它的具体操作办法是,首先在公司内部成立一个职工持股信托基金会,由信托基金会从银行或本公司借款购买本公司的股票,本公司每年可以提取一定比例的职工工资投入到职工持股信托基金会以偿还借款,当借款全部还清,就把所购股票分配到每个职工的持股账户上。当职工离开公司时,将股票再卖还给职工持股计划,以保证股权保持在公司内部职工手中。职工具有的各种权利(如收益权、决策权、转让权等)是由其股权持有情况而定。当然,也有一小部分企业在职工股份所有制基础上,发展成为民主型的合作社企业,表现在成员的投票权是一人一票,企业纯利润是按成员的劳动贡献大小分配,即企业的决策权与收益权由一种财产的权

---

[1] Cooperatives: Their Importanee in the Future of the Food and Aeultural System Food and Agheultural Marketing Consortinfn, Las Vega S, NM January16~17, 1997。

利转化为一种劳动者个人的权利。职工股份所有制是一种使职工享有公司股份最普遍的方法,但它并不是唯一的形式。对大多数实施职工股份所有制计划的公司而言,公司治理结构并没有发生大的变化,许多职工并没有参与到公司的管理决策中。

(2)基于特别需要而组建的职工股份所有制企业。西方发达国家(英、美、法等)的一些企业在经营不景气、面临倒闭危机的情况下,内部职工通过职工入股计划购买本企业的部分或全部股份,以期拯救公司,保住自己的工作职位,避免失业。由于被购买公司的经营背景相差较大,职工购买原公司后组建的新公司也各不相同。按照职工股权特点可以分成两种:一种是职工所购股份的资产所有权仅表现为对利润分配的收益权,按照其持股大小参加企业年终纯利润(亏损)的分配。职工不享有企业决策参与权等其他权利;另一种是职工所购股权相对完备,既具有收益权,也具有决策权及转让权。该类型企业的组织结构与一般公司企业基本相同,差别主要是由于内部(部分)职工成为公司资产所有者,参与公司管理决策的职工股东增加,这一点在经理阶层表现得尤其突出。

6.利害相关者经济

第二次世界大战后,发达资本主义国家虽然对生产关系进行了较大的调整,通过发展国有经济、合作社经济、职工股份所有制经济使劳动与资本的对立进一步缓和,但是资本主义私人财产权绝对不受限制的核心逻辑始终没有改变,反而随着金融垄断资本的进一步发展而有了更加嚣张的一个态势。进入20世纪七八十年代后,美国发生的新一轮企业并购运动带来了一场"恶意收购"浪潮。与此同时,不同于美英的欧洲和日本企业发展模式在第二次世界大战后所创造的奇迹,也使美、英的股东利益至上主义逻辑受到置疑。在这种背景下,从20世纪90年代开始,一种新型的企业治理理论——利害相关者理论广泛兴起并在各方的争论中逐渐深入和完善,一种旨在改变私有财产绝对不受限制的状况为内容的新型企业治理模式——利害相关者经济模式在美国开始发展,并迅速向英国等其他西方国家蔓延。

利害相关者是指与企业有直接或间接利益关系的个人或团体,它包括股东、债权人、雇员、顾客、商业伙伴、政府机关以及一些社会团体。由于这些个人或团体的存在及其对企业的支持,企业的正常运营才成为可能,因此企业要对这些个人或团体负相应的社会责任,而这些个人或团体对企业也具有道德或法律上的要求权。同时,这些个人或团体也将会受到企业运营的影响,他们因企业活动受益或受损。利害相关者企业模式超越了传统的股东至上主义逻辑,体现出一种新的企业治理理念。这种新的理念可以概括为如下几点:第一,体系或网络理念。把企业当作一种社会经济体系,把企业视为利害相关者之间缔结的"契约网"。在这一网络中,企业和利害相关者具有互动、互利的关系。第二,合作理念。利害相关者经济所体现的是一种共同治理的合作理念,认为一个有效率的企业治理结构应该是在责权利对等基础上利害相关者之间的长期合作。第三,多元化理念。利害相关者模式强调所有权可以不断分解和重组,任何对企业发展做出贡献的利害相关者都应得到相应的回报,因此,企业运营的目标不应该是单单为股东利益的最大化,而是多元化的,应该协调和权衡各种利害相关者的权利和义务。

综上所述,国外对于合作经济的理论、实践与趋势表明:合作经济并不是用社会主义取代资本主义的一个尝试,而是资本家的论点,"看到了当整个财富的创造受制于自由市场这只手时,社会发展会出现长期的不充分性和危机性。他赞成寻求更好的利益最大化模式——其中包括财富创造——只是人们所应考虑的问题的一部分,人类最好的生存方式才是问题的全部"。[1]也就是说,对资本所有权的理解是由绝对化趋向相对化的情况下,对资本主义私有制实现形式的一种调整。同时,在这些企业模式中管理职能作为分配的核心也做出了相应的调整,甚至在一定程度一定范围内超越了资本所有权的界限,其对资本主义私有制的反作用是不可忽视的。

近年来,不少欧美国家出现了一种合作制企业向股份合作制企业演变的态势。所不同的是西方国家的股份合作制大多从合作制中演化而来,而我国的股份合作制经济基本上是从乡镇集体企业演化而来。此外,就股份制和合作制的融合关系而言,目前,西方国家的股份合作制经济是以合作制为主、股份制为辅,而我国目前的股份合作制是以股份制为主。中国早期的股份合作制实践可追溯到新中国成立之初。

二、中国股份合作制经济发展的历史与现状

(一)20世纪50年代的初级合作社

根据马克思主义的经典合作经济思想及根据地和解放区积累的合作社经验,20世纪50年代中国农村兴起了农业合作化运动。农业合作化经历了互助组、初级社、高级社等发展阶段,其中初级社包含了许多股份合作的因素,尽管人们并没有意识到初级社与股份制的关系。从资本形式来看,初级社强调社员全员入股(当时已实现了"耕者有其田",所有农民都能以土地或其他生产资料入股);从收益来看,初级社充分考虑了股金在收益分配中的地位,土地、农具、牲畜等生产资料入社,都

---

①G.克利:《利害相关者资本主义》,第105页,重庆出版社,2001年。

可以以股金分红的形式获取收益。可见,初级社在资本形成和收益分配方面引入股份制的因素,可以看作是一种在中国农村产生的最早的股份合作制萌芽。初级社这种结合了股份制与合作制双重因素的农村组织安排,在当时既保留了农民的所有权,又实现了共同占有和农业的适度规模经营,因而受到农民的极大欢迎。实践证明,这有利于调动农民的积极性,有利于更好地配置农村的资源。

从 1953 年起,国家推行"一化三改"。在城镇对手工业进行社会主义改造,使几百万手工业者走上了合作经济道路。到 1956 年全国 90%的手工业者和工人加入了合作经济组织,手工业合作组织达 9.9 万个,社员 603 万人,产值 108 亿元,据当年颁布的《手工业生产合作示范章程》规定,合作社要遵循六大基本原则:自愿原则、按劳分配原则、多种经营原则等。这些原则既与马列主义的合作经济思想相符合,也与世界各国合作社的共同做法基本相通,更切合当时我国手工业的客观实际,与今天的股份合作制亦有相通之处。当时的实践证明:无论是农村的初级社,还是城镇的合作社,对国民经济的发展都做出了很大的贡献。但是,1956 年以后,在"左"的思潮影响下,初级合作社很快向高级合作社过渡,直至演变为全民所有制和集体所有制两种形式,合作社还没有得到充分的发展就基本夭折了。所以,这一高度化的合作社与中国的现实不相符合,中国的生产力还远没有发展到这么高的水平。所以,在现实中,有必要进行改革。从另一层面来看,集体所有制企业盲目地追求社会效益而忽视了经济利益,也是不现实的。

(二)20 世纪 80 年代的农民联营合作企业

十一届三中全会以后,农村普遍实行家庭联产承包责任制,使农民的生产积极性得到充分发挥,促进了生产力的发展。1985 年,根据实行联产承包责任制后农村中要把分散的生产要素结合起来,建立新的经营规模经济的需要及在实践中的一些探索,当年的中央 1 号文件首次采用了"股份式合作"的提法,认为这种办法值得提倡。在此基础上,农民对原有集体经济进行改革的浪潮悄然兴起,部分农民联营合作企业得到迅速发展。在山东周村、浙江温州、安徽阜阳、福建泉州、广东天河等地进行了有领导、有组织的试点,80 年代初股份合作制终于在农村诞生,以温州模式为代表。

80 年代初,温州农村的剩余劳动力已开始向二、三产业转移,它们以家庭生产经营为单位、以专业市场为纽带、以供销员为骨干,形成了小商品大市场,成为温州股份合作制企业产生和发展的基础和起点。但随着生产力的发展,家庭企业内涵的扩大、资金的进一步积累,对家庭企业的经济发展提出了内在的要求;同时外部市场竞争压力不断增强,使得分散的家庭工业的局限性和脆弱性日益突出。于是人们开始了几家几户集资投股、以资代劳、联合经营;继而又突破了血缘、地缘关系,实行更大的资金、技术、场地、跨所有制性质的合股合作生产经营,这样各类股份合作企业就在农村应运而生了。1987年,国务院正式批准温州建立以乡镇企业制度建设为重点的综合改革试验区,从此温州便把股份合作企业的制度建设摆上了议事日程。根据有关农村合作经济的政策规定,结合温州实际,试验区确定了股份合作企业制度建设的基本思路:以股份制方式,建立企业内部的产权制度;按照股份和合作的原则,建立企业内部的分配制度,将股份制和合作制两者结合起来,融为一体,构造一种机制灵活的新型企业制度。

从1987年至今,温州市先后颁发了《关于农村股份合作企业若干问题的暂行规定》、《关于私营企业和股份合作企业若干问题的通知》、《关于大力发展股份合作企业的规定》等一系列文件规定,初步建立并完善了股份合作企业的制度。有了制度作保证,温州的股份合作制企业如雨后春笋迅速发展,达到3.6万家,产值占全市工业总产值的70%左右,成为温州市国民经济的骨干。随后股份合作制被逐渐引入城市,成为城市老企业改制的突破口。以诸城改革为代表,山东诸城市是全国经济体制改革试点城市,十一届三中全会以来,在深化企业改革方面,按照中央的统一部署,采取了一系列措施,如放权让利、利改税、承包制、推行企业内部三项制度改革,等等。这些措施,对于增强企业活力,促进企业发展,发挥了重要作用。但从总体上看,企业经营机制不活、效益不高的问题未得到根本解决:企业亏损面大,亏损额高,国有资产流失严重;企业债务沉重,后续乏力;财政收入增长缓慢、职工收入水平低。诸城市委、市政府通过调查分析得出结论:造成这些问题的原因在于企业经营机制未得到根本转变:一方面,由于政府对企业干预过多,企业不能自主经营,自负盈亏;另一方面,部分企业承包者对国家资产承包经营期短,只注重短期效益,使得企业很难自我约束、自我发展。诸城市从1992年10月开始进行国有小企业改革探索,选择市电机厂进行试点,原定两套方案,但厂里职工都不同意,他们要求将企业资产全部买下,土地有偿使用。经过分析比较论证,最后采纳了职工的意见,形成了第三套方案:由全体职工以企业内部持股的形式,将企业的270万元生产经营性资产全部买下,成立诸城市开元电机股份有限公司,把国有小企业变成由277名股东共同拥有的股份合作制企业。新机制从1993年1月开始运行,很快企业面貌发生了深刻的变化。诸城市委、市政府抓住机会,在进一步试点的基础上,采取多种形式全面深化企业改革,到1994年7月,面上改革基本结束,股份合作制成为诸城企业改革的一种主要形式,共有201家企业实行股份合作制改造,占改制企业总数的77.2%。在实行股份合作制改造的基础上又进行复合改造,推动其向更高层次发展。在 201 家股份合作制企业中,搞外资嫁接的 60 家,组建企业集团 12 家,有限责任公司 4 家。诸城市的企业改革,经过 3 年实践取得了初步成效:企业开始转换经营机制,较好地实现了自主经营、自负盈亏、自我发展、自我约束;政府较好地转变了职能,服务质量显著提高;国有(集体)资产在流动中实现了保值增值,公有制的主体地位不断加强;企业实现了较快发展,效益提高,后劲增强;实现了国家多收、职工多收。

(三)"十五"大前后的国有中小企业改革

国家体改委有关领导认为:国有企业抓大放小,"放小"——股份合作制成为首选。股份合作制在温州、深圳、安徽、福建、山东等地推行取得了成功,可它是否适合苏南模式,是中国经济体制改革的重大课题。江苏宜兴的乡镇企业模式给苏南人民带来了直接的富裕,为中国广大农村树立了一个榜样。但由于个人利益的被承认乃至以后的刚性膨胀,加上约束机制的软弱甚至缺失,一度以灵活机制著称的宜兴乡镇企业模式——"苏南模式"产生了"穷庙富方丈"的现象,宜兴人把它总结为"厂长负赢,企业负亏,银行负债,政府负责"。经过 10 多年改革的风风雨雨,宜兴人终于寻找到一个从根本上解决问题的方法——产权改革,主要是进行股份合作制的改革。据统计,截至 1996 年底,全国股份合作制企业已达 400 万家,其中农村已超过 300 万家。股份合作制成为国有小企业改革的重要形式,究其原因有三:其一,股份合作制的产生,是以我国现阶段大量小企业的存在为基础的。国家有关部门的统计资料表明,仅就工业企业而言,全国乡及乡以上企业约 53 万个,其中国有大中型企业 1.37 万个,非国有大中型企业约 2 万个,其余 96% 以上均为小企业,而这一大批国有小企业的改革必然涉及所有权的变革。其二,股份合作制是国有小企业改制中,广大职工愿意接受的一种新的集体所有制形式,它是适应市场经济要求的一种新型的公有制实现形式,因为它保持了联合劳动的基础和互助合作的性质;职工普遍持股,股金主要来自多年劳动的积累;职工作为企业财产的主人,对生产资料实行占有和使用,进行民主管理;企业实行按劳分配与按股份分配相结合,这就解决了以往产权关系不清的问题,使劳动者与生产资料得以紧密结合。其三,由于社会主义国家人民政权的存在和国有经济的主导地位,决定了股份合作制的社会主义性质。这种外部环境有利于企业沿着共同富裕的方向发展。

(四)"十六大"后方兴未艾的农民专业合作社

中共十六大形成的新的领导核心已经意识到"三农"兴盛的全局影响。因此,党的十六届五中全会明确提出了建设社会主义新农村的重大历史任务,并确立了建设社会主义新农村的总体目标,即"生产发展、生活宽裕、乡风文明、村容整洁、管理民主"。为此中央颁布了《中共中央国务院关于推进社会主义新农村建设的若干意见》,强调新农村建设的首要任务是"生产发展",而生产发展的重点与难点都在于对传统小生产的经营方式作深入的改变,党的十七大报告进一步指出:"要发展多种形式的集体经济、合作经济"[①],这为加快推动新型农村合作经济的发展明确了目标,提供了一个较好的载体。

当前,中国农村出现的新型农民专业合作社,是在农村家庭承包责任制的背景下,分散的规模经营的农民为了应对陌生且有风险的农产品市场而做出的自主性选择。各式各样的新型农民专业合作社仍然以家庭承包经营作为基础,通过一定形式的联合合作,试图挣脱家庭经营的桎梏,增强力量,取得市场竞争的一席之地。农民的这一可贵的探索对破解中国"三农"困境意义重大,从2004年到2006年连续三个中央"一号文件"鼓励发展农民专业合作社,2002年全国人大常委会即开始制定法律对其进行规范,2006年10月底《农民专业合作社法》获得通过。这部法律的颁布意味着农民专业合作社作为一个新的独立市场主体得到了法律认可。至2007年底,全国共有农民专业合作社15万多个,互助互利的利益机制和民主管理的制度逐步健全,与农民的利益联结日趋紧密。绝大多数农民专业合作社有比较规范的章程和组织管理制度,"民办、民管、民受益"的原则得到了较好的体现。同时,农民专业合作社的生产领域不断拓宽,逐步向农资供应、科技成果广泛运用、农产品加工运销一体化方向发展,提高了市场竞争力,增强了合作社的凝聚力。

合作经济理论和实践发展的历史与逻辑的进程,从马克思、恩格斯关于合作经济的思想,西方合作经济理论、实践与发展,到我国90年代山东诸城市股份合作制引入国有企业的改革并取得成功,它才再次引起我们的重视;十五大报告中对股份合作制给予了明确的评价,今天它成为国有小企业改革的首选形式;同时,十六大后方兴未艾的农民专业合作社的发展态势也为我国破解"三农"问题提供了机遇。观其发展脉络,结合我国实践,我们可以通过对股份合作经济的基本属性与特点的判断,得到一些有益于分配制度改革的启示。

三、中国股份合作制经济未来发展的导向原则:劳动权益主导下的利益分享

马克思、恩格斯对合作经济的认识基于两方面:一方面是资本所有权的扬弃,另一方面是资本管理职能的扬弃。在资本主义生产方式条件下,合作经济主要体现了对资本管理职能的扬弃,但依然无法实现劳动者管理的主体性,无法脱离资本控

---

① 《中国共产党第十七次全国代表大会文件汇编》,第25页,人民出版社,2007年。

制劳动的窠臼。它突出表现在西方合作经济理论、实践与发展趋势上；在社会主义生产方式条件下，合作经济本质上是劳动者所有权的体现，它反映了劳动者生产主体的地位和收入。劳动主体性（自主性、能动性、创新性）是人的主体性在生产劳动过程中最基本的方面。根据马克思劳动主体性哲学思想，劳动者所有权的精髓就在于劳动者在生产过程中劳动主体性的发挥与发展。它主要体现了劳动管理职能，即劳动者对企业的管理和决策。这才是理顺现阶段社会主义分配关系的关键所在。

从我国股份合作制的实践来看，股份合作制是合作经济的新发展，是一种具有公有制性质的新型所有制形式。股份合作经济这种新型的公有制实现形式具有很大的兼容性，它既能兼容多层次的生产力，又能兼容多种所有制形式，它兼容集体、个体、私营企业，也适用于国有中小企业的改制与农民专业合作社。股份合作制这种以劳动者的劳动联合和劳动者的资本联合为主的合作经济，本质上是劳动者权益与资本所有者权益的相互融合，是以劳动者为主的劳动和资本分享企业内劳动创造的利益。它的性质决定了：所有权是劳动利益主导的利益分享。从股份合作制的运行机制来看，股份合作制遵循的是"共同占有、权力共使、利益分享、风险共担"的原则，具有劳动者自主管理经营、利益分享的以按劳分配为主体的分配机制，组织避险与内部积累机制，资产收入双重激励约束机制，使劳动者和资本所有者的利益与企业利益结为一体，保证以劳动利益为主导的分享利益的实现。在股份合作制企业里，劳动者也同时是资本所有者。股份合作制把按劳分配与按股分红交融一体，其实质是劳动者权益为主导，并与资本所有者权益相融合的一种企业制度。在股份合作制企业内，劳动者主要是由经营管理者、技术人员和一般职工组成，少数企业也有外来雇工。这些劳动者都应分享劳动创造的利益。同时，分享利益不是平均享有，而是有差异的分享。这种差异主要看劳动者对企业经营管理的贡献，这不仅取决于劳动的复杂程度、体力程度、智力水平和技术熟练程度，而且主要取决于他们的自主劳动态度和生产过程中的主体性。股份合作制不仅使劳动者分享企业的经营成果，而且改变了劳动者被动参与的受控、受支配的地位，使他们成为企业权力的共同主体，直接参与企业经营管理决策的制定，因此，有利于改善劳动者的自主劳动态度，提高他们的劳动主体性，真正体现社会主义分配关系的本质——劳动者所有权。

在现实中，许多股份合作制企业的改制由于没有体现社会主义分配性质的分配理论作指导往往导致某些企业嬗变为私营经济性质的私人合伙制企业；或是发展到一定规模的股份合作制企业，转变为或与外资、国内其他企业联合为非公有制性质的股份制公司。这种现象值得我们深思。目前，许多股份合作制的工业企业在组建初期就是采取一股一票制。一股一票制与一人一票制的重要区别在于前者以资本权力为主导。因此,企业的股份逐步向资本所有者方面大量集中就在所难免,最终将会嬗变为由少数几个经营者持股合资,与大部分职工形成雇佣劳动关系的私营合伙制企业,背离了社会主义合作经济的本意。

也就是说,股份合作制企业产权的封闭性及股权结构与决策机制的不一致性,成为阻碍集体产权变革的主要根源,其根本原因在于集体企业"劳动者所有权"的变革并不彻底,在理论上或实践上都没有得到根本的解决。为真正体现股份合作制劳动利益主导的劳动与资本合作的基本特征,我们认为采用以"一股一票"为基础,以"一人一票"为核心的办法能较好地解决这个问题。西方国家在股份合作制实践中,也遇上了此类问题。后来,经济学家詹姆斯·米德设想了"劳资合伙表决制"。这种新型的表决制将所有企业中需投票表决的重大决策分为两类:凡涉及资金筹集、投放、确定股息红利分配、职工教育以及选举董事等同普通员工关系最为密切的问题时,实行一人一票的原则;凡涉及生产管理、劳动组织、市场销售决策等经营管理业务时,实行一股一票的原则。这种将业务内部分立,按不同原则来投票决策的设想在西方股份合作制企业中较为常见。"劳资合伙表决制"是否适合中国国情,应在实践中加以考察。我国有些地方在改革中也做了尝试。如,山东淄博光正实业有限公司,在改制过程中相应建立起了一人一票制与一股一票制相结合的股份合作制企业治理结构。其基本内涵是:先以一股一票为基础,按 80 股为一选区,选举职工股东代表,而后,职工股东代表再以一人一票制(每人已代表 80 份股权)实施民主决策。[1]产权变革效果较好。总之,以"一股一票"为基础,以"一人一票"为核心,应该是保证劳动者所有权制度建立的原则。

此外,地方性的劳动者的资本联合与劳动联合在经济规模上会受到限制,当企业发展到一定规模,必然要向社会筹集股金的现代企业组织形态即股份公司制转变。有一些企业在转变为私人合伙制企业之后,再向股份公司制企业转变。而股份公司的所有制性质,则取决于公有制的法人股份是否占控股地位。简而言之,就是经营者持股与企业激励机制的矛盾及对于股份合作制企业中职工个人股的股权能否放开交易的问题。对于经营者持股与企业激励机制的矛盾,理论界对此存在不同看法:有人认为,规范的股份合作制企业必须满足两个基本条件:一是股份只限于本企业的职工所有;二是各个成员持股的数量不能相差太悬殊。有的认为,实行经营者持大股,不适合于股份合作制。其理由:①改制方法显失公正。因为职工投资目

---

①王东江:《股份合作制改革指导全书》,第 1096 页,改革出版社,1997 年。

的不仅是为企业充实资本，为自己追求投资收益；更为了取得民主管理企业的权利。而利用行政手段规定现任领导可以高于职工几十倍的持股，人为地造成了企业内部职工之间权利和机会的不平等，破坏了公平竞争的原则。②难以实行职工民主管理。股权经营者集中，企业的实际股权结构决定了根本不可能实现以职工股东大会一人一票为主要特点的股份合作制法人治理结构的运作机制。企业领导人不可选择，实行的是实际上的终身制。③难以形成职工凝聚力。经营者与职工过于悬殊的持股比例，会导致分配上新的不公，势必影响职工劳动积极性和对企业的关切度。有的学者在考察后发现，在经济效益较差的企业中，职工希望经营者多持股，以促使经营者心无二意，后无退路做好工作，职工才肯比较放心地出资认股；而在经济效益较好的企业中，职工则希望经营者持股的数量与职工个人平均持股的数量差距不要拉开太大，以让全体职工一起分享共同富裕的甜果。

由此看来，在股份合作制企业中，经营者持股的比重并没有，也不应该有一个固定不变的数量标准。从劳动者所有权原则上说，在一个企业内部，无论是经营者与职工或职工与职工之间，他们的股权是不应该也不可能绝对平均的。因为，对企业职工来说，每个人的能力不同，岗位不同，所起的作用也不一样。现在许多股份制企业、上市公司等都在探讨以年薪制、股票期权制及生产要素股份制来挖掘人才，发挥劳动者的主体作用。对股份合作制企业来说，重视和发挥职工的主体性作用，不仅可在经营者与职工之间体现股权差别，在职工与职工之间也可以工龄、劳动贡献、技能水平等标准，确定不同的持股比例。但问题的关键是发动职工参与民主管理，发挥监督作用。在涉及有关职工工资、福利、安全卫生以及劳动保护、社会保障等切身利益时，职工的个体利益可能会与公司的利益发生冲突。因此，通过职代会、工会等形式加强对职工利益的保障，完善董事会、监事会中的职工代表制，是职工参与企业管理和监督的重要形式。这样做可以有效地监督经营者的行为，充分调动广大职工的参与热情，使决策更加民主和科学。

至于经营者与职工，或职工与职工之间持股比例以多少为宜?则应以劳动者所有权为核心，以劳动者利益主导为原则，视各个企业的职、权、利关系及其他具体情况来定。上海市政府颁发的《上海市股份合作制企业暂行办法》规定，经营者持股最低不得低于职工股东个人平均持股额，最高限额由企业股东大会决定，这就以弹性的方式为经营者持股比重的高低变化留下了政策空间。

对于股份合作制企业中职工个人股的股权能否放开交易的问题，有些学者已经提出了自己的看法。他们认为股权交易是市场经济中天经地义的原则，即使是股份合作制企业也不例外，并且认为允许股权交易是实现资源优化配置的重要手段。

有的学者则一针见血地指出,不可转让、不可交易的股权,只是一份收入分配凭证,仍称不上资本的所有权,它难于实现资本的重组和资源的重新配置,必将成为股份合作制企业进一步扩股、融资和发展的障碍,因为人们将会不愿意投资于一种不能再交易而且无法再收回(本金)的金融资产。有的学者则认为,这种观点显然是忽视了股份合作制作为特定企业制度的特殊性。如无限制允许职工个人股权在企业内部转让,有可能使职工个人股权向少数人手里集中,使非股东在职职工大大超过在职职工总数的 10%,这样,股份合作制企业就有可能转化为合伙制企业;再如无限制允许职工个人股权向企业外转让,企业外个人持股总额就有可能超过企业股本总额的 10%,股份合作制企业就有可能转化为股份制企业。劳动与资本联合是股份合作制企业的典型特征,失去了这个特征,就意味着它已转化成另外一种企业形式,如股份制等,这也是令许多学者和企业家头疼的事。《上海市股份合作制企业暂行办法》规定:股份合作制企业全体职工股东持股总额不得低于企业股本总额的 51%;非股东在职职工不得超过企业在职职工总数的 10%,还规定:企业以外个人持股总额不得超过企业股本总额的 10%。这些规定的前提就是确保股份合作制企业固有的以劳动权益主导的劳动和资本联合性质。

集体企业的法人治理结构模式是与其产权结构模式紧密联系在一起的。因此,法人治理结构的特征和缺陷与集体产权制度的特征与缺陷具有一致性。它使人们意识到,解决集体企业法人治理结构的缺陷必须从改革集体产权制度入手,尤其是企业决策机制的合理与否与劳动者所有权制度的建立息息相关,以使劳动与资本的对立关系,在劳动者集体所有权制度改革中得到根本的解决。应当说,多年来集体产权变革最为成功的经验,就是承认劳动者的劳动收益。它不仅给企业带来了难以估量的经济效率,也给企业带来生存和发展的动力。然而个人利益的过分的刚性膨胀,加上约束机制的软弱甚至缺失,往往导致"厂长负赢,企业负亏,银行负债,政府负责"现象的产生。

从深层次上讲,虽然在企业产权结构安排中肯定个人的产权收益对刺激经济增长具有重要意义,然而,劳动者的劳动权益才是决定性因素。劳动者所有权的灵魂更强调职工的劳动权益,而不仅是劳动收益。也就是说,职工要参与企业重大事项的决策,以及参与对企业管理层的有效监督。职工既是劳动者、所有者,又是决策者、监督者,既维护了劳动者的权益,也维护了股东的利益。因此,劳动者与管理者的统一,所有权与控制权的统一,是社会主义股份合作制经济的一大特色。从这个角度来看,破解"股份合作制企业中职工个人股的股权能否放开交易"问题的关键,在于劳动者集体的长远权益利益是否能得到保障与发展。从客观上说,许多问题还有待于在理论和实践中逐步解决。这个过程尚需政府的规制和扶持,这是集体产权变革所要解决的重要问题。当然,仅靠政府的规制与扶持是不够的,集体企业发展的根本在于自身制度的不断完善。

因此,在利益分享理论的指导下,如何设计股份合作制企业的分配制度将成为利益分享制度企业制度安排的核心内容。我们认为可以依循如下具体思路:第一步,从企业销售收入中减去物耗成本,求得企业净收入;第二步,将企业所得税提前扣除,与产品税、营业税等捆在一起,形成国家的分成收入;第三步,核定各类企业中国家与企业分成比率,并从企业净收入中减去国家分成收入,求得调整后企业净收入;第四步,核定企业和职工对调整后企业净收入的分成比率,从调整后企业净收入中减去企业分成收入,求得职工分成收入;第五步,将求得的职工分成收入总额按劳动贡献大小进行分配,将总额分解到个人。

李炳炎教授指出,中国特色的利益分享制度,其利益的分享是以企业净收入为基础,是和企业的实际经营状况紧密联系的。因此,职工收入不再由企业外部的力量所决定,而是取决于企业的经营成果和职工个人劳动贡献的大小,使职工收入成为其劳动贡献的所得。企业净收入分成制的理论基础是其提出的新成本理论,新成本理论的基本观点可用如下的基本公式表示:$w=c+n$,$n=n_1+n_2+n_3$(公式中,w 代表社会主义商品价值,c 代表社会主义成本,n 代表净收入,n_1 代表国家收入,n_2 代表企业收入,n_3 代表个人收入)。调整后的净收入 $=m$ 的一部分 $+v$。m 的另一部分(税收)已先扣除,如果把 m 的两部分合起来为(m_1+m_2),则 $w=c+(m_1+m_2)+v=c+n=c+(n_1+n_2+n_3)$;调整后的净收入 $=n_2+n_3$;调整后净收入的分配,就是从(n_2+n_3)中分别划分出 n_2 与 n_3 两部分,即分别划出企业收入与职工收入。这个新办法的实质是:先沿用旧价值构成公式 $w=(c+v)+m$ 分别计算出 m(即各种税利之和)归社会部分,即 n_1,同时计算出计划职工劳动收入总额(v),成本实际上是 c。然后,再从 $w=c+v+m$ 中挖出 m 归企业的部分(即 n_2)与职工收入(n_3)之和。再次,再用 $n_3 \div (n_2+n_3)$ 的比率求出 n_3 职工应得劳动收入 $=$ 调整后净收入×净收入中个人收入含量比率。即 $n_3=(n_2+n_3)\times[n_3 \div (n_2+n_3)]\%$。李炳炎认为,净收入分成方法的关键是从 n 中先扣除 n_1,造成 n_2 与 n_3 的分配基础,所得税与调节税先扣除,实际上使用了 $w=c+n=c+(n_1+n_2+n_3)$ 的新成本论公式。$w-c-n_1=$ 调整后净收入 $=n_2+n_3$。(其中,w 是销售收入;c 是成本;n_1 是国家收入即产品、所得税、调节税之和;n_2 是企业收入;n_3 是职工收入即职工应得劳动收入总额)。全部秘密在于把所得税提前扣除。实行净收入分成制的分成比率测算另有办法。个人收入总额按一定数据计算分配到职工个人,形成不同的个人收入。这需要联系岗位、责任、技术,制定一定的标准和指标,并用原始记录考核职工劳动实绩,用以准确反映各人劳动的数量与质量,作为分配依据。企业管理费须分解为物耗费用与人工费用,前者进入成本,后者进入净收入。职工原有级别工资作为档案工资处理,个人收入等于原工资、奖金、津贴之和。保留低水平的生活费作为人人有份的"大锅饭",这部分不进入个人收入总额分配。这是总的分配顺序和原则, 具体采取什么形式要在充分考虑具体经济环境和整个经济长期发展需要的基础上,根据企业自身特点作设计。在具体测算中可参照目前各行业实际存在的工资总额加利润总额之和以及在三个经济主体间的分成比率确定, 分成比率一经确定应该维持一个较长时期的稳定。

净收入分成制使股份合作企业在真正意义上实现了按劳分配的主体地位。在确定企业职工群体劳动量时以平均净收入率规则来衡量。"平均净收入率"是企业净收入对全部总资金的比例。而创造净收入的劳动只能以社会平均必要劳动来衡量,劳动必须是有效劳动,也就是创造必须具有使用价值的商品的劳动。在解决按劳分配分什么的问题上,净收入分成制分的完全是劳动者自身生产的劳动成果。在解决如何分配问题上,净收入分成制通过两级按劳分配的形式来完成。第一级按劳分配解决的是企业全体职工提供的集体劳动量应获得的集体劳动收入总量问题,第二级按劳分配是解决企业对职工个人的按劳分配问题, 即企业对职工履行经济责任制的情况进行考核,根据考核结果确定每个职工的劳动量,再将这个劳动量按照一定的系数换算成劳动收入,最后得到每个职工的劳动收入。

总而言之,股份合作制经济,其实质是资本与劳动的博弈与合作。在资本与劳动的联合中,必然出现两种不同的结果:一种是强资本、弱劳动,资本支配劳动;一种是强劳动、弱资本,劳动支配资本。中国股份合作制经济30年的发展史证明了这点。我们的选择是后一种结果。在未来的股份合作制经济发展中,必须始终强调以"劳动权益为主导"这个关键问题,才能保持我国股份合作制经济的正确发展方向,成为公有制的一种实现形式,而不是私有制的一种实现形式。

关于股份合作制经济的发展趋势,何干强教授在10年前的1998年就高瞻远瞩地指出: 股份合作制这种企业经济组织形式具有动态变化的特点。从理论上分析,股份合作制是资本联合与劳动联合的结合,企业成员倾向于以资本联合为主,还是以劳动联合为主,或者说在利益分配上倾向于以按资分配为主,还是按劳分配为主,对企业的发展趋势必定有不同的作用。从威海、诸城企业实行股份合作制改革后的发展状况看,主要发展趋势大体有三种。

趋势之一:保持集体经济性质,在劳动者的劳动联合和资本联合相结合的形态上继续发展。比较典型的是威海靖海镇的"农民联合体"。1994年,创办起当地农民称之为"农民联合体"的以农户联合为主要形式的股份合作制组织,采取资金入股、土地入股、设施入股、劳力折算入股、技术入股等方式,把集体资产与农民劳动者及其个人资产按有关专业、技术的类别,按区域或跨区域联合起来。又如威海高村镇以种植、养殖、水利资源开发等为生产内容的农村股份合作社。镇政府对发展股份合作社有明确规定,强调"务必面向广大农民,达到共同富裕的目的","务必合理分红,按规定提留,继续发展后劲"。这类股份合作社也将在集体经济性质基础上持续发展。

趋势之二:股份合作制企业变为私营经济性质的私人合作之企业。目前,许多股份合作制的工业企业在组建初期就采取一股一票制。一股一票制与一人一票制的重要区别在于前者偏好资本的权利。实行一股一票制的企业具有一种让经营者持大股的内在冲动。实行一股一票制的股份合作制企业有相当部分将会嬗变为由少数几个经营者持股合资,与大部分职工形成雇佣劳动关系的私营合伙制企业。一些股份合作制企业走向私人合伙制有其自发性因素,属自愿的所谓"诱致性制度变迁"。

趋势之三:发展到一定规模的股份合作制企业,转变为与外资或国内其他企业联合的股份制公司。地方性的劳动者的资本联合与劳动联合在经济规模上会受到限制,当企业发展到一定规模,必然要向可以面向社会筹集股金的现代企业组织形态即股份公司制转变。在一定的机遇条件下,有的企业也可以与外资或国内其他企业联合为股份制公司。诸城已出现这样的实例,如原国有独资的"诸城服装针织股份有限公司"改成股份合作制企业后,1994年把内部职工持股变为企业持股会持股,然后吸纳另一纺织厂2000万元法人股,已与该厂联合组成公司制企业"诸城华星针织股份有限公司"。由于存在上述趋势之二,也会有一些股份合作制企业在转变为私人合伙制企业之后,再向股份公司制企业转变。股份公司的所有制性质,则取决于公有制的法人股份是否占控股地位。从社会主义公有制经济可以与市场经济结合,并有其私有制出发无法替代的优越性的基本判断出发,对企业的引导,应当遵循党的十五大报告中谈到股份合作制时所指出的,"劳动者的劳动联合和资本联合为主的集体经济尤其要提倡和鼓励。"努力促进更多的股份合作制企业沿着集体经济的轨道不断发展壮大。①

苏南乡镇企业进行股份合作制,由于没有坚持劳动权益为主导,凸显资本权益为主导,改制以后,绝大部分变为私有制。何干强的上述判断已为历史所证实。他讲的三种趋势实际上就是我们讲的两种趋势,其第二、三种趋势,实际上最后是两种结果:要么坚持公有制,要么实行私有化。

---

①引自何干强:《〈资本论〉的基本思想与理论逻辑》,第398~401页,中国经济出版社,2000年。

第十二章 中国特色分享经济的特殊功能
与现实社会制度基础

作为一整套经济运行机制的中国特色分享经济，具有其自身的特殊功能与作用。这种功能与作用可以分为宏观经济方面和微观经济方面两个方面。从宏观经济方面看，主要是促进宏观经济均衡运行、抵御"滞胀"、优化经济发展方式、优化工资及财税制度改革思路；从微观经济方面看，主要是创新自主企业的经营功能，提高自主企业的经营效率。我国以公有制为主体的基本经济制度和以按劳分配为主的分配制度、新型联合产权制度、统筹兼顾科学方法的实施，是分享经济机制发生作用的现实社会基础。

一、中国特色分享经济的特殊功能分析

我们已分析了我国分享经济运行机制，通过这些经济机制的作用，我国分享经济会产生特殊的功能作用。

(一)促进宏观经济均衡运行的功能

自主企业普遍实行净收入分成制以后，由于其独有的微观运行机制的综合作用，必然会对国民经济总运行产生重大影响。企业的微观运行是宏观经济运行的基础。我认为，必须从微观机制的重塑入手来解决我国宏观经济运行存在的各种难题。作为一种多功能、综合性的微观运行机制，公有制分享经济即净收入分成制对宏观经济运行的影响主要有以下两大方面：

1.克服总量失衡与结构性失衡，促进国民经济协调高速增长，社会经济效益稳步提高

我国经济是一种失衡经济，主要问题是总需求大于总供给。投资需求与消费需求过旺，而有效供给不足。上述诸种机制正是治理这种失衡的机制。

首先，有效供给不足的主要原因是经济动力不足和生产资料或资源短缺。净收入分成制产生的激励机制，能够充分调动人的潜力。直接生产者的积极性、创造性和劳动热情的发挥，为经济发展注入了源源不息的强大动力。所以笔者曾将净收入分成制比作社会主义经济发展的一部动力机。这种经济动力来源于公有制、自主劳动和按劳分配，来源于人民群众强烈的劳动致富的愿望。事实雄辩地驳斥了那种认为只有实行私有化用以调动人的私心，才能解决社会主义经济发展的动力问题的

谬论。净收入分成制产生的增产节约机制,可以最大限度地有效地节约生产资料或资源,充分提高资源利用率,从而在资源稀缺条件下增加有效供给。

其次,造成社会总需求过旺的原因,一是旧体制固有的"投资饥渴症"(这可以通过改革体制特别是投资体制加以解决);二是消费需求过旺,形成原因是个人消费基金失控。其原因又是工资刚性,分成制淘汰了工资制,个人收入增长以净收入(即国民收入)的增长为前提,而且只占其中一个较小比率。这就将个人消费基金的增长约束在一个低于劳动生产率增长的幅度之内,为克服消费暴涨、总需求过度增长提供了制度基础。分成制对企业收入形成的约束,也能有效抵制"公费消费"和抑制投资需求的盲目扩张。

当前我国经济发展所面临的深层矛盾,是经济结构(包括产品结构和产业结构)的不合理。结构难以调整,正是由于只有上级命令,缺乏企业机制。上述市场导向机制和结构调整机制,正好是调整结构的有效经济机制。我国国有企业的在职失业人员达25%以上,这些冗员难以排斥。在新机制运行下,就能不断被排斥。企业"吐故纳新",必将活力旺盛。富余劳动力可以进入劳务市场,开发第三产业和其他产业,促进社会经济效益全面提高。

总之,只要我国企业按新型公有制和净收入分成制全面重建企业制度,综合发挥上述多种机制的功能作用,一定会将国民经济运行推入良性循环的轨道,从根本上解决总量失衡与结构失衡问题,将我国经济重建为一种均衡发展的经济。笔者提出的公有制分享经济理论,就是社会主义的"均衡经济学"。

2.改革以来,通货膨胀日益成为困扰我国经济发展的突出问题,一度甚至动摇了人们对经济体制改革的信心

是否我们实行社会主义市场经济体制,就一定要承受通货膨胀的痛苦?回答是否定的。我们坚信,只要按照公有制分享经济思路重建我国的经济体制与运行机制,通货膨胀一定能够消除,并可以在近期实现无通货膨胀的改革。

自主企业实行净收入分成制产生的宏观效应,完全能够从多方面有效地遏制通货膨胀。这是因为,净收入分成制与西方的分享经济在这方面的功能是相同的,它是克服滞胀的天敌。就社会主义国家的通货膨胀而言,反映为需求拉动型通货膨胀、成本推进型和结构性通货膨胀形式的特点,而以成本推进型为主。这是由于原材料能源严重稀缺所致。而净收入分成制则有消除或减弱这三种类型的通货膨胀的功能。一是通过侧重于调动人力资源的潜能,不增加资金投入而能增加有效供给,同时控制有效需求增长,从而克服需求拉动型膨胀。二是由于工资和奖金一律不进成本,物耗的增加会减少个人收入,物耗成本得到有效控制并下降,从而可有

效地削弱成本推进型膨胀。三是弱化了工资的刚性,抑制收入攀比机制,从而可在一定程度上消除结构性通货膨胀的基础。四是分成制将提价的好处分解给国家、企业与职工,削弱了企业竞相提价的渴望。有利于稳定出厂价格。五是净收入分成制强化了财产约束关系,有利于克服企业预算约束软化倾向,从而遏制通货膨胀。另一方面, 净收入分成制会通过利益刺激促进经济效率提高。按比例分享企业净收入,使职工可以从其生产的每一个产品上看到自己的应得收益,极大地调动生产者的积极性和创造性。由于职工收入不仅与其劳动贡献挂钩,而且与企业经营成果挂起钩来,就促进职工从自身利益的角度关心企业的经营成果和企业发展,这就会增强职工的责任心和主人翁意识,增强职工的效率意识、质量意识、市场意识和竞争意识,对于降低产品成本、提高产品质量和服务质量、提高企业劳动生产率,彻底克服企业的低效率、高浪费现象起有力的促进作用。

总而言之,净收入分成制通过自己固有机制的独特功能作用,能够有效地克服通货膨胀和经济效率下降,是缓解以至消除我们经常面临的经济发展难题的有效武器。

(二)抵御"滞胀"的功能

通胀是经济发展的天敌,许多经济学家面对通胀都是束手无策。自 2007 年下半年以来,我国经历了较为严重的通货膨胀,影响了国民经济的健康稳定发展,政府通过运用财政手段、货币政策来人为地控制通胀发展的程度和速度,虽然取得了一定的成效, 却仍然解决不了通胀问题。净收入分成制可以从机理上解决这一难题。

我国的通胀主要表现为需求拉动型、成本推进型和结构性通货膨胀,而以成本推进型为主。我们先简要分析一下这几种类型的通胀的成因。

首先,分析成本推进型。我国目前企业使用的成本范围包括物耗成本(原材料、辅助材料、燃料、厂房、机器设备等的磨损等)和人工成本(支付给职工的工资)以及管理费用。在通胀的条件下,由于生产资料和生活资料价格的不断上涨,必然导致物耗成本和人工费用的直接提高, 从而形成下一轮的生产资料和生活资料的价格的上涨,这样周而复始,就构成了成本推进型的通货膨胀。其中工资制在形成成本推进型通货膨胀中起到了推波助澜的作用。这是由工资的刚性决定的,在工资制度下,职工的收入是由外在的力量决定的,不与职工的劳动成果和企业的经营效果直接相关,只要生活资料上涨了,不论职工劳动成果的大小和企业经营效果的好坏,职工的工资必定得普遍上涨,这样就进一步加速了企业的成本负担,导致了下一轮的通胀。

　　其次,我们再来分析一下需求拉动型通胀的成因。造成需求拉动型通胀从总体上来看是因为社会总需求大于总供给,社会需求过旺,社会的有效供给难以满足总需求,因而造成生产资料和生活资料的短缺,形成物价上涨。具体来说,社会总需求包括消费需求和投资需求。消费需求又分为个人消费需求和集团消费需求。近年来,由于公开的工资增长速度超过了国民收入的增长速度,半公开的职工福利标准的提高,实行承包后的企业大部分的利润都用于奖金的发放;再加上国有企业缺乏预算的软约束和监督机制,造成公款消费有增无减,这些都造成了消费需求的膨胀。投资需求的膨胀,主要指固定资产投资的膨胀。我国目前固定资产的实际投资大大超过计划投资,例如,1995 年投资计划 1300 亿元,实际投资 15926 亿元,投资规模超过国力所能承受的程度;另外,固定资产投资中约有 40%要转化为消费基金。因此,固定资产需求的膨胀必定引起消费需求的膨胀,加剧了需求拉动型通胀。

　　最后,再看一下关于结构性通胀的原因。我国目前的需求结构、供给结构和国民经济组织结构中的不合理,是形成结构性通货膨胀的重要原因。近年来随着房地产开发投资的迅猛增长,基建材料供求缺口增大,其价格上涨成为带动生产资料价格上涨的火车头;农业增长缓慢和基础工业的"瓶颈"制约,导致了农产品和基础产品的短缺,而一些加工产品却过剩,造成了农产品价格的不断上涨和部分加工品的积压。另一方面,由于部门之间存在着效益差别,造成高效部门高收入,但是由于攀比机制的作用,一些低效部门也尽量向高效部门的高收入看齐,这样,效益差别和收入均等之间的矛盾,也是造成结构性通胀的原因。

　　关于如何克服通胀,我们认为通过实行企业净收入分成制可以从改变经济的微观基础上解决通胀的根本问题。

　　第一,由于企业的成本只计算生产资料成本,即只是 c,职工的工资不再进入成本,因此工资的增长不会导致产品成本上升而使产品价格上涨。因此具有消除成本推进型通胀的功能。

　　第二,实行了净收入分成制,企业追求的目标是净收入最大化,因此就要通过各种途径提高劳动生产率,增加销售收入并同时降低物耗成本,使企业的生产成本呈不断下降的趋势,从而净收入分成制对"成本—价格"螺旋式上涨的成本推进型通胀具有釜底抽薪的作用。

　　第三,由于职工个人劳动收入的增长低于劳动生产率的增长,工资的刚性被消除,因此就不会出现超分配的现象;另外,企业的消费同样受到约束,大部分的企业收入进入了企业的生产发展基金,从而有效地抑制了集团的公款消费,这样就可以通过控制消费基金的膨胀,从而有效地抑制需求拉动型通胀。

第四,由于净收入分成制消除了地区之间、部门之间、企业之间职工收入攀比机制的基础,即工资的刚性和平均主义的分配方式,有效地抑制了"向别人看齐"的倾向对个人收入增长产生的不利影响,使低效部门的收入增长率得到控制,克服了收入平均化的倾向,从而可以在一定程度上消除结构性通货膨胀的基础。

由此可见,净收入分成制的反通胀的功能,不是仅仅依靠国家的财政政策、货币政策和法律手段,而是通过分配制度的创新,深入到微观经济基础上去解决问题,因此是反通货膨胀的治本之策。

值得一提的是,我们这里提出的净收入分成制与美国经济学家马丁·威茨曼提出的分享经济理论不谋而合,殊途同归。在解决通胀的问题上,马丁·威茨曼本人是这样说的:"分享经济具有一种不屈不挠地吸收失业工人,增加产量,降低价格的内在冲动……像一台没有熄灭的发动机,试图在充分就业的循环上自觉启动。""分享经济具有内在的三面锋刃,可以用来对付失业、生产停滞和价格上涨趋势。"[1]可谓是通货膨胀的天敌。我们这里提出的净收入分成制与分享经济理论在经济机制上是相同的,它也是对付通胀的有力武器。

(三)优化经济发展方式的功能

转变经济发展方式,提高经济增长质量,是当前我国高度重视的重大问题。我国传统的经济增长是重数量、轻质量;重外延、轻内涵;重速度、轻效益;重投入、轻产出;是粗放型低效率的经济增长方式。它造成了在生产、建设和流通等各个领域资源消耗多,资金周转慢,损失浪费严重,经济效益低;形成这种粗放型的经济增长方式的原因,是由于长期以来,我国实行的是计划经济体制,政企不分,供需关系一直处于短缺经济状态;生产要素分配上,靠计划;建设和改造投资上,靠国家审批;财务上,靠国家统收统支;企业生产的产品,是几十年的一贯制;用人上,实行低工资,多就业;等等。现在,经济体制和经济环境正在发生根本性变化,我国经济正处于一个重要的转折时期。

首先,市场机制正在取代计划体制;其次,我国经济运行正由失衡经济转向供需平衡,对经济发展的制约由资源制约正转向市场制约;再次,对国内市场的高税保护正转向与世界经济的大幅度交叉融合,国内市场将逐步变成世界市场的一部分。面对如此深刻的变化,企业的经济运行方式也应相应地发生转变,寻求新的经济增长途径。实现经济增长方式的转变,企业微观经营机制的改革是基础。转换企业的经营机制,就是要使企业的运营轴心由以前的国家计划转向市场,由原来的为

---

①马丁·威茨曼:《分享经济》,第5页,1984年。

完成国家计划下达任务的公转转向完成企业自身经营目标的自转；使企业进入市场竞争、自主经营、自负盈亏；企业要重新构造与政府的关系，与用户的关系，与其他企业的关系，与职工的关系，经营机制转换的深刻程度可谓是"脱胎换骨"。只有企业转换了经营机制，调整了经营战略，改变了传统的粗放经济增长方式下形成的行为模式，才能使企业发展逐步转向依靠提高人的素质，依靠科技进步，依靠经营策略。企业销售收入的增长要立足于提高产品、服务的技术含量和附加价值；改造内涵，立足于以品种多、质量优、成本低而提高市场占有率；立足于优化企业结构，发展专业化生产，实现规模经济、集约化经营，制定发展战略，使企业从原来的依靠增加投资，铺新摊子，追求数量，转到主要依靠科技进步和提高劳动者素质上来，转到追求以经济效益为中心的轨道上来，实现经济发展方式的转变。

由此可见，企业净收入分成制的机制和功能与实现上述转变是吻合的。它所具备的许多微观机制的功能有利于使企业走向市场，以市场为中心，成为市场的主体，自负盈亏，自主经营；有利于提高劳动者素质，促进科技进步；有利于调整产业结构，实现专业化的规模经济；有利于形成增产节约机制；有利于协调国家、企业和职工三方的利益关系。总而言之，企业净收入分成制从企业分配制度的改革入手，从企业经营的微观机制上进行相应的改革，必然有利于促进经济发展方式的根本性的转变。

（四）提高自主企业的经营效率的功能

净收入分成制作为一种新的经济机制，还具有以下一些优越性：

1.保护生产者利益，有助于提高经济效率

通过对净收入的比例分享确保了生产者利益，按比例分享企业净产值，使职工可以从其生产的每一个产品上看到自己的应得收益，极大地调动生产者的积极性和创造性。由于职工收入不仅与其劳动贡献挂钩，而且与企业经营成果挂起钩来，这就促使职工从自身利益的角度关心企业的经营成果和企业发展，增加职工的责任感和主人翁意识，增强职工的市场意识和用户意识，对于降低产品成本、提高产品质量和服务质量、提高企业劳动生产率，彻底克服企业的低效率、低效益现象起到有力的促进作用。净收入分成制能够保护生产者利益，极大地调动生产者的积极性，有利于增加生产，从而增加市场有效供给。这将对缓解我国经济发展动力不足问题产生积极的影响。

2.有助于克服收入攀比机制和企业行为短期化倾向

在净收入分成制中，职工收入不再由国家统一规定，而主要取决于职工的劳动贡献和本企业的经营收益，这就消除了企业间职工收入相互攀比的基础，由于职工收入是与本企业的经营效益和企业的净产值联系在一起的,职工只有努力工作,增加企业经营收益,提高企业净产值率,才有可能增加自己的收入。每一个企业的职工收入都是与其所在企业的净产值联系在一起的,这就使不同企业间的职工收入水平缺乏统一的基础。这样,企业间的收入攀比机制也就失去了产生作用的条件。由于净收入分成制以企业净产值为基础,通过比例分享在保证国家利益的基础上,确保了企业收入和职工收入,既保证了企业发展的需要,也使职工意识到企业的发展是职工收入增长的基础,从而有助于克服企业行为短期化的倾向。这就从利益长期化要求将企业净收入的一部分转化为企业积累,促使企业通过建立企业基金,建立起长期发展的物质基础,促进企业生产力的稳定发展。

3.可以从根本上解决企业冗员、效率不高即所谓隐蔽性失业问题

与物价、工资现象相关联的是劳动效率问题,如果不提高劳动生产率,物价改革将会走入死胡同。但不改革传统的工资制度,要提高劳动生产率只是一句空话,企业中隐蔽性失业现象只会越来越严重。在净收入分成制中,职工收入不再是固定不变的。在企业净产值不变的情况下,职工个人收入与职工人数成反比例变动,它使企业产生了一种自我排斥冗员的机制,从而有利于提高企业的全员劳动生产率。

(五)创新自主企业经营机制的功能

"效益拆成制"也就是净收入分成制。其功能在于为企业改革开辟了一条新路子。"效益拆成制"这项改革方案,它撇开产权问题,不搞承包基数,在坚持公有制的前提下,从分配制度入手,按照企业的经济效益,实行工资总量的动态控制,从而实现了动力机制与约束机制的统一。考虑这种办法有四个基点:一是彻底改变了过去那种以上级下达的某些计划指标为依据进行分配的办法,而完全以企业的效益进行分配,彻底还企业主体以本来面目。二是改变对企业按静态基数和年递增率指标考核的办法,注重从企业发展的实际出发进行动态考核。因为企业的发展不可能是一个平缓上升的直线,而应该是一个波浪式的发展过程。三是改变过去那种工厂以生产量为依据计算报酬的办法,而强调以产品所实现的销售收入,以及销售后所获得的经济效益进行合理分配,克服那种产品一边积压一边滥发奖金的现象。四是把职工的工资及各种奖金作为职工收入统一考核分配,标准工资只进入档案。

所谓"人均效益额",是指企业生产的产品在实现了市场销售后取得的货币补偿在剔除物质成本(不包括活劳动成本)、税收和各项提留费用以后取得的全部人均收入。为了便于管理,与现行的财务制度相衔接,其简易计算方法是:

效益额 = 销售收入 + 营业外收入 - 全部物耗成本 - 税收 - 折旧和大修理等各项提留(不含工资)- 管理费 - 营业外支出。

（六）优化我国工资和税收制度改革思路

1.用分享制取代工资制

我国企业的现行工资制度中存在的平均主义、标准混乱等弊病,归根结底就是一条:劳动与劳动报酬相分离。这不仅仅是没有真正实行按劳分配的问题,更重要的是,由此带来了一系列恶劣的后果。

在这种工资制度下,劳动与劳动收入不呈函数关系,它极大地挫伤了职工的劳动积极性,导致了出勤不出工、出工不出力等消极怠工现象,从而劳动效率低下,经济发展缓慢,进而影响整个国民经济的发展。

我国的经济体制改革,正在向纵深方面发展,这就强烈要求企业工资制度的改革能够跟上整个经济体制改革的步伐。那么,怎样才能彻底消灭企业工资制度中劳动与劳动收入相分离的弊端呢?社会主义分享经济理论及其实践形式,给我国企业工资制度的改革,开辟了崭新的道路。

依据社会主义分享经济的理论,首先要废除我国企业原有的工资制度,在废除工资制度的同时,建立分享制度。

职工个人收入的分享比率确定以后,体现在劳动成果中,其分享总额也就随之确定了。企业在一定时期内(一般指 1 个月)生产并已实现的净产值,一分为三,该上缴给国家的上缴,企业该留的留下,最后一部分为职工收入总额(包括原有的基本工资、附加工资、浮动工资、奖金和各种津贴等),它如何分配到每一职工个人呢?从总的原则上看是真正实行按劳分配。具体可分为如下几种形式:

（1）工分制。即每个职工平时付出的劳动量,以工分形式登记入册,每一工分的分值,由期末核算而得。所有职工本期所得工分合计数,去除本期职工分享总额,即可得到每一工分的分值,然后再按每个职工所得工分数,乘以分值,就是职工本期应得到的劳动收入数。

（2）考核承包制。实行考核承包制的企业,可根据职工的考核指标完成情况,确定其参与分配分享收入的数额。具体可采取百分制进行考核,即确定每项考核指标全部完成任务,得 100 分,作为一个分配单位参与分配,多得分与少得分按比例增减,期末根据每个职工考核承包指标完成得分情况,计算劳动收入数额。

（3）净收入核算制。就是指在企业已实现的净收入中,职工个人所作出的贡献所占的比例是多少,并以此作为基础和依据进行职工个人收入分配。

可以根据实际情况,把上述的两种或三种方法结合起来使用,也可以将其他的方法与上述几种方法配合使用。总之无论采取哪种方法,目的只有一个:将职工个人劳动收入的分享总额,合理分配到职工个人,真正实现按劳分配。

2.用分享税制取代所得税制

国家要在政策和法律上肯定分享制度的建立与实施，而税制改革又是分享制度建立与实施的前提条件。要把原有对企业实行的"利润—所得税制"，改为"净收入—分享税制"，即把原有对企业实行的，依实现利润的多少按比例征收所得税，改为依企业实现净产值(净收入)的多少按分享税率征收分享税。国家征税的比例，可按大、中、小三类企业，制定出不同的分享税率。这个分享税率的确定，要根据我国经济发展水平，可由国家的财政、税务、工商、计划等部门共同研究决定。决定后，由国务院下发文件，可 定几年(5年左右)不变，以保持其稳定性。

国家分享税率确定以后，确定企业净产值的分享基金比例。国有大型企业可由国家确定企业基金分享比例，它与国家分享税率相适应，一般要保持相对的稳定性。中型企业的净收入分享比例可由各省、直辖市、自治区根据各地情况，结合国家确定的中型企业分享税率来确定。小型企业的净产值分享比例可由各市县确定，除了应根据国家确定的小型企业分享税率、本地的经济发展水平等情况外，还要考虑到要让小型企业有充分发展的余地。

国家的分享税率，企业的分享基金比例皆确定以后，个人劳动收入部分的分享比例，自然而然地就确定了。当然，无论是确定国家、企业的分享比例也好，确定个人收入的分享比例也好，都要充分兼顾国家、企业、个人三者的利益关系。国家得大头、企业得中头、个人得小头，这个总的原则不能变，其分享比例确定的次序也不能变。不能先确定企业的分享比例，更不能先确定个人的分享比例。必须首先确定国家的分享比例，因为它是代表全体人民利益的，属于最高利益层次，必须首先得到保障；其次是确定企业的分享比例，它代表集体利益，也是局部人民的利益，属于中间利益层次；最后才能确定职工个人的分享比例。

二、我国现阶段实施分享制的现实社会制度基础

(一)社会主义初级阶段的基本经济制度和分配制度

1.基本经济制度是净收入分成制的基石

我国正处于而且将会长期处于社会主义初级阶段，公有制经济为主体，多种所有制经济共同发展是我国的基本经济制度，我们要毫不动摇地巩固和发展公有制经济，毫不动摇地鼓励支持引导非公有制经济的发展。只有坚持公有制经济为主体，坚持按劳分配为主体，才能体现社会主义的性质即自主联合劳动制度下的劳动雇用资本制度，区别于资本主义私有制为主体，按资分配为主体的资本雇用劳动制度。据测算，1995年，在全国企业注册资本中，公有制经济与私有制经济(包括内资与外资)的比重，分别为73%与27%；国内生产总值(GDP)中，公有制经济与私有制

经济贡献的比重分别为 78% 和 22%。经过 10 多年的"国退民进"改革,已经发生了重大变化。笔者认为,公有制经济的主体地位主要表现在国有企业在关系国计民生、经济命脉、国防安全、公共事业等方面占有主导地位,即毫不动摇地坚持国有经济在以下几个关键性领域的主导地位。第一,国防军工业,关系到国家安全、祖国统一、民族独立、领土完整的大局,必须坚持国家的绝对控制权。只有在坚持稳定、安全的前提下才能更好地实现发展。第二,国有商业银行,中国人民银行等关系到国家宏观调控的领域,必须坚持国家的绝对控制权。不然的话,国际金融资本(热钱)会冲击我国的金融安全,导致如东南亚和北美洲金融完全自由开放国家的金融危机,使国民经济出现严重的衰退。第三,关系到国计民生和经济命脉的行业如:能源、粮食、交通、电力、铁路、航空等,这些关系到国民经济发展的命脉,关系到国家的粮食安全进而关系到国家的长治久安。必须坚持国家的绝对控股权,这样才能避免经济出现大的波动,实现全面、协调、可持续发展。只有坚持和完善公有制为主体才能实现中国特色的自主联合劳动下的净收入分成制。

2.按劳分配是净收入分成制的核心

中国特色社会主义分配制度的主体是按劳分配,即多劳多得,少劳少得、不劳不得。这是由中国特色社会主义的生产目的,即大力发展生产力,满足人民日益增长的物质文化需要决定的。净收入分成制正是中国特色社会主义按劳分配的重要体现与科学的实践方法。净收入分成制主要表现在两个层面上的利益分享,第一是国家、企业、个人三者之间按照科学的比例进行净收入分享,因为三者是一个利益共同体,所以通过提高劳动生产率和降低物耗成本会使三者的利益同步增加。第二是企业内部员工之间按贡献大小对共同劳动成果的分享。

(二)构建中的新型联合产权制度

党的十六届三中全会通过的《中共中央关于完善社会主义市场经济体制若干问题的决定》,明确提出了中国特色的社会主义市场经济要建立"归属清晰、权责明确、保护严格、流转顺畅"的现代产权制度。产权创新是我国经济体制改革近 30 年来所遇到的深层次问题和进一步深化改革必须突破的难题。对于完善社会主义经济体制和完善社会主义市场经济理论体系都有十分重大的理论与现实意义。产权创新对于进一步完善和推广净收入分成制度为特征的社会主义分享经济制度具有十分重要的意义。马克思产权理论的核心是:产权是指财产权,财产所有权有排他性。财产权不只是单一的权利,而是一组权利的组合体,财产权包括所有权、占有权、使用权、支配权、经营权、索取权、继承权和不可侵犯权。这些财产权的组合体中,财产的各种权利既可以是统一的,也可以是分离的。实行劳动联合与资本联合相统一的现代产权制度,可以给净收入分成制的发展与完善带来有力的推动。这是因为,这种产权制度不同于纯粹以资本为主的资本雇用劳动的资本主义公司制,确保了劳动者的主人翁地位,它调动了一切要素所有者,尤其是广大劳动者的积极性与创造性。这种产权制度下劳动者有真正的产权,员工能参与公司的经营与决策,劳动者是企业的主人。这种产权制度真正实现了政企分开,避免了国有企业政府是最大的股东,董事会是政府的代表,经营层由政府任命的格局。这种自主联合劳动的股份合作制是以劳动联合为主,资本联合为辅的新型公司制。自主是指劳动者对其劳动完全具有支配权,联合劳动是由社会主义社会化大生产性质决定的。公司董事会、监事会由股东代表大会即员工代表大会选举产生,经营层由竞争上岗公开竞聘并由董事会任命,董事会、监事会、经营层是代表全体员工去决策、监督与经营,劳动成果由国家、企业、员工共同分享。公司可以根据实际需要向全社会招聘专业化的技术人才与职业化的企业家队伍, 进而可以促进专业化技术市场与职业化企业家队伍市场的形成。

　　建立这种劳动产权为主、资本产权为辅的联合产权制度是符合我国社会主义初级阶段生产力发展水平的。这是因为,单一的资本产权制度显然已经不适应当今世界经济的新趋势。资本主义的私有制企业,是对劳动的异化,是资本雇佣劳动,随着生产力的发展,生产的社会化与生产资料私人占有之间的矛盾越来越突出,而期权、股权激励与双产权制度为特征的股份制,可以缓解资本主义的基本矛盾,这也正是当前发达资本主义国家经济仍在发展的根本原因。就连沃尔玛这样的资本主义大公司,也开始实行给工作一定期限的员工部分股权的方法。实行分享制的沃尔玛公司,为了使员工能与企业共同成长,让企业员工分享企业成长的快乐,沃尔玛公司的员工不被称为员工,而被称为"伙伴"。沃尔玛公司先后出台了三个互相补充的计划:利润分享计划,员工购股计划和损耗奖励计划。1971 年,沃尔玛实施了一项全体员工参与的利润分享计划, 每位在沃尔玛工作两年以上, 并且每年工作1000 小时的员工,都有资格分享公司当年的利润。 截至 20 世纪 90 年代,利润分享计划总额已经达到 18 亿美元,此项计划使员工的工作热情空前高涨。之后,沃尔玛又推出雇员购股计划,让员工通过工资扣除的方式,以低于市值 15% 的价格购买公司的股票,这样,员工利益与公司利益休戚相关,实现了真正意义上的"合伙"。属于绩效考核范畴的损耗奖励计划,能够激励员工降低各种损耗,企业按提成比例给予员工奖励,从而最大限度地降低了成本,实现了企业与员工的双赢。

　　如果实行单一的劳动产权制度,就超越了我国目前的社会主义初级阶段,因此,必须实行这种自主联合产权制度,它有如下几个方面的特征:第一,剩余索取权分享,建立以劳动力、知识产权等要素入股为主,资本入股为辅的股份合作制,就是把每位劳动者按其人力资本的多少和具有的知识产权通过科学评估后折合成相应的股份,使其同资本一样保值增值,并可以得到相应的红利。第二,由于自主联合劳动产权制度,以劳动产权为主,资本产权为辅,体现在净收入分配上就要贯彻以按劳分配为主,按资分配为辅的原则。例如:内蒙古黄河铬盐股份公司,按劳分配占净收入的70%,按股本分配占净收入的30%。第三,以员工为主体,企业经营权归作为企业法人的企业员工联合体所有。员工大会是公司的最高权力机构,并将其权力与职能委托给员工大会选举产生的董事会,董事会将日常经营决策权委托给聘用的经理层。监事会由员工大会选举产生,代表全体员工对公司经营决策实施有效监督。这种联合产权制度有明显的制度优势,劳动产权为主,资本产权为辅,保证了劳动者的主人翁地位,极大地提高了劳动者的主动性和积极性。按出资额获得红利,兼顾了出资者的利益,调动了出资者的参与热情。与传统的国有制相比,委托代理成本大大减少,极大地提高了监督效率。企业劳动者集体所有股权对企业员工形成了强大的激励与约束,极大地提高了股份合作制企业的经营效率。

(三)统筹兼顾:科学发展的根本方法

科学发展观发展的观点是分享经济实现的基础前提,是分享经济不断成长的条件。以人为本的核心理念是分享经济理论的归宿和落脚点,全面协调可持续发展的基本要求是分享经济持续实现的根本保障,统筹兼顾的根本方法与分享经济理论的实质是一致的。分享经济理论的核心问题是利益分享,方法是统筹兼顾,原则是效率与公平并重和统一。具体可分为中央与地方之间的分享,投资在经济建设与科学、教育、文化、卫生、社会保障之间的分享,固定资产投资在一、二、三产业之间的分享等方面。

1.中央与地方之间的分享

2007年国民生产总值为24.66万亿元,财政收入为5.13万亿元,财政收入占GDP的20.8%。突出的问题是财政收入与中央与地方的事权不相一致,主要表现在中央财政有较大的盈余,省市一级基本平衡,地县一级有较大的缺口。这就要求对财政支出分配体制进行改革,依据各级政府的事权与所需资金量合理分配各自的财政支出,并加强对其审计与监督。同时,出台相关法律,依据评估结果对其进行考核与奖励。中央主要做好宏观调控与重大项目等方面的支出,给地方政府在具体工作中更大的自主权,使之更好地依据当地的实际情况安排支出。在财政支出预算中按一定比例提取准备金,以便用来以丰补歉或应对重大意外事件的支出。

我国在改革过去高度集中的计划管理手段时,对财政体制进行了配套改革,从

1980年财政实行"划分收支,分级包干"的体制,到1994年建立中央与地方分开基础上的分税制,基本上确立了适应市场要求的新的财税体制框架,并保证了国家财政收入的稳定增长。

2.投资在经济建设与科学、教育、文化、卫生、社会保障之间的分享

固定资产投资是改革开放以来拉动我国经济增长的主要动因,包括政府投资、外商直接投资、企业投资与民间投资等形式。近年来,由于固定资产投向重点在第二产业,导致我国第二产业发展速度较快,第一产业、第三产业发展滞后,使我国的城乡差距进一步拉大,农村剩余劳动力转移出现困难,城镇登记失业率上升。加之固定资产投资投入相对较大,科学、教育、文化、卫生、社会保障等投入相对较少,使得我国经济社会发展不平衡。主要表现在自主创新能力较差,外贸依存度过高,第三产业的发展滞后,导致消费需求不足。应尽快转变这种格局,形成消费、投资、出口协调拉动的增长格局。

3.固定资产投资在一、二、三产业之间的分享

我国固定资产投资,随着GDP的增长逐年增加,增长速度快于GDP的增长,以2005年与2006年固定资产投资为例(见表12-1)。

表12-1 2006年我国固定资产投资增长情况

年 份	2005年	2006年	增长率(%)
固定资产投资(万亿元)	88773.6	109998.2	23.9
第一产业	2323.7	2749.9	18.3
第二产业	38836.7	48479.1	24.8
第三产业	47613.2	58769.2	23.4

固定资产投资以每年23.9%的比例增长,其中第一产业的投入与增长率偏低,造成我国农业基础设施差,以玉米为代表的原料紧张,城乡差距进一步拉大,农民增收困难,"三农"问题成为影响我国经济进一步发展的突出问题。为此,根据农业的弱质性与外部性、公共产品性等特征,为了确保我国的粮食安全,解决长期困扰我国的二元经济结构问题,必须加大对农业的投入力度。继续加大对第三产业的投入力度,提高其增长率。2003年中国第一、二、三产业增加值占GDP的比重分别为14.6%、52.3%和33.1%,其中工业增加值占GDP的比重为45.3%。按照世界银行的统计,目前全球第一、二、三产业构成约为4%、32%和64%,而工业增加值占GDP的比重为21%左右。其中,高收入国家和中等收入国家第一、二、三产业平均构成分别约为3%、30%、67%与10%、36%、54%。中国第三产业的比重比世界平均水平低30.9%,而第一产业比世界平均水平高10.6%,第二产业比世界平均水平高20.3%。

由于我国积累与消费比例严重失衡，固定资产的高增长与第二产业分享比例过大拉动了第二产业的高增长。而消费的低速增长，制约了第三产业的发展，使第三产业的增长慢于 GDP 的增长，更明显慢于第二产业的增长，造成就业压力增大，城市化水平增长缓慢，所以调整固定资产投资在第一、二、三产业之间的分享比例刻不容缓。

第十三章 中国特色分享经济的宏观经济效应探析

作为微观经济实体的企业的运行,是国民经济宏观运行的基础。分享经济的重要特点,是从微观经济组织的行为出发,来优化经济运行。其原因是这种微观经济主体天然会产生宏观效应。作为一整套多功能综合性的微观经济运行机制,中国特色分享经济对国民经济宏观运行自动产生多方面的影响。其中最主要的是抵御"滞胀",矫治宏观经济运行失衡。这种微观经济组织产生宏观效应的机理虽然非常重要,但目前尚未受到应有重视,需要加强研究。

一、目前中国宏观经济运行存在的主要问题及出路

改革开放以来,中国经济保持平稳较快发展,年平均增长率达到了 9.7%,尤其是十六大以来,年平均增长率在 10%以上,据国家统计局显示,2006 年为 11.6%,2007 年更是达到了 11.9%,经济实力大幅提高,人民生活水平显著改善。但是,在看到经济发展取得的非凡成就的同时, 我们也不能忽视在经济发展过程中已经存在的一些严重问题,更不能对这些问题掉以轻心,否则将会给国民经济的健康稳定发展带来大的风险隐患。

(一)经济失衡严重

经济失衡是目前中国经济运行中普遍存在的问题, 而经济结构失衡则更为突出,我们从以下几个方面来分析。

1.总需求结构失衡

总需求结构中,消费需求偏弱、投资和净出口需求偏高。众所周知,总需求的各个构成部分对 GDP 增长的贡献是不同的。研究显示,居民消费、政府支出和投资分别增长 1 个百分点,可以带动 GDP 增长 1.05、0.51 和 0.44 个百分点,而净出口的增长率对中国长期 GDP 的影响不显著。这说明消费对经济增长的拉动是最有效的。但是,近年来我国的居民消费率却在不断下降,经济增长主要靠高积累、高投资和高出口来支撑。这种增长模式加剧了社会生产和再生产的消费与积累之间的矛盾,最终导致总量失衡,损害了经济增长的福利效应。

2.产品结构失衡

高端产品、适销对路产品的产量不足,低端产品严重过剩;高污染、高耗能的产品和一些低附加值的产品仍占很高的比例;产品种类单一,产业链条短。以房地产

业为例,中小户型、经济适用型的住房比例太低,豪华型、大户型供应量却严重过剩,普通老百姓买不起豪华型、大户型的房子,而买得起的中低档房市场供应又不足,使得占中国绝大多数的中低收入阶层的购房需求得不到满足。这种不合理的产品供求结构会直接导致房地产业的不健康发展。

3.收入分配结构不合理

目前中国最突出的结构问题是收入分配结构不合理,现在经济发展过程中出现的不少突出矛盾和问题都与此有关。在国民收入分配结构中,居民所得占国民可支配收入总额的比重大幅下降,政府所得的占比大幅上升;资本所得不断上升,劳动所得不断下降。收入分配结构的倾斜,会造成投资增长快、消费启动难的格局,带来投资和消费结构的失衡。同时,收入较低的人群相对集中在农村和中西部地区,收入分配结构的不合理也就意味着城乡差距和区域差距的扩大,进而影响到国民经济全面协调可持续发展目标的实现,也和实现人的全面自由发展的目标相悖。

(二)"滞胀"现象日益显现

"滞胀"全称为"停滞性通货膨胀",在经济学,特别是宏观经济学中,特指经济停滞与高通货膨胀及失业同时存在的经济现象。通俗地说就是指物价上升,失业增加,但经济停滞不前的一种经济现象。在一国经济中,一般情况下通货膨胀必然伴随着经济过热、过快。通货紧缩必然伴随着经济萧条。在运用货币政策或财政政策等手段对这两种经济现象进行调控时,目标很容易确定,政策组合选择非常明确。经济中最为可怕的现象是出现"滞胀",它是相互反向的经济现象交织在一起的不正常情况,无论货币手段还是财政手段的决策都非常难,用任一政策组合调控都会出现顾此失彼的现象。目前中国滞胀现象已逐步显现。

1.已由结构性通胀上升为全面通胀

目前,通货膨胀局面已经形成。所谓通货膨胀,就是物价总水平持续不断地上涨。所谓物价总水平上涨,不是看个别或部分商品价格上涨,而是指工业品和农产品,消费品和服务费用全面上涨;所谓持续不断地上涨,不是短时间上涨,或偶尔上涨又很快下跌了,而是指较长时间上涨。经济学中用居民消费价格指数(CPI)指标来判断通货膨胀状况。从 2007 年 1 月到 2008 年 5 月,CPI 已持续上升了 16 个月(各月的 CPI 是:2.2%、2.7%、3.3%、3.0%、3.4%、4.4%、5.6%、6.5%、6.2%、6.5%、6.9%、6.5%、7.1%、8.1%、8.3%、8.5%);虽然 2008 年 6、7 月份有所回落,但仍分别在 7.7%和 7.1%的高位上。上涨的幅度,从 2007 年 8 月至年底已连续 11 个月在 6%以上。2008 年一季度达到 8%。而物价已由年初的结构性上涨逐步蔓延到全面通货膨胀。

一方面是全国工业品出厂价格(PPI)持续高涨,同比涨幅趋高不下。从 2007 年 10 月份的 3.2%持续攀升到 2008 年 7 月份的 10%,涨幅达到了两位数,是 1996 年以来的最高涨幅。并且从 2008 年 3 月份开始连续 5 个月都在 8%的高位平台上递增。

PPI 反映的是工业品进入流通领域的最初价格,是制定工业品批发价格和零售价格的基础。CPI 反映的是居民购买消费品的价格。一般认为,PPI 是 CPI 的先行指标,PPI 对 CPI 存在一定的影响,两者呈现出一定的正相关关系。虽然在实际经济活动中,PPI 对 CPI 的价格传导存在一定的时滞,但如果 PPI 上涨,经过一定的滞后期之后,CPI 也会出现上涨。PPI 可以通过食品价格、能源价格和其他消费品价格向 CPI 传导。但由于 PPI 与 CPI 的构成不同,其传导路径并不总是有效,PPI 与 CPI 在短期内出现背离是有可能的。这也是目前所表现出来的 PPI 出现越来越大的剪刀差的原因。但从长期看,二者的走势应该是一致的。所以,PPI 会通过传导机制缩短与 CPI 的剪力差,拉高 CPI,加速通货膨胀,并非一些学者所认为的 PPI 不会向 CPI 传导。

实际上,当前已经出现了明显的通胀。不但 CPI 上去了,PPI 也上去了。PPI 从 2007 年 10 月份开始上扬,比 2007 年 9 月份上涨了 3.2%,到 2008 年 4 月份已上涨 8.1%。生产资料价格上涨已传导下去,必将加剧下游商品涨价,加大通胀的预期。2008 年以来通胀率已超过了 8%,而目前的银行存款利率为 4.17%,出现了约 4% 的负利率,这是非常危险的信号。根据历史经验,当银行存款利率变为负数之后,不久将出现通胀率的加速上升。负利率的出现意味着人为地刺激通胀率上升。加息是稳定居民通胀预期的有力手段。负利率对社会强势集团有利,而对广大居民有害。因为通过负利率会使广大普通居民的存款贬值,贬值部分的货币流入了强势集团的手中去了,从而加剧贫富差距。金融当局迟迟不加息,放任负利率猛增,客观上为通胀以至滞胀推波助澜。

另一方面是更为全面的通胀指标 GDP 平减指数涨幅屡创新高:从 2007 年全年的 5.2%上升到 2008 年一季度的 8.3%,再进一步上升到二季度的 8.9%。这意味着通胀已不仅仅局限于 CPI 中的猪肉等食品领域,而是逐渐向非食品领域蔓延。

2.经济出现衰退迹象

我国目前所面临的经济下滑威胁已经超过通胀威胁。2007 年 GDP 增长率为 11.9%,而 2008 年上半年为 10.4%,比上年同期回落 1.8 个百分点。笔者认为,这一态势会继续延续下去,而且还会进一步向下滑行。不可否认,为抑制通货膨胀而采取的各项政策手段起到了一定的效果。但是,这也是经济出现下滑的信号。这是因为中国经济十几年的快速增长,主要受益于出口和投资增长,但是,我们目前转而出现了有效投资降低、消费长劲不足和出口增长明显下降的局面。

根据国家统计局的数据,2008年一季度全社会固定资产投资增长24.6%,比上年同期加快0.9个百分点,其中城镇固定资产投资增长25.9%,加快0.6个百分点。从宏观数据上看,这种投资增长还算平稳。如果扣除国家统计局公布的同季度高达8.6%的固定资产投资价格指数,一季度实际投资增长速度则只有16%,说明有效投资是下降的。根据有关研究表明,每当投资增长速度低于20%时,我国经济增长速度就会比较慢——明显低于其潜在的增长能力。因为我们的投资拉动主要体现在对资源的竭泽而渔式的开采利用。随着科学发展观的深入贯彻,能源、资源拉动经济的力量必然减弱,投资也将会下降,对中国经济的影响不可忽视。这样,经济增长的希望落到了居民消费上。但纵观历年的消费率:1978年,我国最终消费率为62.1%,"六五"期间平均为66.2%,"七五"期间为63.4%,"八五"期间为58.7%,"九五"期间为59.4%。2000年至2006年我国最终消费率分别为61.1%、59.8%、58.6%、55.5%、53%和52.1%、36.4%。国家统计局尚未发表2007年数据,据专家估计可能小于36%,说明最终消费率呈现出明显的逐年降低趋势,消费需求对经济增长的贡献率不断降低。2007年以来,人民币升值和原材料价格上涨等因素,带来出口商品成本上升。美国次贷危机造成对中国出口产品的需求已经开始明显减弱,导致出口增速放缓,并已使我国一些出口企业不堪重负,有些已经转产或者关门大吉。中国实际出口量的增速已由2007年的24%下降至2008年上半年的13%;与此相伴随,中国的贸易顺差2008年前两个月也出现了大幅度缩减。2007年月均贸易顺差额在220亿美元左右,但是2008年前两个月平均只有140亿美元,其中2月份只有85.5亿美元。这是自2003年以来出口月度增长的最低点。种种迹象表明,我国经济已经出现明显下滑。经济增长下滑会引发诸多问题,如企业破产,银行坏账,失业增加。其中最重要的是失业问题。2008年失业率同比增加幅度不小,出现了大学生、硕士博士生就业难,为历史之最。

3. 失业严重

2008年上半年,全国城镇登记失业人员835万人,城镇登记失业率为4.0%,但这一数字并不能反映我国的真正的失业率。因为这仅是登记在册的失业人数,是劳动和社会保障部登记的"在岗职工",没有正式登记的就没算入失业率之内,并且1.5亿多农村富余劳动力也不在此统计数字之内。还存在一些隐蔽性失业,一些企业效益低下而轮岗的失业人员,下岗职工,等等。如果把所有这些失业群体都考虑进去,那么中国的总失业率将远不止4.0%。另外,由于资金短缺、需求减缓、成本上升等原因,全国 2008 年上半年有 6.7 万家规模以上中小企业倒闭,超过 2000 万工人被解雇。浙江省 2008 年上半年有上万家企业出现亏损,还有少数企业"变脸"转产,有的甚至转向另一行业,很多大型企业也都面临升级转型的压力。而这都会造成结构性失业的进一步延伸,也都会导致失业人数的急剧增加,进一步严重制约中国经济的增长。

(三)消费动力不足

消费率的高低和走向体现了一个国家的经济增长后劲是否长足。21 世纪以来,中国国民经济的消费率(居民消费占 GDP 的比重)持续走低,我国目前的消费动力存在严重不足。

1.国民收入分配向政府倾斜使居民消费率走低

在经济发展的不同阶段,国民收入分配在政府、企业、居民三者之间的比例会有此消彼长的变化。特别是当人均 GDP 超过 1000 美元之后,参照国际上通常的发展经验,国民收入分配在政府方向的比例应该是逐步缩小才合理,但在中国则恰恰相反,不是缩小而是呈进一步向政府倾斜的趋势。统计数据显示,政府收入占国民可支配收入的比重由 2001 年的 14.9%上升到 2005 年的 17.3%。而居民收入所占比重则由 1998 年的 68.1%下降到 2005 年的 49.55%。另外,2006 年、2007 年政府收入占国民可支配收入的比重分别为 21.7%、24%,远高于同期 GDP 增速,但全国农民人均纯收入和城镇居民人均可支配收入的实际增速则与同期 GDP 增速大体接近。由此推断,最近两年政府收入占国民可支配收入的比重仍保持扩大趋势,国民收入分配向政府倾斜的格局并没有改变,国民收入在居民、企业和政府三者之间分配的比例仍然严重不合理。

2.劳动力工资低下导致劳动力再生产萎缩

尽管工资制度不是社会主义国家实现人的全面自由发展的最合适的制度,但仅就工资制度而言,目前却也不能在我们的大部分企事业单位完全贯彻执行。很多企业都未能实行最低工资制,且我国工资增长速度远低于 GDP 的增长速度,工资在 GDP 中的比例呈明显下降趋势。1980 年工资在 GDP 中的比例为 17.1%,2002 年下降为 12.5%,到 2006 年的时候下降到 11.7%。这一占比别说与美国的 50%难以相比,就连同在第三世界国家的印度也以 30%遥遥领先于我们。就是说,我国劳动力工资水平实际上处于世界最低国家之列。

劳动力工资低下造成了作为国民主体的劳动者的实际购买力相对下降,造成有支付能力的消费需求长期不足。再加上我国的医疗、养老、教育等体制的不完善,以及工资涨幅不及物价上升水平,导致大多数劳动者在强大压力下超负荷工作,脑力和体力透支并处于亚健康状态,最终导致劳动力再生产萎缩。

3.未来预期导致人们消费意向低下

收入再分配向政府倾斜,政府转移支付和社会保障支出的滞后,会导致居民消费倾向下降,储蓄倾向上升。再加上物价水平上涨严重以及政府在社会公共服务方面的缺位,导致居民不得不自行考虑医疗、养老、教育等诸多方面的支出,从而极大地强化了居民的储蓄动机,压抑了居民消费的欲望,进而阻碍了居民消费水平的合理提升。

(四)需要以全新思路解决上述问题

上述宏观经济中存在的问题纷繁复杂,却又存在着紧密联系,往往一个失衡与另一个失衡互为因果。滞胀会引起消费动力不足,而为解决消费动力不足的问题采取的扩张性政策又会进一步加剧通货膨胀。而且不排除中国未来会出现高通胀长期化趋势,不能不引起高度重视矫治"滞胀"问题。因此,解决这些问题不能头疼医头,脚疼医脚,而是需要我们有更高的智慧和更强的调节手段,既要抓住问题的主要矛盾,又要解决好各种现象之间的矛盾联系,按照以人为本、利益分享的原则,用适合于中国国情的分享经济机制解决宏观经济运行中存在的问题。

二、中国特色分享经济微观组织的内生机制

微观经济组织运行是宏观经济运行的基础和重要组成部分,是经济运行和经济增长的主要载体和动力源。宏观经济的健康运行最终要依托微观经济行为主体的协调运作。中国特色分享经济微观经济组织有多种内生机制,宏观经济的各种问题最终要通过这些内生机制的综合作用来解决。企业摆脱政府的工资制,转而实行净收入分成制并切实实施,便会自动产生下列机制。

(一)动力机制

1.收入增长动力

按照社会主义分享经济理论的公式 $w=c+n$;$n=n_1+n_2+n_3$,国家、集体、个人三者利益同舟共济、水涨船高、同向增减。国家和企业收入多了,个人收入也多;个人收入多了,国家、企业收入更多,没有矛盾。个人收入的不断增长,不会成为减少国家收入的威胁,反而成为国家收入和企业集体收入增长的原因。由此所形成的企业动力机制可以描述为下述良性循环:个人收入不断增长,企业动力不断增加、生产不断发展,国家、企业、劳动者个人三者利益不断增加,又造成个人收入增长……并由此产生乘数效应,放大增长量。个人收入不断增长,不仅是调动职工积极性的手段,而且由于提高个人生活消费水平, 使劳动力扩大再生产, 有利于提高劳动力的素质,从而提高工作质量。从长远看,个人收入增长是劳动者全面发展的物质基础,也

是社会主义生产的根本目的。

2.技术进步动力

企业的技术进步分为两个方面,一方面是企业技术装备的进步;另一方面是企业职工技术素质的提高。企业实行了净收入分成制,就在制度上形成了一种促进企业投入资金、更新设备的硬约束,使企业的技术装备随着生产的运行而不断进步;另一方面,由于企业职工的个人劳动收入与其技术水平的高低紧密相关,并且技术水平主要决定职工的劳动收入,以"价值系数"来体现。职工的技术水平高,则价值系数就大,按劳动实绩考核后应得的劳动收入乘以价值系数最后所得的职工个人劳动收入就多,反之则相反。因此,实行净收入分成制,就使每个职工从主观上意识到技术素质的重要性,并促使他们主动地去提高自身的技术水平。这样,就形成了促使职工整体提高技术水平的强大动力,从而为企业的发展注入了生机与活力。

3.激励动力

企业实行净收入分成制,国家、企业和职工三者形成了一个利益整体,共同的目标是使企业获得更多的净收入,企业获得了更多的净收入,则国家以税收的形式多得一部分,企业多留一部分,职工个人多拿一部分,形成了一荣俱荣、一损俱损的格局。因此,实行净收入分成制的企业的职工具有极大的生产积极性,劳动热情得到充分发挥。由此可见,实行净收入分成制的分享经济具有内在的激励动力。

4.增量积累动力

实行净收入分成制,企业本身可以按一定比例在企业净收入中获得企业收入,企业再从企业的收入中拿出一部分用于生产发展和技术改造,追加企业的资金投入,扩大企业的生产规模。由于企业收入是按一定的比例在企业净收入中分成所得,因而是一种固定的硬约束,使企业用于发展生产的资金可以随着企业生产经营的运行自行地增长,达到增量积累的目的。从而可有效地克服企业行为短期化问题,破除了企业经营资金不足,发展困难的瓶颈。

(二)调整机制

1.市场调节机制

企业实行了净收入分成制,则以销售收入作为第一级经营目标,废除了以前的产值、产量指标,从而形成了自主经营企业的市场导向机制。具体地说,现在企业为了争取更多的销售收入,必须做好以下几个方面:一是要按照市场的要求变化安排产品生产,以需定产,事先必须做好市场预测和市场决策;二是要保证产品的质量以及花色品种,使产品适销对路;三是要使产品尽量卖出去,变成货币,最低限度地减少产成品的积压;四是企业要学会市场定价,以有利的市场价格销售;五是要减少未收的应收货款,尽量避免呆账的发生,及时回笼周转资金,加速企业的资金循环。企业只有做好了以上五个方面,才能真正成为市场的主体。企业为了获得最大限度的销售收入,不得不废除以前追求的"产值"、"产量"等指标,更加明确了只有被市场承认的劳动才是有效的劳动这一概念,使企业的职工更加关心市场,关心自己生产出来的产品是否能在市场竞争中得到广大消费者的认可和接受。只有通过市场交换使企业生产的产品转化为货币,实现为企业的销售收入,才达到了企业的第一级经营目标。企业的销售收入(货币)扣除物耗成本(C),就得到企业的净收入,达到企业第二级经营目标。净收入取代利润,成为企业经营的中心指标。

2.结构自我调整

实行净收入分成制的企业,由于以追求更多的销售收入为第一级经营目标,产品必须及时适应市场需求的变化。当市场需求发生了变化以后,企业就会主动地调整产品结构。在技术自我进步机制形成的条件下,企业就会通过不断开发新产品来适应市场需求的变化。对那些属于夕阳产业的企业,当企业的产品结构不能适应市场变化和国家产业政策时,就会自我调整企业的产品结构。在自我积累机制的支持下,企业可以有实力"脱胎换骨",全面更换装备,或与其他企业联营,或收购其他企业,达到以新的企业结构自立于市场的目的,在竞争中生存并发展。

(三)约束机制

1.生产资料费用约束

企业实行了净收入分成制,则以净收入作为第二级经营目标。以净收入取代了以往的利润作为企业生产的目的与动机,成为企业经济效益的指标和经营活动的中心。企业要获得更多的净收入,从公式 $w=c+n$ 中分析得出:一是提高劳动生产率,增加产量,从而增加净收入;二是降低物耗成本从而节约生产资料费用。净收入在量上与 w 成正比,与 c 成反比,可以从源头上制约生产资料的浪费,从而形成一种使企业增产与节约相互推进的经济运行机制。

2.形成消费约束

实行净收入分成制,企业职工的个人消费基金是通过净收入的二次分配取得。第一,职工个人的收入只占净收入的一个事先确定的比率,这个比率远远小于1;第二,职工个人获得的收入是在净收入扣除国家和企业的收入之后才取得的;第三,个人劳动收入与个人劳动支出和企业的劳动效益直接挂钩。从这三点可以看出个人收入的获得和增长一不会超过企业劳动生产率的增长幅度,二不会挤占国家收入和企业收入,防止了所谓"工资侵蚀利润"或"利润侵蚀工资"现象的出现。由此可以得出:实行净收入分成制,一方面可以有效、合理地控制住个人消费基金的增长,消除了国民收入超分配的微观基础;另一方面由于个人消费基金的增长与企业经济效益、劳动生产率增长呈同步变化,从而为宏观经济的总供给与总需求动态平衡提供了良好的微观基础。

3.通过分享比率的事先确定,有效地约束和规范了政府的分配行为

可以彻底摆脱政府在国民收入分配中的自利行为(向政府自身倾斜),扩大居民收入在国民收入中所占比例。

(四)协调机制

企业通过实行净收入分成,将企业的净收入按一定的比率划分为国家收入、企业收入和个人收入三个部分,理顺了国家、企业和个人三者之间的分配关系,协调了三者的利益关系,克服了原来旧体制下的利益对立的关系。这是因为在原有的分配体制下,工资和利润始终是对立的,若提高职工的工资,则增加了人工费用,从而增加了成本,进而在同等产量下则减少了利润,从而少交了国家。通过实行净收入分成制,按照事先确定的国家、企业和个人三者合理的分成比例,三方各得其所,利益共享,风险共担,规范了三者的经济行为,减少了三者之间互相争利的"内耗",协调了三者之间的关系,从而形成了发展生产更大的合力。

(五)冗员排斥机制

实行净收入分成制的企业,废除了传统的工资制,职工的个人收入是通过参与企业的净收入分配形成的。企业的净收入先通过一次分配形成了职工收入的总额,然后再通过对劳动者个人的劳动实绩的考核将整个总额分解到个人。因此,个人劳动收入的大小,与个人劳动实绩成正比,与参加净收入二次分配的人数成反比。也就是说,某一期间企业全部职工劳动收入总额是既定的,参加分配的人数愈多,个人分到的净收入则愈少;反之,情况则相反。因此,净收入分成制具有自动排除冗员的机制。它可以优化劳动组合,消除隐蔽性失业。

(六)竞争力提升机制

一方面,实行净收入分成制的企业一般都行使产品质量否决权。职工生产的产品,如果出现质量不合格,有次品就降低实绩得分,有废品非但不计得分,而且要倒扣原材料费用。这样,使质量与个人利益直接联系起来。产品质量取决于各方面工作质量的保证程度。质量否决权通过经济责任制施行,与个人收入挂钩,奖优罚劣,有力地增强了职工的质量意识,保证了产品等级率不断提高,从而提升了企业的竞争力。另一方面,自动调整机制使得企业按市场导向以需定产,使产品适销对路,减少了无谓的产品积压所造成的生产成本的增加,可以较低的销售价格出售产品,从而增强企业的竞争力。可见,净收入分成制是一种竞争力自动提升的机制。

中国特色分享经济的这六种内生机制是自发形成的,是内在联系的,是一个严密的整体。一种机制发挥作用并不会影响另一种机制的正常运行,相反还会放大另一种机制的作用效果。它们之间既相互制约又相互促进。比如:一方面,通过动力提升机制,企业更新了技术装备,提升了职工技术素质,从而提高了产品质量,降低了生产成本,提升了企业的竞争力;另一方面,企业的竞争力提升了,产品的销售量增加了,则会为企业带来更多的净收入。通过二次分配,企业获得更多的自有积累资金,职工获得更多的收入,则可以再次更新技术装备,加强职工技术素质培训,提升职工技术素质,职工的积极性进一步得到增强,又为企业提供了更加大的动力,从而放大了动力机制的效应。

三、通过利益分享机制有效抵御"滞胀"、矫治宏观失衡

（一）我国解决宏观经济失衡问题的经验教训及启示

首先对 20 世纪 90 年代以来我国实行的宏观经济政策作一简单梳理。

我国是在经济低速运行、改革徘徊不前的状态下进入 20 世纪 90 年代的。其一是因为为了抑制当时经济加速发展过程中出现的经济效率不高、经济结构失衡、经济秩序混乱、通货膨胀加剧等问题而采取的财政、信贷双紧措施,使通胀率从 1988 年的 18.5%,降至 1990 年的 2.1%,相应地 GDP 增长率从 1988 年的 11.3%降至 1990 年的 3.8%,可以说这次治理整顿是以降低经济增长和牺牲经济发展为代价的。虽然特别注意了总体协调,并取得了明显成效,但在具体操作上存在相互矛盾、甚至相互冲突的不协调问题。如在调控实施上,由于中央政府和地方政府、政府与部门之间的行为的不一致性,影响和削弱了宏观调控的整体效果。

90 年代前期,由于社会主义市场经济体制地位的确立及一系列政策的出台,国民经济发展和改革开放步入了一个崭新的阶段,并于 1993 年上半年经济再度出现过热。国家在实现总量平衡的基础上,分阶段实行了适度从紧的财政、货币政策,并产生了明显的作用。持续 3 年的高通货膨胀涨幅终于回落。但其政策的影响力作为治理严重通货膨胀的一种直接代价和惯性作用对新一轮宏观调控产生了不利影响。同时,产生了一个经济增长迟缓和失业超过正常范围的过渡时期。更为严重的是,当通货紧缩迹象在我国开始出现时,由于存在认识时滞和决策时滞,调控的目标和措施仍然是针对通货膨胀而不是通货紧缩,未能对宏观经济政策进行及时调整。这种滞后性反应,使通货紧缩不仅未能制止,反而明显加重。

进入 90 年代后期,我国经济运行和发展格局发生了重大的变化:社会总需求与社会总供给的关系开始由供给短缺型向需求不足型转化,经济机制开始由资源约束型向需求约束型转化。与此相适应,我国的宏观经济政策取向发生了重大转

折,由原来实行的适度从紧的财政、货币政策,转到以实行积极的财政政策为主,并配套以稳健的货币政策。但是,由于国民经济中长期累积的深层次问题,在新的形势下表现出的总需求不足、失业问题趋于严重、生产能力明显过剩、物价持续走低等新的特点,成为经济发展的重要制约因素。

自 2001 年经济进入新一轮增长周期后,为防止经济过热,政府又先后启动了两轮宏观调控。一是 2003~2004 年的宏观调控,货币政策坚持稳健偏紧。另一是2006 年下半年至今的宏观调控,仍然延续了 2003 年以来的紧缩调控,只不过紧缩力度要远远大于前一轮,以实现"双防",即:防经济过热、防通货膨胀。而近期调控目标又转变为"一保一防",即保增长、防通胀。充分说明了我们的宏观调控政策是左右摇摆的,效果有不确定性。原因在于只运用宏观调控手段包括行政手段,而没有认识到应当从微观经济组织行为入手,深入国民经济细胞内生机制,去寻找反"滞胀"的治本之策。而分享经济机制正是"滞胀"的克星。

根据以上我国历次宏观经济政策的实施效果,可以看出:单纯依靠这些政策手段来调控经济是不能完美解决中国宏观经济问题的。克服通货膨胀不能一味地"紧",那样会造成经济衰退和失业,刺激经济、增加就业不能一味地"放",否则会造成通货膨胀。所以,我们要改弦更张,从微观经济组织的各种内在机制入手,从源头上解决宏观经济失衡问题。

(二)运用分享经济机制抵御"滞胀"的机理分析

"滞胀"是我国当前宏观经济失衡的主要问题。可以通过中国特色分享经济的微观经济组织的各种内生机制的相互促进、相互制约作用有效抵御滞胀,从而达到宏观矫治的目的。

1.分享经济机制的天然功能,便是治理通货膨胀

我国的通货膨胀是复合型的通货膨胀,兼有需求拉动型、成本推进型和结构性通货膨胀的特点,以成本推进型通货膨胀为主。而分享机制则有消除或减弱这三种类型的通货膨胀的功能。一是通过侧重于调动人力资源的潜能,不增加资金投入而能增加有效供给,同时控制包括消费需求和投资需求的有效需求增长,从而克服需求拉动型膨胀;二是实行企业净收入分成制以后,由于成本只是 c,工资不再计入成本,工资和奖金等的增长不会推动成本价格的上升而导致价格上升。物耗成本得到有效控制并下降,从而可有效地削弱成本推进型膨胀;三是弱化了工资的刚性,抑制收入攀比机制,从而可在一定程度上消除结构性通货膨胀的基础;四是分享经济机制将涨价的好处分解给国家、企业与职工,削弱了企业竞相提价的渴望,有利于稳定出厂价格;五是净收入分成制强化了财务约束关系,有利于克服企业预算约

255

束软化倾向,从而遏制通货膨胀。

2.分享经济机制可以提高经济效率,抑制经济滑坡,抵御失业

传统经济学认为,在经济均衡的条件下,工资制度是在各种不同的职业需要中合理配置劳动力的理想工具。这时候不考虑将来可能发生的经济衰退。如果经济状况基本上是健康的,在市场经济条件下,工资制度可以发挥自动调节劳动力的作用。而这种作用是自然发生和自动完成的,不需要运用行政手段去完成。但是,如果整个经济出现衰退,当总需求萎缩时,工资制度作为刺激劳动力自动有效流动的手段就会发生故障。刚性工资的直接后果就会迫使厂商在维持规定价格的情况下解雇工人,引起失业率增加,产量下降,职工生活水平恶化;另一方面,工资制还会加深衰退,放大负效应,直至经济衰退陷入主要生产要素利用不足的恶性循环。例如,经济衰退和经济收缩的首要原因是投资减少,投资减少造成低就业,失业率增大。低就业引起低消费,低消费又造成总需求减少,总需求减少促使厂商的生产产量下降,产量下降又反过来加剧了低就业,造成了经济衰退的恶性循环。分享经济机制会通过利益刺激促进经济效率提高。按比例分享企业净收入,使职工可以从其生产的每一个产品上看到自己的应得收益,极大地调动生产者的积极性和创造性。由于职工收入不仅与其劳动贡献挂钩,而且与企业经营成果挂起钩来,就促进职工从自身利益的角度关心企业的经营成果和企业发展,这就会增强职工的责任心和主人翁意识,增强职工的效率意识、质量意识、市场意识和竞争意识,对于降低产品成本、提高产品质量和服务质量、提高企业劳动生产率、彻底克服企业的低效率、高浪费现象都会起有力的促进作用。

3.分享经济最大的特点就是理顺了分配关系,实现了二次按劳分配

净收入分成制克服了现行工资制度下不能实现按劳分配的障碍,按照兼顾国家、企业、劳动者个人利益的原则,按照一定的比例将企业净收入合理分配。因为是自主经营企业,职工和企业的积极性得到提高,经济效率得到提升,从而可以创造更高的净收入。这样,国家通过分税制获得了更多的税收,企业通过企业基金的积累获得了更长足的发展,而个人则由于分得了更多的劳动收入而提高了生活水平,在初次分配中就实现了效率与公平的兼顾和统一。再加上分享经济的消费约束机制,使得收入分配差距逐步缩小,这从根本上解决了经济结构失衡中收入分配结构失衡这一突出问题。

从以上分析可以看出,中国特色分享经济可以有效地抵御"滞胀",并且从分析过程中可以看出,分享经济其实是在通过有效抵御"滞胀"而矫治宏观经济失衡。分享经济的这种内生机制可以避免单独使用宏观调控政策手段组合所带来的各种效果的相互抵消或削弱作用,是缓解以至消除我们经常面临的宏观失衡难题的有效武器。

为了应对我国可能出现的长期性"滞胀",建议改变矫治"滞胀"的思路:第一,不仅只靠宏观调控政策组合的实施,更应着重立足于微观经济组织的机制效应;第二,对于微观经济组织,不是侧重于产权制度变革的效应,而是着重于初次分配领域将工资制改为净收入分享制,用分享经济机制的综合效应对付价格上涨、失业率上升和经济下滑三方面的问题。这是一种矫治"滞胀"的治本之策。为此,我们建议在深化体制改革近期计划中列入一项新的计划——全社会推行企业净收入分成制经济模式,以取代原有的工资制经济模式,方可有效地从根本上消除通胀、高失业率和经济衰退,实现无"滞胀"的经济发展。

四、通过刺激和扩大国内有效消费需求推动经济发展

(一)正确理解消费的含义

经济的发展离不开消费,更确切地说,是经济发展离不开国内有效消费需求的推动。首先要理解消费的含义。消费就是人们为了满足物质、文化需要而对物品和服务的消耗与花费。消费之所以存在,是因为人是一种不断新陈代谢的生命体,人们为了生存恢复劳动能力以及全面发展,必须持续地消费。社会再生产的终点和起点,由生产、分配、交换和消费四个环节组成。从理论抽象的意义上说,作为循环的一个阶段,消费总是终点与归宿;而作为下一个循环的新阶段,消费又是起点的启动。事实上,这几个环节是交错进行的,消费过程随时随地都在进行着,其作用不时显现,并且长期影响着整个社会再生产的循环运动,即在市场中需求对供给的拉动作用。从根本上来说,生产决定消费,为消费提供材料、对象,规定消费的性质和方式,进而引发消费的需要。消费是一切生产最终的目的。但这种决定作用又是互动的,可以相互转化的。消费由于其形成市场并最终决定总需求,也对生产活动具有重要的促进作用或限制性影响。

没有消费需求,生产就没有目的和动力,社会再生产运动便会停止。而且,作为扩大再生产源的积累基金,其数量也是由消费状况决定的,因为积累属于剩余劳动范畴,人们首先满足消费的最低需求(生存资料)才可能积累;同时消费也是不断扩大的,积累所支持的扩大再生产要以不断扩大的消费为目的和市场根基。如果从正决定关系上说,没有生产就没有消费,那么从反决定关系上也可以说没有消费也就没有生产。尤其是在发达的市场经济下,经常是消费需求决定生产供给。而积累一般又取决于消费的满足程度。如果以压低消费去扩大积累,在短期虽能维持低级循环的正常运动,长此以往则会比例失调,造成市场萎缩、产品积压、经济萧条,酿成

经济危机。所以说有了消费需求,生产就有动力,经济才能发展。

(二)有效消费需求是更为强劲的经济发展推进器

作为拉动经济发展的"三驾马车"的投资需求、消费需求和出口需求,都是推进经济发展的强大动力,但消费需求对经济的促进作用更强。原因有三:

1.社会主义社会生产的目的是满足社会日益增长的需要、人民日益增长的需要

社会主义不是为生产而生产,生产本身不是目的。消费是经济的原动力,消费通过满足人的多种需求,对人的生存和发展有着决定性的重要作用。社会主义生产的目的就是增加人民的消费,消费的增长可以引起生产热情的提高、生产力的提高,它对经济发展起积极的推动作用。

2.长期以来,在拉动我国国民经济发展的"三驾马车"中,本应成为经济增长主导因素的消费需求,显得动力不足,拉动经济增长长期以来主要依靠投资需求和出口需求这两大主要因素

一般地说,现在在一国经济的总需求中,消费需求占 2/3 左右,在部分国家占 70% 以上。在我国,长期以来消费需求在总需求中的比重为 50% 多一点,有些年份低于 50%。如前所述,造成这一现象的主要原因是:国民收入分配向政府倾斜,使人民消费率走低,收入分配差距扩大,工资低造成劳动力再生产萎缩,有着较高边际消费倾向的低收入者无法增加消费,边际消费倾向较低的高收入者则不断增加投资,进而导致消费率一再走低,投资率居高不下。这些都导致我国的有效消费需求不足,阻碍了经济的健康发展。

3.从扩大内需这一角度来看,扩大消费需求是重中之重

因为扩大内需的重点包括扩大投资需求和扩大消费需求。与此对应,扩大内需的手段就有激发社会投资和启动消费需求可供选择。但扩大消费需求是重点。理由有两个:一方面,近些年来国家采取增加投资、促进消费的政策措施,拉动了经济增长。但却出现了一种经济总量增长大、效益增长小的怪圈。这是因为过度增加投资会加大供求矛盾,导致效益增长滞后。另一方面,扩大消费需求是平衡总需求、提高经济效益的根本途径。因为消费需求是最终需求,投资需求是中间需求,它是从消费需求派生出来的。实现消费是社会再生产过程中最后和最有决定意义的环节。无论是物质产品还是服务,都只有进入消费,才能最终实现其使用价值和交换价值。所以说,只有保持消费需求的持续增长,才能从根本上扩大内需。

改革开放以后,我国曾经开展了社会主义生产目的的大讨论,进一步认识到了消费的重要性,调整了发展思路。我们一再强调,坚持扩大内需的战略,重点是扩大消

费需求,增强消费对经济增长的拉动作用。应当看到,我国的消费品市场开始出现扩大的趋势,这是个很好的苗头。但是,从整体上看,我国消费需求不足与弱化的趋势还没有根本扭转,着力刺激和扩大国内有效消费需求,仍然是保证社会经济持续稳定发展的正确选择。

(三)有效消费需求不足的症结在于消费者的积极性尚未充分调动

我国在经济发展的每个阶段都根据当时的经济发展状况采取了诸如减税、降息、增加转移支付等各种措施扩大内需,刺激需求。但到目前为止,有效消费需求不足这个顽症仍没有解决。为什么呢?主要是因为没有找到刺激有效消费需求的"穴位",即没有找到有效消费需求不足的症结在哪里。笔者认为,有效消费需求不足的症结在于未能充分调动消费者的积极性。这是因为:

1.作为经济原动力的消费者未被摆到正确的位置

我们都知道,消费是社会再生产的终点和新起点,是经济的原动力,但从本质上讲,在整个大循环经济链条中,消费者,即劳动者,才是经济的原动力。因为达到人的全面自由发展是社会主义生产的最终目的,一切的生产、分配和交换,目的都是为了劳动者的消费。劳动者是真正的投资者,最终的投资者,应该共享社会发展成果。虽然我们一直进行着企业自主权改革,要放权让利,一直喊着要充分发挥职工的主人翁地位作用,但我们目前所实行的工资制、利润制仍然未实现工人支配生产资料,仍然是旧的雇佣分配关系,并未真正把消费者摆到应有的地位,主人翁地位并未显现,其对经济的促进作用并未得到充分发挥。

2.现阶段我国消费者面临着每况愈下的境地

我们目前的状况是,随着经济的发展,GDP的快速增长,占绝大多数的普通消费者和中低收入阶层人群的生活状况在某些方面并没有得到很大的改善。财富聚集在少数人手中,劳动和社会保障跟不上经济发展的步伐,消费预期降低,消费动力不足现象日益严重。一些人温饱问题是解决了,即将达到小康水平,但随着生活节奏的加快,压力也在逐渐加大,教育、医疗、住房这三座新的大山压得他们喘不过气来,没有货币支付能力,没时间消费,没精力消费。经济收入过低困扰着他们,从而导致消费者的积极性不高,最终引致有效消费需求动力不足。还有一些农民工和工人的工资太低,根本没能力消费。他们的工资绝大部分用来供子女上学、补贴家用,而自己整天是馒头咸菜,导致严重的营养不良。美国著名经济学家罗伯特·福格尔(Robert W.Fogel)研究证明,北欧的长期经济增长有一半以上应归功于其人群的体格发育改善。体格的良好发育使脑发育增加,免疫功能增强,疾病减少和寿命延长,这为经济发展创造了基本条件。而对亚洲几个国家的数据分析,由于营养不良造成了巨大的劳动生产率损失。因此,使国民收入分配向广大人民群众倾斜,充分调动消费者,尤其是绝大多数的中低收入阶层消费者的积极性才是刺激和扩大国内有效消费需求,从而推动经济社会发展的最有效途径。

(四)分享经济机制调动消费者积极性、刺激有效消费需求的内在机理分析

国民生产总值分配的总原则,就是要正确处理好国家、企业、个人三者之间的利益关系,进行合理分配。在社会主义市场经济条件下,合理分配具有两层含义,一是收入分配有利于充分调动经济活动参与者的积极性,提高经济效率;二是收入分配相对公平,保证每个社会成员最基本的生活需要,保护合法收入,调节过高收入,取缔非法收入,防止收入差距过大。

我国以往在"效率优先,兼顾公平"、"初次分配注重效率,再分配注重公平"等基于主流经济学观点的原则指导下,经济取得了长足的增长,但也导致了收入分配结构失衡。收入分配领域存在的问题越来越多,贫富差距日益扩大。针对这一问题,国家政策及措施或学术界公认的解决思路基本上是依靠政府的再分配政策,即通过税收、社会保障以及转移支付的方式,或者通过企业家捐款给穷人,或者通过"三农"政策倾斜来调节收入分配差距。但从我们目前对此问题的解决程度及效果来看,这种方法是不理想的。只有另辟捷径采取有效措施扭转国民收入初次分配中的这种严重失衡局面,才能调动全体劳动者的积极性和创造性,刺激国内有效消费需求,中国经济的发展才会有后劲。党的十七大报告中首次明确提出"初次分配和再分配都要处理好效率与公平的关系,再分配更加注重公平"。说明了我国已经开始关注初次分配中的问题并着手解决。

中国特色分享经济在初次分配中实行以净收入分成制为主的分配形式,达到了公平与效率的统一,缩小了收入分配差距,促进了收入分配公平,理顺了国家、企业和个人三者之间的分配关系,三者各得其所;企业是自主企业,拥有了自主权,树立了企业职工的主人翁地位;自主联合劳动制度使得劳动者真正成为生产资料的主人,自己决定自己的劳动收入。个人收入持续增长,充分调动了劳动者的积极性,从而刺激和扩大了有效消费需求。

首先,利益分享经济可以实现国民收入在国家、企业、个人三者之间的合理分配。根据分享经济的利益协调机制,净收入分成制克服了现行工资制度下不能实现按劳分配的障碍,按照兼顾国家、企业、劳动者个人利益的原则,按照一定的比例把企业的净收入(n)按一定的比率划分为国家收入(n_1)、企业收入(n_2)和个人收入(n_3)三个部分,将企业净收入合理分配,三者各得其所,理顺了国家、企业和个人三者之间的分配关系。同时,也克服了国民收入向政府倾斜的弊端,能够刺激消费,提

高消费率,同时也能够实现投资、积累和消费之间的相对平衡。

其次,利益分享经济可以树立劳动者的主人翁地位,调动劳动者的积极性,刺激和扩大有效消费需求。一方面,从分享经济的动力、调整及约束等机制可以看出,自主企业通过所获得的积累基金放大收入效应,更新技术装备,调整产品结构,从而为消费者提供适销对路的产品,满足市场对消费品的需求。另一方面,自主企业实行的是自主联合劳动,劳动者是主人,通过产权分享,对生产要素具有绝对的支配权,不仅现实地占有生产资料,参加生产,而且管理生产。这样,劳动者的积极性得到了充分发挥,可以为企业创造更高的效益,获得更多的净收入。从而可以提高整个经济的效率,促进经济的增长。

这样,国家通过分税制获得更高的收入,企业通过企业基金的积累保证了更长期的发展,而个人,尤其是普通居民,即占绝大多数的中低收入阶层,则由于分得了更多的个人收入而有了更多的可支配收入,可支配收入多了,才有了消费的动力与能力,才会有更高的消费追求,才能提高劳动者的生活水平,同时也才能刺激有效消费需求的增长。

由此可见,中国特色分享经济可以在初次分配中兼顾效率与公平,使两者统一起来,进而逐步缩小并纠正我国目前长期积累的收入分配差距过大问题,调动消费者的积极性,从而促进国民经济按比例发展和均衡运行。

第十四章　中国特色社会主义分享经济制度的
理论基础与实践价值

改革 30 年来,我国走着一条从工资、利润制走向收入、产权分享制的路子。这条路愈走愈清晰,反映了中国特色社会主义经济发展的大趋势和经济运行的规律性。改革的方向是淘汰工资制,全面实行分享制,以利益分享作为构建社会主义和谐社会经济基础的原则,从收入和财富分配不公走向社会公平,实现共同富裕。我国在改革实践中形成的中国特色分享经济制度,其实质是国家、集体、个人三者按一定比率分享净收入,协调三者的利益关系,使之公平分享,使利益均衡,社会关系和谐,以便实现按劳分配为主的分配制度、完善公有制为主体的基本经济制度。从而调整社会生产关系,使之适应和促进社会生产力的发展。这一改革的逻辑起点,是从企业分配制度改革入手,重塑微观经济主体及其运行机制,解决经济发展动力不足问题。同时由微观经济入手,着眼矫治宏观经济失衡、抵制通货膨胀等问题。在此基础上,创建新的中国特色的企业制度和国民经济管理体制,以便实现自主联合劳动制度,走向真正的社会主义共同富裕型经济。这是一个对既有经济理论和体制反思、质疑的过程,同时又是一个经济理论和体制创新探索的过程。

一、对工资制经济的反思与分享制经济的机制创新

社会主义的经济运行形式区分为传统的社会主义经济运行形式和新型的社会主义经济运行形式。笔者将传统的经济形式概括为工资制经济,并把传统的社会主义经济运行形式的理论基础概括为工资与利润, 在对传统工资制经济反思和对新型社会主义经济运行概括总结基础上,提出了一种全新的经济理论:中国特色社会主义分享经济理论。

(一)中国特色分享经济制度的理论基础:利益分享理论

马克思认为:人们奋斗所追求的一切,无不与其经济利益密切相关。传统经济运行形式的理论基础也离不开利益论。笔者剖析了传统的经济运行形式的理论基础:利益独占论。

经济体制改革必须首先破除这种传统的经济观, 根据社会主义经济发展的本质要求,确立一种新型的经济观,并在此基础上构建新的经济体制。他通过总结党的十一届三中全会以来我国改革开放的实践,提出了一种新的经济观:即公有制分

享经济观，并以之作为建立一种能够实现各种经济主体经济利益均衡增长的新的经济模式的理论基础。

利益分享的新经济观是以社会主义经济主体和经济利益的多元性为其认识基础的。它强调经济个体的差异性，承认各经济个体有其独立的经济利益，并进一步肯定它们追求这种特殊经济利益的权利。利益分享的新经济观主动地把经济个体利益与整体利益有机地结合起来，建立一种新的协调的利益分配机制。在这个新机制中，使经济个体与整体的利益分配与每一单位新增利益之间建立起新的比例变动关系。然后，通过鼓励每一个经济个体去努力追求自己的经济利益，从而保证社会整体经济利益的不断增长。这种新格局有利于调动全社会每一经济个体的积极性。通过对自身利益的追求极大地激发了经济个体的活力，并使整个社会经济充满了蓬勃生机。这种利益分享的新经济观，还有助于建立起一种新的集中与分散相结合的经济管理体制。国家不再包揽一切，大家"各就各位，各得其所"是这个新体制的主要特征。在这样一个新体制中，每一经济个体都将找到适合于自己的位置，形成一种稳定的"星系结构"，从而使整个社会经济生活纳入一种新的均衡之中。

利益分享的新经济观，不仅强调各经济个体有其特殊的经济利益，它还致力于在个体经济利益与整体经济利益之间建立起一种新的协调的利益分配关系。各经济主体的任务是如何扩大总量，而政府的责任则是公平地确定这个分享的比率。由于这种分享不是对总量的一次性分享，而是对每一边际增量的逐次分享，它能够使经济个体在其增产的每一个量上均看到自己的利益，从而极大地刺激其增产节约的积极性。这种分享也不只是在整体层次上的分享，它是多层次的。在社会经济活动的每一层次上，各利益主体均可实行利益分享。这种利益分享制度的一个显著特点，就是使每一个经济主体都能与代表国家整体利益的政府和代表局部利益的生产集体分享利益、分担风险。它使每一经济主体都有了自己的权利、责任和利益。在追求利益的动力和回避风险的压力下，每个主体的活力得到了极大的增强。利益分享通过肯定利益的多元性和对利益追求的多样化，促进经济决策和经济生活的民主化，给社会主义经济发展注入新的活力。

相对于利益独占观而言，利益分享的经济观是一种全新的经济观，它产生于改革实践之中，是对传统经济观的挑战。利益分享观以全新的思维方式对人们一向视为当然的理论、政策和制度提出了重新评价的任务，将彻底改变我们的行事原则和方式，并将对我国经济改革和社会经济发展产生巨大的推动作用。这种中国特色社会主义分享经济观，是我国 30 年来的改革所形成的经济新思维，是我国广大劳动人民改革智慧的结晶和改革经验的升华，也是中国经济改革的思想精华。这种新的经济观在我国的实践,对我国社会主义市场经济体制的建立和完善,以及我国经济的健康发展必将发挥重大作用。

(二)中国特色分享经济理论的主要观点

中国特色分享经济理论内容十分丰富,具体来说主要包括以下几个方面的内容:

1.社会主义商品的价值由社本和需要价值两个部分构成,即 $w=c+n$,需要价值划分为三个组成部分,即国家收入、集体收入和个人收入。用公式表示:$n=n_1+n_2+n_3$

马克思对资本主义条件下商品价值进行了充分的阐述。笔者为了说明社会主义条件下的商品价值构成,借用了我国著名经济学家卓炯先生首先提出并使用的"社本"范畴。[①]关于社本的含义,卓炯在 1983 年写道"资本(capital)是资本主义的特殊经济范畴,资本相对立的作为社会主义的特殊经济范畴,我把它叫做社本(Socialcapital)。社本是资本的否定,也就是由公有性代替私有性,用我们的语言来说,资本是资本主义之本,而社本便是社会主义之本。至于资金我把它作为资本和社本的一般范畴。"卓炯把资金作为一个中性范畴即一般劳动过程的范畴看待,而资本或社本都是资金的不同社会形式。卓炯进一步阐发社本概念说:"从简单商品生产过渡到扩大商品生产,就应该有一个共同的一般劳动过程的经济范畴,这个范畴可以命名为资金。货币是一般劳动过程的经济范畴,不可能直接过渡到资本,因为资本是社会经济形式的范畴。社会经济形式的范畴一定要建立在一般劳动过程的范畴之上。所以,应该是资金转化为资本。资本是资本主义生产方式的特殊经济范畴,只有当资金同资本主义生产方式联系起来以后,资金才转化为资本。现在不少同志把资金当作社会主义经济的基本范畴,我认为是不够的,因为资本可以体现资本主义,而资金不能体现社会主义。所谓资本,实质上是私人资本。社会主义是公有制,私人资本已转化为社会资本,可以简称为'社本',它才可以体现社会主义的本质,作为社会主义的基本经济范畴。社会资本在《资本论》中是和社会总资本通用的。我在这里是把社会资本作为体现社会主义的本质的经济范畴,不要和社会总资本混同起来。同样的道理,作为资金可以称为社会总资金,作为社本可以称为社会总社本。这样就把界线划清了。"[②]

为了说明社会主义条件下的商品价值的特殊构成,笔者创立了"需要价值"新范畴。马克思是从分析资本主义商品来揭示资本主义生产目的的。我们研究社会主

[①]卓炯:《关于"〈资本论〉的生命力"的探讨》,载《学术研究》,1983 年第 2 期。
[②]卓炯:《政治经济学新探》,第 57~58 页,广东人民出版社,1985 年 6 月第 1 版。

义生产目的,同样应该从分析社会主义商品开始。社会主义商品的特殊性,体现了社会主义生产关系的本质特征,因而应成为分析社会主义生产目的的出发点。自然经济和产品经济的社会生产目的,是使用价值,即产品;商品经济的社会生产目的,是价值。由于商品是价值与使用价值的统一体,价值是抽象劳动的凝结,而使用价值是有用劳动的结果,价值生产以使用价值生产为前提,因而价值生产本身已包含了使用价值生产。不可能存在离开产品的价值生产,因为使用价值是价值的物质承担者。因此,社会主义商品经济的社会生产目的,就是价值,而且是"需要价值"的生产。社会主义生产目的不仅是满足社会需要,而且要满足自主需要,即自主联合劳动者全面发展的各种形式的需要。社会主义生产目的,是用尽可能少的公有生产资料生产尽可能多的"需要价值"。"需要价值"是用于满足自主需要的价值。需要价值作为抽象劳动的凝结,代表着多种多样的有用具体劳动,从而代表着多种多样的丰富的使用价值,不仅包括物质产品,而且包括精神产品和劳务产品。

"需要价值"是与"自主联合劳动"紧密联系的一个范畴。由于自主联合劳动存在着社会、集体(企业)、个人三个层次,因而必然出现社会主义经济活动中的国家、企业、个人三个利益主体。需要价值可划分为三个部分,分别用于满足社会、集体、个人的需要,实现社会、集体、个人三者的需要和利益。这三个利益主体在生产目的上既有一致性,又有矛盾性。在工资制度与利润制度下,工资代表职工个人利益、利润代表国家利益与企业利益,因而工资与利润的矛盾,常常表现了不同利益主体的矛盾,并使之对立和尖锐化。把实现利润作为社会主义企业的生产目的,实际上是把工人的个人利益排除在社会主义生产目的之外。职工生产丧失目的,势必产生被雇佣的观念,失去主人翁的积极性。

为了使国家、企业、个人的生产目的能够一致起来,笔者提出:把社会主义商品价值中的(v+m)部分当作生产目的,就可以解决问题。这个(v+m)部分就是"需要价值",它在社会表现为国民收入,在企业表现为净产值或净收入。需要价值由社会需要价值、集体需要价值、个人需要价值三部分组成。这三部分价值,分别体现了国家、集体、个人三个利益主体的生产目的。可见,需要价值把社会、企业、个人的生产目的有机地结合在一起了,成为同一个目的。因此,我们必须把社会主义企业的生产目的由利润转而确定为净产值或净收入。以最少的社本耗费去创造最多的净产值或净收入,是社会主义生产的唯一目的。如果企业经营得好,生产商品的个别劳动时间低于社会必要劳动时间,所生产的新价值大于相同条件的企业,那么,国家收入、企业收入、个人收入都会相应提高。反之,如果净产值下降,国家、企业、个人三者收入都会相应下降。三者利益同受损失。因为这里的前提,是净产值或净收入初次分配划分为国家收入、企业收入、个人收入三部分。这种划分的量的比例是既定的和预定的。这样，就可以从物质利益上将国家、企业、个人三者的矛盾消除掉，并使之统一起来，从而可以把国家、企业、个人三个方面的积极性充分调动起来，把注意力集中到发展社会主义商品生产和需要价值生产上来。为此，自主企业应以净收入作为衡量经济效益的主要经济指标，用以取代传统使用的利润指标。

2. 社会主义商品的成本价格只是商品生产中已经消耗的生产资料的成本价格，即 c；它是所费资金的补偿价值。工资则由按劳分配所决定的个人收入所取代

我国经济理论界关于社会主义成本理论有四种不同的观点：①成本是 c+v；②成本是 c+v 加上 m 的一部分；③成本是 c；④成本是 c+v+m。长期以来，我国流行的是第一种观点，即：产品成本是已消耗的生产资料的价值和劳动者为自己的劳动所创造的价值（即劳动报酬）的货币表现。其公式是：k=c+v。笔者对长期流行的这一观点进行了深入的理论反思。

社会主义劳动报酬不能简单地视同为劳动力价值或价格，从而构成成本要素。马克思在阐述资本主义成本价格范畴或资本主义生产费用范畴时，曾指明 c 与 v 之所以结合为 k，只因为二者都是资本，都是补偿商品生产中所耗费的资本的价值部分。所以，把 v 与 c 合二为一归结为成本价格范畴。现行的成本理论公式 k=c+v，实际上是资本主义成本价格公式的不顾条件的套用。

在社会主义条件下，成本的范畴不能简单套用马克思资本主义条件下的成本价格公式。他在《劳动报酬不构成产品成本的内容》[①]一文中指出，在社会主义条件下联合劳动者的劳动报酬，与资本主义条件下雇佣劳动者的劳动报酬在本质上有着根本的不同。在社会主义条件下，第一，劳动报酬已不再是商品生产的补偿价值。因为社会主义劳动报酬的性质与劳动力价值决然不同。劳动报酬不应以工资形式进入商品成本，而只作为个人劳动收入的货币表现。社会主义商品生产的补偿价值只是生产资料的转移价值 c。第二，劳动报酬不是生产资金，不参加企业生产资金的循环和周转。社会主义商品经济中劳动力不是商品，从而与资本主义商品经济相区别，劳动报酬不是劳动力价值或价格。劳动报酬只具有收入的性质，不具有资金的性质。所以，长期以来把不属于企业经营资金组成部分的劳动报酬列在企业流动资金的项目中，是错误的。所以，劳动报酬既不是生产的补偿价值，又不是生产资金的耗费，它与既是生产的补偿价值，又是生产资金耗费的转移价值 c，不存在共同点，二者不能结合为成本范畴 k。这是用收入分享值取代工资制即实行分享经济的

---

① 载《经济研究》，1982 年第 2 期。

理论基础。

在剖析流行的成本论的同时，笔者对马克思关于成本的概念进行了理论上的溯源，并在此基础上提出了新成本论。马克思在阐述资本主义成本价格范畴或资本主义生产费用范畴时，曾指明 c 与 v 之所以结合为 k，只因为二者都是资本，都是补偿商品生产中所耗费的资本的价值部分。所以，把 v 与 c 合二为一归结为成本价格范畴，则"表示出资本主义生产的特殊性质"。在《哥达纲领批判》中，马克思在预测分析社会主义经济关系时，进一步分析了社会主义成本范畴。指明了社会主义工资不是商品生产的补偿价值，而属于新价值分配范畴。已经明确了独立核算的社会主义商品生产者（或企业）的商品成本概念，这就是 c。马克思说："如果把问题看成是工人各自占有自己的生产资料，并且互相交换他们的商品，那么，问题的关键就非常清楚地显示出来了。这时，这种商品就不会是资本的产品了。……这时，第一，两个工人会从商品中，即从他们一天劳动的产品中，补偿他们的支出，即已经消耗掉的生产资料成本价格。这种支出由于各个劳动部门的技术性质而有所不同。第二，他们两人会创造出等量的新价值，即追加到生产资料中去的那个工作日。这个新价值包含他们的工资加上剩余价值。后者也就是超过他们的必要的需要的剩余劳动。而且这种剩余劳动的结果属于他们自己。"[1]在我国社会主义商品经济中，劳动的性质是联合劳动而不是雇佣劳动；企业的性质是自主经营、自负盈亏的商品生产和经营者，是经济法人；商品的性质是自主劳动的产品，而不是资本的产品。因此，作为独立商品生产者的企业生产的、作为自主劳动产品的商品的成本价格，就完全应该是马克思所说的社会主义成本价格，即生产资料成本价格。

根据对马克思社会主义条件下总产品分配的分析，第一，首先必须扣除补偿消耗掉的生产资料那部分产品的补偿基金；第二，必须进行必要的社会扣除，扣除劳动者为社会提供的产品即社会基金；第三，最后"才谈得上在集体的个别生产者之间进行分配的那部分消费资料"，即个人消费基金的分配。笔者进一步提出：应该根据社会主义实践的发展，把马克思所说的"产品"引申为商品，即社会主义条件下社会总产品和个别产品都表现为商品，具有使用价值和价值两个因素。这样，就自然得出了社会主义商品价值构成的公式，即 $w=c+(m+v)$，$m+v=n$，$n=n_1+n_2+n_3$。w 是社会主义商品价值，c 是转移价值即社本价值，$(m+v)$ 是新价值，其中 m 是公共需要价值，v 是个人需要价值，n 是需要价值，n_1，n_2，n_3 分别是需要价值计划分为的三个部分。这个公式表现了社会主义商品价值构成的特点。社会主义商品价值中的 c 部

---

[1]《马克思恩格斯全集》，第 25 卷，第 196 页。

分,由于生产资料公有制的建立使物化劳动独立化了,因而形成一个独立范畴,它就是社会主义新成本范畴。商品价值中的(m+v)部分,也形成一个独立范畴,它就是需要价值,在企业叫净产值,在社会叫国民收入。公共需要价值 m 和个人需要价值 v 两者之间,由于存在着都是劳动收入和都是新加劳动的凝结的共同点,因而可以合二为一形成一个独立范畴。我们把新成本叫作 h,把净产值叫作 d,社会主义商品价值公式 w=c+m+v 就转化为 w=h+d,即销售收入等于新成本价格加净产值。净产值分成制,就是建立在这一公式基础之上的。

通过上面的反思和改革实践的总结,本人提出了新成本概念:即"已经消耗掉的生产资料的成本价格"。这一概念构成了中国特色分享经济理论的理论奠基。

3.新的社会主义生产价格等于生产资料成本价格加平均净收入加绝对地租之和,它是商品价值的一种新的转化形式

建立和完善社会主义市场经济体制,是我们这个时代的主题。笔者没有满足于从一般意义上提出社会主义商品的价值构成,他进一步研究了市场经济条件下,社会主义商品价值的转形问题即社会主义新生产价格问题。这是需要价值分配的前提和基础。

由于社会主义商品经济是扩大商品经济的一种历史社会形式。社会主义市场经济条件下,资金这个扩大商品经济的特征性范畴表现为社本,从而使作为商品的自主联合劳动产品转化为社本的产品。社会主义商品与社本相联系,当作社本的产品来交换,商品价值就发生转形。这些社本要求从需要价值的总量中,分到和它们各自的量成比例的一份。一定社本在一定时间内生产的商品总价值,应该满足这种要求。因此,相应的社本获得相应的收入。

如果我们从社会主义商品价值中减去需要价值 n,那么,在商品价值中所剩下的部分,只是一个在生产要素上耗费的社本的价值,即 c 的等价物或补偿价值。商品价值中这个部分即 c,是社会主义商品生产中所耗费的生产资料价值的部分。它是补偿商品生产使自主联合劳动者自身所耗费的东西。所以对于自主联合劳动者来说,这就是商品的成本价格,或所花费的本钱。把社会主义成本价格叫作 h,w=c+n 这个公式就转化为 w=h+n 这个公式。或者说,社会主义商品价值=新成本价格 + 需要价值。

社会主义成本价格只是由商品生产上实际耗费的社本构成。流动资金以原料、辅助材料、在产品、产成品等形式存在,但不包括工资。我们这里不存在"可变社本"的概念。这说明,所耗费的固定资金部分和流动资金部分,会按照它们各自价值量的比例加入商品成本价格。因此,作为社会主义商品价值一部分的成本价格 c,只

是来源于所费社本。新的生产价格 $w=c+d+r$。

4.自主劳动是劳动的社会主义形式,它是雇佣劳动的对立物;其特征为劳动者是生产主体,生产资料是客体

社本是生产资料资金的社会主义形式,是公有制企业生产经营的本钱,它是不变资本的对立物。需要价值是价值产品的社会主义形式,体现了社会主义商品生产的目的和动机。它是工资加利润的对立面。社会主义再生产过程就是需要价值的生产、实现、分配的周而复始的运动过程。

(三)用企业净收入分成制经济取代现行的工资制经济

中国特色分享经济理论的一个显著特点在于它来源于活生生的改革实践。笔者通过深入调查四川、湖北、安徽等地改革试点企业的分配实践,系统总结出净收入分成制这一中国特色分享经济理论的典型实践形式。

所谓企业的净收入分成,就是将企业已经取得的净收入在国家、企业、职工个人三个经济主体之间按一定比例分享。把这种新的分配办法规范化,形成一种新的企业分配模式和管理制度,就叫作企业净收入分成制。实行了净收入分成制,企业职工的个人劳动收入不再是现有的工资加奖金的形式,而是按照事先确定的比率对净收入进行分成并通过对职工个人劳动实绩的考核来确定。这种收入分配制度是以企业净收入为基础,是和企业的实际经营状况紧密联系的。因此,实行了净收入分成制,企业职工的收入不再是事先确定的工资,不再由企业的外部力量决定,而是取决于企业的经营成果和职工个人的劳动贡献的大小。这一制度的实施不仅要求取消传统的工资制度,而且要求取消利润制度,即用净收入取代工资和利润。净收入分成制的总原则,是要在有利于调动职工劳动积极性,促进生产力发展前提下,正确处理国家、企业、个人三者利益关系,合理分配净收入。

净收入分成制打破了传统的工资制,它具有以下几个特点:

(1)以销售收入作为分配前提,以销售收入扣除了生产资料价格(c)以后的企业净收入作为分配的基数,按比例确定国家、企业与职工三者之间各自所得的份额。净收入分成是以取得市场承认的销售收入为基础,使职工的劳动收入紧密地与企业的经营成果结合起来。其次,若在企业取得的销售收入不变的前提下,企业获得净收入的多少取决于企业生产资料成本消耗的多少,生产资料成本大,企业净收入减少;生产资料成本小,企业净收入大。这样就促使企业和职工关心增收节支,减少物质生产资料的耗费,以增加企业的净收入。

(2)核算中不再将工资列入成本。按照传统的工资制度,社会主义企业职工的工资是从企业的流动资金中预付的,并且构成企业的生产成本。但在净收入分成制

中,取消了固定工资的概念,职工的个人劳动收入是从由职工自身制造的净收入中分成提取的,职工的劳动收入不再进入成本范畴,企业在核算中不再将工资列入成本项目中。

(3)企业职工个人劳动收入实行全额浮动。由于企业职工劳动收入总额是以销售收入为基础,在实现了的净产值即净收入基础上分成得到的,所以企业职工劳动收入总额可以随着净收入进行全额浮动。

(4)净收入分成制把"剩余"关系变成分享关系,使国家、企业和职工真正结为利益共同体。净收入分成制使目标都集中到增加企业净收入上,随着企业净收入的增加,国家多得,企业多得,职工多得,有利于实现共同富裕,反映了社会主义生产关系的本质特征。

净收入分成制是社会主义按劳分配的实现形式。它解决了以下三个问题:第一,劳动的客观量化问题。第二,解决了分什么的问题。第三,如何分的问题。

首先,在解决劳动客观量化问题上,在确定企业职工的群体劳动量时以平均净收入率规则来衡量。"平均净收入率"是企业净收入对全部总资金的比例。而创造净收入的劳动只能以社会平均必要劳动来衡量,劳动必须是社会的有效劳动,即必须能生产具有使用价值的商品的劳动。企业创造的净收入越多,说明企业付出的劳动越多。净收入分成制中企业具有分配净收入的自主权。国家、企业和职工个人形成了一个利益的统一体,因此,企业职工会尽心尽力地追求企业净收入的最大化。那么群体内部每个劳动成员的劳动如何衡量呢?这就需要联系岗位、责任、技术等制定一系列的标准和指标,并用原始记录考核职工劳动实绩,用以准确地反映各人支出劳动的数量和质量,并作为分配的依据。其具体的形式可根据企业自身的特点作设计,并经过实践的检验不断地修改和完善。

其次,在解决按劳分配分什么的问题上,净收入分成制解决了问题的关键。即提出了按劳分配分的对象是 n_3($n_3 = n - n_1 - n_2$)。这是彻底的按劳分配,它分的完全是劳动者自身生产的劳动成果。而现行的工资制度仅仅是对劳动者付出的活劳动中必要劳动的部分补偿,即使加上现在的奖金分配制度,也不能彻底改变工资制的不合理性。净收入分成制完全将职工的个人收入直接取决于个人劳动贡献和企业经营成果大小,实行上不封顶,下不保底,职工个人收入随企业净收入全额浮动,使职工收入不再具有刚性,合理地拉开了差距,实现了按劳分配。

再次,在解决如何分的问题上,即分配形式的问题上,净收入分成制通过两级按劳分配的形式来完成。第一级按劳分配解决的是企业全体职工提供的集体劳动总量应获得的集体劳动收入总量的问题。第二级按劳分配是解决企业对职工个人的按劳分配问题,即是企业对职工履行经济责任制的情况进行严格的考核,根据考核的结果确定每个职工的劳动量,再将这个劳动量按照一定的系数换算成劳动收入,最后可得每个职工的劳动收入。

在分配过程中,关键是确定好 n_1、n_2、n_3 的比例问题,兼顾国家、企业和个人三方面的利益,做到交够国家的(以国家的税收形式完成),留足企业的(企业自己确定的包括各项企业基金占净收入的比例部分),剩下的是个人的(个人劳动收入的分配如前所述),这样使国家、企业、职工三者之间形成了利益共同体,形成了多劳则都多得,少劳则都少得的分成关系,是真正意义上的按劳分配。

二、中国特色分享经济制度的理论意义和制度创新

1984 年,美国麻省理工学院的经济学教授马丁·L.威茨曼在他出版的《分享经济》一书中提出了分享制度这一概念。马丁·L.威茨曼把它看成是与工资制度对应的一种报酬制度。这一理论的提出在西方世界引起了巨大的反响,被称为是"自凯恩斯理论之后最卓越的经济思想"。

威茨曼的分享经济有两种含义:一是指利润分享,二是指收入分享。许多人把它理解为利润分享,其实,它的真正含义应该是收入分享。因为分享制的要点是取消工资制度,代之以收入分享,如果仅仅指利润分享,工资制度仍可保留而不受到根本触动。威茨曼希望在不触动资本主义私有制基础的情况下,通过引进社会主义的分配形式来改革资本主义经济运行机制,解决资本主义的基本经济矛盾。

分享经济理论的提出是具有一定的时代背景的。20 世纪 70 年代以来,西方国家经济出现了一种奇特的现象:经济停滞和通货膨胀并存,即所谓的"滞胀"现象。据统计,70 年代和 60 年代相比,西方 7 个主要国家工业生产年增长率下降一倍,而消费物价指数年增长率增加一倍以上。滞胀的出现,标志着凯恩斯主义的破产。因为西方国家如果继续采用凯恩斯政策,势必将陷入进退维谷的境地:如果继续采取增加财政开支和扩大信用等膨胀性政策,就会加剧通货膨胀和物价上涨,如果实行缩减财政开支和减少货币信用等紧缩性政策,就会使生产停滞趋势加重,失业增加。面对这一难以解决的经济难题,一时间西方各国经济学家的试图解释和医治滞胀这一痼疾的经济理论和政策纷纷出笼。由于《分享经济》提出了一条解决滞胀问题的独特的分析思路,所以一经出版,便在西方资本主义世界引起了轰动,不少国家纷纷在部分地区、企业实行利润分享制度,以观成效。

但是,不改变生产资料资本主义私有制,资本主义的基本矛盾——私人占有制与社会化大生产的矛盾绝不可能得到解决。因此,威茨曼的改革设想是决不能实现的。

通过比较可以看出，笔者提出的社会主义分享经济理论的意义一点也不亚于威茨曼的《分享经济》。从时间上看，笔者早在1981年即提出并论证分享经济理论的必然性，而美国威茨曼则是1983年提出分享经济理论的。从研究的重点来看，笔者从一个社会主义大国的实际出发，着重围绕公有制经济的分享问题展开研究，它要解决的问题是，全体人民的共同富裕问题。这一理论的提出，为实现共同富裕、为实现全面小康社会指明了一条现实之路。

中国特色分享经济理论以马克思经济理论的基本原理与方法论为指导，运用劳动价值论，特别是马克思关于商品价值构成的原理，建立了自主联合劳动、社本、需要价值这样三个新的基本范畴，独立地提出了新的社会主义商品价值构成公式，并以此为基础独立构建出一个以需要价值为中心的理论体系。

这一理论体系以需要作为起点，建立了三个基本范畴：自主联合劳动、社本和需要价值。

自主劳动是劳动的社会主义形式，在社会主义条件下，劳动者是生产中的主体，是为自己劳动的自主联合劳动者。自主劳动关系表现了社会主义生产的特性。社本是生产资料价值（资金）的社会主义形式，它是自主劳动关系在物化劳动方面的表现。需要价值是价值产品的社会主义形式，它是自主劳动关系在活劳动方面的表现。需要价值是社会主义生产目的和价值增值的统一。自主劳动是贯穿分享经济理论的一条红线，它规定了各种社会经济形式范畴的社会主义特性，从而决定了社会主义生产方式的整个面貌。需要价值是主线范畴，是经济运行的轴心，社本则是与需要价值对应的范畴。

公式 $w=c+n$，说明了以上三个范畴的内在联系，体现自主劳动关系的商品价值由社本和需要价值组成，因而这一公式成为整个体系的总纲。起点范畴是社会主义社会人的需要——自主需要，它又是理论体系的归宿点。需要价值规律是社会主义生产方式的基本规律或绝对规律。社会主义生产方式是公有制与市场经济生产形式的统一。所以，需要价值规律是社会主义市场经济的基本规律。

分享经济的核心在于分享，自主联合劳动具有整体、局部、个体三个层次，需要价值也可划分为国家、企业、劳动者个人三种收入。由于社会主义条件下的劳动者是自主联合劳动者，不存在对立的两个主体间分享劳动成果的关系，分配的实质是自主联合劳动者自己分享自己的成果。分享的内容则是扣除已消耗的生产资料的价值后，自主联合劳动者全部活劳动所创造的新价值，不仅包括劳动者为社会的劳动所创造的新价值，而且包括劳动者为自己的劳动所创造的新价值。

中国的公有制分享经济，是一种经济体制，是一种管理模式，是一种经济理论，又是一种经济运行机制。中国的公有制分享经济,有利于发展生产力,有利于提高人民群众的生活水平,有利于实现社会公平和提高经济效率。同时,它有利于巩固和完善社会主义公有制。以马克思主义为指导探索经济学创新,无论在理论上,还是在实践中都具有重大意义。在理论上,对于探索科学的政治经济学体系有重大的开拓价值。在实践中,对于运用马克思理论指导中国完善社会主义市场经济体制无疑也具有重大的理论指导价值。

中国特色分享经济理论,其内涵和形式都非常丰富,是一种有中国特色的社会主义经济理论。这种有中国特色的经济理论产生」中国大地的上亿万群众的改革实践。是经受了时间与实践考验的具有强大生命力的创新经济理论。

三、中国特色分享经济制度的实践价值

中国特色分享经济制度产生于我国建立社会主义市场经济体制的伟大实践,作为代替传统工资制经济的一种实践形式,具有强大的生命力。它服务于社会主义市场经济体制建立和完善实践,服务于不断满足人民群众不断增长的需要的实践,服务于全面建设小康和共同富裕社会目标的实践。

(一)建立共同富裕分配制度的理论先导

新中国成立以来,我国国有企业和一部分集体企业一直采用工资制度作为劳动报酬制度,这种工资制度是从资本主义制度沿袭过来的。我国工资制度有两个严重弊端:第一,工资不是由市场而是由国家直接决定的,八级工资制的工资级别、工资标准、升级面和升级幅度、时间都由国家制定,国务院不发文件,职工工资就不变。第二,我国长期实行计划产品经济,劳动力不能自由流动,职工没有选择职业的自由,劳动管理制度是以行政指令为主的直接调配制。由于工资与物价不挂钩,工资固定不变,一方面是不能有效合理地配置劳动力资源而开工不足;另一方面是职工端着"铁饭碗"吃"大锅饭",在低工资水平下只得消极怠工,劳动热情和积极性严重受挫。

传统工资制经济制度的另一个弊端,是劳动者对自己的产品有没有分配权。也就是说能不能直接参加作为现实生产过程结果的产品分配。按劳分配就是依据劳动的数量和质量对生产的结果进行分配,由劳动量决定个人收入的大小。在这里,劳动是取得个人消费品的唯一尺度。因此, 个人的劳动和个人收入之间的数量关系,是一种函数关系。在这个函数关系中,劳动是自变量,个人收入是因变量。个人收入随劳动量的变动而变动,上不封顶,下不保底。自变量同因变量之间,有一定的系数。这个系数说明,个人收入只是劳动创造的新价值中的一个相应的比例,而不是全部。破坏了这种函数关系,就等于破坏了按劳分配。

马克思指出,资本主义条件下,工人不能参加自己生产的产品的分配,"他的工资,不是这些产品的一部分,而是以前产品的一部分,原有商品的一部分,它是工人以前生产的,但与他一直脱离,又一直通过可变资本和工资返还给他。生产出来的商品,全部由资本家支配,没有工人参加。"①在这里,如果我们将社会主义国家替代资本家的位置,这种关系就是我们长期沿用的工资制度的分配关系。社会主义国家代表全体人民,因而不存在剥削关系。但是分配关系的旧形式是相同的。在这种分配形式下,由于工人不能直接参加自己的产品的分配,工人的工资并不是劳动的结果,而是以前生产的商品价值的一部分,是与现在的劳动脱离的。在这种关系下,势必破坏了上述劳动与个人收入的函数关系。因此,按劳分配在我国原有计划产品经济体制中实际上并不能实现。八级工资制是国家决定的,就是加工资,也与劳动相脱离,干好干坏一个样。工资一确定,劳动者就失去积极性。所以,工资制度下不能实现按劳分配,现行工资制度是实现按劳分配的障碍。可以说,问题在于工资制度本身。

现行工资制度是以工资范畴为理论基础的,工资是劳动力商品的价格,它是由劳动力生产费用和市场供求关系决定的,而不是由劳动的数量与质量决定的。在经济学上,工资与利润范畴相联系。利润是商品价值中超过所费资本(包括不变资本和可变资本)部分。剩余价值是利润的本质。工资和利润共同来源于雇佣工人的活劳动所创造的新价值,但却表现了工人和雇主之间的对抗性关系。工资与利润始终是对立的。在旧的分配制度下,国家与企业的关系,是建立在利润分配基础上的。国家利润用税收来表现,税收主体是所得税。企业实现利润愈多,上缴所得税愈多,没有利润,则不交所得税,这是明显的"鞭打快牛",鼓励企业落后。企业不能实现按劳分配,问题在于以利润为企业经济目标即"利润最大化",和以利润范畴为基础的所得税本身是不合理的,它们都应是改革的对象。

净收入分享制总的原则是要在有利于调动积极性、促进生产力发展前提下正确处理国家、企业、个人三者利益关系,合理分配所得收入。分享比例的确定,要充分考虑到具体的经济环境和整个经济长期发展的需要。使工人直接参加产品分配的有效形式——企业净收入分配制度,作为分享经济的有效实践形式,为实现真正意义上的按劳分配提供了一条新的途径。这种分配制度的改革,其关节点正是使工人的个人收入真正成为自己的收入,由自己的劳动来决定,使工人直接有权参与自己的产品分配。由于利益分享、"荣辱与共",国家、企业、个人三方面就会形成一股

---

① 《马克思恩格斯全集》,第 23 卷,第 582 页。

追求净收入不断增长的合力,从而也就有效地解决了增加供给的生产动力问题。在净收入分成制中,利益分享是通过各经济主体对每一边际产量的净收入分享来实现的,因而能够有效地保证国家、企业、职工个人三者收入按比例同步增长,从而可以保证国家财力、企业实力和个人生活消费水平的合理同步增长。

这种分配形式的推广,必将推动企业活力的增加,并在此基础上,带动广大劳动者加入共同富裕的行列。

(二)构建能实现共同富裕的所有制新制度的理论基础

分配关系取决于一定的所有制关系。构建我国的分享经济,必须重建自主联合劳动者的个人所有制。分享经济只有建立在自主联合劳动所有制这种新型公有制基础上,才能使自主劳动得到普遍实现,这是自主劳动关系在产权和产品分配权上的体现。

1.社会主义所有制应是自主联合劳动所有制

劳动者同劳动过程中诸生产要素的关系,在以往阶级社会里,存在着普遍的异化现象。所以,马克思指出:"在奴隶劳动、徭役劳动、雇佣劳动这样一些劳动的历史形式下,劳动始终是外在的强制劳动。"[1]这种强制劳动,由于其内部对抗性矛盾的存在和发展,在一定条件下必然会引起革命。社会主义革命就是对资本主义私有制及雇佣劳动的否定,取而代之的则是社会主义的公有制及自主联合劳动。所以,我们可以把这种所有制称为自主联合劳动所有制。

在这种自主联合劳动所有制形式下,劳动者对生产要素的平等支配权,包含着以下三个方面内容:首先,是劳动者对生产资料的支配。在社会主义革命过程中,无产阶级联合全体人民,剥夺剥夺者,把全社会的生产资料集中到自己的国家手中,全体劳动者成为其共同主人。每个劳动者,作为主人的一分子,都可以实际地占有、使用其中的一份,以实现劳动,为自己,同时为社会谋得利益。其次,是劳动者对自身劳动力的支配。社会主义对生产力的解放,首先是对人的解放。劳动者第一次能够自主地支配自己的劳动力,与既属于全社会,同时自己也有份的生产资料相结合,形成自主劳动。劳动者第一次真正地为自己而劳动,因而能充分发挥自己的劳动积极性和聪明才智。第三,是劳动者对劳动产品的支配。任何劳动的一般目的都是为了得到产品,以满足人的各种需要。自主联合劳动,是以满足全体劳动者的需要为目的的。产品作为劳动的结果以及重新劳动的条件,理所当然地受劳动者自己支配,由他们自主地决定如何分配,如何交换,如何消费。

①《马克思恩格斯全集》,第46卷(下册),第112~113页。

2.自主联合劳动所有制的三个层次

社会主义国家所有制,即全民所有制是自主联合劳动所有制的第一层次。

劳动者集体,接受了国家转交给它的一部分生产要素以后,就取得了对它们的实际支配权,进而又取得对其劳动产品的实际支配权。它们可以根据集体的意愿,按照客观经济规律的要求和取得最大的经济效益的原则,自主地运用所掌握的生产要素,生产出各种符合社会需要的产品或劳务。扣除了为社会而生产的部分以后,可以自主地处置其剩余部分。通过分配、交换和消费,实现自己的经济利益。这就是自主联合劳动所有制和第二层次,可以统称为联合体所有制。

自主联合劳动所有制的第三层次是劳动者个人所有制。劳动者个人,作为联合劳动者的分子形式,是自主联合劳动的最基本层次。

社会主义全民所有制、联合体所有制和个人所有制,并不是三种互相独立和平行的所有制形式,而是自主联合劳动所有制关系在三个不同层次上的体现。作为最高层次的全民所有制,是联合体所有制和个人所有制的前提和保证,它是一种普照的强光,没有它,就没有社会主义的所有制。劳动者联合体所有制,才是社会主义所有制的具体形式和表象层次,是社会主义经济借以运行的经济实体。没有它,全民所有制就不能巩固和发展,个人所有制也无从谈起。劳动者的个人所有制,则是自主联合劳动所有制的本质或核心层次。不管全民所有制还是联合所有制,最终都归结为保证劳动者个人自主、平等地支配社会的生产要素和劳动产品,实现个人所有权,获得自由全面的发展。

3.按三个层次的划分理顺我国目前的所有制关系

我国长期以来,不是把全民所有制、联合体所有制和个人所有制当作同一个社会主义所有制的三个不同层次看待,而是当作互相独立、平等的不同所有制形式和经济实体看待,在三者之间划了几道不可逾越的鸿沟。在相当一部分工业企业和少数农业企业中,推行所谓全民所有制。而全体人民根本不可能对一个企业的生产要素和产品进行实际支配,于是国家不适当地充当了企业的主体,企业成为国家行政机构的附属物。企业中劳动者的所有权被架空,无法体验和感受其当家做主的主人翁地位,实际上成为国家的雇员。企业的产、供、销,人、财、物,一切听命于国家行政机关,企业缺乏经营自主权。这些都窒息了企业的生机和活力。

我国现行的所有制模式必须改革,这已是人们的共识。这种改革,并不是从根本上改掉社会主义所有制,而只是适应生产力发展的要求,理顺社会主义所有制关系。具体地说,就是理顺国家、集体和个人三者之间的关系,使各自的所有权都能恰当地体现,从而充分调动起劳动者的积极性,为社会主义经济注入活力。

应该按照自主联合劳动所有制三层次的划分,来理顺我国目前的所有制关系。首先,我们还是要在国家层次上搞社会主义的全民所有制,即国家所有制。确认国家可以代表全体人民,对全社会的生产要素及劳动产品,行使最高所有权。

在坚持国家层次的全民所有制的同时,应该在企业这一层次重建和完善劳动者的联合体所有制,使全社会的所有企业(实行特殊性政策的中外合资、合作和外商独资企业除外),都成为权利义务平等、自主经营、自负盈亏的商品生产者和经营者。使它们对本企业的生产要素和产品,有相对独立的所有权。在企业内部,实行劳动者的民主管理,企业的职工大会或代表大会(股份制企业应有股东代表参加)行使企业最高权力,由其选举或聘任企业生产经营的负责人。企业负责人向劳动者集体负责,受其委托全权管理企业。通过层层级级的民主管理制和经济承包责任制,保证劳动者个人所有权的实现,充分调动其积极性、主动性和创造性,增强企业活力。

当社会上形成了真正的劳动者联合体所有制以后,就为劳动者个人所有制的实现开辟了道路。个人所有制的核心内容是劳动者对生产资料、劳动力和产品的个人所有权。实现的途径主要是两条:一是实行企业内部的民主管理制度,保证每一个劳动者都能参与企业经济活动的管理和监督,真正地行使当家做主的权利;二是允许劳动者自由流动。自由流动意味着劳动者具有同社会上任何一部分生产资料相结合的权利,因而不仅是对自身劳动力的自由支配,而且是对社会的生产资料的自由支配。这种权利只受劳动力自身状况的限制,而不受所有制关系的束缚。因此,所有的劳动者联合体都必须是开放式的,而不能是封闭的。

综上所述,这是一种以国家层次的全民所有制为前提,企业层次的劳动者联合体所有制为基础,个人层次的劳动者个人所有制为核心的新的所有制模式,即自主联合劳动所有制的模式。在这种模式中,社会主义劳动者的三个不同层次,总体劳动者、局部劳动者和个体劳动者,都实现了各自的所有权,并能较好地发挥各自的职能作用,促进社会生产力的发展。因此,笔者认为,这是一种值得深入探讨的所有制改革的新思路,它从根本原则上区别私有化的产权改革。

(三)塑造国民经济健康持续发展的微观基础,抵御"滞胀"

在解决滞胀的问题上,威茨曼指出:"分享经济具有一种不屈不挠地吸收失业工人,增加产量,降低价格的内在冲动……像一台没有熄灭的发动机,试图在充分就业的循环上自觉启动。""分享经济具有内在的三面锋刃,可以用来对付失业、生产停滞和价格上涨趋势。"[1]可谓是滞胀的天敌。我们这里提出的净收入分成制与分

①马丁·L.威茨曼:《分享经济》,第5页,1986年。

享经济理论在经济运行机制上是相同的,它也是对付滞胀的有力武器。如果每个企业都实行分享制度,其产生的宏观效应足以使滞胀简直毫无立足之处。这启示我们,宏观的改革要从微观机制入手;同时,对微观经济行为的分析也要看到它的宏观效应,从而将微观经济与宏观经济领域的改革紧密地结合起来。

滞胀是经济发展的天敌,许多经济学家面对滞胀都是束手无策。近年来,政府通过运用财政手段、货币政策来人为地控制通胀发展的程度和速度,基本上避免了通胀对经济产生的严重危害,但仍然解决不了通胀问题。净收入分成制可以从机理上解决这一难题。

我国的通胀主要表现为需求拉动型、成本推进型和结构性通货膨胀,而以成本推进型为主。

通过实行企业净收入分成制可以从改变经济的微观基础上根本解决通胀的问题。

下　编

新路径开拓：

通过利益分享实现共同富裕

第十五章 我国现阶段居民收入分配不公的现状分析

我国现阶段居民收入分配出现了严重的不公平,贫富分化日趋严重。这是我们运用中国特色社会主义分享经济理论来解决实现共同富裕问题的现实背景。为此,必须尽可能准确全面地描述现阶段居民收入差距的真实情况,并对是否已达到两极分化程度作出判断。作为分析的前提,则必须对居民收入的内涵、统计指标、改革开放以来出现的新特点作出说明。

一、我国居民收入的基本内涵

(一)居民收入的理论内涵

分析中国居民收入分配的差距,第一个要解决的问题是明确居民收入的概念。理论界对居民个人收入的概念有着不同的界定,具体而言有:①把个人收入视为用于生活消费的收入;②把个人收入视为职工标准工资;③把个人收入视为按工资总额统计出来的职工工资和职工从本单位得到的其他收入的总和;④把个人收入视为职工从本单位内外获得的工资、其他货币性和实物性收入;⑤把个人收入视为职工从本单位内外获得的工资、其他货币性和实物性收入,以及依靠特权和声誉等带来的其他收入的总和;⑥把个人收入视为个人获得的劳动报酬、资本报酬、特权报酬,以及各种补贴和救济等转移支付的总和,既包括各种货币收入,又包括各种非货币收入,还包括各种转移支付;⑦在个人收入中还加入个人自给性的非市场收入,如自产自用的物品、劳务劳动、自有住房租金等,这是最为广义的个人收入。

笔者认为,个人收入在理论分析上应避免过于机械,它具有时代的特征。在我国转型期阶段,个人从各种渠道获得的各种形式的收入都应该算作居民个人收入。这样,居民收入在完整的理论意义上就是指个人在一定时期内从各种来源得到的货币性和实物福利性收入的总和。

(二)居民收入的统计指标内涵

我国现行统计指标体系中,涉及个人收入的指标主要有 3 个:城镇居民家庭人均可支配收入、农村居民家庭人均纯收入、职工平均工资。在本章的论述中,也将使用这些统计指标对我国转型期的居民收入分配差距进行分析研究。

按照国家统计局的规定:城镇居民家庭人均可支配收入是指"家庭成员得到可用于最终消费支出和其他非义务性支出以及储蓄的总和,即居民家庭可以用来自由支配的收入。它是家庭总收入扣除交纳的所得税、个人交纳的社会保障支出以及记账补贴后的收入。计算公式为:可支配收入 = 家庭总收入 – 交纳所得税 – 个人交纳的社会保障支出 – 记账补贴"[1];农村居民家庭人均纯收入是指"农村住户当年从各个来源得到的总收入相应地扣除所发生的费用后的收入总和。计算方法:纯收入 = 总收入 – 税费支出 – 家庭经营费用支出 – 税费支出 – 生产性固定资产折旧 – 调查补贴 – 赠送农村外部亲友支出。纯收入主要用于再生产投入和当年生活消费支出,也可用于储蓄和各种非义务性支出。"[2];职工平均工资是指"企业、事业、机关单位的职工在一定时期内平均每人所得的货币工资额。它表明一定时期职工工资收入的高低程度,是反映职工工资水平的主要指标。计算公式为: 平均工资 = 报告期实际支付的全部职工工资总额 / 报告期全部职工平均人数"[3]。可以看出,上述 3 个指标的缺陷在于对各种"灰色"、"黑色"收入及各种形式的变相个人收入,都没有进行统计和反映。

二、我国现阶段居民收入分配的特点

经过多年的改革开放,我国居民收入分配呈现了以下一些特点:

(一)从分配方式看,按劳分配为主体与按生产要素分配并存

社会主义按劳分配作为主体的分配方式是由公有制为主体的所有制关系所决定,其含义是指对社会大多数人来讲,在各种分配形式中劳动收入成为人们生活消费来源的主渠道。换言之,劳动收入与其他要素收入相比较,不仅其来源稳定而且其数量比例较大。

按劳分配和按生产要素分配之所以要相结合,其原因主要有:第一,是由我国社会主义初级阶段的基本经济制度决定的。以公有制为主体、多种所有制并存的所有制结构决定了以按劳分配为主体、多种分配方式并存的分配结构,这本身就是两种分配方式相结合。第二,是由公有制实现形式多样化决定的。公有制实现形式的多样化,必然要求两种分配方式相结合。例如,国有股份制企业的职工既有按劳分配的工资,又有按生产要素分配的按股分红。在股份合作制企业里,既有按劳分配的劳动收入,又有按股份分配的分红。第三,社会主义市场经济的发展要求两种分配方式相结合。随着社会主义市场经济的发展,生产要素的种类、范围越来越广,对创造社会财富的贡献越来越大,生产要素所有权不仅要求生产要素参与收益分配,而且还要求高效率获取高回报。

---

①《中国统计年鉴》,2007 年。
②《中国统计年鉴》,2007 年。
③《中国统计年鉴》,2007 年。

要坚持和完善按劳分配为主体,多种分配方式并存的分配制度,健全劳动、资本、技术、管理等生产要素按贡献参与分配的制度,初次分配和再分配都要处理好效率和公平的关系,再分配更加注重公平。[①]这是社会主义的基本原则和市场经济的基本要求在分配制度上的体现。社会主义市场经济条件下的分配制度应该体现活劳动创造的新价值,调动广大劳动者的积极性和创造性,也应该体现科学技术、经营管理等复杂劳动的价值,激发广大科技人员和管理工作者的创业精神和创新活力,还应该体现包括土地、资本、知识产权等的价值,使各种生产要素都能投入到经济建设之中。

总之,就是要形成与社会主义初级阶段基本经济制度相适应的分配机制,让一切劳动、知识、技术、管理和资本的活力竞相迸发出来,保护合法收入,调节过高收入,取缔非法收入,逐步扭转收入分配差距扩大趋势。

(二)从分配机制看,计划分配机制与市场分配机制双轨并存

我国经过 30 多年的改革开放,已经逐步确立了社会主义市场经济体制。社会主义市场经济从本质上来说是现代市场经济,它要求计划与市场有机结合。具体地说,就是要把市场纳入国家计划的轨道,使之按照国民经济有计划按比例的要求有计划地运行和发展。在经济体制转轨过程中,由于计划经济体制和市场经济体制的并存,因而在分配体制运行中,计划分配机制和市场分配机制也就共同发挥作用,只不过两种机制对收入分配的调节各有其特点:

第一,调节的主体不同。实施收入分配计划调节的是国家或政府宏观主体,这是由其强大的物质基础及其所担负的特定职能等因素决定的;实施市场分配机制调节的则是处于市场经济关系中的各微观经济主体,它们直接根据价值规律的客观要求调节分配。

第二,作用的客体不同。前者主要作用对象是公有制经济单位的职工;后者则对非公有制经济主体作用明显。

第三,调节的手段不同。前者主要运用行政手段,通过强制程度不同的计划方式,对个人收入分配方式、工资等级、工资调整的时间和幅度等问题进行统一规定;后者主要运用经济手段,根据市场供求变化的要求对收入分配进行灵活调整。

第四,调节的层次及目的不同。前者的重点在于维护宏观层次上的收入分配公平,它主要通过调整积累与消费的比例关系和改变国民收入分配与再分配的循环

①胡锦涛在中国共产党第十七次全国代表大会上的报告:《高举中国特色社会主义伟大旗帜,为夺取全面建设小康社会新胜利而奋斗》。

方向等重大决策,纠正市场经济中收入分配差距的过分悬殊,维护社会稳定,确保收入分配的社会主义公平性质;后者的重点则在于促进微观层次的效率提高,它以人们对物质利益关心为前提,通过市场经济的各种机制,刺激人们的生产效率,这种分配机制的明显不足容易造成居民间的收入分配差距悬殊。

总之,在由计划经济体制向市场经济体制转型过程中,必须根据收入分配两种机制的各自特点,扬长避短,综合运用,以实现我国居民收入的公平分配。

(三)从收入结构看,主职收入与兼职收入、劳动收入与非劳动收入并存

主职收入也称第一职业收入,是指劳动者个人借以谋生,从事固定或专职工作,获得较为稳定的生活费收入;兼职收入是个人利用闲暇从事专职以外的工作所获取的额外收入。

长期以来,我国职工的工资水平较低,为了改善生活条件,获得较多的生计收入,职工有兼职的内在需求。随着市场经济的发展,各类新开办企业如雨后春笋般涌现,为社会提供了大量兼职机会。这些企业主要采取聘用兼职者的用工制度,对于劳动力的供求双方均为有利。对于需求方,其主要获益是:第一,生产成本降低。聘用兼职人员可免除其为职工住房、医疗、保险及福利等方面支出,也可省却职工子女求学、就业安排上的麻烦。对高素质人员实行即聘即用的方式,既减少一笔不小的教育培训等成本付出,也避免了因生产时间延误而造成的(时间)成本损失。第二,经济效益较高。这里通行的是市场法则,市场激励功能的充分发挥,极大地调动了职工的积极性与创造性,再加上成本较低,其经济效益较好。第三,用工方式灵活。企业可根据生产周期和季节特点,灵活调整用工数量与质量。对称职者可连续聘用,不称职者中止聘用,保持职工规模同生产规模相适应,并使职工的工作质量处于高效状态。对于供给方,其主要获益是:第一,主职单位提供的工资、住房、医疗等,为兼职者提供了基本生活保障,降低了兼职风险。第二,兼职单位由于部分成本外溢和较好的收益回报,其付出的货币工资较高,提高了兼职者的收入水平。

上述从主职收入和兼职收入所作的收入结构分析,主要是从个人获得收入的不同时空角度进行的,其收入性质主要是劳动收入。如果我们从个人获得收入的方式和属性角度进行分析,那么个人收入结构还可表现为劳动收入和非劳动收入(或要素收入)并存的特点。在现阶段,个人的非劳动收入主要有(财产)租金收入、资金(本)收入(利息、股票、红利等)、技术收入(技术股份、专利收入等)等形式。这种非劳动收入在个人收入份额之中所占比重呈逐年上升趋势。

(四)从分配方向看,收入分配逐步向市场倾斜与向个人倾斜并存

改革开放以来,为促进社会经济发展,改变过去不合理的分配格局,国家调整

了分配政策,放权让利于企业,增加居民个人收入。经过 30 多年的实践,在收入分配方向上出现了向市场和个人倾斜的状况。

收入分配向市场倾斜主要表现为:第一,市场经济发达的东部地区,居民收入明显高于市场经济不发达的中西部地区。1978 年以前,在计划经济体制下,平均主义分配方式实行,东中西部人均收入差距不大,其较小差距主要是由历史和自然条件差异造成的。1978 年后,东部地区利用其有利的地理位置,较高的技术和管理水平等优势,加上国家优惠政策的支持率先运用市场机制,大力发展外向型经济,促进了居民收入水平的提高;而中西部地区,远离市场经济的前沿,较之东部发展较慢,不同地区居民间收入差距有所扩大。1984 年前后,沿海兴办经济特区,以市场为导向的外向经济发展步伐加快,而在以农业为主要特征的中西部地区,农产品获得创纪录的丰收,加上政府提高了农产品的收购价格,农民收入水平有较大幅度提高,此时地区间居民收入差距有所缩小。1992 年后,随着经济体制向市场经济的全面转型,东部市场经济进程明显快于中西部,居民收入差距又随之扩大。第二,流通领域的从业人员,收入明显高于生产领域的劳动者。这主要是由于流通领域的从业者,长期亲临市场经济大潮第一线,他们对市场传导出的各种信息特别是价格信号反应灵敏,并及时调整经营行为,谋求收益最大化,其收入也就大幅增加。

与此同时,改革开放以来调整了生产与分配、积累与消费的比例关系,改变了重积累、轻消费的分配政策,收入分配在一定程度上向个人倾斜。具体表现为:居民储蓄和投资的大幅度增长,即使是 1996 年 5 月以来的 7 次降息和 1999 年开始征收利息税,城乡居民储蓄存款余额仍高速增长。

总之,我国现阶段收入分配状况,与改革前相比,在分配的方式、机制、结构和方向等方面呈现出许多新特点。这些特点既是影响收入分配公平的原因,又是寻求治理分配不公的着眼点。

三、我国现阶段居民收入分配差距的现状

改革开放以来,我国个人收入水平从总体上看有了很大提高。1978 年到 2006 年,农村居民家庭人均纯收入由 134 元增长到 3587.0 元,增长了 26.8 倍;城镇居民家庭人均可支配收入从 343 元增长到 11759.5 元,增长了 34.3 倍,扣除物价因素后,分别是 1978 年的 5.54 和 5.88 倍。[1]由于收入水平的提高,全国城乡居民储蓄存款大幅增加,1978 年城乡居民储蓄总额为 211 亿元,人均不到 22 元;而到 2006 年底储蓄总额为 161587.3 亿元[2],人民生活质量由尚不能温饱提高到小康水平。

---

①②根据历年《中国统计年鉴》整理。

但同时也出现了一些不容忽视的问题,其中较为突出的问题是城乡居民之间、不同地区居民之间和不同所有制职工之间以及行业或部门职工之间的收入差距过分悬殊问题。1995年全国居民收入分配的基尼系数为0.389,1999年为0.397,2000年为0.417,基尼系数首次超过了0.4的国际警戒线[①]。而根据世界银行的测算,我国基尼系数从1980年的0.33扩大到1988年的0.38,2003年已扩大至0.458,有的地区已经达到0.467[②]。世界银行2003年《中国经济报告:推动公平的经济增长》指出,如果中国任由当前城乡差距和省际人均收入增长速度的差距继续不断扩大,到2020年基尼系数将会上升到0.474。中国社科院研究收入分配的专家顾严指出,目前中国的基尼系数已经超过了警戒线0.4,收入差距已经处于高水平,形势严峻。城乡整体的基尼系数持续上升并达到0.465,2006年逼近0.47。这一问题已经引起了全社会的广泛关注和人民群众的强烈不满。该问题不仅仅是一个经济问题,而且还是一个关系到社会稳定和民族团结的重大政治问题。因此对该问题进行分析探讨,提出缓解和克服对策,是经济研究不能回避的课题。本节拟主要对上述居民收入差距的状况进行较为详尽的实证分析。

(一)城乡之间收入分配差距

城乡居民收入差距是中国现阶段居民收入差距的主要表现,其对中国社会经济活动的影响最为深远。这是由于:第一,城乡居民涵盖我国居民的全部,城乡居民收入差距状况反映了我国个人收入差距的总体水平,其他各种收入差距都直接或间接地反映了城乡居民收入差距状况。第二,社会主义本质是在解放和发展生产力基础上,通过消灭贫穷和防止两极分化,最终达到共同富裕的目的。因此,为实现这一目的,中国所进行的许多改革和出台的诸多政策措施都与提高城乡居民特别是农民的收入水平,缩小城乡之间的收入差距密切相关。第三,我国城乡居民的收入差距从根本上讲,不是城镇居民绝对收入水平过高(2006年城镇家庭人均可支配收入为11759.5元),而是相对于城镇居民而言农民收入水平过低(2006年,农民人均纯收入只相当于城镇居民可支配收入的30.5%)。中国要完成工业化、城市化和现代化的进程,严重受制于"三农"问题特别是农民的低收入水平状况。

表15-1 中国城乡居民收入变化表

年份	城镇居民家庭人均可支配收入(元)*	农村居民家庭人均纯收入(元)	城乡居民收入倍数
1978	343	134	2.56

①国家统计局:《从基尼系数看贫富差距》,载《中国国情国力》,2001年第1期。
②李培林,朱庆芳等:《中国小康社会》,社会科学文献出版社,2003年。

年份	城镇居民家庭人均可支配收入(元)*	农村居民家庭人均纯收入(元)	城乡居民收入倍数
1979	412	160	2.58
1980	492	223	2.21
1981	527	270	1.95
1982	492	223	2.21
1983	564	310	1.82
1984	651	355	1.83
1985	739	398	1.86
1986	900	424	2.12
1987	1002	463	2.16
1988	1181	545	2.17
1989	1376	602	2.29
1990	1510	683	2.21
1991	1701	709	2.4
1992	2027	784	2.59
1993	2577	922	2.8
1994	3496	1221	2.86
1995	4283	1578	2.71
1996	4839	1926	2.51
1997	5160	2090	2.47
1998	5425	2162	2.51
1999	5854	2210	2.65
2000	6280	2253	2.79
2001	6860	2366	2.9
2002	7703	2476	3.11
2003	8572	2622	3.27
2004	9422	2936	3.21
2005	10493	3255	3.22
2006	11759.5	3587	3.28

注：＊城镇居民家庭人均可支配收入仅是工资收入。有学者还将城镇居民所享受的有关福利和医疗补贴、财政补贴以及实物补贴等与之加总构成城镇居民的全部收入。如果这样，城乡居民的收入差距还会扩大。

数据来源：根据历年《中国统计年鉴》整理(2006 年数据来自《2006 年国民经济和社会发展统计公报》)。

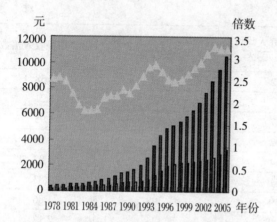
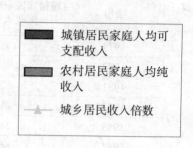

图 15-1　我国城乡居民收入变化图

从表 15-1 和图 15-1 可以看出，我国城乡居民收入差距变动大致经历了三个阶段：

1.第一阶段(1978~1984 年)为城乡居民收入水平迅速提高、增幅显著上升,二者收入差距逐步缩小阶段

(1)城镇居民家庭人均可支配收入水平提高迅速,增幅明显。其收入绝对额从 1978 年的 343 元提高到 1984 年的 651 元,提高了近 1 倍。

(2)农村居民家庭人均纯收入水平提高迅速,增幅明显。其人均纯收入的绝对额从 1978 年的 134 元提高到 1984 年的 355 元,提高了 1.65 倍。

(3)由于农民收入水平较之城镇居民提高得更快,增幅更明显,城乡居民收入差距逐步缩小。城乡居民收入比由 1978 年的 2.56 倍缩小为 1984 年的 1.83 倍,缩小近 30%。

2.第二阶段(1985~1991 年)为城乡居民收入水平继续提高但增速下降阶段

(1)城镇居民家庭人均可支配收入水平继续提高,但增幅缓慢下降。其收入绝对数由 1985 年的 739 元提高到 1991 年的 1701 元,增加了 1.30 倍;其人均可支配收入增长率时高时低(1986 年最高为 13.8%, 1988 年最低为 -2.4%),波动较大,年均增长率为 4.9%,较之第一阶段下降了 1.7 个百分点。

(2)农村居民家庭人均纯收入水平继续提高,但增幅下降迅速。其收入绝对数由 1985 年的 398 元提高到 1991 年的 709 元,增加了 0.78 倍;其人均纯收入也是时高时低(1985 年最高为 7.8%, 1989 年最低为 -1.6%),波动较大,年均增长率为 3.7%,较之第一阶段下降了 13.7 个百分点。

(3)由于农民收入水平较之城镇居民绝对数提高缓慢,年均增长率下降幅度

大，城乡居民收入差距又逐步拉大。城乡居民收入比由 1985 年的 1.86 倍扩大到 1991 年的 2.40 倍,差距拉大了 22.5%。

3.第三阶段(1992~2006 年)为城乡居民绝对收入额迅速提高,但绝对收入差距迅速拉开,相对收入差距进一步扩大阶段

（1）城镇居民家庭人均可支配收入绝对数从 1992 年的 2027 元快速提高到 2006 年的 11759.5 元,提高了 4.8 倍,收入增长速度较快。

（2）农村居民家庭人均纯收入绝对数从 1992 年的 784 元迅速提高到 2006 年的 3587 元,提高了 3.58 倍,年均增长率明显快于第二阶段,略低于第一阶段。

（3）这一阶段城乡居民收入差距比迅速扩大,基本维持在 2.5 倍以上（除 1997 年为 2.47 倍）,从 2002 年以来,这个比例超过了 3 倍。虽然 2004 年由于国家相继出台了粮食直补、良种补贴、农机补贴和降低农业税税率等一系列政策措施以及粮食价格上涨和农民税费负担下降,使得这一比例有所下降,但是今后几年城乡收入差距比仍然有扩大的可能。

（二）城乡内部收入分配差距

从表 15-2、图 15-2 的数据可以得到结论,农村居民的基尼系数高于同期城镇居民。2001 年与 1978 年相比,城镇居民收入分配的基尼系数由 0.16 提高到了 0.32,增长了 100%;农村居民基尼系数由 0.2124 提高到了 0.3223,增长了 52%。自 1978年以来,农村、城镇居民的基尼系数基本上呈逐步上升的趋势。

据中国人民银行提供的资料:2001 年在我国各类金融机构 8 万多亿元的人民币存款中,80%的存款掌握在 20%的人手里,而其余 80%的人仅掌握了 20%的存款,且中国最高收入的 10%的人拥有银行存款的 2/3。这说明,中国城乡内部各阶层之间的收入差距也是巨大的。

表 15-2 我国农村和城镇收入分配的基尼系数

年份	农村居民收入分配的基尼系数	城镇居民收入分配的基尼系数
1978	0.2124	0.16
1979	0.237	0.16
1980	0.2407	0.16
1981	0.2406	0.15
1982	0.2317	0.15
1983	0.2461	0.15
1984	0.2439	0.18
1985	0.2267	0.19
1986	0.3042	0.19

续 表

年份	农村居民收入分配的 基尼系数	城镇居民收入分配的 基尼系数
1987	0.3045	0.2
1988	0.3026	0.23
1989	0.3099	0.23
1990	0.3099	0.23
1991	0.3172	0.24
1992	0.3134	0.25
1993	0.3292	0.27
1994	0.321	0.30
1995	0.3415	0.28
1996	0.3229	0.28
1997	0.3255	0.29
1998	0.3369	0.30
1999	0.3361	0.295
2000	0.3536	0.32
2001	0.3223	0.32

数据来源:转引自《我国收入分配制度的演进及其对收入差距变动的影响》(《江汉论坛》,2005 年第 2 期第 32 页)。

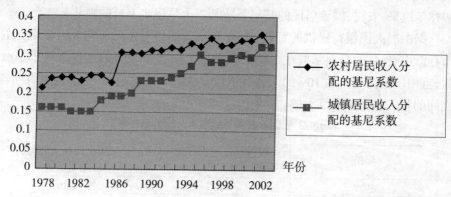

图 15-2 1978~2001 年基尼系数变化情况

(三)地区之间收入分配差距

由于地区经济发展的不平衡,居民收入分配的地区差距在各国都是一种比较普遍的现象,这种现象在我国表现得尤为明显。

根据国家统计局公布的资料数据显示,1985 年城镇居民收入最高的 5 个省(市、区)是西藏、青海、甘肃、上海、北京,职工平均工资依次分别为 1967 元、1664

元、1345 元、1344 元和 1343 元；收入最低的 5 个省是四川、湖北、河南、江西和安徽，职工平均工资依次为 1035 元、1027 元、997 元、966 元和 950 元，工资最高省份的职工平均工资为最低省份的 2.07 倍。[1]

1997 年城镇居民收入最高的 5 省(市、区)是上海、北京、西藏、广东和浙江，职工平均工资依次为 11425 元、11019 元、10098 元、9698 元和 8386 元；收入最低的 5 个省(区)是贵州、陕西、内蒙古、江西和黑龙江，职工平均工资依次为 5206 元、5184 元、5124 元、5089 元和 4889 元，工资最高省份的职工平均工资为最低省份的 2.34 倍。[2]

2004 年城镇居民收入最高的 5 省(市、区)是西藏、上海、北京、浙江和广东，职工平均工资依次为 30873 元、30085 元、29674 元、23506 元、22116 元；收入最低的 5 个省是吉林、贵州、河南、江西和湖北，职工平均工资依次为 12431 元、12431 元、12114 元、11860 元和 11855 元，工资最高省份的职工平均工资为最低省份的 2.60 倍。[3]

根据国家统计局公布的资料数据显示，2005 年人均地区生产总值最高的省份为上海，达到了 51429 元人民币(约 6600 美元)，已达到上中等国家的经济发展水平(人均 GDP 5340 美元)；而最低的贵州省仅为 5206 元人民币(约 670 美元)，仍处于世界上低收入国家水平(人均 GDP 450 美元)，还不到下中等收入国家平均水平(人均 1480 美元)的一半。两个地区的经济发展水平相差近 10 倍。人均地区生产总值排在前 9 位的依次是上海、北京、天津、浙江、江苏、广东、山东、辽宁和福建，其人均地区生产总值为全国人均 GDP 的 1.33~3.69 倍。其中除辽宁位于我国东北地区外，其他各省皆位于我国东部地区。结果表明，东部地区经济发展水平明显领先于中、西部和东北地区。[4]

从绝对差距和相对差距来看，我国各地区城镇居民收入分配的差距都呈扩大的趋势。并且除西藏(存在一定的特殊性)外，收入较高的省份都集中在东部沿海地区，而收入较低的省份集中在中西部地区。

(四)行业之间收入分配差距

居民的收入分配差距除了表现为城乡之间差距、城乡内部差距、地区差距外，还表现出明显的行业性差距的特点。不同行业部门之间收入差距的拉大，也越来越

---

①《中国统计年鉴》，1986 年。
②《中国统计年鉴》，1998 年。
③《中国统计年鉴》，2005 年。
④陈小莹：《中国四个维度收入分配差距解析》，载《中国经济信息》，2006 年第 15 期。

明显。

1.不同行业间的职工收入差距扩大

在改革开放以前,受计划经济的影响和制约,我国在居民收入分配政策上实行平均主义,在居民收入分配方面,行业之间的差距表现得并不明显。但改革开放以后,在向市场经济发展过程中,国家仍然对一些行业未能全部放开,对一些行业准入进行了严格的限制(如电力、邮电、金融保险业、房地产业等),致使这部分行业在社会竞争中处于垄断地位,并依靠这种垄断地位,获取了大量的垄断利润和垄断收入。不同行业部门之间收入差距的拉大也越来越明显。

从表15-3可以看出,1978年以来,处于最高工资水平垄断地位的是电力、煤气、供水及交通运输、金融、保险业。而处于最低工资水平的行业为社会服务业和农林牧渔业。并且行业收入极值比一直处于较高的水平,近年来,最高行业和最低行业的工资差距呈扩大趋势,在今后较长的一段时间里,这种差距还会不断扩大。

表 15-3 部分行业工资比较　　　　　　　　　(单位:元)

行业 年份	合计	农林牧渔	电力、煤气、供水	交通运输仓储邮政	金融业	科研技服	批发零售业	最高:最低
1978	615	470	850	694	610	669	551	1.81
1985	1148	878	1239	1275	1154	1272	1007	1.45
1990	2140	1541	2656	2426	2079	2403	1818	1.72
1995	5500	3522	7843	6948	7376	6846	4248	2.23
2000	9371	4832	12830	12319	13478	13620	7190	2.82
2001	10870	5741	14590	14167	16277	16437	8192	2.86
2002	12422	6398	16440	16044	19135	–	9398	2.99
2003	14040	6969	18752	15973	22457	20636	10939	3.22
2004	16024	7611	21805	18381	26982	23593	12923	3.55
2005	129637	8309	25073	21352	32228	27434	15241	3.88
2006	146799	9269	28424	24111	35495	31644	17796	3.83

数据来源:根据历年《中国统计年鉴》整理。

2.同一行业内部不同企业间的职工收入差距扩大

改革开放以来,国家不断对企业放权让利,其中一个重要措施就是对国有企业的工资改革:1979年刚起步时,规定把职工奖励基金的提取同企业实现的经济效益相联系,即半挂钩;1984年,又逐步由半挂钩转化为全挂钩,即职工工资总额的全部与企业经济效益挂钩,浮动提取。这样,企业自主权不断扩大,可以支配越来越多的利润份额。这虽为公平分配提供了制度前提,但也造成不同企业间的"苦乐不均"。那些曾经得到过国家大量投资,具有人、财、物优势的企业在市场竞争中处于有利地位且不断发展壮大,职工也就能从利润越来越丰厚的企业中得到实惠,而那些设备陈旧、技术落后,不具有资源优势和不善经营的企业,在市场竞争中处境艰难,其职工收入陷于拮据窘境。

3.同一企业内部"干群"间收入水平反差大

国有企业进行公司制改革后,企业内分离出一个"企业家阶层"。表面上看,其显性工资收入也许并不高,但若考虑到他们因工作需要而配备的汽车、公费支出的邮电通讯和吃请等在职消费项目,其工资"含金量"很高(据 2001 年中国企业家调查系统的调查结果,国有企业经营者的在职消费水平一般在其工资收入的 10 倍左右),再加上部分素质较低的管理者,利用其独特身份,运用不规范手段进行不正当获利,其收入量尽管因其隐蔽性较强而无法准确统计,但实际上其消费水平已达到很高水准。据深圳的一项调查显示,深圳、上海和北京三城市经理人认为,"企业家阶层"正常薪酬之外的隐形收入主要有以下类型:中介收入、回扣、提成、红包、兼职收入等。其中有些收入来源是正当的,当属合理收入,但一些经营者凭借自己在企业中的特权进行巧取豪夺,就属于不合理甚至非法收入。根据南方某媒体报道,深圳某国有企业老总,在公司 1.2 亿集资款中,共提取现金 7000 余万元用于个人挥霍。据查这 7000 余万元大多以"我自己用"、"业务费"、"商情费"等名目,用白条子做账。与此相反,企业的一般职工,由于工资水平不高,收入渠道较窄,如果再考虑到部分职工因企业停业或破产而待业下岗,其既得利益受到严重影响,在这些亏损企业的"穷庙"中,"富方丈"与"穷和尚"间的收入悬殊更为严重。根据 2001 年福州市劳动力市场工资指导价位标准看,企业厂长(经理)工资的高位数为 7000 元,而一般工勤人员工资的高位数为 1500 元,低位数为 400 元,[①]厂长(经理)工资高位数分别是一般工勤人员工资高、低位数的 4.66 倍和 17.5 倍。特别是近年来,各地在国有企业正试行年薪制,经营者的收入水平又进一步提高,其与普通职工的收入差距正以合法方式迅速扩大。

(五)不同所有制之间职工收入分配差距

改革开放前及改革开放初期,我国非公有制经济成分发展较为缓慢,因此不同所有制之间职工收入差别主要表现为城镇公有经济系统职工与农村集体经济中农

民之间的收入差别(如前所述,这种收入差别是较大的)与国有经济单位职工和城镇集体经济单位职工之间的收入差别。但自20世纪80年代中期以后,非公有制经济成分逐步发展壮大并成为我国经济发展的一支重要力量。这时,不同所有制间职工收入差别就主要表现为非公有制经济单位职工的收入明显高于国有经济单位和城镇集体经济单位(以下将二者合称为公有制经济单位)的职工收入。

表 15-4 不同所有制经济单位职工平均工资及收入差距　　　　(单位:元)

年份	1.国有经济单位	2.集体经济单位	3.其他经济单位	收入差距倍数	
				3/1	3/2
1978	644	506			
1980	803	623			
1985	1213	967	1436	1.18	1.49
1986	1414	1092	1629	1.15	1.49
1987	1546	1207	1879	1.22	1.56
1988	1853	1426	2382	1.29	1.67
1989	2055	1557	2707	1.32	1.74
1990	2284	1681	2987	1.31	1.78
1991	2477	1866	3468	1.40	1.86
1992	2878	2109	3966	1.38	1.88
1993	3532	2592	4966	1.41	1.92
1994	4797	3245	6303	1.31	1.94
1995	5625	3931	7463	1.33	1.90
1996	6280	4302	8261	1.32	1.92
1997	6747	4512	8789	1.30	1.95
1998	7668	5331	8972	1.17	1.68
1999	8543	5774	9829	1.15	1.70
2000	9552	6262	10984	1.15	1.75
2001	11178	6867	12140	1.09	1.77
2002	12869	7667	13212	1.03	1.72
2003	14577	8678	14547	1.00	1.68
2004	16729	9814	16259	0.97	1.66
2005	19313	11283	18244	0.94	1.62
2006	22112	13014	20755	0.94	1.59

数据来源:根据历年《中国统计年鉴》整理。

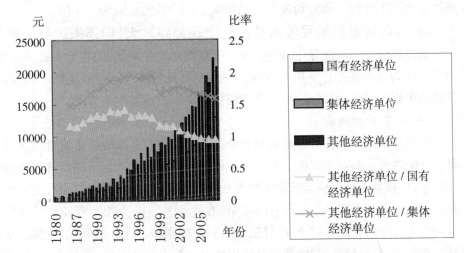

图 15-3 不同所有制经济单位职工平均工资和收入差距情况

从表 15-4 和图 15-3 可以看出：不同所有制经济单位职工收入差距经历了一个先缓步上升后逐步回落下降的过程。1985 年、1993 年、2006 年非公有制经济单位职工的收入水平分别是国有经济单位职工收入水平的 1.18 倍、1.41 倍（20 年中的差距最大值）、0.94 倍（20 年中的差距最小值）；1985 年、1997 年、2006 年非公有制经济单位职工的收入水平分别是集体经济单位职工收入水平的 1.49 倍（20 年中的差距最小值）、1.95 倍（20 年中的差距最大值）、1.59 倍。

再从各自发展的纵向比较看，非公有制经济单位职工收入在 1997 年前其增长速度要快于公有制经济单位职工的收入增长水平。1993 年和 1997 年，非公有制经济单位收入比国有经济单位和城镇集体单位职工收入要分别高出 18.90%、29.10% 和 10.07%、31.04%。

一些调查材料可以支持上述结论：个体工商户和私营企业主的收入大大高于公有制经济单位职工。据调查，上海市 1989 年约有 20% 的个体户年收入超过万元，其中 11% 的人年均收入达 3 万~5 万元，而同期一般职工年均收入只有 2000 多元，其差距在 5 倍以上。北京市 1989 年私营企业主的年均收入为 2.4 万元，而同期全市职工人均收入为 2688 元，其间差距高达 10 倍左右[1]；三资企业职工收入明显高于公有企业的职工收入。据北京商情咨询公司在 1994 年底对北京 20 多家外企公司的调查结果，中方雇员的人均月工资为 3629 元，而该年北京市国有企业职工和

---

[1] 陈庆基：《论收入分配不公的表现、原因及对策》，载《复旦学报》，1991 年第 6 期。

集体企业职工月均工资分别为 556 元和 417 元,[①]其间差别为 7~9 倍。

四、我国现阶段居民收入分配已出现差距过大,但还未达到两极分化

马克思分析的两极分化,是指"在一极是财富的积累,同时在另一极,即把自己的产品作为资本来生产的阶级方面,是贫困、劳动折磨、受奴役、无知、粗野和道德堕落的积累",而"这种两极分化,造成资本主义生产的基本条件"[②]。

（一）从质的方面看

两极分化表现了富有者对贫穷者劳动的无偿占有,体现了富有者和贫穷者之间在分配关系上的对立和根本利益上的矛盾。两极分化作为一种经济和社会现象的存在,从根本上讲是劳动依附于资本权力的结果,以及基于资本权力之上的政治或经济权力对剩余劳动无偿占有的结果。在资本雇佣劳动制度下,市场的自发性调节和收入分配机制的不健全,会导致收入分配规则和收入分配形式的扭曲,富者会越来越富,贫者会越来越贫,两极分化也就是一个自然的现象。从这个意义上讲,两极分化是资本权力作用下收入分配不公正的结果,体现了收入分配的不公正性。

（二）从量的方面看

两极分化反映了贫、富之间的巨大差距。衡量收入差距比较具有参考性的指标是基尼系数和五等分判断法。基尼系数可以反映收入差距的程度,其中 0.50~0.55 为低度两极分化,0.55~0.60 为中度两极分化,0.60 以上为高度两极分化。五等分比差法则可以在一定程度上反映出高低收入层分别占有收入的比重和富有者与贫穷者在社会中的比重和构成,其中 20% 最高收入户的相对份额为 50%~55%,40% 最低收入户的相对份额为 10%~13%,则为低度两极分化;20% 最高收入户的相对份额为 55%~60%,40% 最低收入户的相对份额为 7%~10%,则为中度两极分化;20% 最高收入户的相对份额为 60% 以上,40% 最低收入户的相对份额为 7% 以下,则出现了高度两极分化[③]。我国目前都未超过这些参考数字。并不是所有的贫富差距都是两极分化,如果贫富差距程度较轻,或者贫者和富者没有在数量上达到一定的比重,即使是收入分配不公平,也不能说已经出现了两极分化。

（三）从发展趋向来看

收入差距扩大不仅表现收入差距的现状,而且更重要的是表现为收入差距发展趋势,是一个动态概念,它反映的是一个过程;而两极分化主要反映收入差距扩

①张问敏等:《中国经济大论战》,第 324 页,经济管理出版社,1996 年。
②马克思:《资本论》,第 1 卷,第 708 页,人民出版社,1975 年。
③张勇格:《对两极分化的深层思考》,载《山西高等学校社会科学学报》,2004 年第 9 期,第 8~10 页。

大的一种严重状态。由于收入差距在某个范围内扩大时并不引起两极分化,而只有达到极端严重程度时才发生两极分化。因此,二者是有区别的,不能互相代替。

通过对我国转型期城乡之间、城乡内部、地区之间、行业之间、不同所有制之间居民收入分配差距的实证分析,可以看出,经过30多年的改革开放,我国居民的收入分配已经出现了较大的贫富差距,但是,还没有达到两极分化的地步。

但收入分配的差距如此之大,并且还可能进一步恶化,这些都意味着我国的收入分配不公已经达到了比较严重的程度,我们应该加以重视,并且想方设法解决收入分配不公的问题。如果不尽快解决,就可能会为社会制造不和谐声音,制约我国经济社会的进一步发展。

五、准确理解两极分化问题

(一)两极分化的本质

极的概念和两极分化最早是马克思在分析资本主义的积累的绝对的、一般规律及其之后的原始积累时提出的。马克思在分析资本主义积累的绝对的一般规律时,指出:"社会的财富即执行职能的资本越大,它的增长的规模和能力越大,产业后备军也就越大。可供支配的劳动力同资本的膨胀力一样,是由同一些原因发展起来的。因此,产业后备军的相对量和财富的力量一同增长。但是,同现役劳动军相比,这种后备军越大,常备的过剩人口也就越来越多,他们的贫困同他们所受的劳动折磨成反比。最后,工人阶级中贫苦阶层和产业后备军越大,官方认为需要救济的贫民也就越多。这就是资本主义积累的绝对的、一般的规律。"[①] "这一规律制约着同资本积累相适应的贫困积累,因此,在一极是财富的积累,同时在另一极,即在把自己的产品作为资本来生产的阶级方面,是贫困、劳动折磨、受奴役、无知、粗野和道德堕落的积累。"[②]

这里马克思深刻地论述了资本主义社会资产阶级和无产阶级对立的根源是来自资本和劳动的对立,并在此基础上进一步提出了"极"的概念。从字面上分析,"极"指的是阶级,并特指资产阶级和无产阶级。是否可以据此认为两极分化就是阶级分化呢? 我认为这仅仅停留在问题的"特殊"层面,并未触及问题的"一般",即本质。

马克思紧接着谈到"政治经济学家以各种不同的形式说出了资本主义积累的这种对抗性质, 虽然他们把它同资本主义前的生产方式的那些尽管部分的相类似

---

①马克思:《资本论》,第1卷,第707页,人民出版社,1975年。
②马克思:《资本论》,第1卷,第708页,人民出版社,1975年。

但本质上不同的现象混同起来。"①显然,马克思在这里为我们明确指出了两极分化的根源来自"资本主义积累的这种对抗性质"。对此,马克思做了脚注:"资产阶级运动在其中进行的那些生产关系的性质决不是一致的单纯的,而是两重的;在产生财富的那些关系中也产生贫困;在发展生产力的那些关系中也发展一种产生压迫的力量;只有在不断消灭资产阶级个别成员的财富和形成不断壮大的无产阶级的条件下,这些关系才能产生资产者的财富,即资产阶级的财富;这一切都一天比一天明显了。"②这些论述极其精辟地表明:两极分化不可能产生于封建社会或更早的社会形态;更会在共产主义社会消亡;两极分化只能产生于资本主义社会这一特定历史形态。它属于历史范畴。

封建生产方式是一种大土地所有制和农民小生产相结合的生产方式。从生产力方面说,农业是主要的生产部门,手工业有一定程度的发展,生产具有细小的、个体的性质;生产关系方面,则是封建大土地所有制占垄断地位,广大农民在封建主分给的土地上劳动,身份是农奴,受到超经济强制的控制。这种生产方式的根源来自于劳动对地产的依附,"正像在封建时代,战争中和法庭中的最高权力是地产的属性一样"。③仅仅从地产的自然属性是这样一种绝对的有限劳动资料来看,封建生产方式就不可能产生两极分化的物质基础——相对过剩人口和生产资料的积聚。马克思在谈到资本主义前生产方式时,提出"这种生产方式是以土地及其他生产资料的分散为前提的。它既排斥生产资料的积聚,也排斥统一生产过程内部的分工,排斥社会对自然的统治和支配,排斥社会生产力的自由发展。他只同生产和社会的狭隘的自然产生的界限相容。要是他永远存在下去,那就像贝魁尔公正地指出的那样,等于'下令实行普遍的中庸'。它发展到一定程度,就造成了消灭自身的物质手段。"④而这种物质手段本身正是产生两极分化的生产和社会的物质基础。封建生产方式的消灭,"个人的分散的生产资料转化为社会的积聚的生产资料,从而多数人的小财产转化为少数人的大财产"。⑤一旦劳动者转化为无产者,他们的劳动条件就转化为资本;一旦资本和劳动对立,资本雇佣了劳动,资本就拥有了支配劳动的权利,劳动便赤裸裸地从属于资本,资本的贪婪本性也就暴露无遗了。资本主义生产关系的这种性质决定了资本主义的积累必然会产生对抗,即在产生财富的生产关系中也产生贫困;在发展生产力的生产关系中也发展一种产生压迫的力量。

---

①②马克思:《资本论》,第1卷,第708页,人民出版社,1975年。
③马克思:《资本论》,第1卷,第369页,人民出版社,1975年。
④⑤马克思:《资本论》,第1卷,第830页,人民出版社,1975年。

因此无论是财富和贫困的对立、资产阶级和无产阶级的对立,还是知识和无知的对立,高雅和粗野的对立,文明和愚昧的对立……都是由资本主义的生产关系的性质,即资本雇佣劳动决定的。由此,我们可以认为两极分化这种社会现象,其本质是资本主义生产关系的反映。当然,尽管封建社会也是建立在私有制基础之上,也有贫富差距,也有阶级对立,但其生产关系的性质同资本主义有着本质上的区别。封建社会囿于土地的生产力所决定的生产关系永远不可能产生两极分化的生产和社会的基础。更不用说封建社会以前的社会形态了。因此,这里我们要认识到不是所有的私有制都会产生两极分化。

两极分化最终将在共产主义社会消亡。共产主义社会的经济结构是从资本主义的经济结构中产生的。"只有在不断消灭资产阶级个别成员的财富和形成不断壮大的无产阶级的条件下,这些关系才能产生资产者的财富。"正是产生这种财富的物质手段解体了资本主义生产关系,也解体了两极分化产生的根源:劳动者不再同劳动相异化,生产资料不再同劳动者相分离,共产主义社会的生产要素得到解放。

因此,两极分化是资本主义生产关系对抗性质的反映。具体说来,两极的本质分别是指资本及其雇佣劳动;二者在资本的规模不断扩大的再生产的基础上所产生的对立性差异及其这种差异的再生产体现了"分化"的本质。总之,两极分化集中体现了资本主义生产方式的对抗性。

(二)两极分化的特点

既然两极分化的本质是资本雇佣劳动这种具有对抗性质的生产关系的反映,其特征必然是由这种抽象生产关系及其相适应的生产力所决定的具体生产方式的体现。资本主义生产方式是建立在以机器大工业为基础的商品经济之上的。商品经济的自然属性表现为交换经济,是构成这个经济结构最大量、最普遍、最典型的要素——商品即使用价值的交换。在交换中,资本家作为劳动力商品的购买者把劳动力商品的等价物支付给雇用劳动者;雇用劳动者在市场上出卖自己的劳动力商品,即把能够创造财富的能力卖掉,以获得生产和再生产这种能力的所需要的生活资料的等价物——工资;工资量和作为资本广义收入的财富总量是两个此消彼长的量,同时资本的本性决定资本"积累是对社会财富世界的征服。"[1]因此交换的两极必然是财富和贫困的对立,由此我们得到两极分化的自然属性——贫富分化。

在交换过程中,人们所追求的不是使用价值,而是有普遍性的价值,所以商品经济的社会属性表现为价值经济。资本不仅是这种经济形态中财富的代表,从而成

[1]马克思:《资本论》,第1卷,第650页,人民出版社,1975年。

为全部生产要素的所有者,而且还是占有和分配价值的"社会权利"、从而成为价值分配权利的主体。另一方面,劳动却无偿地为资本创造价值。对价值的权利和义务的异化造成了两极分化的社会属性——阶级分化。正如马克思在论述原始积累时提到"两种极不相同的商品所有者必须互相对立和发生接触;一方面是货币、生产资料和生活资料的所有者,他们要购买别人的劳动力来增殖自己所占有的价值总额;另一方面是自由劳动者,""他们脱离生产资料而自由了,同生产资料分离了,失去了生产资料。商品市场的这种两极分化,造成了资本主义生产的基本条件。资本关系以劳动者和劳动实现条件的所有权之间的分离为前提。资本主义生产一旦站稳脚跟,他就不仅保持这种分离,而且以不断扩大的规模再生产这种分离。"①规模扩大的再生产或积累再生产出规模扩大的资本和劳动的关系:一级是更大或更多的资本家,另一级是更多的雇佣工人。因此,资本的积累就是价值的积累,就是资产阶级和无产阶级的积累,从而导致阶级分化。

总之,贫富分化和阶级分化是作为两极分化的特征而存在的。因此我们不能认为两极分化就是贫富分化或阶级分化,但贫富分化或阶级分化的确是两极分化。这里没有用贫富差距代替贫富分化,是因为"贫富"作为相对量的规定是由"分化"质的规定决定的。"分化"不仅表示"差距",而且这种"差距"必须以不断扩大的规模再生产出来,并且这种"差距"具有对抗性质,同样这种对抗性也以不断扩大的规模再生产。所以把贫富差距用在对两极分化的分析上是不准确的。

(三)我国是否存在两极分化

我国正处在社会主义初级阶段。社会主义初级阶段的基本经济制度是公有制为主体、多种经济成分共同发展。我国的所有制结构是复杂的,既有占主体地位的公有制,又有个体经济、私营企业、三资企业等非公有制经济。非公有制经济已经成为社会主义市场经济的重要组成部分。因此,我国生产关系的性质是社会主义的生产关系,但在一定范围内仍然存在产生两极分化的根源。在公有制范围内,消灭了剥削,不存在资本与劳动的对立,从而也就消除了两极分化,为实现共同富裕奠定了基础。在私有制范围内,我国的私有制有多种形式,就私营企业、外资独资企业以及合资企业中的非公有制部分而言,它们的生产关系具有资本主义性质。这种关系仍然存在资本雇佣劳动的对抗性质,因而在这些经济运行的范围内,两极分化现象是难以避免的。当然,在我国公有制为主体的条件下,在我国社会主义市场经济运行的外部环境下,这些资本主义性质的经济其实现形式也会有所变化,但其本质不

---

① 马克思:《资本论》,第 1 卷,第 782 页,人民出版社,1975 年。

会改变。目前承认并允许两极分化在非公经济的一定范围内存在,并不是我们的最终目的,我们是利用具有资本主义性质的经济成分的积极作用,发展生产力,为将来消灭资本主义私有制,最终消除两极分化创造物质手段。

在实践中,市场经济是两极分化借以实现的客观载体。两极分化在社会经济、政治、文化各领域中的表象往往可以通过市场经济淋漓尽致地展现出来。因此给人一种错觉,好像两极分化来源于市场经济,是市场经济的反映。事实上,市场经济作为体现生产方式的经济体制是为体现生产关系的基本经济制度服务的。资本主义的生产关系才是产生两极分化的根源。而我国社会主义市场经济却可以在一定程度上抑制两极分化。社会主义市场经济受到社会主义基本经济制度及其运行规律的制约和调节,市场竞争的盲目性、自发性将受到抑制,只能在由社会主义性质所决定的宏观经济调控和政策、法规的范围内进行竞争,防止了出现类似资本主义市场竞争无限扩大的趋势,使两极分化减少到最低限度。

当然,我国现阶段仍然存在贫富分化和阶级分化。例如就贫富分化的个别表现——收入差距来看,这些年在不断拉大,并以不断扩大的规模再生产出这种收入差距;在此基础上,同时阶级分化的个别表现之———人们社会地位差别的拉大以及由此产生的对抗性也越来越成为社会焦点。问题是我国社会主义市场经济的实践如何在生产过程和流通过程有效抑制它们,把它们控制在一定的程度和范围内,做到既防患于未然又能利用其积极面。我们知道财富的分配是以这种财富的价值实体在市场运营中的交换、让渡、实现、变形为前提的。马克思说,"剩余价值转化为利润,既是由生产过程决定的,也同样是由流通过程决定的。利润形式的剩余价值,不再和它得以产生的投在劳动上的资本部分相比,而是和总资本相比。"[1]因此,虽然我们的上层建筑对我国的私有制企业的生产过程会有"普照之光"的反作用。但在我国现阶段政治经济改革有待深化,社会主义市场经济体制还不完善的前提下,我们不妨把视线更多地放在私有制企业和公有制企业必须相遇而通约的地方——流通过程。例如,在财富的实现即资本(包括公有资本和私有资本)的平均化过程中,由于公有资本在质上的绝对优势,能否引导私有资本避免恶性竞争,获得同我国社会主义积累性质相一致的平均利润?

当前,在我国社会主义市场经济不断深化的实践中,关键就在于如何在政策上限制两极分化的程度和范围;如何在宣传上引导人民群众正确认识和对待两极分化。当然政策和宣传必须建立在一个原则——公有制的基础上,"只要我国经济中

---

[1]《马克思恩格斯全集》,第 25 卷,第 936 页,人民出版社,1974 年。

公有制占主导地位,就可以避免两极分化"。①正如小平同志所说,"至于不搞两极分化,我们在制定和执行政策时注意到了这一点。如果导致两极分化,改革就算失败了。会不会产生新的资产阶级?个别资产阶级分子可能会出现,但不会形成一个资产阶级。"②邓小平同志的论断并未否认在一定范围内存在两极分化现象。这些论断只是告诫我们,改革必须坚持社会主义方向,必须坚持公有制为主体,只有坚持这样一个原则,当前出现的贫富分化现象才不会导致两极分化,才不会导致新的资产阶级的出现,才不会上升为社会的主要矛盾。

①《邓小平文选》,第 3 卷,第 149 页,人民出版社,1993 年。
②《邓小平文选》,第 3 卷,第 139 页,人民出版社,1993 年。

第十六章 我国现阶段居民收入分配不公的
成因分析与治理对策研究

对于我国现阶段居民收入分配领域中存在的不公问题，理论界对其产生的原因已作了诸多分析。这些分析一般侧重于针对某一具体分配不公现象产生的具体原因的分析，这是有必要的。笔者认为，在我国现阶段存在的影响居民收入分配不公的诸多原因中，既有对各种分配不公现象产生都有影响的一般性原因，又有只对某一具体分配不公现象产生影响的特殊原因。同时，在某一具体分配不公产生的诸原因中，它也并非起着同等重要作用，而是有主、次作用的不同。

一、收入分配不公平的一般性成因分析

所谓居民收入分配不公的一般性成因是指各种分配不公的产生都与此相关，都能从中得到诠释的原因。这些原因主要有：

（一）分配体制差异成因

我国建立的社会主义市场经济是有计划的市场经济，与之对应，在分配体制上的一个重要特点就是计划分配体制与市场分配体制的并存。收入分配一般可分为两个层次，即宏观层次和微观层次。计划分配体制和市场分配体制各有其重点作用层次：前者由于其自身特征，侧重于宏观层次的利益分配协调，其调控目标是实现社会公平。由于它在公有制经济内部调控能力强，如果操作不当，易导致分配均等化的平均主义倾向；后者由于其自身功能特征和运行规律，对微观层次作用明显，其作用目标是激励效率提高，但如果管理失范，易导致个人收入悬殊。

在市场分配机制作用下，收入分配结果则可能出现收入差距的扩大，其原因在于：

1.市场经济内在要求与其相适应的分配方式是按劳分配与按生产要素分配的结合

在市场经济条件下，收入分配是根据生产要素贡献大小来决定收入或报酬水平，实行所谓的功能收入分配。即个人收入量的多少，不仅与自己的劳动贡献大小正相关，而且还与自己所拥有的物化生产要素多少正相关。在个人收入结构多样化的市场经济条件下，是否占有物化生产要素及其量的多少和质的高低，便成为影响人际间收入差距的重要因素。不同要素所有者占有要素的数量与质量差异，可以从

直接和间接两个方面对个人收入差距产生影响。在劳动收入大致均等的条件下,人际间的收入差距主要由财产性收入高低而拉大。

据国家统计局抽样调查,1984 年我国城市居民户均金融资产仅为 1338 元,1990 年达到 7869 元,与 1984 年相比增长 4.89 倍;1996 年 6 月末达到 30982 元,较 1990 年又增长 2.9 倍。据调查,在居民金融资产总额中,银行存款占 83.8%,有价证券占 9.1%,手持现金占 4%,其他占 3.1%。1996 年 6 月,20% 的最高收入家庭占有全部金融资产的 37%,户均 55923 元;最低的收入家庭仅占 8.4%,户均 12775 元,最高与最低家庭的金融资产拥有量之比为 4.4∶1。据估计,目前 20% 的人拥有 80% 的银行存款,而 80% 的人仅占银行存款的 20%;在 90 年代末,有人根据城镇居民抽样调查资料推算,30% 的富裕人口占有居民储蓄存款的 47%[1]。财产占有的多寡与收入水平的高低正相关。

从间接的收入效应看,部分人社会财富积累迅速,市场经济又为这些财富的保值增值提供了多种途径,其财富积累的收入效应十分明显;同时,由于个人或家庭因财富多寡而导致各自社会地位和经济地位不同,对个人获得受教育程度及获取发挥其才能的各种机会产生重大差异,从而间接地对收入分配差距产生放大效应。

2.市场经济是竞争经济,优胜劣汰是竞争的一般法则

在激烈的市场竞争中能否占据优势地位主要取决于:经济实力的强弱;竞争者素质的高低;政府在相关制度和政策设计上的导向等。从上述的分析可以判断,高收入者明显属于竞争优势方。因为较强的经济实力使他们能够渡过竞争的艰难阶段,也使他们能够接受更好的教育和培训,从而提高自身及家庭成员的人力资源素质,进而能够保证他们有更多的进一步提高收入的机会。

至于有关制度和政策设计,政府所遵守的总体要求是公平原则。公平有机会公平和起点公平,在已存在较大的财富差距的情况下,所谓起点公平更多地表现为对同一机会提供一种平等的选择机制,即对某一机会本身而言,在对机会展开竞争时,对于参与竞争者而言是公平的,但从最终结果来看,获胜者大多属经济上优势地位者。

诚然,国家也有专门保护弱势群体的制度和政策设计(如社会保障制度,个人所得税制度等),但它们主要是基于社会伦理和社会稳定的出发点,以及对“市场失灵”弊端的矫正,而大多数的制度和政策的设计,即使是“中性”的,但从最终的受益个人主体看,仍是经济实力强和人力资源素质高者。

---

[1]李炯:《中国现阶段个人收入差距分析》,第 57~58 页,山西经济出版,2000 年。

(二)经济发展阶段差异成因

社会发展阶段与收入分配状况之间的相关关系是一个重大经济学理论课题,对这一领域进行开拓性研究并产生重要影响的人物是美国经济学家库兹涅茨。1955年,他在美国经济学会会长的就职演讲中提出了著名的收入分配差别的"倒U假设":即在经济发展过程中,"收入分配不平等的长期变动的趋势可以假设为,在前工业文明向工业文明过渡的经济增长早期阶段迅速扩大,尔后是短暂的稳定,然后在增长的后期阶段逐渐缩小。"①

库兹涅茨关于收入分配差别的"倒U假说"提出后,立即引起了争论,争论的焦点在于"倒U假设"能否成立。因为,对"倒U"现象的论证所使用的统计资料不够全面和系统,一些技术处理方法存在缺陷,理论解释也不够准确。尽管如此,但大多数经济学家在占有了大规模实证资料基础上,通过横向国别分析、纵向时序研究和微观分解剖析三个角度进行了实证分析,基本支持了"倒U"假说的成立。

这种主要基于私有经济中的发展中国家实证分析所得出的结论,能否适用像我国这样建立在公有制为主体基础上的发展中国家? 对此,陈宗胜进行了系统研究。他在评述和肯定库兹涅茨"倒U"假说基础上,通过对中国和部分东欧前社会主义国家的实证分析,提出公有制经济发展中收入差别也呈"倒U"状。其分析表明:在社会主义公有制发展的初级阶段,劳动差别扩大,熟练和复杂劳动供求缺口加大,剩余—生计收入比上升,人口工业化程度提高,但农业人口仍占较大比重,这些因素都使收入差别扩大;在经济发展的较高阶段,劳动差别在新的水平上缩小,熟练与复杂劳动的供求趋于平衡,剩余—生计比由于生计收入的上升而下降,人口工业化持续上升到农业人口比重较小,这些因素又使收入差别缩小②。

(三)劳动者个人素质差异成因

在传统经济社会里,商品的价值主要是体力劳动者创造的,因而个人收入的高低与劳动者个人的体力强弱及其发挥程度正相关。但是在现代经济社会里,创造价值的劳动出现了新特点:商品价值创造由体力劳动为主转变为以脑力劳动为主;科学劳动在社会生产和经济生活中起着越来越重要的作用;由精神劳动生产的精神商品得到了广泛的发展和使用;管理劳动在社会经济生活中已居于十分重要的地位。这些特点表明,在现代经济社会里,商品价值的创造越来越多地来源于创新劳动,这又取决于以智力为主劳动者素质的高低,因而个人收入的高低与其智力能力

①Kuznets."Economic Growth and Income Irequality",American Economic Review,Vol.45,No.1,March,1955,p.18。
②参见陈宗胜:《经济发展的收入分配》,上海人民出版社,1994年。

素质高低成正比关系。

正因为如此,产生于 20 世纪 50 年代作为一种分配理论的人力资本理论,由于证实了人力资本对于个人收入形成有着重要作用,并且证实了人力资本对于个人收入差距的形成具有颇强解释力而受到人们越来越广泛的重视。所谓人力资本从个体角度来讲是指投资于人身上而形成的既可以满足眼前消费,更可以带来未来收益的资本,表现为存在于人体之中、后天获得的具有经济价值的知识、技术、能力和健康等质量因素之和。它的形成途径多种多样,主要有教育、培训、保健、国内迁移和境外移民等五个方面,其中教育和培训是最重要的形式。人力资本一旦形成,即会以自己的独特方式对社会经济生活产生重大影响:人力资本的形成和积累(即人力资本投资)对群体而言可以促进一个国家或地区的经济增长;对个体而言可以提高个人的获利能力。

(四)制度不完善和管理失范成因

如果说上述三大成因所形成的收入差距的扩大在社会主义市场经济条件下具有一定的必然性和合理性,那么由于制度不完善和管理失范所产生的非法、非正常收入从而引起的个人收入差距的扩大,则属既不合理也不公平的收入差距。由于非法、非正常收入来源的隐蔽性而无法准确计量,因而它对居民收入差距的影响程度的定量分析一直是经济学分析的难题之一。非法收入是指在现行法律规定条件下不合法,但利用制度不完善,如税制不健全或实施不力等和管理漏洞如监管手段落后等获取的收入,如偷税漏税、腐败、走私、制售假冒伪劣等;非正常收入是指表面合法但不合理的收入,如集团消费转化为个人消费、回扣等。非法、非正常收入是社会总收入中为一部分人以非法、非正常手段占有的部分。

有学者重点以个体经济为主的偷税漏税、各级党政官员的腐败贿赂收入、集团消费转化为个人消费和收入、走私贩假等形式非法、非正常收入入手,对其规模及其对收入差距的影响程度进行了估算,得出如下结论:第一,几种主要的非法、非正常收入对居民收入差距的影响是明显的,它们对总体的居民收入差距的影响程度在 13%(1991 年)~23%(1995 年),由于这一因素的影响使得反映总体居民的收入差距的基尼系数在考察期内都上升到 0.4 以上;第二,从总体上看,居民正常收入差距平均占总差距的 85.1%,非法、非正常收入差距占到 14.9%;第三,在各种非法、非正常收入方式中,以个体和私营经济的偷漏税非法收入对居民收入非正常扩大的影响最大,约占 53%~76%;第四,从趋势看,各种非法、非正常收入对总收入差距的影响尽管在某些年份有波动,但在总体上仍是上升的。分析结果表明:非法、非正常收入是导致我国现阶段居民收入差距非正常扩大的根本原因,也是老百姓最为不满的社会关注的焦点之一。因此,加强制度完善和监管力度成为治理社会收入分配不公的主要着力点[①]。

二、收入分配不公平的特殊性成因分析

我国现阶段存在的各种个人收入差距的成因,除了一般性成因外,还有对特定收入差距产生的具体特殊原因,而且这些具体特殊原因,也不是单一的而是复合的因素。如在影响城乡居民收入差距的具体原因中就有:工农产品价格差异所导致的收入差距;就业率不同所导致的收入差距;资产存量不同所导致的收入差距;家庭人口不同所导致的收入差距;经济负担不同所导致的收入差异等。因此,要对这些既互相区别又相互联系的复合原因进行系统分析显得极其困难。其实,在导致某种收入差距的复合成因中,它们在其中所起作用的影响程度是不同的,是有主、次之分的,我们只要找到其主要成因也就找到了问题的主要症结之所在和解决问题的着眼点。笔者以为,城乡不同的制度安排是城乡收入差距产生的主要原因;不同地区经济结构差异是地区收入差距产生的主要原因;级差收益则是行业部门和不同所有制收入差距产生的主要原因;现阶段所有制结构偏离了以公有制为主体,产生了不同所有制间的差距。

(一)二元经济结构与城乡收入分配差距

二元经济结构理论最早是由美国发展经济学家阿瑟·刘易斯提出的。这一理论把经济分为两个部门:一个是现代的城市工业部门,其特征是现代工业和商品经济比较发达,技术水平、劳动生产率和收入较高;另一个是传统的乡村农业部门,其特征是以传统农业和手工业为主,以简单工具和手工劳动为基础,劳动生产率和收入低。一国经济中现代部门和传统部门并存的状况,称为二元经济结构。其基本特征是,经济发展依赖于现代工业部门的扩张,而现代工业部门的扩张又需要从传统的农业部门不断地吸收剩余劳动力。因此,劳动力从农业部门转移到工业部门是经济发展的必然趋势。

中国作为一个发展中国家,也存在明显的二元经济结构。与其他发展中国家相比,城乡二元性在中国表现得更有特色。

首先,我国二元经济的发展是建立在牺牲农民的利益和削弱农业基础之上的。20世纪50年代中期,由于片面追求发展的高速度,社会生产是按照重、轻、农的顺序安排的,社会发展资金主要投入工业部门,农业发展资金严重不足。同时,长期执

[①]参见陈宗胜,周立波:《非法非正常收入对居民收入差别的影响及其经济学解释》,载《经济研究》,2001年第4期。

行农产品低价政策,借助于工农业产品的剪刀差,长时间、高强度地为工业化提供原始积累。1978年以前,农业部门为工业化提供的全部资金为6058亿元,其中以剪刀差形式提供5239亿元,以农业税形式提供819亿元①,这种超强度地转移农业剩余,削弱了农民获得收入的物质基础,在效率与公平之间出现城乡严重失衡。

其次,我国二元经济的发展是在限制人口流动的背景下进行的。1957年,中共中央、国务院联合发出《关于制止农村人口盲目外流的指示》及1958年全国人大常委会第91次会议讨论通过《中华人民共和国户口登记条例》,这两项政策法规实际上堵住了农民通往城市的大门,进一步固化了城乡二元结构,使我国的工业化在城乡隔离的封闭状态下进行。在这种状态下,只有要素流向城市和工业部门而没有相应的人口流动,人与资源的优化组合无从实现,结果城市化水平大大落后于工业化水平。城乡分割,使大量农民拥挤在有限的土地上,生产率和收入极其低下。

再次,社会保障和医疗福利的二元化。城市已初步建立起比较完整的社会保障体系,养老保险金已基本实现社会统筹,建立了国家、企业和个人共同负担的基本模式,养老保险、医疗保险、失业保险、工伤保险、生育保险都在原有的制度上逐步完善,社会保障覆盖率已达90%以上;而农村社会保障制度的建设严重滞后,仍然是以家庭保障为主,除了养老保险和医疗保险进行了改革试点以外,其他保险项目基本上没有建立起来,社会保障覆盖率不足2.4%。在社会福利方面,城市人可以享受到各种社会公共设施和福利待遇;而农村是以国家救济和集体福利事业为重点,农民难以享受到大城市的公共服务设施和福利待遇,缺乏有效的社会安全网。

最后,政府转移支付实行重城轻乡的二元歧视。城市以国有经济为主,农村以集体和个人所有制经济为主,形成互相独立的两大经济板块。从新中国成立到80年代末,国家通过计划手段配置资源,重城轻乡,在人力、物力和财力等各个方面向城市和国有经济倾斜。其政策取向的结果就是造就了两个泾渭分明的居民群体——高收入的城里人和处于贫困边缘的乡下人。

(二)地区发展水平与地区收入分配差距

瑞典经济学家缪尔达尔提出一个用于说明一国地区不平衡发展的累积因果循环原理。假设最初一个国家每个地区都处于静止的落后状态,各地区的收入水平和利润率都相差无几。如果其中一个或几个地区因优越的自然条件或历史偶发事件或国家的倾斜政策而开始出现增长,从而收入和利润率差别开始拉大。在利益的驱使下,劳动力、资本等生产要素纷纷从发展落后地区流向发展迅速地区。这样,一方

---

①毕世杰,马春文:《发展经济学》,第150~151页,高等教育出版社,1999年。

面，形成了先进地区收入水平和利润率越来越高的良性的累积因果循环；另一方面，形成了落后地区收入水平和利润率相对越来越低的恶性因果累积循环。

我国在改革开放之前，东、中、西三大经济地带的收入水平相差无几。但三大地带在自然条件和历史文化等方面存在明显差异。一方面，东部地区沿海，自然条件优越，交通便利。另一方面，东部地区在发展近现代工业方面，历史更长，基础更好，商品经济的意识和氛围更浓。另外又逢1978年中国实行改革开放的大好机遇以及国家实行东部沿海地区优先发展的非均衡区域发展战略，使我国的区域发展格局完全符合缪尔达尔累积因果循环原理所假设的初始条件。30多年的发展情况也证实了在我国三大地带尤其是东西部之间已经形成甚至还在延续上述的那种累积因果循环。劳动、资本和人力资本等要素报酬上不断扩大的差距必然会明显扩大收入分配的地区差距。

（三）级差收益与行业收入分配差距

级差收益是经济学研究收入分配经常使用的一个术语，是指由于自然（地理位置的优劣，资源的丰瘠）、历史（基础好坏）和政策（优惠度不一）的差别所形成的不同收益，其量度值大小是总收益减去正常收益的余额。其对行业、部门及地区个人收入差距影响的主要形式有：

1.由于对国有资产占有量和质的不同所获取的级差收益

改革前，国有经济部门是行政的附属物，并不自负盈亏，经济收益与国有资产占有情况相关度较小。改革后，国有资产构成各个企业经营的资产，部分企业或利用政策优惠无偿使用，或通过与政府谈判，多占有少交利税，获取不合理收益，截流部分归企业自主支配。由于职工收入水平很大程度上取决于企业对国有资产占有或获益情况，所以不同行业或部门对国有资产占有量和质的不平等，导致职工收入不公平。

2.由于对经济资源垄断程度不同获得的级差收益

在市场经济建立和发展过程中，国家为了确保和维护公有制的主体地位，发挥对国民经济发展的主导作用，对关系到国计民生的行业或部门予以垄断经营。由于该类部门或行业缺少竞争对手，从而能获得超过正常利润的超额收益，且该收益会随着市场需求的扩大而增加，这就是金融、邮电通讯等垄断性行业职工收入颇高的重要原因。

3.由于政策优惠度不同所形成的级差收益

经济发展不平衡是世界各国尤其是像我国这样发展中国家的共同规律。我国在制订改革方案和经济发展政策时视地区和部门情况而有所不同，主要给予部分沿海地区和特区以及部分行业、企业以诸如贷款、税收和项目投资审批等政策优惠,但也造成了一些问题:一方面受惠主体负担轻、收益大;另一方面又能大量吸纳其他地区、行业和部门的生产要素,其发展锦上添花,其他地区和行业的发展可能依然如故,甚至雪上加霜。这种"马太效应"导致了地区间和行业间个人收入的悬殊。

(四)所有制结构变动与不同所有制职工收入差距

马克思主义的一个基本观点就是所有制关系决定分配关系和分配方式。"一定的分配关系是历史规定的生产关系的表现"[1],"分配关系本身是生产关系决定的,并且是从另一个角度表现的生产关系本身。"[2]也就是说,有什么样的所有制关系就有什么样的分配制度,资本主义私有制决定了按资分配,社会主义公有制决定了按劳分配。

近些年来,我国非公有制经济迅猛发展。据国家统计局 2005 年经济普查所得的数字,在第二和第三次产业的实收资本中,从 1996 年到 2004 年,公有资本所占比重由 83.3%下降到 56%,减少 27.3 个百分点;非公有资本由 16.7%上升到 44%,增加 27.3 个百分点。同一时期的就业人员,在由国有、集体企业组成的公有制企业中就业的人员占全部企业就业人员的比重由 83.8%下降到 29.8%,减少 54 个百分点。

非公有制经济的存在,对发展我国的社会生产力、提高综合国力作出了很大贡献,尤其在就业方面相当显著,还涌现了一大批好企业(特别是高科技企业)和优秀企业家。同时由于其机制灵活,在不少方面显现了高效益。但是,它的存在和发展也对我国不同所有制间职工收入差距产生了巨大影响,表现为:第一,非公有制经济的分配体制、分配机制较为灵活,比如以奖金为主的激励机制的分配越来越不均等;第二,非公有经济税负明显轻于公有经济。据国家税务总局计算,非公有制企业仅承担国企税负的 1/4 到 1/10,使非公有制经济本该上交国库的财富变成其部门或部门内职工的收入,使非公有制经济的所有者收入增多;第三,部分非公有制经济还存在损害消费者利益、破坏自然资源和自然环境、吞占国有资产的现象,也从一定程度上拉大了收入差距。

通过对以上成因的分析,可以看出:由于分配体制差异、经济发展阶段差异、劳动者个人素质差异等成因造成的现阶段居民收入分配的差距,是符合马克思的公平分配理论的,也就是说是按照同一尺度衡量消费资料的分配,在社会主义初级阶

①《资本论》,第 3 卷,第 958 页,人民出版社,1975 年。
②《马克思恩格斯全集》,第 31 卷,第 160 页,人民出版社,1965 年。

段市场经济下,具有一定的合理、合法性。而由制度不完善和管理失范、二元经济结构、地区发展水平、级差收益、所有制结构变动等成因造成的收入分配的差距,没有按照同一尺度衡量消费资料的分配,违背了马克思的公平分配理论,属于不正常的收入差距,是与社会主义市场经济相抵触的。治理居民收入分配不公平的对策也应该是针对这些不正常、不合理、不合法的收入差距的对策。

三、治理居民收入分配不公的对策措施

正如前文所述,当前我国的收入分配差距存在着客观必然性,分配角度的公平应该是付出什么就相应地得到什么, 公平分配的标准在于能否找到同一尺度对消费资料的分配进行衡量。而所要治理的居民收入分配不公,则是针对那些不正常、不合理、不合法的收入以及高收入阶层与广大中低收入阶层的过大收入差距,从而在全社会倡导一种公平分配的理念。具体而言,就是要:

(一)树立正确的公平分配观

收入分配中的公平是指对国民收入依据合理的规则进行分配。我国长期以来有"不患寡而患不均"的传统,很容易把平均主义理解为公平,把公平与平等混为一谈。事实上,公平不等于平等,更不等于平均。公平和平等都属于价值观的范畴,它们有一部分内容是重合或交叉的,如机会的平等、条件的平等都属于公平的范围。同时,公平与平等又是不同的价值观。如果说,平等强调的是某种"同",那么公平强调的是某种"异",公平是以承认差异为前提的,所谓公平就是一种合理的差异,这与平等以同一性来衡量形成反差。

收入分配的全过程包括三个环节:起点、过程、结果。树立正确的公平观,就是要做到以上三个环节的统一,即把起点公平、过程公平和结果公平看成是一个有机的、不可分割的系统。

所谓起点公平,是指市场经济的竞争应该在同一起跑线进行社会活动上,即竞赛的规则必须公平,这是社会主义公平中最具决定意义的一环,只有在一定程度上解决了起点公平问题,才能在一定程度上为过程公平建构打下基础,从而最终实现结果公平。

所谓过程公平,是指个人或群体在社会活动中,能获得发挥自身能力的机会平等以及活动中在公平的原则和操作下公平竞争, 就是要给每个人以公平的机会和条件,而公平的机会与条件则必须由法制主导下的市场经济来提供。若干年来,我们的社会和民众因为规则的不合理、法制的不完善、监督制约机制的不健全,已经付出了代价,社会上也因此产生了钻法律的空子甚至通过"权钱交易"而暴富的人群。对于民众由此而产生的"仇富心态",政府应该给予理解,并且引导民众积极参

与对规则和制度的完善上来,加速完善社会、经济、法律机制。

结果公平可以分为两类:绝对结果公平和相对结果公平。绝对结果公平是指社会成员间的收入不按贡献而是按人头来分配,追求平均,社会成员之间收入结果差距很小,是一种平均主义。就相对结果公平来说,它包含两个方面的内容,一是就同一个体而言,其产出、贡献与所得是否匹配、相称,我们称其为纵向相对结果公平;二是就不同个体而言,他们之间的收入差距是否在一定的范围之内,也就是所谓的社会是否基本公正,而不看其贡献大小,我们称之为横向相对结果公平。

(二)按照科学发展观的要求调整政策指导思想

如何把握"公平"和"效率"的"度",既是分配理论的聚焦点,又是制定分配政策的最难点,稍有不慎,就会酿成严重后果。改革开放以来,我国在分配理论上的误区的主要表现有:

一是长期将"公平"放在"兼顾"的位置上。20多年间,分配理论已经翻了多次"烙饼"。改革初期为了对平均主义"大锅饭"拨乱反正,强调了对"效率"的重视,而"效率优先"的分配政策也确实促进了生产力的发展,党的十四大将"兼顾效率与公平"的分配原则写进了决议。1994年的十四届三中全会首次提出了"效率优先,兼顾公平"的分配思想,本意是进一步强调"效率"在社会财富初次分配中的重要性。但近10年来,在理论和实践的范围内,都出现了借"优先"和"兼顾"之差异,有意无意地贬低、轻视社会公平和社会公正,将"效率"优先到了不适当的程度。

二是将"效率"和"公平"割裂开来和对立起来。"效率"和"公平"作为分配原则的两个侧面,应同时兼顾而不能长期厚此薄彼。一般说来,在生产力极度落后时,应强调"公平",非如此不能保持社会的基本稳定,如原始社会。在生产力得到一定程度的发展以后,"效率"的重要性又凸显出来,如"按资分配"对资本主义生产力的巨大促进。在改革初期,"大锅饭"是影响社会生产力发展的主要矛盾,强调"效率优先"是必要的,而随着经济总量发展、效率问题逐步得到相对解决时,社会公平的问题则会逐步上升为突出的问题。

党的十六届五中全会上已经提出了要"更加注重社会公平"的观点。温家宝总理在《关于制定国民经济和社会发展第十一个五年规划建议的说明》第六条"加强和谐社会建设"中指出:"鉴于当前收入分配领域存在的矛盾比较突出,《建议》高度重视合理调节收入分配的问题。明确提出了逐步解决收入分配差距过大的原则和政策,强调要更加注重社会公平,着力提高低收入者收入水平,逐步扩大中等收入者比重,有效调节过高收入,规范个人分配秩序,努力缓解地区之间和部分社会成员收入分配差距扩大的趋势"。这一方面传递了当前我国分配政策在"效率和公平"

之间的侧重面的变化,同时也反映了我党对"效率和公平"之间辩证关系的认识也发展到了一个新境界。

笔者认为,应该用"在发展社会生产力的基础上努力实现公平与效率的统一"这一新的提法来代替"效率优先、兼顾公平"旧的提法,并把它作为我国收入分配的指导原则。其好处在于:

第一,把公平的含义从收入结果的平均化这样一个片面的概念中解脱出来,有利于我们更加全面科学地认识社会主义市场经济中社会公平的丰富含义和重要意义。

第二,对于公平和效率的关系有了比较全面和符合实际的认识,更多地强调了公平与效率之间的统一性和相互促进,更符合构建社会主义和谐社会的要求。

第三,把社会的公平与公正当作了社会主义社会的核心价值,把追求公平与效率作为了社会发展的重要目标,这有助于我们进一步深化对社会主义本质的认识。

第四,在发展生产力的基础上努力实现公平与效率的统一的提法,既坚持了生产力的首要性这一马克思主义唯物史观的基本观点,又强调了以人为本,实现人的全面发展这一社会主义的根本目标。

第五,有利于我们更加准确地认识当前社会公平问题并制定合理的政策。也就是说,判断现阶段社会的公平不公平不能简单地用收入差距的大小来衡量,而应当从社会公平的具体含义和要求出发加以判断。

(三)巩固和加强公有制经济的主体地位

我们在解决收入分配差距过大的问题时,必须主要依靠确保公有制经济的主体地位、国有经济的主导地位来解决。这是一项迫在眉睫的任务。也只有这样才能从根本上解决问题。为此,必须出台新的政策,一方面壮大公有制经济,一方面节制资本,限制私营经济过快增长。

1.实现农村经济的集体化

1990年,邓小平就中国农业的改革和发展,首次阐述了"两个飞跃"的思想。1992年邓小平进一步作了阐述:"我讲过,农业的改革和发展会有两个飞跃,第一个飞跃是废除人民公社,实行家庭联产承包为主的责任制,第二个飞跃就是发展集体经济。社会主义经济以公有制为主体,农业也一样,最终要以公有制为主体。公有制不仅有国有企业那样的全民所有制,农村集体所有制也属于公有制范畴。现在公有制在农村第一产业方面也占优势,乡镇企业就是集体所有制。农村经济最终还是要实现集体化和集约化。有的地区农民已经提出集约化问题了。这个问题这次不提也可以,还是巩固承包制,但是以后总会提出来的。现在土地是公有的。要提高机械化程度,利用科学技术发展成果,一家一户是做不到的。特别是高科技成果的应用,有的要超过村的界线,甚至超过区的界线。仅靠双手劳动,仅是一家一户的耕作,不向集体化集约化经济发展,农业现代化的实现是不可能的。就是过一百年二百年,最终还是要走这条路。"①根据我国目前农业生产的现状和进一步发展的要求,农业经营急需要走集体化的道路。很多地区已经建立了不同形式的农业合作组织,且经实践证明是成功的。农业的集体化经营不但可以提高农业的劳动生产率,增加农民收入,缩小城乡收入差距,同时可以促进共同富裕目标的实现。华西村和南街村便是集体化成功经营的典型。

2.继续深化集体企业改革,发展新型集体经济

新型集体经济是劳动者的劳动联合与劳动者的资本联合相结合的经济。实行"两个联合",是对我国集体经济改革和发展历史经验的深刻总结,是对马克思主义集体经济理论的重大创新。新型集体经济的特点是坚持企业资产共有性,这种共有性是劳动者为了共同目标,共同出资,共同劳动形成一种共有关系,这与私人企业中的雇佣关系是根本不同的。在集体企业中,职工既是劳动者又是出资者,改变了劳资的对立,职工之间享有平等权利,这是企业劳动者实现共同富裕的基础。新型集体经济具有把劳动群众的个人资本融合为公有资本的功能,可以把个人资本组织到全面建设小康社会的进程中,使劳动群众在现代化建设的成果中得到实惠。新型集体经济的发展有利于缩小居民的贫富差距,使得我们的经济社会朝着共同富裕的方向发展。我们可以从以下几个方面着手推进新型集体经济的发展:开展发展新型集体经济理论研究,加大宣传新型集体经济的力度;加强对新型集体经济的宏观管理和政策指导,建立为新型集体经济服务的体系;加强立法工作,以法律保障新型集体经济的健康发展;加快制定发展新型集体经济的相关政策。

3.坚持国有经济的主导地位

我国国有经济的数量底线既不能以资本主义国家私有化的"国际经验"为依据,也不能凭主观好恶为尺度。从质对量的规定性看,国企的经济比例要以能否控制国民经济命脉和充当社会稳定盘的要求、是否影响社会主义制度的根本性质为准绳。为了保持和发挥国有经济的主导作用,它占 GDP 的 40%左右为宜,底线不应突破 35%,同时大力发展多种形式的合作经济、集体经济,使得公有制占 GDP50%以上②。关于国有企业的进一步改革问题,我们绝不能再走私有化的老路子,可以考

①中共中央文献研究室:《邓小平年谱》,第 1349~1350 页,中央文献出版社,2004 年。
②具体请参阅杨承训:《从所有制关系探寻分配不公之源》,载《海派经济学》第 11 辑第 34 页。

虑将国企改造成工人所有制的股份制公司[①]。"工人股份制"是在实行自主联合劳动的基础上,工人在生产中居于主体地位,是工人支配资本,而不是资本雇佣劳动。同时,它的企业形式是股份公司,是现代市场经济的主体。这样公有制就和市场经济有机地结合在一起了。只有这样的股份制,才是公有制的新的实现形式。工人阶级通过集体持大股和控制企业而占有资本,成为既是劳动者又是资产所有者的公民,取得劳动收入和资产收入,就可能大幅度提高收入水平,主体部分成为中等收入阶层。

(四)扩大中等收入者比重,规范收入分配秩序

亚里士多德曾经说过,当中等收入者弱小无力并且组织很差时,国家就会分裂为穷人和富人。由于二者是天然的敌人,在政治上往往互相排斥,很难妥协,就会导致社会不稳定。据有关资料显示,如果以职业标准、收入标准、消费及生活标准和主观认同的标准来测算,2003年我国中等收入家庭人口约有2.47亿人,人口比重约占全国人口比重的19%,实际仍处于低层次的中等收入阶层状态,而发达国家在60%以上。比如,美国有80%,日本有"一亿皆中流"的说法,在1.2亿人口中,有1亿人属于中等收入者,占总人口的80%以上。我国现在的收入分配结构是"金字塔"型的。扩大中等收入者的比重,按照中国社科院的测算标准,我国中等收入者阶层以每年1%的比重增长,到2020年,中等收入者的比重达到40%左右,这是比较理想的结构了。所以,我们要改变这种"金字塔"型的个人收入结构,形成两头小、中间大的"橄榄"型的个人收入分配结构,这样便会缩小收入差距。

具体可以从以下几个方面着手:

第一,加快城镇化的进程。农民是低收入者的主体,要增加农民的收入,就必须促使农民从第一产业向二、三产业转移。可以通过对农民加强职业技能的培训,把农民中的优秀部分培训成技术工人,不但会壮大我国目前急需的技术工人队伍,而且会确保城市化进程中进城的农民安居乐业。

第二,提高国民的受教育程度和从业技能。国家财政应保障九年义务教育的全面实施。要完善高等教育的保障机制,强化职业教育,促使低收入者提高其人力资本竞争能力。

第三,建立最低工资制度,合理调整高收入者收入。针对我国高收入阶层的现状,可以通过强化税收来合理调整其收入水平,并通过财政支付制度来对低收入阶层补贴,更重要的是要通过完善最低工资制度来保证低收入者的收入。

---

①具体请参阅李炳炎:《中国企改新谭》,民主与建设出版社,2005年。

第四,加强对个人收入分配的宏观调控,整顿和规范分配秩序。要保护合法的劳动收入和合法的非劳动收入;取缔偷税漏税、制假售假、贪污受贿等非法收入;整顿不合理的收入,主要加强对少数垄断行业收入分配的监管。

(五)加快体制改革,完善制度建设

我国不合理收入差距的产生,很大一部分是因为制度设置不合理造成的。因此,加强制度建设,创造平等的竞争机会,建立和健全社会主义市场经济体制十分重要。

首先,进一步打破城乡壁垒、地区壁垒的区域间的制度障碍,打破城乡分割二元经济结构,促使农村剩余劳动力自由流动,允许和鼓励有条件的农民在城镇定居谋业,实行与市民相同的"国民待遇"。统一城乡劳动力市场,实行开放的劳动力市场政策,促进劳动力的合理流动,让劳动力在城乡之间和地区之间享有充分流动的自由和同等的就业机会,让更多的农民参与城市经济活动,增加农民人均占有资源,以缩小城乡收入差距。

其次,加强对垄断行业的监管,加强市场竞争,削弱行业垄断。按照国际惯例提高一些垄断行业的市场准入程度,政府应有计划地为一些行业的进入创造较为宽松的条件,引入竞争机制,缩小国家垄断性行业的范围,打破或削弱行业的垄断,加强对垄断收入分配的控制和管理,缩小垄断行业与非垄断行业的收入差距。

最后,加快体制改革,强化权力约束。一方面要严格执法,加大腐败案件的查处力度,严惩腐败分子,特别需要强化对权力的约束和民主监督,因为缺乏监督的权力势必造成腐败;另一方面,要深化市场经济体制改革。继续深化国有企业改革,加快现代企业制度的建立,健全法人治理结构,特别要建立和完善对国有企业的监管机制,充分发挥监事会的作用。深化企业分配制度改革,建立健全激励机制和约束机制,强化科学管理。进一步实现政企分开,切实转变政府职能,逐步削弱甚至取消政府对微观经济主体的直接行政干预,打破阻碍经济健康发展的"条块分割"和部门垄断,合理划分各级政府的事权,强化监督机制,从源头上堵住腐败现象的产生,使政府与企业的关系真正转到符合社会主义市场经济要求的轨道上来。

(六)把分享经济运行机制引入初次分配

公有制分享经济理论认为:第一,在社会主义条件下,由于生产资料公有制的建立,雇佣劳动制度的废除,使劳动者成为生产的主体,工资范畴不再存在,成本=c+v 的范畴已经过时;第二,v 的性质发生了变化,v 只是按劳分配所决定的个人消费品价值,它不是资金而是收入,不进入生产补偿,所以 c 与 v 不能再结合成一个成本范畴;第三,劳动者作为主体支配着生产资料这个客体,即活劳动支配物化劳动,这样,必要劳动和剩余劳动都获得了自主的必要劳动的性质,因而 v 和 m 就结合成一个新范畴,即需要价值或净产值范畴。因此,社会主义劳动即自主联合劳动的性质,决定了社会主义的商品价值构成具有新的特点,即 $w=c+n_{\circ}c$ 代表新概念成本,n 代表需要价值,n 由三部分组成。即 n_1(国家收入)、n_2(企业收入)、n_3(劳动者个人收入)[1]。

把"公有制分享经济运行机制"引入初次分配领域,具体而言,就是用净收入分成制来代替现有的工资制。所谓企业净收入,就是实现了的企业净产值,可由销售收入扣除物耗成本求得。净收入分成,就是将净收入在国家、企业、职工个人三个经济主体间按一定比例分享。这里,职工不再拿固定工资加奖金,而是按照事先确定的比例分享收入。这种分享是以企业净产值为基础,是和企业的实际经营状况紧密联系的。因此,职工收入不再由企业外部的力量所决定,而是取决于企业的经营成果和职工的劳动贡献。这一方案不仅要求取消传统的工资制,并且要求取消利润制度,用净收入取代工资和利润。这样就能真正使职工收入成为其劳动贡献的报酬。

由于利益分享、"荣辱与共",国家、企业、个人三方面就会形成一股追求净收入不断增长的合力,从而也就有效地解放了增加供给的生产动力问题。在净收入分成制中,利益分享是通过各经济主体对每 边际产量的净收入分享来实现的,因而能够有效地保证国家、企业、职工个人三者收入按比例同步增长,从而在初次分配领域就可以有效地防止收入分配差距的过大,做到公平与效率的统一。

(七)加大再次分配的力度

再次分配有利于缩小初次分配造成的收入分配的差距,政府可以从以下两个方面入手,加大再次分配的力度。

1.深化税收体制改革

税收作为调节国民收入分配的杠杆,是治理收入分配不公的重要手段。个人收入所得税制对社会成员的过高收入具有强效的调节功能。由于目前我国包括个人收入所得税在内的税制改革仍在进行之中,一些地方还不完善,公民纳税意识仍有待提高,加上实践中的有法不依和执法不严,致使个人偷税漏税现象普遍,税额流失严重,加剧了居民间收入差异。

(1)适当提高个人所得税的起征点。改革开放初期,800 元收入对社会成员的绝大多数来说还是一个较高收入数字,但随着社会经济的发展,人们工资上升幅度较大,加上对通货膨胀的补偿,800 元对相当部分的社会成员来说已经成为现实。

①李炳炎:《公有制分享经济理论》,中国社会科学出版社,2004 年第 1 版。

这是社会进步的表现,所以 800 元税基已显得稍低。2005 年 10 月 27 日十届全国人大常委会第十八次会议表决通过全国人大常委会关于修改个人所得税法的决定,将起征点提高到 1600 元,决定将于 2006 年 1 月 1 日起施行。提高起征点后,把纳税人的数量控制在一定范围内,使税务部门能集中力量加强征管,并逐步积累经验,为若干年后大规模劳动者队伍陆续跨入纳税人行列铺平道路。

(2)实行金融资产实名制。推行存款实名制后,应创造条件实行金融资产实名制,这不仅有利于建立个人信用制度,而且能增加个人收入的透明度,限制非法收入,并应逐步向累进税率过渡。强化代扣代缴制度,从源头上对个人所得税加以控制。

(3)可以适时开征遗产税。遗产税的功能是对遗产和赠与财产进行调节,目前全世界约有 2/3 的国家和地区都开征了遗产税。实践表明开征遗产税对于避免个人财产分布过分集中,鼓励人们依靠诚实劳动和努力工作致富,限制部分人通过继承财产不劳而获、好逸恶劳具有重要调节作用。

2.健全社会保障制度

由于市场的自发倾向和劳动者个人天赋与能力的差别,难免造成收入的悬殊,在这种情况下,为了保障人们的基本生活,实现公平目标,社会保障将对个人收入差距起到重要的调节作用。

首先,对处于最底层的弱势群体,需要给予重点关注,采取的政策取向是强化社会保障,确保其最低生活,并逐步提高其收入水平。应按照权利和义务相统一、效率与公平相兼顾、改革和过渡相衔接的原则,通过改革逐步建立起符合新经济体制要求的多层次社会保障体系。

其次,对低收入者中的城市群体,应适当提高城市居民最低生活保障标准和失业救济标准,保障他们的生存条件,共享经济发展的成果。

最后,对低收入者中的农民群体,通过减免农业税,调整农业和农村经济结构,增加对农业的投资,建立基础教育、基本医疗卫生服务等,实行向农村贫困地区转移支付的制度,建立农村最低生活保障制度,逐步将农村贫困户的救济纳入全社会的最低生活保障制度中。

(八)大力提倡和引导三次分配

三次分配又称道德分配,这次分配的程度高低,将反映社会的道德水平、价值观念和社会的和谐程度。作为道德分配的三次分配主要是通过社会富裕阶层向社会或特定社会群体转移自身合法财产的渠道进行的。其主要方式有:捐赠私人名下的财富、放弃应得财产、出资建立公益项目、认养或帮助贫困儿童和老人等。三次分配与前两次分配的最大区别是,初次分配和二次分配都是依法分配,带有强制或准强制的性质,而第三次分配则应遵循自愿的原则,政府只能提倡和引导。

在现代社会里,随着挣钱方式的改进和攒钱速度的变化,使人们的生活理念及对待财富的态度都发生了很大的变化,人生观、价值观出现了多元化的态势。部分有钱人开始认识到,将全部财产留给子女并不是一件好事,产生了从社会中赚钱并给社会回馈的思想。大名鼎鼎的比尔·盖茨虽刚到中年,但已早早立下遗嘱,在百年后将自己的大部分财产捐赠给慈善机构。在一些比较发达的现代国家,为慈善事业出钱出力,已经成为一种时尚、理念和生活方式。

富人捐赠财产的另一种动机是遗产税太高所致。这里会出现两种情况,一是富人感到与其将大部分财产交遗产税,还不如主动捐赠,另一种情况是遗产继承人觉得费那么大的劲只能得一小部分遗产不上算而主动放弃。不管是什么原因,目前这部分财产已经从原来的偶尔为之而成为社会保险基金的主要来源和调节贫富差距的有力杠杆。

令人遗憾的是,三次分配在我国的发展还比较缓慢。针对绑架已经成为中国富人群体一大威胁的现实情况,在全国政协十届十次常委会上,有委员提出通过营造慈善事业机制扩大三次分配的方式,促进社会和谐发展的提案。这一方面让人们看到富人对社会的贡献,可重塑富人守法公民的良好形象;另一方面,通过转移支付,可缓解部分处于社会窘境的贫困者,是前两次分配的有力补充。

第十七章 社会主义共同富裕思想的来源与本质内涵

共同富裕思想作为社会主义本质和目的的体现，继承了人类历史上关于追求美好生活理想的思想精华。社会主义共同富裕思想源远流长，最早可以追溯到空想社会主义。马克思、恩格斯、列宁、斯大林等对社会主义共同富裕均有较为精辟的见解，极大地丰富了其内涵。而邓小平是社会主义共同富裕思想的集大成者，他提出了系统的社会主义共同富裕思想。科学社会主义包含的共同富裕思想，是为人所熟知的。对共同富裕思想来源作一历史回顾，有助于我们深刻领会社会主义实现共同富裕的历史必然性和我们面临的历史责任。在对社会主义共同富裕思想来源作历史回顾的基础上，并结合现实经济社会发展的变化与需要，笔者对社会主义共同富裕范畴的本质内涵作了揭示和阐述。

一、社会主义共同富裕思想的渊源

(一)空想社会主义的共同富裕思想

社会主义共同富裕的思想，发端于 16 世纪初到 19 世纪上半叶的空想社会主义。基于对资本主义贫富悬殊、两极分化的痛恨，基于对劳苦大众苦难生活的同情，基于一种人类同情心和社会责任感，空想社会主义者在批判资本主义私有制的基础上，提出了初始含义的共同富裕思想，为人们详尽描绘了人类社会共同富裕的美好蓝图。其基本内容如下：

一是它以公有共享为基本特征。公有共享即财富公共占有，集体共同消费。无论是莫尔的《乌托邦》中的财产公有、集体劳动、集体共享，康帕内拉的《太阳城》中的城邦制和共惠制，还是圣西门大多数人拥有财产的平等的实业制度、傅立叶全民自愿合作的和谐制度、欧文生产资料公有的新村制度，都体现了公有共享的基本特征。

二是它以社会平等为重要前提。他们认为，平等是最大福利的源泉，主张机会和权利人人平等，主张财富分配人人平等，主张政治权利人人平等，主张法律面前人人平等，主张道德面前人人平等，主张在社会平等的基础上建立一个公正的社会，即共同富裕的社会。

三是它以财产公有、按需分配、社会和谐为理想目标。他们认为，财产私有制造成人们经济地位和政治地位不平等，造成社会道德堕落、罪恶丛生和贫富悬殊。财产公有制却能使劳动生产率提高,使物质财富涌流,使社会没有贫富悬殊,使人人享有平等经济、政治地位,享受幸福生活。因此,他们主张彻底废除和消灭一切私有制度,建立一个以财产公有制为基础的,人人参加劳动,各尽所能、按需分配的和谐理想社会。

(二)马克思和恩格斯的共同富裕思想

在《共产党宣言》中,马克思和恩格斯指出:"在共产主义社会里,已经积累起来的劳动只是扩大、丰富和提高工人的生活的一种手段。"①恩格斯在 1847 年底写就的《共产主义原理》中指出:废除私有制最主要的结果,将是"由社会全体成员组成的共同联合体来共同而有计划地尽量利用生产力;把生产力发展到能够满足全体社会成员需要的规模;消灭牺牲一些人的利益来满足另一些人的需要的情况;彻底消灭阶级和阶级对立";从而让社会全体成员"共同享受大家创造出来的福利","使社会全体成员的才能得到全面的发展"。②这一表述,包含着社会主义生产的终极目的。马克思在 1857~1858 年所写的《政治经济学批判》手稿中指出:在未来社会,当生产力的增长不再受到占有他人的剩余劳动所束缚,工人群众占有自己劳动的时候,社会生产力的将迅速发展,以致"尽管生产将以所有的人富裕为目的,所有的人可以自由支配的时间还是会增加。"③这里明确提出了共同富裕的思想。1876 年,恩格斯在其著名的《反杜林论》中进一步指出:生产资料的社会占有,通过社会生产,"不仅可能保证一切社会成员有富足的和一天比一天充裕的物质生活,而且还可能保证他们的体力和智力获得充分的自由的发展和运用"。④

在马克思和恩格斯的论述中,已经初步地指出了未来的新社会是以全体成员的共同富裕为生产目的;同时还强调了所有人的全面发展,揭示了未来社会要实现所有人的富裕,都必须建立在生产力高度发展的基础上。马克思和恩格斯在《共产党宣言》中明确指出,无产阶级夺取政权后,要利用自己的政治统治,尽可能快地增加生产力的总量。但是,马、恩时期的社会主义作为一种理论,主要还是在批判旧世界中揭示新世界;作为革命运动,主要还是无产阶级推翻资产阶级的政治统治,以求实现自己的历史使命。他们是在批判资本主义私有制为基础的剥削制度,这种制度的生产目的是资本家追求最大的剩余价值,导致社会严重两极分化。因此,马、恩提出社会主义的生产目的是全体社会成员的共同富裕和人的全面发展。但是囿于

①《马克思恩格斯选集》,第 1 卷,第 266 页,人民出版社,1995 年。
②《马克思恩格斯选集》,第 1 卷,第 223~224 页,人民出版社,1995 年。
③《马克思恩格斯全集》,第 46 卷下,第 222 页,人民出版社,1971 年。
④《马克思恩格斯选集》,第 3 卷,第 322 页,人民出版社,1995 年。

历史条件的限制,他们没有对共同富裕在社会主义理论体系中的地位、作用及其实现方式等作深入的探讨,还没有明确形成共同富裕的有关概念。

(三)列宁的共同富裕思想

列宁对共同富裕问题也曾作过一些论述。1902 年初,在《俄国社会民主工党纲领草案》中列宁指出:工人阶级要获得真正的解放,就必须进行社会革命,只有消灭私有制,建立公有制,组织起社会主义生产以代替资本主义生产,"以保证社会全体成员的充分福利和自由的全面发展"[①]。1903 年 3 月,他在《告贫苦农民》中又指出:新的、更好的社会主义里"不应该有穷有富,大家都应该做工。共同劳动的成果不应该归一小撮富人享受,应该归全体劳动者享受"[②]。1918 年 5 月,在全俄国民经济委员会第一次代表大会上的讲话中,列宁又指出:只有社会主义才能根据科学的原则进行产品的社会主义生产和分配,"使所有劳动者过最美好的、最幸福的生活"[③]。他指出,在社会主义阶段还不能做到公平和平等,"因为富裕的程度还会不同,而不同就是不公平"[④]。1919 年 2 月,他又进一步指出:"在社会主义制度下,全体工人,全体中农,人人都能在决不掠夺他人劳动的情况下完全达到和保证达到富足的程度"[⑤]。这里,列宁不仅指出了社会主义要使全体人民都富裕起来,指出了还会存在富裕程度的不同,而且还看到了社会主义使人民富裕起来的方法与资本主义让少数人致富方法在本质上存在不同:社会主义是在不掠夺他人劳动的情况下,通过社会主义的生产和分配原则,使人民共同富裕;而资本主义社会的资本家则是靠掠夺他人的剩余价值甚至财富而发家致富。

但列宁由于逝世过早,领导俄国社会主义革命和建设的时间不长,在共同富裕问题上,尽管他继承和坚持了马克思和恩格斯的提法,并有所发挥,但并没有作进一步的探讨。

(四)斯大林的共同富裕思想

斯大林对苏联社会主义革命和建设过程中的共同富裕问题探索有所前进。他在 1933 年 2 月指出:当前的任务是使全体集体农庄庄员成为生活富裕的人。要展开集体农庄建设,把全体农庄庄员"提高到享有丰富产品并过着完全文明生活的人的水平。"[⑥]1934 年 1 月,在党的第十七次代表大会的报告中,他批评了一些人在贫

---

① 《列宁全集》,第 6 卷,第 193 页,人民出版社,1986 年。
② 《列宁全集》,第 7 卷,第 112 页,人民出版社,1986 年。
③ 《列宁全集》,第 34 卷,第 356 页,人民出版社,1986 年。
④ 《列宁全集》,第 31 卷,人民出版社,《马克思恩格斯全集》,第 46 卷下,第 222 页,人民出版社,1971 年。
④ 《马克思恩格斯选集》,第 3 卷,第 322 页,人民出版社,1995 年。
⑤ 《列宁全集》,第 35 卷,第 470 页,人民出版社,1986 年。
⑥ 《斯大林选集》(下),第 323 页,人民出版社,1979 年。

穷和富裕问题上的糊涂观点,指出:"社会主义不是要大家贫困,而是要消灭贫困,为社会全体成员建立富裕的和文明的生活。"①强调社会主义绝不能够建立在贫困的基础上,不能缩减个人需要和降低个人的生活水平。"只有在社会生产力蓬勃发展的基础上,在产品和商品十分丰富的基础上,在劳动者生活富裕的基础上,在文化水平急速提高的基础上才能建成。"②1935 年 11 月,斯大林又指出:俄国革命的特点就在于它不仅给了人民自由,而且给了人民物质福利,给了人民享受富裕的、有文化的生活的可能。他提出了把苏联建设成为"最富裕的社会"的口号。③斯大林明确提出了社会主义不是贫困,而是要消灭贫困,使全体社会成员富裕起来。根据社会主义首先在落后或比较落后国家取得胜利的现实,他还提出了社会主义不可能在贫苦的基础上,用"稍许拉平"各人的物质生活状况的方法巩固起来。这对落后国家建设社会主义具有十分积极的意义。此外,他还明确指出了共同富裕在社会主义理论中的地位。他第一次较为完整地概括了社会主义的基本经济规律和生产目的。指出了社会主义的生产目的是保证最大限度地满足整个社会经常增长的物质和文化需要,社会主义的生产目的和达到目的的手段构成了社会主义的基本经济规律。

二、邓小平的共同富裕思想

(一)共同富裕是社会主义的目的和根本原则

从改革开放和社会主义现代化建设新时期开始到 1992 年春天南方谈话,邓小平曾从不同的角度分别多次强调:贫穷不是社会主义,社会主义就是要消灭贫穷,使全体人民共同富裕起来;共同富裕是社会主义的目的,是社会主义的根本原则,是社会主义最大的优越性,是社会主义的本质。这是邓小平在讲话中反复出现的一个主题思想。

邓小平在"文化大革命"结束后不久,首先批驳了"四人帮"鼓吹的穷社会主义论。他指出,没有穷的社会主义,社会主义的优越性体现在它能更好更快地发展生产力,在发展生产力的基础上"使人民的物质生活好一些,使人民的文化生活、精神面貌好一些",④这标志着邓小平共同富裕思想的萌芽。1985 年邓小平在全国科技工作座谈会上所作的《一靠理想二靠纪律才能团结起来》讲话中指出:"社会主义的目的就是要全国人民共同富裕,不是两极分化。"⑤在这里,邓小平明确地提出了共

①《斯大林选集》(下),第 337 页,人民出版社,1979 年。
②《斯大林选集》(下),第 339 页,人民出版社,1979 年。
③《斯大林选集》(下),第 376 页,人民出版社,1979 年。
④《邓小平文选》,第二卷,第 128 页,人民出版社,1994 年。
⑤《邓小平文选》,第三卷,第 110~111 页,人民出版社,1993 年。

同富裕概念,而且认为它是社会主义的目的和重要原则。1986年邓小平在《旗帜鲜明地反对资产阶级自由化》一文中,又一次强调指出:"我们允许一些地区、一些人先富起来,目的是为了最终达到共同富裕,所以要防止两极分化,这就叫社会主义。"①在1990年12月的一次谈话中,邓小平进一步指出,"社会主义不是少数人富起来、大多数人穷,不是那个样子。社会主义最大的优越性就是共同富裕,这是体现社会主义本质的一个东西。"②在1992年春天南方谈话中,邓小平明确指出:"社会主义的本质,是解放生产力,发展生产力,消灭剥削,消除两极分化,最终达到共同富裕。"③最终,邓小平把共同富裕上升到了社会主义本质的理论高度,这是科学社会主义史上对共同富裕历史地位的最高评价。

对社会主义本质的概括,邓小平既讲到了生产力问题,又讲到了生产关系问题,而最终用"共同富裕"把社会主义的生产力和生产关系统一起来,把社会主义的根本任务和根本目标统一起来,把社会主义的物质基础和生产关系统一起来,把社会主义的发展过程和最终目的统一起来。并且划清了社会主义和资本主义的根本界限,就是社会主义坚持共同富裕,不搞两极分化。

(二)共同富裕要求消灭剥削,消除两极分化

消灭剥削,消除两极分化,这是实现社会主义共同富裕的客观要求。剥削作为一种历史现象,是在社会生产力发展到一定阶段私有制产生后才出现的,它也只有在社会生产力充分发展的基础上通过用公有制取代私有制才能被消灭。我国社会主义制度的建立,消灭了剥削制度,但剥削行为的残余和思想影响还存在。同时,在社会主义市场经济条件下,如果不能对奴役劳动者的行为依法进行有力的制裁,并对收入差距扩大的现象加以限制和调整,也可能出现两极分化。所谓两极分化,经济上表现为生产资料所有权和财富分布上的两极分化,政治上表现为阶级分化。

针对防止两极分化,邓小平指出:"社会主义的目的就是要全国人民共同富裕,不是两极分化。如果我们的政策导致两极分化,我们就失败了;如果产生了什么新的资产阶级,那我们就真是走了邪路了。"④怎样才能保证不走邪路,邓小平指出:只要我们坚持两条,就可保证不会导致社会主义向资本主义倒退,"一条是公有制经济始终占主体地位,一条是发展经济要走共同富裕的道路,始终避免两极分化。"⑤

---

①《邓小平文选》,第三卷,第195页,人民出版社,1993年。
②《邓小平文选》,第三卷,第364页,人民出版社,1993年。
③《邓小平文选》,第三卷,第373页,人民出版社,1993年。
④中共中央文献研究室:《邓小平年谱(1975-1997)》(下),第1032~1033页,中央文献出版社,2004年。
⑤《邓小平文选》,第三卷,第149页,人民出版社,1993年。

1986 年 9 月 2 日，他在接受美国哥伦比亚广播公司记者迈克·华莱士电视采访时说："我们允许一部分人先好起来，一部分地区先好起来，目的是更快地实现共同富裕。我们的政策是不使社会导致两极分化。我们不会容许产生新的资产阶级。"①道理很简单，中国有 10 多亿人口，如果走资本主义两极分化的道路，可能在某些局部地区少数人更快地富起来，产生一批百万富翁、千万富翁，甚至亿万富翁，但顶多也不会达到人口的百分之一，而大多数人仍然摆脱不了贫穷。邓小平直到晚年都十分关心避免两极分化这个重大问题。1993 年，邓小平与他的弟弟邓垦的一段谈话反映了他对这个问题的牵挂。他认为，"过去我们讲先发展起来。现在看来，发展起来以后的问题不比不发展时少。"②那么多的财富，如果被少数人得到了，大多数人没有，分配不公，导致两极分化。如果说这样长期下去，将来要发生大问题。他说，我们就应该"要利用各种手段、各种方法、各种方案来解决这些问题"③。

（三）共同富裕的物质条件是解放和发展生产力

邓小平强调发展生产力的目的首先是为了消灭贫穷。历史唯物主义认为，生产力是人类社会发展的动力，是人类社会发展的最终决定力量。判断一切阶级、政党先进与否的唯一标准，就是看这个阶级、政党是否能更快地促进生产力的发展。1978 年 9 月，在听取吉林省常委汇报时，邓小平指出："按照历史唯物主义的观点来讲，正确的政治领导的成果，归根到底要表现在社会生产力的发展上，人民物质文化生活的改善上。"④发展生产力是消除贫穷的前提，只有消除了贫穷，才能走向共同富裕。因此，邓小平得出基本结论："坚持社会主义，首先要摆脱贫穷落后状态，大力发展生产力。"⑤要走向共同富裕，首先得消灭贫穷；要消灭贫穷，只能大力发展生产力。

邓小平强调发展生产力是为了实现共同富裕。他说："马克思主义最注重发展生产力。我们讲社会主义是共产主义的初级阶段，共产主义的高级阶段要实行各尽所能、按需分配，这就要求社会生产力高度发展，社会物质财富极大丰富。所以社会主义阶段的最根本任务就是发展生产力。"⑥小平同志的这段话意味着：第一，共产主义社会是典型的共同富裕的社会，是共同富裕的最完美、最典范的表现形式。第二，既然社会主义是共产主义的初级阶段，所以社会主义要尽可能地增加社会财富

①中共中央文献研究室：《邓小平年谱（1975–1997）》（下），第 1133 页，中央文献出版社，2004 年。
②③中共中央文献研究室：《邓小平年谱（1975–1997）》（下），第 1364 页，中央文献出版社，2004 年。
④《邓小平文选》，第二卷，第 128 页，人民出版社，1994 年。
⑤《邓小平文选》，第三卷，第 224 页，人民出版社，1993 年。
⑥《邓小平文选》，第三卷，第 63 页，人民出版社，1993 年。

的总量,为共同富裕奠定丰厚的物质基础,同时达到共同富裕的初级阶段。第三,只有大力发展生产力,才能加快共同富裕的步伐。到 1992 年南方谈话时,邓小平更是把发展生产力与共同富裕作为社会主义本质加以概括,显然又深化了一步。他说:"社会主义的本质,是解放生产力,发展生产力,消灭剥削,消除两极分化,最终达到共同富裕。"[1]这里,小平同志把"解放生产力,发展生产力"作为社会主义的首要方面,也是基础的方面,把共同富裕作为最终要达到的目标。显然,"生产力"与"共同富裕"二者的关系就更明确了:解放生产力、发展生产力是共同富裕的基础。

(四)共同富裕的实现途径是先富带动后富,最终走向共同富裕

对怎样实现共同富裕的问题,邓小平讲得最多,也讲得最为明了:允许和鼓励一部分有条件发展快的地区和个人,通过诚实劳动和合法经营先富起来。先富起来的地区和个人,帮助和带动发展慢的地区和个人,最终达到共同富裕。这可以说是邓小平共同富裕构想中最具创造性的思想, 是对共同富裕实现途径的一种规律性认识。

这个新思路,反映了社会主义初级阶段生产力和生产关系的现状,是符合中国实际的正确的战略决策。部分人、部分地区先富起来,拉大了我国东西部的贫富差距,但它终究是我国共同富裕实现过程的开始,是共同富裕的必经阶段,是共同富裕的部分和局部实现。部分先富说到底只能是手段是途径而非目的,不能总是停留在部分富裕阶段,让部分人富裕而另一部分人贫穷。所以在"一个大政策"实施 10年之后,在东部经济迅速崛起、人民富裕起来之后,邓小平同志又及时提出了"两个大局"思想,即:一个大局,东部沿海地区要加快改革开放,使之较快地发展起来,中西部地区要顾全这个大局;另一个大局,当发展到一定的时期,比如 20 世纪末达到小康水平时,就要拿出更多的力量帮助中西部地区加快发展,东部沿海地区也要服从这个大局。

在邓小平的共同富裕构想中,先富是作为后富和共富的条件提出来的,它一开始就被共富目标所规定。在先富、后富、共富链条上,部分先富是手段,共同富裕是目的,先富帮助后富,最终才能达到共同富裕。

在先富带动后富实现共同富裕的过程中,要避免两极分化,这是邓小平共同富裕思想中坚定不移的原则。对先富和两极分化的关系这个十分敏感的问题,邓小平无论是面对国内的种种疑虑,还是对国外的种种猜测,都给予了斩钉截铁的回答。在邓小平看来,既要让一部分人先富起来,又要防止两极分化,走共同富裕的道路,

---

[1]《邓小平文选》,第三卷,第 373 页,人民出版社,1993 年。

这是一个中心问题。他在 1992 年南方谈话时设想,到 20 世纪末达到小康水平的时候,就要突出地提出和解决这个问题,并且提出了解决的方法之一:"先富起来的地区多交点利税,支持贫困地区的发展。"① "对一部分先富裕起来的个人,也要有一些限制,例如,征收所得税。还有,提倡有的人富起来以后,自愿拿出钱来办教育、修路。"②先富帮后富,是先富起来的地区的一种责任和义务,也是先富起来的个人的一种责任和义务。

三、社会主义共同富裕的本质内涵

自人类社会诞生以来,共同富裕就成为人们的理想和愿望。早在古希腊和中国古代都曾有思想家揭出过"理想国"、"大同社会"的思想。但在漫长的奴隶社会、封建社会和资本主义社会,共同富裕只是梦想和空话而已,缺乏实现的现实条件。邓小平同志根据马克思主义原理结合我国社会主义建设的实践,提出了系统的社会主义共同富裕的思想。但是,关于如何准确界定共同富裕内涵的问题,目前并没有统一的定论。笔者认为,简单来说,共同富裕是指全体人民共同过上幸福、富裕的生活,是社会公平原则的具体体现。具体来说,共同富裕的内涵及外延涉及如下主要内容:

(一)共同富裕是"共同"与"富裕"的有机统一

共同富裕是"共同"和"富裕"两个方面的有机统一。"共同"用以说明富裕实现的范围,它是相对于两极分化现象而言的。"共同"的要求体现了社会主义的本质,两极分化不是社会主义,社会主义就是要共同富裕。"富裕"则是用来表征生活丰裕的程度,它是相对于贫穷而言的。"富裕"的要求体现了社会主义的目标,贫穷不是社会主义,社会主义就是要富裕。共同富裕就是消除两极分化和贫穷基础之上的普遍富裕。为此,邓小平同志提出了让一部分人、一部分地区在诚实劳动的基础上先富起来的,再通过先富带动后富,最终实现共同富裕。

就目前的情况来看,"共同"至少应该包括以下四个方面的内容。一是东部、中部、西部三大区域之间的共同富裕。目前,东部地区已经率先发展起来,广大的中西部地区还比较贫穷落后,区域之间的差距逐渐拉大。为了实现共同富裕,必须要采取措施缩小区域之间的贫富差距。二是城市与农村的共同富裕。城市经济与农村经济存在着发展不平衡的现象。我国经济改革从农村开始,并把经验运用到城市,促进了城市富裕。目前应加快城市富裕带动农村富裕的步伐,达到城市与农村的共同

---

①《邓小平文选》,第三卷,第 374 页,人民出版社,1993 年。
②《邓小平文选》,第三卷,第 111 页,人民出版社,1993 年。

富裕。三是国家、集体与个人的共同富裕。坚持集体富裕,可以形成强大的综合实力,推动社会主义建设事业的顺利前进;实现个人富裕,能普遍提高人民的生活水平,提高人们的工作积极性。所以在分享经济发展的成果时,应兼顾国家、集体与个人三方面的利益。四是社会各个阶层之间的共同富裕。有专家指出,当代中国已经形成由十大阶层组成的社会阶层结构。[1]各个阶层之间在社会财富占有、社会地位等方面存在愈来愈明显的差距,阶层之间已隐含着重重矛盾。当前和今后一段时间,应注重协调好各个阶层之间的利益关系,促进各阶层共同富裕。

另一方面,共同富裕不可能是全体社会成员在财富占有上的绝对平均,而是在生活普遍富裕基础上的有差别的富裕。它允许社会成员因其素质的不同、对社会贡献的差异等,而造成在财富占有的多寡上不一样,即富裕程度不同。事实上,也只有承认富裕程度上的差别性,才能调动人民群众发展经济的积极性,才能为高层次的富裕提供示范。没有差别富裕,也就没有人民群众追求更富裕生活的积极性,就不会有全体人民高层次的普遍富裕。我们必须防止以下两种倾向:一是以普遍富裕代替差别富裕,强求人们富裕程度上的整体一致;二是以差别富裕代替普遍富裕,听任出现贫富差距过大的长期存在,政府不管,听任由市场自发调节。普遍富裕和差别富裕作为共同富裕内涵的有机组成部分,二者是不能相互替代的。差别富裕是建立在普遍富裕基础之上的差别富裕,普遍富裕又是承认富裕差别的普遍富裕。离开了普遍富裕的基础,差别的存在就会离开共同富裕的轨道;离开了差别富裕的条件,普遍的内容就可能成为平均主义。

(二)共同富裕包含物质共同富裕与精神共同富裕

物质财富是人的全面发展的重要条件。因为人的全面发展必须建立在高度发达的物质基础上,必须有丰富的物质产品来满足人们物质生活方面的需要。这是共同富裕最重要的内容。但是,只有物质生活的富裕而没有丰富的精神文化生活,这种富裕并不是现代文明条件下的真正富裕。分享人类科学文化的成果,提高精神文化生活水平,愈来愈成为人们的共同需要。所以,高度的物质文明和高度的社会主义精神文明,既是我国社会主义现代化的重要内容,也是共同富裕的目标要求。物质生活的富裕、精神文化生活的丰富、人的自身文明素质的提高,这几方面有机结合,才能构成社会主义共同富裕的鲜明特征。

物质富裕与精神富裕必须协调共进,二者是相互促进、互为因果的互动关系。物质富裕创造出来的成果,为精神富裕准备了物质基础,为精神富裕的实现提供了

①《中国形成十大社会阶层,中低层过大最上层较小》,载《华夏时报》,2005年7月12日。

实践经验,推动精神富裕;精神富裕为物质富裕提供精神支柱和智力保证,保证物质富裕的方向和性质。实现社会主义的物质富裕和社会主义的精神富裕是我国社会主义建设的两个目标,也是协调统一的目标,单一的富裕不是社会主义,二者共同富裕才是社会主义。不实现物质富裕,一切都是空谈,都是纸上谈兵;不实现精神富裕,物质上的富裕是畸形的,要受破坏。本书从经济学角度研究如何构建社会主义共同富裕的实现机制,主要涉及物质共同富裕方面的内容。

(三)共同富裕实践过程的阶段性

从时间上看,从新中国成立到20世纪末这段时期,都属于共同富裕实现道路上的探索阶段。在这期间,我国总体解决了温饱问题,同时使部分人、部分地区先富裕先发展起来。因此,我们把这一阶段称为部分先富阶段。在分配方式上,坚持实行按劳分配为主体、多种分配方式并存的制度,并将按劳分配与按生产要素分配结合起来,使劳动、资本、知识、技术、管理等各种生产要素按贡献合法地参与分配,结果使一部分人先富起来。在发展战略上,出台了一系列的不均衡发展战略,如设立经济特区、率先开放沿海地区等,结果使东部沿海地区迅速发展和富裕起来。可以说,这一阶段部分先富先发展的"大政策"目标已经基本实现,但同时也使我国收入分配领域面临新的问题:居民收入差距持续扩大,贫富悬殊,中等收入者比重太小。

"全面建设小康社会"的阶段是社会主义共同富裕的初级阶段。2000年,党的十五届五中全会第一次提出了"全面建设小康社会"的历史任务。此后,在党的十六大报告中进一步明确了"全面建设小康社会"的丰富内涵,提出要在21世纪头20年,集中力量,全面建设惠及十几亿人口的更高水平的小康社会。胡锦涛总书记在十七大报告中指出,必须适应国内外形势的新变化,顺应各族人民过上更好生活的新期待,在十六大确立的全面建设小康社会目标的基础上对我国发展提出新的更高要求。这些新要求包括5个方面的内容:一是增强发展协调性,努力实现经济又好又快发展;二是扩大社会主义民主,更好保障人民权益和社会公平正义;三是加强文化建设,明显提高全民族文明素质;四是加快发展社会事业,全面改善人民生活;五是建设生态文明,基本形成节约能源资源和保护生态环境的产业结构、增长方式、消费模式。[1]可见,从21世纪初起到2020年左右,我国进入了共同富裕的初步实践阶段,即全面建设小康社会阶段。在这一阶段,社会生产力进一步得到发展,富裕起来的人逐渐多起来,而贫富差距问题也更加突出。该阶段我们面临的基本任务就是把我国由目前低水平的、不全面的、发展很不平衡的初步小康社会建设成较

---

[1]《党的十七大报告关键词解读:全面建设小康社会》,载《解放日报》,2007年10月24日。

高水平、较全面、发展基本平衡的富裕小康社会即全面小康社会,为共同富裕的初步实现准备物质技术基础和制度条件。另一方面,由于实行部分先富的"大政策",这一阶段的前期贫富分化问题将可能日益突出,逐步解决这一问题,将贫富差距控制在合理的范围内,也是该阶段的重要任务。

社会主义共同富裕的实现将是一个循序渐进的动态过程。随着生产力和精神文明水平的不断发展、不断提高,共同富裕呈现动态变化的趋势,从开始的初步共同富裕到中等共同富裕再到高度共同富裕。在致富的道路上,富裕程度螺旋式攀升,波浪式前进,从一个层次上升到更高层次,展现出社会成员共同富裕不断从低层次向高层次演进的过程。社会主义共同富裕具有无限发展性的特点,也为社会主义向共产主义过渡奠定了物质基础。未来的共产主义社会将是共同富裕的高级阶段。

(四)共同富裕的实现必须以科学发展观为指导

以人为本是共同富裕的本质与核心。一切从人民的利益出发,人民是社会主义的主人。首先,实现共同富裕为人民。社会主义的目的就是要全国人民共同富裕,全国人民都应成为社会财富的享有者,实现最大的权益。其次,人民是实现共同富裕的决定性力量。社会主义现代化建设必须最大限度地调动和充分发挥最广大人民群众的积极性和创造力。最后,一切要遵从人民的意愿。人民群众是经济社会发展的主体,既是社会财富的创造者,也应是社会财富的享有者。推进社会主义现代化建设,一定要把推进经济社会的发展同促进人的全面发展有机统一起来,以实现最广大人民的经济、政治、文化等最大利益为最高准则。以人为本,就是以人民群众为本。坚持以人为本,就要始终坚持站在人民的立场上,把维护和实现最广大人民的根本利益作为一切工作的出发点和落脚点;就要始终信任和依靠人民群众,坚决贯彻从群众中来、到群众中去的根本工作路线,紧紧依靠广大人民群众推进党和人民的事业。

全面发展是共同富裕的必然要求。共同富裕是全国人民的全面富裕,共同富裕所要求的发展是经济、政治、文化的全面发展。科学发展观突出强调"全面发展",则是更加充分地体现了共同富裕的必然要求,更加符合社会主义现代化建设的客观规律。它向我们指明,全面发展是坚持以人为本的必然要求。人民的生活需要是多方面的,在物质生活已达到一定水平的基础上,政治生活、文化生活等方面的需求就更迫切地要求相应提高。社会主义现代化建设应当向富裕、民主、文明三大目标协调推进。因此,要在继续毫不动摇地坚持以经济建设为中心的同时,注重"三大文明"一起抓,推动社会全面进步。这样,才能更好地实施21世纪头20年全面建设小康社会的发展规划,使我国"经济更加发展、民主更加健全、科技更加进步、文化更加繁荣、社会更加和谐、人民生活更加殷实"。

　　协调发展是共同富裕的实现途径。拉开收入差距是为了最终消灭差距,支持一部分地区先富的目的是最终实现共同富裕,这就是协调发展的辩证法。在共同富裕的实践进程中,我们越来越深刻认识到协调发展的重要性。科学发展观突出强调协调发展,并明确提出了城乡、区域、经济社会、人和自然、对内改革与对外开放"五个统筹"的基本要求。为此,中央已经决定实施一系列重要战略举措:一是在党的十五大提出实施西部大开发战略之后,党的十六大又进一步决定实施东北老工业基地振兴战略,加快这些地区的发展,实现全国区域经济社会的协调发展;二是突出解决"三农"问题,在推进农业结构调整、农村税费改革的基础上,实行以城带乡、以工促农、城乡互动的一体化发展;三是十六届五中全会提出更加注重社会公平,使全体人民共享改革发展成果,尽力扩大中等收入阶层比重,提高最低收入者的收入水平,并健全和完善社会保障制度。在奔向共同富裕的发展进程中,统筹与协调的力度在加大,我国经济社会将在更高一个层次上稳步发展。

　　可持续发展是共同富裕的增长方式。邓小平早就强调一切从我国的基本国情出发,按经济规律办事,实现发展速度与经济效益的统一,尽力运用高新科技推动经济发展,走出一条发展速度既快、经济效益又好的新路子。立足于人类种族的可持续发展与富裕,有效保护资源和环境,我国在社会主义现代化建设中,不仅要根本转变经济发展方式,努力实现速度、质量、效益的协调发展,而且必须特别加大对自然资源、生态环境的保护力度,对严重破坏的生态环境要全力改善和修复,形成节约能源资源和保护生态环境的产业结构、增长方式、消费模式,切实建立有利于人类种族持续生存、繁衍和富裕的资源节约型、环境友好型社会。这是社会主义制度优越性在共同富裕追求问题上的深刻体现和要求,应当成为我们的共识和行动。

第十八章 社会公平、社会和谐与利益分享

我国现阶段需要尽快解决收入分配不公和贫富差距过度扩大的问题，必须通过实行利益分享重构共同富裕实现机制，调整发展战略，改革收入分配制度。当前，应当更加注重社会公平和社会和谐。为此，应当强调树立社会主义公平观、坚持马克思主义的和谐社会观和树立利益分享的经济观。更新观念，观念先进，是深化改革，通过改革来消除产生贫富不公的深层根源的必要条件。

一、树立科学的社会主义公平观

党的十六届四中全会第一次在我们党的历史上提出并阐述了"构建社会主义和谐社会"的科学论断。2005 年 2 月 19 日，胡锦涛总书记在中共中央举办的省部级主要领导干部提高构建社会主义和谐社会的能力专题研讨班开班式上，又一次强调了构建社会主义和谐社会的重要性，并指出："我们所要建设的社会主义和谐社会，应该是民主法治、公平正义、诚信友爱、充满活力、安定有序、人与自然和谐相处的社会。"[①]党的十六届六中全会进一步提出构建社会主义和谐社会的目标之后，社会公平正义的问题就提到了极其重要的位置。可以认为，确立一个与科学发展观内在契合的社会主义公平观，并将公平的原则贯彻到社会的制度与政策领域，是构建社会主义和谐社会的重要基础。因此，十七大报告具体指出，要加快推进以改善民生为重点的社会建设，深化收入分配制度改革，同时首次强调初次分配也要体现公平。

理论界从 1986 年左右开始，对公平问题的关注起初是同对公平与效率的关系研究联系在一起的。也就是说，公平问题一直是我国经济政治体制改革，尤其是市场经济体制改革中的焦点。就目前已有的研究成果显示，我国对公平问题的研究与西方不同，公平与效率的矛盾首先成为研究公平问题的中心，并没有附属于其他问题的特点。究其原因，这既是我国收入分配在短短 20 多年里就经历了由绝对平等到贫富悬殊的变化的结果，也是社会主义和谐社会的本质要求必须注重公平的内在逻辑的体现。纵观国内基于构建和谐社会对公平问题的研究，主要集中在三个层次上，这三个层次的问题在不同时期成为当时的研究重点，但总的看来是由浅入

①《人民日报》，2005 年 2 月 20 日第 1 版。

深、由具体到抽象的。

（一）第一个层次是"经济学领域"的收入分配研究

从 20 世纪 80 年代中期到 20 世纪末。学术界对公平问题研究的主要任务是打破平均主义，使人民迅速摆脱普遍贫穷的落后面貌。其内容主要体现在三个方面：对公平概念的分析；对公平效率关系的论述；社会主义市场经济条件下公平与效率的关系。在概念的认识上，学界分歧较大，国内最初存在十几种关于公平的定义，多数定义往往混淆了"公平"与"公平观"。但学界普遍认为公平的核心是经济公平，国内学术界最初对经济学意义上的公平有几种不同的认识：程恩富等人认为公平是指有关经济活动的制度、权利、机会和结果等方面的平等和合理；厉以宁等人认为公平主要指的是机会平等；有些人则认为公平只能是结果平等；万俊人等大多数学者则主张公平是机会与结果均平等。

到目前为止，大部分学者基于马克思主义公平观有了这样的共识：建立在资本主义生产关系基础上的公平原则具有如下特征：第一，它是以发达的商品经济为基础的，反映了商品关系特别是资本主义生产关系的要求。第二，它的基本内容是承认每个人享有平等的自由权利即人权。第三，这种公平是法律形式上的公平而不是事实和结果上的公平。在不同的历史时期，社会主义公平的含义和内容也不完全相同。在传统的计划经济时期，社会主义的公平主要体现在生产资料公有和收入分配的高度均等化方面。随着以公有制为主体、多种所有制经济共同发展的社会主义初级阶段基本经济制度的确立，当前我国社会主义市场经济中存在着以下几种不同含义的公平。①作为市场经济基本规范的竞争的公平。它的实质是人们在法律和政治地位上的平等，是交易的平等和竞争的平等。这种含义的公平是市场经济的内在要求，也是建立和完善社会主义市场经济体制的必要保证。②与社会主义人权原则相适应的权利的公平。社会主义的人权观强调要将尊重和保障人权贯彻到社会生活的各个方面，特别是将生存权、发展权放在首位。③与社会主义公有制和按劳分配相适应的劳动的公平。这种含义的公平一方面要求人们在生产资料占有上具有平等权利，另一方面默认不同等的工作能力是每个人天赋的特权，要求等量劳动相交换。④收入分配结果的平等，即收入分配的均等化。这种含义的公平是现代西方经济学中讨论公平与效率关系时普遍使用的概念。①

此外，有部分学者从现代西方经济学的视角出发，认为经济学意义上的公平有两个层次。第一个层次是经济公平②，指的是在市场经济条件下经济主体在再生产

---

①张宇：《马克思的公平理论与社会主义市场经济中的公平原则》，载《教学与研究》，2006 年第 2 期。
②赵玉琳研究员等学者也称之为市场公平。

过程中权利与义务、作用与地位、付出与报偿之间的平等关系。它是市场机制的内在要求,强调的是要素投入与要素收入相对称。它要求在再生产过程的起始环节,每个企业和劳动者应具有同等的地位和机会支配社会资源,有同等的机会参与社会经济活动,即机会均等;在再生产过程中,竞争的规则对所有参与者都应当是平等有效的,即规则公正;在再生产的最后环节,参与竞争者的收入应与其效益产出相适应,即以效取酬。经济公平首先强调机会均等和规则公正,在此前提下,由于各经济主体提供的生产要素不同以及各种资源的稀缺程度不同所导致的具有"马太效应"的收入差别,是不能在这个层次上熨平的,否则,市场经济的价值规律就会遭到扭曲。第二个层次是社会公平,指的是在再生产环节之外的再分配过程中,通过一定的机制和政策使收入趋向合理化的一种平等关系。它要求在经济公平的基础上,让所有公民都能获得维持一定生活水平的物质条件,消除贫富悬殊和两极分化。社会公平强调的是将人们的收入差距保持在社会所能接受的范围之内,所对应的目标是资源配置效率的长期延续和社会秩序的相对和谐。这是要靠国家通过法律手段、经济手段以至行政手段进行调节来实现的。在一定意义上,经济公平相对于社会公平来说也可以被认为是一种不公平。[①]

科学地认识社会主义市场经济中公平的含义,是正确认识和处理公平与效率关系的出发点。由于我国以经济建设为中心的国策强调在分配领域以"效率优先,兼顾公平"为主,对公平与效率关系的认识初期,出现了大批跟风式文章,错误地将公平与效率分割开来,除了彼此互为条件之外,看不到两者之间更为根本的联系。随着研究的深入,逐渐形成了以下几种观点:

(1)"效率优先说"。基于对我国的基本国情的特殊理解,以厉以宁为代表的学者们主张效率优先。如赵立忠认为,强调"效率优先"的原则,是社会处于重大变革时期,特别是处于社会经济结构、经济体制的重大变革时期的普遍现象。效率是公平的前提,只要保证生产的高效率,并在此基础上给予适当的制度补偿就可以促进公平的实现。[②]黄泰岩指出我国当前确实出现了收入差距扩大、贫富分化的现象,但是我们在相当长的一段时期内绝不能动摇"效率优先、兼顾公平"原则,效率优先、兼顾公平是保持和实现我国经济社会快速发展的重大战略,改革中出现的问题只能通过发展解决。[③]基于这种理解,即使在当前社会公平问题比较突出的时期,国内学术界仍有部分学者有类似"效率优先,保障公平"的主张。

①《人民日报》,2005 年 7 月 22 日。
②赵立忠,丁春福:《对"效率优先,兼顾公平"原则的再思考》,载《工业经济技术》,2004 年第 2 期。
③黄泰岩:《构建公平与效率的新关系》,载《求是》,2003 年。

（2）学术界普遍认为公平与效率是辩证统一的关系。效率属于生产力范畴，效率和公平之间是决定和被决定、作用和反作用的关系。效率决定公平，公平反作用于效率。一定历史时期的公平观念和公平状态总是和一定的效率水平相适应的，无论是超前的还是落后的公平观念及公平状态都会制约效率。效率的提高催生公平观念的进步和公平状态的改善，从而解决效率与公平之间的矛盾。同时，正是在公平与效率矛盾的不断解决中，人类社会才不断从落后走向进步，从低级迈向高级。正是基于这样的认识，党的十七大报告首次强调初次分配也要体现公平。

（3）在新的形势下，一些学者在强调公平与效率统一性的同时，特别强调了公平的重要性。认为公平是效率的重要源泉。蔡昉认为，在一定条件下，公平本身就可以创造效率。当一种机制（如再分配）把收入向穷人转移后，就会增加穷人的消费，导致国内总需求的扩大，从而为经济增长或效率的提高提供源泉。①沈晓阳认为，效率源自公平。因为，从本质上说，效率就是资源的合理配置，而资源的合理配置本身就要求公平配置。当前我国经济生活中存在的种种矛盾，无不是离开公平追求效率的结果，所以，我们应将效率深深地植根于公平的土壤之中。②也有人认为，推进以社会公平为目标的改革能达到提高效率的结果。同时，根据改革成果惠及全体人民的要求，改革也需要转到公平为先，在此基础上构建和谐社会。③

公平与效率问题的凸现是与我国推行社会主义市场经济分不开的，因此，公平、效率与社会主义市场经济的关系也是研究的主要关注点。研究初期，大多数学者认为，我国过去的计划经济体制既缺乏效率也未真正体现公平，社会主义市场经济能够实现公平与效率的统一。如李闽榕认为，市场经济有7个基本特征：即自主性、平等性、竞争性、开放性、趋利性、排他性和局限性。从不同方面体现了市场经济的本质，是一个互相依存、缺一不可的有机统一体。在市场经济中，一方面，平等性要求为市场主体进行竞争和实现利益最大化提供平等的基础，但竞争的优胜劣汰必然导致差距，使市场主体在新一轮竞争中处于不平等的地位，这就将公平与效率蕴涵在市场经济基本特征的对立统一关系之中。公平与效率不存在那种非此即彼、非长即消的严重对立、不可协调的关系。④

随着构建社会主义和谐社会任务的提出，如何使社会主义市场经济条件下公

---

①蔡昉：《兼顾公平与效率的发展战略选择》，载《学习时报》，2006年1月10日。
②沈晓阳：《效率源自公平——关于效率与公平关系的层次分析》，载《伦理学研究》，2005年第3期。
③洪银兴：《构建和谐社会要坚持统筹公平与效率的改革观》，载《中国党政干部论坛》，2005年。
④李闽榕：《公平与效率真的是"鱼与熊掌不可兼得"吗?——对一个西方经济学人为制造的伪命题的剖析》，载《福建论坛》（社会科学版），2005年第7期。

平与效率的统一从点题到破题,成为目前最为迫切的任务。从对策研究来看,国内经济学界的研究主要体现在以下三个方面:一是从制度分析的角度探讨社会主义市场经济条件下公平与效率的关系问题。大部分学者认为,只有坚持社会主义基本经济制度,才能确保公平与效率的统一。从具体的制度层面来看,国内经济学界对公平与效率问题的探讨主要集中在产权制度、分配制度和税收制度的安排和调整上。二是讨论在社会主义市场经济条件下政府行为对公平与效率的影响。在这个问题上,大多数学者认为在市场经济中,市场是不平等的主要源泉,而政府对收入分配的干预则具有一种抵消这种不平等的作用。三是关于我国经济发展战略的研究。党的新一代领导集体提出了"科学发展观"和"社会主义和谐社会"两个新的概念,这为处理好我国公平与效率的关系开拓了一个全新的研究视角。

(二)第二层次是"多学科领域的研究"

指的是从经济学、哲学、政治学、伦理学、法学等不同领域对建设我国社会主义和谐社会中的公平问题进行开发、拓展而形成的细化研究。改革开放 30 多年,我国经济发展迅速,但同时贫富差距拉大现象也日益严重,社会成员对公平正义的吁求日趋强烈。20 世纪末 21 世纪初,学术界又开始了对公平问题的新一轮探讨。这一问题不再局限于经济领域,而是进入了上层建筑及其意识形态层面。对公平的理解也不再仅仅局限于经济平等,而是与政治公平、伦理公平相联系;在一定意义上超越了公平与效率孰先孰后的论辩,将两者均视为构建和谐社会的手段和目标的统一。强调用历史唯物主义的视角看待公平问题,逐渐出现将公平由一个具体问题提升为社会的基本价值理念的倾向,为进一步深化讨论提供了一个基础,正是在这个基础上,才引申出了后来更为系统的深度研究。

虽然经济学、哲学、政治学、伦理学、法学等领域对公平问题都有所研究,但这个问题在经济学、政治学与伦理学三个领域的研究相对集中得多。其研究内容主要体现在对公平概念的分析、对公平正义的认识、解决公平问题的理论背景等三个方面。在概念的认识上,学者们大多从和谐社会的价值取向来定义公平性。如庞正元把追求公平作为人类社会发展的一种进步的价值取向,作为社会主义和谐社会形成的重要前提和基本特征。张友良认为,公平既是人类衡量美好社会的标准,也是人们评价政治文明的尺度,更是我们党执政为民的必然要求。[1]董振华认为,在经济领域中,公平表现为利益主体之间利益分配和利益关系的合理,这属于分配领域,

---

①张友良:《公平正义是构建和谐社会的基础》,http://www.hnol.net/content/2005-03/28/content 2849261·htm,2005-12-21。

是生产关系的范畴,强调要把效率与公平统一到社会主义和谐社会之中。①夏文斌认为,公平作为一种社会规范和价值判断,首要的前提就是经济效率的提高,没有效率的提高和生产力的不断发展,就不可能出现需要通过公平加以解决的问题,真正意义上的现代公平理念也不会出现。他同时还强调政治的公平就是保障每一个合法公民都有生存权和发展权,都有平等参与政治的权利,并认为要做到政府政治决策在最大限度上保持公平,就必须依赖各个阶层各个利益集团的相互作用、相互制约,但在现实利益的制衡中保持政治的公平性,并不能认为公平的目标已经完全实现。②王华认为,社会微观领域的公平大多需要伦理道德来维护,依靠道德的调节,必须注重伦理道德的建设,积极构建与现代社会发展相适应的道德文化体系,以提升社会公平的实现质量与水平。③陈燕认为,公平原本就是一个伦理范畴,根本没有单独的伦理公平之说,政治公平与经济公平只不过是作为社会价值的伦理公平在具体领域的体现而已。并进一步指出,社会公平超越于经济公平、政治公平之上的根本原因就在于其道德合理性,这种道德合理性的依据源于对历史规律的辩证认识,它既是对以往社会的公平关系的一种历史评价,更是对未来生活公平关系的应然性的一种合乎规律的期望。④

这一时期,许多学者在限定公平概念时,人为地将对公平的理解陷入正义、公正、平等、公道等概念的纠结中,试图通过对这些概念的界分进一步理解公平问题。应该说,这些相近的范畴有许多共同处,但它们属于不同语境,因此,尽管这种努力在一定范围内有意义,却使对公平问题的进一步研究还未展开就处于混乱之中。事实上,公平问题既是一个实践性很强的现实问题,也是一个具有深厚价值意蕴的理论问题。公平作为一种社会规范和价值基础,总是同一定的理论思潮联系在一起,因此,公平和正义问题在政治哲学中占有非常重要的地位。关于公平正义的基本内涵,基于构建社会主义和谐社会核心价值体系的角度,胡锦涛同志在省部级主要领导干部提高构建社会主义和谐社会能力专题研讨班开班仪式上指出,公平正义就是社会各方面的利益关系得到妥善协调,人民内部矛盾和其他社会矛盾得到正确处理,社会公平和正义得到切实维护和实现。理论界普遍认同胡锦涛同志的观点,并围绕这一观点展开了讨论,形成了以下几种不同的认识:①有些学者认为公平正义指的是每个人都拥有平等的生存、发展的权利和机会。②有些学者认为社会公平

①董振华:《和谐社会视域中的公平与效率》,载《重庆社会科学》,2005年第8期。
②夏文炳:《公平、效率与当代社会发展》,北京大学出版社,2006年。
③王华:《解析实现公正的社会基础》,载《哈尔滨商业大学学报》,2005年第2期。
④陈燕:《公平与效率》,社科出版社,2007年。

正义,精义就是在于给每个人以所应得,即每一个社会成员都应得到与其行为相适应的合理的平等的对待。③有些学者认为社会公平正义,主要指国家社会制定国家大政方针政策要坚持社会正义的原则,处理具体事情要坚持公平的原则,就是要公正公平对待一切人与事,使社会和谐有序,真正体现正义之善。关于公平正义的基本原则,学者们从不同的视角出发概括出以下几种:①基本权利的平等原则。②机会公平原则。③竞争规则公平原则。④调剂保证原则。⑤结构公正原则。

公平问题的研究在这一时期已经上升到理论架构上。学者们解决公平问题的理论背景,概括起来大致有三种:一为功利主义,强调理论、政策的效果与事功;二为伦理道义论,主张公平基于个人不可取缔的基本权利,不能将人作为手段来对待;三为马克思主义历史规律论,认为理论创制、政策抉择必须符合历史发展规律,强调从生产力与生产方式的辩证运动中寻找解决公平问题的钥匙。在公平问题研究中,以前两种理论为依据的观点不在少数,而以马克思主义为指导创造性地解决公平问题的理论体系尚不多见。

(三)第三层次是"系统研究"

主要是在各领域研究基础上进行更为系统的深度探讨,如果说在各个学科领域中都能找到研究公平问题的视角,而且相对容易的话,那么"系统研究"则需要再次开发,"用知识研究知识","以专业探讨专业"。它是随着"社会建设"概念的提出,对构建社会主义和谐社会系统的更高层次的研究。也就是说,和谐社会的建设是从一个多样性的统一到另一个多样性的统一,并不是多重成分的简单组合,而是新事物形成和产生的过程,社会公平不仅取决于外部建构,更多地将体现在社会本身的结构演化与功能演化上。第二层次研究重点将公平作为和谐社会的价值追求,则意味着它获得了不可侵犯的、超越性的地位。这样,各种政策和措施就要围绕公平来制定或取缔。这种倾向从一个侧面反映了人们对社会公平的高度关注,折射出公平对于构建和谐社会的重要价值。然而,从另一角度来看,公平能否作为社会制度的核心价值而具有不可超越的地位,抑或说,将公平正义擢升为社会的核心价值是一个正确的认识还是对社会发展其他目标的僭妄?对这些问题探讨的展开恰恰要站在"系统研究"的高度才能得出合理的答案。

例如王春福就是从"系统研究"的角度提出,对公平和效率的统一要作为过程来把握。公平与效率只有保持动态的平衡,才能逐步实现两者的统一。公平和效率的统一需要建立一种机制,这就是动态平衡机制。而这种机制的形成,有赖于公共政策体系整体功能的发挥,有赖于公共政策各种功能的协同动作。并进一步认为,政府在通过公共政策对社会价值进行分配的过程中,必须统筹考虑社会不同利益群体的利益诉求,提升分配的合理性。重要的问题是要建立不同利益群体公平反映自己利益诉求的机制,更重要的是还要形成对各种利益诉求进行合理整合的机制。①

二、坚持马克思主义的和谐社会观

(一)矛盾的同一性与和谐

马克思的辩证法认为任何相互关系都包含着对立统一,即包含着矛盾。因此,事物的和谐不过是矛盾的一种表现形态而已。任何矛盾都是对立性和同一性的统一。在同体态②矛盾的对立性与同一性两方面的运动中,当同一性不仅处于支配地位,而且处于显著支配地位时,事物主要表现为和谐。反之,事物主要表现为冲突。当然,即使表现为和谐的事物也会存在某种程度的冲突表现。而对矛盾冲突的逐渐克服,正如恩格斯在谈到马克思研究政治经济学的方法时指出"这些矛盾也是在实际中发展着的,并且可能已经得到了解决。我们研究这种解决的方式,发现这是由建立新关系来解决的"③。因此,事物和谐是相对的,它自身的完善源于事物的运动变化和新旧更替。

马克思、恩格斯把矛盾同一性明确分为直接同一性和间接同一性两大类型。马克思《1844年经济学哲学手稿》在论述雇佣劳动和资本的对立统一关系时指出:"私人所有制的关系是劳动、资本和二者的交互关系。这些环节不得不贯穿的运动是:第一,……二者的直接的或间接的统一性。初起资本和劳动合一;其次虽然分离而疏远,但各自作为积极的诸条件互相提升并促进着。"④这是马克思第一次提出直接同一性和间接同一性的地方。以后马克思、恩格斯在《政治经济学批判导言》、《论犹太人问题》、《资本论》、《自然辩证法》等多部著作中对这个问题展开论述,可以归纳如下:直接同一性,包括原始的直接同一性和每一对立面内部的直接同一性。间接同 性,包括对立面的相互依存(对立面的相互媒介和相互创造)和对立面的相互贯通(对立面的相互渗透和相互转化)。原始同一性是矛盾处于原始的萌发时期所具有的一种同一性。这种矛盾同一性表现,是矛盾在以后的发展中所出现的间接同一性各种表现和直接同一性的基础。随着矛盾从萌发阶段进入形成和发展阶段,矛盾的对立性由内在差别发展为公开的对立,矛盾同一性也就由原始的直接同一性发展为间接的同一性。直接同一性是在间接同一性建立后出现的、与间接同一性并存的一种同一性。直接同一性只存在于矛盾双方的每一方各自内部,不是存在于

---

① 王春福:《建和谐社会与公平和效率的统一》,载《马克思主义研究》,2006年第9期。
② 所谓同体态,是说矛盾两极存在于同一个空间三维体中。
③《马克思恩格斯选集》,第2卷,第123页,人民出版社,1975年。
④《1844年经济学哲学手稿》(单行本),第73页。

矛盾对立双方之间,因而不是矛盾总体上的一种同一性。用马克思的话来说,就是这种合二为一并不排斥矛盾双方的直接两立,直接重合能够同时又直接分离。在每一对立面内部的合二为一、直接重合,在两个对立面之间的直接分离。

和谐是直接同一性和间接同一性的一种表现,冲突则是对立性的一种表现。正如恩格斯强调指出"人们也不再敬重还在不断流行的旧形而上学所不能克服的对立,即真理和谬误、善和恶、同一和差别、必然和偶然之间的对立了;人们知道:这些对立只有相对的意义。"①同一性与对立性不可分离,贯穿于矛盾过程的始终。决定了事物的和谐与冲突相伴生。在这个过程中,和谐与冲突无论哪一方面占据了主导地位,都不可能彻底消除另一方面的存在。在一定的条件下,二者的地位也会发生相互转化。恩格斯从无机界、有机界等领域中的同一和对立关系的分析中得出结论:"真实的具体的同一性包含着差异和变化。"②一般来说,在非对抗性矛盾中,事物更多地表现出和谐的一面,例如,马克思在分析直接产品交换时指出:"在直接产品交换上,本人劳动产品的让渡和别人劳动产品的取得,有直接的同一性。"③当然在矛盾的某些阶段,也会表现出冲突,但从长远、根本上说,多数会通过调整重新表现为和谐。在对抗性矛盾中,在其萌芽期也会表现出和谐的一面,但对抗性矛盾在发展,特别在决战期,则更强烈地表现出冲突的一面,以求达到克服对方的目的。例如,马克思在《资本论》中谈到,在封建行会制度下,生产资料和劳动者的结合,"好像蜗牛和他的贝壳互相结合一样"④,随着中世纪行会师傅发展为现代的资产者,行会帮工和行会外短工便相应地发展为无产者。于是资本和劳动终于分离而对立了。这种和谐与冲突制约着矛盾的发展趋势和最终结局。由于矛盾的性质和状况的不同,以及主体的处置不同,矛盾的和谐转化有几种可能:一是冲突得到缓解,矛盾恢复原和谐常态运行;二是冲突得到果断解决,并根据冲突发生的因素,适当改变矛盾的运行方式,创造适合于矛盾运行的新的和谐形式;三是冲突愈演愈烈,和谐走向消解。总之,事物的和谐运动是一个生动多样的、螺旋式或波浪式的发展过程。

(二)马克思、恩格斯的和谐社会观的本质

和谐社会的概念在马克思主义形成史上,最早是 1803 年法国空想社会主义者傅立叶提出的。他在《全世界和谐》一文中指出现存资本主义制度是不合理的,必将为"和谐社会"所取代。1824 年,英国空想社会主义者欧文在美国印第安纳州进行

①《马克思恩格斯全集》,第 21 卷,第 338 页,人民出版社,1975 年。
②《马克思恩格斯全集》,第 20 卷,第 557 页,人民出版社,1975 年。
③《资本论》,第 1 卷,第 93 页,人民出版社,1975 年。
④《资本论》,第 1 卷,第 382 页,人民出版社,1975 年。

了以"新和谐"命名的、废除私有制的共产主义试验。1842 年,德国空想共产主义者魏特林在《和谐与自由的保证》一书中,把社会主义社会称为"和谐与自由"的社会,并指出新社会的"和谐"是"全体和谐"。马克思称这本书是工人阶级"史无前例的光辉灿烂的处女作"。马克思、恩格斯对空想社会主义者的著作和有关主张给予了肯定,他们在《共产党宣言》中明确指出,"提倡社会和谐"是空想主义者"关于未来社会的积极的主张",这一主张表明他们"要消灭阶级对立"。①由于空想社会主义者的历史局限性和理论缺陷,他们没有也不可能认识到资本主义社会的本质,无法找到实现"消灭阶级对立"的正确途径和依靠力量。

1857 年,马克思针对巴师夏 1851 年出版的《经济的和谐》一书起草了《巴师夏和凯里》一文。第一次探讨了和谐社会的本质。马克思分析了巴师夏和凯里两位资产阶级庸俗经济学家的观点及形成这些观点的不同的经济条件和民族环境,批判了他们鼓吹的阶级矛盾调和论,揭示了资本主义社会内在的对抗性矛盾,说明庸俗经济学家"在古典经济学家朴素地描绘生产关系的对抗的地方,证明生产关系是和谐的"。②在同一篇文章的最后部分,马克思进一步批判了巴师夏关于资本主义社会内部和谐的观点,他说道:"这些关系的和谐是一种彼岸性,这种彼岸性正好从法国疆界的尽头开始,存在于英国和美国。这只是非法国的即英国和美国的关系的想象的、理想的形式。因此,如果说在他那里和谐决不是来自丰富的生动的直观,而相反地是从贫乏的紧张的对立的反思中产生的夸张的产物,那么,在他那里唯一现实的要素就是要求法国放弃它的经济上的疆界。"③事实上,马克思在这里明确指出资本主义生产关系的所谓"和谐"只不过是"想象的理想的形式",和谐社会观正是产生于对这些资本主义国家的生产关系的"反思",而这些资本主义国家的生产关系恰恰体现了现象的直观,即本质上是对立的,反映了资本主义社会的对抗性质。从马克思对资本主义社会——对抗性社会的批判性的革命性分析基础上,我们不难得出和谐社会是对对抗性社会——资本主义社会的扬弃,其和谐的本质正是来源于资本主义产生"对抗的地方"——生产关系。由此,我们得出马克思主义和谐社会观的本质在于生产关系的和谐,而这样的生产关系的建立只能是对资本主义社会的扬弃,即它只能存在于社会主义社会。资本主义社会是社会发展的最后一个对抗形式,"这里所说的对抗,不是指个人的对抗,而是指从个人的社会生活条件中生长出

①《马克思恩格斯全集》,第 1 卷,第 304 页,人民出版社,1975 年。
②《马克思恩格斯全集》,第 30 卷,第 4 页,人民出版社,1975 年。
③《马克思恩格斯全集》,第 30 卷,第 10 页,人民出版社,1975 年。

来的对抗",①即生产关系的对抗。在《反杜林论》中恩格斯进一步阐述了这一思想,他指出,在阶级对抗的社会,社会进步主要靠少数人垄断进步成果来实现,而社会主义在人类历史上将开始一个质量全新的时代,科学技术进步和社会进步之间的对抗性矛盾被消灭了,两者不可分割地相互联系在一起。

因此,和谐社会特指社会主义生产关系的总和,表现了社会主义生产关系这一矛盾运动的和谐形式,是一个历史的范畴。社会主义社会是共产主义社会的初级阶段,在这一阶段,正如前文所言,和谐只是在社会主义生产关系矛盾中占据支配地位,但对抗和冲突的因素并不因此全部消失。直到共产主义社会,才能排除一切不依赖于个人而存在的东西。共产主义生产关系由人类全体以多种职能活动的形式表现的人类普遍性,最终以个体活动的方式展现出来,从而最终把个人从群体的附属物、阶级的符号、生产的工具、科技的附庸中解放出来,彻底根除了人的自主性与社会关系的对抗性,实现"每个人的自由发展是一切人的自由发展的条件"。②一句话,如果说社会主义社会是和谐社会,那么共产主义社会就是真正的自由社会。

(三)解读马克思主义的和谐社会观

既然和谐社会表现了社会主义生产关系的和谐形式,那么对和谐社会的分析就应当以社会主义生产关系的内部矛盾为切入点。马克思认为,在生产关系这个统一体中,人们在直接生产过程中所结成的关系,即人们在生产过程中所处的地位,对生产资料的占有关系和进行生产活动的分工关系等是首要的和决定性的环节;直接生产过程中的关系决定着产品的分配、交换和消费过程中的关系;同时,人们在直接生产过程中的关系又受制于分配、交换和消费关系,没有后三种关系的展开和实现,前一种关系也不可能继续发生和进行。因此,生产关系的内部矛盾是一个由其各环节运动变化构成的动态统一的复杂关系体系。从马克思对生产关系的规定中,可以得到生产关系内部矛盾的多层次性。主要来看,第一层矛盾即直接生产关系,它是生产关系内部矛盾的基本矛盾;第二层矛盾即分配、交换和消费关系,它们是生产关系内部矛盾的次要矛盾。在生产关系的基本矛盾中仍存在多对矛盾,在这些矛盾中起主导作用的是劳动者和生产资料的关系,它们决定生产关系基本矛盾的主要方面,即构成生产关系的主要矛盾。在劳动者和生产资料的关系中同一性是否占据显著的支配地位,是否表现为和谐形式,直接决定了和谐社会的本质规定。

---

①《马克思恩格斯全集》,第2卷,第83页,人民出版社,1975年。
②《马克思恩格斯全集》,第1卷,第294页,人民出版社,1975年。

　　首先,和谐社会在本质上是社会主义社会,社会主义的和谐表现为一个从必然王国向自由王国不断发展的辩证历史过程。社会主义的和谐首先表现在社会主义生产关系的主要矛盾里,表现为人们在物质生产领域里的和谐。这种和谐表现在:社会主义劳动者,社会化的人,联合起来的生产者,用公共的生产资料进行劳动,这样,每个人的劳动直接获得社会普遍性,一种直接的社会性和具体的普遍性。在这里,劳动者和生产资料的间接同一性及其各自内部的直接同一性占据了这一矛盾的显著的支配地位,两者的存在和发展,要通过对方,要以对方为中介。"两者的每一方由于自己的实现才创造对方,把自己当作对方创造出来。"[1]劳动者表现为生产资料的手段,以生产资料为媒介。同时,劳动者又表现为生产资料的目的,生产资料是劳动者的生产资料。手段与目的在这里趋于一致,人与劳动不再异化,这一切正是由于劳动者通过生产资料的公有性质,才使得把许多个人劳动力当作一个社会劳动力来使用,个体与类趋于一致,这也恰恰体现了社会主义社会劳动者和生产资料这一同体态矛盾的主要运动形式是和谐的。当然,这并不排斥社会主义劳动者和生产资料之间会有冲突的表现,因为此时劳动者的劳动仍是自发而非自觉,而更高意义上的共产主义社会成为自由社会正是因为"自由王国只是在由必需和外在目的规定要做的劳动终止的地方才开始"。[2]

　　其次,和谐社会的内部矛盾决定了它的外部矛盾,外部矛盾反过来又影响、作用于内部矛盾,它们共同构成和谐社会的矛盾统一体。这主要表现在社会主义社会的人类与自然界关系的领域。社会主义社会由于其生产关系的主要矛盾体现了和谐的形式,因此,在社会主义社会人可以在比以前高得多的基础上支配自然、驾驭自然,人与自然不再是对抗的关系,自然对人类仿佛变得透明了,自然越来越变成属于人的、体现人本质力量的人化自然。这也是马克思在《1844年经济学哲学手稿》中所说的人与自然抗争的解决,也就是说,在人与自然这一同体态矛盾的运动中,同一性占矛盾的主导地位,人以自然为媒介,实现人的个性与能力的发展。人自身的发展成为自然发展的手段和目的。人是自然的人,自然是人的自然。间接同一性与直接同一性同时并存,共同体现了社会主义社会的和谐运动形式。

　　最后,理解和谐社会必须强调用运动的、相对的、历史的角度去看待它。所谓运动的、相对的角度是指和谐社会体现了社会主义生产关系内部矛盾运动的和谐形式,它的实现有赖于社会主义劳动者和生产资料这一同体态矛盾源于社会主义本

---

①《马克思恩格斯全集》,第46卷,第30页,人民出版社,1975年。

②《马克思恩格斯全集》,第25卷,第926页,人民出版社,1974年。

质规定的自发的同一性。但作为和谐社会的社会主义社会并不会因此在社会的经济、政治、文化、思想等各个领域均表现出一片祥和,一团和气。对立性和同一性作为矛盾的根本属性,二者缺一便无法构成矛盾,社会主义社会也存在冲突和对抗,如果处理不好这些关系,尤其是经济领域的矛盾,就容易引发矛盾的转化甚至导致社会动荡。例如,属于生产关系次要矛盾的交换关系、分配关系和消费关系,它们在社会主义的一定时空条件下,偶尔表现出冲突和对抗的形式也是正常的。但必须进行适当的调整,否则次要矛盾也会作用主要矛盾,使社会主义生产关系的性质发生改变。事实上,社会主义社会的运动形式是一个生动多样的、螺旋式或波浪式的发展过程,其总的趋势上是和谐的。所谓历史的角度是指只有社会主义社会才是和谐社会,这里有两方面的含义:第一,社会主义的本质规定了和谐社会的本质,社会主义生产资料公有制的性质规定了和谐社会的社会主要矛盾运动的和谐形式。如果说社会主义是社会主义社会内容的规定,那么和谐社会就是其形式的规定。第二,社会主义社会由于其本质的规定不仅产生社会主要矛盾的和谐运动形式,而且会不断再生产出这种和谐运动形式。这点同社会主义社会以前的社会有根本的区别。以资本主义为例,虽然在资本主义社会的某些时空条件下,也存在着某些社会领域的和谐运动形式,甚至会保持相当的时期,但社会和谐不等于和谐社会,因为,在资本主义生产关系中劳动者和生产资料这一矛盾体现了劳动和资本的对立,对立性占据了资本主义生产关系的显著的支配地位。即资本主义社会不存在产生和谐社会的源泉,所以资本主义社会的和谐运动形式是暂时的,局部的,不是社会的主导趋势。值得一提的是,在资本主义萌芽期,手工作坊中的劳动者和他的生产资料还是互相结合的。作坊主拥有自己的生产资料,而同时又是劳动者。不仅本人参加劳动,而且是作坊中技艺熟练的工匠,因而是主要的劳动者。这一情况体现了原始同一性在资本主义萌芽期的生产关系中占据主导地位,但由于此时只是资本主义生产关系矛盾运动萌芽期,因此,此时的原始和谐运动形式并不说明资本主义生产关系的和谐。

(四)坚持社会主义公有制为主体是我国当前构建和谐社会的核心

我国当前处在社会主义的初级阶段,生产力比较落后,我们只能建立以公有制为主体、多种经济成分共同发展的基本经济制度。我国社会公有制为主体的地位决定了我国社会生产关系主要矛盾的运动形式是基本和谐的。"基本"意味着我国非公有制经济的存在,当然在现阶段非公有制经济有其存在的必要性。虽然我国生产关系主要矛盾的运动是基本和谐的形式,它对我国非公有制经济成分有"普照之光"的反作用。然而辩证地看,这些非公有制经济成分也是我国当前大部分社会问题产生的根源。这样一种基本国情在相当长的一段时期内是不会改变的。在社会主义初级阶段以公有制为主体的前提下,从生产关系的基本和谐到和谐社会,我们不妨从社会主义初级阶段生产关系矛盾的第二层次着手,分别在交换、消费、分配领域及其三者之间的矛盾中,找寻解决不和谐因素的途径。以当前主要从分配领域体现出的贫富分化现象为例,我们知道财富的分配是以这种财富的价值实体在市场运营中的交换、让渡、实现、变形为前提的。马克思说,"剩余价值转化为利润,即是由生产过程决定的,也同样是由流通过程决定的。利润形式的剩余价值,不再和它得以产生的投在劳动上的资本部分相比,而是和总资本相比。"[1]因此,在我国现阶段政治经济体制改革有待深化、社会主义市场经济体制还不完备的前提下,我们不妨把视线更多地转向私有制企业和公有制企业必须相遇而通约的地方——流通过程。

需要特别指出的是:随着我国社会主义市场经济的不断深入,对于社会不同领域矛盾运动的新的不和谐形式的产生,应及时根据其产生的原因,适当改变矛盾的运行方式,创造适合于矛盾运行的新的和谐形式;避免冲突愈演愈烈,使矛盾走向消解。苏联就是这方面一个最好的佐证。仍以分配为例,在分配上,苏联许多企业里高级职员或经理们的工资与普通雇员的工资以十比一、二十比一、五十比一等比例扩大着差别;所谓高级人物还有豪华住宅、园林花园、网球场及游泳池、海滨高级疗养院等。这些量变,也体现着某种程度的质变,会导致广大人民群众对这些特权阶层的极大不满,在一定时空条件下,会导致社会动荡。如不加以及时调整,也会影响生产关系主要矛盾的运动形式。苏联的解体不能不说含有这方面的因素。

总之,在我国社会主义初级阶段的历史条件下,坚持社会主义公有制为主体是我国当前构建和谐社会的核心。在此前提下,在生产、交换、消费、分配等领域建立适合社会主义市场经济的和谐机制是我们当前的主要任务。只有生产关系的矛盾体处于和谐运动形式时,政治、思想、文化等领域的冲突和对抗才能逐渐减少,和谐社会才能实现。

三、经济利益的本质和利益分享的必要性

所谓经济利益,就是通过对物质资料的占有来满足一定经济需要的好处。它表现为满足人们的物质和文化生活需要的一定数量的物品和劳务,即社会劳动成果。它是社会生产关系的具体表现,是人们进行社会活动的物质动因。

经济利益首先是由于人们的生活需要引起的。人类要生存,就首先要满足吃、

---

[1]《马克思恩格斯全集》,第 25 卷,第 936 页,人民出版社,1974 年。

喝、住、穿等生活需要。需要使人们产生获得利益的动机和欲望。为了满足自身的需要，人们联合起来进行生产活动，从而获取一定数量和质量的社会劳动成果。现实生活告诉我们，人们之所以要从事各种各样的社会实践活动，归根到底是为了争取自己（包括他个人和他们所属的阶级、阶层或集团）的经济利益。而争取自己利益的最终目的，又是为了不断满足生存、享受和发展的需要。如果人们没有任何需要，都是不食人间烟火的神仙，那就无所谓经济利益及其冲突了。因此，一般需要是利益的自然基础，它不仅表现为利益的起点，而且最终表现为利益的目的和归宿。需要乃是利益产生的原因。

其次，由于经济利益总是表现为满足人们物质生活需要的一定数量和质量的社会劳动成果，因而，社会劳动成果就构成了经济利益的物质内容。

我们知道，需要作为人们对外界对象的依赖关系，是与物质生产紧密相连的客观经济范畴。这是因为任何需要归根到底必须依靠物质生产这一决定性的手段来实现。而利益又总是物质生产的动因，不言而喻，它同全部社会劳动成果（或全部社会产品）有着直接的联系。社会产品量愈大，人们获得的经济利益就愈大，反之则相反。可见，利益量的大小、人们满足需要的程度，总体上取决于生产手段和成果的数量和水平。从这个意义上讲，经济利益的获得，首先是一个一般的劳动过程。

既然人们的经济需要是靠社会劳动成果来满足的，而劳动成果又都是在一定的经济关系的制约下进入满足需要过程的，在不同的社会制度下，经济需要的实现形式都是不同的，因而需要作为经济利益发挥作用，又是通过生产关系来实现的。只有生产关系才赋予对物质财富的需要以经济利益社会性质的特殊含义。因此，经济利益除了有一个物质基础以外，还有一个社会形式。

一定生产关系的总和，也就是生产资料所有制关系，决定着不同的社会集团在社会生产体系中的地位和作用，决定着它们之间相互联系的性质，从而决定着它们的需要的发展水平和满足方式，即它们的经济利益，也就决定了它们之间不同性质的经济利益关系。

历史发展表明，不同的社会主体（个人、集团、阶层、阶级、国家）的经济需要的满足，总要适应经济关系的变化和要求而采取一定的社会形式。例如，资本家的个人生活需要的满足，以剥削剩余价值的形式并依靠其中非资本化的部分来实现；雇佣工人的个人生活需要的满足，以出卖劳动力商品取得劳动力价格的形式来实现；社会主义劳动者的个人生活需要的满足，以向社会提供劳动并相应取得个人劳动收入的形式来实现。这些，就在人类发展史上表现为不同类型的经济利益，正是这种制约着满足需要的社会形式的经济关系，从而构成了经济利益的社会基础。这种受经济关系制约的满足需要的方式（即社会劳动成果在满足需要时所采取的经济形式），就构成了经济利益的社会关系的内容。

由此可见，经济利益是需要在经济关系上的表现形式。或者说，经济利益就是在一定经济形式下满足生活需要的一定数量的社会劳动成果。

经济利益是一个重要的范畴，它在人们社会经济生活中占有重要的地位。

第一，经济利益是人们进行社会活动的物质动因。为了满足自己的生活需要，人们联合起来进行生产活动，否则他们便不能生存。人们的生产总是为了某种物质利益而进行的。社会要存在并且继续发展下去，就必须进行物质资料的生产，而对物质资料的占有，就是物质利益，即经济利益。

第二，经济利益是推动生产力发展的根本动力。社会的发展归根到底是为了实现一定的物质利益。生产力又是创造利益的根本手段。人们奋斗所争取的一切，都为了他们的利益。而生产又是创造利益的根本手段。人们为了获得更多的劳动产品，实现自己的经济利益，总是千方百计地改进生产工具，提高劳动生产率，向生产的深度和广度进军。也正是促进生产力发展的先进阶级的物质利益和先进的物质利益关系，推动着社会的发展。所以，经济利益或者说物质利益是促进生产力发展从而推动社会发展的终极原因和根本动力。

第三，经济利益是社会经济关系的生动表现。一定的物质利益是由一定的生产力水平、生产资料所有制和人们在社会生产中的地位所决定的。人们在生产过程中形成的关系都是一定的物质利益关系。不同的物质利益关系实际上是不同生产关系的反映。先进阶级的物质利益，代表着一种反映社会生产力发展需要的先进的生产关系，而腐朽阶级的物质利益则相反。由此我们可以鲜明地判别一个社会制度是否具有优越性。

在现阶段我国社会主义市场经济体制下，我们强调利益分享，反对利益独占，是尤其必要的。本书多处从不同角度阐明了利益分享的必要性。通过利益分享制度来协调现阶段经济社会中存在的各种复杂的利益关系，使经济利益在各个不同经济主体之间的占有合理、协调，做到利益均沾、好处共得，才能使人们生产关系和谐，才能使社会和谐。利益分享的基本前提，是我国社会现阶段客观上存在多种所有制并存下的多种经济主体，和在不同部门、地区、行业的多层次经济运行中存在复杂的多种利益主体。在多种不同经济主体和利益主体之间，只能实行利益合理分享。这是建设社会主义和谐社会的客观规律。

第十九章 以利益分享为主线构建共同富裕的实现机制

现阶段我国已经出现了较严重的贫富分化，而且居民收入差距持续扩大的趋势难于遏制。这些已成为不争的事实。为什么我们提了这么多年的共同富裕口号，而实际情况却背道而驰？关键问题在于共同富裕的实现机制并未形成。没有一整套保障共同富裕实现的经济运行机制，共同富裕就不可能成为现实。可见，研究如何构建社会主义共同富裕的实现机制，是一项重大的任务。

一、经济机制的含义

所谓机制，即机理。"机制"一词最早源于希腊文，意指机器内部构造的运行原理。后来，生物学和医学借用此词，指生物有机体内各个器官的相互联系、作用和调节方式。因此，机制指的是有机体的构造、功能和相互关系，泛指一个工作系统的组织或部分之间相互作用的过程和方式。从经济学的角度来理解"机制"这一概念，可以将它理解为：一定的经济肌体内，各要素之间相互联系和作用的功能及关系。

经济机制，是把一定经济体制下的各种经济活动视为有机整体，各种经济活动之间内在的相互作用，或各种经济行为发生与形成的内在过程。它存在于社会再生产的生产、分配、交换、消费的全过程。由于经济机制是在经济体的运行过程中发挥功能的，因此它又称为经济运行机制。从总体上说，现代最基本的两种经济机制是市场经济机制和产品经济机制。就经济活动的各个不同方面来说，有资源配置机制、收入分配机制、决策机制、激励机制、竞争机制、价格形成机制、消费形成机制、投资形成机制、企业经营机制等。以经济机制发挥的不同作用来划分，有经济动力机制、经济传输机制、经济调节机制等。

经济机制具有以下特征：一是经济机制的存在，取决于客观经济规律的存在。经济机制的运行，是经济规律作用的表现，即经济规律是经济机制存在与运行的基础和前提。二是经济机制是经济体内各构成要素共同组成的有机整体。而非经济体内的要素，则不属于经济机制的范畴。三是组成经济机制的各个要素之间是相互联系、相互作用和相互制约的。也就是说，各个要素总是处在不断地运动和变化之中的。正是这种运动和变化，导致了经济机制的运行，从而促进了经济机体乃至整个经济活动的运行和发展。四是经济机制运行的功能是调节经济活动过程中的各种经济关系,如社会再生产各环节的关系等。①

经济体制是一个与经济机制既相互联系又相互区别的概念。经济体制指的是生产关系的具体存在与实现形式本身;而经济机制指的是经济体制的功能,即在一定的经济体制下各种经济活动之间内在的相互作用。一定的经济体制具有一定的经济机制,而一定的经济机制是在一定的经济体制基础上发生作用的。

在任何一个系统中,机制都起着基础性的、根本的作用。在理想状态下,有了良好的机制,甚至可以使一个社会系统接近于一个自适应系统,在外部条件发生不确定变化时,能自动地迅速作出反应,调整原定的策略和措施,实现优化目标。正常的生物机体就具有这种机制和能力。

经济运行机制是客观存在的,是不以人的意志为转移的,因为它的形成、存在和发挥作用,是以一定历史阶段的生产力和相应的生产关系为客观基础的,是以经济规律的作用为前提和依据的。它的变化和发展是以生产力的发展和由此引起的生产关系的完善、发展、变革为基础和前提的。但是,经济运行机制的完善和发挥作用,又是和人们的自觉活动有联系的,是以人们发挥符合实际的自觉能动性为主观条件的。因此,经济运行机制的完善和充分发挥作用,对于加速经济社会的良性发展,是至关重要的。

二、经济社会发展机制

实现经济社会发展是实现共同富裕必须满足的第一个条件,因为只有经济发展才能带来财富,才能达到富裕。共同富裕只有在社会生产力高度发达的基础上才能最终实现。它是随着经济社会的发展而不断实践、逐步实现的,是一个长期的过程。在这个过程中,其实现程度是由社会生产力的发展水平即一国的经济社会发展水平所决定的。从我国的实践来看,目前正处于初步实践共同富裕的阶段,生产力水平处于小康发展阶段。②

经济社会发展主要包括两个方面的内容。一是经济增长。经济增长能带来社会财富的增加,进而提高了社会的富裕程度,这是构建社会主义共同富裕的物质前提。二是经济社会的协调发展。经济的增长不代表经济的发展,拉美国家就曾出现过有增长、无发展的情况。在经济增长的前提下,必须更加注重经济结构的优化、扩大消费、改善民生、提高自主创新能力、保护生态环境等方面的内容,实现经济社会的可持续发展。富裕程度的提高不仅仅是指经济增长,还要考虑经济增长的可持续

①杨玉平:《经济机制刍议》,载《石油大学学报》(社会科学版),1994年第2期。
②王与君:《析共同富裕的两个基本条件》,载《经济学家》,1999年第2期。

性,也要跳出经济角度从社会进步等方面考虑。共同富裕的实现不单单要依靠经济的增长,它更要依靠经济社会的协调发展。因此,经济社会发展机制要包括经济增长机制和经济社会协调发展机制。

(一)经济增长机制

从功能和地位上看,共同富裕与经济增长是目的和手段的关系。经济增长了,社会财富的总量就会增加,在社会主义分配原则下,社会成员实际占有的社会财富就会增加,平均生活水平就会提高,富裕程度也会提高。经济增长是增加财富的源泉,共同富裕是社会财富分配的结果。随着经济的增长和生产力的发展,共同富裕的目标会逐步实现。在社会主义公有制和按劳分配制度的作用下,这种关系是必然的。发展经济的目的是满足社会成员日益增长的物质和文化生活需要,最终实现共同富裕。前者是手段,后者是目的。只有经济发展了,社会财富增加了,才能实现共同富裕。这种目的的实现是以按劳分配为基础的。在克服了平均主义,劳动者的利益得到了体现之后,他们的劳动积极性被极大地调动起来了,从而推动了经济的增长与生产力的发展。二者之间既相互制约,又相互影响。经济发展的水平决定着共同富裕的水平,共同富裕实现的程度又影响着经济发展的进程。

从社会价值上看,经济增长主要是追求效率,而实现共同富裕则主要是追求公平。公平和效率存在着此涨彼消的关系,二者之间存在着一定程度的矛盾。资本主义追求效率,以两极分化为代价,牺牲了广大劳动人民的公平权利。社会主义过去片面强调公平,却牺牲了效率,最终还是损害了人民的根本利益。实践证明,片面强调发展经济,容易忽视社会公平,造成贫富分化,导致诸多社会问题;而一味追求公平,放松了发展经济这个中心任务,必然导致贫穷和落后。因此,我国在追求经济增长的同时,要更加注重社会公平,避免居民收入差距持续拉大情况的出现,走共同富裕的道路。

(二)经济社会协调发展机制

1.城乡之间协调发展

2006年我国基尼系数是0.470,而农村基尼系数是0.370,城镇基尼系数是0.337,说明我国收入差距的绝对水平不仅高于城镇内部的收入差距,也高于农村内部的收入差距,其原因在于我国城乡收入差距远远超过城镇内部收入差距和农村内部收入差距。虽然改革开放后农村经济取得了巨大成就,农民收入和生活水平得到不断提高和改善,但城市居民收入增长得更快,农民相对贫困的程度加剧了。过分悬殊的城乡收入差距,严重影响了社会稳定和国民经济的持续发展,是我国实现共同富裕目标的一大障碍,成为我国解决收入差距问题中最突出的问题。因此,必须统筹和协调好城乡之间社会经济发展,努力缩小城乡居民之间的收入差距。

2.区域之间协调发展

我国是一个幅员辽阔的大国,由于历史等多方面的原因,各地区的差距问题由来已久。新中国成立后,我国实行了向内地倾斜的工业发展战略,在一定程度上缓解了地区之间差距扩大的趋势。改革开放后,我国经济快速发展,各地区的经济都得到了很大的提高。但是,由于实行了向东部沿海倾斜的不平衡发展政策,又由于历史上的发展水平等多方面的原因,我国地区差距呈现逐步扩大之势。目前,我国已经成为世界上地区经济发展差距最大的国家之一。地区差距拉大,是我国经济发展中面临的一个突出问题。因此,统筹区域发展,加快西部大开发、中部崛起、振兴东北老工业基地,是我国实现共同富裕这一目标的重要内容。

3.经济发展和社会事业协调发展

经济繁荣和社会发展是相辅相成的两个方面,应该平衡协调发展。改革开放初期,加快经济建设的步伐是必要的,但当经济发展到一定程度后,应该逐步转向经济社会协调发展。但因为各种原因,我国目前仍然偏重经济发展,致使教育、科技、文化、医疗、环保和社会保障等社会事业,严重落后于经济发展,形成了"一条腿长、一条腿短"的不平衡状态。以教育和医疗卫生为例。由于中等专业技术、职业教育发展严重滞后,致使熟练技工、技师严重短缺。医疗卫生方面的问题更加严重,看病难、看病贵近年成为广大群众最为关注的社会问题之一。社会事业的发展程度是共同富裕实现程度的一项重要衡量标准,必须协调好经济与社会的发展。

4.人与自然和谐相处

改革开放以来,我国工业化和城市化进程加快,经济快速增长,全国部分地区的环境受到缓慢、持续的破坏。由于负载人口过多以及人们对土地、森林、水和矿产等资源的不合理开发利用,我国生态环境面临严峻的形势:湖泊、江河、湿地面积在缩小,沙漠化、荒漠化在加剧,生物物种不断减少……[①]生态环境的恶化不仅阻碍了经济社会的持续健康发展,而且还影响到共同富裕目标的实现。自然环境是生产力的要素之一,是制约经济发展的重要因素。而共同富裕的实现不仅是简单要求经济增长,还包含了对经济增长的可持续性要求。因此,我们要统筹人与自然和谐发展,坚持走生产发展、生活富裕、生态良好的文明发展道路。

三、制度保障机制

社会主义共同富裕的实现必须建立在一定制度基础之上,它不是在任何制度

---

①毛晓梅:《人与自然和谐发展》,载《人民日报》(海外版),2003 年 11 月 26 日。

条件下都可以实现的。从实现共同富裕的要求来说,这种制度主要包括:一是坚持公有制为主体。公有制为主体是社会主义制度的基石,是构建社会主义和谐社会的经济基础,也是共同富裕的制度基础。不坚持公有制为主体,就不可能实现社会主义共同富裕。二是坚持按劳分配为主体、多种分配方式并存的分配制度。坚持按劳分配为主体,社会上每个人都会通过劳动去获取收入,从而使劳动报酬成为大多数人的主要收入,并且按劳分配的社会总和在社会总分配中占有极重要比重,它可以在实现共同富裕过程中起主导作用。

(一)坚持公有制为主体、多种所有制经济共同发展的基本经济制度

坚持公有制为主体,保持了我国社会主义的性质,是建设社会主义共同富裕的前提条件。历史唯物主义认为,一个社会的性质,是由一定生产力基础上的占统治地位的生产关系来决定的。而在生产关系中,最基础的是生产资料所有制。因此,所有制的性质决定着整个社会的性质。社会主义经济制度的本质特征是生产资料公有制。公有制是否占主体地位,是判断我国是不是社会主义国家的根本标志。以公有制为主体的所有制结构,决定了生产出来的财富主要部分属于全体劳动人民,不是少数人占有,生产是为全体人民谋利益的。因此,要实现社会主义共同富裕,必须首先坚持公有制的主体地位。[①]

坚持公有制为主体,促进社会生产力的发展,是实现社会主义共同富裕的重要条件。根据历史唯物主义的观点,生产力决定生产关系,生产力发展到一定阶段,原来的生产关系就逐渐变得不适应生产力进一步发展的要求,由生产力发展的促进者,变成生产力发展的阻碍者。这时就要产生社会变革,由新的社会制度取代旧的社会制度。公有制适应社会化大生产发展的需要,是一种更先进的生产关系,能极大地促进生产力的发展,能够创造更多的社会财富。

坚持公有制为主体,才能坚持按劳分配的主体地位,为实现社会主义共同富裕奠定基础。马克思的分配理论认为,生产关系直接决定着分配关系。马克思指出:"所谓的分配关系,是同生产过程的历史规定的特殊社会形式,以及人们在他们生活的再生产过程中互相所处的关系相适应的,并且是由这些形式和关系产生的。这些分配关系的历史性质就是生产关系的历史性质,分配关系不过表示生产关系的一个方面。"[②]这就是说:第一,分配关系是由生产关系所决定的,并和生产关系相适应;第二,分配关系是生产关系的一个方面;第三,生产关系的历史性质,同时也就

---

① 付昆:《实现共同富裕必须以公有制为主体》,载《理论探索》,2005 年第 5 期。
② 《资本论》,第三卷,第 998~999 页,人民出版社,1975 年。

决定着分配关系的历史性质。

非公有制经济作为一种经济形式，它的客观存在是同我国现阶段生产力发展水平相联系的。随着我国社会主义市场经济的发展，非公有制经济不断发展壮大起来，已成为我国社会主义市场经济的重要组成部分。非公有制经济作为一种具有活力的经济形式，其地位和作用日益凸现，对促进社会主义共同富裕的实现具有举足轻重的作用。第一，非公有制经济已成为推进我国经济增长的重要动力；第二，非公有制经济扩大了就业，使大量剩余劳动力转化为现实劳动力；第三，增加了产品、服务的多样性，更好地满足人民日益增长的物质和文化需求；第四，非公有制经济的发展，促进了我国对外开放和对外贸易的发展。

（二）坚持按劳分配为主体、多种分配方式并存的分配制度

按劳分配是按照劳动者付出的劳动的数量和质量来分配个人消费品或个人收入的分配制度。由于公有制消除了人们在生产资料占有上的差别，劳动才成为收入分配的依据。按劳分配的原则源于社会主义公有制，社会生产力的发展水平对其实现程度有决定性作用。社会生产力的性质和水平不但决定了生产条件的所有制形式，还最终决定个人消费品的分配。生产力对分配方式起终极决定作用。恩格斯在晚年指出："分配方式本质上毕竟要取决于有多少产品可供分配，而这当然随着生产和社会组织的进步而改变，从而分配方式也应当改变。"[1]这句话即是说，分配关系从本质上说由生产力水平决定。生产力决定生产关系，再决定分配方式。这种分配方式能够保证劳动成果归劳动者共享，它为社会主义共同富裕的实现提供了制度保障。

坚持按劳分配为主体的原则，对于促进社会主义共同富裕发挥着重要的作用。第一，按劳分配否定了几千年的剥削制度，反对不劳而获，反对少劳多得，倡导通过诚实劳动和合法经营致富，能够有效地促进共同富裕。第二，按劳分配承认劳动者在收入方面存在合理的差距，能够起到示范的作用，逐步实现共同富裕。第三，按劳分配能充分发挥劳动者的积极性和创造性，创造更多的社会物质财富，为共同富裕提供物质条件。[2]

所有制结构的演变决定了分配方式的演变。确立劳动、资本、技术和管理等生产要素按贡献参与分配的原则，符合我国以公有制为主体、多种所有制经济共同发展的所有制结构。按要素分配肯定了生产要素在创造社会财富中的贡献，有利于调

---

①《马克思恩格斯选集》，第四卷，第691页，人民出版社，1995年。
②蒋学模：《社会主义按劳分配和共同富裕》，载《商业经济与管理》，1993年第5期。

动生产要素占有者参与社会财富创造的积极性,实现资源的优化配置,从而促进社会主义共同富裕的实现。生产要素参与分配能够有效地配置社会资源,促进生产力的发展,创造更多的社会财富。生产要素一旦被占有,就形成一定的所有者和经济主体。要把资本、技术和管理等生产要素从各种束缚中释放出来,进入经济活动中成为现实生产力,必须让要素所有者参与剩余价值分配。只有这样,才能激励生产要素所有者合理配置资源的积极性,从而促进生产力的发展和财富的增长。

四、分享经济运行机制

(一)公有制企业净收入分享

"公有制分享经济理论"认为:第一,在社会主义条件下,由于生产资料公有制的建立,雇佣劳动制度的废除,使劳动者成为生产的主体,工资范畴不再存在,成本=c+v 的范畴已经过时;第二,v 的性质发生了变化,v 只是按劳分配所决定的个人消费品价值,它不是资金而是收入,不进入生产补偿,所以 c 与 v 不能再结合成一个成本范畴;第三,劳动者作为主体支配着生产资料这个客体,即活劳动支配物化劳动,这样,必要劳动和剩余劳动都获得了自主的个人需要劳动的性质,因而 v 和 m 就结合成一个新范畴,即需要价值或净产值范畴。因此,社会主义劳动即自主联合劳动的性质,决定了社会主义的商品价值构成具有新的特点,即 w=c+n。c 代表新概念成本,n 代表需要价值,n 是由三部分组成。即 n_1(国家收入)、n_2(企业收入)、n_3(劳动者个人收入)[1]。

所谓企业净收入,就是实现了的企业净产值,可由销售收入扣除物耗成本求得。净收入分成,就是将净收入在国家、企业、职工个人三个经济主体之间按一定比例分享。在这里,职工不再拿固定工资加奖金。而是按照事先确定的比率分享收入。这种分享是以企业净收入为基础,是和企业的实际经营状况紧密联系的。因此,职工收入不再由企业外部的力量所决定,而是取决于企业的经营成果和职工的劳动贡献的大小。这一方案不仅要求取消传统的工资制,而且要求取消利润制度,用净收入取代工资和利润。这样就能使职工收入成为其劳动贡献的报酬,消除个人攀比机制的基础,奖勤罚懒,有效地挖掘出生产者的潜力。同时,确保个人收入增长不超过劳动生产率增长,并用其自动排斥冗员的功能,有效地克服超分配导致的消费膨胀和消除隐蔽性失业。这就使职工收入在企业经济活动中成为一个重要的自我调节力量,企业收入能从促进企业从利益长期化要求出发自行增值,有利于克服企业行为短期化倾向。国家收入由企业净收入中按一定比例分得,形成社会公共需要基

---

[1] 李炳炎:《公有制分享经济理论》,第 31 页,中国社会科学出版社,2004 年。

金,这样就能保证国力的稳定增长。

由于利益分享,"荣辱与共",就会从国家、企业、个人三方面形成一股追求企业净收入不断增长的合力,从而也就有效地解决增加有效供给的生产动力问题。在净收入分成制中,利益分享是通过各经济主体对每一边际产量的净收入分享来实现的,因而能够有效地保证国家、企业、职工个人三者收入按比例同步增长,从而可以保证国家的财力、企业的实力和个人生活水平的合理同步增长。

(二)非公有制企业利润分享

除了公有制企业外,我国在社会主义初级阶段还存在着大量的非公有制企业。非公有制企业的一个重要特点是生产资料私人占有。所以,在非公有制企业设立分享经济机制时,除了考虑国家、企业、职工三个经济主体之间的利益外,还要考虑到资本所有者的利益。目前,西方企业中也越来越多地采用分享制的分配方式,常见的分享形式有职工持股计划、劳动者管理合作社、利润分享制、劳动资本合伙等。[①]在我国的非公有制企业中,比较适宜的做法是采用利润分享制。职工首先取得固定的工资收入和绩效奖金,这构成企业的成本,同时也是职工个人收入的一部分。国家通过各种税收从企业的收入中分享到国家收入,最终形成了企业的纯利润。企业首先在纯利润中提取一定比例的公积金作为企业积累基金,用于企业的技术革新、扩大再生产等方面。余下来的部分就要在资本所有者和企业职工之间进行分配,具体的分配比例要依靠双方的谈判来协调。

非公有制企业中运用利润分享制,兼顾了国家、企业、资本所有者、企业职工四个经济主体之间的利益,对于缩小资本所有者与职工之间的收入差距有着积极作用。首先,它缓和了劳资之间的矛盾,变两者之间的对立关系为一定程度的利益一致关系。其次,它使得职工的地位得到了提高,能有效地维护职工的权益。最后,它强化了企业经营中的风险共同负担机制,提高了职工工作的主观能动性,有利于企业效益的提高。这三个方面的作用都会促进社会主义共同富裕的实现。在一些有条件的非公有制企业中,可以通过职工持股的方式(甚至可以通过虚拟持有股权的方式),将这种利润共享的分配方式制度化。

(三)分享经济运行机制推进共同富裕实现的途径

社会主义分享经济集多种微观机制与宏观效应于一身,具有很强的综合性。它能通过以下几个方面的机制,有效地促进社会主义共同富裕的实现。

一是市场导向机制。企业实行了分享制,则以销售收入作为第一级经营目标,

---

①参见詹姆斯·米德:《分享经济的不同形式》,载《经济体制改革》,1989年第1到3期。

从而形成了自主企业的市场导向机制。企业为了获得最大限度的销售收入,不得不废除以前追求的"产值"、"产量"等指标,更加明确了只有被市场承认的劳动才是有效的劳动这一概念,使企业的职工更加关心市场,关心自己生产出来的产品是否能在市场竞争中得到广大消费者的认可和接受。只有通过市场交换使企业生产的产品转化为货币,实现为企业的销售收入,才达到了企业的经营目标。

二是增产节约机制。企业实行了净收入分成制,则以净收入作为第二级经营目标。企业要获得更多的净收入,途径有两条,我们可以从公式 $w=c+n$ 中分析得出:一是提高劳动生产率,增加产量,从而增加了企业净收入;二是降低物耗成本从而节约生产资料费用。企业净收入在量上与 w 成正比,与 c 成反比,从而形成了一种使企业增产与节约相互推进的经济运行机制。

三是长效激励机制。企业实行了分享制,从而使国家、企业和职工三者形成了一个利益整体,共同的目标是使企业获得更多的净收入;企业获得了更多的净收入,则国家以税收的形式多得一部分,企业多留一部分,职工个人多拿一部分,形成了一荣俱荣、一损俱损的局面。因此,实行净收入分成制企业的职工具有极大的生产积极性,劳动热情得到充分发挥。

四是利益协调机制。企业通过实行净收入分成,将企业的净收入按一定的比率划分为国家收入、企业收入和个人收入三个部分。理顺了国家、企业和个人三者之间的分配关系,协调了利益关系,克服了原来旧体制下利益对立的关系。通过实行净收入分成制,按照事先确定的国家、企业和个人三者合理的分成比例,三方各得其所,利益共享,风险共担,从而规范了政府、企业和个人三者的经济行为,减少了三者之间互相争利益的"内耗",从而形成了更大发展生产的合力。

五是消费约束机制。实行净收入分成制,个人收入取得和增长不会超过企业劳动生产率的增长幅度,也不会挤占国家收入和企业收入。由此可以得出:实行净收入分成制,一是可以有效、合理地控制住个人消费基金的增长,消除国民收入超分配的微观基础;二是由于个人消费基金的增长与企业经济效益、劳动生产率增长呈同步变化,从而为宏观经济的总供给与总需求动态平衡提供了良好的微观基础。

六是增量积累机制。实行净收入分成制,企业本身可以按一定比例在企业净收入中获得企业积累,企业再从企业的收入中拿出一部分用于生产发展和技术改造,追加企业的资金投入,扩大企业的生产规模。由于企业积累是按一定的比例在企业净收入中分成所得,因而是一种固定的硬约束,使企业用于发展生产的资金可以随着企业生产经营的运行自行地增长,从而克服了分配过程中出现的"两头大、中间小",企业资金不足,发展困难,克服了企业行为短期化问题。

七是技术自动进步机制。企业的技术进步分为两个方面，一方面是企业的技术装备的进步；另一方面是企业职工技术素质的提高。企业实行了净收入分成制，就在制度上形成了一种促进企业投入资金，更新设备的硬约束，使企业的技术装备随着生产的运行而不断进步；另一方面，由于企业职工的个人劳动收入与其技术水平的高低紧密相关，并且技术水平主要决定职工的劳动收入，以"价值系数"来体现。职工的技术水平高，则价值系数就大，职工个人的劳动收入就多，反之则相反。因此，实行净收入分成制，就使每个职工从主观上意识到技术素质的重要性，并促使他们主动地去提高自身的技术水平。

八是结构自我调整机制。实行净收入分成制的企业，由于以追求更多的销售收入为第一级经营目标，产品必须及时适应市场需求的变化。当市场需求发生了变化以后，企业就会主动地调整产品结构。在技术自动进步机制形成的条件下，企业就会通过不断开发新产品来适应市场需求的变化。对那些属于夕阳产业的企业，当企业的产业结构不能适应市场变化和国家产业政策时，就会自我调整企业的产业结构。在自我积累机制的支持下，企业有实力"脱胎换骨"，全面更换装备，或与其他企业联营，或收购其他企业，达到以新的产业结构自立于市场的目的，在竞争中生存并发展。

五、宏观调节机制

（一）财税调节机制

财税政策作为国家宏观调控的基本机制之一，其手段有税收、财政支出、公债和国家预算等。[①]财政的支和收有着不同的职能，其目的和方向是有区别的。财税政策促进社会主义共同富裕实现的支出手段，主要有投资性支出和转移性支出；税收手段主要是税收的调节和引导。无论是收入手段还是支出手段，都体现了共同富裕目标的理性预期和政策设计。

税收体系的合理引导，通过特定的税收区域、产业优惠政策，推动资金和技术在区域之间和产业之间流动，对缩小区域差距、走向共同富裕有不可替代的作用。同时，结合制定劳动工资政策，运用个人所得税、特种消费税（对奢侈性消费征税）和社会保障体系对居民收入进行再调节，对过高收入群体多征税，对过低收入群体进行补贴，从而缩小个人收入差距。

邓小平的社会主义本质论已经指明，发展经济是实现共同富裕的前提条件，结构的改善是经济发展的内涵之一。财政投资性支出主要致力于解决区域经济结构

---

①赵宇编著：《西方财政学》，第 210 页，经济科学出版社，2006 年。

的协调。其中中央财政在具有重大结构意义和战略意义的基础产业投资及国有大中型骨干企业的投资中占有决定性地位。地方财政则在此基础上侧重于中观产业结构的塑造、培育和地方公共事业支出。由于共同富裕是长期的历史过程,所以,不同阶段的投资支出应有不同的目标。

转移性支出是投资性支出的延伸和补充,带有明显的选择性和方向性。在规范的分级分税制基础上,针对区域经济、产业结构的重点环节或薄弱环节,针对不同地区经济发展和"三步走"战略的实际需要,进行有选择的转移性支出,使地方财力的运用和中央财力形成合力,成为迈向共同富裕的有力手段。以财政为主体的扶贫支出属于更有直接意义的转移支出。特别是科技扶贫,培训性的教育扶贫支出,对于贫困地区转变观念,提高素质,增强造血功能,具有根本性意义。在财政的公共支出中,科教文卫支出对提高劳动者综合素质和技术技能水平,提高劳动生产率和管理水平,具有直接的促进作用。公共设施的完善,精神文化生活的健康丰富本身就是共同富裕的内容之一。

（二）社会保障机制

社会保障,是指国家对社会成员在年老、疾病、伤残、失业、遭受灾害、生活困难等情况下时,给予物质帮助的制度。一般来说,社会保障由社会保险、社会救助、社会福利、社会优抚等组成。其中,社会保险是社会保障的核心内容。其基本功能是通过储蓄和再分配等机制,保障公民的基本生活,以维持社会公平和稳定,促进经济发展和增进公共福利。完善的社会保障制度是消除贫困、维护公平,促进社会改革和发展的强大动力,是社会进步的标志。社会保障机制的构建对我国全面建设小康事业和实现共同富裕具有十分重要的意义。

首先,社会保障中的社会救助和社会福利项目所需资金大部分来自政府的税收。国家通过社会救助给低收入者提供基本的生活需要,为他们构筑一道"安全网",使之不致陷入绝望境地;通过社会福利中的项目为老年人、儿童、残疾人等特殊的弱势群体提供福利设施、服务帮助,并使他们能在该福利保障下得到基本生活所需的物质需要。这些利用财政转移支付来实施的社会保障项目,把高收入者所缴纳所得税的一部分转移至低收入者,从而在一定程度上调节了收入差距。

其次,社会保障中的社会保险各类险种分别对应调节了劳动者和退休者、就业者与失业者、健康者与患者之间的利益和再分配。如人们在失业时,收入下降,但是建立了失业保险以后,人们可以从失业保险经办机构领取到失业补助金,保证了失业者的基本生活。当找到工作时,失业金停止发放,收入又恢复正常水平。失业保险的存在使失业者的收入保持相对稳定,不致在某个时期或长时期内陷入贫困。

最后,作为社会保障中的一种非正式制度,慈善事业扶困助弱的功能在客观上构成了官方社会救助的补充。慈善事业通过自己的活动,运用自身的公信力筹集民间的资源,对被遗漏在制度性补助之外的需要帮助的社会成员进行救助。慈善事业减轻了政府的财政压力,是政府保障的一项有效补充。现代慈善事业的发展,已经突破了传统的救灾济贫领域,扩展到了文化教育、环境保护等许多公益领域,提高了所有社会成员的福利水平。

党的十六届四中全会在总结我国建立社会保障的经验教训的基础上,提出了构建由社会保险、社会救助、社会福利和慈善事业四大要素构成的社会保障体系的政策主张。这样,实现社会主义共同富裕的社会保障机制就能初步形成。这就是:最低层次是通过社会救助和慈善事业,保障人们的基本生活需求;中等层次是通过社会保险,保障人们的现有生活福利不因年老、失业、疾病等原因而降低;最高层次是通过社会福利不断提高人们的富裕程度和生活质量。这三个层次相互联系相互作用,共同构成实现共同富裕的社会保障机制。①

六、伦理道德机制

在日常用语中,人们往往把"伦理"和"道德"两个概念不加以区别,视为可以等同互换的概念。其实从严格意义上讲,两者既有联系,也有区别。伦理,是指人与人之间的一种关系、规则和秩序。道德则是人们的行为遵守某种原则规范而显现出的品性,是人们的实践活动的一种品格。伦理道德在社会主义市场经济发展中具有非常重要的作用。②一是伦理道德为社会主义市场经济发展提供人文动力。市场经济是效率经济,而效率提高的真正来源在于人的作用的充分发挥。伦理道德的力量是不可忽视的。二是伦理道德能有效降低社会主义市场经济的"交易费用",增加社会福利。市场经济是道德经济,道德能从积极方面调节社会关系、维护社会秩序,不需要花费多大的成本。三是伦理道德可促进合作规模经济效益,推动经济增长与发展。伦理道德是促成合作的前提和基础,也是促成合作的重要机制。四是伦理道德能有效内化市场外部性,弥补市场缺陷。

社会主义市场经济体制的建立和完善,需要有人们的伦理道德观念的支撑。而社会主义核心价值体系的构建,更需要相应的伦理道德观念的推动。引导人们确立正确的共富观,能为社会主义市场经济注入活力和内在动力。市场经济之所以比产品经济优越,从根本上说就在于它充分肯定市场主体为满足生存、发展、享受的需

---

①于建荣:《论实现共同富裕的机制》,载《河南理工大学学报》,2006年第1期。
②霍洪波:《论伦理道德在社会主义市场经济发展中的作用》,载《集团经济研究》,2006年第10期。

要而对自身物质利益的追求,从而激发和调动了人的进取性、积极性。因此也可以说,市场经济体制得以发挥作用、促进生产力发展的根本前提,就是每个个体对物质利益的不断追求。人们对富裕的不断追求是市场经济得以发挥作用的内在动力,也是市场经济充满活力的源泉。没有这一点,市场经济体制就不可能健全并发挥作用,也就不可能达到促进生产力发展的目的。[1]因此,建立伦理道德机制必须要适应社会主义市场经济发展的需要,并能对共同富裕的实现起积极作用。

上述五个方面的机制,分别从不同路径发挥作用,相辅相成,共同促进社会主义共同富裕的实现。经济社会发展机制主要是保障经济社会的持续稳定发展,为共同富裕的实现提供物质基础。制度保障机制是要在经济发展、人民总体富裕的前提下,保障社会分配的公平正义。经济社会发展机制促进"富裕",制度保障机制保证"共同",两者同等重要,构成社会主义共同富裕实现机制的两个最重要的方面,必须同时兼顾。社会主义分享经济运行机制实质是按劳分配的一种特殊形式,它对实现共同富裕有着巨大推动作用,应在经济生活中多加提倡并运用。今后应考虑将分享经济从利益分享向产权分享领域推进。调节机制起辅助作用,主要是对少部分游离在共同富裕之外的人或地区的调节,以弥补制度上存在的不足。伦理道德机制则是从思想文化层面上来提倡人们树立正确的共同富裕观念,特别是在当前处理"先富"、"后富"等问题上,其作用不容忽视。

以上五个方面的机制,既具有各自不同的功能作用,又产生互补作用,相辅相成,形成一整套综合的机制系统,产生同向合力,推动社会主义共同富裕目标的逐步实现。近年来,在科学发展观指导下,经过对出现严重贫富悬殊状况及其原因的反思,我国正在注重探索构建社会主义共同富裕的实现机制。实现共同富裕,是我们毫不动摇的信念,推进共同富裕实现机制的研究,是新时期人民大众赋予我们的历史任务。

[1]唐永泽、朱冬英:《中国市场体制伦理》,第188页,社会科学文献出版社,2005年。

第二十章 加快二元经济体制改革
推进城乡共同富裕进程

改革开放 30 年来,我国从计划产品经济向社会主义市场经济转轨,使国民经济取得了长足的发展。与此同时,由传统的二元经济结构所造成的城乡收入差距扩大不仅始终未能得到缓解,反而在不同地区有不同程度的拉大趋势,成为国内备受关注的社会现象。经济运行不稳定、不平衡、不协调、不可持续是当前中国经济存在的巨大的体制问题。其中,"不平衡"就包括城乡之间经济与社会发展不平衡。突破二元经济结构、改革二元经济体制和全力解决"三农"问题,其核心内容和关键环节是增加农民收入,缩小城乡差距,使城乡居民共同分享改革与发展的成果。

近几年来,根据科学发展观的要求,我国政府采取了一系列的政策措施:免除农业税并对农业生产进行补贴;为提高农村劳动力的技能和实现农村劳动力的转移实行免费培训或予以大力资助;大力发展农村信息网络及农业科技教育;着力推进农村实用科技入户;进一步加大对农村义务教育的投入力度等。我国政府以农民为本实施的各种政策,对于提高农民的人力资本水平和农民收入,推动农业科技进步,抑制城乡差距的扩大趋势,逐步走向城乡共同富裕,将产生长远的深刻的影响。构建共同富裕实现机制,需要特别关注并深入研究城乡统筹发展和"三农"问题。

一、我国的二元经济结构与二元经济体制

(一)计划产品经济体制与城乡二元体制

考察我国经济发展的历史不难发现,城乡二元经济结构自古以来就存在。自宋代算起,至今已有 1000 多年的历史。尽管存在城乡二元经济结构,但却没有城乡二元经济体制。例如:在北宋与南宋的交替时期,当时的居民迁移(南迁)是自由的,那时并没有规定城市居民只准迁入城市,农村居民只准迁入农村。又如:清朝中叶东北地区开禁以后,山东人、河北人移居东北,这些乡下人可以在东北的城镇里做学徒、当店员、开商店、办作坊、购房建房;山东、河北的城里人也可以在东北的乡下租地、种地、购地、购房、建房;人们在城乡之间可以自由迁移,不受户籍束缚。电视连续剧《闯关东》中就生动地描述了这段历史,这种情况一直延续到 20 世纪 50 年代前期。然而,从 20 世纪 50 年代中后期开始,由于计划经济体制的建立,户籍分为城市户籍和农村户籍,城乡二元经济体制便形成了,城乡从此也就被割裂了。从这时

起,城市与农村均成为封闭的单位,生产要素的流动受到十分严格的限制。在城乡二元经济体制下,城市居民与农民的权利是不平等的,机会也是不平等的。从某种意义上讲,农民处于"二等公民"的位置。

城乡二元经济体制的建立对计划产品经济的存在和延续起着重要的支撑作用。限制城乡生产要素的自由流动,就意味着把广大农民束缚在土地上,禁锢在农村中,只有这样,计划产品经济体制才能巩固并维持运转。

因此,计划产品经济体制实际上有两个重要支柱:一是政企不分、产权不明的国有企业体制;二是城乡分割、限制城乡生产要素流动的城乡二元经济体制。这两大支柱支撑着整个计划产品经济体制的存在与运转。

我国经济体制改革是从推行农村家庭承包制开始的。农村家庭承包制充分调动了农民的生产经营积极性,并为乡镇企业的兴起创造了条件,在当时起到了推动改革的重要作用。但是,实行农村家庭承包制只是否定了城乡二元经济体制的一种极端的组织形式(人民公社制),并没有改变城乡二元经济体制继续存在的事实,城乡依旧隔绝,两种户籍制度仍然存在。然而,从1984年10月起,改革的重心由农村转向城市,国有企业体制的改革就成为全社会关注的焦点。从1985年至今,国有企业体制一直在不断地进行着改革。

然而,计划产品经济体制的另一个重要支柱——城乡二元经济体制,却基本上未被触及,至今只能说是略有松动而已。主要表现为农民可以到城镇务工,可以把家属带进城镇,城市里的企业可以到农村组织农民生产、经营等。但是,这些依然是在城乡二元体制存在的条件下实现的。因此,改革二元经济体制,已经成为结束计划产品经济体制,完善社会主义市场经济体制,构建共同富裕实现机制的迫切任务。

(二)深化城乡二元经济体制改革的必要性和紧迫性

发展经济学家刘易斯把生产部门分为现代部门和传统部门,他认为,传统部门的劳动力边际生产率要低于现代部门的边际生产率,在社会发展的基础上,现代部门的资本积累日益雄厚,在其持续扩大再生产的过程中不断吸纳传统部门的剩余劳动力,这样,由于传统部门的劳动力日益减少,社会使得传统部门的劳动力边际生产率逐步提高,最终达到两部门边际生产率相等的理想状态。费景汉与拉尼斯在刘易斯研究的基础上也认为:传统部门(农业)劳动力的非农转移是经济发展的基础和前提。只有在这种情况下,才能从二元经济过渡到一元经济。按照发展经济学的一般原理,伴随经济持续发展,中国应该逐步淡化二元结构,但是,从我国经济发展进程来看,二元结构不仅没有弱化,反而有不断加强的趋势。从我国农民收入与城市居民收入差距越来越扩大的实际情况表明，我国城乡二元经济结构正呈现强化势头。另外，参照东南亚四小龙经济发展的经验，伴随经济的快速拉升，其基尼系数会在前期增大的情况下呈现出不断缩小的趋势，它的变异系数也会呈现稳定的态势，然而，我国的基尼系数自20世纪90年代初以来一直呈现扩大趋势，这说明，中国的城乡二元经济结构不仅没有磨合的趋势，反而呈现出固化与超稳态特征。消除二元结构，达到社会和谐发展的核心是传统产业劳动力向现代产业转移。但是，通过对中国转型期经济发展进程的回顾，农民工正成为中国现代产业大军的中坚力量。虽然成千上万的农民工进厂务工，但他们却很难分享到经济发展的成果，更无法获得像城市居民一样的社会福利。而造成这一切的主要原因是相关制度的欠缺与滞后。其中，户籍制度、人事制度、城乡分割体制等是造成农民工"进城不离乡"、"务工不脱农"的主要原因。这样的必然后果是，传统农业部门的剩余劳动力无法顺畅地转移到现代产业部门，这必然会使传统农业部门的劳动生产率无法提高，必然会进一步加大并强化城乡二元经济结构。所以，我国转型期二元经济结构的刚性与户籍政策壁垒是制约二元经济结构转化的主因之一。中共十六届三中全会的重大理论突破之一，就是明确提出要建立有利于逐步改变城乡二元结构的体制。可以相信，城乡二元体制改革从此被正式提上了议事日程。这是关系到贯彻落实科学发展观，完善社会主义市场经济体制，让广大农民分享发展与改革成果的重大举措，具有极其深远的历史意义。可以坚信，城乡二元体制的改革是继国有企业改革之后的另一项带有根本性质的经济体制改革。

1."以人为本"科学发展要求深化城乡二元体制改革

只有改革城乡二元经济体制，才能真正使农民走向共同富裕。现实中，人们经常提出的一个问题，就是让广大农民共享发展与改革的成果。难道仅仅反映在政府对农业投入的增长、农业税的取消、政府对种粮农民施行直接补贴等方面吗？这些虽然是必要的，但显然还不够。关键在于改革城乡二元经济体制，让农民和城市居民一样享有同等的权利，拥有同等的机会。这才是城乡二元经济体制改革过程中要认真解决的关键问题。

2.社会协调发展需要加快二元经济体制改革

从社会协调的角度分析，必须做到统筹发展，包括城乡发展、区域发展、经济与社会发展、国内发展与对外开放、人与自然和谐发展的统筹。为此必须对城乡二元经济体制进行实质性的改革。

3.推进城镇化必须进行二元经济体制的改革

从推进城镇化的视角分析，城镇化是伴随着工业化的进程而不断推进的。然而在中国,城镇化的进程相当缓慢,原因之一在于城乡二元户籍制度的存在。城乡二元户籍的改革应随着城乡二元经济体制的改革而加速进行,户籍一元化势在必行。当然,仅仅走向城乡户籍一元化远不足以消除农民进城和加速城镇化的体制障碍。因为户籍的背后是土地制度等。

4.实现城乡共同富裕,更需要进行二元经济体制改革

目前,我国突出存在的城乡差距扩大、区域差距扩大、居民收入差距扩大的趋势,都是与二元经济结构和二元经济体制有着直接的关系。统筹城乡发展首先应从消除二元经济结构和改革二元经济体制入手。

(三)二元经济体制改革的基本取向:统筹城乡发展

二元结构对国民经济建设起到一定积极作用的同时也产生了一系列严重后果:城市自身功能发育不足,起不到辐射和带动农村的作用;农村局限于以粮食种植为主低效而单一的土地经营,与城市的差距拉大。与此同时劳动力再生产远远超出了就业可容纳的数量,国家一直通过城市发展方针、户籍制度、城市就业管理等措施,限制人口和劳动力的城乡转移,使我国城市化长期滞后。

1978年以联产承包责任制为主要形式的农村经济改革和1984年开始的城市经济体制改革使城乡经济开始渗透,城乡分割和相互封闭的格局开始被打破,城乡经济及社会发展出现了新的局面。但是,自80年代中期开始,城乡关系又出现了新的不协调,农村人口城市化再度缓慢,城乡发展再次陷入了新的失衡状态。城市的发展受到了相对落后农村的制约,城市接纳不了日益增加的农村剩余劳动力,许多国有企业举步维艰,城市问题繁多。因此,众多学者研究城市发展问题时不再只局限于城市,研究农村问题时也会考虑到农村与城市的关系,城市问题和乡村问题为我国城乡协调发展研究进而为实行统筹城乡发展战略提供了客观要求和宏观背景。

就其协调城乡发展和城乡关系问题而言,应把城市和农村纳入统一的社会经济发展的大系统中加以研究,将改变城乡分割局面,建立新型城乡关系,改善城乡功能和结构,实现城乡生产要素合理配置,协调城乡利益,加快我国工业化、城镇化和现代化进程,逐步消除城乡二元结构,缩小城乡差距。我们认为城乡协调至少应包括城乡政治协调、经济协调、生态环境协调、人口协调、文化协调、空间协调等方面,做到观念上城乡差别消除,发展模式上应在城市发展的同时,实现农村现代化,功能上强调城乡一体化职能,空间上和景观生态上城乡紧密联系、相互依存。这就是统筹城乡发展的实质问题。

基于上述认识,我们认为:城乡统筹是指建立一种城乡协调互助的政策机制,

主要包括两个方面:一方面主要使城市与农村达到共同的目标利益,并且尽可能公平地分享到这个利益;另一方面,又能使这些做法本身具有可持续的合法保证和有效规范。城乡统筹发展,是处理城乡发展和城乡关系的一种指导思想或发展理念,其内涵至少应包括以下方面:

其一,目标统一。城市发展与农村发展的目标要与城乡协调发展总目标相协调,共同富裕应成为发展的最终目标,而发展应当成为共同富裕的保证。

其二,结构合理。城市与农村在发展过程中要注重产业结构、生产力布局、基础设施建设、教育制度、劳动力就业、社会保障、生态环境、体制与政策上的相互适应。应当根据城乡优势互补的原则,从城乡两个层次统一考虑产业结构和地域结构,形成既有分工又有联系(协作)的城乡地域分工和经济体系,逐步打破城乡分割和分治的局面,最终在社会组成上达到整体优化、平稳、协调地推进工业化、城市化进程,实现社会繁荣。

其三,协调互动。城市和农村在各自的发展过程中,应充分发挥城市对农村的带动作用和农村对城市的促进作用,鼓励城市和农村生产要素合理对流,引导城市高素质人才、资本、技术进入农村,使城市与农村的自然、社会、人力等资源在更大范围内、更高层次上实现融合,最终实现城市和农村的优势互补、互相促进、协调发展。当前,应当深入研究城乡统筹发展的目标、动力机制、发展模式及路径选择问题。

我们认为:对于统筹城乡发展的目标问题,可以进行多视角定位:首先,是从城乡差别是否消失的角度来定位。即:城乡统筹、协调发展的目标应建立在生产力高度发达的基础之上。现阶段,不是城乡差别的消灭,而是实现城乡资源的优化配置及城乡社会、经济、文化的持续协调发展。其次,是从城乡生产要素的合理配置来定位。主要目的在于改善城乡结构和功能,协调城乡利益和利益再分配,实现城乡生产要素合理配置,城乡经济、社会、文化持续发展。再次,是将满足人的需求和追求全面发展作为目标定位。城乡统筹、协调发展是在保存城市和农村鲜明特色的前提下,通过城乡经济高度发展从而给人以极大的满足。从这一视角看,城乡统筹协调发展的目标是平等发展,且平等发展的核心是城乡经济利益的平等。

上述目标定位可看到城乡统筹、协调发展的一个方面或一部分,它们之间并不矛盾。只有生产要素合理配置才能使城乡均得以发展,才能满足人的需求并得到自由全面的发展。同时,也只有将城市和农村作为一个整体平等对待,才能最终消除城乡差别,走向城乡共同富裕。

城乡统筹、协调发展的动力机制。我国多数学者都认为城乡协调的动力机制有两种最基本的模式,即:自上而下型的扩散力机制和自下而上型的集聚力机制。

我国改革开放 30 年来,城乡协调发展的动力发生了许多变化,无论是城市建设的组织主体,还是投资主体,都发生了重大变化,组织主体由自上型一元模式变为自上型、自下型二元模式;投资主体除了自上型的政府投资和自下型的乡村基层集体和个体投资外,另有吸引外资的"外联型"和吸引内资的内联型,所以,目前中国不同区域有了由两个组织主体和四种投资主体之间组合而成的多种动力类型,因此,城乡统筹、协调发展的动力机制也应当是多元化的,这也是适应市场经济发展要求的必然选择。

二、我国城乡发展差距扩大的表现及成因

(一)我国城乡发展差距扩大的表现

1.城乡居民人均收入差距逐年扩大

世界银行 1998 年度报告指出:来自主要国家的数据表明,城乡之间的收入比率超 2 的极为罕见,在绝大多数国家,农村居民收入是城市居民收入的 2/3 或更多。就我国而言,总的情况是城镇居民收入增长较快,农村居民收入增长缓慢,城乡收入差距持续扩大。

1978 年城乡之间名义收入比率是 2.56:1,随后而至的农村经济改革大幅度提高了农民收入,致使城乡人均收入差距在 80 年代出现了缩小的变化。到 1988 年降低到 1.842:1,从 1990 年开始,城乡之间个人收入差距出现了连续 9 年不断扩大的过程,1998 年达到 2.86:1,1999 年为 2.71:1,2000 年为 2.79:1,2007 年为 3.32:1。如果考虑到城市居民在住房、社会保障、公共卫生、教育、基础设施、生活环境等方面享有国家的补贴,实际差距约为 5:1 到 6:1。[①]

2.城乡公共品供给失衡,居民生存和发展的环境差距越来越大

水、电、通讯、医疗、卫生、教育文化等基础设施建设水平的公共品供给,是衡量城乡居民生存和发展环境的基本条件。就在我国的城市建设得越来越漂亮之时,农村基础设施建设暴露出来的问题日益突出。当前全国农村还有 0.5% 的乡镇、7.9% 的行政村和大量的自然村不通公路;还有 33% 的村庄没有合格的饮用水,自来水通村率不足 50%,农民上学难、行路难、就医难等问题依然存在。乡村公共基础设施建设严重滞后带来两个问题,一是由于公共物品供给政策向城市倾斜,城市居民先获得了公共物品的享用权,显然,这是以牺牲农民的享用权为代价的;二是农村公共品供给严重缺乏,迫使农民自己掏腰包建设基础设施,增加了支出成本,削弱了对工业品的购买与消费能力,引发农村消费品市场萎缩。

---

①历年《中国统计年鉴》。

3.城乡之间资源配置失衡,农民就业环境改善缓慢,城乡就业差距扩大

由于我国农业是个弱质产业,风险大、比较效益差,资金回报率低,因此,城市资源要素缺乏向农村流动的内在动力,农村资源要素受市场利益机制的驱动,争着向外流、向城市集聚,致使国家的一些优质资源流失现象十分严重,出现了高素质农业劳动力的流失、农村土地流失和农村资金的流失现象严重。这种城乡资源流动配置,显然出现了明显的失衡,对农村来说无疑是雪上加霜。

4.城乡之间存在着教育投入和教育机会不公平

长期以来,我国城乡教育资源配置存在严重不均衡现象,有限的教育投资,大部分被锦上添花地投放在基础较好的城市学校,而农村的教育负担大部分由当地农民自己承担。如财政预算内的农村初中生人均经费为 485.82 元,城镇为 811.69元,城乡之比为 1.67∶1。2002 年,我国在全社会教育投资 5800 多亿元,而占总人口 60%以上的农村只获得其中的 23%,这种资源配置差距,必定造成城乡之间教育条件和机会的不公平。这种不公平还表现在教育获得机会的直接分配上,录取分数线和录取率的不公平,给一些小城镇和农村学生接受高等教育造成障碍,人为地拉大了城乡差距。[①]

5.城乡之间社会保障待遇不公平

改革开放以来,我国对社会保障体系进行了重建,然而,城乡之间不公平还未解决,原有的"城乡分治,一国两策"格局依然存在。城乡人口在医疗、劳动保障、养老、福利等方面享受不同的社会待遇。据有关资料显示,城镇现时的社会保险覆盖面已超过 90%,而农村只有 2%,现代化的社会保障制度还远未造福于广大农村。

6.土地征用补偿不公平,农民失地引发的矛盾突出

伴随我国工业化和城市化进程的加快,我国正掀起新一轮的"圈地"运动。由于土地征用的法律制度滞后,且补偿标准偏低,导致相当一部分失地农民所得甚少。"据测算,如果征地成本价是 100%,那么被征土地收益地方政府占 20%~30%,开发商占 40%~50%,村级组织占 25%~35%,失地农民占 5%~10%。"[②]即使农民所得收益占这么小一部分,但拖欠征地安置费现象时有发生。失地农民中许多人成了务农无地、上班无岗、创业无钱、低保无份的"四无"农民,其中又有许多失地农民开始沦为城市的新贫民,这成为激化农村基层干群矛盾的导火索。"2004 年土地问题已成为农民上访的第一位问题。"[③]

①②《文汇报》,2005 年 3 月 6 日第 3 版。
③张红宇等:《城乡统筹的阶段性与经验启示》,载《农业经济问题》,2005 年 10 月。

7.农村劳动力转移与城市化进程滞后的矛盾

缩小我国的城乡差距,解决我国二元社会结构问题,实现城乡经济社会协调发展,至关重要的是努力促使农村剩余劳动力向城镇转移,让多数农民变市民,由"乡下人"变为"城里人",然而,目前我国的城市化率依然较低,我国城市化推进力度明显落后于城乡经济发展速度,严重滞后于工业化进程,阻碍了农村劳动力的顺利转移。

8.农民没有充分分享到改革发展的成果

新中国成立后,我国的工业化别无选择地采取了农业支持工业、农村支持城市的方式,中国农民为工业化做出了巨大的贡献。"据统计,1952~1986年,国家通过价格'剪刀差'从农业中隐蔽地拿走了5823.74亿元的巨额资金,加上收缴的农业税1044.38亿元,34年间国家从农业拿走了6868.12亿元的资金。"①如果没有农业的支撑、农民的贡献,就不会有我们今天现代化建设的大好局面。伴随我国经济社会发展的整体推进,农民并没有得到与经济高速发展相对应的利益,农民为改革付出了巨大的代价,利益受损,所得与付出不成比例。实践证明,"三农"问题不解决,城市最终也不能健康发展。

我国城乡关系不协调,城乡发展差距过大,对经济和社会发展产生了严重的负面影响:

其一,城乡发展失调导致经济效率的损失。它压制了农民的积极性;抑制了城市职工的积极性;扭曲了产业结构及就业结构,降低了社会资源的配置效率;制约了先进生产力的渗透;制约了我国的城市化进程;影响了经济增长的速度和质量。

其二,城乡发展失调牺牲了社会公平。目前,我国工农业产品在价值实现上仍存在巨大的反差,农产品价格低于价值而工业品价格高于价值的状况仍未根本改变,在逐步建立社会主义市场经济体制的今天,我们不能不认为"剪刀差"是城市部门和城市居民对农村、农民的剥削。显然,这与消灭剥削的社会主义本质不相容,这对农民极不公平,严重地损害了社会公平,影响了城乡共同富裕的进程。

其三,城乡发展失调严重影响了社会稳定。它削弱了工农联盟,淡化了主人公的地位,影响了工农之间平等互利和互助合作的关系,还造成了新的"农村病"和"城市病"等。

由于我国工业化过程中城乡发展失调,已使我国付出了经济效率损失、社会公平牺牲、社会稳定受影响等沉重代价,后果是严重的,这种状况必须改变。

---

①吴忠民:《社会公正论》,山东人民出版社,2004年。

(二)城乡经济社会发展失衡的原因剖析

1.社会历史原因

城乡发展失调并非我国所独有,但我国有其特殊性。这种特殊性就是我国长期处于封建社会,资本主义这一人类社会发展的关键阶段在我国似乎先天不足,而半封建半殖民地社会不可能形成经济社会的快速发展期,更谈不上实现工业化,而且大量资源和财富被掠夺。这就是新中国成立后接受的一笔最大的经济、政治、社会遗产。所以,在一个人口多、底子薄、一穷二白的农业大国建设社会主义,缩小城乡差距,解决"三农"问题,始终是个带全局性的长期的、复杂的、特殊的战略问题。现在有人把"三农"问题的成因集中在执政党和政府头上,是极不公平的。

2.思想认识原因

新中国成立后,尤其是改革开放以来,党领导农村工作取得了巨大成就,这是毋庸置疑的。但是,需要认真总结经验教训。就思想认识而言,主要表现在:对农业基础地位的认识不高,讲的和干的有一定距离;一味要求"三农"做贡献,忽视了大力支持与帮助;改革后对"三农"的变化及所取得的成就盲目乐观,对严峻的挑战估计不足,因而导致在实际工作指导中对"三农"取的多,予的少;农业积累不足,农民失去了投资能力;长期实行城乡分割,农村难以得到城市文明和工业文明的辐射和带动,更谈不上工业反哺农业、城市支持农村了。所以,导致我国城乡发展失调的根本原因是社会等级制度及其思想观念下的社会运行机制和运行方式。

3.宏观环境原因

(1)体制性障碍。

一是城乡二元经济结构矛盾突出是造成城乡发展失调的最主要的原因。统筹城乡经济社会发展,改善二元经济结构,逐步实现向一元经济的转换,是我国现代化的必由之路。值得深思的是 20 世纪 80 年代原本趋于弱化的城乡二元经济结构,到了 90 年代反而出现了趋于加剧的走势。主要表现为:其一,城乡居民收入差异系数由 1990 年的 0.58 左右增长到 2001 年的 0.66,表明城乡居民收入差异进一步扩大。其二,城乡居民恩格尔系数差异度由 1990 年的 4%左右攀升至 10%左右。表明城乡居民生活质量差异不断扩大。其三,二元对比系数基本上在 20%左右,低于一般发展中国家 31%~45%的水平,显示出二元经济结构不仅典型,还较严重。二元对比系数由 1990 年的 24.68%降到 2001 年的 17.92%,[1]说明我国目前的二元经济结构趋于加剧。

---

①《中国改革报》,2005 年 3 月 24 日第 5 版。

导致二元经济结构加剧的表层原因是20世纪90年代由农村新一轮改革所产生的激励效应衰减,城市工业发展速度远远快于农业和农村经济发展速度;究其深层原因,则是农村剩余劳动力无法顺利实现向城镇转移。因为二元经济结构转换不仅意味着产值比重和劳动力比重在农业和非农部门之间的有效转换,还意味着其在转换方向上具有同一性,在转换程度上具有一致性。统计资料显示:我国在90年代的10年中,产值比重由农业向非农业转化了44%,而农村劳动力的非农化转移幅度却不足17%。因此可以判断,农业剩余劳动力不能顺利地向城镇转移是导致我国二元经济结构趋于严重的关键所在。[①]

二是双重的社会管理制度的存在。我国二元经济结构基本特点是经济技术与制度机制双重结构相互交织,且制度性约束占据主要矛盾。它不单是农业与工业发展的二元问题,很大程度上更是城乡二元的社会管理制度问题,是体制问题。这种城乡分离的二元结构体制包括经济、社会、人口等方面内容,突出表现在:一是城乡分割的户籍制度。以户籍制度为根基的城乡分割体制,在城乡之间人为地掘出一条"鸿沟",筑起一道"壁垒",将城乡居民分割为两个发展机会和社会地位严重不平等的社会集团,显然,中国农民成了最大的弱势群体。二是城市部门过度汲取农村剩余。主要通过财政渠道、金融渠道和工农业产品的"剪刀差"等途径,转移走农村创造的一部分价值。三是城市优先的投融资体制。改革前,国家通过财政和金融等手段将80%以上的资金投到城市部门,这是人所共知的。改革后,财政投向城市倾斜的定位仍得以维持。近年来,占总人口30%多一点的城镇,一直占有全社会固定资产投资的约70%,人均额是农村的5~6倍。社会投融资体制向城市的严重倾斜,制约了农村经济的发展,直接造成了城乡居民收入、消费水平等方面的差距和城乡关系的总体失调。四是农民国民待遇低和公共权利存在着扭曲和事实上的不平等。表现为:城乡经济社会发展政策的不平等;城乡资源使用和配置政策上的不平等;财政、税收、金融政策的不平等;教育和社会公共福利待遇的不平等;农民负担过重,增收成本越来越大;农民的社会政治地位低下等方面。这种城乡分治的二元结构体制是导致城乡经济差距拉大、城乡失调最直接的原因,是城乡关系失调的制度基础。[②]

三是宏观管理体制大而无当。现有的管理体制由于缺乏对农业发展大政方针起主导作用的权威决策部门,致使有关农业和农村发展的方针政策的意见很难集

[①]历年《中国统计年鉴》。
[②]程学印:《构建城乡协调发展新格局》,载《理论前沿》,2004年2月。

中统一,即使意识到有问题也得不到及时纠正,正确的意见得不到及时采纳。因此,应当理顺关系,深化改革,建立强有力的农业和农村问题的宏观管理体制。

四是统分结合的农村双层经营体制缺乏有效载体。当前,不管是产业化还是农产品的产供销过程中,农民谈判地位往往较低,经常处于不利的地位。究其原因是农民没有自己的组织。虽然在名义上农民过去有信用社、供销社等各种组织,但这种组织实际上是带有政府性质的,并不代表农民,自己发育起来的农民组织还很不成熟。一家一户的生产经营体制优越性的发挥,必须以把农户组织起来为前提,只有这样,才能解决小规模的家庭经营和大市场的对接问题。

(2)政策性障碍。

一是农村土地政策成为新的"剪刀差"。自20世纪90年代以来,土地政策安排已经影响到"三农"问题和城乡关系,这在开发区建设、城市化和房地产开发中表现得尤其明显。一方面,由于土地政策特别是土地市场政策安排不健全,土地所有权集体所有,产权不清,导致谁对土地都没有指挥权。这样,土地在流转过程中,特别是在土地的农转非方面,土地虽然增值了,但农民却很少得到好处。另一方面,国家规定农民的土地不能进入一级市场,在二级市场上农民也没有发言权。这样就出现了强买强征、低价征购土地的行为,造成农民的土地利益流失。

二是农村税费改革还未触及更实质的问题。这些问题从政策上怎么解决,还需要探索农村税费改革还未从根本上理顺政府和农民的分配关系的问题。农民和城市居民纳税是两种体制。现行的农村税费政策只是一种过渡性的改革方案,从长远看,应统一城乡税制。

三是财政金融政策安排轻视"三农"。农村金融供给总体不足,从金融机构得到资金支持十分困难。据统计,近年来国家金融机构向农业领域发放的贷款额度只占其贷款总额的5%,而农业投资构成中贷款比例还不到15%。中央发出文件,采用3种模式、4种形式(股份制、股份合作制、联社、破产)、4种性质,对农村信用社进行改革,显示了很大的改革力度。但对农村金融而言,仅靠信用社显然还远远解决不了农村、农民和农村企业的资金供给问题。

此外,国家对农民的粮食价格实行补贴,农村电网改造,道路、交通设施的改造,通讯设施建设等,由于中国农村人口众多,国家对农业的投入与农业对投入的需求存在着巨大差距,限制了农业生产力的发展。

(3)结构性障碍。农村相对人口多,文化水平较低,劳动力素质低下,制约着农民收入的提高和农村经济的发展。

一是劳动力结构。由于联产承包责任制的高效率,1978年后中国农村的剩余劳动力问题日益严重。据估算,中国农村劳动力目前的总数是 6 亿多,以今天农村生产力的水平,按农业生产资料现有科技含量,现有机械化、现代化水平,我国现有的 19.5 亿亩耕地只需要 1 亿多劳动力就可以解决问题,其余的 5 亿劳动力都需要在农业之外寻找出路。[①]

二是人地结构。我国人均耕地与世界水平相比少得可怜,即使按农村总人口(2002 年 8.7 亿人)计算,人均占有耕地仅 2.38 亩,实际上东部人口稠密地区人均耕地仅 1 亩左右。现有耕地中,2/3 分布在山地、丘陵和高原地区,有灌溉设施、旱涝保收的耕地不足 40%,近 20%的耕地受到工业"三废"和农药污染,使每年有数百万亩土地减产,甚至绝收。干旱、半干旱地区耕地的 40%受水土流失、荒漠化的侵蚀,质量严重退化。所以,在这种自然状态下,如此多的人口拥挤在如此少的土地上谋生,无论如何精耕细作,也无法获得很高的回报。

三是文化结构。我国农村人口平均教育水平不足初中。由于缺乏教育和科技投资,文盲、半文盲比重很大,非文盲中 85%以上只有小学或初中水平,约 5%受过职业教育和培训,所掌握的科学文化知识、生产技术、市场经济知识远不能适应市场经济、社会进步的需要。

4.微观营运原因

(1)农村土地制度落后。我国现行土地制度存在的突出问题是分散、闲置、非流动性、农地所有者主体缺位、农民承包经营土地存在不稳定性。这种人人有地种,家家有田包的分散化,小规模的家庭农民难以利用先进技术,生产效率低下;单位土地占有劳动力过多,种地成本上升,形不成规模经营,农民收入下降;土地不能流转,难以实现土地资源的合理配置和高效利用。

(2)农村经营制度落后。目前我国农业经营方式仍然停留在自给自足的小农分户经营方式上,由于所生产的农产品大部分满足自身生存需要,很少一部分用于交换,因此,农民难以有大规模交换的基础和实力,发展不了商品经济,显然难以增收。这种家庭联产承包责任制下的农户分散经营模式日益暴露出自身的弱点,土地规模过小的状况很难应用农业科学技术,形不成规模效益;分散的小规模经营模式在组织、管理、科技、资源运用等方面同社会化大生产极不适应,农户生产各自为政,资金分散,行为短期化,使农业生产投入大、产出小,效益低,更不适应大市场交换。农业技术水平低、生产效率低和竞争力差的现状导致农产品大路货多,名优产品少,初级产品多,精加工产品少,需求普遍缺乏弹性,严重制约了农民收入增长。

---

① 王思奉:《"三农"问题与统筹城乡发展》,载《经济研究参考》,2005 年。

（3）农业基础设施投入严重不足,生产条件和技术装备较落后。国家对农村基础设施建设支持不够,农业基本建设投资的比例下降,"六五"时期是 5%,"七五"时期是 3.3%,"八五"时期是 2.2%。农村道路、水利、电力设施及学校等基本上由农民集资建设。[1]

（4）农民负担过重、增收成本越来越大。目前的农业税费负担仍然较重,并且税费标准乱,适用税率复杂,税费征管缺乏约束,加之一些乡村干部以权谋私,导致对农民收费范围扩大,种类增多,数额增加,不仅直接减少了农民收入,而且严重影响了生产和经营的积极性。

（5）农民整体素质不高,转移增收能力弱。总体看来,目前我国农民知识水平低、整体素质不高,致使科技对农业的转化和贡献率低。发达国家农技人员与农业人口之比为 1：100,我国仅为 1：1200,我国每年约有 2000 余项农业科技成果获奖,但只有 600~800 项被推广应用。由此导致农村劳动力转移就业难,已成为制约其收入增长的关键因素。

总之,城乡协调发展的实质是解决"三农"问题,促进二元经济结构体制的转型。将"三农"问题放在全面建设小康社会和实现工业化与城市化的大战略中统筹考虑,通过工业化、城市化与"三农"的充分互动,依靠城市的力量、资源和优势,走城乡统筹,以城带乡,以工促农,城乡互动,协调发展之路。这是缩小城乡经济社会差距并走向城乡共同富裕的唯一选择。

三、走向城乡共同富裕的路向对策

根据我国统筹城乡发展中所面临的二元结构体制、农民收入、农民就业、农民教育、农产品供给和社会保障制度、土地制度、户籍制度等现实问题,要求我们在观念上必须转换立场,在战略上必须转变路向,在措施上必须大胆创新。总的来说,我们必须由安于"二元"现状向积极消除"二元"转变;由工业城市倾斜向工农城乡协调发展转变;由吮吸农业向保护农业转变;由粗放投入(劳动、土地、政策)向集约投入(资本、科技、制度)转变;由追求短期效益向可持续发展转变。当然,这是一个漫长的渐进过程,必须坚持依次逐步推进的方针。

（一）走向城乡共同富裕的近期对策

1.以政策为先导,统筹考虑城乡发展的制度体系和政策安排

政策是政府实施宏观调整的重要手段,在制定经济和社会发展政策时,要根据当前城乡发展不平衡的状况,把统筹城乡经济社会发展的重点放在农村。转变"城

---

[1]历年《中国统计年鉴》。

市偏向"的发展战略,更多地考虑农村经济和社会发展的需要。这并不是要在现阶段将城乡的经济社会水平划一拉平,也不是要把城市的资源转移到农村,而是利用国家的公共资源和制度变迁,千方百计地弱化城乡二元结构,防止"三农"这条腿过短引起城乡发展严重不协调。当前和今后一段时间内,国家在处理城乡发展关系上应采取"补短而不截长"的宏观政策。在具体的制度安排中,包括研究改革农村土地、住房、资金等产权制度,建立城乡统一的产权制度;以消除工农业产品价格"剪刀差"和城市垄断行业的垄断定价为重点,建立城乡统一的价格制度;按照居民身份证管理为主、人口自由流动的要求,建立城乡统一的户籍制度;以取消就业歧视和限制、提倡同工同酬为中心,建立城乡统一的就业制度;以恢复农民的"国民待遇"为主题,建立城乡统一的福利保障和教育制度;以改变农村资源净流出的局面为目的,建立城乡统一的财税金融制度等。统筹城乡发展的制度创新和政策创新主要包括以下内容:

(1)科学编制和不断完善城乡规划。规划是龙头和基础。各级政府要把城乡统筹作为本地经济社会发展规划的第一重点,科学规划,尽快形成一体化规划体系。规划要从城乡之间的内在联系来考虑城乡布局、生产力布局、生产要素布局和人口布局,形成和完善城乡一体化的规划体系,实现城乡资源的统筹安排利用。

(2)加快城乡二元户籍制度以及与此相关的城乡福利制度改革。除消除农业户口和非农业户口的限制外,要进一步取消农民进城打工的限制性规定、不合理收费和歧视性就业、就学、社会保障和社会管理政策,在这些方面要有突破性的进展;积极推进农民工社会保障体系的建立,促使进城农民能够自由平等地进入城市社会福利保障体系。

(3)改善农民的生存和发展环境,不断缩小城乡居民在公共物品享用上的差距。从长期来看,国家应彻底改革目前城乡二元的公共品供给政策,把农村公共基础设施建设由以农民为主变成以国家财政为主,让农民在公共物品享用上能够获得国民待遇。同时,按照城乡统筹的思路为农民提供公共物品并补助他们建设住房,有利于改善农民的生存和发展环境,加快农村全面实现小康的进程。

(4)构筑农村最低社会保障线,从制度上保障农民的基本权益。为农民建立最低社会保障制度,让他们也能像城市人一样过上体面的生活,这也是统筹城乡发展的重要方面,真正使农民老有所养、病有所医和贫有所济。

(5)加快就业制度创新。以维护农民工权益为中心,加强对城乡劳动力市场建设的支持和监管,加快城乡统一、竞争有序的就业市场一体化进程,降低农民工进城门槛,尽快取消影响人口和劳动力流动的政策限制,实现城乡就业的公平竞争、同工同酬、同等待遇,采取有力措施保证农民工工资及时足额发放,并为广大农民寻找和创造更多的就业岗位。

(6)加快土地制度创新。除明晰农民土地产权外,还要加快土地征用制度的改革,让土地征用过程中的土地增值收入在国家、农民和企业之间进行科学分配,保护失地农民的合法权益,维护社会的长期稳定。

(7)加快财政体制改革。按照建立公共财政的框架和方向,在适度简化政府层级的前提下构造完整的多级财政,积极推进省管县财政体制改革,取消乡镇财政,同时改进和完善中央自上而下的财政转移支付制度。解决好地方财政问题,化解基层财政困境与"三农"问题密切相关、因此,深化地方财政体制改革还应按市场导向原则,做好农村区域和基层政府辖区内生产要素流动的制度安排。

(8)加快城乡产业协调发展。统筹城乡发展,必须把产业发展和产业集聚放在工作的首位,形成产业支撑,这是实施统筹发展的根本动力。首先要优化生产力布局,形成专业化集聚;其次要发展现代农业,推进农业产业化。以现代农业的发展促进二、三产业升级,实现农村三次产业联动协调发展。再次,加快发展现代服务业尤其是生产性服务业,努力提高三产比重。

(9)加快城乡基础设施建设。统筹城乡经济社会发展,要采取有力措施加大投入,统筹安排和推进城乡基础设施和公用设施一体化建设。通过促进城镇基础设施向农村延伸、公共服务向农村覆盖,确保城乡要素流动渠道畅通。统筹安排,提高资源配置效率和设施共享度。要探索实行一体化的建设标准、一体化的管理模式、一体化的服务和价格标准,实现全社会资源共享,让更多农村居民在城乡统筹发展中得到实惠。

(10)加快城乡生态环境建设与保护。发展不仅要尊重经济规律,还应尊重社会规律和自然规律,按照科学发展观的要求,推动整个社会走上生产发展、生活富裕、生态良好的文明发展之路,实现经济社会的可持续发展。

2.加大对农业和农村的财政投入,有效改善财政支农的方式和效率

财政支农不仅有总量不足的问题,更多的是财政支出效益问题,为此,首先要明确规定财政支农增长幅度,各级政府在编制财政预算时,新增财政支出应以支农为主。其次,适应入世的新要求,探索多种形式的财政支农方式,如对生产者的直接支付、基础设施和农科教的投入、农业保险补贴、为保护环境所提供的补贴、地区性援助等。再次,财政支农的重点应放在解决影响农业整体效益提高的薄弱环节上,促进农业和农村经济结构的战略性调整。第四,加大对农村社会事业发展的投入,使农村也享受到更多、更好的公共服务。第五,加大农民教育培训投入,财政支出科

目应尽快单独列支。第六,把加强农村中小型基础设施建设,作为加强农业和农村发展支持的重点。第七,国家应该改革目前城乡二元公共产品供给政策,把农村公共基础设施建设由农民投资为主变成以国家财政投资建设为主,让农民在公共产品享用上能够获得"市民待遇"。

3.积极推进农村社会公共事业改革

与城乡之间经济上的差距相比,农村社会公共事业发展滞后的矛盾更为突出。促进农村社会公共事业发展,最主要的是要抓紧解决农村教育和卫生事业发展存在的突出矛盾。加快农村社会公共事业发展,除增加对农村社会公共产品的投入外,还要加大农村公共事业改革的力度,以改革促发展。通过增加投入与改革并举推进农村教育的发展,积极完善农村义务教育的管理体制和投入体制,使增加财政教育投入的重点由城市转向农村,由高等教育转向义务教育和职业教育,调整和优化农村中小学布局结构,促进农民培训,提高农民培训和农村职业教育的针对性和实用性。加大政府对农村卫生的投入,把增加公共卫生资源和加快医疗卫生体制改革的重点放到农村,引导建立医疗保障。加快构建最基本的农村社会保障体系。

4.提高农民组织化程度

农民权益保障的核心问题是农民组织化。只有解决农民组织化,才能改变其弱势群体的社会地位,提高其对资源的控制能力、利益表达能力和社会行动能力。农民的权益要靠组织有序地去争取,就目前生产方式而言,家庭联产承包责任制是典型的小农生产方式,它与大市场格格不入。统筹城乡发展,必须走一条农业企业化、产业化、规模化和现代化的农民组织化之路。

当前,应该按照以人为本,促进经济社会和人的全面发展的要求,以提高农民能力为主线,把加强农民合作组织与农民专业协会的发展,作为提高农民组织化程度的主要方式。通过建立农民经济合作组织,推动农村组织制度的创新和农村服务体系的完善;促进农业产业化经营,降低农业的经营成本和市场风险;促进农业生产链的科技进步和提高竞争力,促进农业和农村的结构转型,为实现农业现代化提供坚定的组织基础。

5.加速实现农村剩余劳动力向非农产业转移

世界各国经济发展的历史已经表明,实现农村剩余劳动力向非农产业的转移是工业化过程的一项基本内容,也是提高农民生活水平的一条根本途径。当前我国重要的是实行有利于扩大就业的政策,促进农村劳动力向非农产业顺利转移。我国现在城乡就业人数7.5亿,比整个发达国家就业人口多2亿以上,每年新增劳动力1000多万人。据估计,目前我国需要向非农产业转移的剩余劳动力约1.5亿左右,如果每年向外转移 800 万人,要花近 20 年时间。所以,我国完成工业化面临的最严峻的问题之一就在于此。农民增收难和城市贫困问题,在很大程度上是就业问题,为了扩大就业,我国的就业取向应该是:在产业类型上,注重发展劳动密集型产业;在企业规模上,注重扶持中小企业;在经济类型上,注重发展非公有制经济;在就业方式上,注重采取灵活多样的形式。这样有利于缓解就业压力和改变城乡二元经济结构。①

为了平衡有序地推进农村剩余劳动力的转移,必须健全机制,完善政策,为农村剩余劳动力转移创造宽松的环境。主要从以下方面入手:一是建立农村剩余劳动力转移就业的机制。坚持公平对待、合理引导、完善管理、搞好服务的原则,抓紧建立农民工权益保障机制、社会保障机制、务工管理机制,确保农村剩余劳动力转移健康、规范、有序地进行。二是建立和完善农村劳动力就业培训教育制度。要整合各方面的职业教育资源,建立比较完善的农村劳动力就业教育与培训体系。重点抓好专业技能和法律法规培训。三是完善城乡统一、开放的劳动力市场,加强农村剩余劳动力转移就业的信息服务。建立多渠道、多层次的农村劳动力转移就业服务体系,及时掌握劳动力输入地就业信息,做好输出地与输入地的供需对接。四是打破一切导致城乡差别的制度壁垒。主要包括:改革户籍制度;取消小孩入托、上学等歧视性规定;消除对进城务工的不合理限制和歧视做法等。五是加大财政对农业的投入,为农村剩余劳动力的转移创造条件。

6.加快推进城镇化进程

城镇化是工业化的必然结果,从现实情况看,城镇化至少应包括以下内容:一是人口的转移,即农业人口向非农业人口转移;二是地域的转换,即农业用地向非农业用地转移;三是经济结构的转换,即经济投入和产出从农业向非农产业转换;四是生活方式的转换,即由农村生活方式向城市生活方式转换,以及农村的现代化过程。从 1978 年到 2004 年,我国的城镇化水平由不足 18% 提高到 41.8%,这表明我国城镇化已进入快速发展阶段。在这一关键时期,实施好城镇化战略至关重要。我国的国情决定了城镇化进程必须把握节奏、循序渐进、稳步发展。我国现有城镇人口 5 亿多,城镇水平每提高一个百分点,就要增加 1300 万到 1500 万左右的城镇人口。面对如此庞大的农村人口城镇化任务,如果不实行积极的城镇化战略,必然滞缓整个国家的工业化进程;但如果农民进城速度过快,规模过大,城镇无论就业还是公共设施都难以承受。因此,在推进城镇化的过程中,应全面考虑经济社会发

①王思奉:《"三农"问题与统筹城乡发展》,载《经济研究参考》,2005 年。

展水平、市场条件和社会可承受的程度,注重经济社会综合效益,总体规划,科学引导,循序渐进,逐步增加,把握好节奏,控制好数量,选择好方式。适应全面建设小康社会和实现现代化的要求,就是要加快推进城镇化进程,大幅提高城镇化水平,促进工业化与城镇化的互动协调发展;保持城乡之间、城市之间经济关系的协调发展,逐步缩小地区之间、城乡之间的本质差别;促进社会结构的调整与转型,实现城乡经济社会共同进步。

7.努力创造有利于农村发展和农民增收的长效机制

当统筹城乡发展的大政方针确定之后,改革的目标应在进一步深化的基础上,按照公共财政和现代税制的要求,取消以往加在农民头上的不合理负担,使农民享有与城市及其他社会成员平等的纳税地位,把缩小城乡差距、工业反哺农业、繁荣农村、富裕农民和城乡统筹的经济政策作为改革与发展的重要原则。一是统一城乡税制。在减轻农民负担和简化国家税制的前提下,对农产品流转开征增值税,实行成本扣除和优惠税率,让多数农民受惠;对城乡、内外统一开征土地使用税和土地交易税,对农业用地实行免税政策;对农户开征个人所得税,在起征点的设计上充分体现对农民的公平和优惠。逐步实现城乡税制并轨。二是转变政府职能。从改革政府行政行为,促进城乡交流和完善社会保障入手,积极调整政策措施、工作布局和发展理念,建立城乡资源合理配置、城乡经济社会良性互动,城乡社会事业与基础设施共同发展的政策体制。三是稳定直补政策。关键在于构建农民增收的长效机制,政府投入要在解决眼前困难的同时,把统筹城乡发展纳入整个经济社会发展的大盘子统筹规划,建立城市支援农村、工业反哺农业的政策体系,把粮食补贴、良种补贴、农机补贴和新技术推广补贴等直补政策作为一项长期的支农政策抓好实施,在全社会形成农工相融、城乡互济、协调发展的良好局面。

8.统筹城乡发展,在城市支援农村、工业反哺农业的基础上,积极寻找有利于城乡协调发展的正确途径

统筹城乡发展的关键是构建城乡经济社会协调发展的内在机制,使我国逐步由目前的城乡分制走向城乡融合,使城乡居民和各类经济主体都能拥有平等的权利、义务和发展机会,生产要素合理流动,经济社会水乳交融,促使农村由农业社会向工业社会发展,农民由基本温饱向小康目标迈进,在城市支援农村、工业反哺农业的基础上逐步实现农业生产产业化、政府管理服务化、农村经济民营化、生产投资民间化、社会事业民主化的发展态势,从而实现城镇化和工业化同步发展、城乡经济社会共同繁荣。注重解决好以下问题:

(1)坚持以农民增收为核心,把解决"三农"问题真正纳入整个经济社会发展的

全局加以统筹。必须在城乡统筹基础上妥善协调各方面的利益关系,围绕"三农"谈统筹、立足全局抓统筹,从经济社会发展的要求和国家长治久安的高度谋划统筹,更加主动地调整国民收入分配格局。

(2)坚持以结构调整为主线,根据工业化中后期产业变化的趋势和要求,自觉调整农业经济结构和城乡之间的经济结构。统筹城乡发展不仅需要在"农"字上做文章,而且更需要通过工业化、城镇化和市场化的途径拓宽思路、寻找出路,把农村发展全面纳入国家工业化和现代化进程。因此,国家财政的投资重点应逐步由城市向农村倾斜,国家财政的投资方向应逐步由行政性支出向基础教育和基础设施转移。

(3)坚持以科技进步为动力。农村城镇化主要以乡镇企业和小城镇为依托,实现农村人口由农业向非农产业的职业转移和居住地由乡村区域向城镇区域迁移的空间聚集。其基本动力是农村工业化;最本质的东西是农民生活水平的持续提高、生活质量的改善和整体科技文化素质的提高,使农民过上与市民差别不大的富裕生活。我国农村城镇化与国际上通用的城市化没有本质区别,只是提法更具中国特色。

以城乡二元经济结构为动力,加大对农技示范、灾害预报、疫情防治的投入和优质农产品基地建设,促进农业现代化经营。农业现代化必须以农民知识化为前提,要在普及文化知识、提高农民素质和强化科技培训的基础上,集中人、财、物资源,增加农业产品的科技含量,提升农业生产的科技水平,使农业科技成为农村经济的增长极和支撑点。应立足本地优势,以产业化基地为依托、以市场为导向、以资本为纽带、以龙头企业为主体、以农产品加工为突破口,延伸产业链,实行产供销一体化经营,从而促进农民增收、农业增效和地区经济快速发展。

(4)坚持以服务农民为目标,通过现代化市场体系和农村合作组织、提高农民组织化程度,提升农业产业化水平。统筹城乡发展是一项极为庞大的系统工程。破解"三农"难题,落实统筹城乡的战略决策,必须明确战略重点,采取切实可行的对策措施。当前应着力解决以下问题:

首先,把统筹城乡教育作为首要工程。城乡差距大、农民增收难的根源集中体现在教育、医疗、养老上。农村教育在全面建设小康社会中具有基础性、先导性、全局性的作用,抓好教育工作是解决"三农"问题,统筹城乡发展的基础工程和希望工程。因此,要从实践"三个代表"和全面建设小康社会的战略高度出发,将农村教育工作作为整个农村工作的重中之重,优先发展农村教育。一是努力完善农村义务教育发展保障机制,增加农村教育投入。二是加强对农村教育的支持力度,打造城乡教育发展共同体。三是加强对农村劳动力的职业技能培训,提高农民的就业能力。[1]

其次,把统筹城乡社会保障作为突破口。完善农村社会保障,促进农民土地保障转向社会保障,是统筹城乡社会保障的重中之重,是保持农村社会稳定的"安全网"。完善农村社会保障制度的总体思路是:坚持城乡一体化的政策导向,坚持分阶段、逐步完善、地区差异的原则,加大政府对农村社会保障的投入,优先解决农民的基本生活保障和医疗保障,建立多层次、多渠道的农村社会保障体系,逐步缩小城市社会保障水平的差距,最终建立城乡一体化的社会保障体系。

再次,把农村剩余劳动力的转移作为解决城乡统筹的切入点。因为,农村劳动力转移可以为农业生产带来巨大的经济效益和社会效益;可以有效促进农村经济与社会发展;是农民增收的主要动力;可以有效地拉动内需;可以提高农业生产效率。可见,农村剩余劳动力有效转移能够取得多重效果,它可以加速农业发展、繁荣农村经济、增加农民收入,对全面建设小康社会将起到非常关键的作用。

(二)走向城乡共同富裕的长期对策

1.实现农业现代化

当代农业现代化的基本内涵,就是将低效封闭式的自给性传统农业转变为现代工业、现代科技与现代经营管理武装的集约、高效、可持续发展的社会化、产业化、市场化农业的发展过程。它包括生产手段现代化;生产技术现代化;经营管理现代化;集约、高效、可持续性;社会化、专业化、市场化等方面内容。而完成农业现代化,必须依靠农业技术创新、农业制度创新和农业教育发展来实现。

2.实现农村城镇化

在我国现代化进程中,农业现代化和城镇化的良性互动是统筹城乡经济社会发展的集中表现,是实现城乡融合发展的良好运行机制,是消除二元经济结构的必由之路。农村城镇化的基本内涵是农村人口和非农产业不断由农村向城镇地区集中的社会、经济过程,是伴随工业化过程而出现的社会经济结构的转移。这一过程主要表现为人口、非农产业、资本、市场由分散的农村向城市集中,农村工业化、农民职工化、市场化相互交织,同步运行,城镇数量不断增加和城镇规模不断扩大。在这一过程不断地将城镇物质文明和精神文明向周围扩散,由此形成区域产业结构的不断演化,衍生出崭新的空间形态和地域景观。

农村城镇化主要以乡镇企业和小城镇为依托,实现农村人口由农业向非农产业的职业转移和居住地由乡村区域向城镇区域转移的空间集聚。其基本动力是农

---

[1]王梦奎:《中国现代化进程中的两大难题:城乡差距和区域差距》,载《中国经济时报》,2004 年 3 月 16 日。

村工业化;最本质的东西是农民生活水平的持续提高,生活质量进一步改善和整体科技文化素质的增强,使农民过上与市民差别不大的富裕生活。我国农村城镇化与国际上通用的城市化没有本质区别,只是提法更具中国特色罢了。 从城乡二元结构向现代社会经济结构转变,是今后几十年我国 发展的基本走向。坚持走城乡统筹发展的城镇化道路同解决"三农"问题紧密联系在一起,对于中国深刻的经济社会转型和现代化进程具有重要意义。实行适度集中的农村城镇化模式,能形成新的城乡分工;积极培育城市发展极的扩散能力,并能形成中心城市——中小城市——小城镇可持续发展的链条;加强中心与外围的对接,可以协调区域经济和地区经济的统筹发展。总之,我国城镇化绝不只是简单的农村人口向城市迁居,而是几亿人口生产方式与生活方式的根本性转变。

3.实现农民市民化

农民市民化是指在农业人口转移到城镇的过程中,农民变成市民,在政治权利、社会生活、经济政策诸方面农民与市民享有相同的待遇。即:城乡居民政治权利平等、劳动待遇公平、社会资源享有平等、教育资源分享公平、公共资源配置平等和社会公平等等。世界上所有发达国家都不是以农民为主体,英国农民只有 3%,美国是 6%,日本是 16%,韩国是 20%,而中国目前是 67%,可见,我国农民的市民化任重道远。统筹城乡发展,最终促进人的自由全面发展,这是统筹城乡发展的最终目的。

4.实现城乡一体化

城乡一体化的基本内涵是坚持以人为本的科学发展观,坚持城乡统筹,消除城乡二元经济社会结构,促进要素自由合理流动和优化配置,使城乡居民拥有平等的权利、义务和发展机会,使城市和农村在平等互利的基础上,通过城市与乡村的有机结合,以城带乡,以乡促城,互为资源,互为市场,互为服务,达到城乡间经济、社会、文化、生态等协调发展,最终实现城乡全面、协调、可持续发展的过程和目标。

苏南和上海等发达地区实现城乡统筹发展起步于 20 世纪 80 年代中期, 这个地区当时的人均 GDP 已达到 800~1000 美元;90 年代中期已达到 2000~3000 美元;2004 年则达到 5000 美元左右。它们所走过的路代表了中国未来城乡统筹的发展方向,30 年来在城乡统筹发展方面积累了丰富的实践经验, 对于指导我国其他地区统筹城乡工作具有十分重要的意义。总而言之,在统筹城乡发展,走向城乡共同富裕的进程中,政府是推动城乡统筹发展的主体;产业是城乡统筹发展的基础;改革是城乡统筹发展的动力;提高农民生活质量是城乡统筹发展的目标;循序渐进是统筹城乡发展必须遵循的客观规律。

第二十一章　探索工人阶级分享改革发展成果的新途径

我国工人阶级既是国家的主人、国有资产的所有者，又是国有企业的主人。中国工人阶级是中国共产党的阶级基础，是我国社会主义现代化建设的主力军，是中国先进生产力的代表。研究利益分享，不能不研究中国工人阶级和工人股份制。

如何重建工人阶级的主人翁地位，不仅让工人群众走出困境，而且让他们尽快富裕和强壮起来；不仅要在国企改制全过程保护工人阶级的权益，而且要从战略上将工人阶级的主体部分培育成为中等收入阶层，是实现全面小康社会的关键，走建立工人股份制之路是必然选择。

一、重视维护工人阶级的主人翁地位

党的十六大报告指出，"包括知识分子在内的工人阶级，广大农民，始终是推动我国先进生产力发展和社会全面进步的根本力量。"在深化国有企业改革的过程中，一定要正确认识国有企业中职工的地位和作用，一定要高度重视并紧紧依靠工人阶级这样一支根本力量，积极探索和建立落实职工主人翁地位，进一步实现职工群众当家做主，充分调动和发挥其积极性、创造性的有效机制、措施和办法，这是顺利推进国有企业改革的前提和保证。

（一）当前我国工人阶级的状况

改革开放以来，中国工人阶级在经济发展、社会进步方面起着主力军的作用。

1978年，全国在职职工总数为1.2亿多人。2000年，全国在职职工总数为2.7亿人。加上进城长期务工的农民转为工人阶级成员的7000多万人，工人阶级队伍已有3.5亿人，占城乡从业人员近一半。这对于我国的现代化建设和社会政治生活，都有着重大意义。

工人阶级的文化、科学、技术水平，都有了比较大的提高。工人阶级大部分成员的生活水平也有了提高。

经过改革开放的20多年，工人阶级有着深刻的变化。

1.一部分工人由国企主人翁变为雇用工人

目前，约有一亿职工在私营企业、个体经济、三资企业等各类非公有制经济组织就业，占全部职工的一半。党的十三大指出，职工在私营企业劳动是雇用性质的。

乡镇企业中,有的名为集体,实为私营,这种企业的职工也是雇用性质的。

国有企业如何?对国有企业的改革,实行了"小卖大股"。一部分中小国有企业卖给私营企业主,变为私有企业;一部分实行经营者持大股。2002年8月7日,浙江《工人日报》刊登一篇新华社记者的国有中小企业改制调查《"新百万富翁"震荡大江南北》。调查指出,在日益深化的国有中小企业产权改革过程中,"经营者持大股"正被认为是一种有效的改制方式,受到各地政府和企业广泛推崇。通过多种多样的购股方式,一批国有企业的经营者在"一夜之间"拥有了数十万、上百万甚至千万元的股份,形成一个特殊的"新百万富翁"社会群体。这样的企业经营者,各显神通,破解筹资难题。有的是通过向亲朋好友借,有的以个人资产作抵押向银行贷款,有的以现金购买。此外,更有当地政府从财政收入拿出一部分钱借给经营者,或政府奖励经营者一部分技术或管理要素股,虚拟入股。持大股的经营者都未出钱或只出了一小部分钱。有的是经营者和职工购买企业时自己出了一部分钱,然后动用职工工资节余基金配股。获得了大股的经营者坦言:与过去"一刀两断",为自己好好干。有的说:共产党要我发财,不能不发。共产党真开明、开恩。而在改制前却大骂共产党亏待了他,胡言"公有制是万恶之源"。国有中小企业经过改制,职工也改变了原有的地位,成为雇用劳动者或实质上具有雇用的性质。国有大型企业改为股份制,有外商和私营企业主入股,国有股部分强调企业经营者是产权代表。企业经营者持有股份,并实行年薪制。年薪所得高于普通职工的十几倍、几十倍以至百倍以上。在这样的股份制企业中的职工,劳动也带有雇用的性质。

2.不少工人的生活由相对宽裕变为相对贫困

比之于私营企业主、外商投资者、个体经营者和为他们服务的知识分子上层,工人阶级的生活改善是有限的,是相对贫困的。

统计表明,1978年没有私营企业,到2001年,私营企业达到202.85万户,拥有注册资本18212.24亿元,其中注册资本在1000万元以上的2.3万户,亿元以上的383户,雇用职工2253.03万人。私营企业主和外商投资者资金积聚的重要来源,正是无偿占有职工的剩余劳动。

《中国人力资源报》报道,1995~1999年的制造业,每个劳动力的成本,中国是729美元,相当于美国的1/40、日本的1/43、韩国的1/5、泰国的1/4,甚至比印度还低。还有材料反映,中国制造业的工资水平每小时不到60美分,远远不到40个便士,还不到英国最低工资的1/10,不到英国一般性工业部门的1/20。私营企业能够发展起来,外商投资者愿意到中国办企业,重要原因是低廉的劳动力成本。

职工相对贫困,劳动条件和工作条件也差。一些私营企业和三资企业劳动时间长达 10 小时以上,工资很低,还时常迟发、欠发。安全条件很差,有的还没有人身自由或人格受到侮辱。工伤事故或几十人死亡的事故时有发生。更值得注意的是,有些招用农民工的单位,劳动条件和生活条件极差,用农民工的话说,"起得比鸡还早,干得比牛还重,吃得比猪还差……"

工人阶级中还有一部分处于绝对贫困状态,即最低的生活水平也难以维持。这有两种情况,一是只有最低工资收入和最低工资线以下的收入;二是虽然收入超过最低工资线,但家人有大病,或遇到其他灾害,生活过不下去。绝对贫困的职工有多少,可以从一个数字做出推算。全国享受最低生活保障的有 2053 万人,还有漏保的,实际的数字会比这个大。他们维持一日三餐都很困难,更难以承受子女上学、看病买药、住房的负担。在他们中间,发生过卖血、自杀等情况。

近年来职工的贫困,是以失去劳动和工作岗位为特征的。除去社会上失业的,还有大量职工下岗。1998 年以来,国有企业下岗职工达 2700 万人。此外,还有停产、半停产企业职工实际上失去劳动岗位,改制企业还搞了内退、终止劳动合同、有偿买断工龄。能够就业或再就业的却逐年减少。

这几年提出"减员增效"、搞下岗,是值得重新研究的。下岗、不劳动,怎么会有效益。所谓效益,只不过是在册职工劳动生产率的统计上高了一些,减少了一些工资、福利性的支出。但是,下岗的职工仍然要维持最低生活,要组织他们再就业,还要维持社会的稳定,这都要投入,给政府和社会增加了很大的负担。要增效,只能是转岗。转岗增效能不能做得到?这几年已有一些企业这样做了,证明是行得通的。以黑龙江一个林业局为例,林木采伐完了,人员富余下来,转为搞造林,又利用山地、水面搞了种植业和养殖业,利用建筑物和场地搞了加工业,富余人员都得到了安置。2003 年 3 月 24 日《人民日报》头版报道了浙江富润集团,十年兼并企业二十家,九千职工无一推向社会。富润集团总经理赵林中说:"我们的宗旨是,兼并过来的企业要增效,但减员并非增效的唯一选择,要依靠职工办好企业,办好企业让职工有依靠。"还有一些地方和企业,采取"先放水,后养鱼"的办法,也没有把富余人员简单地推向社会。

我们搞社会主义市场经济有三个前提,即以公有制为主体、按劳分配为主、国家宏观调控。现在看来还应加上一条,充分就业,即有劳动能力的人能够就业。"砸烂铁饭碗"的口号极为不妥,由此引发的主张和措施,造成了严重的后果。只要搞社会主义,就不能像资本主义社会那样造成大量的劳动后备军。

3.部分工人的政治地位状况

对职工群众,有困难群体的称谓,是就其经济生活状况而言;也有弱势群体的称谓,是就其社会政治活动状况而言。

职工群众每日每时能感受到的权力是对企业有参加管理权。过去,尽管职工代表大会有形式主义,但总是起一定作用的。现在,有的严重形式主义,有的干脆不召开了。特别是企业如何改制,企业要职工买断工龄,这种影响到企业命运和职工命运的重大问题,很少让职工讨论。

第十届全国人民代表中,工人、农民的代表是 511 名,占代表总数 2984 人的18.46%。现在有一种说法,说工人、农民没有议事能力,因此工人、农民不能选为代表。

舆论宣传工具很多,除了讲到下岗、就业问题外,很少出现职工群众的声音。

职工群众里共产党员的比例,《当代中国社会阶层研究报告》反映了中国社会科学院课题组的调查结果,特别值得注意的是产业工人中共产党员与私营企业主中共产党员的对比,见表 21-1:

表 21-1 党员成分情况举例

党员比例	贵州省镇宁县	湖北省汉川县	安徽省合肥市	广东省深圳市
私营企业主中共产党员比例	0	9.1	24.4	22.2
产业工人中共产党员比例	10.3	5.9	13.3	0
无业失业半失业者中共产党员比例	3.9	1.8	9.1	2.0

《当代中国社会阶层研究报告》指出,私营企业主阶层中的党员比例明显上升。1993 年私营企业主中党员比例为 13.1%,1995 年上升至 17.1%,2000 年进一步上升到 19.8%。这从一个侧面反映出,私营企业主阶层的政治地位有所提高,产业工人中的党团员比例明显下降。现今的工人与党组织没有多少联系,他们很少参与也很少关心党组织的活动和有关政策精神的宣传学习。这些情况表明,工人阶层的政治地位下降,与党的关系逐渐疏远。

4.部分工人被逐步弱势化、边缘化

工人阶级是靠社会化的大生产培育起来的最有组织、有纪律的队伍,以工厂为家是我国工人阶级的优良传统。现在,职工群众与企业的关系是一纸合同,终止合同后,职工只能另寻生路,基本上是个人顾个人。失业和下岗职工,有的做小买卖,有的打零工,有个体化的现象。

原来我们的企业是经济组织,又起着社会基层组织的作用,党、政、工、团等基层组织把职工严密地有层次地组织起来。现在只强调企业是经济组织,终止合同或买断工龄后,职工就找不到什么组织了,就无依无靠。大庆职工买断工龄后,党员关系都不知道转到哪里。他们反映,不但买断了工龄,连党龄都买断了。

在全国的 3.5 亿职工中,工会会员 1.3 亿。许多私企、三资企业和农民工中没有成立工会组织。

职工为维护自己的权益而发生群体事件时,职工会甩开党政和工会组织,自发地组织起来。

实际上,经过 20 多年的改革,我国工人阶级从整体看,无论在我国的经济生活,还是政治生活中,正逐渐地社会边缘化,并积累着社会矛盾。这不能不引起人们的思考。

(二)让工人阶级走出困境①

提到工人阶级,对这个名词,大家已经有陌生感、古典感甚至异样感。虽然,在《中华人民共和国宪法》和《党章》中,工人阶级继续处于领导地位和依靠对象,但是,有谁相信、有谁奉行呢? 不妨问问工人阶级自己,在企业和在社会上是主人吗? 回答都是否定的。光荣已经逝去,希望能否再来,这是经济学、社会学、政治学、法律学和历史学、未来学的一道沉重和苦涩的难题。有人认为,阶级论过时了,现在要讲阶层。从一份社会阶层分析的研究报告看,工人在哪一层呢? 不高不中,总体偏下,与农民仍是兄弟。但是,一旦失业、下岗,就跌落到最底层了。这份研究报告讲的是实话,反映了实情,不知为什么会遭到抨击,不说理由。

且说工人,不讲阶级,当前的经济状况,作为确定其社会身份的首要标志,是值得正视的。改革开放以来,经济社会取得长足发展,人民生活不断提高。数据表明,城镇居民的人均收入逐年增长,虽然滞后于人均 GDP。但是,平均数掩盖着不平均。有人调查,60%的人在平均数下,大部分就是一般职工,而体力劳动者即工人队伍中的主力,更占绝大多数。

全国发行量最大的《读者》(2004 年第 22 期)在"言论"栏目中转载的一条是研究农业问题的专家温铁军的话:"当年他爹来打工是什么工价, 现在儿子来打工还是什么工价。但是整体的物价水平已上涨很多,因此农民工的实际收入是下降的。"这里,讲的是农民工,其实是马克思所说的产业后备军。"农村太穷,农民太苦",他们漂泊到了城市,与原来的工人争一口饭吃,把工资压到仅能维持劳动力简单再生产边际的地步。

30 年的经济发展和收入增长,打破了人为的平均主义是一大进步,而结构变化则是:一部分人富起来了,方兴未艾;多数人有改善,高低不等;还有一部分人却下降了。后者之中,有农民,还有工人。反映这个趋势的是基尼系数,官方始终承认

---

①引自沈立人:《让工人阶级走出贫困化、边缘化、弱势化》(打印稿)。

在 0.4"左右",学者们不识时务,拿出数据,认为突破了警戒线。以此为准,又产生另一判断,是否两极分化了？ 如果是,照邓小平的说法,"改革就算失败了！"

马克思对社会财富的分配,有绝对贫困和相对贫困的标准。两种解释:一种是相对贫困,指贫富分化,可能大家都有上升,绝对贫困指有人上升、有人下降;另一种是相对贫困,指保持最低的生活需要,如人均收入每天在 1~2 美元之间,绝对贫困是在上述水平之下,如人均收入每天不到 1 美元。对照工人生活的现实,相对贫困是无疑了,绝对贫困也不是毫无迹象。

以上所述,还是现役工人,不包括失业和下岗者(无业、待业更在外)。失业、下岗的境遇,当然更差一些。在传统体制下,城镇劳动力本来由国家和企业包下来;后来包不下,就动员上山下乡,特别是知识青年即新生劳动力。改革后有失业或下岗,属于转轨期的阵痛,部分企业亏损、破产,部分企业人员过多(所谓隐性失业)。两者的责任不在职工,他们的劳动创造了价值,基本上按劳取酬。现在企业搞坏,他们身受其害。即使企业不坏或兴旺发达,也要"减员增效",让他们离开企业,为企业和国家作出最后的牺牲或称"贡献"。

这里,必须说说国有企业改制或转制,或称"民营化",回避了私有化。其结果且不说经营层和管理层变为所有层,一夜之间涌现出一大批新富人,要说的是职工,有两种出路:一种是留下;一种是"买断"和"早退"、"内退"。后者年富力强,不能劳动,收入下降。特别是"买断",按工龄拿到几千万至二三万元,从此与企业断了关系,也断了生计。留下的是幸运者,但据反映,"老板"比"婆婆"更厉害,在自己改拿年薪以几万元、十几万元到几十万元计的同时,职工工资一般未加,并且加强劳动强度,"五个人的活儿三个人干",普遍有加班加点,不一定发加班费。这应了马克思的话:"工资与利润始终是对立的。"这种对立,反映了劳资对立。新的资本家要利润最大化,必定加重剥削工人。

改革理论和实践表明,难免是利益或利害关系的调整,不可能是"共赢"而有得有失。但是,为什么改革成本这样高,并且都落到工人头上,由他们来承受？有人说,这是效率优先;但是,公平何在？ 这是明摆的事实,受害者敢怒不敢言,有权者明知不想言,媒体知趣不肯言,经济社会学者多数也失语了。要感谢郎咸平教授,他了解情况比我们少得多,却"路见不平一声吼",点破了这层薄薄的纸,使工人无限感激,学者显得狼狈,官方坐立不安。迫于情势,正义之声响起来。据说,会有某些措施,虽然既往难究,总是人间开始有了公道。

以上所说,主要在经济上,延伸在社会、政治、文化,工人以贫困化为起点,同时走向边缘化、弱势化。边缘化是指不再在中心位置,没有钱也没有权,包括发言权、表决权。有人为农民呼喊，说人口占总数一半以上，人民代表却少得可怜。工人何尝不是这样！弱势化也由此而来，其结果是处于弱者地位，无力与强者抗衡。于是，处处受到歧视，特别是"心理歧视"，不容人不自卑。大家向往和享受着安居乐业。还有相当人数，大多属于工人阶级，失业下岗是无业可乐，面对房价涨而被拆迁不少是无居可安。

最后，不得不说到工会组织，至少应当代表工人利益，为工人讲话，为工人作为。这在上层如何，暂且不论；而在基层，大家感到地位也在边缘化、功能也在弱势化。过去的国有企业，存在干群关系；现在的私营企业，应有劳资关系。远在新民主主义时期的短短几年，本着"劳资两利"的方针和政策，劳资关系有冲突，也有协调。今天，企业在用人、报酬、劳动保护、生产安全、生活福利上，是否做到了《企业法》和《劳动法》的规定，似乎问题不少。农民工也是工人，所受歧视得到揭露，并未完全解决。如拖欠和克扣工资，直到温家宝总理"私访"，才列上议事日程，不久前仍有为拿不到工资而频频出现"跳楼秀"。最近看到几则新闻，提出大股东能否兼任工会主席以及《工会主席被炒鱿鱼》、《工会主席当了老板随从》等，真是滑天下之大稽、幽天下之大默。有人扬言，职工下岗急什么，正在构建社会保障体系，生老病死都无后顾之忧了。其实，社会保障只是一道底线，远远不是富裕。我们实行"以人为本"，提出"富民强国"，建设全面小康社会，最终要达到共同富裕。

(三)国企改制中必须保护职工的主人翁地位和权益

1.职工的主人翁地位是由生产资料公有制性质决定的

劳动者在企业中的地位和作用，从根本上说是由生产资料的所有制决定的。社会主义公有制的建立，表明生产资料已属于全体社会成员，在这一基础上，劳动者既是生产者，又是生产资料的所有者。这就为在社会主义生产中劳动者主人翁地位的确立，劳动者生产积极性、主动性和创造性的发挥提供了基础和条件。

这里需要指出，虽然全民所有制生产资料的管理、经营在现阶段区分为以国家和以企业为主体的两个层次，但不会改变劳动者对于全民所有制生产资料的所有、管理的本质关系。因为国家和企业只是全体劳动者授权的、对生产资料的管理和经营主体。认识不到这一点，就不可能科学、正确地理解社会主义劳动者的地位和作用。

在国有企业内部，存在着脑力劳动者与体力劳动者、管理者与直接生产者之间的分工。在劳动者还没有得到全面发展的条件下，这种分工和在管理权上的差别的存在是必然的，是发展生产力所必需的。只有坚持这种分工，才能创造出为最后消灭这种分工所必需的社会生产力，最终使每一个劳动者都得到全面发展，成为自由的个人,从旧分工中获得彻底的解放,从而实现对属于他们的生产资料的直接管理和经营。

国有企业内部经营者与职工在企业管理权上的差别不是对职工作为国家和企业主人身份和地位的否定。职工有权通过相应的渠道和组织来参与企业的决策和管理,并有权分享通过国有资产的运营而带来的收益。这既表现为在劳动生产率不断提高基础上的劳动者工资的增加,又可以表现为工资之外的劳动者福利的增进。国有企业中职工参与民主管理和参与收益分配是劳动者主人翁地位的体现。企业的经营管理者与广大职工一样,都是社会主义企业的劳动者。区别只是他们处在企业内部劳动分工的不同环节上,履行着不同的具体职能,共同实现着国有资产的保值与增值。

2.国企改制与职工主人翁地位及积极性的保护

在国有企业中,职工作为生产资料所有者和企业主人的本质并不是自发地体现出来的,它需要借助于一定的形式或机制来表现,例如职工民主管理、职工持有企业股权等。探索这种实现形式与机制,应该成为国有企业改革的重要内容。

在国有企业改革的过程中,职工主人翁的地位和作用问题在某种程度上没有得到很好的解决。除了上述客观因素外,这个问题的存在也与我们的企业领导主观上不重视发挥职工的主人翁作用以及缺乏一套有效的机制,并切实贯彻和实施这一机制有很大的关系。应该说,在现阶段,后者更为重要。国有企业市场化改革特别是公司制改造以来,人们对于职工在企业中到底处于什么地位和起到什么作用的问题产生了不同的看法。有人认为在我国,职工具有三重身份,即他们是国家的主人,是自己所在企业的重大利害相关者,是所在企业的雇员,这三重身份应区别对待、分别体现;认为劳动人民作为国家的主人,其主人翁地位主要体现在决定国家事务时行使当家做主的权利,职工可以参加民主管理,但并不表明他们是所在企业财产的主人,如果把国有企业财产看作专属于该企业职工,无异于侵犯了企业职工以外的公民对于国有财产的权利。由此出发,不能将职工代表大会规定为职工行使管理权力的机关,职工作为重大利害相关者,应当通过选举代表进入公司董事会来参与决策,还可以通过在企业中建立企业领导与职工代表机构对话协商机制,参与企业管理。

我们认为,国有企业职工固然与企业有着利益上的密切联系,企业的发展状况直接决定着他们的经济利益和生活状况,从这个意义上说职工是企业的重大利害相关者。但如果仅仅将职工当作企业的利害相关者,显然并没有体现出由社会主义生产资料公有制所决定的劳动者在企业中的应有地位,反而降低了劳动者在企业中的地位。至于将职工当作雇员的说法更是不正确的,它不利于形成社会主义国有企业中劳动者的主人翁地位和调动劳动者的积极性。

3.产权改革中应稳定职工的主人翁地位

国有企业产权改革要理顺产权关系,但并不是改变国有资产的所有权关系。通过国有资产管理体制改革,形成新的国有资产的管理、运营体制,确立国有企业的法人财产主体地位,并没有否定职工是企业的主人。它使包括企业经营者、劳动者在内的全体职工与生产资料的结合更加紧密。在深化企业改革的今天,企业成为享有民事权利和承担民事责任的真正法人实体,实际上就是实现了包括经营者、劳动者在内的企业全体职工与生产资料更加紧密的结合。同时也实现了对劳动成果更为有效的支配,更有利于巩固和保障职工在企业中的主人翁地位。

科学地认识公司制条件下国有企业中所有者、经营者与劳动者之间的关系是有效保障劳动者主人翁地位的理论基础。近年来有一种值得注意的观点,认为在国有企业实行股份制改造后,由于所有者进入企业,实际上已形成所有者、经营者、劳动者三个不同的利益主体。所有者以收益最大化、减少风险为目标;经营者以实现自身价值最大化为目标;而职工则以个人收入最大化为目标。正因为他们自身利益上的不同,才使他们之间产生真正的制衡,有了制衡,所有者、经营者、劳动者的积极性才能充分发挥。

如果我们接受这种观点,就等于承认了职工不是企业的所有者,其与所有者在利益上不具备根本不一致性,因此经营者作为所有者的委托代理人经营管理企业并对劳动者的工作进行监督。虽然所有者也在一定程度上允许职工参与管理,但从生产关系上看,职工在企业中并不具有主人翁地位,最多不过是企业的利害相关者。我们认为,国有企业在改造成为国有控股的公司之后,尽管在公司的资本结构中引入了一些非公有的资本,形成了一种混合性的资本产权结构,但由于是国家控股,因此企业的所有制性质并没有发生改变,即国家作为全体劳动人民的代表是企业的所有者,这也决定了职工仍然是企业的主人。公司中的国家产权代表与经营者和职工在根本利益上具有一致性。在企业的经营管理中应该发挥经营者与职工两方面的积极性和能动性,共同把企业搞好。国有企业的职工是国家和企业的主人。但不能把主人仅仅理解为行使各种民主权利、要求充分就业、社会保障、改善生活,而忽视以主人翁的态度对待国家利益和集体利益,对自己的岗位高度负责并充分理解改革不能不遇到困难和不能不付出代价。而与此同时,企业经营者对职工,既有组织领导、统一指挥,行使管理者使命的一面,也有采取措施,为职工发挥主人翁作用创造条件以及保护劳动者利益,帮助职工解决困难,接受职工监督的一面。

还应该看到,在国家控股的股份公司中,私人股东的"主人"和职工的"主人"在企业中的地位和发挥的作用是不同的。私人股东的利益取向并不是企业利益最大化和利润最大化,而是个人投资收益的最大化。这是由于在企业规模大、股东多而分散的情况下,私人小股东并不实际地具有对企业的经营权,不能通过对公司经营活动的有效控制实现自己的利益追求。因此,私人股东一般只关心股票的市场价格,并通过股票的买卖获取利益。由于私人股东的股票是不断流通的,因此很难保持其在某一个特定企业中的"主人"身份,从而以"主人"的身份关心企业的生产经营活动。可见,在现代企业的经营过程中,并不是企业所有权只有在私有化之后才会有效益。

我国国有企业中的职工作为企业的主人具有稳定性。他们的个人利益与国家、企业集体的利益是一致的,并要以企业利益的实现为依托。这就使他们与企业形成一种稳定的命运共同体关系。职工的积极性、主动性和创造性的持续发挥,成为企业生产发展、效率提高的根本保证。在企业利益不断增进的过程中,职工个人利益也会得到不断的满足。而且,由于在公有制条件下,企业中每一个劳动者个人获取的物质利益的大小与对企业的劳动贡献有关,所以就会激励劳动者多付出劳动,从而促进企业生产的发展。在现代公司制企业,由国家控股确保了职工在企业中的主人翁地位,才能为职工参与企业民主管理创造前提条件和基础。[①]

二、国企改制全过程中必须保护工人阶级权益

在国企改制中,在国有资产严重流失的同时,广大工人群众的权益也遭到严重损害。笔者在这里引用江苏省工业工会 2002 年 6 月对南京、苏州、盐城、徐州等 10 个城市的纺织企业关于企业困难职工生活情况的调查。

自 1998 年以来,在党中央提出要以纺织工业压锭减员作为工业企业扭亏解困突破口精神指引下,经过了两年的奋战,江苏纺织实现了全行业扭亏为盈,企业经营产业结构的调整,也逐步呈现出经济效益不断攀升的好势头。但随着企业改革改制步伐的加速,社会保障体系的不相适应,使得一些潜在的矛盾逐步反映出来,其中以弱势群体中的下岗职工分流安置不畅、部分职工生活水平下降,社会保障不到位等问题尤为突出。具体表现为:

(1)纺织行业下岗职工人数居高不下,分流安置难度依然很大。1998 年国家对纺织工业实行压锭减员政策,曾经消化安置了一批纺织一线职工,但随着国企改革改制力度的加大,新的下岗职工又在不断产生。根据 117 家企业的调查表统计,至

<hr>

[①] 朱智文,张存刚:《科学认识经济改革中国有企业职工的地位和作用》,载《高校理论战线》,2003 年第 5 期。

2001 年底企业在册人数为 135240 人,在岗职工人数为 100550 人,下岗职工人数为 34690 人,下岗职工占 34.36%。通过再就业服务中心实现再就业 4279 名,安置率仅为 11.70%。

(2)因困难企业欠债太多,导致部分职工生活举步维艰。拖欠职工多项费用一直是纺织行业多年来未能根本解决的老大难问题。尽管各级政府出台多项政策,帮助企业甩包袱,但时至今日部分地区的停产、半停产、亏损企业以及利用政策实现优质资产剥离的母体企业,欠款现象依然十分严重。依据调查表统计,截至 2001 年底,欠款企业数(40 家)为企业总数的 34.19%;拖欠职工工资、基本生活费、集资款总计 4936.45 万元,涉及职工 14304 人;拖欠职工医药费总计 3681.68 万元,涉及职工 31490 人;急盼企业归还欠款的职工占了职工总数的 33.86%。在这部分人群中,有下岗职工、退休职工和处在低保线以下的职工,企业拖欠这部分职工的钱款,对他们的日常生活来说,影响是很大的。

(3)特困职工人数呈上升趋势,且困难状况令人担忧。根据调查表统计,各市界定特困职工的标准各不相同,总体水平均在人均收入 200 元 / 月以下。在受调查的 117 家企业中反映特困职工人数增加的占 58.6%,反映下降的占 22%,特困职工总人数达到了 1301 名。从困难的程度来看,许多特困职工家庭四壁空空,生活几乎面临绝境。南京纺织企业有一女工患尿毒症,每周要血透 2~3 次,七八年来家中一切值钱的物品卖光,又将唯一的住房抵押,她说什么时候用完抵押金,什么时候就是她生命的终结。无锡市第五毛纺厂一女工的丈夫患一罕见疾病而又双目失明早早病退在家,昂贵的药费使家庭债台高筑,两年前该女工又患精神病,生活不能自理;在这种情况下,女儿考上大学,全靠企业捐助完成学业。

(4)少数退休劳模的生活处在低保线以下。根据统计,到 2001 年底市级以上劳模总计 1094 名,其中在职的 332 名、退休的 772 名。除部分企业给在职的劳模办理一些险种的保险外,各市总工会又帮其办理了补充养老保险,以充分体现党和政府以及企业对在职劳模人员的关心。而对退休的劳模在关心的程度上就显得明显不足。无锡市有少数企业为退休劳模办理了补充养老保障,或按月增发补充养老金,而其余的退休劳模就只能不定期享受慰问金和生活用品。对于年老体弱的退休劳模,每月 500~600 元的养老金仅够一家人糊口,经不住一点"风浪";目前因病或抚养人口过多等原因而使生活处于低保线以下的劳模就有 35 名。对于这些劳模的困难,除了工会积极帮助办理特困救济卡,定期上门慰问钱物外,常常因企业性质的改变,而不能得到更多的关怀和照顾。这种结果的产生也给社会带来一定的负面影响。

（5）职工就医更加困难。职工普通强烈反映：现行的"医保"政策，推行"低水平、广覆盖"，未能达到使大多数职工和企业受益的效果。在实际推行的过程中，也许是起点低、先期积累少的原因，参加"医保"使大多数企业和职工的负担明显加重。虽然解决了职工报销医药费难的问题，也减轻了部分企业对危重病人救治的负担。但就总体而言，大多数企业每年上缴的医疗费用（职工工资总额的 8% 和个人工资的 2%）与个人就医用药承担的部分费用之和远远高于参保前。职工医药费用增加，就医更加困难。

上述这种情况是十分普遍的。这让我们深切地知道：国企改制给职工带来了什么？工人群众正在困苦中煎熬。

据南京市劳动资料统计，20 年来南京市国有企业下岗失业的职工数量达 30 万人，占全部在册职工总数的 40% 以上，可见这个数字不小，反映了工人群众在企业改制中权益受损害的面相当大。

这样面广量大的国企职工权益受到损害，却很少有人去研究和解决。值得称赞和敬重的是，中国社会科学院马列所研究员柳可白同志，正在盯住这个问题作研究。

她说："应把保护和提高工人阶级权益贯穿到国有企业改革过程中。"

她写道：全心全意地依靠工人阶级，是党的根本指导方针。近来国企改革中国有资产流失的问题讨论得沸沸扬扬，然而一个重要的与此相关的问题，就是工人阶级权益流失的问题大家讨论得似乎还并不充分。笔者认为，调整和完善国企改革对工人阶级的有关政策，已成为改革和社会经济持续稳定发展的紧迫需要。

目前国企改革已成为中国经济体制改革最大、也是最困难的问题。改革的巨大成本显现出来，许多深层次的矛盾凸现。除了生活环境被严重破坏之外，最引人注目的是部分企业国有资产流失的同时，工人群众的权益也受到损害。

（一）明确改革的目的是改革必须解决的首要问题

改革最初的受益者是广大劳动者。联产承包责任制，农民获益匪浅；贯彻按劳分配原则，工人收入也有较大提高。然而后来贫富差距逐渐加大，出现了一个以工人、农民等劳动者为主体的弱势群体。他们目前处于相对贫弱的状态，一部分人甚至绝对贫困，连温饱问题都没有解决。工人阶级权益问题成为突出和普遍的社会问题。究其原因，非常重要的一点，是一些同志（特别是一些领导）在"改革到底是为了什么"这个重大问题的认识上出现了偏差。

就像我们不能为生产而生产一样，也不能为改革而改革，更不能把改革变成一些人以权谋私获取暴利，以及部分官员表现所谓"政绩"，捞取个人政治资本的手段。明确改革的目的,即为谁改革、为什么改革、改革使谁受益的问题,是改革必须解决的首要问题。

改革本身并不是目的,而是手段,是动力,发展才是目的。经济体制改革要建成完善的社会主义市场经济体制和更具活力、更加开放的经济体系,进一步解放和发展生产力。然而,随之出现的问题是,生产力发展了,谁来享用发展的成果?

(二)劳动者享受改革和发展成果理所当然

中共十六大报告提出了全面建设小康社会的目标,十六届三中全会提出的"坚持以人为本,树立全面、协调、可持续的发展观,促进经济社会和人的全面发展",深刻地回答了这个问题。

全面建设小康社会,是建设一个共同富裕,广大人民群众都过好日子的社会。新的发展观突出了发展的科学性、整体性和统筹性,有着丰富的内涵。"以人为本"明确了发展的最终目的是为了人的全面发展,造福百姓生活。改革理当以人民群众为本,"最大限度地满足广大人民群众不断增长的物质和文化生活的需要",是社会主义生产目的,也是社会主义改革目的。

概括起来,人民群众,主要有三大成员:工人、农民和各种投资者(产权所有者)。他们是我国主要的劳动者和建设者。改革和发展的目的,应当使社会各成员得益,实现共同富裕,实现利益共享和共赢。显然,三大成员中,劳动者占绝大多数。

我们的改革是社会主义改革,社会主义是劳动者的社会,是共同富裕的社会,保障和发展劳动者的权益更是理所应当的事。改革的目的,绝不是为少数人提供致富的机会,广大劳动者却陷入贫困、甚至沦入没有饭吃的境地。如果为改革和发展做出巨大贡献的劳动者,却不能享受改革和发展的成果,甚至连最起码的生活都得不到保障,这样的改革又有何意义?

因此,保障和提高劳动者的权益是改革的根本目标之一。改革中利益格局重新分配,不应是使劳动者更穷的分配。处理各方的利益关系时,必须统筹兼顾人民群众各阶层的利益。

国有企业改革直接涉及工人阶级的利益。改好了,企业焕发活力,国家增加收入,职工群众得利;改不好,最有可能伴生腐败现象,不仅使企业和国家受损,国有资产流失,工人阶级的利益更会受损,甚至可能温饱都得不到保障。因此,改革国有企业,必须使广大工人群众得利而不是受损。否则不仅不符合改革的初衷,而且国有企业的问题也永远解决不了。

(三)国企改革出现困难的重要原因是忽视了工人权益

20多年来国有企业改革出现了很大困难,其中一个重要原因,就是一些地方

和企业没有维护好工人的权益,没有解决好改革的目的和主体的问题。这不能不说与部分领导干部存在的一些认识误区有关。例如:

一些领导谈及深化国有企业改革的目的时,标准的说法是"解放和发展生产力;改善企业经营机制,促使企业焕发活力,提高企业经济效益,增加社会财富。因此,国有企业改革,一定要着眼于增强国有经济的活力,一定要致力于国有经济的保值和增值。从而使国家强盛,实现中华民族的伟大振兴。"在这个"标准答案"中,仿佛一切都说到了,但就是没有谈到普通的职工群众。他们的利益或多或少地被忽视了。

有人则公开说,维护职工合法权益和改革的方向相背离。其理由是,企业振兴必须要解决企业冗员和企业负担问题,而"改制必须经职代会同意企业职工安置方案"的规定,往往使改制方案流产。因为职工"要价高",他们要求的补偿金高,有的还要求改制后企业必须跟所有职工签订合同,且若干年内不能解除合同,否则职代会就不予通过。[①]

针对我国工人阶级当前的现实处境,柳可白研究员响亮地提出:"社会有责任帮助工人阶级中的'弱势群体'"!她继续写道:改革开放以来,工人阶级的生活水平、文化素质从整体看普遍提高,但在社会转型期间,工人阶级也面临着诸多挑战,存在着许多迫在眉睫的问题。改革是利益关系的重新调整。工人阶级承担了很大的改革风险,付出相当大的代价。工人阶级中出现了"弱势群体",这是就业利益和劳动报酬利益没有得到保障的群体。一些工人的经济政治权益得不到应有的保障,直接影响到他们积极作用的发挥,成为影响经济体制改革和社会稳定的大问题。改革是必要的,也是必须付出成本的,但这些成本不应仅由工人阶级某一部分人承担,而应由全社会承担。工人阶级利益所受的影响,理应获得相应的补偿。

(四)建设全面小康社会,要帮助工人阶级中的"弱势群体"

首先是重视就业。"弱势群体"中,相当一部分是下岗、失业和较早退休的职工,城市甚至出现绝对贫困层,面临基本生存问题。十六大报告提出,"就业是民生之本",将就业提到了从未有过的高度。一方面要千方百计扩大就业渠道,另一方面要大力提高失业者的文化技术水平,加强对他们的职业技术培训;政府还出台了许多优惠政策,以利于他们及早就业。

其次,是完善法律制度,严格执行劳动法和其他法律,取缔非法收入。"弱势群体"中有一部分进城打工的农民,一般从事苦、脏、累、险的工作,收入很低,能吃苦

---

①柳可白:《不能将职工合法权益与改革对立起来》,载《中国改革报》,2004 年 11 月 15 日。

耐劳,但文化技术水平不高,福利待遇较差。他们有活干,但受歧视,经济利益、民主权利和精神文化权益往往得不到保护。在这部分人中,马克思所揭露的,把工资压到劳动力的价值,甚至低于劳动力价值的情况,目前也仍然存在。各种无视国家法律规定、侵犯职工合法权益的事件屡屡发生,例如不与职工签订劳动合同;强迫工人长期加班加点;任意克扣、拖欠工资;拒不缴纳社保金;不提供必要的劳动保护设施,职业危害严重;甚至任意打骂、侮辱工人,严重侵犯人身权利,等等。媒体曾披露,有些私营企业、三资企业的不良老板,他们的工厂无异于血汗工厂。更有甚者,个别地方还存在着"包身工"和工厂奴隶,各种重大安全事故也时有发生。至于削弱或剥夺工人参与企业管理的民主权利的问题则更为普遍。这些企业,要么严重违反劳动法和其他法律,要么是钻法律的空子,不仅违法,而且存在残酷剥削。在这样的企业中,资本与劳动的矛盾中,劳动通常是弱势一方。这就对政策提出了完善法律制度与加强管理的任务。社会主义的政府必须自觉坚定地维护劳动者的正当权益。

再次,是完善社会保障制度。"弱势群体"中许多人是将被淘汰的夕阳产业的工人,本身的职业技术水平较低,年龄偏大。他们的下岗及失业补助或退休工资水平非常低,再就业和增加收入的能力也很低。这就要通过完善社会保障制度来解决。建立健全社会化的社会保障体系,形成多层次、多形式的社会保障格局,切实救助社会弱势群体。

"弱势群体"问题已得到党和政府的高度重视。十六大报告指出:"我们要保护发达地区、优势产业和通过辛勤劳动与合法经营先富起来人们的发展活力,鼓励他们积极创造社会财富,更要高度重视和关心欠发达地区以及比较困难的行业和群众,特别要使困难群众的基本生活得到保障,并积极帮助他们解决就业问题和改善生活条件,使他们切实感受到社会主义社会的温暖。"

三、将工人阶级的主体培育成中等收入阶层

(一)什么是中等收入阶层和橄榄形社会

随着我国国民经济体制和社会结构的转型,社会分层问题也提出来了。社会分层是我们认识复杂的人类社会结构的一种简便的方法,它有很实用的价值。但严格说,社会分层的方法并不是从中国传统的思想土壤里产生的,而是近代,特别是19世纪末以后从西方导入的。中国传统的分类方法,是习惯于根据现象特征进行归纳性的区分,而不是根据本质进行分析性的区分。

社会分层的根本目的,就是为了使用科学方法便于分析社会结构,促使社会能够和谐地发展。在现实社会中,每个社会的阶级阶层都有其相对独立的群体利益,在社会发展的过程中,特别是在快速而剧烈的社会变化过程中,各阶级各阶层之间

必然会客观上产生各种利益矛盾或冲突。这就有必要对之进行科学分析,以便建立整合机制和矛盾化解机制。这些都要求以社会分层结构的理解为基础。

在现代的社会理论中,"阶级"或"阶层"都是指按一定标准区分的社会群体(social group),根据不同的理论和不同的研究目的,有不同的划分标准和方法。在过去中国语言里,阶层一般是指阶级内部不同等级的群体或处于不同阶级之间的群体。而现在中国学者使用"阶层"的概念,很大程度上是由于历史的原因,是为了有别于在政治上"划阶级、定成分"的做法。

沈立人先生写道:一部分人先富,更多的人仍穷,社会结构呈金字塔形,并不意味着能像金字塔一样的稳定。相反,这是一种不发达、不稳定的社会形态,必须改造,通过梯形、柱形走向两头小、中间大的橄榄形,并从竖橄榄转化为横橄榄。

在这个社会转型中,重点是培育中产阶层。中产阶层,国外统称中产阶级(其实阶级、阶层的洋文是一个字:class)。中国采取"春秋笔法",回避阶级斗争,先后出现了"中间阶级"、"中间阶层"、"中等阶层"、"社会中间层"等名词,最后倾向"中产阶层",或者解释"中等收入阶层"。这不仅是一个反映收入水平的要件,并联系到生活质量、消费结构、文化程度、道德修养、法律意识和职业分类。有人认为,目前主要由四部分人构成:一是所谓"新中等收入者";二是传统干部和知识分子;三是效益较好的企业职工;四是大量的个体户和小企业主。这些人,分传统、现代和后现代三个层面,虽然在收入水平、社会消费和私生活领域有一定而非完整的共同点,并起着示范作用,但是在价值观、所有制关系、社会政治行为和公共领域,还未形成阶层群体的同质性,存在着"阶层认同瓶颈",显得复杂、离散和无序。

中产,来源自收入,归宿为财产。这在不同国家,处于发展和收入的不同阶段,处于动态,是不可比的,前几年有份调查,近一半城市居民的家庭财产集中在 15 万~30万元之间,其中房产占近一半,但因房价高低导致大城市相当于小城市的近两倍,户均拥有金融资产 7.4 万元,其中储蓄存款约占 70%。这个平均数,够不上中产标准,说明多数是低收入者,虽然储蓄率已不低。后来的调查显示,城市户均财产超过22 万元,其中房产约 11 万元,比重基本未变,并有一部分金融资产和经营资产。从总体看,离"中产化"还较远。近期调查,低的认为城镇中等收入户占 17%到二成左右,高的认为已达 38%,是出于标准的高低。有人以有私房私车、人均年收入 1 万美元为杠杠,中国现在中产阶层 3000 万人;有人根据第五次人口普查数据推算,现代中产阶层的实际数量为 3515.5 万人,包括老中产阶层在内则为 6007.3 万人。也有以主观认同特别是职业为标准,约有近一半城市居民以"中产"自命,或称"小资"。总之,中产阶层还在成长中,并且大多就城市而言,农村即使降低标准,所占比重也少得多。

大家一致的说法是必须扩大中等收入者所占比重，这比让一部分人先富起来更加重要,既紧迫,又在不远和未来,怎样做呢? 其实在党的十五大报告中已提出,就是提高中等收入者比重,增加低收入者收入。两者是一致的。有人不这样看,认为培育中产阶层,对策之一是分配坚持效率优先原则,即按人才资本能力分配。他们似乎不懂得,中产阶层从哪里来?其实很清楚,只有从广大的低收入者中来,逐渐增加其收入,才能逐步催生中产阶层。为此,要有一系列的政策推动,从财税政策、金融政策到产业政策、区域政策、城镇化政策再到就业政策、分配政策、社会保障政策乃至教育政策、保健政策,促使中产阶层成长并适应其消费结构、生活方式和人际关系的演进。近有估测,中产阶层的比重,年增约一个百分点,是合理的,顺乎发展情势。

培育中产阶层,也就是消化弱势群体。围绕救助弱势群体的一切努力,让穷人变富人,无产变有产,都是一个目标,把工人阶级的主体部分由弱势群体化为中产阶层,逐渐变富并且有产。中国所有的弱势群体本质上是中产阶层的后备军、候补者和培育对象。问题是要关注怎样将工人阶级的主体部分培育成中等收入阶层。因为,这是我国全面建设小康社会的关键所在。这是因为,工人阶级是社会主义劳动者的最重要组成部分,人数多、力量大,组织化程度高,只有其主体部分变为中等收入阶级,并在整个中等收入者数量上占大头,才能建成我国的橄榄形社会,才能保持社会稳定,才能建成社会主义和谐社会。那么,什么叫"橄榄形社会"呢?

在社会学研究领域里,从社会成员的富裕程度及其收入分配状况这个角度,人们将"两头小,中间大"这样一种状况的社会称之为"橄榄形社会"。具体来说,在这个社会里,处于"榄榄体"中段的大多数成员已成为中等收入者(有的人又将他们称之为中产阶级),其收入水平,就目前我国的情况而言,家庭年收入大致在 5 万元左右;另外在其两头,有一小部分成员的收入高于这一水平,还有一小部分成员的收入低于这一水平。这种形状颇似橄榄的社会结构,便是所谓"橄榄形社会"。

橄榄形社会有这样几个显著特点:第一,人们的物质生活普遍比较满足,即使是在低收入的人群中,由于有比较好的社会保障,其生活也比较安定;第二,社会成员之间在拥有财富方面可能会有较大的差异,但在基本生活消费方面他们之间的差别却不是很大。因此各阶层之间的社会矛盾较少,有了矛盾也比较容易协调解决,所以整个社会比较和谐;第三,社会中的大多数成员都是大小不等的投资者,因而他们都不希望出现任何有可能影响社会和经济健康发展的破坏性行为,更不希望发生社会动乱,所以整个社会比较容易保持稳定;第四,由于对于所有的社会成员来说不仅温饱已不成问题,而且还拥有一定的财富和一定的可自由支配的时间,因而也就具有一定的可按照自己的兴趣爱好进行活动的空间,这样一来,就使得整个社会更具有内在的创造活力。

毫无疑问,橄榄形社会是建立在一个相当坚实的经济基础之上的。因为只有在整个社会的物质生产水平达到一定高度的前提下,才可能使多数社会成员拥有一定量的财富,具有投资的能力,并为之提供足够的投资机会和发展空间。

当然,如果仅仅具有较强的经济实力还是不够的,其经济结构和相关的政策环境是否科学和合理,对于构建橄榄形社会来说也是非常重要的。比方说,如果整个社会实行平均主义的分配政策,如同过去相当长一段时间里我国曾经采取的那种"大锅饭"办法那样,那么,一方面,固然很难使整个社会的经济有大的发展,另一方面,即使是整个社会具有一定的经济实力,也不可能导致橄榄形社会的出现。

在当今世界,几乎所有的发展中国家都把摆脱贫困,进而再着手构建橄榄形社会作为自己的一项历史性任务。我们国家当然也正在为此而进行不懈的努力。目前党中央提出了构建和谐社会的战略任务,这其中就包含了构建橄榄形社会的内容。当然,前者所包括的内容要比后者宽泛得多,但后者无疑是前者的最重要的物质基础。试想,如果没有大多数社会成员的生活富足,如果国家不能为低收入的那一部分成员提供良好的社会保障,使之在基本生活消费方面与其他社会成员相差无几,那么怎么能够有整个社会的和谐呢?

从我们整个国家来看,虽然自改革开放以来,经过不断的努力,目前人均 GDP 已达到了 1000 美元,这当然是很了不起的成就。但是,这样的经济水平与橄榄形社会还有很大的距离。[①]

(二)怎样使工人阶级的主体变成中等收入阶层

我国工人阶级的权益,包括三个部分:一是就业岗位;二是劳动报酬,即工资和奖金收入;三是拥有资产,即个人占有一定的生产资料,作为生产要素的报酬,取得一定的非劳动收入或财产收入。这样,我国工人的收入总和就增大,而且随着劳动者权益的落实,收入就会尽快增加。除此之外,还有一个劳动力产权利益问题。工人的劳动力产权应当和资本等生产要素一样,参与剩余价值的分割。这样,工人就应增加一块收入——劳动力产权报酬。这样,工人的总收入就由三个部分组成,写成等式:工人总收入 = 劳动报酬 + 资产报酬 + 劳动力产权报酬。关于劳动力产权及其报酬问题,我们放在本章最后专节讨论。现在先考虑工人收入的前两个部分如何

---

① 苏简亚:《关于构建橄榄形社会的几点思考》,载《领导理论与实践》,2005 年第 3 期。

实现。在这里,笔者赞同柳可白同志的观点和分析,下面引述和补充她的论述。

1.工人阶级的主体成为中等收入者,才能进入共同富裕的全面小康社会

十六大提出的全面小康的概念,是共同富裕的概念,是一个惠及十几亿人民的伟大工程,工人阶级作为主要的建设者,理应成为主要的受惠者。

人民,最基本的是三大阶级:工人、农民和产权所有者。他们都是小康社会的建设者。工人阶级不但是建设的中坚力量,而且人数也越来越多。目前有三个多亿,随着农村城市化进程,未来20年还要有两个多亿的农民进入城市,他们当中绝大多数都会成为工人阶级。

因此,工人阶级在总体上大幅度提高收入水平,其主体进入中等收入者行列,中等收入者比重才能扩大,才能形成橄榄形的社会结构,社会分配结构才能比较公平,全面小康社会才能实现。

2.工人阶级参与利润的分配是其成为中等收入者的基本途径之一

工人阶级的利益,包括就业、劳动报酬分配和拥有资产的三大利益。就业和劳动报酬分配,解决的是工人基本生存问题,即马克思所说劳动力价值的实现;拥有资产,解决的是工人参与利润分配问题,是使工人致富的途径。

"确立劳动、资本、技术和管理等生产要素按贡献参与分配的原则",从经济学看来,按"生产要素分配"不应当是指成本补偿的问题,而应当是指利润分配的问题。根据马克思商品价值结构的公式($w=c+v+m$)。生产要素,归根结底是人和物两大要素。c(不变资本)和v(可变资本)代表了商品经济中最主要的两大主体:产权所有者和雇佣劳动者,他们各自投入自己拥有的生产要素,即资本和劳动,共同生产商品和价值。他们的活动都是投资活动。一切投资都有两个要求:一要补偿,二要回报。资本作为生产要素,在价值补偿后获得利润是合理的,那么劳动也同样应当在价值补偿(即取得劳动报酬)后获得相应利润。利润应当在所有生产要素中分配,主要包括资本、劳动力、技术等生产要素应参与利润的分配。

雇佣劳动者的收入,如果只能补偿劳动力价值,那么工人的工资只能全部用于消费。这时工人是无产阶级。而当工资大于劳动力价值,意味着工人的工资在消费以后,还有余钱可以积累——储蓄或投资。这实质上是工人隐性地参与了利润分配。工人按劳动分红,则是工人以自己的劳动力作为资本显性地参与利润分配。而工人按自己所拥有的股份分红,则与产权所有者的分红无二致。

这样看来,按"生产要素分配"就有两个含义:一个含义,是按产权(货币资本、物质资本)这一生产要素分配,将产权所有者获得利润合法化,这是当前人们比较关注的问题;第二个含义,是按劳动(劳动资本、人力资本)这一生产要素分配,劳动

者也应获得相应利润,这却是经常被人们所忽视的问题。这应当称为劳动力资本的产权,应参与利润分红。

工人阶级参与利润的分配,说明工人的劳动力在一定条件下可转化为资本(这就是人力资本的理论概念),并得到利润回报。应当说,这是工人阶级致富的基本途径。

3.工人阶级身份的变化:获得劳动者和产权所有者的双重身份

新中国成立以后,我国工人阶级的生活水平虽然有很大提高,但月工资收入仍然没有超出劳动力成本的范围,工人的工资收入主要进行家庭生活消费,结余很少,不可能通过工资收入进行资本积累。

改革开放以后,工人阶级收入和生活水平都有了很大提高。他们的经济地位也发生了重大变化,其实质是工人阶级中有一部分已经拥有了资产,从而无产阶级已不再是工人阶级的同义词。

工人阶级获得资产的一个来源,是工资收入中超过劳动力价值部分的转化资产。一些职工有较高甚至高额的工资收入,他们将生活消费后的节余,转化为股票、债券或银行储蓄等金融资产。我国政府已允许处级干部炒股。

工人阶级获得资产的另一个来源,是现代企业制度的改革。股份制和股份合作制企业的"产权多元化"的要求,使企业改制中出现了职工持股、劳动分工等新的分配形式,还有一些企业为了长期稳定的发展,采用股权作为激励手段,以经营者、技术人员的期权期股和年薪制来吸引和稳定优秀人才。工人阶级的一部分拥有了企业股份,从而拥有了资产,具有劳动者和产权所有者的双重身份,他们的"主人翁"地位不再架空,而是落在了实处。

拥有资本的工人的增多,意味着他们的收入中除了劳动报酬,还参与了利润的分配。反映了当代工人阶级改变经济地位和走向富裕之路的新趋势。

工人阶级拥有资产,成为双重身份者和中等收入者,是历史的进步。市场经济中的两大主体:产权所有者和雇用劳动者相互渗透,用一句时髦的话,是一件"双赢"的事情。这也是一个世界潮流。就拿马克思长期工作的英国来说,1988年,英国持有股票的公民人数首次超过了工会会员的总和;法国在80年代拥有股票的人数增加了近3倍。这些拥有股票的人许多是工人,因为随着金融等第三产业和新兴产业的发展,以及高新技术的广泛应用,"白领工人"的队伍不断扩大。传统的"蓝领工人"也有变化。一些钢铁和化工工人已成为世界上最善于操纵电脑人群的一部分,在法国和荷兰,即使是农民也离不开电脑。特别是在第三产业中,会计师、电脑软件工程师、设计师、律师、教师、医师、政府的公务员、艺术家、演员以及大批的经理人员、高级职员人数不断增加。从广义上来说，这些人本来就是工人阶级的一部分；但他们中多数人都拥有股票，或者有一部分资产。尤其是"知识产权"被国际上广泛承认以后，他们都是有知识"资产"的人，他们已经不是传统观念上的工人阶级，当然也不是传统观念上的资产阶级。

工人阶级参与利润分配，还使工人阶级的一部分人进入了高收入者行列。2000年，国家统计局进行了一次关于富人的调查。根据调查结果，2001年3月，《三联生活周刊》登出了"中国富人榜"的富人拥有的资产数额。其中：水稻科学家袁隆平1.1亿人民币，运动员伏明霞至少1500万人民币，央视主持人赵忠祥约200万人民币……

再例如，华西村全村380户富户住上了400~500多平方米、水电气全通的别墅楼；资产最少的人家也有100多万元；存款最少的人家有20多万元，存款最多的人家有2000多万元。这样的收入水平，不参与利润分配怎么可能？[①]

归纳起来说，未来我国工人的收入，将包含四个组成部分：一是工资收入，二是货币资金的利息收入，三是工人挂股的股权分红收入，四是工人的劳动力作为投资的劳动力产权收益。其中，第一、二种是收入，是普通工人都能实现的；第三种收入，只有工人持股的企业才能实现；第四种收入，只有当工人的劳动力素质提高较大，能成为人力资本时，才有可能拥有和实现。

（三）建立劳动力产权制度，维护和保障工人的劳动力产权收益

首先遇到的问题，是如何科学地理解"劳动力产权"概念。我认为，可以将劳动力当作人力资源，比照人力资本的概念来加以理解。

所谓人力资本，就是将人力当作资本，能够增值，有投入，有回报。人力资本投资，是指为了培育和形成人力资本而投入垫支资本的行为。多种渠道的资金投入人力，使人力资本得以形成。对人力资源进行投资使之受教育、获得知识和技能，具备劳动能力，这就是人力资本形成。在这里，只要将"劳动力"置换为"人力"，道理是一样的。

具体来说，只有当劳动力资本形成后，才谈得上劳动力产权问题。

从一般意义上讲，劳动力产权，它不是作为单一的权利而存在，而是一组权利的复合体。与其他物权一样，它不仅包括劳动力的所有权，而且还包括劳动力的占有权、支配权、使用权、收益权或索取权。从特殊意义上讲，由于劳动力是人的劳动能力，是存在于人的身体即活的人体中的"每当人生产某种使用价值时就运用的体

---

①柳可白：《工人阶级的主体应当成为中等收入者》，载《中国改革报》，2004年11月8日。

力和智力的总和",不能脱离劳动者的身体而独立存在,因此,劳动力产权,应归劳动者所有,或者说,应是劳动者的劳动力产权。

但由于劳动力产权不是单一的权利,而是一组权利的复合体,或者说,是由许多权利组成的权利体系,因而,在不同条件下,产权中的各项权利,既可以是统一的,也可以是相互分离的。而不管劳动力产权中的各项权利是统一还是分离,劳动力的所有权、占有权、支配权和使用权都与收益权不可分离。这是因为,无论劳动力的所有权,还是劳动力的占有权、支配权和使用权,都把收益权作为目的和归宿。只有劳动力所有权,而不握有劳动力收益权,就不能凭借劳动力产权获取收益,劳动力产权就会被虚置。劳动力的产权收益是劳动产权的实现。

从这个分析来观察,我国工人阶级长期以来劳动力产权被虚置了。现在建设社会主义市场经济,理应将工人的劳动力产权进行复归。

劳动力产权是一个历史范畴,它们的存在和实现,要受一定社会经济制度乃至政治制度的决定和制约。它的作用和意义,在不同社会形态中具有不同的特点。

在社会主义初级阶段,以公有制为主体的多元化的所有制结构,决定了劳动者不仅是生产资料的所有者,也是自己劳动产品的所有者,劳动者劳动力产权异化的状况已经根本改变,劳动力产权作为劳动者的财产及其实现,无论从环境还是从条件来说,都是以往社会所不能比拟的。但是,由于各种因素的相互作用,劳动者劳动力产权的实现,还受到很大限制。作为劳动者的劳动力产权,还具有不完全性。目前,我国的改革正处于关键时期,小康社会和现代化建设的历史进程正在全面推进。此时此刻,全力维护和真正确立工人和劳动者的劳动力产权,确保劳动力产权的实现,不仅具有紧迫性和必要性,而且也具有特殊意义。

张作云教授将劳动产权的经济意义作了如下概括,是很有见地的。[1]

(1)维护和保障劳动者主人翁地位的需要。改革开放以来,在我国所有制结构发生变化的同时,劳动者在社会再生产中的地位也发生了微妙的变化。在我国全部从业人员中,大约有 45.2% 左右的人成为雇用劳动者。不仅在私营企业中就业的劳动者缺乏民主和自由,甚至在以公有制为主体的混合所有经济乃至实行公司制的公有制企业中,由于股东大会和董事会具有至高无上的权利,片面强调股东的利益,再加上一些厂长经理素质较低,对企业实行家长式管理,致使职工会、监事会形同虚设,使职工的主人地位受到严重削弱。确立劳动力产权,从制度和法律上保证劳动力产权的实现,可以从两个层次上保障劳动者的主人地位。一方面,在公有制

---

[1]参见张作云:《劳动力产权中收益权的边界及其实现条件》(内部稿)。

企业和以公有制为主体的混合所有制经济中,劳动者作为生产资料的共同所有者、占有者、支配者和受益者,理应是企业的主人,或处于主人地位。另一方面,作为劳动要素的投资者和劳动力产权的所有者,理应与其他要素所有者一样,是企业的主人,处于主人地位。倘若如此,劳动者在企业的主人地位,无论在企业所有制关系还是在企业产权关系即法的关系上,都是毋庸置疑和不可动摇的。

(2)维护和保障劳动者合法权益的需要。近年来,由于社会转型、体制转轨、公有制企业转制和经济结构的调整,劳动者就业形势严峻,失业人数增加,劳动者的劳动权受到威胁。企业或用人单位任意延长劳动时间,加班加点现象几乎普遍存在,压低和拖欠职工工资现象较为严重。生产条件恶劣,环境污染,职工身心健康受到侵害。工伤事故频繁发生,劳动者人身安全得不到应有保障,产生这些现象的原因,既有管理制度和法律制度方面的原因,也有经营者为了追求最大限度的利润,把劳动者当作单纯的生产要素,只使用、不维护,只生产、不保障的原因,其根源就在于劳动力产权被忽视、被否认或者没有落实。因此,确立劳动力产权,从制度和法律上保证劳动力产权的落实和实现,在舆论上造成声势,对于优化劳动者的就业环境和劳动环境,改善劳动者的劳动条件,保护劳动者身心健康和劳动安全,维护劳动者的劳动报酬索取权(尽管只是必要劳动成果即工资索取权),一句话,对于维护和保障劳动者的合法权益,将起到十分重要的作用。

(3)理顺收入分配关系,完善收入分配制度,防止收入差距过大的需要。多年来,在按劳分配与按生产要素分配相结合收入分配体制的运行中,尽管在理论上承认劳动是生产要素之一,并强调劳动力与其他生产要素一样参与收入分配,但在实践上公有制企业改制时,都把劳动者近半个世纪的劳动积累排斥在外,在企业利润分享中,只体现股东的资本权力,而忽视或排除劳动者的劳动要素权力,或者只是象征性地发放一点微不足道的奖金,排除了劳动力要素与其他要素一样具有的增值权力。结果,造成了企业经营者与劳动者、资本等要素所有者与劳动力要素所有者在收入分配中的不平等,导致了收入的过分悬殊。这种日益扩大的收入差距如得不到有效治理,将危及经济社会的可持续发展和社会主义现代化目标的实现。就目前来说,理顺收入分配关系,完善收入分配制度,解决社会成员之间收入差距过大的问题已迫在眉睫。而确立劳动力产权,从制度和法律上保障劳动者劳动力产权的落实和实现,允许并强调劳动者的劳动力要素与其生产要素一样,参与并平等地分享企业利润,则不失为一项有效举措。

(4)促进劳动者全面发展的需要。近年来,中央一直强调人的全面发展。党的十六届三中全会,又明确提出"坚持以人为本,树立全面、协调、可持续的发展观,促进经济社会和人的全面发展"的新思路。然而,依据我国目前的基本国情,人的全面发展,主要就是劳动者(包括脑力劳动者)的全面发展,而劳动者的全面发展,不能是劳动力的简单再生产,也不能是劳动力在外延上的扩大再生产,而必须是劳动力在内涵上即在科学文化技术素质上的扩大再生产。要实现劳动力在内涵上的扩大再生产,除了国家和社会在人力资源的开发上加大投资力度之外,还必须从收入分配上予以配合。也就是说,劳动者获得的收入,不能只包括必要劳动收入,而且还要包括剩余劳动收入,因为剩余劳动收入是劳动力内涵扩大再生产或人的全面发展的重要资金来源。同时,用于人的全面发展的消费资料也不能只是生存资料,还包括发展资料和享受资料。而从我国现阶段经济社会发展和未来一个长时期的经济社会发展来看,劳动者要获得推进自己全面发展所需的发展资料和享受资料,除了逐步扩大和增加社会投入和社会福利外,主要还是靠劳动者自己收入水平的提高。而要使劳动者收入水平不断提高,除了劳动者必要劳动收入增长和水平提高外,还需要劳动者剩余劳动收入的增长。而要使劳动者剩余劳动收入的增长成为现实,在目前和今后一个长时期,劳动力产权的确立,从制度和法律上确保劳动者以劳动力产权分享剩余劳动成果的权力,则起着无可替代的作用。

(5)建立和完善现代产权制度,构建现代企业制度的需要。党的十六届三中全会指出,建立归属清晰、权责明确、保护严格、流转顺畅的现代产权制度,是完善社会主义基本经济制度的内在要求,是构建现代企业制度的重要基础。并且还强调要依法保护各类产权,健全产权交易规则和监管制度,推动产权有序流转,保障所有市场主体的平等地位和发展权利。既然中央早已明确劳动力是各类生产要素之一,并且要加快发展土地、技术、劳动力等要素市场,那么上述要保护的各类产权,就理应包括劳动力产权;保障所有市场主体的平等地位和发展权利,就理应包括保障劳动者作为劳动力产权主体的平等地位和发展权利;劳动力产权制度就理应包括在所要建立的现代企业产权制度之内。否则,上述各类产权及企业产权制度的内涵就是有缺陷的,依此产权及产权制度的内涵构建的现代企业制度也是不完全的。由此便可推而论之,确立劳动力产权,建立劳动力产权制度,从制度和法律上保证劳动者劳动力产权的落实及其实现,也是构建现代企业制度的重要基础和客观需要。

(6)理顺社会阶层关系,保持社会长治久安,促进经济社会可持续发展的需要。当前,我国改革的社会基础正在发生变化,改革初期各方面普遍受益的局面正转变为部分受益、部分受损的复杂格局。在这种复杂格局下,我国社会面临的突出难题就是就业问题和社会收入差距过大的问题,面临的最大风险就是群体事件增多引发的社会风险。这些问题的存在不是孤立的,而是相互关联和相互作用的。利益格局的调整、就业问题和社会差别的存在，又是导致社会群体事件增多，引发社会风险的直接原因。这些矛盾和问题解决得如何，直接关系我国社会能否长治久安，经济社会能否持续发展。我们认为，解决这些矛盾和问题的关键就是要真正把以人为本作为国家经济社会发展战略的核心和指导思想。就是说，在今后改革的过程中，既要讲究效率，又要讲究公平，要统筹兼顾，适当安排，理顺社会各阶层之间的利益关系，扭转一部分人受益、一部分受损的不协调局面。鉴于我国当前社会阶层分工的情况，当务之急就是要在坚持以公有制为主体的多元化所有制结构和以按劳分配为主体的多样化分配方式的前提下，通过制度和法律，切实维护和保障劳动者的主人地位，维护和保障作为最广大的社会阶层的劳动者的劳动权和收入分配权。就是要通过制度和法律，确立劳动力产权，切实维护和保障劳动者与其他生产要素所有者一样，以劳动力产权平等地分享自己剩余劳动成果的权力。

劳动力产权的确立和实现，不仅是完善社会主义初级阶段基本经济制度的需要，也是完善社会主义初级阶段政治制度，协调社会各阶层物质利益关系，调动一切积极因素，维护社会长治久安，推进经济社会可持续发展，实现社会主义现代化的需要。我们必须从广大劳动人民群众的根本利益和长远利益出发，认真对待和妥善处理好劳动力产权问题。

在当前，应明确提出建立劳动力产权制度，纳入需要建立的现代产权制度内容中去；切实保障工人和劳动者的劳动产权利益；推进将工人阶级主体转变为中等收入阶层；使这一阶层迅速壮大，构建横橄榄形社会——和谐社会。

第二十二章 构建以利益分享为轴心的农民增收长效机制

我国现有 8 亿多农民,在我国人口中仍占绝大多数,农民增收问题不仅影响农民生活水平的提高,而且影响粮食生产和农产品供给;不仅制约农村经济发展,而且制约整个国民经济增长;不仅关系农村社会进步,而且关系共同富裕、社会和谐及全面建设小康社会目标的实现。

一、农民增收中面临的分配问题

近年来,农民收入的增长出现了可喜的新局面,但问题远未解决。据农业部《2006 年中国农业发展报告》公布,2006 年为近 10 年来农民收入增幅之最,但截至 2006 年末,城乡居民人均收入差距在进一步扩大,城乡居民收入差距已从改革开放初期的 2.57∶1 扩大到 3.28∶1。农村居民之间的收入差距也在扩大,2005 年农村居民内部收入分配差距扩大,农民人均纯收入的基尼系数为 0.3751,比上年提高 0.006,除少数年份以外,改革开放以来特别是 1999 年以后,农民基尼系数衡量的收入差距不断扩大。2006 年我国农村绝对贫困人口数量为 2148 万人,低收入群体数量为 3550 万人。农民收入增长不足和不均衡抑制了工业品市场需求,阻碍了国民经济的良性发展,扩大了城乡之间收入差距和社会不平等程度。

据《2006 年中国农业发展报告》,中国农民的主要收入来源与构成包括①家庭经营收入;②工资性收入;③财产性收入;④转移性收入(家庭非常住人口,寄回、带回收入、离退休金及养老金以及政策性收入包括粮食直补、良种补贴、购置农机具补贴、退耕还林补贴收入等)。2005 年家庭经营收入占收入比重为 56.7%,仍然是农民收入最主要的来源,2005 年工资性收入比重为 36.1%,转移性收入比重为 4.5%。在初次分配上,农民的收入不足城市居民的 1/3。[①]由此可见,目前我国农户在生产过程中的初次分配对其收入的影响比较大,甚至是决定性的,农民增收的关键首先在于分配领域特别是初次分配领域。因此也可以说,分配领域的问题是造成我国农民收入增长不足的主要原因。

---

①何菊芳:《公共财政与农民增收》,第 50 页,上海三联书店,2005 年 4 月。

（一）农业经营收入中的分配问题

1.农业产业化的利益机制方面

我国农村仍有大部分家庭以农业为主业，家庭农业经营性收入是农民收入的传统组成部分，目前仍是我国农民收入的主要来源。长期以来，我国农业经营方式仍然停留在自给自足的小农分户经营方式上，由于所生产的农产品大部分满足自身生存，很少一部分用于交换，形不成规模经济效益，同社会化、市场化要求极不适应。近年来，在政府大力提倡和扶持下，农业产业化经营方式蓬勃兴起，参与农业产业化经营的农户，远远高于分散经营的农户。这种经营形式不改变农户的土地承包关系，不影响农户的生产经营自主权，通过合同契约等多种方式，使分散的农户成为龙头企业的原料基地、"生产车间"，成为整个产业链条中的一个基础环节，以外延扩大再生产的方式，实现了专业化生产、区域化种植、集约化经营、企业化管理，大大推进了农业的现代化进程，对于降低投入成本，提高生产效率和规模经济，减少市场交易成本，拓宽市场销售渠道，增加农民收入，无疑有着积极作用。但是，在其运行中也产生了很多不容忽视的问题：在产业化经营中，大部分龙头企业与农户的利益结合方式是比较松散的契约合同型，非出资入股型。企业和农户的关系绝大多数实质上是买断关系，并不是利益共享、风险共担的合作关系，产业化经营组织中的利益联结机制难以形成。农产品加工环节可以使产品增值，有效地改善和提高农产品流通过程中的经济效益。然而，农业产业化过程中，农民只扮演"卖断"角色，把农产品卖给龙头企业，利润就算到头了，后续的加工利润、商业利润，基本与农民无关。农业产业化带来的农产品增值效益大部分被龙头企业截留。虽然从发展趋势看，采取合同契约方式的比例有所下降，采取合作制方式和股份合作制方式的比例有所上升，但总的格局没有发生具有转折意义的改变。由于缺乏相关的法律、信息等服务和有效的监管，在实际运作过程中，不少龙头企业遵循市场交易的自利原则，不能让利于农民，而且常常发生损害农民利益的机会主义行为，违反供销合同，将自身决策失误和市场风险转嫁给农民。

2.农产品价格方面

市场环境下，买卖双方的市场结构和市场份额决定双方的讨价还价能力，分散弱小的单个农户在市场流通中的谈判能力很弱，在流通中难以形成对其有利的市场价格，其私人劳动难以全部得到社会的肯定，遂不能获得合理收益。农民只有自我组织起来参与农产品流通并成为粮食流通中的平等主体，才能大大改善其市场地位，切实保障农产品收益。农民合作经济组织是现阶段我国农民自我组织的主流形式和最行之有效的途径。它是在家庭承包经营基础上，同类农产品的生产经营者自愿联合、民主管理的互助性经济组织,我国农民也应主要以该种形式参与粮食流通以成为粮食流通中的平等主体。目前,我国农民组织化参与经济过程的现象并不鲜见,但发展不平衡,在瓜果蔬菜、禽蛋、生猪、果品的运销方面农民组织化参与较多,在粮食流通中农民组织化参与较少,大多数尚未介入。[①]

农产品价格政策是农产品流通过程中体现分配功能的重要政策,旨在保护农民利益,其中,粮食价格政策最有代表性。国家从 2005 年开始在早籼稻和中晚籼稻主产省启动最低收购价格政策,2006 年又将小麦纳入政策范围,而国家的这种惠农政策在执行中出现扭曲现象。由于农民不能有组织地参与粮食流通,造成粮食流通的多环节,私商粮贩当起粮食购销的"二传手"。粮食收购企业很难区分种粮农民和私商粮贩,国家给种粮农民最低收购价的好处往往被后者所攫取。

随着农资合作社的解体,农资的销售被个体工商户所取代。中央、地方政府多次对农资给予调控,并未能很好地遏制价格上涨。统计资料显示,近年来农业生产资料(包括农药、化肥、良种、薄膜、机械、机械用油、灌溉用水等)价格上涨幅度,大大超过农产品上涨幅度,完全抵消了农民从粮食涨价中得到的实惠和政府给予的补贴利益。与此同时,由于缺乏规范的质量监督体系、农民的低组织化,虽然近年来国家加大了对农资的投入,但获利的只是农资厂商和营运商,农民并未从国家优惠政策上获利。

3.农业补贴政策方面

农产品补贴政策实质上是从宏观上利用国民收入再分配反作用于农产品生产的重要方式。我国对农业补贴资金投入严重不足,至 2005 年,我国财政支农资金虽然增加较快,但财政支农资金占财政支出的比重低于农业总产值在国内生产总值中的比重,远不如发达国家。[②]

2004 年起农业部门改原来对流通领域的间接补贴为对生产环节的补贴,包括粮食直补、良种补贴、购置农机具补贴、退耕还林补贴收入等。这对于提高补贴效率、保护农民利益,保证国家粮食安全有重大意义。农产品直接补贴可以保证财政用于保护粮农利益的支出大部分转移给粮农。直接补贴的最大优点是转移效率相对较高。直接补贴的受益对象非常明确,所经过的中间环节少,便于监督管理。但同时我们应看到,这项政策改革出台的时间较短,在实践中还有许多需要进一步完善的地方。目前粮食直接补贴政策上尚存在不足和问题:①补贴对象和范围不明晰,

---

①李经谋:《2005 中国粮食市场发展报告》,第 314 页,中国财政经济出版社,2005 年。
②张晓山:《农民增收问题的理论探索与实证分析》,第 302 页,经济管理出版社,2007 年。

补贴的效率和公平难以兼顾。目前各粮食主产省(区)粮食直接补贴方案类型:一是按农民向国有粮食购销企业的售粮量,实行价差补贴。存在的问题是,只有交售给国有粮食购销企业的粮食才能得到补贴,而交售给其他收购主体的粮食得不到补贴;二是按农业计税田亩和计税常产量计算粮食直接补贴。问题是不符合将粮食"间接补贴"改为"直接补贴",以提高粮食补贴效率的政策意图,给粮农一个种粮吃亏的信号。

(二)工资性收入中的分配问题

据历年的《中国农村统计年鉴》显示,农民人均纯收入中,工资性收入所占的比重不断增加,这与我国经济发展的结构变动及农村劳动力向工业部门和城镇转移的趋势是相吻合的。目前我国有大约2亿的农民工,但工资收入却非常低。主要表现为:第一,工资率低。由于农民工劳动时间长,加班加点和牺牲节假日已经成为不少企业的所谓"正常现象",导致实际的工资率非常低。第二,工资水平低。农民工在城市从事又苦又累的工作,但工资收入大约只能相当于本地城市职工平均收入的1/5至1/3。第三,农民工的工资收入缺乏正常的增长机制。第四,农民工的工资收入没有保障,欠资问题相当突出。第五,农民工没有社会保障,一旦遇到风险,多由自己承担。

农民工资收入问题的重要原因就是在产权制度改革过程中,企业单一追求利润最大化,实行资本至上的分配方式。地方政府往往从自身的政绩出发,树立起资本权威,忽视农民工的合法权益。对于资本拥有者来说,压低成本、扩大利润是一种理性的选择,而政府应协调劳动与资本的关系,保障劳动者的合法权益,但地方政府往往从政绩考虑,为了发展经济,增加地方财政收入,忽略了外来农民工权益的保护。有些政府官员怕提出的要求太多,吓跑外来投资者,制定政策时天平往往向资本方面倾斜。因此,我国劳动力市场上劳资双方的谈判力量严重不对称,一方面,不仅分散的劳动者个体处于弱势状态,而且劳动者整体也处于弱势地位;而另一方面,雇主则处于优势状态,具有垄断者的特点。这种劳动力市场谈判力量不对称的状况,表现为需求方尽其可能地压低工人的工资,劳动力市场供求的均衡点就被限定在劳动力价值线上,劳动者的工资被压到低于劳动力价值的水平。这就形成了我国目前收入差距偏大和不断扩大的奇特现象。目前欧盟和美国屡屡针对我国出口商品征收反倾销税,就是因为我国低廉的农村劳动力成本所形成的产品的低廉价格。实际上,广大农村劳动者没有得到应有的报酬,我国还背上了倾销的恶名。

(三)土地权益收入中的分配问题

在现有宪法框架下,中国的土地制度经过80年代对农民自发变迁的总结与规范以及 90 年代的完善,其基本制度框架已经形成,这就是:在集体所有、农户经营的双层体制结构下,在 30 年承包期内,农户对土地享有长期、有保障、能自由流转的土地使用权。农民对农村土地的承包经营权及合法的集体土地权,是农民收入分配的基础。但事实上,农民的土地权益面临多方面风险:

一方面,确保农民土地承包权的政策努力与实施的结果有很大出入。农村的家庭联产承包,突破了传统的"三级所有,队为基础"下的生产队收入分配模式,代之以以利益分享为基础的农户生产组织和分配方式,充分肯定了农户的主体地位和特殊经济利益,极大地调动了农民生产的积极性,使我国的农村经济发生了根本性变化。土地承包经营权是十一届三中全会以后国家为解放农村生产力,搞活农民收入的最重要的权利。中央土地承包期延长 30 年的政策于 1993 年出台以后,各地的执行情况并不理想。为此,中央于 1998 年出台 16 号文件,对延包的原则和细则做了明确规定,但基层政权随意变更农民土地承包权的情况并不少见。

另一方面,农民的土地集体所有权(归属权)和土地的收益权得不到切实保证。随着城乡建设的发展,农民集体土地被征用、被挤占但得不到相应的利益补偿,目前在工业化、城市化加速推进的背景下,这对农民权益的侵害状况显得尤为突出。土地征用权是政府特有的权利,现行法律仅笼统地规定,国家为公共利益的需要,可以依法对集体所有的土地进行征用,但对"公共利益的需要"没有必要的阐述和界定。因此,许多政府滥用土地征用权,以"公共利益需要用地"为名,低价征用了大量的经营性用地,使得征地范围过宽。同时现行征地补偿标准过低。按现行《土地管理法》,对征地农民的补偿,根据前三年农业的平均产值来计算。这种计算方法极不科学,没有考虑市场在配置土地资源上的基础性作用。另外,分配方法不科学。很多地方对这个低标准的补偿采用分期付款的方法,少则几年,多则几十年,还有些地方把补偿农民的钱用来搞基本建设。土地征用制度的不完善,严重伤害了农民的利益,在一定程度上扩大了城乡差距。

二、以分享经济理念应对农民收入分配问题

我国农民目前面临上述收入分配问题有其社会思想根源,即在市场化改革过程中,日益形成的资本至上观念和雇用劳动观念。一种流行的说法是我国农村劳动力过剩,而资本和技术稀缺,所以分配上要"效率优先",向稀缺资源倾斜。在分配实践中,突出资本权利而忽视或排除劳动者的权利,造成了资本等要素所有者与劳动力要素所有者在收入分配中的不平等,按资分配的水平上升得很快,劳动者的分配水平基本没有提高,出现了收入过分悬殊的现象。这种现象是有悖社会和谐及社会主义的本质要求的。

在市场经济高度发达的一些西方国家,政府也致力于缓和收入差距,欧洲国家是公认的世界上收入差距较小的国家。它们的基尼系数大多保持在 0.3~0.4,再看北欧诸国,挪威的基尼系数为 0.258,瑞典为 0.250,芬兰为 0.256(2002 年数据)。这些国家在其发展的不同时期,都对农民和农业与以不同程度的扶持和保护,采取了一些有利于农民增收的财政政策措施。这些国家的农民收入水平普遍不低于甚至高于其国民人均收入水平。这种情况的背后起重要作用的理论基础之一就是被称为"自凯恩斯理论之后最卓越的经济思想"的分享经济理论。美国麻省理工学院的经济学教授马丁·L.威茨曼 1984 年在《分享经济》中提出了分享经济理论。分享经济理论是一种在劳动报酬制度上采用企业雇员与企业主通过签订分享企业利润的比率协议来从微观经济基础上改善整个经济运行机制的一种理论,它从企业的分配制度入手,提出企业雇员可以和企业主一样有权参加企业利润的分配。现在西方的许多国家都实行利润分享制度。分享制通过企业经营绩效在所有者、经理人员和员工中的分配,缓和了利益冲突,减少了企业治理结构中的不合作行为,从而提高了经济效率。

中国公有制分享经济理论认为,以公有制为主体的分享经济制度的实质是国家、企业、职工按一定比率分享净收入(即实现了的企业净产值,可由销售收入扣除物耗成本求得),协调三者利益关系,实现按劳分配,完善公有制,从企业分配改革入手重塑微观经济运行机制。分享,是对生产成果和产权的分享;分享,是国家、集体、个人之间的分享,又是劳动者个人相互间的分享。

这种分享经济观来源于我国 1979 年起的农村改革和 1980 年起的城市集体企业改革。净收入分成就是将净收入在国家、企业、职工个人三个经济主体之间按一定的比例分享。职工不拿固定工资和奖金,而是在公有制基础上按照事先确定的比率分享净收入。这样使个体利益的实现与整体利益的实现紧紧地联系在一起,在它们之间建立起一种共同消长而不是此消彼长的新关系。公有制分享经济理论是我国经济体制改革的重要依据。

中西分享经济理论都是从分配问题入手,希望通过建立新的利益共享制度来消除资本利益独占模式所造成的分配矛盾;两者都将人视为影响经济活力的最重要的因素,并高度重视企业中劳动者的地位;也都强调政府在推行新制度方面的重要作用。

从逻辑和实践看,在社会主义初级阶段,在处理我国农民的收入分配问题时,中西分享经济理论及其共同点可资借鉴。对于农民面临的分配问题,政府应基于分享经济理念通过经济杠杆、经济政策和法制手段给予合理控制和调节。

（一）农业经营收入分配机制的理性选择

1.农业产业化经营的利益分配

要围绕有利于调动农业企业和农户两个积极性，通过和谐的利益分配机制带动农业产业发展和带动农民致富，把农业产业变成各利益主体共同致富的和谐产业。

农业企业与农户的利益关系调整中，农业企业居主导方面。政府要制定有关政策明确规范农业企业的经营行为：农业企业必须能带动农民从事专业化生产；能让利于农民，使农民分享加工、流通环节的部分利润，结成利益共同体；能拿出一部分利润反哺农业，扶持农业生产发展；能让农民参与经营管理、监督。对符合上述条件的农业企业，国家应给以优惠政策，扶持其发展；不符合上述条件的不视为农业企业，不享受国家有关优惠政策。以此引导、建立合理的利益分配机制，真正让农民和农业企业均得利。关键在于要把利益分配机制建设纳入规范化、制度化的轨道：①确定利益分配机制，一定要发扬民主，经过充分协调讨论，农业企业要认真听取农民的意见；②利益分配机制的内容、项目要完整、准确，明确不同利益主体的权利、义务；③在自愿平等、互利的前提下，签订合同，形成法律文书，并由公证部门公证；④政府要运用法律和政策加强对经济合同的管理，认真处理经济纠纷，维护合同的严肃性，保护利益主体的正当权益。

农业企业与农户的利益关系调整中，农业企业居主导方面。政府要制定有关政策明确规范农业企业的经营行为：农业企业必须能带动农民从事专业化生产；能让利于农民，使农民分享加工、流通环节的部分利润，结成利益共同体；能拿出一部分利润反哺农业，扶持农业生产发展；能让农民参与经营管理、监督。对符合上述条件的农业企业，国家应给以优惠政策，扶持其发展；不符合上述条件的不视为农业企业，不享受国家有关优惠政策。以此引导、建立合理的利益分配机制，真正让农民和农业企业均得利。

2.农产品价格方面

为切实保障市场经济条件下农民的农产品收益，政府应大力鼓励农民自我组织起来参与农产品流通，改善市场地位，形成公平的市场价格。一是应对农民合作组织从事农产品流通业务实行政策倾斜。应降低农民合作组织从事流通经营的工商注册登记门槛和各种收费标准。二是应对农民合作组织参与农产品流通和经营采取差别性的税收优惠政策。三是应将农民合作组织从事良种、化肥、农药、农膜、饲料、农机等农资经营业务纳入政策扶持范围。四是应提供在市场营销、农产品检测、仓储保管能力等方面的公共服务，财政应安排专项资金支持农民合作组织相关能力建设,开展多层次的培训。

为避免农产品价格波动过大,直接影响农民的收入,政府可通过经济和法律手段制定干预价格。政府应设立农产品市场价格的"价格稳定区",一般应高于市场的均衡价格,实现对农民的"价格反哺"。

3.农产品补贴政策方面

首先要加大农业补贴资金投入力度,政府应统筹城乡收入,制定财政支农惠农的最低标准。要加大公共财政向"三农"的倾斜力度,着力调整国民收入分配结构,切实把国家基础设施建设和社会事业发展的重点转向农村,逐步实现城乡基本公共服务均等化。在此基础上,对财政支农方式采用一些相应的改革措施如:①进一步明确农产品直接补贴政策的目标,实行有限度、有条件的直接补贴。补贴的对象不是所有的农民,而应该限定为种粮农民,特别是提供商品粮的农民;②直接补贴的范围不是所有的农产品,而是农产品主产区(包括主销区的农产品主产县、市)的水稻、小麦和玉米等主要农产品品种。③在我国目前的财力下,农产品直接补贴只能遵循"效率优先,兼顾公平"的原则。为了提高效率,就不能搞平均补贴,而应实行规模补贴。规模越大,补贴标准越高,这样既有利于提高补贴效率,减少补贴成本,又有利于规模经营。④农产品直接补贴政策必须能同时适应这两种局面:一方面必须有利于我国农产品长期供给能力的稳定提高,避免出现供不应求的局面,另一方面在供过于求的情况下,政策也应该具有降低农产品短期供给量的手段。有效的办法就是增加休耕补贴的内容。

(二)工资性收入分配机制的理性选择

在农村劳动力的工业化转移过程中,在各种所有制企业中分配均应按照分享经济理念采取分享制度。在非公有制企业,可一般适用利润分享制。利润分享制本质上是一种剩余索取权分布于非人力资本所有者和人力资本所有者的制度安排。利润分享制是要在所有权、支配权、收益权、经营权之间建立起相互制衡的机制,不仅管理者享有"剩余索取权",农民工作为劳动力要素与资本要素应同等参与利润的分割,即人力资本所有者应取得劳动力产权的报酬。人力资本所有者收入应包含三个组成部分:工资;人力资本所有者持股股息收入;劳动力产权收入。农民工应该得到的这三个部分的收入应该全部实现。

在公有制企业及混合所有制企业,适用"净收入分成"形式的公有分享制。即由各种经济主体按照一定的比例去分享经济发展所取得的成果,每一个体所获利益的绝对量将取决于成果总量的增长和分享比例这两个因素。在公有分享制条件下,各个主体的经济利益之间建立起一种新的协调的利益分配关系,根据公式 $w=c+n$,

在生产资料成本 c 一定的条件下,企业取得的销售收入越多,则企业获得的净收入 n 也越多。这样,国家、企业和包括农民工职工个人都可以按照一定的分成比例多得;反之,三者的收入都要减少。因此净收入分成制促使企业努力增加净收入。随着净收入的增加,国家多得,企业多得,个人多得。

(三)土地权益收入分配机制的理性选择

经过 20 多年的农村变革以后,随着农村经济结构的变化,土地本身的权能和市场价值已发生根本性变化。

在改革初期,在农村经济结构主要以务农为上时,由于农民的收益来源相对单一,农村土地所承担的主要功能是收益性的和生存保证性的。土地的经济价值主要体现为农作物的收成,土地的承包经营权安排只要能实现农户对土地的农业剩余获取权即可,而到今天,农民的经济来源已大大分化,土地的农业收益只是农民收益的一部分来源,土地权益的资产性和保险性越发突出,农民也越发要求对这种资产性权利有稳定、可信和长期的保障。

在经济发展进程中,必须对农民享有的农地权利在法律上予以全面澄清,使农民享有更为完整的土地产权。农民土地承包权实际上是集体成员经济、政治和社会权利的综合体现;就其结构看,农民土地承包经营权已经由单纯的耕作权,扩张为占有、使用、收益、有限处置权(包括转让、转包、出租、入股、有限继承和抵押)等四权统一的新的物权。继续保护农民对农地的承包经营权,并全面维护农民的合法土地权益,是保障农民收入的基石。

据农业部统计,2005 年家庭经营收入占收入比重为 56.7%,2005 年工资性收入比重为 36.1%,比上年提高 2.1 个百分点,转移性收入比重为 4.5%,而以土地权收入为代表的财产性收入仅占很小比例。为此要加快维护农民的合法土地权益。

1.土地制度创新

除明晰农民土地产权,进一步完善农村土地制度以外,还要加快土地征用制度的改革。例如,要严格区分公益性用地和经营性用地;经营性用地审批征用要强化社会监督和利益相关者的监督,提高土地征用的公开性和透明性;完善土地占用审批管理制度;让土地征用过程中的土地增值收入在国家、农民和企业之间进行科学分配,保护失地农民的合法权益。

从法律上赋予土地承包权以物权性质。目前农民拥有的土地承包权是一种不完整的产权,从法律上赋予土地承包权的物权性质以后,农民就能真正享有占有、使用、收益和处分四权统一的土地承包权,从而增加国家对农民的产权保护,使农民形成长期而稳定的土地产权预期。

2.改革土地征用制度

（1）明确界定征地范围。目前征地范围过宽，关键在于没有严格区分公益性用地和经营性用地。因此，必须明确界定征地范围，也就是明确界定哪些为公共利益需要用地。借鉴国外经验并结合我国实际，公共利益需要用地应包括：国家机关用地；国防军事用地；国家重点扶持的能源、交通、水利、电力等基础设施用地；非盈利性的"安居工程"用地；教育、文化、卫生、体育、环境保护、城市绿化、文物保护等公益事业用地。

（2）完善土地征用程序。应改变行政征地方式，征用土地时必须得到政府部门的批准，并获得征用许可证，同时让农民参与土地征用的全过程，严格强化征地的民主程序。

（3）提高补偿标准，改革分配方法。目前我国对失地农民的补偿不是以土地的实际价格为标准，而是以前三年农业的平均产值为标准，显然标准过低。建议采取完全补偿办法，即以进行了必要的扣除以后的土地价格作为补偿标准。另外，还要改目前分期补偿方法为一次性补偿方法。

三、以利益分享为轴心建立农民增收长效机制的对策

西方分享经济理论是西方经济学家为了继续维护资本主义制度，克服滞胀而提出的一种旨在改变劳动报酬分配制度的一种微观经济理论。该理论对劳动力作为生产要素参与利润分配的权利予以了充分的肯定和论证，这是它的进步意义之所在。然而，由于该理论仍然把资本主义制度看作是永恒不变的，因此，它虽然在形式上构成雇员和资本家共同分享利润，但其实质仍然是按资分配，不可能真正实现公平的收入分享。在西方分享经济理论中工人的人均收入与企业的产量、就业量以及收益之间存在着反相关关系。在实践中，企业总工资额、总收益、总利润都会因为就业量增加而上升，而工人的人均收入则会下降。利益分享经济理论认为，在社会主义生产资料公有制的性质和按劳分配的本质要求下，实现真正的收入分享是顺理成章的。利益分享经济理论所主张的净收入分成制因为其依据的是"按劳分配"的原则，工人的报酬直接与自己的劳动量和企业的经济效益相联系，多劳多得，少劳少得，不会在现实的分配过程中造成工人收入与企业效益呈反方向变动的情况。净收入分成制是在社会主义公有制以及按劳分配条件下对新创造价值的分享，它可使国家、企业和职工三者结成利益共同体，在追求共同利益的动力驱使下，做大"蛋糕"，实现国家、企业和个人三者之间真正意义上的利益分享，这是西方分享经济理论所无法比拟的。在我国社会主义初级阶段和社会主义市场经济条件下，必须以公有分享制为轴心构建农民增收的长效机制。

（一）利益分享是农民获取公平收入的前提

利益分享经济观来源于 20 世纪 70 年代中国农村实行的联产承包责任制所引发出的新的经济思维。农村的家庭联产承包，突破了传统的利益独占模式。农户有了完全的经营权，农民的生产收入也不再是由一个劳动集体组织独占，再由所有劳动者平等地分享。农民家庭的劳动收入在上缴税收以后，由集体经济组织进行合理的扣除（采用上缴的形式）以后，余下的部分归农民自己占有和支配。在这里，农民的销售收入在除去生产资料成本开支以后，是由国家、集体经济组织和农户按照一定的比率来分享的。农民的收入在做了按比率扣除以后，剩下的全部归自己所有。这与传统的"三级所有，队为基础"下的生产队的收入分配是完全不同的。这种以利益分享为基础的农户生产组织和分配方式，充分肯定了农户的主体地位和特殊经济利益，极大地调动了农民生产的积极性，使我国的农村经济发生了根本性变化，并成为诱发我国全面经济体制改革的一个主要动因。1984 年，国家进行了全面经济体制改革，中共中央和国务院有关部门颁发的一系列放宽搞活的政策有力地推动了乡镇集体企业的全面发展。在发展初期，在集体所有制市场经济的结合中，城乡集体企业在分配制度上的集体经济的性质比较鲜明。集体经济是由劳动群众集体占有生产资料共同劳动并实行按劳分配的社会主义经济组织。集体经济的特点，表现在自愿结合，民主管理，独立核算，自负盈亏，按劳分配，多劳多得，少劳少得。没有固定工资，职工的劳动报酬随企业的经营状况和个人劳动状况而不断变动。拆账分成法是这一时期城乡集体企业普遍采用的分配方法，这种办法，就是集体企业将总收入扣除生产经营中耗费的物质资料的价值，再扣除税金、管理费等，余下的部分在集体劳动者个人之间进行分配。即按一定比例分成，多劳多得，少劳少得，职工的物质利益同集体企业经营成果、同个人劳动好坏是直接联系的。1980 年以后，出现了一种新的分配形式即所谓"净收入分成制"。乡镇集体企业在取得销售收入后首先扣除已消耗的生产资料成本价格，得出企业净收入，然后将净收入在国家、社区、企业、个人之间进行合理分配，由于实行分成制，只有在企业增产节约、净收入增加的情况下，国家、社区、企业、个人各方所获得的利益才能同步上升。这项改革在 1987 年差一点被中央政府采纳。

利益分享制理论是对我国城乡经济改革中出现的分成经济及其发展理论的总结和经验概括，利益分享制度的实质是国家、经济组织、劳动者按一定比率分享净收入，协调三者利益关系，实现按劳分配，完善公有制，发展社会生产力。通过以公有分享制为指导构建农业经营中的分享机制、农村劳动力非农化转移中的分享机制、土地收益中的分享机制，完全可以发展为有中国特色的农民增收机制，更有利于促进广大农民获取公平收入,实现城乡和谐发展。

(二)公有制为主的所有制结构是实现利益分享的关键

分配关系取决于一定的所有制关系。构建有中国特色的农民增收机制,必须在重建新型公有制基础上,使自主劳动得到普遍实现。

社会主义所有制应是自主联合劳动所有制。劳动者同劳动过程中诸生产要素的关系,在以往阶级社会里,存在着普遍的异化现象。所以,马克思、恩格斯指出:"在奴隶劳动、徭役劳动、雇佣劳动这样一些劳动的历史形式下,劳动始终是外在的强制劳动。"[①]这种强制劳动,由于其内部对抗性矛盾的存在和发展,在一定条件下必然会引起革命。社会主义革命就是对资本主义私有制及雇佣劳动的否定,取而代之的则是社会主义的公有制及自主联合劳动。在自主联合劳动的所有制形式下,劳动者应享有对生产要素的平等支配权,包含三个方面的内容:首先是对生产资料的支配。其次是劳动者对自身劳动力的支配。第三是劳动者对劳动产品的支配。

利益分享经济理论以建立社会主义公有制为目标,把自主联合劳动所有制看作是社会主义公有制的应然模式,说明建立自主联合劳动所有制是净收入分成制的基本前提。利益分享经济理论认为,自主联合劳动所有制就是劳动者因拥有公有生产资料所有权与支配权、自身劳动力的支配权以及劳动产品的支配权,进而劳动者是作为主体来使用生产资料为自己创造财富的公有制形式。它是一种多层次的公有制形式,可划分为以下三个层次:第一个层次是社会所有制,即社会主义一国范围内的全体劳动者共同占有全社会生产力的综合,属于整体自主联合劳动;第二个层次,是集体所有制,即在一个或大或小的局部实现自主联合劳动,自主联合劳动者以"总体工人"的形式存在;第三个层次,是劳动者个人所有制,自主劳动者个人构成联合体的细胞。这种个人所有制就是马克思在当年要求重建的个人所有制,即实现劳动者个人对生产资料、劳动力和产品的个人所有权。

分配制度可以解决很多问题,因为它可以成为一种激励机制,使许多经济问题与人的切身利益联系起来,通过切身利益的调整,来影响人们的经济行为规范。但是,从分配入手并不能解决所有经济问题,正如马克思曾经指出的那样:"那些把生产当作永恒真理来论述而把历史限制在分配范围之内的经济学家是多么荒诞不稽。"[②]这是因为,收入的分配是由生产关系决定的。有什么样的生产关系,就会生产和再生产出什么样的分配关系。要改变一种经济制度,最重要的是变革它的生产关

---

①《马恩全集》,第46卷(下册),第112~113页。
②《马恩选集》,第2卷,第99页。

系。改变收入的分配形式只能"治标",变革生产关系才能"治本"。社会主义经济问题不能只从分配入手来解决,而应通过完善公有制和发展市场经济来解决。马克思指出:"消费资料的任何一种分配,都不过是生产条件本身分配的结果。而生产条件的分配,则表现生产方式本身的性质。"[1]可见,物质生产条件是不是直接掌握在农民自己手里,会产生不同的消费资料的分配。农民要分享生产成果,必然要求分享生产资料的经营权,要求"耕者有其田"。这就是马克思指出的社会主义条件下重新建立劳动者个人所有制的规律。由此可见,农民所要求的,不仅是分享生产成果,还要分享财产权利。农民为了取得更多的收入,必须拥有生产资料,即必须分享经营权。只有按照自主联合劳动三个要求改造所有制结构,使国家、集体、个人实现各自的所有权,才能真正实行收入分享,建立我国农民增收的长效机制。

(三)振兴集体经济,确保农民收入的持续增长

在较长一段时间,中国农村经济增加值的2/3,农民收入的1/3都来自乡镇企业。乡镇企业利用较少数量的资本和较低层次的技术,把仍然处于传统农业中的农民吸引到了工业化的大潮流中, 改革开放以来乡镇企业共吸引2亿多人转到非农产业。乡镇企业为繁荣农村经济、推动国民经济发展、社会进步和政治稳定,做出了重大的贡献。对此,邓小平曾做了高度评价,"农村实行承包责任制后,剩下的劳动力怎么办,我们原来没有想到很好的出路。……一搞改革和开放,一搞承包责任制,经营农业的人就减了。剩下的人怎么办?十年的经验证明,只要调动基层(政权)和农民的积极性,发展多种经营,发展新型的乡镇企业,这个问题就能解决。"[2]

集体所有制在促进乡镇企业崛起和农村非农经济发展中做出了重大贡献。乡镇企业是中国农民办企业的简称。乡镇企业的基本概念有狭义和广义之分。狭义的乡镇企业即乡、村集体举办的企业、部分社员联营的合作企业、其他形式的合作企业和个体企业。广义的乡镇企业,从产业来分,涵盖农村第一、二、三产业,即农林牧副渔、工商建运服企业都包括在内,工业是乡镇企业的主体;按经济类型分,有乡办、村办、组办、联户办和个体办企业,即常说的"五轮齐转"。大部分乡镇企业是靠集体经济起步的。乡镇企业是中国农民的伟大创造,随着改革的深入,农村中出现了大量的股份合作制、股份制企业,成为乡镇企业新的集体经济形式。股份合作制经济是在社会主义市场经济中以合作为基础, 实行劳动合作与资本合作相结合的一种新型的企业组织形式和财产组织形式。我国的股份合作制经济最早发端于20

---

[1]马克思:《哥达纲领批判》,人民出版社,1965年。
[2]《邓小平文选》,第3卷,第251页,人民出版社,1993年。

世纪 80 年代中后期的沿海经济发达地区。此后,遍及了我国农村的几乎所有产业。原来的集体经济、私有经济、联户经济,或者通过筹资联合,或者通过产权的改革,或者通过劳动的联合,纷纷向合作经济组织发展。浙江、江苏、福建、广东等东部沿海地区,发展股份合作经济起步早,速度快,规模大,积累了大量的经验,涌现了一批具有代表性的模式,如山东的"淄博模式"、江苏的"苏南模式"、浙江的"温州模式"、福建的"泉州模式"、广东的"万丰模式"、安徽的"阜阳模式"等。沿海不少发达地区,譬如温州地区、深圳等珠江三角洲地区,股份合作经济的产值占当地工业总产值的半壁江山。当前,珠江三角洲地区乡镇几乎是百分之百实行了这种具有二元性的股份合作制经济组织形式,与村民自治形式巧妙地结合起来,成为本地区农村经济发展的"火车头"。股份合作制经济一经产生就获得了迅猛发展,说明这一新型的经济组织形式适应市场经济发展的要求,具有强大的生命力。

我国农村股份合作制经历了"互助合作组"、"经纪人 + 农户"、"公司 + 农户"、"社区集体经济组织、专业性合作经济组织、贸工农一体化组织"、"公司制"(或"股田制")等形式,从实践看,以"公司制"等形式发展的股份合作制,必将成为我国农村经济发展的主流。

邓小平同志就农业和农村问题曾做过重要阐述:"我讲过,农业的改革和发展会有两个飞跃,第一个飞跃是废除人民公社,实行家庭联产承包为主的责任制,第二个飞跃就是发展集体经济。社会主义经济以公有制为主体,农业也一样,最终要以公有制为主体。公有制不仅有国有企业那样的全民所有制,农村集体所有制也属于公有制范畴。现在公有制在农村第一产业方面也占优势,乡镇企业就是集体所有制。农村经济最终还是要实现集体化和集约化……就是过一百年二百年最终还是要走这条路。"①从实践看,在农村自发兴起并较快发展的以股份合作制为代表的新型集体经济,是在实现国家、集体、个人的所有权基础上实行收入分享制,保障我国广大农民长期增收的重要经济形式。

以股份合作制为代表的新型集体经济是贯彻利益分享制的载体。它的合作性质符合社会主义基本原则,劳动者在获得劳动收入的同时又根据物化劳动投入的比例分享企业利润,既加快了富裕的步伐,又不至于产生一个不劳而获的食利阶层,符合国情,顺乎民意。政府在推进农村集体经济中实行利益分享制,是顺应和引导广大农民在社会主义初级阶段依靠自己的劳动,勤俭积累和互助合作走向共同富裕的必然选择,也是确保农民收入持续增长的长效机制。

---

① 中共中文献研究室:《邓小平年谱》(1975–1997),第 1349~1350 页,中央文献出版社,2004 年。

第二十三章 中国特色企业制度创新与利益分享

马克思关于社会主义企业本质特征的观点,是我国企业体制创新的理论依据;西方分享制和我国"鞍钢宪法"对我国企业制度创新具有借鉴意义和现实意义。本文系统地勾画了中国特色社会主义现代企业制度的基本框架。

一、中国特色社会主义企业制度的马克思主义理论依据

我国现在正在推行的要建立的现代企业制度的模式设计,存在不合理性和不可行性。由于一开始就没有以马克思主义为指导,而是采纳了西方资产阶级的理论观点和照搬了西方现代企业制度的模式,偏离了社会主义性质和中国特色。在引进西方现代企业制度的同时,不适当地同时引进了与我国社会主义制度格格不入的雇用劳动制度,必然是"水土不服",难以成功。问题的严重性不仅在于使国企职工成了改革的牺牲品,还在于这种资本主义企业制度将不断地再生产出资本主义生产关系和分配关系,最终会导致社会主义制度变质。因此,首先必须使国有企业改革从指导思想上回到马克思主义上来。

我国经济改革的理论依据,应当从马克思的思想宝库中去寻找。笔者认为,在马克思经济理论体系中,至少有以下五个理论,完全适合用作我国经济体制改革尤其是创建现代企业制度的理论基础。

(一)关于"自主联合劳动"的创新理论

马克思指出,雇佣劳动是资本主义生产方式的本质特征,是资本主义社会的"普照的光"。自主劳动是与雇佣劳动相对立的范畴。自主劳动是社会主义生产方式的本质特征,也应是作为社会主义生产单元的国有企业的基本特征。自主劳动与雇佣劳动,分别是两种对立的生产劳动的特殊社会形式。

马克思从生产资料和劳动者在生产中的相对地位角度来探讨自主劳动与雇佣劳动的区别,"如果工人居于统治地位,如果他们能够为自己而生产,他们就会很快地,并且不费很大力量地把资本提到(用庸俗经济学家的话来说)他们自己需要的水平。重大的差别就在于:是现有的生产资料作为资本同工人相对立,从而它们只有在工人必须为他们的雇主增加剩余价值和剩余产品的情况下才能被工人所使用,是这些生产资料使用他们工人,还是工人作为主体使用生产资料这个客体来为

自己生产财富"。①可见,自主劳动是将劳动者置于主体地位的劳动,是人支配物,而不是物支配人,是对奴役性雇佣劳动的否定。社会主义公有制将劳动者送回到社会生产的主人翁地位上,劳动者获得自己充分的、不再受限制的自由活动,这种自由活动就是对生产力总和的占有以及由此而来的才能总和的发挥。这样,生产劳动就不再是奴役人的手段,而成为解放人的手段。因此,自主联合劳动体现了社会主义生产力和生产关系的内在联系,社会主义社会本质上就是自主联合劳动社会。自主联合劳动关系是贯穿社会主义经济体系的最本质的联系。"自主联合劳动"范畴,是自主劳动与联合劳动的耦合体。

自主联合劳动经济制度是与资本经济制度相对立的范畴,该经济制度范畴下劳动者的自主联合劳动是整个经济体系的基石,有别于以资本为基石的资本经济制度。雇佣劳动是资本经济制度在劳动关系上的表现形式。可见,社会主义条件下的公有企业本应当是一个个自主联合劳动的经济实体。

(二)马克思关于人的全面发展是社会主义社会的基本原则的理论

马克思早在其主要著作《资本论》第 1 卷第 22 章分析剩余价值转化为资本时,明确指出:人的全面而自由的发展,是社会主义社会的基本原则。今天我们重新学习马克思的这一观点和论述,有着极其深刻和重要的现实意义。马克思说:资本家作为人格化的资本,他的动机,不是使用价值和享受,而是追求更多的交换价值和交换价值的不断增殖。这在客观上为社会主义社会创造了物质条件。马克思说:"他(资本家——作者注)狂热地追求价值的增殖,肆无忌惮地迫使人类去为生产而生产,从而去发展社会生产力,去创造生产的物质条件;而只有这样的条件,才能为一个更高级的、以每个人的全面而自由的发展为基本原则的社会形式创造现实基础。"②可见,在马克思心目中的未来高级社会——社会主义社会,必须实现每个人的全面而自由的发展。这一点,可以从马克思原著的许多论述中得到证明。马克思将这一观点提高到"基本原则"的高度,其用意十分深远。与马克思的这一思想对照,现实中的社会主义经济体制改革与政治体制改革,是否忠实地贯彻了马克思的重要思想?现在提出以人为本是一个理论进步,既然如此,就必须正本清源,首先回到马克思提出的这一"基本原则"上来,才能把握目前关于国企改革的正确的导向。我认为,马克思关于这一"基本原则"的重要思想,也是国企改革的基本指导思想和基本原则。

---

① 马克思:《剩余价值理论》,第二册,第 661 页,人民出版社,1975 年。
② 《马克思恩格斯全集》,第 23 卷,第 649 页,人民出版社,1975 年。

马克思提出人的全面发展的理论，目的在于指导人类社会从必然王国迈向自由王国，造就共产主义新人，即"完整的人"。这就是全面发展了的个人。共产主义社会正是由全面发展了的个人所组成的高度文明的、富裕的、幸福的高级社会形态。

马克思把从事"真正的自由劳动"的、个性获得充分发展了的人，叫做"完整的人"。所谓"完整的人"，已经不单单是人类对于自己的未来的一种主观的向往。"完整的个人"的实现，是以生产力的高度发展、科学技术与生产过程的直接统一、人对自然规律的能动掌握和自觉运用，以及人有能力自觉地控制这些力量为前提的。同时，在与此相适应的更高级的社会形式下，人的劳动的性质和意义也根本改变了。人不仅成为自己的劳动的主人，而且真正成为自然和社会的主人。这是科学的预见，是基于社会发展的必然规律的可以预期的未来。

（三）马克思关于"重新建立个人所有制"的理论

马克思关于重建个人所有制的理论，为国有企业改革中建立职工持股的新型公有制企业提供了强有力的理论依据。

什么是"个人所有制"？一般人都以为是财产归个人所有的私有制，其实这是望文生义的误解。个人所有制，是马克思提出的一个重要思想。马克思在《资本论》第1卷第24章末尾总结资本主义积累的历史趋势时指出："从资本主义生产方式产生的资本主义占有方式，从而资本主义的私有制，是对个人的、以自己劳动为基础的私有制的第一个否定。但资本主义生产由于自然过程的必然性，造成了对自身的否定。这是否定的否定。这种否定不是重新建立私有制，而是在资本主义时代的成就的基础上，也就是说，在协作和对土地及靠劳动本身生产的生产资料的共同占有的基础上，重新建立个人所有制。"①

这里明确告诉我们，重建个人所有制不是重建私有制。紧接着马克思又指出，这一重建过程，就是事实上已经以社会生产为基础的资本主义所有制转化为公有制的过程。根据新版《马克思恩格斯选集》第2卷，以上"公有制"改译为"社会所有制"，因此，这里的个人所有制也就是社会所有制或者社会主义公有制。

那么，马克思为什么要把社会主义公有制又称作个人所有制呢？这是因为个人所有制能较好地体现社会主义公有制的本质。在社会主义条件下，联合起来的个人组成社会集体。在社会主义公有制条件下，社会的每一个个人，都是社会生产资料的共同所有者，具有平等的个人所有权。每个个人都以所有者与社会的生产资料结合，实现自主联合劳动，获得个人消费品。正如恩格斯所说："社会的每一成员不仅

①《马克思恩格斯全集》，第23卷，第832页，人民出版社，1975年。

有可能参加生产,而且有可能参加社会财富的分配和管理,并通过有计划地组织全部生产,使社会生产力及其所制成的产品增长到能够保证每个人的一切合理的需要日益得到满足的程度。"[1]这就是社会主义公有制的本质要求,每个劳动者的个人所有权就是这一本质要求的集中体现。而个人所有权作为一种法权关系,必须以经济上的个人所有制为基础。所以,个人所有制就能体现社会主义公有制的本质要求。将股份制作为公有制的实现形式,必须由工人集体持大股或控股,才能体现股份公司的公有制性质,从而使工人既是劳动者,又是生产资料所有者,从无产者变为有产者,走向共同富裕。

其实,集体所有制企业是可以看作一个个范围较小的"自由人联合体"的。对外各自利益相对独立,通过商品、货币和市场实现经济联系;国家对它只有行政、司法管理和经济宏观调控间接管理的关系;对内则按照个人所有制的要求,承认每一个集体成员平等的个人所有权,保证他们既能参加生产,又能参加集体财富分配和管理的权利。

改革中曾试行的股份合作制形式,可以说恢复了集体所有制经济的本来面目,已被实践证明是一种能够实现个人所有制的较好形式。它把本身的属于集体共同所有的财产用股份的形式量化到每个个人,使劳者有其股,从而真切地感受到个人的财产所有权,而不再像过去那样"人人都有,人人没有",产权虚置。在生产过程中,则根据社会化大生产本性的要求,实行协作和对生产资料的共同占有。每个劳动者不仅都参加生产,更重要的是他们都能通过股东会(在人人参股,股权平等的条件下,股东会就是职工大会)、董事会、监事会这三种所有者机构,切实行使所有权,对企业经营者实行有效的监督和约束,实现集体资产的保值增值,为自己同时也为社会增进福利。因此,股份合作制是通过集体经济组织实现个人所有制的现实途径。

(四)马克思关于"工人自己的合作工厂"的理论

马克思在《资本论》第3卷第27章"信用在资本主义生产中的作用"中指出:"工人自己的合作工厂,是在旧形式内对旧形式打开的第一个缺口,虽然它在自己的实际组织中,当然到处都再生产出并且必然会再生产出现存制度的一切缺点。但是,资本和劳动之间的对立在这种工厂内已经被扬弃,虽然起初只是在下述形式被扬弃,即工人作为联合体是他们自己的资本家,也就是说,他们利用生产资料来使自己的劳动增殖。这种工厂表明,在物质生产力和与之相适应的社会生产形式的一

---

①《马克思恩格斯选集》,第3卷,第42页,人民出版社,1975年。

定的发展阶段上，一种新的生产方式怎样会自然而然地从一种生产方式中发展并形成起来。没有从资本主义生产方式中产生的工厂制度，合作工厂就不可能发展起来；同样，没有从资本主义生产方式中产生的信用制度，合作工厂也不可能发展起来。信用制度是资本主义的私人企业逐渐转化为资本主义的股份公司的主要基础，同样，它又是按或大或小的国家规模逐渐扩大合作企业的手段。资本主义的股份企业，也是合作工厂一样，应当被看作是由资本主义生产方式转化为联合的生产方式的过渡形式，只不过在前者那里，对立是消极地扬弃的，而在后者那里，对立是积极地扬弃的。"①

马克思高度评价了资本主义经济中存在的工人自己的合作工厂，认为它是对资本主义生产方式的突破和对雇佣劳动制度的否定。现在我们将国有企业改革成为工人自己的合作企业，不失为一条理性的改革思路。

（五）马克思认为社会主义条件下剩余价值属于工人所有的论点，为用国企利润为职工购股提供了理论依据

马克思在《资本论》第3卷第10章中写道："如果把问题看成是工人各自占有自己的生产资料，并且互相交换他们的商品，那么，问题的关键就非常清楚地显示出来了。这时，这种商品就不会是资本的产品了。不同劳动部门所使用的劳动资料和劳动材料的价值，就会由于不同部门的劳动的技术性质而有所不同；同样，撇开所使用的生产资料具有不等的价值这一点不说，一定量的劳动所需要的生产资料的量，就会由于一种商品一小时就能制成，而另一种商品一天才能制成等等，而有所不同。其次，假定这些工人的平均劳动时间相等，并且把由劳动强度不同等等而产生的平均化考虑在内。这时，第一，两个工人会从商品中，即从他们一天劳动的产品中，补偿他们的支出，即已经消耗掉的生产资料的成本价格。这种支出由于各劳动部门的技术性质而有所不同。第二，他们两人会创造出等量的新价值，即追加到生产资料中去的那个工作日。这个新价值包含他们的工资加上剩余价值，后者也就是超过他们的必要的需要的剩余劳动，而且这种剩余劳动的结果属于他们自己。"②

既然国有企业职工所创造的剩余价值即企业利润是属于他们自己的，先前在计划产品经济体制下我国实行低工资政策，企业利润又全部上缴，职工不仅没有享用到自己创造的剩余价值，连必要价值也没有足额得到。现在国企改制，利润分配向职工股东倾斜，实际上是将以前过度上缴的剩余价值适当归还给职工一部分，完全是合理的。

---

① 《马克思恩格斯全集》，第25卷，第497~498页，人民出版社，1975年。
② 《马克思恩格斯全集》，第25卷，第196页，人民出版社，1975年。

综上引述可见,按照马克思的观点,社会主义的企业必须具有如下几个基本特征:①企业是自主联合劳动的经济实体。工人是企业的主体、主人,使用生产资料客体为自己生产财富。是劳动主导型而不是资本主导型。②企业为职工的全面自由发展提供客观条件,使工人收入不断增长,幸福程度不断提高。工人收入的增长列入企业经营目标。③职工持股占有企业财产,工人是企业的直接主人。④企业是工人自己的合作工厂,是具有"自由人的联合体"性质的集体经济或劳动合作组织。⑤工人通过劳动不仅取得了工资收入,而且应当参与利润的分享。以上五条,应是我们创建中国特色社会主义企业制度的理论依据和指导原则。

在当代历史条件下,我们正在从事社会主义市场经济的实践。如何建立与社会主义市场经济相匹配的企业制度,关系到改革成败。按照社会主义市场经济科学内涵的规定,作为现代市场经济微观基础的现代企业制度,必须是在社会主义生产关系支配下运行的。上述马克思关于社会主义企业的本质特征,完全适用于社会主义市场经济的企业。我们要建立的社会主义现代企业制度,首先必须保持这种特征。可见,必须用自主联合劳动制度替换雇佣劳动制度。

二、借鉴西方现代企业的制度创新成果与传承我国企业改革的成功经验

(一)西方现代企业体制创新:由支薪制(工资制)公司走向分享制公司

当代西方现代企业的体制正在发生变化。在支薪制公司里,劳动者领取固定工资或按个人贡献领取绩效工资,出资者占有全部剩余。在分享制公司里,劳动者在一定程度上参与剩余的分配,他们的一部分收入要根据公司整体的经营绩效来取得。当公司规模不断扩大,业务日益复杂,大股东亲自担任高层经理人员的做法无法适应时,企业的经营管理就只能改由专业经理人员来负责,于是出现了所有权与经营权分离的支薪制公司。以高度分散的股权为特征的联合股份公司制度存在一个致命的缺陷,即过度分散的剩余索取权会为经理们的偷懒或追求自己的个人福利大开方便之门。在股权分散的情况下,内部人的懒惰无能和侵蚀股东权益无法得到应有的监督和惩罚。经理人员动用公款进行个人享受、为了自己的社会地位片面追求企业规模扩张等都是西方大公司常见的案例。另一方面,仍大量存在业主制企业。这些事实说明支薪制公司的制度优势已经丧失。此外,支薪制下严格的雇佣劳动关系使企业员工完全按酬付劳,缺乏劳动的积极性和主动性。因此,随着社会经济环境的变化,现代公司组织形式势必会发生创新和改变。

分享制公司的产权特征是部分剩余索取权的让渡。所有者将部分剩余索取权作为激励手段让渡给公司员工,使劳动者有可能参与公司剩余的分享。一些分享制

形式,如劳工管理的合作制和有差别的劳动资本合伙制,还把全部或部分控制权由高层经理转移给普通员工。于是,由支薪制向分享制的现代公司组织形式的演变呈现出了一个产权由清晰化向模糊化的转变过程。当然,这里的产权模糊不是产权主体的空缺和产权缺乏保护,而是所有权绝对清晰、控制权和收益权相对模糊;不是所有者的权益被动地受损,而是所有者为了得到更高的收益做出的控制权与收益权的主动让渡。

近一二十年来,随着以日本的大公司为代表的分享制的成功,分享制公司在市场经济各国已逐步演变成为一种与传统的支薪制公司相竞争的新的企业组织形式。分享制有员工持股计划、利润分享制或收益分享制(即年终根据企业利润实现情况而发放的奖金)、劳力管理的合作制和有差别的劳动资本合伙制等形式。分享制下的奖金通常在年末按照企业当年的盈利情况依据事先确定的标准或计算公式发放。

员工持股计划的基本内容是根据企业的获利和规模扩张情况为公司员工购买本公司的普通股并托管起来作为养老金。利润分享制或收益分享制是劳动者既无股权亦无控制权的形式。在劳工管理的合作制下劳动者拥有全部或大部分股权和主要控制权。在有差别的劳动资本合伙制下劳动者无股权但分享企业收益并参与控制。

在西方市场经济国家的分享制实践中,员工持股计划和利润分享制的结合受到更多的推崇,员工持股计划促使员工着眼于公司的长期发展,而利润分享使员工重视创造短期利润,故两者的结合可以达到公司短期目标和长期目标的平衡。

在分享制对生产率的影响方面,经验分析发现日本的员工持股计划能够使生产率提高4%~5%,单独实行奖金制度也可带来一定的生产率提高。当奖金制度与员工持股计划结合在一起实行时,奖金制度的生产效率会进一步提高。

在分享制对公司经营目标的影响方面,据调查,通过扩大长期激励部分的分享数额,减少固定工资在报酬中所占比重,无疑会有利于实现经营目标。目前西方各国的公司特别是原来侧重追求短期利润的美国公司在经营中转向越来越重视公司长期发展潜力的培育和长期利润目标的实现。

分享制公司的迅速发展拓展了现代企业制度的内涵。为此,将分享制公司与支薪制公司一起作为现代企业组织的两种基本形式加以比较研究,有着重要的理论和实际价值。对支薪制公司与分享制公司的选择较之对有限责任公司与股份有限公司的选择牵涉更多的因素,对我国国有企业建立现代企业制度的改革有着更为深刻的影响。具体地说,有限责任公司和股份有限公司之间的选择仅涉及筹资管理等因素,而支薪制公司和分享制公司之间的选择则涉及产权收益让渡、激励机制、劳资关系和治理结构等因素,从产权制度一直贯穿到管理体制。因此,在上述意义上,支薪制公司和分享制公司之间的区分和选择更能体现现代企业制度的深刻内涵。

根据笔者的研究,我国 20 世纪 80 年代初四川省流行的"企业除本分成制",南京等地流行的"企业净收入分成制"都是公有制企业改革的成功经验。这就是分享制。可惜的是,这一比日本、欧美还早的分享经济改革成功经验未能得到政府的重视和采纳,而要等到 20 多年后的今天来"出口转内销"才被重视和研究。本人在专著《新成本论》(云南人民出版社,1987 年)和《公有制分享经济理论》(中国社会科学出版社,2004 年)中,系统地总结和阐述了中国特色分享经济运行机制,拟作为创建中国特色现代企业制度的重要参考。

(二)"鞍钢宪法"对创建中国特色社会主义现代企业制度的现实意义

建立现代企业制度必须要考虑吸收中国已有的经验。中国传统的企业制度已有几十年的历史,虽然其中存在着种种的缺点和问题,需要我们尽快建立适应生产力发展要求的现代企业制度。但是,传统的企业制度中还是有很多宝贵的经验的,我们不应该将这样一份珍贵的财富丢掉,而去照抄照搬西方的那一套。比如,我们曾大力宣传和学习的"鞍钢宪法",便是我们所应该继承的。"鞍钢宪法"传到国外,对国外企业管理方式的变革产生了深刻影响,已经取得了巨大的成功。美国麻省理工学院教授罗伯特·托马斯明确指出,毛泽东批示的"鞍钢宪法",即"经济民主"和民主管理思想(两参一改三结合),是增进企业效益的关键。日本企业管理界将"鞍钢宪法"称为当代最先进的管理模式。毫无疑问,我国建立现代企业制度应首先考虑吸取"鞍钢宪法"的基本精神与精华。这是我国建立现代企业制度的中国特色所在。

1960 年 3 月 22 日,毛泽东在鞍山钢铁公司《关于工业战线上大搞技术革新和技术革命的报告》上批示,宣布"鞍钢宪法在远东、在中国出现了"。"鞍钢宪法"的内容是"两参一改三结合":干部参加劳动,工人参加管理;改革不合理的规章制度;工程技术人员、管理者和工人在生产实践和技术革新中相结合。鞍钢宪法的五项基本内容各有侧重,构成一个有机整体,是当时历史条件下初步形成的企业管理思想体系和管理模式,其核心内容是技术革新和技术革命。鞍钢宪法产生在 20 世纪 60 年代初,正值以计算机和信息技术为代表的新技术革命蓬勃发展的前夜,毛泽东同志就在总结鞍钢"双革"活动的基础上,以敏锐的洞察力,站在世界科技发展潮头的前沿,把科技进步和"双革"活动确定为企业管理的根本"大法",对我国现代化建设事业的发展,对国有企业的改革和发展具有重要的历史意义和现实指导意义。"两参一改三结合"是鞍钢宪法中最具时代意义和理论意义的主要之点,它初步回答了社会主义社会发展动力和对国有企业实行民主管理问题,是对社会主义理论和企业管理理论的重大创新。"两参一改三结合"主要包含两层含义:一是改革不合理的规章制度;二是职工群众参加民主管理。改革不合理的规章制度,初步提出了用改革的办法解放和发展生产力的思想。职工群众参加民主管理,是毛泽东同志一贯倡导的群众路线在社会主义建设和企业管理中的体现,是对马克思列宁主义企业管理理论的重大贡献。在经济建设中,调动一切积极因素,尊重群众的首创精神,发动群众,依靠群众办企业的群众路线则是完全正确的。毛泽东赞扬和肯定了依靠广大职工办企业的经验,主张干部参加劳动,经受锻炼了解情况,职工参加管理当主人,是毛泽东同志"经济民主"思想和民主管理思想的体现,是对中国特色的企业管理基本经验的总结,是对马克思主义企业管理理论的重大贡献,对建立现代企业制度有现实指导意义。

"鞍钢宪法"的精神实质是对僵化的、以垂直命令为核心的企业内分工理论的挑战。"两参一改三结合",用今日流行的术语来说,就是"团队合作"。日本的所谓"丰田生产方式",就是工人、技术人员和管理者的"团队合作",每人不再固守僵化的技术分工,而是随时随地解决"无库存生产方式"中出现的问题。瑞典的 Volvo 汽车公司,为了发挥"团队合作"的效率优势,于 1988 年开始,将"装配线"(Assembly line)改造为"装配岛"(Assembly island),使工人不再像从前那样在装配线上重复单一的任务,而是 8 至 10 人一组,灵活协作,组装整车。美国也不甘落后,1995 年 2 月 1 日国会开始辩论 "团队合作法案"。因根据 1935 年通过的劳工法(Wagner Act),"团队合作"是非法的,故美国现在必须对劳工法提出修止,才能充分利用"团队合作"的效率潜力。"全面质量"和"团队合作"理论的精髓,即充分发扬"经济民主"——两参一改三结合——恰是增进企业效率的关键之举。

亚当·斯密将"社会分工"化简到"技术分工"。换言之,他没有将"社会分工"与"技术分工"这两个不同的概念区分开来,《国富论》开篇头一句话便是:"劳动生产力上最大的增进,以及运用劳动时所表现的更大的熟练、技巧和判断力,似乎都是分工的结果。"这自然是极富洞见的观察。但是,他没有说明这里的"分工"指的是"技术分工"还是"社会分工"。所谓"技术分工",指的是在企业内部将一项生产任务分解为不同的步骤去完成;所谓"社会分工",指的则是社会内部的劳动分工,工人被安排到不同的生产单位中去的劳动方式。无疑,"技术分工"通过对生产过程的分解,极大地提高了劳动生产率。但是,"技术分工"与"社会分工"之间并无"一一对应"的关系；也就是说，生产过程的不同步骤不一定要求不同的工人去完成。例如，前面提到的装配汽车，既可以有"装配线"，也可以有"装配岛"，而这两种形式下的"社会分工"是不同的。又如，即便是在同一条生产线上，同一个工人可以永远干同一件事，也可以经常调换工种。简言之，对生产过程的步骤分解，与对工人工作安排的分解，不是逻辑上同一的概念。

"全面质量管理"、"零库存生产"，恰恰旨在发挥每个劳动者的主动精神，突破斯密式分工对劳动者的创造性的压抑。然而，真正使每个劳动者发挥积极性是不容易的，它要求生产关系的相应变革，使劳动者能够分享工资之外的利润。这就必然触犯资方和管理者的既得利益。意味深长的是，尽管资方不情愿，但由于国际竞争的压力，他们不得不诉诸"团队合作"、"全面质量管理"等手段，向劳动者让步。1983年以来，美国已经有27个州修改了公司法，取消了股东是企业的唯一所有者的概念，要求管理者不仅要对股东负责，而且要对广大的"利害相关者"负责，而劳动者是"利害相关者"中的主要成员。

"鞍钢宪法"不仅是对传统的西方经济理论与管理理论的重大突破，更重要的是，它是从中国本土产生的对广大职工实践经验的提升而成的中国特色现代企业制度的创新典范。我们必须正视其科学性、先进性和现实指导意义。笔者认为，创建中国特色的现代企业制度，也应贯彻"中学为体，西学为用"的原则，即应当以我国"鞍钢宪法"的基本精神为主体和基础，吸收国外先进的现代企业制度因素加以融合，创建全面创新的现代企业制度。

三、中国特色社会主义现代企业制度基本框架构想

上述的分析使我们清醒地认识到，照抄照搬西方的现代企业制度在我国是行不通的。西方的现代企业制度是建立在生产资料私有制的基础之上的，反映的是资本主义的生产关系，是迎合资产阶级的需要的。我国的国有企业改革是为了进一步消除企业制度中不合理的部分，进而促进生产力的进一步发展。所以，在建立现代企业制度的过程中，首先需要考虑的就是要适应生产力发展的要求。同时考虑到我国又是社会主义国家，在建立公有制企业的现代企业制度时，也必须要符合生产资料公有的客观要求，反映社会主义生产关系。笔者试从以下几个方面来阐述如何构建符合我国国情的社会主义现代企业制度。

（一）坚持劳动雇佣资本，建立劳动主导型的现代企业制度

1.自主联合劳动内涵的规定性

马克思在《政治经济学批判大纲〈草稿〉》中对自主联合劳动问题作了创造性的阐述，指出"真正的自由劳动"必须具备以下规定性："1.必须具有社会的性质；2.必

须具有科学的性质;但同时又是一般的劳动,不是把人当作某种驯服的自然之力来驱使,而是当作主体来看待。这种主体不是单纯地在自然的、自发的形态之下,而是作为支配一切自然之力的活动出现在生产过程里面。"①从马克思的有关论述中,可以进一步将自主联合劳动的基本规定性归结为如下四个方面:社会性,指劳动的直接社会性,不是指需要社会化转换的个体劳动和私人劳动,而是生产资料公有制条件下,社会性得到充分体现并表现为劳动者的真正自由活动的联合劳动;科学性,指劳动过程和劳动手段的高度科学性,具体指高度发达的科学技术以及科学技术与生产过程的结合,引起的劳动性质的改变;主体性,指劳动行为的劳动者主导性,是自主劳动的本质要求,表现为生产过程中的劳动者支配生产资料为自身利益服务,即人统治物,而不是物统治人;普遍性,指实现自主劳动的领域范围的广泛性,每个人都具有发挥自身创造性才能的机会和权利,人人都有将劳动作为生存手段和生活第一需要的权利。

社会性、科学性、主体性、普遍性是衡量一种劳动是否是自主联合劳动的必要条件。当劳动同时具备四个条件之时,其社会意义就发生了根本性的变化,"一旦在直接形态之下的劳动不复是主要的财富源泉,劳动时间也就不能而且一定不能再作为财富的尺度",人的全面自由发展也具备了实现基础。资本的统治,可以归结为物化劳动对活劳动的统治。社会主义生产资料公有制的建立,使得物化劳动独立化了,变成了劳动者对物化劳动的统治,即利用物化劳动为自己谋福利。所谓自主劳动,是劳动的发生由劳动者自主、劳动的成果为劳动者自有的一种社会劳动。它是对资本主义雇佣劳动的扬弃,是劳动的社会形式在社会主义社会的必然表现。

2.建立劳动主导型的现代企业制度

马克思认为,劳动的特殊社会形式决定生产方式的特殊性质。资本主义条件下"劳动作为雇佣劳动的形式对整个过程的面貌和生产本身的特殊方式有决定作用"②,同样,作为雇佣劳动的对立物的自主联合劳动是社会主义条件下劳动的一种特殊社会形式,它决定了社会主义生产方式的性质和整个生产过程的面貌。社会主义公有制经济既往的实现形式均以资本雇佣下的非自主劳动为基础,背离了社会主义公有制的内在要求,并且在具体实践中也步履维艰、四处碰壁。可见,社会主义公有制经济改革的实质与方向在于建立自主联合劳动经济制度。

当前国企改制中出现的任意解雇职工、压低在职职工的工资水平和福利,侵吞

①马克思:《政治经济学批判大纲(草稿)》,第3分册,第250页。
②《马克思恩格斯全集》,第25卷,第997页,人民出版社,1975年。

历年形成的职工劳动收入积累；全国普遍出现的拖欠农民工工资现象等等，从理论上分析，都是由于没有注意建立自主联合劳动制度，而使广大职工在生产中的主体地位、公有生产资料所有者的主人翁地位丧失，变成雇佣劳动者所致。注重建立和完善我国的自主联合劳动制度，其实质是社会主义生产关系自我完善并固化为经济制度。这是深化改革中应注重解决的重大问题。

联合起来的、拥有劳动力的劳动者，以企业所有者或部分所有者（在以劳动者以国资为本与非国资股东合资的企业）的身份，通过按国资平均雇佣利率和国资雇佣量向国家支付国资平均雇佣利息取得国资的使用权，从而把国有资本同他们自己的劳动力结合起来。以这种工人集体雇佣国有资本的生产方式为基础的市场经济，称为劳动雇佣国资制度或工人雇佣国资经济体系，也叫做自主联合劳动经济制度。

可以从生产关系的基本构成要素来勾勒一下自主联合劳动经济制度的框架。在所有制问题上，以资本为代表的生产资料属于全社会公有，并由国家代表全体社会成员行使所有权。国家是实际上的所有者，也可以称为生产资料国有，劳动者是自身劳动能力的所有者。劳动者有权利按照自己的意愿支配自己的劳动力，自主联合劳动企业的整体所有权属于企业的全体劳动者，企业通过支付平均雇佣利率获得所需资本量的使用权。

在劳动关系问题上，企业的劳动者的地位平等，都是企业的所有者、主人，完全自愿地相互协作从事生产劳动。任何劳动者个人，可以在章程允许范围内随时选择离开某个企业，在获得接受时加入另一个企业。劳动者所从事的具体工作的差异纯粹是社会分工的差异，并在这种分工的前提下进行联合劳动。劳动者都有权参与企业的决策，任何企业所占用的国资皆为企业中全体职工参与企业决策的基础，只是劳动者享有决策投票权的比例按照其对企业资本的所有程度而有所差异，但这并不能否定自主联合劳动经济制度下和谐的劳动关系。

在产品分配问题上，完全体现劳动者主导性，整个分配过程都以劳动者为核心。由于劳动者是企业的所有者，使实现按劳分配的必要条件得以满足，按劳分配成为自主联合劳动经济制度下的基本分配原则。企业典型的收入分配程序是：交纳诸类流转税、调节税等给政府，扣除各种生产资料耗费和劳务耗费，依平均国资雇佣利率和国资占用量向政府交纳雇佣利息，偿付到期贷款与利息。依契约规定向市场信用资本与内筹信用资本支付红利。经过上述扣除后的企业收入剩余形成企业劳动收入，然后向政府交纳劳动收入累进税，提留适当量的企业福利基金，按有效劳动量在劳动者间分配个人劳动收入。这就是企业净收入分享制。概括来说，自主联合劳动经济制度就是把企业的国家所有变成劳动者所有，使之成为由劳动者自己管理的、按平均利率向国家支付国资雇佣利息的、以劳动收入为目的的"民主企业"，从而形成一个以这种劳动者所有的"民主企业"为基础的资本公有制市场经济。自主联合劳动经济制度用"劳动雇佣资本逻辑"代替了"资本雇佣劳动逻辑"，不仅解决了产权清晰和政企分开问题，而且更好地解决了公有制与市场经济的有效结合。

自主联合劳动经济制度的核心就是自主联合劳动如何雇佣资本问题，其根本路径在于"劳动者联合起来组成企业"，即建立"劳动企业"。所谓劳动企业就是，若干劳动者按照公开、自愿、平等、互利等原则联合起来，组成的从事经营的独立法人主体，也称为"劳动者联合体"、"劳动者集体企业"。在资本经济制度下，资本雇佣劳动必须遵循等量资本获取等量利润的原则。同样，劳动雇佣资本也必须遵循两大原则，权利原则是等量利息雇佣等量资本，配置原则是等量信用资本雇佣等量国有资本。我们相信以自主联合劳动经济制度为实质与方向的社会主义公有制经济改革必将取得成功。

3.建立企业净收入分享制经济运行机制

笔者认为,社会主义商品价值构成为$w=c+(v+m)$,价值 c 部分归结为社会主义成本价格,价值$(v+m)$即 n 部分,就是社会主义的需要价值。"需要价值"n 表现为社会主义收入。由于社会主义劳动是自主联合劳动,区分为整体劳动、局部劳动、个体劳动三个层次,社会主义收入(n)就相应地区分为国家收入(n_1)、企业收入(n_2)、个人收入(n_3)。社会主义经济运动,就表现为社会主义劳动者作为生产的主体支配公有生产资料这个客体,运用社会主义资金(社本)去争取社会主义收入并加以合理分配的整个过程。将 n 合理划分为n_1、n_2、n_3,就是在劳动者根本利益一致的前提下,正确处理国家、集体、个人三者的经济利益关系,达到从物质利益分配上实现社会主义生产关系。

所谓企业净收入,就是实现了的企业净产值,可由销售收入扣除物耗成本求得。净收入分成,就是将净收入在国家、企业、职工个人三个经济主体之间按一定比例分享。在这里,职工不再拿固定工资加奖金。而是按照事先确定的比率分享收入。这种分享是以企业净收入为基础,是和企业的实际经营状况紧密联系的。因此,职工收入不再由企业外部的力量所决定,而是取决于企业的经营成果和职工的劳动贡献的大小。这种机制能使职工收入成为其劳动贡献的报酬,消除个人攀比机制的基础,奖勤罚懒,有效地挖掘出生产者的潜力。同时,确保个人收入增长不超过劳动生产率增长,并用其自动排斥冗员的功能,有效地克服超分配导致的消费膨胀和消除隐蔽性失业。由于利益分享，"荣辱与共"，就会从国家、企业、个人三方面形成一股追求企业净收入不断增长的合力，从而也就有效地解决增加有效供给的生产动力问题。在净收入分成制中，利益分享是通过各经济主体对每一边际产量的净收入分享来实现的，因而能够有效地保证国家、企业、职工个人三者收入按比例同步增长，从而可以保证国家的财力、企业的实力和个人生活水平的合理同步增长。

4.建立我国社会主义现代国有企业制度

现代企业制度的主体形式是公司制度，包括有限责任公司和股份有限公司。建立现代企业制度是所有各类企业努力的方向。就我国国有企业改革而言，进行公司制改造后将出现五种情况：第一种是国有独资公司；第二种是国有资本绝对控股公司；第三种是国有资本相对控股公司；第四种是国有资本只参股、不控股的公司；第五种是国有资本完全退出、社会资本进入公司。其中，第一种和第二种可称为国有企业（包括中央企业、地方企业），后三种实际上已变成了民营企业。其他国家也会认可它们是民营企业。我们讲的建立现代企业制度，实际上是就后三种而言的。

第一种，即国有独资公司，无论如何改它们仍是国有企业。第二种，即国有资本绝对控股的企业，虽然引进了民间资本，但仍保持国有企业的性质。这两种我们都可称为国有企业。实际上，世界上大多数国家和地区的国有企业，都有一定比例的民间资本参与其中，纯粹的国有企业很少，只要国有资本占绝对控股的地位，就可称之为国有企业，在我国的台湾省，人们甚至把它们称为公营事业。

国有企业和非国有企业的基本界限就是国有股是否超过50%，超过50%就是国有企业，在50%以下就是非国有企业，不少国家和地区的法律也是这样规定的。国有股权在50%以下的企业，从经济学角度分析，有些国家仍处于相对控股地位，但从法律上很难判断。国有企业和已经改制的非国有企业管理上应该是不同的。现在我们把它们混合在一起管理是很不妥当的。

纯国有企业、国有资本绝对控股的企业的改革目标应该是建立现代国有企业制度，而不是建立一般的现代企业制度。总的改革方向不是放权而应是收权。这种现代国有企业制度有别于传统的国有企业制度，其基本特点是：从产权方面看，由政府直接拥有全部或绝大多数产权；从人事权方面看，政府直接向企业派董事会成员以及其他高级管理人员；从企业的经营目标看，具有两重性，即社会目标与经济目标并存，基本上以社会目标、社会效益为主；从重大决策方面看，某些重大决策，如产权变动、重大经营方向的改变、高管人员的薪酬等必须由政府批准；从财务管理方面看，预算、决算必须通过人大或政府批准。现代国有企业制度可以从《公司法》中分离出来，单独立法，也可在国有资产管理法中单独设条款作出具体规定。

(二)构建中国特色的现代产权制度

现代企业制度是以现代产权制度为基础的。企业是在一定的财产关系的基础上形成的,企业的产权制度会影响到企业的行为。可以说,没有现代产权制度,就没有现代企业制度。马克思产权理论认为,产权就是指财产权。财产权是生产关系的法律表现。财产权是一组权利的组合体,既包括所有权,还包括占有权、使用权、支配权、索取权、继承权和不可侵犯权。产权这个概念不过是生产关系的法律表现或法律用语。

多年来,由于受新自由主义思潮的影响,国有产权制度改革受科斯的产权理论影响颇深。我国企业建立现代产权制度,必须用马克思主义产权理论作为指导理论,并借鉴、吸收西方现代产权制度中合理的部分。笔者认为,可以从两个方面着手建立中国特色的现代产权制度。

1.明晰出资者与企业之间的责任与权利

我国现行的产权制度的一个缺陷就是,出资者不能通过所有权的有效行使形成对企业经营管理者的有效约束。这导致经营者不能有效使用甚至滥用经营管理权,企业业绩难以得到保障,出资者利益不时受到侵害。因此,明确界定出资者与企业之间对称的责任与权利,成为建立现代产权制度的首要任务。

(1)企业应承担的责任与权利。首先应该界定企业按照一定的标准(不能出现亏损情况)向出资者承担资产的保值增值责任。一种实施方式是企业以一定的资产收益率向出资者承担资产收益责任。这种资产收益率可按社会平均资产收益率与相关系数相乘而得,一般应介于银行存款利率与贷款利率之间。企业将规定的资产收益分配给出资者后,剩余的净收入全部留归企业自由使用和支配。企业经营效益好就可以多留多得,效益不好就少留少得,这样就可以形成较为有效的激励机制。同时,企业须拥有完整的经营权或者叫法人财产权,这样就可以对经营成果负起责任。这种权利与责任的对称安排,形成对企业有效激励和约束相结合的机制,使其合理有效地行使经营权,力争实现企业净收入的最大化。

(2)出资者应承担的责任与权利。相对于企业来说,出资者的责任是很少的。出资者的目的是获得资产收益,就必然要赋予企业经营权。出资者拥有资产收益权,以及确保资产收益的实现和资产安全所必需的监督权和最终处置权。归纳起来,出资者必须拥有下列权利:一是法定的资产收益权;二是对企业的资产流向、财务和执行产权规则的监督权;三是对国有资产的最终处置权。

这种出资者与企业的责任与权利相对称的安排,使出资者能合理地行使其所有权去监督企业,使企业合理有效地行使经营权;而企业不仅受到有效的监督,而且受一定的资产收益责任约束和全部获取剩余收入的激励，定会力求有效使用经营权，以求企业净收入最大化。[①]

2.建立劳动力产权为主、资本产权为辅的企业内部权力与利益制衡机制

单一的资本产权制度已经不能适应社会主义市场经济发展的新趋势，而单一的劳动产权制度又超越了我国目前的发展阶段，因此，我国的产权制度应当是要素资产联合和不完全的劳动联合的有机融合。随着我国经济增长方式由粗放型向集约型的转变，经济发展将越来越依靠科技进步和劳动者素质的提高。劳动，特别是高知识含量的劳动在企业中的作用越来越重要。因此，我国企业理想的产权制度应当是以劳动产权为主、资本产权为辅的联合产权制度。这种联合产权制度的基本特征有如下几方面。

（1）剩余索取权分享，建立以劳动力、知识产权等要素入股为主、资本入股为辅的泛股份制。就劳动力和知识产权入股而言，就是把每个劳动者当年所得的工资总额以及投入生产的知识产权的市场评价的总额折合成股权，同资本一样获得保值增值，实现劳动力与科技成果的资本化。这样，企业工人、科技发明者不仅应得到他们的劳动力、科技发明的等量报酬，而且应凭劳动力产权、知识产权参与剩余价值分割而得到相应的红利。

（2）以按劳分配为主，按资分配为辅。由于联合产权制度以劳动力产权为主，资本产权为辅，那么在收入分配上就要贯彻以按劳分配为主、按资分配为辅的原则。在这里，劳动者以劳动力入股后，不仅得到劳动力的价值，而且按股参加分红，分得利润。这样，劳动所得就突破了劳动力价值的范围，而具有按劳分配的性质。资本按股获得股息和红利，这是属于按资分配，但由于资本产权为辅，所得必然有限。

（3）以职工为主体。企业经营权归作为企业法人的企业职工联合体所有，并将其权力与职能委托给职工选举产生的企业管理委员会。企业管理委员会将日常经营决策权委托给聘用的经理。

（4）在企业内部治理结构上，要素资产联合体的代表——董事会只有经营权的发包权、对企业的监督权和企业上缴利润的再分配权；重大决策由企业管理委员会经职工代表大会认可后实施；企业日常经营决策权由聘用的经理行使，经理对企业管理委员会负责，并接受后者的监督。

这种联合产权制度具有巨大的制度优势。劳动力产权为主、资本产权为辅，保证了劳动者的主人翁地位，大大提高了劳动者的主动性和积极性。同时让资本获得

[①]参见陈国恒：《国有产权制度改革研究》，第297~307页，中国社会科学出版社，2004年。

利息,也调动了出资者的参与热情。相对于传统的国有制,委托—代理成本大大减少,大大提高了监督的效率,使企业的经营效率大大提高。企业劳动者集体所有股权对企业职工形成了强大的激励与约束,在实践中较好地解决了劳动者"偷懒"和人力资本"质押性"难题。

(三)职工参与企业管理,建立管理民主、科学的企业治理结构

社会主义现代企业制度必须坚持以劳动为主导,这就显然区别于资本主导型的现代企业制度。资本主导型的现代企业制度是将职工排除在企业治理结构之外的。它仅仅将企业治理结构看成是相关出资人、董事会和企业的经营管理层三方面之间的权力分配和制衡关系的一种制度安排。中国特色的现代企业制度必须使得职工在各个方面能够参与企业的管理,这样企业的管理会更加民主,更加科学,更加能够充分发挥劳动群众的积极性和创造性,显示社会主义制度的巨大优势。建立民主、科学的企业治理结构,可以从职工更广泛地参与企业的治理和更加注重职工以外的利益相关者两方面考虑。一是可以吸收"鞍钢宪法"中毛泽东提出的经济民主思想,二是借鉴西方国家职工参与公司治理制度中的有益部分,以此来建立和完善职工参与企业管理的机制。三是促使组成企业发展的各方利益相关者的平衡协调。

1.从制度上确立职工在企业治理中的主体地位

企业职工是社会主义事业的建设者,是社会和公有制企业的主人翁。因此,职工必须拥有参与对企业资产的所有、占有、使用、处分的权利,大多数的处于主人翁地位的职工能够直接参与管理并影响企业的生产经营活动。职工的地位应该体现在企业的日常经营活动中,这样才能更好地发挥他们的巨大作用。从经济、法律制度上确保企业职工参与企业管理,可以从以下几个方面完善有关的法律法规。

(1)将企业职工入选董事会的比例以法律形式确立下来,并保证职工拥有足够的权利参与管理和决策。传统体制下,职工代表大会是职工参与企业管理、监督经营管理层的权力机构,是实施民主管理的基本形式。但是,国有企业推行现代企业制度以后,职工代表大会的基本权能已经为股东大会和监事会所取代,职工参与企业民主管理的体制实际上已经名存实亡。自从在国有企业中推行现代企业制度以来,理论界一直期望职工代表入选董事会能依法融入我国的现代企业制度设计之中,然而事实却并非如此。股份制试点时期的有关法规曾经明文规定,工人代表是法定的董事人选。但令人深感遗憾的是,我国的《公司法》并没有全面地反映出职工参与制应作为一种制度安排加以确立这一世界性的发展潮流。2006年的《公司法》虽然规定:"职工代表在监事会中的比例不得低于三分之一",国有独资公司中

"董事会成员中应当有公司职工代表"，而对于其他形式的股份公司仅规定"董事会成员中可以有公司职工代表"。从职工参与企业管理的角度，我国《公司法》所设计的治理机构存着两个主要问题：一是国有独资公司毕竟是极少数，对绝大多数公司制企业来说职工代表并不能进入董事会，不能参与企业的生产经营决策过程。二是虽然国有独资公司的职工有权入选董事会，但并没有在职工董事人数和所占比例上作出硬性规定，职工参与管理流于形式。结论是显而易见的，必须完善现行的《公司法》，将职工代表进入董事会以法律形式硬性确立下来。一是必须规定每个企业中必须要有职工代表进入董事会；二是对于国有独资企业，必须要保证职工代表在董事会中的主导地位，提高职工代表在董事会成员中的比例；三是在其他形式的企业中，职工代表所占比例要得以保证职工意志能对董事会决策发生作用；四是把《公司法》中关于出资者委派董事与职代会民主推荐、民主推选职工代表，然后由董事会聘任经理的企业经营管理者产生方式结合起来，否则就不会有职工以主人身份参加企业治理的地位保证与实现。

（2）创造良好的条件和环境。在管理上，企业要为职工参与自己切身利益密切相关的各项活动的直接民主管理创造有利的条件和环境；企业要加强对职工的思想政治教育和领导，通过岗位培训、企业文化建设和党组织建设等措施，提高职工的主人素质，强化主人意识，明确主人责任；在政治上，发扬社会主义民主，保证工人阶级、人民群众成为国家政治生活和社会生活主人地位的实现，为职工在企业当家做主创造良好的宏观环境。

如何在国有企业改革过程中加强对职工合法权益的保护，是当代中国经济改革和社会转型面临的一个严峻课题。这不仅关系到国企改革能否取得预期的成功，而且也在一定程度上关系到全社会能否实现和谐稳定，因此，应当把维护职工的合法权益作为推进国企改革的一项中心工作，高度重视。

在国企改革中维护职工的合法权益，首先需要解决的一个问题是，如何认识职工权益在国企改革总体布局中的地位和价值。《中华人民共和国破产法》遵循了保护债权人利益和保障市场经济活力的原则，规定国企破产时优先清偿债权人债务，其次清偿职工债务。按照这种安排，破产企业的职工就业和利益问题，除了破产过程中的依法补偿外，将主要从企业转移到社会，依靠社会就业支持体系和社会保障体系来解决。必须明确的是，针对国企改革的特殊形式——关闭破产，尽管《破产法》作出优先清偿债权人债务的规定，也并不意味着可以弱化对国企职工在企业破产阶段的合法权益的保护。

也就是说，坚持维护职工的合法权益，不但要体现在国企改革的特殊阶段，而且要贯穿在国企改革的常态之中。充分调动和保护广大职工参与国有企业改革重组的积极性,从根本上讲,就是要保障职工在国企改革过程中的参与权和收益权,让职工真正参与到国有企业的治理结构之中,从而避免落入被排斥、被剥夺、任人摆布而无可奈何的境地。

2.充分发挥老三会的作用,新、老三会共同治理企业

国有企业试建现代企业制度以来,在企业治理结构设计方面面临的另一个难题,就是如何协调"新三会"与"老三会"的关系。所谓新三会,是指股东大会、董事会和监事会;老三会是传统企业组织制度中的党委会、职代会和工会。新三会是现代企业治理结构的主体框架,在创立现代企业制度过程中必须坚持;老三会是传统企业制度中的精髓,我国企业管理实践过程表明这种制度安排有许多长处,在现代企业制度构建过程中也不可废弃。

党委会要更多地把精力放在思想政治建设、组织建设上,为企业发展提供坚强的组织保证,不再直接干预企业的经营活动。一是加强思想政治建设,用先进理论武装头脑。通过组织职工学习、过民主生活会等形式,组织班子成员学习政治理论、现代企业经营管理等知识,用先进理念充实企业职工的头脑。二是强化组织建设,提高职工的劳动积极性。发挥党员先锋模范作用,党员带头支持企业改革发展,积极为企业发展出谋划策,带领职工把企业的各项工作推向前进,为企业发展提供动力。企业党委还应积极参与重大决策,在企业建设和发展中较好地发挥政治核心作用,积极参与企业的生产经营、改革与发展、人事与财务管理等方面的重大决策,为企业的改革发展把关定向。

职代会的职能就是推举职工代表直接进入董事会。必须从法律上赋予职代会以直接选举职工董事的权力,这样才会使职代会与股东会并列成为企业的最高权力机构之一。从宏观上看,此举使得企业治理结构符合我国社会主义的国情;从微观上看,又为职工参与企业民主管理提供了一个平台,协调了股东会、董事会和职代会、工会之间的关系。英国著名法学家戈沃指出:在现代企业内部真正与治理机构打交道的权益主体是企业职工,而不是股东,尽管从法律上看股东是企业资产的终极所有者,但是职工们为企业工作并在企业中度过他们大半生时光。这种情况,在中国国有企业中更是如此,不少国有企业的职工,是终身在一个企业中工作的。职代会过去作为职工参与企业管理、监督领导干部的权力机构,今后一定要加强它的作用,让职代会成为实施民主管理的基本形式。

工会组织需要摆脱过去那种完全依附于党组织的状况,要有一定的相对独立性,能真正成为工人的代言人。工会应明确自己的职责所在,全面履行各项社会职

能,突出维护职工合法权益的职能。从工会组织的职责定位来看,维权是促进职工民主管理的前提和基础。现代企业制度条件下的工会组织,实际上就是一个代表职工利益的团体,就是要把维护职工权益放在首要位置。维护职工的合法权益,既包括职工工作环境的优化、工资待遇的改善、社会保障的到位,也包括工会会员深度参与职工民主管理和民主监督等方面。在维护职工合法权益时,还应从长远出发,协调好职工个人和企业之间的利益关系。

3.建立协调"利益相关者"利益的治理机制,弥补现代企业制度的缺陷

一般讲的"利益相关者",更多的是指职工、客户、有稳定关系的上下游企业,如供应商以及债权人。从企业的长期发展角度出发,除了出资人、经营者和职工应参与企业的治理以外,其他的利益相关者以不同的资源对企业做出贡献,也应参与企业的治理。近些年来,国内对企业治理的研究和实践,大多偏重于对出资者、经营管理者和监督者之间的职责和权利、约束与激励机制的设计安排。这种制度安排使得企业治理成了企业内部各权力主体之间的博弈和"精英"之间的游戏,严重脱离了企业大多数职工群众基础。

在2004年版《OECD公司治理准则》中,经合组织对公司治理准则做了很大的修改。在这个修订版中,更加强调职工和债权人等作为利益相关者的权利。公司治理开始从更倾向公司内部权利关系的授予、监控、制约安排,向注重内外部的各种利益相关因素的协调转变;从更倾向于公司高层的权力安排游戏,向企业职工和债权者等原来忽略的因素倾斜。OECD的苦心在于,在企业追逐利益的过程中,应当透过形式上的治理结构安排和切实的运作行为,让所有人看得到企业的社会责任和道德伦理之所在。[1]忽视利益相关者的要求,显然是不能适应现代企业发展趋势的,我们在修改《公司法》时必须予以纠正。

现行的《公司法》对职工以外的其他利益相关者如何参与企业治理无任何规定。在这方面,应该完善相关法律法规,让其他利益相关者可以参与企业治理,用以保护他们的利益。比如,债权人、供应商和客户有权列席董事会会议,其他利益相关者有权获得相关的充分信息。

加强监事会建设。利益相关者治理的本质是减少企业经营过程中的信息不对称,保护弱势利益相关者的利益。要达到这个目的,监事会功能的发挥至关重要。企业可以将债权人、客户代表引入监事会,改变监事会的来源主要是股东和职工的状

①陆一:《启动社会良知对资本权力的制约——简评2004版〈OECD公司治理准则〉》,载《证券市场报》,2004年11月号。

况;必须引入独立监事,保证其超脱的身份和地位,发挥其专业监督职能;保证监事监督行动的独立性和自由性,监事在认为有必要的情况下,随时可以实施监督手段,不受董事和经营层的干扰;解决好独立董事与监事的功能分割与机制协调问题,以及公司监督权力资源有效分配问题,发挥独立董事和监事在监控功能上的互补性。

从世界范围看,企业治理有一个越来越明显的趋势,就是包括职工、供应商、消费者等在内的"利益相关者"共同参与企业治理,努力使各类利益相关者的剩余总和最大化,而不仅仅使管理层利益和股东价值最大化。就中国的国有企业改革重组而言,职工无疑是最重要的利益相关者,他们即便没有持有国企的股份,但至少为国企进行了长期人力资本投资,承担了相关的投资风险。一旦失去在国企的工作,他们的技能很可能归于废弃。所以,国企职工也是国企的"投资者",他们参与企业治理的热情和积极性,一点儿也不比其他投资者差。保护国企职工的合法利益,就是要利用现有的参与渠道(如职工代表大会和工会),并通过新的制度创设,让职工越来越自觉而深刻地参与国企改革重组后的企业治理,使他们像投资者那样怀有强烈的动机监督国企资产的有效运营。

国有企业 50 多年来的发展和积累,离不开国企职工做出的巨大贡献,而在近年来的国企改革实践中,国企职工已经承担了相当大的改革成本。基于对历史负责的态度,综合考量当前复杂的利益格局,为了维护最基本的权责平衡和社会公正,在进一步推进国企改革的阶段,必须特别注重保护职工的合法权益。

第二十四章 开拓从利益分享走向共同富裕的新路径

改革开放以来,中国经济取得了令人瞩目的快速发展,但我们也付出了昂贵的社会代价,其中之一就是中国社会日益扩大的贫富差距。当前,中国社会的贫富差距已相当大,按照国际通行的衡量贫富差距程度的基尼系数测算,中国的基尼系数已接近 0.50,接近拉美国家水平。而绝大多数的欧洲发达国家和日本,都控制在 0.3 以下,在发达国家中财富分配最为不均的美国,基尼指数也仅为 0.35。贫富差距问题越来越突出,成为全社会最为关切的问题。当今中国贫富差距悬殊且不断扩大的现实,发人深省。如果贫富差距问题得不到有效解决,不仅影响社会稳定,而且整个经济长远持续的发展也无法得到保证。要解决这个问题,就要改变经济发展成果为少数人独占的现实,实现利益分享。但从历史上看,中国也一直是一个两极分化、贫富悬殊的国家。所谓"兴,百姓苦;亡,百姓苦。"究其原因,就是传统上的利益独占观念在政治经济生活中的统治地位。所以要解决这个问题,就必须从传统上的利益独占走向利益分享,从而实现共同富裕。

一、利益独占与利益分享:两种对立的经济观及其转换的紧迫性

"利益分享"的新理念,承认社会各个主体的经济权利,承认它们追求自身利益的合理性和合法性。"利益分享"是以人为本理念的具体实现形式,它突破了"利益独占"的传统思维的束缚,主张把建立全社会的利益分享机制,作为克服我国社会主义社会内部各利益主体之间的利益矛盾和推动经济社会发展的主要手段。

利益分享和利益独占是两种完全不同的经济观。利益独占否认经济个体的差异性,否认经济个体的自主性和特殊经济利益要求,从而否认存在利益分享的必要性。在传统的社会主义经济模式下,把公有制的大一统作为整个社会经济活动的基础,并进一步将其绝对化,片面地强调整体利益的必要性,否定个体利益存在的必要性。由于片面地认为整体利益高于一切,个体利益是微不足道的,因而形成了高度集中统一的经济组织方式和单向的个体服从整体的利益结构模式。这种传统的"否定个体,保证整体"的利益追求方式,由于抑制了经济个体的活力和利益冲动,窒息了经济个体的生机和活力,致使整个经济发展动力不足。社会主义经济中的平均主义"大锅饭"是这种传统经济观的典型的表现形式。

造成当前中国收入差距过大的一个重要原因就是在改革的过程中, 受利益独

享观念的影响,一种新的资本权威建立了起来,无视分享利益所应发挥的作用,实行的是古典的企业产权制度所决定的分配方式。古典的产权制度是所有权至上的制度,其特点是由生产资料的所有权决定其他所有的经济权利,即由生产资料所有权唯一地决定企业的一切重大决策。这种产权制度下的决策机制单一追求利润最大化,因此在劳动力市场上就表现为需求方尽可能地压低工人的工资。同时,在我国劳动力供给相对过剩的客观条件下,劳动力市场供求的均衡点就被限定在劳动力价格底线上,这决定了劳动者的工资被压到低于劳动力价值的水平。此外,由于我国劳动力市场上劳资双方的谈判力量严重不对称。一方面,不仅分散的劳动者个体处于弱势状态,而且劳动者整体也处于弱势地位;而另一方面,雇主则处于优势状态,具有垄断者的特点。这种劳动力市场谈判力量不对称的状况,迫使工资水平低于劳动力价值,大量被雇用的劳动者难以维持其劳动力的简单再生产。

在古典产权制度的决策机制下,当企业利润不断高速增长时,劳动者的实际工资水平却长期位于劳动力价值甚至低于劳动力价值。这就形成了我国目前收入差距偏大并且不断扩大的奇特现象。同时,这些厂商提供的市场供给与由工资形成的市场需求的差距就会越来越大,最终形成总消费需求不足,导致宏观经济失衡,经济增长过分依赖于廉价商品的出口。目前欧盟和美国屡屡针对我国出口商品征收反倾销税,就是因为我国低廉的劳动力成本所形成的低廉的产品冲击了他们的市场。广大的劳动者既没有得到应有的报酬,还背负上了倾销的恶名。

与利益独占的传统经济观相反,利益分享的新经济观是以社会主义经济主体和经济利益的多元性为其认识基础的。它强调经济个体的差异性,承认各经济个体有其独立的经济利益,并进一步肯定它们追求这种特殊经济利益的权利。然后,通过鼓励每一个经济个体去努力追求自己的经济利益,从而保证社会整体经济利益的不断增长。它以"鼓励个体,增强整体"的新的利益追求方式取代了传统的"否定个体,保证整体"的利益追求方式。这种利益分享的新经济观,由于充分尊重了经济个体的经济利益要求,肯定了对自身经济利益的追求是经济个体的最主要的经济动机,也就在实际经济生活中形成了一种各经济主体"各就各位,各得其所"的新的利益格局。这种新格局有利于调动全社会每一个经济主体的积极性,因为它赋予了每一经济个体以必要的权利和义务。它们不再是国家行政管理链条上的一个环节,而是有着自身特殊经济利益的独立的经济主体。这样,对自身利益的追求极大地激发了经济个体的活力,并使整个社会经济充满了蓬勃生机。这种利益分享的新经济观,还有助于建立起一种新的集中与分散相结合的经济管理体制,"各就各位,各得其所"是这个新体制的主要特征。在这样一个新体制中,每一经济个体都将找到适合自己的位置,从而使整个社会经济生活纳入一种新的均衡与和谐之中。

利益分享的新经济观,不仅强调各经济个体有其特殊的经济利益,还致力于在各个主体的经济利益之间建立起一种新的协调的利益分配关系。解决这个问题的关键在于建立这样一种利益分享制度,使个体利益的实现与整体利益的实现紧紧地联系在一起,在它们之间建立起一种共同消长而不是此消彼长的新关系。这种利益分享制度的主要内容是,在一个特定的时期内,由各种经济主体按照一定的比率去分享经济发展所取得的成果。每一个体所获利益的绝对量将取决于成果总量的增长和分享比率这两个因素。在这个过程中,各经济主体的任务是如何扩大总量,而政府的责任则是事先公平地确定这个分享的比率。由于这种分享不是对总量的一次性分享,而是对每一边际增量的逐次分享,它能够使经济个体在增量上看到自己的利益,从而极大地刺激其增产节约的积极性。这种分享也不只是在整体层次上的分享,它是多层次的。在社会经济活动的每一层次上,各利益主体均可实行利益分享。这种利益分享制度的一个显著特点,就是使每一个经济主体都能与代表国家整体利益的政府和代表局部利益的企业分享利益、共担风险。它使每一经济主体都有了自己的权力、责任和利益。在追求利益的动力和回避风险的压力下,每个主体的活力都得到了极大的增强。利益分享机制通过肯定利益的多元性和对利益追求的协同,促进经济决策和经济生活的民主化,给社会主义经济和谐发展注入新的活力。

二、我国现阶段实现利益分享可操作的多种具体形式

如何实现利益分享,很多学者提出效率应由第一次分配来解决,公平由二次分配来解决。也就是说企业只管效率,不管公平,由政府来调节公平问题。我们认为政府财政第二次分配难以解决公平问题,同时我们也缺乏相应的法治和信用环境,政策也很难得到贯彻执行。第三次分配,即富人捐助,更不是解决公平问题的主要渠道。

所以应该着重在第一次分配中解决公平问题。20世纪80年代初在我国成都、南京等地推行的"除本分成制"、"净产值分成承包责任制"、"净收入分成制"企业改革实践中,已经解决了在初次分配中使公平与效率统一这个难题。美国著名经济学家马丁·L.威茨曼为解决西方社会20世纪70年代的停滞膨胀问题,提出了分享经济的新思路,同时也为我们在一次分配中兼顾效率与公平提供了可供参考的方法。英国经济学家詹姆斯·米德对众多经济学家的研究进行了综合,认为分享制有五种典型的实现形式:职工股份所有制计划(ESOP)、劳动者管理的合作社(LMC)、利润分享制(PS)、收入分享制(RS)和劳动资本合伙制。当然,这些分享经济是以资本主

义基本经济制度为基础的,我们不能照搬照用。作为社会主义的中国,通过改革开放的实践以及诸多理论家的探索,已经形成了多种具有中国特色的分享经济实现形式。

(一)除本分成制

所谓"除本分成制",就是从企业每月的实现销售收入中,扣除职工工资以外的一切成本支出以后,剩余部分为企业的纯收入;将纯收入按上级核准的比例分作两部分:一部分为企业分成额(应上缴的所得税和合作事业基金包括在内),另一部分为职工工资总额。工资不包括在成本中,实行工分制浮动工资,职工收入随企业经营好坏和个人劳动好坏而浮动。"除本分成制"的成本项目,与其他通常的城镇集体企业的成本项目不同,取消了"成本工资"。分成工资总额这一块,根据按劳分配原则在企业内部再分配,即进行"第二次分配"。根据企业具体情况,由职工共同商定,采用一定办法分配到个人。作为企业支付给个人的劳动报酬,第二次分配一般采用工分制,即按企业对车间、车间对班组、班组对个人的各种具体要求,按一定的数值制定出工分标准,然后考核职工的完成情况,计分付酬。分值的大小根据职工分成工资总额大小而浮动,对职工进行打分考核的内容包括产量、质量、消耗、费用、安全、劳动纪律等。这样,每个职工的收入,就由两个因素决定,一是分值的大小,二是工分的多少。前者代表企业经营成果,后者代表职工个人劳动量付出的多少。这样,把职工的利益直接与企业经营效果、个人劳动好坏挂了钩,这就实现了"二次按劳分配"。在这里,分值代表公平,工分的多少代表效率。职工个人收入总额是公平与效率统一的结果。试行效果十分显著。约 1980~1984 年,当时全国已有四川、湖北、河北、黑龙江、安徽、江苏的近 200 个集体企业试行这种分配方法。

(二)企业净产值分成制

但是,除本分成制还有不少缺陷。为了改进除本分成制,使之形成一种比较科学的分配制度,1984 年起,出现了一种新的分配形式——"净产值分成制"。它是1984 年起,南京市汽车工业公司 7 个工厂首创的。它吸取了"除本分成制"的优点,是属于公有制分享经济的思路,明确地以李炳炎提出的新成本理论作为改革方案的理论基础。李炳炎有幸也参与了这项改革的指导工作。

净产值分成制的基本概念和基本作法是:第一,企业作为独立核算的商品生产者和经营者,生产的成果表现为销售收入;第二,从企业销售收入中扣除生产资料成本(即新概念成本 c),得出企业已实现为货币的净产值,它是企业劳动者创造的新价值;第三,将企业净产值按兼顾国家、企业、职工三者利益的原则进行合理分配,分成三块。具体做法是:从净产值中扣除工商税和管理税费等,得出企业纯收入;将企业纯收入按核定比例分为企业收入和职工收入两部分;企业收入分为两部分,一部分用来缴纳所得税等项,一部分留在企业建立企业基金;将职工收入总额采用工分制形式进行二次分配,确定职工的个人劳动收入。

1984年,南京市政府按照集体经济的特点,制订了《关于权力下放搞活企业的若干决定》。其中规定:"企业有权决定自己的分配形式,采取各种不同形式的经济承包、计件工资、拆账分成等分配办法。"认为目前集体企业的改革,还没有取得突破性的进展,还没有从根本上改变套用全民企业固定工资加奖励的分配办法,认为还是恢复50年代合作经济时期采取的灵活多样的工资分配形式为好。表示要支持各种关于全额浮动工资制、计件工资制、自费工资改革、除本分成制改革的试点。尤其值得注意的是,南京市政府的改革文件中明确地肯定了拆账分成法和除本分成制。这些意见十分正确,抓住了城镇集体企业改革的要害。正如笔者所分析的,拆账分成、除本分成制、净产值分成制、净收入分成制是一种新的企业初次分配制度的四个发展阶段。在其中要数净收入分成制最完备、最科学。为此,笔者曾多次呼吁更多的企业试行净收入分成制,以求总结经验,创造一种理想的企业分配制度。

这项改革在1987年差一点被中央政府采纳,而且对后来我国企业改革中出台的"工效挂钩"方案,企业在保证工资增长低于劳动生产率增长条件下自主决定工资和奖金分配的改革方案,产生了积极影响。

（三）企业净收入分成制

李炳炎认为,社会主义商品价值构成为 $w = c + (v + m)$,价值 c 部分归结为社会主义成本价格,价值 $(v + m)$ 即 n 部分,就是社会主义的需要价值。"需要价值" n 表现为社会主义收入。由于社会主义劳动是自主联合劳动,区分为整体劳动、局部劳动、个体劳动三个层次,社会主义收入 (n) 就相应地区分为国家收入 (n_1)、企业收入 (n_2)、个人收入 (n_3) 三个部分。社会主义经济运动,就表现为社会主义劳动者作为生产的主体支配公有生产资料这个客体,运用社会主义资金(社本)去争取社会主义收入并加以合理分配的整个过程。将 n 合理划分为 n_1、n_2、n_3,就是在劳动者根本利益一致的前提下,正确处理国家、集体、个人三者的经济利益关系,达到从物质利益分配上实现社会主义生产关系。

所谓企业净收入,就是实现了的企业净产值,可由销售收入扣除物耗成本求得。净收入分成,就是将净收入在国家、企业、职工个人三个经济主体之间按一定比例分享。在这里,职工不再拿固定工资加奖金。而是按照事先确定的比率分享收入。这种分享是以企业净收入为基础,是和企业的实际经营状况紧密联系的。因此,职工收入不再由企业外部的力量所决定,而是取决于企业的经营成果和职工的劳动贡献的大小。这种机制能使职工收入成为其劳动贡献的报酬,消除个人攀比机制的基础,奖勤罚懒,有效地挖掘出生产者的潜力。同时,确保个人收入增长不超过劳动生产率增长,并用其自动排斥冗员的功能,有效地克服超分配导致的消费膨胀和消除隐蔽性失业。由于利益分享,"荣辱与共",就会从国家、企业、个人三方面形成一股追求企业净收入不断增长的合力,从而也就有效地解决增加有效供给的生产动力问题。在净收入分成制中,利益分享是通过各经济主体对每一边际产量的净收入分享来实现的,因而能够有效地保证国家、企业、职工个人三者收入按比例同步增长,从而可以保证国家的财力、企业的实力和职工个人生活水平的合理同步增长。

比如说这个企业是公有制企业、就是国有企业、集体企业,企业净收入应该分三块。其中一块是交给国家的。国家收所得税、营业税,这个税那个税,当然国家收多少税不能乱来,然后把所有的税加起来,这些总的是多少? 假如是 20 万元,这个 20 万元所有的税一次性要算清,不能再加了。那剩下的企业要发展,要搞福利,企业要留一部分,留 10 万元。再剩下的 20 万元就分给职工。200 个工人,200 个工人 20 万元不是平均分的,按照每个人每月的工作量分。这个工作量像打篮球的运动员一样,打篮球打一个球积两分。他每天记劳动量付出了,积累下来最后是多少,每个人不同。单价加总的部分一乘,你得多少,你的工作量乘单价就是你的所得,这样就拉开了差距。这样,三种不同的收入满足了三方面的需要,国家财政收入拿来搞建设,搞社会事业,就有保障了。企业有基金留在那里可以发展了,职工呢? 他觉得多劳就多拿了。三者的比例关系是事先确立,然后几年调整一次。由当地政府或者是重要部门来测算,这样,分享制就取代了工资制,把工资制度拿掉。工资制度是把每个工人当作资本的奴隶、资本家赚钱的机器。在自主劳动的理论基础上,每个工人都是主人,自己干活为了自己,为了自己多拿收入,多劳动多收入,多消费。这样就能够促进自己的发展。这样很快地工人技术提高,促进你学文化,促进你多干活,一个月拿一万块也可以了,劳动者变成中等收入者,就共同富裕了。

(四)企业联合产权制度

我国企业理想的产权制度应当是以劳动产权为主、资本产权为辅的联合产权制度。这种联合产权制度的基本特征前已述及,不再重复。

(五)股份合作制

股份合作制是我国经济体制改革中出现的新事物,是群众创造的一种新型企业组织形式。股份合作制最早出现于我国农村。20 世纪 80 年代初期,许多乡镇政府为了发展本地经济,积极扩大原有乡镇企业的规模和创办新企业,采取了出资和就业相结合的办法。一方面发动职工向本企业投资,另一方面鼓励新就业人员带资金就业,以解决乡镇企业资金不足和农村就业不充分的问题。同时,一些从事运输、建筑、服务和小型加工业的专业户,也采取资金联合和劳动联合的方式,扩大生产规模,提高竞争能力,出现了一批带有股份合作性质的企业。随着改革的深入,股份合作制在实践中不断改进,逐步发展成为我国农村小企业的重要组织形式之一。自20世纪80年代后期起,在城镇小企业改革中,各地借鉴农村改革的经验,开始试行股份合作制。十四届三中全会明确提出,国有小企业和集体企业可以实行股份合作制,从此各地加快了改革的步伐,股份合作制逐渐发展成为城镇小企业改制的重要形式。

股份合作制既不同于股份制,也不同于合作制。作为一种独立的企业组织形式,它具有自己明显的特征:在财产组织形式上,股份合作制既有劳动联合,又有资本联合,是劳动联合与资本联合的结合,而以劳动联合为主导。劳动联合是基础,资本联合是前提和实现形式;在收入分配上,实行按资分配和按劳分配相结合。股份合作制企业的职工既是股东又是劳动者,所以其取得收入的途径有两种:一是工资收入,实行按劳分配,多劳多得;二是资本分红,按其入股多少决定,从税后企业利润中取得,同股同酬。在企业治理上,既实行民主管理,又实行法人治理,是民主管理与法人治理的结合。股份合作制企业实行一人一票、民主管理这种合作制原则,同时又引入股份制的法人治理结构;在责任制度上,实行有限责任保全原则,股东以其出资额为限对企业债务承担责任,企业以其法人资产对企业债务承担责任,以保证企业正常的经营运作和对社会承担相应的义务,因而它也属于现代企业制度中的一种企业类型。

从股份合作制特征的概括中我们不难看出,股份合作制实质上是詹姆斯·米德所说的劳动者管理的合作社的特殊形式。同时,它与西班牙蒙特拉贡职工合作社也有着异曲同工之处。从推行的实际效果来看,实行股份合作,落实了企业资产经营责任,提高了职工对企业资产的关心程度和风险意识,增强了企业的凝聚力,调动了职工的积极性,并促进了政府职能的转变和政企分开,加快企业向自主经营、自负盈亏、自我约束、自我发展的法人实体和市场竞争主体转变的进程。同时也为企业的发展开辟了一条新的投融资渠道,促进企业技术改造、结构调整、机制转换和企业管理的改进,从而最终提高企业的经济效益。

实行股份合作制对于深化企业改革,提高经济效益,发展集体经济,增加财政收入,保障职工就业和保持社会稳定都能起到积极作用,因此我们应该在中小企业改革中大力推行股份合作制。股份合作制是能够促进生产力发展的公有制实现形式,是现阶段劳动者创造就业机会、走向共同富裕的一条重要途径。

（六）企业内部职工持股制度

职工持股计划（Employee Stock Ownership Plan），简称 ESOP，是一种由企业职工拥有本企业产权的股份制形式。企业职工通过购买企业部分股票而拥有企业的部分产权，并获得相应的管理权。

推行职工持股计划的目的不在于筹集资金，而旨在扩展资本所有权，使公司普通职工广泛享有资本，使他们可以同时获得劳动收入和资本收入，从而增强职工的参与意识，调动职工的积极性。它的一般做法是：企业成立一个专门的职工持股信托基金会，基金会由企业全面担保，贷款认购企业的股票。企业每年按一定比例提取工资总额的一部分，投入职工持股信托基金会以偿还贷款。当贷款还清后，该基金会根据职工相应的工资水平或劳动贡献的大小，把股票分配到每个职工的"职工持股计划账户"上。职工离开企业或退休，可将股票卖给职工持股信托基金会。内部职工股股东拥有收益权和投票权，可以依据所拥有的股份，参与公司重大问题的投票，但没有股份转让权和继承权，只有在职工因故离职或退休时，才能将属于自己的那一部分股份按照当时的市场价格转让给本公司其他职工，或由公司收回，自己取得现金收益。

从国际经验来看，国外企业推行职工持股计划主要是考虑了三个因素。第一是职工特别是高素质人才的积极性调动问题。第二是充分利用职工在参与管理方面的能力和好处。第三是充分发挥职工对于整个公司管理层在合规性方面、在防止出现舞弊和恶性事件方面所能够起到的监督和报警作用。

过去出现的所谓职工股、原始股，那时候的做法在制度上来讲有很大问题，没有明确的制度规定，而且企业当时主要是处于内部人控制的状况，职工股的操控或安排基本上由内部人所掌控，同时又没有经过律师事务所提供的法律服务以及必要的法定程序，从而出现了大量舞弊贿赂等现象。另外，20世纪90年代上半期，任何一只股票只要一上市，就会在行政定价上有一个跳升，而且跳升幅度非常大。这是因为行政定价是有问题的，定价过低，一旦上市就有一个跳升，中间有一个巨大的利益空间，变成了利益输送的机制。现在这些条件已经改变了，公司法越来越明确了，也不会再出现完全由内部人控制情况下，不经过任何程序，甚至没有任何职工名单就搞职工股的可能性。同时，市场也开始成熟了，也不是每只股票上市以后，都有所谓原始股价值跳升这样一种巨大的机会。甚至说市场对定价越来越理性，一些初始定价过高的股票，在上市过程中甚至可以没有什么上升。所以，在这种情况下，跟过去所担忧的很多问题相比，现在条件发生了很大的变化。

以公司制（包括股份制）改造为代表的国有企业产权制度改革，初步建立了国有企业的法人治理结构。由国有企业转制而来的股份公司虽然改变了企业和国家所有者的关系,但企业职工与企业的关系却没有发生变化:从产权归属来看职工仍然是劳动者而不是所有者,并且随着社会公众个人股的增加,反而增加了职工的"雇用"成分;从企业职工的主体来看,仍然是被管理者、被监督者;从分配上来看,职工也没有剩余索取权,企业的绩效很难同职工个人的收益联系起来。在这种情况下,职工的效用函数与股东的效用函数会产生很大的差异,致使股份公司委托—代理关系中的机会主义行为增加。这些都不利于股份公司经营效率和绩效的提升,有悖于产权制度改革的初衷。因此,只有让生产主体参与企业的决策、管理、监督与利润分配等全过程,才能真正改变职工在企业中的消极、被动的受支配地位,增强职工归属感和认同感,激发职工主人翁的积极性和创造性,使职工的利益和企业的利益真正一致起来,消灭"内部人控制"的存在基础。鉴于以人为本以及职工的广泛参与是当今管理发展的主要趋势,而股份制又是我国国有企业产权制度改革和转换经营机制的主要方向,由参与制同股份制结合、统一所产生的职工持股制度具有较高效率的激励—约束机能,可以进一步完善我国股份公司治理结构。

这里就涉及职工持股会在公司治理中的地位问题。在当前国有企业的产权多元化格局中,职工可通过所持股份对公司资产拥有终极所有权,由此而形成的职工持股会在法人治理结构中也就会有特殊的作用。职工持股会代表参加公司股东大会,在股东大会上以用"手"投票的方式约束经营管理者的行为,甚至重新选择经营者;由于职工持股会代表还可以进入董事会,持股职工可以直接参与董事会的决策;职工持股代表也可以进入监事会,行使对公司的专职监督权。由于职工代表在生产经营第一线,对企业经营各方面的实际情况比较了解,因而能对公司董事、总经理和企业的各种经营行为进行有效的监督,避免了外部股东因信息不对称所导致的监督困难,这使监事会的职权真正落到实处。但在实践中,职工持股会也可能难以在公司治理中发挥更大作用,这就涉及自身如何运作的问题,比如:职工持股资金来源和比例问题、公司股票发行程序问题等等。职工持股会是否能保证劳动者利益的最大化;是否可以约束经营管理者的经营效益,[1]这基本上还处于理论探讨中,国家对职工持股会的性质和法律地位,也没有明确的意见。当务之急,就是要在理论上明确劳动者所有权制度,使国有企业的分配真正反映劳动利益,国有企业本身成为能代表劳动利益的市场主体,从而理顺劳动利益关系,协调劳资利益关系。

---

[1]以上分析参考冒天启:《控制权:产权理论的一个重要内涵——对所有制、产权理论研究的简要述评》,载《经济研究资料参考》,2004年第8期。

企业内部职工持股制度的进一步发展,就形成了"工人所有制股份公司"①,它是我国经济改革实践中的又一重大制度创新。

(七)国家最低工资保障制度

最低工资是指劳动者在法定工作时间内提供了正常劳动的前提下,其所在企业应支付的最低劳动报酬。它不包括加班加点工资,中班、夜班、高温、低温、井下、有毒有害等特殊工作环境、条件下的津贴,以及国家法律法规、政策规定的劳动者保险、福利待遇和企业通过贴补伙食、住房等支付给劳动者的非货币性收入等。

我国《劳动法》第五章明确规定,国家实行最低工资保障制度,用人单位支付劳动者的工资不得低于当地最低工资标准。最低工资的确定实行政府、工会、企业三方代表民主协商的原则,主要根据本地区低收入职工收支状况、物价水平、职工赡养系数、平均工资、劳动力供求状况、劳动生产率、地区综合经济效益等因素确定,另外,还要考虑对外开放的国际竞争需要及企业的人工成本承受能力等。当上述因素发生变化时,应当适时调整最低工资标准,每年最多调整一次。

目前,我国各地也都建立起了最低工资制度,但普遍存在的问题就是最低工资标准过于偏低。有些地方最低工资低得让人不解,就拿经济最为发达的广东省来说,农民工平均工资只比 10 年前提高了 60 元,扣除物价上涨因素,实际工资是下降的。国家劳动和社会保障部劳动工资研究所所长苏海南证实了这一说法,"假如是按照国际上通用的方法——'社会平均工资法',即月最低工资一般是月平均工资的 40%至 60%的话,目前没有任何一个省份达到这个要求。"最低工资过低,其实损害的是底层普通百姓的利益,使他们的付出与收入严重失衡;最低工资的现状,与我国高速发展的经济是不相称的,是百姓没有享受改革开放和经济发展成果的表现之一;最低工资与高收入阶层收入差距这样大,是导致贫富差距过大的原因之一。

在经济理论界,一直流行着一个关于反对最低工资制的神话。神话的大意是说,人们出于好心争取到的最低工资制,会在实质上减少就业机会。因为单位工资的提高,导致雇主为了控制总成本,而倾向于用更少的人来做同样多的工作。这样,人们的好心反而会增加失业率,同时损害了经济增长。但是,上述理由只看到了最低工资制的一面,却没有看到它的另一面。其实,马克思早就告诉我们,若无外在的强制,资本家就会通过压低工人工资来提高利润,特别是在劳动力过剩的情况下,而并不一定要通过改进技术、改善经营管理的办法来获取利润。并且当所有的资本

①参见本书第八章《中国特色分享经济制度的典型形式》。

家都这么做的时候,会导致宏观经济的失衡,就是资本主义生产的无限扩大与劳动人民有购买能力的需求相对缩小的矛盾,就会产生经济危机。西方资本主义国家在第二次世界大战前,经常爆发经济危机,原因就在于此。当然第二次世界大战后,西方国家政府也意识到这一问题,普遍地加强了对企业内劳动者权益的保护。但即便如此,在发达国家,在政府的监管之外,也存在着一些以残酷剥削劳动者著称的"血汗工厂"。很显然,指望资本家会主动地提高工资水平,是根本不可能的事。因此,政府必须要负起责任,要严格地执行最低工资保障制度,并且要提高最低工资的标准,建立起工资的集体谈判制度。这样,构成一道资本家剥削工人的底线,从而使资本家把主要精力放在提高产品质量、提高劳动生产率的高层次竞争上。这无论对于企业、还是对于整个社会的发展,都会形成一个良性循环,也是我们建设中国特色分享经济的一个重要环节。

三、清除制度创新的障碍,开拓由利益分享走向共同富裕的新路径

从以上的论述中,我们可以非常清楚地看到,通过利益分享来实现共同富裕是一条既符合社会主义原则,又非常有效的路径。利益分享制已经在我国一些国有企业进行过试点,比如北京城建集团第一分公司实施的是项目工薪制。项目工薪制是把工程项目中部分或全部管理人员的个人收入与项目管理全过程活动挂钩的办法。又比如大连商业大厦实行的是动态结构工资制。动态结构工资制中包括效益工资单元,而且效益工资单元在总工资中占了55%的比例。效益工资单元是员工收入中与企业或二级核算单位经济效益及员工个人工作效率、工作成果直接挂钩的部分。上面两个公司都根据自身特点不同程度地使用了工资与绩效挂钩的方式,体现了利益分享的精神,并取得了良好的实践效果。但是利益分享的做法并没有在国有企业当中大面积铺开,一些国有企业在推行分享制的过程中遇到种种障碍。

分享制是市场经济条件下一种比较成熟的企业制度,而当前我国的市场环境、文化氛围、经营者素质还不能与之相适应。

从市场环境上看,我国目前一般劳动力严重过剩。而分享制的重要功能就是通过对员工实施股权分配、分享利润以调动其积极性、形成利益共同体。但是在相当多的企业领导者看来,"中国两条腿的人到处都是",招募员工非常容易,没有必要通过这种方式去激励他们,大不了换人。就一般员工自身来说,由于没有有效的工会组织将工人的力量凝聚起来,他们缺乏较强的讨价还价的谈判能力,能够保持合理的工资水平对他们中大多数人来说已经满足了,遑论持股分红、利润分享、权利共享。

从文化氛围上看,传统文化中的家长制和权威意识、均贫富思想、对权力的追

逐先于对利润的追逐的偏好、人情关系等非正式规则的作用,形成对分享制的文化梗阻。中国人具有"关系偏好"和"权威情结"。在不少国企领导人看来,"权威比制度更重要"。一些国有企业老总对建立规范的治理机制不感兴趣,而热衷于跑上级部门,利用小团体或个人影响来发挥作用,这也是阻碍制度创新的一个因素。而很多国有企业的企业文化中也缺乏经济民主和以人为本精神。尤其是企业领导者,刚出计划体制下的"长官"转变为企业管理者,他们自身的角色还未到位。现在要求他实行经济民主,未免是一种苛求。很多企业领导过于强调忠诚、一致性、整体性,而忽视员工个性和个人价值的提升,从而成为阻碍推行分享制的一个重要因素。

从国企经营者的素质上看,尚未上升到分享利润和产权、与员工共同决定、与社会各利益相关者形成利益共同体等理念的素质层次。说白了,现阶段,他们的"老板瘾"还没过足。经济学者钟朋荣在谈到此问题时指出了老板不愿让职工持股的"四大心病":不愿与人分利;害怕与人分权;担心凝固的股权与变化的情况不能适应;害怕泄露企业经营中的"天机"。在经营者看来,分享制首先是政府推动,具有政府意图,所有者和劳动者首先是受益者;由于缺乏既定的相关法律框架,制度创新带有一定的政治风险(如私有化、国有资产流失等嫌疑);现行企业制度自身缺陷对经营者来讲存在较多的机会主义倾向;新制度可能会减少经营者的各种潜在收益(排场、特权、专断等)和在职消费。

同时,传统计划产品经济下形成的命令思维导致对人力资本权益的漠视。传统国企最大的弊病是"长官意志"主宰,传统经济尊重权力,尊重身份等级,这种管理模式有着巨大的惰性和惯性。其人为因素的作用远大于法制因素的作用,就是所谓的"黑头(法律)不如红头(文件),红头不如笔头(领导批示),笔头不如口头(领导私下交代)"。不仅导致企业决策的各种失误,而且滋生贪污腐败丑恶现象,就更谈不上对工人的人文关怀,并让其分享利益了。

改革开放已将近 30 年了,但回过头来看,由于政治体制改革严重滞后,使得现代市场经济所需要的公平正义、民主、法治、契约、信用等伦理精神远远未能确立,并导致对企业治理理念的错位。企业治理理论仍然是以股东为中心(shareholder-focused theory),又被称为"股东至上"(shareholder primacy)或"股东主权理论",强调所谓"资本雇佣劳动"的合理性、永恒性,完全排斥职工参与企业管理。由于客观上物质资本和企业家才能等要素的稀缺,以及主观上所有者权力支配倾向,企业中普通职工的权益还未受到关注。由于上述原因,形成了多年来国企改革中职工日益处于不利地位。这不仅激化了经营者和职工的矛盾,也引发了很多社会不满情绪。从而难以形成对企业制度创新的需求、动力和支持度。

利益分享，是一个世界范围的历史大趋势。不少发达的资本主义国家，为了调整资本主义生产关系以适应生产力发展，用法律规定了企业必须建立工会、必须实行员工持股计划，实行参与制等。德国政府用行政命令强制推行"参与制"。可是，令人不解的是，在国企改革中，中国的国有资产管理委员会竟然曾颁发文件，不准国企职工在本企业内部持股。这不仅损害了工人阶级利益，使国有资产大量流失，而且是在逆历史的潮流而动。正是这些官员打造了"流失的中国"。

因此，要实现利益分享，首先我们的改革就不能仅仅局限于经济领域，而要果断地开始政治体制的改革。中国是走向权贵的、掠夺的市场经济，还是走向法治的、共富的市场经济，关键在于社会主义民主政治体制能否顺利实现。现在关键的关键，就在于政府自身的改革。同样，在企业内推广利益分享的分配模式，必须要有一个民主、法治的社会大环境，否则也是困难重重。邓小平曾经说过："社会主义的目的就是要全国人民实现共同富裕，不是两极分化。如果我们的政策导致两极分化，我们就失败了；如果产生了什么新的资产阶级，那我们就真的走了邪路了。"[1]当前，中国社会面临的诸多问题都与贫富悬殊有关。而要解决这个问题，就必须改变90年代以来利益独占的传统思维方式在改革中的表现，推进政治体制改革，在基层经济组织中贯彻经济生活的民主化和工人自治制度和村民自治制度，实行利益分享的分配模式，由利益分享走向共同富裕，从而为建设和谐社会、实现共同富裕打下坚实的体制与机制基础。

①《邓小平文选》，第三卷，第110~111页，人民出版社，1993年。

第二十五章 通过利益分享推进共同富裕
实现进程的对策大思路

我们一贯认为，利益分享是构建社会主义和谐社会、实现共同富裕的基本原则，这是因为，人们为之奋斗的一切，最终是为了自己的利益。以往片面地强调经济的高速增长，而没有让人民分享利益，由此引起社会的不和谐乃至贫富差距过大。现在主张发展生产力，是为了人民利益，要让人民共享改革发展成果，说到底是要将利益独占改为利益分享，通过利益分享走向共同富裕。因此，新时期我国要有效地推进共同富裕的实现进程，必须在本书提出的"构建社会主义共同富裕的实现机制"的基础上，以利益分享为核心和主线，调整发展战略与政策，革新体制、机制与制度，形成多方面综合统一的致富系统工程，切实加以实施。

一、转变经济发展方式，提高经济发展质量

虽然我国"九五"规划之中就已经提出了经济增长方式转变的问题，但结果却难如人意。高投入、高消耗、高排放、不协调、难循环、低效率"六大病症"暴露得愈加明显，存在着严重的发展隐患，对我国经济的持续稳定健康发展提出了严峻的考验。我们必须采取必要而切实的措施，加快转变经济发展方式，提高经济增长的质量。

（一）深化经济管理体制改革，健全社会主义市场经济体制

不断改革经济管理体制是实现经济发展方式转变的基础，在影响经济发展方式转变的各项因素中，经济管理体制首当其冲。经济发展方式的转变主要靠深化改革，形成推动经济发展方式转变的体制。一是要切实转变政府职能。除了必要的宏观调控，政府不能再过多地干预微观主体的经济活动。政府不再主导重要资源的配置，而应由市场来配置资源。改革目前的投资体制，将投资决策权归还给企业，确立企业的投资主体地位。政府应将工作的重点放在搞好规划、促进就业、综合平衡、完善社会管理和公共服务职能，及时提供公共产品，大力完善医疗、养老等在内的社会保障体系。二是要建立反映生产要素稀缺性的价格形成机制。我国的生产要素价格长期受国家管制，价格被人为地压低。今后我们应逐步放开各种生产要素的价格管制，让市场供求在价格形成中起主要作用。三是创新工作机制和管理方式，制订科学的干部考核评价体系。探索符合经济发展方式转变的考核指标体系，强化对经

济增长率、劳动生产率、第三产业比重、教育投入的比重、单位生产总值能耗、环境保护和污染治理的考核,改变单纯考核 GDP 的做法。要加强决策的科学化和民主化管理,强化决策督查和纠错改正机制,建立决策失误责任追究制度和问责制度。

(二)推进产业结构优化升级,以信息化带动工业化

积极推行产业政策,适时调整产业结构。对经济发展实行宏观调控,有计划、有重点地推行产业政策,不失时机地调整产业结构,大力发展适合我国国情和世界市场的战略产业。推进产业结构优化升级,必须加快促进产业结构由高消耗向高效率转变、由粗加工向精加工转变、由低端产品向高端产品转变,走出一条科技含量高、经济效益好、资源消耗低、环境污染少、人力资源优势得到充分发挥的新型工业化道路。

信息化是继工业革命之后的又一场全球性技术革命,信息化浪潮正在越来越深刻地影响着世界经济发展的进程。信息化水平的高低已成为衡量一个国家现代化程度、综合国力、国际竞争力、经济增长能力的重要标准。通过信息技术改造和提升传统产业,在社会各个领域广泛应用信息技术,以信息化促进经济结构调整,加快工业化进程,从而使我国实现跨越式发展。

(三)增强企业自主创新能力,建设创新型国家

创新是一个民族进步的灵魂,是国家兴旺发达的不竭动力。企业是自主创新的主体,增强企业自主创新能力是转变经济发展方式的中心环节和必然要求。现阶段可以采取下列措施。一是政策上支持。政府要从税收、金融、政府采购等方面制定相关政策鼓励企业自主创新,特别要加强对知识产权保护的执法力度,推进建立产学研有机结合的创新体制和机制。二是坚持自主创新和引进吸收相结合。长期以来我国企业重引进技术、轻消化吸收再创新。三是加快科技产业化和科技成果的转化。科技进步必须以市场为导向,以提高国际竞争能力为目标,加快科技产业化和科技成果的转化,实现科技与经济的融合和实现生产要素的重新组合,提高国民经济的整体素质和效益。四是加大企业 R&D 经费的投入。2006 年我国 R&D 经费占 GDP 比重仅为 1.41%,该比重严重偏低。而且我国 R&D 经费的投入结构也不合理。应该加快科技管理体制改革,真正使企业成为研究和开发的主体。

(四)大力发展现代服务业

现代服务业是相对于以传统商业、饮食业、居民生活服务业为主的传统服务业而言的,主要是指金融业、保险业、房地产业以及具有现代流通方式的商业和由市场中介组织承担的会计、信息、法律、咨询等社会服务业。传统的工业化走的是能源消耗大、环境污染重的路子,经济增长以粗放型增长方式为主。而我国新型工业化

则强调经济社会与环境协调发展，走资源消耗低、环境污染少的道路。新型工业化必然导致第二产业对实物资源的需求相对下降，第三产业对服务资源的需求相对上升，更加倚重于现代服务业的大力发展。发达国家的经济发展规律告诉我们，服务业不仅可以产生巨大的产值，还是劳动力就业的最大去向。因此发展服务业是符合我国人口多、资源能源紧张、环境污染问题突出的基本国情的。现代服务业具有高附加值的特点，而金融保险业是附加值最高的行业。我们要加快推进金融保险的改革步伐，加快发展各类中介组织，大力发展现代服务业。

（五）发展循环经济，切实实施可持续发展战略

发展循环经济，实施可持续发展战略是实现经济发展方式转变的必由之路。循环经济是以低消耗、低排放、高效率为基本特征的社会生产和再生产方式，其实质是以尽可能少的资源消耗和尽可能小的环境代价实现最大的发展效益；是以人为本、贯彻和落实科学发展观的本质要求。发展循环经济可以缓解日益尖锐的资源约束矛盾和突出的环境压力，全面建设小康社会，促进人与自然的和谐发展。

二、坚持公有制和按劳分配的主体地位，夯实共同富裕的制度基础

（一）在新的高度上坚持巩固和发展公有制经济

公有制是社会主义经济制度的基础。公有制是国家引导、推动经济和社会发展的基本力量，是实现最广大人民根本利益和共同富裕的重要保证。坚持公有制为主体，国有经济控制国民经济命脉，在经济发展中起主导作用，对于发挥社会主义制度的优越性，增强经济实力、国防实力和民族凝聚力，提高我国国际地位，具有关键性的作用。因此，党的十七大报告指出，要加快社会主义建设和发展就"必须毫不动摇地巩固和发展公有制经济"。

一要坚持公有制为主体。公有制为主体，首先体现在国有资产和集体所有资产在社会总资产中占优势，这是公有制为主体的前提。只有坚持公有制的主体地位，才能保证我国经济的社会主义性质，有效地组织社会生产，集中人力、物力、财力办大事，促进经济又好又快发展。公有资产在社会总资产中占优势，必须从数量和比重上衡量，必须占60%以上，也体现在公有资产"质"的优势上，即体现在产业属性、技术构成、科技含量、规模经济、资本的增值能力和市场的竞争力等方面。公有制经济不仅包括国有经济和集体经济，还包括混合所有制经济中的国有成分和集体成分。它们的蓬勃发展，充分体现了公有制实现形式多样化的要求，有利于公有制经济在市场竞争中的发展壮大。

二要发挥国有经济的主导作用。国有经济在经济发展中起主导作用，主要体现在控制力上，即控制国民经济发展方向、控制经济运行的整体态势、控制重要的稀

缺资源的能力。要提高国有经济控制力，就是国有经济要控制关系国民经济命脉和国家安全的关键领域，在国防和具有自然垄断性的基础行业、提供公共产品和服务的公益性行业要占支配地位。在重要竞争性领域，国有经济可以控股，也可以参股，通过少量国有资本控制和影响更多的社会资本。

三要促进集体经济的发展。符合现阶段我国生产力发展要求的集体经济，是公有制经济的重要组成部分。巩固和发展公有制经济，必须促进集体经济发展。集体经济面宽量大，多为劳动密集型，是我国城乡经济和社会事业发展的重要推动力量，尤其是乡镇企业的"异军突起"和迅猛发展，成为整个国民经济发展中极富活力的一个新增长点，是近年来增加农民收入和吸纳农村富余劳动力的主力。以股份合作制的乡镇企业为重点，支持和帮助城乡集体经济发展，是调整所有制结构的内在要求和重要内容。当前，在建设社会主义新农村过程中应当注重重建农村集体经济，恢复股份合作制的乡镇企业。

(二)坚持按劳分配为主体、多种分配方式并存的分配制度

这是社会主义的基本原则和市场经济的基本要求在分配制度上的体现。社会主义市场经济条件下的分配制度应当着重体现活劳动的价值，提倡劳动光荣，适当节制资本。以调动劳动者的积极性和创造性，也应体现科学技术、经营管理等复杂劳动的价值，以激发科技人员和管理工作者的创新活力与创业精神。要形成与我国基本经济制度相适应的分配机制，让一切创造社会财富的源泉充分涌流，造福人民，造福社会。

1.着力提高低收入者收入水平，有效调节过高收入

应当承认，在全面建设小康社会的进程中，社会上总会存在一定数量的低收入者。特别是当前和今后一个时期，由于所有制结构、产业结构、就业结构等处于调整中，一些人的职业技能同产业升级、结构调整不相适应，会暂时失去工作岗位。我国是社会主义国家，应当更多地关注低收入者，尽最大可能提高低收入者的收入和生活水平，让他们得到社会的关爱，分享社会经济发展的成果。进一步加大农村扶贫力度，减少农村贫困人口的数量，让他们尽快脱贫致富。

逐步扩大中等收入者比重是实现共同富裕目标的基本途径，是将收入差距控制在社会可承受范围内的基本保证，也是确保国家长治久安的重要措施。从全社会看，低收入者的相对规模不能过大，更多的人应成为中等收入者，形成"中间大、两头小"的"橄榄形"格局。中等收入者比重的扩大是一个自然演化过程，只有经济发展到一定阶段，才有可能形成稳定的中等收入群体。

提高低收入者收入水平和扩大中等收入者比重都离不开制度安排和社会政

策。第一,要加强人力资本投资。低收入者一般受教育程度比较低,就业能力和收入能力比较弱,因此,必须加强对低收入阶层的人力资本投资,通过教育和培训,提高基本素质和职业技能,增强向中等收入阶层提升的能力。第二,坚持生产要素按贡献参与分配的原则。中等收入者大部分由资本、技术、管理知识等生产要素的所有者和管理者构成,确立生产要素按贡献参与分配的原则,不仅有利于这部分人的收入增加,也有利于调动各种生产要素的积极性,促进资源的优化配置,促进生产的扩大和经济的增长。第三,充分扩大就业,积极鼓励创业和自谋职业,努力形成一个公平竞争、合法致富的就业、创业环境。

2.注重社会公平,特别是关注就业机会和分配过程的公平,强化对分配结果的监管

注重社会公平,是要给社会参与者一个平等的机会,并保证分配过程的公平。由于每个人的禀赋不同,对社会所作贡献的大小不同,因而所获得的报酬也会不同。坚持各种生产要素按贡献参与分配的政策,使劳动报酬、要素收益与其贡献大小紧密结合起来,以充分调动广大劳动者、科技人员和管理工作者的积极性和创造性,充分体现各种生产要素的价值。

实现就业机会和分配过程的公平,必须创建一个公平竞争的环境,让所有市场主体都获得参与公平竞争的机会。一是以提高城市就业承载能力为重点,引导城镇化健康发展,使农村劳动力获得更多的就业机会和发展空间,在国民收入初次分配环节就体现公平与效率相结合的原则。二是以提高劳动者就业能力为重点,着力提高广大劳动者特别是农村剩余劳动力适应市场环境变化的能力,加强技能培训;以提高农村劳动者后代自我发展和创业能力为目标,大力普及农村九年义务教育。三是完善农村劳动力向非农转移的体制和机制。从社保、工资、创造定居条件和保障子女教育等环节入手,建立平等规则,努力创造农民变市民的制度条件。四是消除各种歧视性政策,保证劳动者得到平等的就业机会并获得公平的收入。

加大调节收入分配的力度,强化对分配结果的监管,要求通过税收等调节手段,合理调节过高收入。进一步调整财政支出结构,为城乡居民提供平等的公共服务。从建立个人账户、提高统筹层次、扩大覆盖面入手,进一步完善城乡社会保障体系,真正形成维护社会稳定的托底机制。规范分配秩序,有效调节垄断行业过高收入,对侵吞公有财产、偷税漏税、权钱交易等各种非法行为,坚决惩处。政府在再分配中应注意将政策性扶贫转化为开发性扶贫,提高贫困人群的造血机能,增强扶贫的长效性,提高缩小收入差距的实效性。增加再分配过程的透明度,提高再分配的有效性,保证分配结果最大限度有利于社会的公平与稳定。

3.逐步提高最低生活保障和最低工资标准,认真解决低收入群众的困难

社会保障制度是一个多层次的体系,这一体系中最需要保护的是贫困人群和弱势群体,这是实现人类生存权的核心环节,同时也是福利改进的最优选择。不论经济发展水平以及其他保障项目的完善程度如何,都会有部分社会成员因各种各样的原因而陷入贫困,因此,只能通过最低生活保障制度进行救助,确保其基本生活安全。

完善城镇居民最低生活保障制度,要探索除货币以外的其他救助方式,改进确定救助对象、决定保障标准的具体操作程序,减少随意性。在有条件的地区要探索建立比较规范的农村居民最低生活保障制度,解决农村贫困群体的基本生活需要。为了维护劳动者取得劳动报酬的合法权益,保障劳动者个人及其家庭成员的基本生活,各地区、各部门、各企事业单位都要依法实行劳动和社会保障部门规定的最低工资制度,进一步完善各项劳动保护制度。要随着经济的发展,逐步提高最低生活保障和最低工资标准,切实保护社会弱势群体的利益,共建和谐社会。

4.加强个人收入信息体系建设

在依法保障公民基本权利(包括隐私权)的基础上,加强个人收入信息体系建设,是完善收入分配制度、合理调节收入分配的一项重要内容和基础性工作。收入分配政策的科学决策和有效执行,离不开对个人收入信息准确、全面和及时的采集。因此,要积极推动税务部门、劳动和社会保障部门加快建立个人收入信息收集系统,积极推动金融部门加快对个人诚信系统的建设,提高个人所得税的征管水平。加快建立准确可靠、抽样调查与全面统计相结合的居民收入分配统计制度,及时准确地掌握收入分配情况的变化,提高决策的科学性。

三、缩小城乡差距,促进城乡共同富裕

根据我国统筹城乡发展中所面临的二元结构、农民收入、农民就业、农民教育、农产品供给和社会保障制度、税费体制、金融制度、土地制度、户籍制度、产业结构等现实问题,要求我们在观念上必须转换立场,在战略上必须转变路向,在措施上必须大胆创新。总的来说,我们必须由安于"二元"现状向积极消除"二元"转变;由工业城市倾斜向工农城乡协调发展转变;由吮吸农业向保护农业转变;由粗放投入(劳动、土地、政策)向集约投入(资本、科技、制度)转变;由追求短期效益向可持续发展转变。当然,这是一个漫长的渐进过程,必须坚持依次逐步推进的方针。当前,最重要的是转变观念调整政策。

(一)科学编制和不断完善城乡规划

规划是龙头和基础。各级政府要把城乡统筹作为本地经济社会发展规划的第

一重点,科学规划,尽快形成一体化规划体系。规划要从城乡之间的内在联系来考虑城乡布局、生产力布局、生产要素布局和人口布局,形成和完善城乡一体化的规划体系,实现城乡资源的统筹安排和利用。要按照城市功能定位,以城市总体规划为龙头,合理编制和完善土地利用、道路交通、产业发展、基础设施等专项规划,着力构筑城乡联动发展、整体推进的空间发展布局,进一步编制和完善中心镇、村区域布局规划,致力形成城、乡、村三位一体,整体规划,同步共建的发展载体。

(二)加快城乡二元户籍制度以及与此相关的城乡福利制度改革

除取消农业户口和非农业户口的限制外,要进一步取消农民进城打工的限制性规定、不合理收费和歧视性就业、就学、社会保障和社会管理政策,在这些方面要有突破性的进展;积极推进农民工社会保障体系的建立,政府应在职业培训、就业咨询、住房供给、子女上学和最低工资等方面采取必须的制度措施,并提供切实有效的服务,使进城农民能够自由平等地进入城市社会福利保障体系。

(三)改善农民的生存和发展环境,不断缩小城乡居民在公共物品享用上的差距

目前,我国的经济运行中自主增长能力已经形成,依靠国债投资拉动经济增长的任务业已完成,城市公共基础设施在国债资金的强力支持下也得到了空前改善。有鉴于此, 今后一段时间内, 国债资金的投资重点应该转向农村公共基础设施方面,主要用于乡村道路、人畜饮水、通讯通电、医疗卫生设施、中小学校舍及教学和生态环境建设等方面。从长期来看,国家应彻底改革目前城乡二元的公共品供给政策,把农村公共基础设施建设由以农民为主变成以国家财政为主,让农民在公共物品享用上能够获得国民待遇。同时,按照城乡统筹的思路为农民提供公共物品并补助他们建设住房,有利于改善农民的生存和发展环境,加快农村全面实现小康的进程。

(四)构筑农村最低社会保障线,从制度上保障农民的基本权益

为农民建立最低社会保障制度,让他们也能像城市人一样过上体面的生活,这也是统筹城乡发展的重要方面。目前, 我国许多农民生活中普遍存在三大后顾之忧,即老无所养、病无所医和贫无所济。针对这种情况,国家应该像在城镇建立社会保障制度一样,在农村构建包括基本养老保险、医疗保险和最低生活保障在内的三条社会保障线,让农民也能老有所养、病有所医和贫有所济。由于我国农村人口众多,国家财力又十分困难,目前完全像城镇一样实行较高水平的社会保障福利制度的可能性较小,只能实行"低水平、广覆盖、有保障"的政策。对于建立农村社会保障制度所需资金来源问题,可以因地区采取分类解决的办法,东部地区和城市郊区可

由地方政府和农民按比例分担社保资金;中西部地区可由中央补助一部分,地方各级政府和农民分别分担一部分,对那些确实无力交付的贫困农民,可由地方政府补助解决。

（五）加快土地制度创新

除明晰农民土地产权,进一步完善农村土地制度以外,要加快土地征用制度的改革。例如,要严格区分公益性用地和经营性用地;经营性用地审批征用要强化社会监督和利益相关性者的监督,提高土地征用的公开性和透明性;完善土地占用审批管理制度;允许农村土地使用权进入一级市场进行交易;加快城镇廉租房建设,以解决城镇低收入群体和进城务工农民的住房问题。通过上述改革,让土地征用过程中的土地增值收入在国家、农民和企业之间进行科学分配,保护失地农民的合法权益,维护社会的长期稳定。

（六）加快城乡产业协调发展

统筹城乡发展,必须把产业发展和产业集聚放在工作的首位,形成产业支撑,这是实施统筹发展的根本动力。首先要优化生产力布局,形成专业化集聚。根据区域生产力布局现状和发展趋势,进一步优化生产力布局,着力形成区域分工合理、发展特色鲜明、生产要素和自然资源禀赋优势得到充分利用的产业空间布局。其次要发展现代农业,推进农业产业化。加快传统产业向现代农业的跨越,重点发展设施农业、观光农业、创汇农业、生态农业,提高农业比较效益,增加农民收入。以现代农业的发展促进二、三产业升级,实现农村三次产业联动协调发展。再次,加快发展现代服务业,努力提高三产比重。要高度重视培育和发展第三产业,通过统筹规划、政策引导、体制创新和加大投入,推动贸易物流、旅游文化、现代服务等行业的快速发展,提高三产占 GDP 的比重。

（七）加快城乡基础设施建设

统筹城乡经济社会发展,要采取有力措施加大投入,统筹安排和推进城乡基础设施和公用设施一体化建设。通过促进城镇基础设施向农村延伸、公共服务向农村覆盖,确保城乡要素流动渠道畅通。要以生态家园建设为突破口,改善农村生产条件,改变农民的生活习惯。基础设施建设和公用服务设施要按照统一规划,统一布局,资源共享,分步分级实施的要求进行,防止重复建设和资源消费。对重大产业发展项目、重大公共事业项目、重大社会发展项目,要按照功能定位、通盘考虑,统筹安排,提高资源配置效率和设施共享度。要探索实行一体化的建设标准、一体化的管理模式、一体化的服务和价格标准,实现全社会资源共享,让更多农村居民在城乡统筹发展中得到实惠。

（八）加快城乡生态环境建设与保护

发展不仅要尊重经济规律，还应尊重社会规律和自然规律，按照科学发展观的要求，推动整个社会走上生产发展、生活富裕、生态良好的文明发展之路，实现经济社会的可持续发展。要按照建设最适宜人类居住环境的要求，进一步加大生态建设和环境保护力度，加快生态乡镇、生态村建设，大力发展生态经济，改善生态文化，促进人与自然的和谐发展。

四、缩小地区差距，促进各地区共同富裕

（一）进一步推进西部大开发战略

大力发展特色经济和优势产业。加快发展特色优势产业，促进资源优势向产业优势和经济优势转化，是增强自我发展能力和经济实力、实现西部地区又快又好发展的必由之路。

西部大开发战略实施以来，西部地区能源、矿产、特色农牧业、旅游业等资源优势得到发挥，钢铁、有色金属、化工等产业结构调整和技术升级步伐加快。目前，西部地区产业结构矛盾仍然十分突出，产业链条短，产品加工层次不高、附加值低，市场竞争能力弱。大力发展特色优势产业，是进一步推进西部大开发的一项重要而艰巨的任务。西部地区发展特色优势产业，要立足比较优势，面向市场需求，推进科技创新，坚持高技术起点、高开发水平、高环保标准，发挥好现有基础和重点地带的作用，加快产业集聚，延长产业链，不断提高产业发展的质量和效益。要坚持走新型工业化道路，切实转变经济发展方式，防止低水平重复建设，抑制高消耗、高污染和产能过剩行业盲目增长，促进特色优势产业快速健康发展。

继续加大对西部大开发的支持力度。要加快西部地区的发展，缩小与东部地区的差距，需要国家继续从资金、人才、技术、信息、政策和法制等方面提供有效支持，需要建立具有保障力度的长效机制。国家要加大扶持力度，增加对西部地区特别是承担国家生态保护任务的限制开发和禁止开发区域的财政转移支付，尽快建立西部大开发长期稳定的资金渠道，在项目布局、财政投入、银行贷款等方面支持西部重大工程建设，在产业准入、土地管理、税收、劳动政策等方面实行区域差异性政策，推进基本公共服务均等化，探索和研究西部大开发的法制保障。要积极促进区域协调互动，以市场为导向，推进生产要素在区域间的自由流动，合理引导产业向西部地区转移，继续鼓励和支持发达地区对口支援西部欠发达地区。要做好西部大开发的综合协调，加强西部大开发的机构建设，充分发挥各地方、各部门的积极性，协调好西部大开发的各项工作，落实好各项任务，促进全社会共同关心、参与和支持西部大开发。

（二）促进中部崛起的战略

促进中部崛起是党中央、国务院按照全面建设小康社会要求和为促进区域协调发展而进行的战略决策。中部崛起是一项庞大而复杂的系统性工程，因此应该有个总体的战略思路，应将中部崛起上升到国家战略全局的高度，以国际化的视野来谋求中部发展。促进中部崛起，要对中部明确定位，要有个统一的大目标，中部应定位为国家的一个大经济区，形成除沿海外新的国家级中部国民经济增长极，实现中部总体崛起。为达到这一目标，必须以科学发展观统领经济社会发展全局，扩大对内对外开放，充分发挥中部区位作用，在发挥比较优势和潜力的基础上，发挥后发优势，依靠创新和高科技来培育其内生性增长动力，提高增长速度，立足领先，力争超越，选择好正确的发展路径，创新发展模式，实施有效的发展战略。

促进中部崛起，要结合中部实际，突出中部特征，体现中部特色，依托现有基础，提升产业层次，提高中部在全国发展中的地位。基于中部区域的区位、现实基础、发展条件、空间布局及外部环境，中部的生产力布局应该构建"宏观成带、中观成圈、微观成格、极轴突出"的格局，这种格局有利于中部进行内部协调发展，同时与外部四方紧密对接，尤其是与环渤海、长三角、珠三角三大经济圈的对接和融合，与以成渝都市圈为中心的大西南地区、以西安都市圈为中心的西北地区的对接。按照重点布点、以线串点、以点带线、以线带面的思路，优先发展六大省会城市群经济圈，并依托长江及主干铁路线重点发展"井"字形为骨架的四大经济带，总体发展"六圈六带"，形成以城市群经济圈为增长极、经济带为增长轴的发展战略思路。

（三）加快振兴东北老工业基地的步伐

东北老工业基地是新中国重工业的摇篮，为建成独立完整的工业体系、为国家的改革开放和现代化建设做出了历史性的重大贡献。但是，从20世纪80年代以来，东北的工业逐渐落后。东北三省在体制转轨和市场转化过程中，工业出现了经济效益严重下滑、转制困难等问题。党的十六大及时提出了要支持东北地区等老工业基地加快调整和改造的战略决策。振兴东北老工业基地决策的出台，给解决东北问题带来了一次新机遇。

从自身条件看，东北老工业基地自然资源丰富、工业基础完善、交通设施发达、地理位置优越、科学教育发达、人才资源丰富，有着得天独厚的比较优势。从外在条件看，经济全球化进程的加快带来了新的机遇，我国已经初步建立了社会主义市场经济体制，综合国力显著增强。东北地区制造业的基础优势和巨大潜力，是东部沿海地区所不具备的。振兴东北老工业基地现已进入实质性操作阶段。因此，必须用高新技术和先进实用技术改造传统技术，用市场化的先进管理取代传统管理模式，加快振兴东北老工业基地的步伐。

五、完善社会保障制度,促进全民共同富裕

（一）进一步推进养老保险制度改革

完善"社会统筹与个人账户"结合的模式,彻底解决"空账运行"隐患,构建包括政府强制保险、企业年金计划以及个人养老储蓄在内的多支柱养老保障体系。具体讲分为:

一是实行政府的强制保险。养老已经成为社会成员的普遍需求,而满足这种普遍需求的最好方式就是政府的强制养老保险。这一方式,不可能为一部人所垄断,而是在政府的作用下,全体国民必须参加的保险。为多层次的养老保险构建统一的平台,也能够使整个养老保险制更具有层次性、灵活性。政府强制保险应尽可能实现对二、三产业劳动力的全面覆盖,受益标准确定方式应为待遇确定型,资金流程应为现收现付。从基本体制模式上,这仍为"社会统筹与个人账户相结合"的体制。

二是推行企业年金计划。在政府组织基本养老保险的同时,以税收优惠及劳动力市场竞争手段鼓励(而非强制)发展通过个人账户实施的企业年金制度,同时鼓励个人养老储蓄,作为对政府强制保险的补充。按国外的惯例,企业年金通过建立个人账户采取完全积累制。为了防止基金贬值,它需要与资本市场相结合,由相应的投资机构来运作。

（二）全面改革医疗卫生体制

以筹资体制和医疗卫生服务机构体制改革为基础,完善公共卫生、保健体制,建立广覆盖的基本医疗保障制度,确保城乡居民的基本健康;在此基础上,积极发展商业医疗(大病)保险,满足多层次的社会需要。

一是完善公共卫生、保健体制。完善其体制主要是要依靠政府的作用,特别是在中国的广大农村地区,在不可能全面推行医疗保险的情况下,搞好卫生、保健工作是切实可行的。预防保健,包括计划免疫、妇幼保健以及对各种传染病、地方病的控制与预防等属于公共品,应由政府免费向全体城乡居民提供。

二是建立广覆盖的基本医疗保障制度。政府通过财政支出向全体城乡居民提供能够保证社会成员基本健康的基本医疗保障,政府应制定明确的扶持政策,促进各地普遍建立社会医疗救助制度。具体办法是建立社会医疗救助基金。其资金来源主要是政府财政投入,同时鼓励社会捐赠。收入低于城市居民最低生活保障制度的低收入者、患特大病可能因病致贫的,医院出具证明材料,经过基金管理机构审查后,可以按一定的标准支付。同时在农村地区大力推行"新型农村合作医疗"(已在很多地方试点实施),不仅是公共卫生、保健在农村要展开,基本的医疗工作也要展

开。对超出基本医疗范围的医疗服务,鼓励发展商业(大病)医疗保险,推进社会成员"互保"。

(三)完善最低生活保障制度及其他社会救助制度的政策

一是对于贫困人口的日常生活救助。将一部分救助资金通过实物发放的方式来实现。比如,可借鉴西方国家发放食品券的制度。这对于保证贫困家庭的生存权利即有足够的食品供应有很大好处。现在,在上海、北京、大连等城市都有类似的做法。但是,大多数的食物已经逐渐以货币代替。可以考虑回到用"代用券"以及类似的方式。另外,还可以采用一个国际惯例,即按家庭人口的规模和构成来确定救助金额。在经济合作和发展组织的贫困政策中,第一个成年人的比率为1,家中其他成年人和儿童的比率均为0.6。

二是对于贫困人口特殊需要的救助。所谓的特殊需要包括房租、教育费用(义务教育阶段)和医疗费用(主要是慢性病患者的门诊费用)等。在这些方面,过去使用的手段往往是减免。但是在目前情况下,要学校、医院或房管部门等按市场原则运营的单位去"减免",实际上很困难的。需要采取"政府买单"的方式,同时在政府给予财政拨款时再进行平衡。

三是酌情提供的救助方式。这个层次可以考虑两个方面:非义务教育阶段的教育费用、教育部门收取的其他费用、大病医疗费用(部分提供)等;金额较大但生活中又必不可少的家庭设备。这后一部分也可以尽量利用社会捐助的物品来实现救助。

四是城乡一体化过程中的社会救助。在全球化的背景下,自给自足的小农经济因为难以与市场接轨会越来越陷入困境。同时,在全国大多数地方土地资源被零星分割,失去了其作为生产资料的功能而仅仅成为农民的最后保障手段。因此,需要使城市的最低生活保障制度和农村的最低生活保障制度接轨乃至合二而一。对于在城镇工作、居住一定时限(譬如一年及以上)的流动人口,可以考虑按当地的标准享受城市居民最低生活保障制度。必须加快改革户籍制度,促进劳动力的自由流动。

(四)加快我国慈善事业发展的步伐

发展慈善事业,有利于社会稳定。社会的发展需要正确处理效益与公平的关系。经济增长、技术进步,以及社会主义现代化等固然是人类追求的目标,但它们最终只是手段,人的发展和人类福利才是目的。居民之间贫富差距拉大,社会财富分配不均,引发大量的社会问题。单纯依靠政府调解,未免显得有些薄弱,同时有"政府失灵"的现象存在,而慈善事业依据其非强制性的特点,使得社会财富在社会成员自愿的前提下,进行柔性再分配,即通常所说的第三次分配。一般认为,劳动和投资收入是社会财富的第一次分配,通过市场来实现税收调节和财政转移支付是第二次分配,通过政府来实现由高收入者主动地向社会提供捐助就被称为第三次分配,通过慈善事业来实现。第三次分配不仅仅可以弥补由政府主导的二次分配的不足,还对缓和社会矛盾、引导社会向善、减少发展阻力起到重要作用。慈善事业兼顾效率与公平问题,有效地促进社会成员共同进步。

一是加大宣传力度,培育现代慈善价值观。发展慈善事业,需要思想先导。进一步加大宣传力度,不断提高全社会对慈善理念的认识和了解,营造全社会都来关心、参与慈善事业的社会氛围,这是慈善事业健康发展的社会基础。增强广大群众的慈善意识,引导广大群众的慈善行为。二是加快慈善业立法和制度建设的步伐。通过修改旧法、制定新法的方式,加快慈善业立法和制度建设。对慈善组织的法律地位予以准确界定,赋予慈善组织独立法律主体的地位,以便于慈善组织作为独立的市场主体、民事主体,在市场经济条件下发展壮大。三是加强对慈善组织的监管,提高慈善组织的公信度。提高慈善组织的公信度,增强资金管理的透明度,建立健全资金的监督反馈机制,是慈善事业健康发展的重要前提。这需要从内部和外部两方面进行监督。

六、调整财税政策,调节收入差距

应进一步利用财税政策对收入差距进行科学合理的调控,调节高收入阶层的收入,扩大中等收入者的比重,提高低收入群体的收入水平。逐步建立规范有序的收入分配机制,以达到缩小收入差距,实现共同富裕的目的。

(一)调整财政支出结构,逐步增加在调节居民收入方面的支出

积极调整财政支出结构,缩小行政管理经费支出,适当增加在调节居民收入方面的支出,增加社会保障支出,特别是加大地方财政对社会保障的投入力度,逐步把社会保障支出占财政支出的比例提高到15%~20%,使财政支出成为解决社会保障基金的主渠道。加强对低收入群体的扶持力度,增加社会就业投入,增加教育培训投入,提高居民素质和就业能力。加大财政转移支付力度,重点支持贫困群体。

(二)深化工资制度改革,完善收入分配制度,有效调节事业单位之间的收入差距

实施"阳光收入工程",规范津贴补贴制度,规范、清理、归并各单位自行建立的津补贴,实行统一标准、统一管理,通过对机关事业工资外收入发放水平实行总量调控,逐步缩小机关事业单位之间的收入差距。建立正常的地方增资机制,完善工资福利制度,积极推进福利待遇货币化、工资化改革。建立地区津贴制度,把住房补

贴、交通补贴和地方性补贴等纳入工资收入,促进机关事业单位工资水平的合理增长。同时采取经济、法律和行政手段,有效调节地区之间机关事业单位职工收入差距。

(三)完善税收制度,强化国家税收对收入分配的调节职能

逐步确立以个人所得税为主体,以财产税和社会保障税为两翼,以其他税种为补充的个人收入税收调控体系。进一步完善个人所得税制度,改变目前所得税征收与家庭消费脱钩的状况,建立普遍的个人所得税年度申报制度。要借鉴国际经验,开征财产税、遗产税、赠与税等税种来缩小财产分布上的差距,通过拓宽对奢侈消费品等项目的税基、制定合理的税率和建立有效的征管机制,提高个人所得税和消费税占全部税收收入的比重。要完善具有财产税性质的车船使用税、土地使用税等,适时出台社会保障税,充分发挥税收在"限制高收入"和"保障低收入"两方面的调节作用。对存量资产开征房地产税,对个人的投资收益开征证券交易税等,使税收对个人收入分配差距的有效调控覆盖全过程,形成对收入分配的完整的调控体系,缩小规避税收调节的空间,发挥税种的互补性作用,确保收入差距控制在一个合理的范围内。

(四)加大财政转移支付力度,扶持贫困落后地区发展

进一步加强对贫困县级城镇扶持力度,建议重新统计核定贫困县级城镇的数额,特别是对欠发达地区及贫困地区的贫困县级城镇,根据其特点,制定相应规划和计划,采取针对性的配套措施或重点扶持政策,如加大中央和地方政府对贫困县及城镇的转移支付,加大对其基础设施、生态保护、基础教育、卫生医疗、生产项目等的财政扶持,出台鼓励发达地区对贫困县镇的结对帮扶政策等。国家应加大对西部地区的转移支付,加强中西部地区基础设施建设,鼓励外地投资者到中西部投资,通过各种形式增强中西部地区的经济实力,以经济发展带动中西部居民收入的增长,缩小与东部发达地区居民收入的差距。

(五)调整财政扶贫政策,完善城镇社会保障制度

加强对贫困群体的扶持力度,对城镇贫困群体作为财政重点扶持范围,增加用于提高贫困人口素质和贫困人口的教育水平方面的财政投入。同时,允许企业和个人捐赠的扶贫资金在所得税前扣除。广泛吸纳各类社会资金参与扶贫开发,切实保障低收入阶层的基本生活,进一步健全和完善投资主体多元化的社会保障体系。加强城镇居民最低生活保障力度,将符合条件的困难群众全部纳入保障范围,做到应保尽保;建立城镇低保标准正常增长机制,使低保水平与当地的经济发展和人民生活水平同步提高,使低收入群体真正享受到经济发展带来的实惠。

七、促进教育公平,缩小全民收入差距

我国现阶段居民受教育机会的不平等主要表现在三个方面：城乡居民之间教育机会的不平等、地区居民之间教育机会的不平等以及各收入阶层之间的教育机会不平等。这种教育机会的不平等主要源于不同的收入水平对教育投资的限制。正是城乡、地区、各收入阶层之间的收入水平差异导致了对教育投资的差异,从而进一步扩大了相应的收入差距,也造成了收入差距的代际延续。这种收入对人力资本投资的限制作用在高等教育阶段的表现尤其明显。由于我国各高等院校自 1997 年开始全面实行收费制度,并且学费的上涨超过了部分国民的承受能力,所以高等教育机会在分配上更倾向于城市居民、经济发达地区居民和高收入阶层。

许多国家的实证分析表明,受教育的程度与劳动者收入水平呈正相关关系。这种收入的差异主要是由于教育程度较高的劳动者具有较高的边际生产力,从而可以带来更多的边际收益产品。因此,教育水平的普遍提高可以提高居民的收入水平,综合教育的全面提高有助于缩小收入差距。

(一)促进城乡之间的教育公平

要改变城乡收入差距扩大和教育机会不平等的恶性循环,关键在于加大对农村教育的投入力度,把农村教育、尤其是义务教育真正贯彻执行下去。教育作为一种有正外部性的产品,政府的适度提供是必需的,但不能一切以城市为导向,将有限的资源仅仅集中于城市,造成城乡居民在起始条件上的不公正。要由政府来负担绝大部分的农村教育经费,以保证农村教育质量,而不是将大部分的负担转嫁到收入有限的农民身上。

为了保证农村教育的投入,除了政府财政的支持,也需要动员广大社会力量捐资助学作为补充,如"希望工程"、"春蕾计划"、志愿者支教行动等,甚至可以发行教育彩票,以补充经费来源的不足。另外,改革高等院校的招生制度、家庭困难学生救助制度,使所有能力相同的公民都有机会接受相同水平的教育在改善城乡收入差距方面的作用也不容忽视。

(二)促进区域之间的教育公平

参照许多市场经济国家针对落后地区的特别开发计划和建立特别基金的经验,我国政府也逐步加大了对中西部地区的开发和转移支付力度。但由于自然地理条件的差异和历史社会文化等多重因素的影响,我国地区之间的经济发展差距扩大的趋势将长期存在。从长远来看,关键要加大对中西部地区的教育投入,引导中西部居民进行教育投资,在教育机会的分配上适当向中西部地区倾斜,以保障中西部地区居民能享受到优质的公共教育资源和获得公平的教育机会。

（三）促进不同收入群体间的教育公平

政府应着眼于改变低收入社会阶层的教育状况，较为平等地分配教育机会和教育资源，使能力相同的个体能够获得相同的发展机会。具体来说，政府应进一步完善义务教育制度，加大对贫困家庭的教育补偿力度，使贫困家庭的学生能享受到最基本的公共教育资源。规制高中重点学校的招生行为，保证贫困家庭的子女获得同等的入学机会。尤其是在高等教育方面，要采取措施降低高等教育对低收入家庭的预期个人成本，扭转高等教育机会均等恶化的状况，尽快出台和完善一系列与高等院校收费制相配套的奖学金、助学金、贷学金以及教育费减免制度。考虑低收入阶层的经济承受能力，缩小不同收入阶层在高等教育有效需求方面的差距，以保证来自不同收入阶层学生完成学业的机会均等。

参考文献

1.马克思:《哥达纲领批判》,人民出版社,1965。

2.马克思:《资本论》(第1卷),人民出版社,1975。

3.《马克思恩格斯选集》(第3卷),人民出版社,1995。

4.《马克思恩格斯全集》(第21卷),人民出版社,1975。

5.《马克思恩格斯全集》(第25卷),人民出版社1975。

6.《列宁全集》(第6卷),人民出版社,1986。

7.《斯大林选集》,人民出版社,1979。

8.《邓小平文选》(第三卷),人民出版社,1993。

9.胡锦涛:《中共十七大报告》,2007。

10.温家宝:《十一届人大政府工作报告》,2008。

11.卓炯:《论社会主义商品经济》,广东人民出版社,1981。

12.李炳炎:《新成本论》,云南人民出版社,1987。

13.李炳炎:《需要价值理论》,云南人民出版社,1990。

14.李炳炎:《论社会主义的自主联合劳动所有制》,《南京社会科学》,1990(6)。

15.李炳炎:《需要理论体系概述》,《南京社会科学》,1991(1)。

16.李炳炎:《论公有制分享经济运行机制》,《南京社会科学》,1996(9)。

17.李炳炎:《公有制分享经济理论》,中国社会科学出版社,2004。

18.李炳炎:《社会主义成本范畴初探》,《中山大学研究生学刊》,1981(4)。

19.李炳炎:《需要价值理论是社会主义经济的理论基石》,《中州学刊》,1986(6)。

20.李炳炎:《论社会主义理论经济学体系的始点范畴》,《江海学刊》,1999(2)。

21.李炳炎:《人的全面发展理论与"自主劳动"范畴》,《苏中学刊》,2002(1)。

22.李炳炎:《社会主义市场经济研究》,东南大学出版社,1993。

23.李炳炎:《社本论》,人民出版社,2000。

24.李炳炎:《中国企改新谭》,民主与建设出版社,2005。

25.李炳炎:《李炳炎选集》,山西经济出版社,1997。

26.李炳炎:《利益分享的新经济观》,《科学决策》,2007(2)。

27.〔美〕马丁·L.威茨曼:《分享经济——用分享制代替工资制》,林青松,何家成,华生译,中国经济出版社,1986。

28.〔美〕马丁·L.威茨曼:《利润分享制的宏观经济学简述》,《经济学译丛》,1986

（10，11）。

29.Koskela, Erkki and Rune Stenbacka（2004a）: "Profit Sharing, Credit Market Imperfections and Equilibrium Unemployment", Scandinavian Journal of Economics.

Wadhwani, S.（1987）: "The Macroeconomic Implications of Profit-Sharing: Some Empirical Evidence", Economic Journal.

30.Meade, J.E. （1986）: "Alternative Systems of Business Organization and Workers' Remuneration"（London: Allen & Unwin）.

31.Jensen, M. & Meckling, W.（1979）: "Rights and Production Functions: an Application of Labour-Managed Firms and Codetermination", Journal of Buisness, pp.469-506.

32.Layard, Richard and Stephen Nickell （1990）: "Is Unemployment Lower If Unions Bargain over Employment?", Quarterly Journal of Economics.

33.McDonald, I. M. and R. M. Solow（1981）, "Wage Bargaining and Employment", The American Economic Review.

34.道格拉斯·C.诺思:《经济史中的结构与变迁》,上海三联书店,1994。

35.E.G.菲吕博腾,S.配杰威齐:《产权与经济理论——近期文献的一个综述》,《财产权利与制度变迁》,上海三联书店,1994。

36.〔英〕詹姆斯·米德:《分享经济的不同形式》,《经济体制改革》,1989(1)。

37.柳新元,张铭:《论分享制的形式、本质与主要模式》,《浙江学刊》,2002(2)。

38.叶正茂,洪远朋:《共享利益的理论渊源与实现机制》,《经济学动态》,2006(8)。

39.刘保峰,吴荣秀:《土地股份制是农村土地产权改革的必然方向》,《乌鲁木齐职业大学学报》,2006(1)。

40.解安:《农村土地股份合作社:市场化进程中的制度创新》,《甘肃社会科学》,2002(2)。

41.王小映:《土地股份合作社的经济学分析》,《中国农村观察》,2003(6)。

42.方天坤:《深化农地使用制度改革,促进土地资源合理配置——辽中县推行土地股份合作社调查》,《农业经济》,2001(7)。

43.解安:《农村土地股份合作社的生成机理分析》,《生产力研究》,2002(3)。

44.徐彦海,孙强:《关于连山区金星镇开展土地股份合作社试点工作的调查》,《农业经济》,2002(10)。

45.管敏文,蔡裕亮:《温岭市社区土地股份合作社的实践与思考》,《农村经营管理》,2003(11)。

46.陈吉元等主编:《中国农村社会经济变迁》,山西经济出版社,1993。

47.吴敬琏:《转轨中国》,四川人民出版社,2002。

48.王金柱:《双产权制度论》,商务印书馆,2005。

49.刘贻清:《刘国光旋风实录》,中国经济出版社,2006。

50.《马克思主义文摘》,2008(1-4)。

51.吴宣恭:《论公有制实现形式及其多样化》,《中国经济问题》,1998(2)。

52.丁任重,杨惠玲:《马克思的产权理论及其现实意义》,《宏观经济研究》,2004(4)。

53.孟祥林:《马克思的产权理论体系分析与现实思考》,《华北电力大学学报(社会科学版)》,2005(1)。

54.黄和新:《马克思所有权思想研究》,南京师范大学出版社,2005。

55.张勇格:《对两极分化的深层思考》,《山西高等学校社会科学学报》,2004(9)。

56.李培林,朱庆芳等:《中国小康社会》,社会科学文献出版社,2003。

57.陈小莹:《中国四个维度收入分配差距解析》,《中国经济信息》,2006 年(15)。

58.陈庆基:《论收入分配不公的表现、原因及对策》,《复旦学报》,1991(6)。

59.张问敏等:《中国经济大论战》,经济管理出版社,1996。

60.陈宗胜:《经济发展的收入分配》,上海人民出版社,1994。

61.李炯:《中国现阶段个人收入差距分析》,山西经济出版,2000。

62.杨承训:《从所有制关系探寻分配不公之源》,《海派经济学》,第 11 辑第 34 页。

63.付昆:《实现共同富裕必须以公有制为主体》,《理论探索》,2005(5)。

64. 霍洪波:《论伦理道德在社会主义市场经济发展中的作用》,《集团经济研究》,2006(10)。

65.蒋学模:《社会主义按劳分配和共同富裕》,《商业经济与管理》,1993(5)。

66.毛晓梅:《人与自然和谐发展》,《人民日报海外版》,2003 年 11 月 26 日。

67.唐永泽,朱冬英:《中国市场体制伦理》,社会科学文献出版社,2005。

68.王与君:《析共同富裕的两个基本条件》,《经济学家》,1999(2)。

69.于建荣:《论实现共同富裕的机制》,《河南理工大学学报》,2006(1)。

70.王春福:《构建和谐社会与公平和效率的统一》,《马克思主义研究》,2006(9)。

71.张宇:《马克思的公平理论与社会主义市场经济中的公平原则》,《教学与研究》,2006(2)。

72.赵立忠,丁春福:《对"效率优先,兼顾公平"原则的再思考》,《工业经济技术》,2004(2)。

73.黄泰岩:《构建公平与效率的新关系》,《求是》,2003。

74.柳可白:《工人阶级的主体应当成为中等收入者》,《中国改革报》,2004 年 11 月 8 日。

75.朱智文,张存刚:《科学认识经济改革中国有企业职工的地位和作用》,《高校理论战线》,2003(5)。

76.柳可白:《不能将职工合法权益与改革对立起来》,《中国改革报》,2004 年 11 月 15 日。

77.苏简亚:《关于构建橄榄形社会的几点思考》,《领导理论与实践》,2005(3)。

78.《2006 年中国农业发展报告》,中国农业出版社,2007。

79.张晓山等:《农民增收问题的理论探索与实证分析》,经济管理出版社,2007。

80.孙迎联等:《经济学的创新》,中国文史出版社,2005。

81.王珏:《新形势下增加农民收入的路径研究》,《现代商业》,2008(3)。

82.姜爱林,陈海秋:《农村土地股份合作制研究述评》,《社会科学研究》,2007(3)。

83.沈立人:《中国经济重大决策始末》,江苏人民出版社,1999。

84.《马克思恩格斯全集》第 25 卷,人民出版社,1975。

85.陈国恒:《国有产权制度改革研究》,中国社会科学出版社,2004。

86.李炳炎,王小刚:《构建中国特色社会主义的现代产权理论》,《学习论坛》,2005 (8)。

87.刘凡,刘允斌:《产权经济学》,湖北人民出版社,2002。

88.翁君奕:《支薪制与分享制:现代公司组织形式的比较》,《经济社会体制比较》,1996(5)。

89.蔡定创:《发达的真相》,《南风窗》,2007 年 2 月 25 日。

90.刘长庚主编:《联合产权论——产权制度与经济增长》,人民出版社,2003。

91.张泽荣主编:《当代资本主义分配关系研究》,经济科学出版社,1994,第 83 页。

92.李贤沛:《建立有中国特色的产权理论》,《国有资产研究》,1996(5)。

后 记

《利益分享经济学》这部著作,是由我负责承担的国家社会科学基金项目《中国特色社会主义分享经济理论与共同富裕的实现机制研究》(编号:05BJL009)的最终研究成果。

中国特色社会主义分享经济理论是由我在 20 世纪 80 年代初所创立的,经历了艰苦而长期的探索过程。历史与事实业已证明了它的顽强生命力。2005 年我以此为题申报国家社会科学基金项目获成功,为完善和拓展这一新理论并将它应用于解决当前利益矛盾、贫富差距扩大和实现共同富裕等问题提供了条件和平台。由于调查和研究工作量很大,采取由我主持,拟出写作提纲、确定主题思想和要点,提出写作思路和写作要求,然后由课题组成员按照分工写出书稿草稿,经我反复修改后定稿。书稿的关键部分均由我亲自写作。为了培养新人和传承本人的学术思想,课题组成员大部分是本人指导的博士生和硕士生,并吸收了个别优秀教师参与写作。

参与本著作初稿写作的课题组成员及其所承担的任务分别如下:

孙迎联:导论。(东南大学人文学院副教授、博士生)

唐思航:第 19、25 章。(江苏省委党校硕士、张家港市委党校教师)

沈建国:第 9 章。(中央财经大学博士生,内蒙古河套大学副教授)

谭芝灵:第 10、11 章,及第 18 章的部分。(南京航空航天大学副教授、经济学博士后)

王小刚:第 24 章。(中央财经大学博士生、江苏科技大学教师)

刘变叶:第 13 章。(中央财经大学博士生)

袁 灏:第 16 章。(河南周口师范学院教师、经济学硕士)

方竹正:第 20 章。(徐州市委党校副教授)

牛政科:第 2、3 章。(中央财经大学博士、中国社会科学院马克思主义研究院研究人员)

王 珍:第 14 章。(中央财经大学博士生)

孙 然:第 1 章。(江苏省委党校硕士生)

郭晓东:第 22 章。(南京财经大学教师、经济学硕士)

江　皓:第 15 章。(中央财经大学博士生)

黄　红:参与部分书稿统稿。(江苏省委党校教授)

张圣兵:参与部分章节修改。(南京财经大学教授)

唐思航、向刚:先后为课题组秘书。(江苏省委党校硕士生)

其余各章包括第 4、5、6、7、8、12、17、18(部分)、21、23 章和自序,均是由李炳炎亲自执笔的。

在本项目研究和本著作的写作过程中,得到了各方面有识之士的支持和帮助。

著名经济学家、中国社会科学院特邀顾问、原副院长、已 85 周岁高龄的刘国光先生特地用毛笔亲手为本书题写了书名《利益分享经济学》。

著名经济学家、国务院学位委员会委员、中国社会科学院经济研究所原所长、我的博士生导师张卓元先生亲自审阅书稿后郑重地为本书作序。

山西经济出版社热情接受出版,中共江苏省委党校科研处积极支持本项目的研究,江苏省社科规划办给予了热情支持。趁该著作付梓之际,在此一并致以谢忱。

项目负责人:李炳炎

2008 年 11 月 18 日于南京